A.GRESLE 1973

BIBLIOTHÈQUE LATINE-FRANÇAISE

OEUVRES COMPLÈTES

DE

CICÉRON

— 15 —

LETTRES DE M. T. CICÉRON

ANS DE ROME 704 A 708

IV

Traductions entièrement refondues

PAR MM.

HÉGUIN DE GUERLE
Inspecteur honoraire de l'Université
DCLXVII à DCCCXVI

PAUL CHARPENTIER
DCCCXVII à DCCCLIX
Plus les lettres de Brutus

PARIS

GARNIER FRÈRES, LIBRAIRES-ÉDITEURS
6, RUE DES SAINTS-PÈRES, ET PALAIS-ROYAL, 215

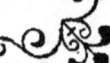

BIBLIOTHÈQUE LATINE-FRANÇAISE
—◊ 61 ◊—

ŒUVRES COMPLÈTES

DE

CICÉRON

LETTRES DE M. T. CICÉRON

PARIS. — IMP. SIMON RAÇON ET COMP., RUE D'ERFURTH, 1.

ŒUVRES COMPLÈTES
DE
CICÉRON

—◊ 15 ◊—

LETTRES DE M. T. CICÉRON

ANS DE ROME 706 A 710

IV

Traductions entièrement refondues

PAR MM.

HEGUIN DE GUERLE
Inspecteur honoraire de l'Université
DCLXVII à DCCCXVI

PAUL CHARPENTIER
DCCCXVII à DCCCLIX
Plus les lettres de Brutus

PARIS
GARNIER FRÈRES, LIBRAIRES-ÉDITEURS
6, RUE DES SAINTS-PÈRES, ET PALAIS ROYAL, 215

1872

LETTRES
DE M. T. CICÉRON
— Ans de Rome 708 à 710 —

LETTRES DE M. T. CICÉRON

LETTRE DCLXVII

Écrite à l'une de ses maisons de campagne, en 708.

TULLIUS A TIRON

Quoi donc! ce style ne convient pas? Je le trouve au contraire très-convenable, et je crois qu'il y faut ajouter : *A son cher Tiron*. Cependant, si vous le voulez, je l'effacerai pour éviter l'envie, que j'ai toujours dédaignée. Je suis ravi que la transpiration vous ait réussi. Si vous vous trouvez aussi bien de Tusculum, bons dieux! combien il me paraîtra plus aimable! Mais si

M. T. CICERONIS EPISTOLÆ

EPISTOLA DCLXVII
(ad div.; XVI, 18)

Scrib. in villa, A. V. C. 708.

TULLIUS TIRONI S. P. D.

Quid igitur? non sic oportet? Equidem censeo sic addendum etiam, suo. Sed, si placet, invidia vitetur : quam quidem ego sæpe contempsi. Tibi διαφόρησιν gaudeo pprofuisse. Si vero etiam Tusculanum, dii boni! quanto mihi illud erit

vous m'aimez, comme vous le faites en effet, ou comme vous le feignez à merveille, et si bien, que j'en suis persuadé, attachez-vous à soigner votre santé, que vous avez trop négligée jusqu'à présent pour me servir.

Vous n'ignorez point ce qu'elle exige : une bonne digestion, point de lassitude, un exercice modéré, de l'amusement, et le ventre libre. Revenez joli garçon ; je vous en aimerai davantage, et Tusculum aussi. Engagez Parhedrus à faire marché lui-même pour le jardin ; vous exciterez par là le zèle du jardinier. Ce misérable donnait cent mille sesterces pour un terrain sans abri, sans eau, sans mur, sans bâtiments. N'est-ce pas se moquer de moi, que de me proposer une si grande dépense? Mettez-lui le feu sous le ventre, comme j'ai fait à M. Othon. Aussi fais-je à présent litière de fleurs. Je voudrais savoir où en est l'affaire de la fontaine Crabra, quoique je n'aie à présent que trop d'eau. Je vous enverrai une horloge, et j'y joindrai des livres, si le temps est beau. Mais est-il possible que vous soyez sans livres? Nous composez-vous quelque chose dans le goût de Sophocle? Faites que cet ouvrage voie le jour. La mort vient de nous enlever A. Ligurius, ami de César et le nôtre, homme d'un excellent caractère. Marquez-moi quand nous devons vous attendre, et prenez le plus grand soin de votre santé. Adieu.

amabilius ! Sed, si me amas (quod quidem aut facis, aut perbelle simulas, quod tamen in modum procedit), sed ut est, indulge valetudini tuæ : cui quidem tu adhuc, dum mihi deservis, servisti non satis.

Ea quid postulet, non ignoras : πέψιν, ἀκοπίαν, περίπατον σύμμετρον, τέρψιν, εὐλυσίαν κοιλίας. Fac bellus revertare : non modo te, sed etiam Tusculanum nostrum plus amem. Parhedrum excita, ut hortum ipse conducat : sic olitorem ipsum commovebis. Salaco nequissimus. H.-S. cıɔ dabat, nullo aprico horto, nullo emissario, nulla maceria, nulla casa. Iste nos tanta impensa derideat? calface hominem, ut ego M. Othonem. Itaque abutor coronis. De Crabra quid agatur, etsi nunc quidem etiam nimium est aquæ, tamen velim scire. Horologium mittam, et libros, si erit sudum. Sed tu nullosne tecum libellos? an pangis aliquid Sophocleum? fac opus appareat. A. Ligurius, Cæsaris familiaris, mortuus est, bonus homo, et nobis amicus. Te quando exspectemus fac ut sciam. Cura te diligenter. Vale.

LETTRE DCLXVIII.

Probablement écrite après la lettre en DCLXII, en 707.

M. T. CICÉRON A TIRON

J'attends une réponse sur quantité de choses; mais je vous attends encore plus vous-même. Mettez Demetrius dans nos intérêts, et tirez-en, s'il se peut, quelque autre chose de bon. Je ne vous donne aucun conseil sur l'affaire d'Aufidius; je sais que vous vous en occupez; mais terminez-la. Si c'est cette raison qui vous arrête, j'accepte l'excuse; mais si elle ne vous retient plus, accourez. J'attends de vos nouvelles avec une bien vive impatience. Adieu.

EPISTOLA DCLXVIII

(ad div., XVI, 19)

Scrib. videtur paulo post ep. 662, A. V. C. 707.

M. T. CICERO TIRONI S. P. D.

Exspecto tuas litteras de multis rebus : te ipsum multo magis. Demetrium redde nostrum, et aliud, si quid potest boni. De Aufidiano nomine nihil te hortor. Scio tibi curæ esse : sed confice. Et, si ob eam rem moraris, accipio causam. Si id te non tenet, advola. Litteras tuas valde exspecto. Vale.

LETTRE DCLXIX

Probablement écrite en Bretagne, en 699.

Q. CICÉRON A M. CICÉRON, SON FRÈRE

Oui, mon cher Marcus, aussi vrai que j'ai un extrême plaisir à vous voir, vous et mon cher Cicéron, et ma chère petite Tullia, et votre fils, vous m'avez rendu très-heureux en nous faisant un ami de Tiron au lieu d'un esclave! Ce sort était indigne de lui. Croyez-moi, j'ai sauté de joie après avoir lu votre lettre et la sienne. Je vous remercie et je vous félicite. Si je trouve tant de bonheur dans la fidélité et la frugalité de Statius, combien ces mêmes qualités sont encore plus estimables dans Tiron, qui y joint le goût des lettres, les agréments de la conversation et la politesse. A mille bonnes raisons que j'ai de vous aimer, je joins surtout celle-ci; et l'empressement que vous avez mis à me l'apprendre, comme vous le deviez. Je vous ai reconnu tout entier dans votre lettre. J'ai promis aux gens de Sabinus tout ce qui dépendrait de moi, et je tiendrai parole.

EPISTOLA DCLXIX
(ad div., XVI, 16)

Scr. videtur in Britannia, A. V. C. 699.

Q. CICERO M. CICERONI, FRATRI, S. P. D.

De Tirone, mi Marce, ita te, meumque Ciceronem, et meam Tulliolam, tuumque filium videam, ut mihi gratissimum fecisti, quum eum, indignum illa fortuna, nobis amicum, quam servum esse maluisti. Mihi crede, tuis et illius litteris perlectis, exsilui gaudio. Tibi et ago gratias et gratulor. Si enim mihi Statii fidelitas et frugalitas est tantæ voluptati, quanti esse in isto hæc eadem bona debent, additis litteris, sermonibus, humanitate, quæ sunt his ipsis commodis potiora? Amo te omnibus equidem maximis de causis, verum etiam propter hanc, vel quod mihi sic, ut debuisti, nuntiasti. Te totum in litteris vidi. Sabini pueris et promisi omnia, et faciam.

LETTRE DCLXX

Antérieure à 709, année incertaine.

CICÉRON A QUINTUS GALLUS

J'espère que l'avenir me donnera encore plus d'une occasion de m'assurer de votre amitié, dont j'ai depuis longtemps eu des preuves ; mais il se présente aujourd'hui une affaire où vous pouvez facilement me montrer votre dévouement. L. Oppius, fils de Marcus, exerce le négoce à Philomelium. Il est de mes amis : je vous le recommande tout particulièrement ; et cela d'autant plus qu'outre l'amitié que j'ai pour lui, il est chargé des affaires de L. Egnatius Rufus, celui des chevaliers romains avec lequel je suis le plus intimement lié, et qui m'a rendu un très-grand nombre de services importants. Je vous prie donc non-seulement d'aimer Oppius, qui est près de vous, mais encore de veiller aux intérêts d'Egnatius en son absence, avec autant de soin que s'il s'agissait des miens. Je voudrais donc que, pour aider votre mémoire, vous m'écrivissiez quelques lignes qui vous seraient présentées quand vous serez dans la province, et

EPISTOLA DCLXX
(ad div., XIII, 43)

Scrib. anno incerto, ante annum 709.

M. T. CICERO QUINTO GALLO S. P. D.

Etsi plurimis rebus spero fore, ut perspiciam, quod tamen jampridem perspicio, me a te amari : tamen nunc ea causa tibi datur, in qua facile declarare possis tuam erga me benevolentiam. L. Oppius, M. F., Philomeli negotiatur, homo mihi familiaris. Eum tibi unice commendo ; eoque magis, quod quum ipsum diligo, tum quod negotia procurat L. Egnatii Rufi : quo ego uno equite Romano familiarissime utor, et qui consuetudine quotidiana, tum officiis plurimis maximisque mihi conjunctus est. Oppium igitur præsentem ut diligas, Egnatii absentis rem ut tueare, æque a te peto, ac si mea negotia essent. Velim, memoriæ tuæ causa, des litterarum aliquid, quæ tibi in provincia red-

qu'elles fussent exprimées de manière à vous rappeler aisément ma pressante recommandation. C'est une grâce que je vous demande très-instamment.

LETTRE DCLXXI

Année incertaine, mais antérieure à 709.

CICÉRON A QUINTUS GALLUS

J'ai appris par vos lettres et par celles de L. Oppius, mon intime ami, que vous n'avez point oublié ma recommandation. Connaissant votre bienveillance et votre amitié pour moi, je n'en suis nullement surpris. Cependant je vous recommande de nouveau et avec instances L. Oppius, qui est auprès de vous, et les intérêts de L. Egnatius, qui est absent. L'amitié qui m'attache à Egnatius est si étroite, que je n'aurais pas plus d'inquiétude pour mes propres affaires. Aussi ne pouvez-vous pas me faire un plus grand plaisir que de lui témoigner que vous m'aimez autant que je me le persuade moi-même. Rien ne peut m'être plus agréable, et je vous le demande en grâce.

dantur : sed ita conscribas, ut tum, quum eas leges, facile recordari possis hujus meæ commendationis diligentiam. Hoc te vehementer etiam atque etiam rogo.

EPISTOLA DCLXXI
(ad div., XIII, 44)

Scrib. anno incerto, ante A. 709.

M. T. CICERO QUINTO GALLO S. P. D.

Etsi ex tuis, et ex L. Oppii, familiarissimi mei, litteris cognovi, te memorem commendationis meæ fuisse, idque, pro tua summa erga me benevolentia, proque nostra necessitudine, minime sum admiratus : tamen etiam atque etiam tibi L. Oppium præsentem, et L. Egnatii, mei familiarissimi, absentis negotia commendo. Tanta mihi cum eo necessitudo est familiaritasque, ut, si mea res esset, non magis laborarem. Quapropter gratissimum mihi feceris, si curaris, ut is intelligat me a te tantum amari, quantum ipse existimo. Hoc mihi gratius facere nihil potes. Idque ut facias, vehementer te rogo.

LETTRE DCLXXII

Année incertaine, mais antérieure à 709.

M. T. CICÉRON A APULEIUS, PROQUESTEUR

L. Egnatius est le chevalier romain avec lequel je suis le plus intimement lié. Je vous recommande Anchialus, son esclave, et les affaires qu'il a dans l'Asie, avec autant de zèle que si je vous recommandais les miennes. Regardez-le comme un homme avec lequel j'ai non-seulement des rapports journaliers, mais un échange mutuel de bons services. Faites-lui connaître, je vous en prie instamment, que je vous écris en sa faveur avec beaucoup d'intérêt; car il ne doute point de votre inclination à m'obliger. C'est une grâce que je réclame de votre amitié.

EPISTOLA DCLXXII

(ad div., XIII, 45)

Scrib. anno incerto, ante A. 709.

M. T. CICERO APULEIO, PROQUÆSTORI, S. P. D.

L. Egnatio uno equite Romano vel familiarissime utor. Ejus Anchialum servum, negotiaque, quæ habet in Asia, tibi commendo, non minore studio, quam si rem meam commendarem. Sic enim existimes velim, mihi cum eo non modo quotidianam consuetudinem summam intercedere, sed etiam officia magna et mutua inter nos esse. Quamobrem etiam atque etiam a te peto, ut cures ut intelligat, me ad te satis diligenter scripsisse. Nam de tua erga me voluntate non dubitabat. Id ut facias, te etiam atque etiam rogo.

LETTRE DCLXXIII

Écrite la même année que la précédente.

M. T. CICÉRON A APULEIUS, PROQUESTEUR

L. Nostius Zoilus est mon cohéritier. Il est héritier de son patron : deux titres que je lui donne en vous écrivant, pour vous apprendre en même temps que j'ai des raisons de l'aimer, et qu'ayant été favorisé d'un legs par son patron, je désire qu'il passe à vos yeux pour honnête homme. Je vous le recommande donc comme s'il appartenait à ma famille ; et je vous serai obligé si vous prenez soin de lui faire connaître que ma recommandation lui a été très-utile auprès de vous.

LETTRE DCLXXIV

Année incertaine, mais antérieure à 709.

M. T. CICÉRON A SILIUS

A quoi bon vous recommander un homme que vous aimez

EPISTOLA DCLXXIII
(ad div., XIII, 46)

Scrib. eodem anno quo superior.

M. T. CICERO APULEIO, PROQUÆSTORI, S. P. D.

L. Nostius Zoilus est cohæres meus ; hæres autem patroni sui. Ea re utrumque scripsi, ut et mihi cum illo causam amicitiæ scires esse, et hominem probum existimares, qui patroni judicio ornatus esset. Eum tibi igitur sic commendo, ut unum ex nostra domo. Valde mihi gratum erit, si curaris ut inteligat, hanc commendationem sibi apud te magno adjumento fuisse.

EPISTOLA DCLXXIV
(ad div., XIII, 47)

Scrib. anno incerto, sed ante A. 709.

M. T. CICERO SILIO S. P. D.

Quid ergo tibi commendem eum, quem tu ipse diligis? Sed tamen, ut scires,

vous-même? Je vous écris néanmoins en sa faveur, pour vous faire connaître non-seulement que je l'aime, mais que j'ai pour lui la plus tendre affection. De tant de services que vous m'avez rendus, et ils sont nombreux et importants, le plus agréable sera de faire connaître à Egnatius que vous m'aimez et que je l'aime. Je vous le demande en grâce. Toutes nos espérances se sont évanouies. Consolons-nous donc comme tout le monde. Qui sait si tout n'est pas pour le mieux? Mais nous causerons de tout cela quand nous serons ensemble. Ne cessez pas de m'aimer, comme vous le faites, et croyez que j'ai pour vous les mêmes sentiments.

LETTRE DCLXXV

Écrite après le retour de Cicéron de Cilicie (année incertaine).

M. T. CICÉRON A C. SEXTILIUS RUFUS, QUESTEUR

Je vous recommande tous les Cypriens, mais particulièrement les Paphiens. Je vous serai très-reconnaissant de tout ce que vous ferez pour eux. Je suis d'autant plus porté à vous les recommander qu'étant, comme vous êtes, le premier questeur venu dans leur

eum a me non diligi solum, verum etiam amari; ob eam rem tibi hæc scribo. Omnium tuorum officiorum, quæ et multa et magna sunt, mihi gratissimum fuerit, si ita tractaris Egnatium, ut sentiat, et se a me, et me a te amari. Hoc te vehementer etiam atque etiam rogo. Illa nostra scilicet ceciderunt. Utamur igitur vulgari consolatione. Quid, si melius hoc? Sed hæc coram. Tu fac, quod facis, ut me ames, teque amari a me scias.

EPISTOLA DCLXXV
(ad div., XIII, 48)

Scrib. anno incerto, sed post reditum Ciceronis e Cilicia.

M. T. CICERO C. SEXTILIO RUFO, QUÆST., S. P. D.

Omnes tibi commendo Cyprios, sed magis Paphios : quibus tu quæcumque commodaris, erunt mihi gratissima. Eoque facio libentius, ut eos tibi commendem, quod et tuæ laudi, cujus ego fautor sum, conducere arbitror, quum pri-

île, je crois qu'il importe à votre honneur, auquel je m'intéresse beaucoup, de faire des établissements qui puissent servir d'exemple à vos successeurs. Cela vous sera facile, vous n'aurez qu'à suivre la loi de P. Lentulus, votre ami, et ce que j'ai moi-même établi. Ou je me trompe, ou cela vous fera beaucoup d'honneur.

LETTRE DCLXXVI

Année incertaine, peut-être en 707.

M. T. CICÉRON A P. CÉSIUS

Je vous recommande dans les termes les plus pressants P. Messienus, chevalier romain, d'un mérite accompli, et mon ami très-intime. Au nom de votre amitié et de celle qui me liait avec votre père, recevez-le sous votre protection, et soyez le défenseur de ses affaires et de sa réputation. En m'obligeant beaucoup, vous vous attacherez un honnête homme, qui est digne assurément de votre amitié.

mus in eam insulam quæstor veneris, ea te instituere, quæ sequantur alii : quæ, ut spero, facilius consequere, si et P. Lentuli, necessarii tui, legem, et ea quæ a me constituta sunt, sequi volueris. Quam rem tibi confido magnæ laudi fore.

EPISTOLA DCLXXVI
(ad div., XIII, 51.)

Scrib. anno incerto, fortasse A. V. C. 707.

M. T. CICERO P. CÆSIO S. D.

P. MESSIENUM, equitem Romanum, omnibus rebus ornatum, meumque perfamiliarem, tibi commendo ea commendatione, quæ potest esse diligentissima. Peto a te et pro nostra, et pro paterna amicitia, ut eum in tuam fidem recipias, ejusque rem famamque tueare. Virum bonum, tuaque amicitia dignum tibi adjunxeris, mihique gratissimum feceris.

LETTRE DCLXXVII

Année incertaine, peut-être en 708.

CICÉRON A REX

A. Licinius Aristotélès, de Malte, est depuis très-longtemps mon hôte, et m'est de plus attaché par les liens d'une étroite amitié. Cela suffit, je n'en doute pas, pour le recommander à votre intérêt. En effet, on m'apprend de tous côtés que vous faites beaucoup de cas de mes recommandations. Grâce à moi, il n'a plus rien à craindre de César. Il avait été fort lié à notre cause; il y est même demeuré fidèle plus longtemps que nous, et je pense que vous ne l'en estimerez que davantage. Qu'il s'aperçoive donc, mon cher Rex, que ma lettre lui est fort utile auprès de vous.

EPISTOLA DCLXXVII
(ad div., XIII, 52)

Scrib. anno incerto, fortasse A. V. C. 708.

CICERO REGI S. D.

A. Licinius Aristoteles Melitensis antiquissimus est hospes meus, et præterea conjunctus magno usu familiaritatis. Hæc quum ita sint, non dubito quin tibi satis commendatus sit. Etenim ex multis cognosco, meam commendationem plurimum apud te valere. Hunc ego a Cæsare liberavi. Frequens enim fuerat nobiscum, atque etiam diutius in causa est, quam nos, commoratus: quo melius te de eo existimaturum arbitror. Fac igitur, mi Rex, ut intelligat, has sibi litteras plurimum profuisse.

LETTRE DCLXXVIII

Postérieure au 15 mars 709.

CICÉRON A BASILUS

Je vous félicite, et je me réjouis. Je vous aime ; je prends soin de vos intérêts. M'aimez-vous toujours? Que faites-vous et que fait-on? Voilà ce que je veux savoir.

LETTRE DCLXXIX

Écrite en Sicile, 709, mois incertain.

BITHYNICUS A CICÉRON

Si je n'avais mille justes raisons de compter particulièrement sur votre amitié, je remonterais à nos pères pour trouver l'origine de cette amitié ; mais je laisse cette ressource à ceux qui

EPISTOLA DCLXXVIII
(ad div., VI, 15)

Scrib. post idus martias A. V. C. 709.

CICERO BASILO S.

Tibi gratulor, mihi gaudeo ; te amo ; tua tueor ; a te amari, et quid agas, quidque agatur, certior fieri volo.

EPISTOLA DCLXXIX
(ad div., VI, 16)

Scrib. in Sicilia, mense incerto A. V. C. 709.

BITHYNICUS CICERONI S.

Si mihi tecum non et multæ et justæ causæ amicitiæ privatim essent, repeterem initia amicitiæ ex parentibus nostris : quod faciendum iis existimo, qui

n'ont point cimenté les liens qui unissaient leurs pères par des services personnels. Pour moi, je me contente de l'attachement que nous avons l'un pour l'autre : et, dans cette confiance, je vous demande en grâce de soutenir mes intérêts partout où vous le jugerez nécessaire pendant mon absence; si vous êtes persuadé que la reconnaissance d'un service rendu par vous ne s'éteindra jamais dans mon cœur. Adieu.

LETTRE DCLXXX

Campagne de Rome, vers le 5 avril 709.

CICÉRON A ATTICUS

J'ai passé chez la personne dont nous parlions ce matin. A l'entendre, tout est perdu, et la situation est désespérée. En effet, disait-il, si un aussi grand génie que César n'a pu réussir, qui est-ce qui réussira? Que vous dirai-je? Il prétend qu'il n'y a point d'issue à espérer. Je ne sais s'il a raison ; mais il m'assurait, avec un air de satisfaction, qu'avant vingt jours les Gaules seraient soulevées; qu'au reste, depuis les ides de mars, il n'avait parlé à

---

paternam amicitiam nullis ipsi officiis persecuti sunt. Itaque contentus ero nostra ipsorum amicitia : cujus fiducia peto a te, ut absentem me, quibuscumque in rebus opus fuerit, tueare, si nullum officium tuum apud me intermoriturum existimas. Vale.

EPISTOLA DCLXXX

(ad Att., XIV, 1)

Scrib. in suburbano circa nonas apriles A. V. C. 709.

CICERO ATTICO SAL.

Deverti ad illum, de quo tecum mane. « Nihil perditius; explicari rem non posse. Etenim si ille tali ingenio exitum non reperiebat, quis nunc reperiet? » Quid quæris? periisse omnia aiebat; quod haud scio an ita sit; verum ille gaudens, affirmabatque minus diebus xx tumultum Gallicum ; in sermonem se

personne excepté à Lepidus; qu'enfin il ne fallait pas se flatter que les choses en demeurassent où elles étaient. Oh! qu'Oppius est plus prudent! Quoiqu'il ne regrette pas moins César, il ne dit rien qu'un bon citoyen puisse blâmer. Mais assez sur ce sujet.

Ayez soin, je vous prie, de me mander toutes les nouvelles; j'en attends plusieurs. Celles qu'on a eues de Sextus Pompée se confirment-elles? mais donnez-m'en surtout de Brutus. César, à ce que m'a rapporté celui chez qui j'ai passé, disait souvent de lui : *Il n'est pas indifférent que ce qu'il veut soit juste : car ce qu'il veut, il le veut fortement.* C'est la réflexion que fit César, lorsqu'il vit avec quelle énergie et quelle liberté Brutus parla devant lui à Nice pour Dejotarus. Voici encore ce que j'ai appris de Matius (car je rapporte les choses à mesure qu'elles se présentent). Étant allé, il y a quelques jours chez César, pour lui parler en faveur de Sextius, j'attendais assis qu'il me fit appeler. César, l'ayant su, dit: *Puis-je douter qu'on ne me haïsse, lorsqu'on voit M. Cicéron réduit à attendre que je veuille bien lui donner audience? S'il y a quelqu'un de peu susceptible, c'est lui ; cependant je suis bien sûr qu'il me hait à la mort.* Matius me rapporta plusieurs autres traits semblables. Mais j'en reviens à mon but: mandez-moi toutes les nouvelles, même les moins importantes; de mon côté, je ne vous laisserai rien ignorer.

post idus mart., præterquam Lepidi, venisse neminis; ad summam, non posse isthæc sic abire. O prudentem Oppium, qui nihilo minus illum desiderat: sed loquitur nihil, quod quemquam bonum offendat. Sed hæc hactenus.

Tu, quæso, quidquid novi (multa autem exspecto) scribere ne pigrere. In his, de Sexto satisne certum? maxime autem de Bruto nostro; de quo quidem ille, ad quem deverti, Cæsarem solitum dicere : MAGNI REFERT, HIC QUID VELIT; SED QUIDQUID VOLET, VALDE VOLET; idque eum animadvertisse, quum pro Dejotaro Niceæ diceret ; valde vehementer enim visum et libere dicere ; atque etiam (ut enim quidquid succurrit, libet scribere), proxime, quum Sextii rogatu apud eum fuissem, exspectaremque sedens quoad vocarer, dixisse eum : EGO DUBITEM QUIN SUMMO IN ODIO SIM, QUUM M. CICERO SEDEAT, NEC SUO COMMODO ME CONVENIRE POSSIT? ATQUI SI QUISQUAM EST FACILIS, HIC EST : TAMEN NON DUBITO, QUIN ME MALE ODERIT. Hæc et ejusmodi multa. Sed ad propositum. Quidquid erit, non modo magnum, sed etiam parvum, scribes. Equidem nihil intermittam.

LETTRE DCLXXXI
Près de Rome, 8 avril 709.

CICÉRON A ATTICUS

J'ai reçu deux de vos lettres. Dans la première, vous me parlez du théâtre et de Publius. On a vu par là que le peuple est favorable à la bonne cause. J'ai trouvé même quelque chose de plaisant dans les applaudissements qu'on a donnés à L. Cassius. Dans l'autre lettre, vous me parlez de Madarus; vous avez raison de croire que ce n'est pas chez lui qu'on peut trouver un abri assuré : aussi je n'y suis pas demeuré. Mais, comme je m'étais arrêté longtemps à causer avec lui, je n'ai pas été bien loin.

Voici ce que je vous avais mandé, car je ne me suis peut-être pas assez bien expliqué. Un jour que j'étais allé chez César pour lui parler, comme Sextius m'en avait prié, j'attendis fort longtemps avant qu'on me fît entrer. César, l'ayant su, dit à Matius : *Je ne suis pas assez fou pour croire que Cicéron, quoique d'un caractère peu susceptible, soit de mes amis, lorsqu'il attend si longtemps, assis à ma porte, que je veuille bien le recevoir.*

EPISTOLA DCLXXXI
(ad Att., XIV, 2)

Scrib. in suburbano, vi id. apr. A. V. C. 709.

CICERO ATTICO SAL.

Duas a te accepi epistolas heri. Ex priore theatrum Publiumque cognovi; bona signa consentientis multitudinis; plausus vero, L. Cassio datus, etiam facetus mihi quidem visus est. Altera epistola de Madaro scripta, apud quem nullum φαλάκρωμα, ut putas. Processi enim, sed minus. Diutius sermone enim sum retentus.

Quod autem ad te scripseram, obscure fortasse, id ejusmodi est : ajebat, Cæsarem secum, quo tempore Sextii rogatu veni ad eum, quum exspectarem sedens, dixisse : Ego nunc tam sim stultus, ut hunc ipsum facilem hominem putem mihi esse amicum, quum tandiu sedens meum commodum exspectet? Habes igitur

Comptez que *le chauve* est ennemi de la paix, c'est-à-dire de Brutus. Je vais aujourd'hui à Tusculum, demain à Lanuvium, puis j'ai l'intention d'aller à Asture. Ma maison est prête pour Pilia. Je voudrais qu'elle amenât avec elle Attica ; mais je vous pardonne de vouloir la garder auprès de vous : je les salue l'une et l'autre.

LETTRE DCLXXXII

Écrite à Tusculum, le 9 avril 709.

CICÉRON A ATTICUS

Votre lettre est tranquillisante, veuille le ciel que cela dure ! Matius ne le croit pas. Vous saurez que nos ouvriers, étant allés à Rome chercher du blé, sont revenus les mains vides ; ils disent qu'il y avait une grande rumeur, et qu'Antoine faisait porter chez lui tout le blé. Il faut que ce soit une terreur panique, car vous me l'auriez mandé. Je n'ai point encore vu ce Corumbus, affranchi de Balbus : ce nom m'est connu, et l'on dit qu'il est bon architecte. Ce n'est pas sans raison que certaines gens vous appellent à la signature de leur testament ;

φαλάκρωμα, inimicissimum otii, id est Bruti. In Tusculanum hodie ; Lanuvii cras ; inde Asturæ cogitabam. Piliæ paratum est hospitium : sed vellem Atticam (verum tibi ignosco) ; quarum utrique salutem.

EPISTOLA DCLXXXII

(ad Att., XIV, 5)

Scrib. in Tusculano, v id. apr. A. V. C. 709.

CICERO ATTICO SAL.

Tranquillæ tuæ quidem litteræ ; quod utinam diutius ! non Matius posse negabat. Ecce autem structores nostri ad frumentum profecti, quum inanes rediissent, rumorem afferunt magnum, Romæ domum ad Antonium frumentum omne portari ; πανικὸν certe ; scripsisses enim. Corumbus Balbi nullus adhuc ; sed mihi notum nomen. Bellus enim esse dicitur architectus. Ad obsignandum tu adhibitus non sine causa videris. Volunt enim nos ita putare. Nescio cur

ils veulent nous faire croire qu'ils sont de nos amis, et je ne sais pourquoi ils ne le sont pas véritablement : mais que nous importe? Tâchez néanmoins de découvrir quelles sont les vues d'Antoine : je crois qu'il pense à faire bonne chère plutôt que de songer à mal. S'il survient quelque chose de nouveau, vous me l'écrirez; s'il n'y en a point, vous me parlerez des manifestations populaires et des allusions des mimes. Mes compliments à Pilia et à Attica.

LETTRE DCLXXXIII

Écrite à Lanuvium, le 10 avril 709.

CICÉRON A ATTICUS

Que pourrais-je vous mander à présent de Lanuvium? Mais je crois que là où vous êtes il y a tous les jours quelque chose de nouveau. L'avenir est gros de tempêtes. Si Matius est si malintentionné, que devons-nous penser des autres? Pour moi, je ne puis me consoler de voir ce qu'on n'a jamais vu dans aucun autre État : nous avons recouvré la liberté et pas encore la répu-

non animo quoque sentiant. Sed quid hæc ad nos? Odorare tamen Antonii διάθεσιν : quem quidem ego epularum magis arbitror rationem habere, quam quidquam mali cogitare. Tu, si quid pragmaticon habes, scribe; sin minus, populi ἐπισημασίαν, et mimorum dicta perscribito. Piliæ et Atticæ salutem.

EPISTOLA DCLXXXIII

(ad Att., XIV, 4)

Scrib. Lanuvii, iv id. apr. A. V. C. 709.

CICERO ATTICO SAL.

Nunc quid putas me Lanuvii? at ego te istic quotidie aliquid novi suspicor. Tument negotia. Nam quum Matius, quid censes cæteros? Equidem doleo, quod nunquam in ulla civitate accidit, non una cum libertate rem publicam recu-

blique. Rien de plus horrible que les paroles et les menaces des partisans de César. Je crains aussi que les Gaulois ne prennent les armes. Que deviendra Sextus Pompée lui-même? Mais, malgré tous les malheurs conjurés contre nous, les ides de mars me consolent. Pour nos héros, ils ont fait tout ce qu'ils pouvaient faire, et ils l'ont fait avec un courage et une gloire immortels; mais pour consommer cet ouvrage, il faut de l'argent et des troupes, et nous n'en avons point.

Je vous écris pour vous engager à me mander sur-le-champ tout ce qu'il y aura de nouveau, car je suis chaque jour dans une attente continuelle. S'il n'y a rien, n'interrompons pas pour cela notre correspondance ordinaire. Pour moi, je n'y manquerai pas.

LETTRE DCLXXXIV

Écrite à Lanuvium, le 11 avril 709.

CICÉRON A ATTICUS

Je vous crois guéri à présent comme je l'espérais; la diète

peratam. Horribile est, quæ loquantur, quæ minitentur. Ac vereor Gallica etiam bella; ipse Sextus quo evadet? Sed omnia licet concurrant, idus martiæ consolantur. Nostri autem ἥρωες, quod per ipsos confici potuit, gloriosissime et magnificentissime confecerunt. Reliquæ res opes et copias desiderant, quas nullas habemus.

Hæc ego ad te, ut, si quid novi (nam quotidie aliquid exspecto), confestim ad me : et, si novi nihil, nostro more tamen ne patiamur intermitti litterulas. Equidem non committam.

EPISTOLA DCLXXXIV

(ad Att., XIV, 5)

Scrib. III id. april. Lanuvii, A. V. C. 709.

CICERO ATTICO SAL.

Spero tibi jam esse, ut volumus, quoniam quidem ἡσίτησας, quum leviter

aura emporté cette petite fièvre; mais mandez-moi toujours comment vous vous trouvez. C'est bon signe pour nous, que Calvena soit fâché d'être suspect à Brutus; mais c'en serait un fort mauvais, que ces légions vinssent des Gaules, enseignes déployées. Croyez-vous que celles qui ont été en Espagne n'auront pas les mêmes prétentions, aussi bien que celles à qui Annius a fait passer la mer? je voulais dire Caninius, mais je me suis mépris. Notre joueur brouille tout; car ce tumulte excité par les affranchis de César pourrait aisément être apaisé, si Antoine avait de bonnes intentions.

La sotte honte à moi, de n'avoir pas voulu demander une légation avant la prorogation du sénat, de peur qu'on me reprochât d'abandonner la république au moment où l'orage grondait! Et, en effet, si je pouvais y remédier, le reproche serait juste; mais vous connaissez nos magistrats, si l'on peut même leur donner ce nom; vous voyez que les satellites du tyran ont le commandement dans les provinces, que les armées sont encore à lui; que les vétérans sont à nos portes; un rien suffit pour allumer l'incendie. Ceux, au contraire, à la sûreté et à la gloire desquels tout l'univers devrait s'intéresser, bien loin d'être loués et aimés autant qu'ils le méritent, sont obligés à se tenir cachés; après tout, ils sont heureux, la république seule est à plaindre. Mais je voudrais bien savoir quel effet a produit l'arrivée d'Octave. Rassemble-t-il quelques partisans? va-t-il donner une nouvelle

---

commotus esses; sed tamen velim scire quid agas. Signa bella, quod Calvena moleste fert, se suspectum esse Bruto. Illa signa non bona, si cum signis legiones veniunt e Gallia. Quid tu illas putas, quæ fuerunt in Hispania? nonne idem postulaturas? quid, quas Annius transportavit? Caninium volui, sed μνημονικὸν ἁμάρτημα. Ab aleatore φυρμὸς πολύς. Nam ista quidem Cæsaris libertorum conjuratio facile opprimeretur, si recta saperet Antonius.

Meam stultam verecundiam, qui legari noluerim ante res prolatas, ne deserere viderer hunc rerum tumorem; cui certe si possem mederi, deesse non deberem. Sed vides magistratus, si quidem illi magistratus; vides tyranni satellites in imperiis; vides ejusdem exercitus; vides in latere veteranos; quæ sunt εὐρίπιστα omnia; eos autem, qui orbis terræ custodiis non modo septi, verum etiam magni esse debebant, non tantum laudari atque amari, sed parietibus contineri. Atqui illi quoquo modo beati; civitas misera. Sed velim scire quid adventus Octavii; num qui concursus ad eum, num quæ νεωτε-

face aux affaires? Je ne le crois pas ; mais mandez-moi toujours ce qu'il en est. Je vous écris le 3 des ides, en partant d'Asture.

LETTRE DCLXXXV

Écrite à Fundi, le 12 avril 709.

CICÉRON A ATTICUS

On m'a remis votre lettre à Fundi, la veille des ides, pendant mon souper. Je me réjouis d'abord de ce que vous vous portez mieux et ensuite de ce que vous me donnez de meilleures nouvelles : car c'en était une fort mauvaise que l'arrivée de ces légions ; pour Octave, on verra plus tard. Mandez-moi ce que l'on fera de ce Marius; je croyais que César s'en était défait. Après ce qui est arrivé, je suis assez content de l'entrevue d'Antoine avec nos héros; mais jusqu'à présent rien ne me fait un véritable plaisir que les ides de mars.

Actuellement que je suis à Fundi avec notre ami Ligus, j'ai la douleur de voir le bien de Sextilius possédé par ce maraud de

---

ρισμοῦ suspicio. Non puto equidem : sed tamen quidquid est, scire cupio. Hæc scripsi ad te proficiscens Astura iii idus.

EPISTOLA DCLXXXV

(ad Att., XIV, 6)

Scrib. Fundis, prid. id. apr. A. V. C. 709.

CICERO ATTICO SAL.

Pridie idus Fundis accepi tuas litteras cœnans. Primum igitur melius esse : deinde meliora te nuntiare. Odiosa illa enim fuerant, legiones venire. Nam de Octavio susquedeque. Exspecto quid de Mario ; quem quidem ego sublatum rebar a Cæsare. Antonii colloquium cum heroibus nostris pro re nata non incommodum ; sed tamen adhuc me nihil delectat præter idus mart.

Nam, quoniam Fundis sum cum Ligure nostro, discrucior. Sextilii fundum a

Curtilius. Ce que je dis de celui-ci, je l'entends de toute la clique. Pour comble de malheur, nous sommes réduits à confirmer les actes qui nous faisaient haïr César. Quoi! même les consuls et les tribuns qu'il a nommés pour les deux années suivantes! Je ne vois pas comment je pourrais me mêler du gouvernement; car il n'est rien de plus absurde que d'élever jusqu'au ciel ceux qui ont tué le tyran, pendant qu'on confirme tout ce qu'il a fait. Quels consuls avons-nous? quels magistrats? peut-on même leur donner ce nom? Quelle torpeur parmi tous les gens de bien! ce sont des transports de joie dans tous les municipes. Je ne saurais vous exprimer leur délire : ils accourent de tous côtés pour m'entendre parler de ce qui s'est passé, et cependant le sénat ne fait aucun décret. A voir la politique du jour, on dirait que les vainqueurs craignent les vaincus. Je vous écris ceci au second service; je vous écrirai, dans la suite, des lettres plus longues et plus sérieuses. Mandez-moi ce que vous faites et ce qui se passe.

verberone Curtilio possideri : quod quum dico, de toto genere dico. Quid enim miserius, quam ea nos tueri, propter quæ illum oderamus? Etiamne consules et tribunos plebis in biennium, quos ille voluit? nullo modo reperio, quemadmodum possim πολιτεύεσθαι. Nihil enim tam σόλοικον, quam τυραννοκτόνους in cœlo esse, tyranni facta defendi. Sed vides consules, vides reliquos magistratus, si isti magistratus; vides languorem bonorum. Exsultant lætitia in municipiis. Dici enim non potest, quanto opere gaudeant, ut ad me concurrant, ut audire cupiant verba mea ea de re; nec ulla interea decreta. Sic enim πεπολιτεύμεθα, ut victos metueremus. Hæc ad te scripsi apposita secunda mensa; plura et πολιτικώτερα postea; et tu, quid agas, quidque agatur.

LETTRE DCLXXXVI

Écrite en avril 709.

D. BRUTUS A M. BRUTUS ET A C. CASSIUS

Voici où nous en sommes. Hirtius, qui vint me voir hier au soir, m'a fait connaître les dispositions d'Antoine : elles ne peuvent être plus mauvaises ni plus dangereuses. Il dit qu'il ne peut me donner la province où je suis nommé, et, selon lui, il n'y a pas la moindre sûreté à Rome pour aucun de nous, tant l'esprit des soldats et du peuple est soulevé. Vous concevez bien, je pense, que tout cela est faux ; et ce qu'il y a de vrai, comme Hirtius me l'a démontré, c'est qu'Antoine craint que, pour peu que la considération dont nous jouissons trouve de l'appui, lui et les siens n'auront plus aucune part au gouvernement.

Au milieu de ces difficultés qui nous entourent, j'ai pris le parti de demander pour moi et pour nos amis une légation libre, qui pût servir du moins de prétexte honnête à notre départ. Hirtius s'est engagé à l'obtenir ; mais je n'ose espérer qu'il réussisse, tant est grande l'insolence de ces gens, tant

EPISTOLA DCLXXXVI
(ad div., XI, 1)

Scrib. mense aprili A. V. C. 709.

D. BRUTUS M. BRUTO SUO ET C. CASSIO S.

Quo in statu simus, cognoscite. Heri vesperi apud me Hirtius fuit ; qua mente esset Antonius, demonstravit ; pessima scilicet, et infidelissima. Nam se neque mihi provinciam dare posse aiebat, neque arbitrari, tuto in urbe esse quemquam nostrum ; adeo esse militum concitatos animos et plebis. Quod utrumque esse falsum, puto vos animadvertere ; atque illud esse verum, quod Hirtius demonstrabat : timere eum, ne, si mediocre auxilium dignitatis nostræ habuissemus, nullæ partes iis in re publica relinquerentur.

Quum in his angustiis versarer, placitum est mihi, ut postularem legationem liberam mihi reliquisque nostris, ut aliqua causa proficiscendi honesta quæreretur. Hæc se impetraturum pollicitus est ; nec tamen impetraturum confido ; tanta est hominum insolentia et nostri insectatio. Ac si dederint quod

ils sont animés contre nous ! Quand on nous l'accorderait, je suis persuadé que nous serions déclarés presque aussitôt ennemis publics, et qu'on nous interdirait l'eau et le feu.

Quel est donc votre avis, me direz-vous ? Je crois qu'il faut céder un peu à la fortune, sortir de l'Italie, se retirer à Rhodes ou dans quelque autre lieu. S'il arrive quelque heureux changement, nous retournerons à Rome. S'il n'est point assez favorable, nous vivrons dans l'exil ; s'il devient encore plus contraire, nous aurons recours aux remèdes extrêmes. Quelqu'un de vous me répondra peut-être : Pourquoi attendre au dernier moment plutôt que de tenter quelque chose dès à présent ? Pourquoi ? parce que nous manquons d'un point d'appui, à l'exception de Sextus Pompée et de Bassus Cécilius, dont il me semble que la nouvelle de la mort de César doit augmenter le courage et les forces. Mais il sera toujours temps de les rejoindre, lorsque nous saurons quelles sont leurs ressources. Si vous voulez que je m'engage à quelque chose pour vous et pour Cassius, je le ferai volontiers, et c'est de quoi Hirtius me sollicite.

Ne tardez donc point à me faire réponse ; car je ne doute pas qu'Hirtius ne m'apprenne quelque chose de positif avant la quatrième heure. Écrivez-moi où nous pourrons nous rencontrer ; indiquez-moi le lieu où je dois me rendre. Après mon dernier entretien avec Hirtius, j'ai résolu de demander qu'on nous per-

---

petimus, tamen paulo post futurum puto, ut hostes judicemur, aut aqua et igni nobis interdicatur.

Quid ergo est, inquis, tui consilii ? dandus est locus fortunæ ; cedendum ex Italia ; migrandum Rhodum, aut aliquo terrarum arbitror. Si melior casus fuerit, revertemur Romam ; si mediocris, in exsilio vivemus ; si pessimus, ad novissima auxilia descendemus. Succurret fortasse hoc loco alicui vestrum, cur novissimum tempus exspectemus potius, quam nunc aliquid moliamur ? Quia ubi consistamus, non habemus, præter Sext. Pompeium et Bassum Cæcilium : qui mihi videntur, hoc nuntio de Cæsare allato, firmiores futuri. Satis tempore ad eos accedemus, ubi, quid valeant, scierimus. Pro Cassio et te, si quid me velitis, recipiam. Postulat enim hoc Hirtius ut faciam.

Rogo vos, quam primum mihi rescribatis. Nam non dubito, quin his de rebus ante horam quartam Hirtius certiorem me sit facturus, quem in locum convenire possimus. Quo me velitis venire, rescribite. Post novissimum Hirtii

mette de demeurer à Rome avec une garde publique : ce que nous n'obtiendrons pas, je le prévois, parce que notre présence rendrait nos ennemis trop odieux. Mais j'ai cru que je ne pouvais m'abstenir de demander tout ce qui m'a paru juste.

LETTRE DCLXXXVII

Écrite à Formies, le 15 avril 709.

CICÉRON A ATTICUS

J'AI vu Paullus à Caïète le lendemain des ides ; il m'a parlé de ce Marius, et m'a donné de fort mauvaises nouvelles des affaires publiques. Je n'ai point eu de vos lettres ; c'est qu'aucun de mes gens n'est venu de Rome. Mais j'entends dire qu'on a vu notre cher Brutus auprès de Lanuvium. Où veut-il donc se fixer ? Je suis avide de toutes les nouvelles, mais surtout de celles qui le concernent. J'écris ceci le 17 des calendes, au moment de partir de Formies pour arriver le lendemain à Pouzzoles.

J'ai reçu une lettre de mon fils, assez longue et fort bien

sermonem placitum est mihi postulare, ut liceret nobis esse Romæ publico præsidio ; quod illos nobis concessuros non puto. Magnam enim invidiam iis faciemus. Nihil tamen non postulandum putavi, quod æquum esse statuerem.

EPISTOLA DCLXXXVII

(ad Att., XIV, 7)

Scrib. in Formiano, xvii kal. maii A. V. C. 709.

CICERO ATTICO SAL.

Postridie idus Paullum in Caieta vidi. Is mihi de Mario et de re publica alia quædam sane pessima. A te scilicet nihil ; nemo enim meorum. Sed Brutum nostrum audio visum sub Lanuvio. Ubi tandem est futurus ? Nam quum reliqua ; tum de hoc scire aveo omnia. Ego e Formiano exiens xvii kal., ut inde altero die in Puteolanum, scripsi hæc.

A Cicerone mihi litteræ sane πεπινωμέναι, et bene longæ. Cætera autem vel

écrite; il peut me tromper sur tout le reste, mais son style prouve qu'il fait des progrès. Je vous prie donc instamment, comme je vous l'ai dit verbalement il y a quelques jours, d'avoir soin qu'il ne manque de rien; le devoir, l'honneur de mon rang l'exigent, et il m'a paru que vous étiez tout à fait du même avis. Cela étant, j'ai l'intention d'aller en Grèce au mois de juillet; mais il faut pour cela que les affaires de la république me le permettent. Or, comme nous vivons dans un temps où il n'y a rien de certain, et que je ne puis savoir ce que je dois, ce que je puis faire et quel sera le meilleur parti à prendre, je vous prie, en attendant, de donner largement à mon fils tout ce qu'il lui faut pour tenir son rang avec honneur. Vous penserez à cela, et à tout ce qui me regarde, avec votre attention ordinaire; et vous m'en écrirez le résultat, ou, si non, tout ce qui vous viendra à l'esprit.

LETTRE DCLXXXVIII

Écrite à Sinuesse, le 16 avril 709.

CICÉRON A ATTICUS

Quand vous m'avez écrit, vous me croyiez déjà sur nos rivages;

fingi possunt; πίνος litterarum significat doctiorem. Nunc magnopere a te peto, de quo sum nuper tecum locutus, ut videas ne quid ei desit. Id quum ad officium nostrum pertinet, tum ad existimationem et dignitatem; quod idem intellexi tibi videri omnino. Si ergo est, volo mense quintili in Græciam. Sint omnia faciliora: sed quum sint ea tempora, ut certi nihil esse possit, quid honestum mihi sit, quid liceat, quid expediat: quæso, da operam ut illum quam honestissime copiosissimeque tueamur. Hæc et cætera, quæ ad nos pertinebunt, ut soles, cogitabis: ad meque, aut quod ad rem pertineat, aut, si nihil erit, quod in buccam venerit, scribes.

EPISTOLA DCLXXXVIII

(ad Att., XIV, 8)

Scrib. in Sinuessano, xvi kal. maii A. V. C. 709.

CICERO ATTICO SAL.

Tu me jam rebare, quum scribebas, in actis esse nostris: at ego accepi

mais, le 17 des calendes, lorsque j'ai reçu votre lettre, je n'étais encore qu'à mon pied-à-terre de Sinuesse. Ce Marius n'a que ce qu'il méritait ; cependant je plains le petit-fils de L. Crassus. Je suis ravi que Brutus soit si content d'Antoine. Vous me dites que Junia lui a apporté une lettre pleine de modération et même d'amitié ; mais Paullus m'en a fait voir une où son frère lui dit, à la fin, qu'on en veut à sa vie, et qu'il en a des indices certains. Cela ne m'a pas plu, et bien moins encore à Paullus. Je ne suis point fâché que la reine d'Égypte ait été obligée de se sauver. Mandez-moi, je vous prie, ce qu'aura fait Clodia. Prenez soin de l'affaire des Byzantins, comme de tout le reste, et envoyez chercher Pelops. Je ne manquerai pas de vous mander ce qui se passera à Baïes ; et pour contenter votre curiosité, je vous décrirai cette assemblée, quand je l'aurai vue.

J'attends avec impatience des nouvelles des Gaules, de l'Espagne et de Sextus Pompée ; vous m'en instruirez avec votre exactitude ordinaire. Je ne suis pas fâché que vos maux de cœur vous aient obligé à prendre du repos ; car, en lisant votre lettre, il me semble que vous êtes plus calme. Mandez-moi toujours tout ce qui regarde Brutus, où il est, quels sont ses desseins. Je crois qu'il pourrait dès à présent se promener tout seul dans Rome sans rien craindre. Et pourtant !...

---

xvii kal. in diversoriolo Sinuessano tuas litteras. De Mario probe ; etsi doleo L. Crassi nepotem. Optime, tam etiam Bruto nostro probari Antonium. Nam quod Juniam scribis moderate et amice scriptas litteras attulisse, mihi Paullus dedit ad se a fratre missas, quibus in extremis erat, sibi insidias fieri, se id certis auctoribus comperisse. Hoc nec mihi placebat, et multo illi minus. Reginæ fuga mihi non molesta. Sed Clodia quid egerit, scribas ad me velim. De Byzantiis curabis, ut cætera ; et Pelopem ad te arcesses. Ego, ut postulas, Baiana negotia, chorumque illum, de quo scire vis, quum perspexero, tum scribam, ne quid ignores.

Quid Galli, quid Hispani, quid Sextus agat, vehementer exspecto. Ea scilicet tu declarabis, qui cætera. Nauseolam tibi tum causam otii dedisse facile patiebar. Videbare enim mihi legenti tuas litteras requiesse paulisper. De Bruto semper ad me omnia perscribito, ubi sit, quid cogitet : quem quidem ego spero jam tuto vel solum tota Urbe vagari posse. Verumtamen... !

LETTRE DCLXXXIX

Écrite à Pouzzoles, le 17 avril 709.

CICÉRON A ATTICUS

Vos lettres, que m'a remises en grand nombre l'affranchi de Vestorius, m'ont très-bien instruit de l'état présent de la république. Pour vous répondre en peu de mots sur ce que vous désirez savoir, je vous dirai d'abord que je suis très-content du bien que Cluvius m'a laissé. Vous me demandez pourquoi j'ai fait venir Chrysippus ; c'est que deux de mes boutiques sont tombées en ruine et que les autres sont très-lézardées ; et non-seulement les habitants, mais les rats même en sont délogés. Bien des gens appelleraient cela un malheur ; pour moi, ce n'est pas même une contrariété. O Socrate ! ô disciples de Socrate ! je ne pourrai jamais assez vous exprimer ma reconnaissance. Dieux immortels ! combien tout cela m'importe peu ! Il est vrai néanmoins qu'en suivant l'idée que Vestorius m'a donnée pour la reconstruction de ces boutiques, je retirerai du profit de la perte que j'ai faite.

EPISTOLA DCLXXXIX
(ad Att., XIV, 9)

Scrib. Puteolis, xv kal. maii A. V. C. 709.

CICERO ATTICO SAL.

De republica multa cognovi ex tuis litteris, quas quidem multijuges accep uno tempore a Vestorii liberto. Ad ea autem, quæ requiris, brevi respondebo Primum vehementer me Cluviana delectant. Sed quod quæris, quid arcessierim Chrysippum : tabernæ mihi duæ corruerunt, reliquæque rimas agunt. Itaque non solum inquilini, sed mures etiam migraverunt. Hanc cæteri calamitatem vocant ; ego ne incommodum quidem. O Socrates, et Socratici viri ! Nunquam vobis gratiam referam. Dii immortales, quam mihi ista pro nihilo ! Sed tamen ea ratio ædificandi nititur, consiliario quidem et auctore Vestorio, ut hoc damnum quæstuosum sit.

Il y a ici une grande foule de monde ; et, d'après ce que j'entends dire, il y en aura encore davantage. Entre autres les deux consuls prétendus désignés. Grands dieux ! le tyran n'est plus, et la tyrannie vit encore ! nous nous réjouissons de sa mort, et nous ratifions tout ce qu'il a fait ! Comment soutenir l'air grave avec lequel M. Curtius nous fait notre procès ? il nous fait honte de vivre encore, et il n'a pas tort. En effet, ne vaudrait-il pas mieux mourir mille fois que de souffrir tout ce que nous souffrons et qui ne me paraît pas près de finir ? Balbus est ici, et nous sommes souvent ensemble. Il a reçu d'Antistius Vetus une lettre datée de la veille des calendes de janvier, où il lui mande qu'au moment où il était prêt à cerner Cécilius et à s'en rendre maître, Pacorus, roi des Parthes, était venu à son secours avec une nombreuse armée ; ce qui lui avait arraché des mains Cécilius et fait perdre beaucoup de monde. Il prétend que c'est la faute de Volcatius. Voilà donc la guerre rallumée sur cette frontière ; mais c'est l'affaire de Dolabella et de Nicias. Le même Balbus a eu, par une lettre écrite il y a vingt et un jours, de meilleures nouvelles des Gaules. On lui mande que les Germains et les peuples de ces contrées, ayant appris la mort de César, ont député vers Aurelius, lieutenant d'Hirtius, pour l'assurer qu'ils obéiraient à ses ordres. Qu'en dites-vous ? tout est à la paix de ce côté-là, ce qui est bien différent de ce que Calvena m'avait dit.

Hic turba magna est, eritque, ut audio, major. Duo quidem quasi designati consules. O dii boni ! vivit tyrannis, tyrannus occidit ! Ejus interfecti morte lætamur, cujus facta defendimus ! Itaque quam severe nos M. Curtius accusat, ut pudeat vivere ; neque injuria. Nam mori millies præstitit, quam hæc pati, quæ mihi videntur habitura etiam vetustatem. Et Balbus hic est, multumque mecum : ad quem a Vetere litteræ datæ pridie kal. januar. quum a se Cæcilius circumsederetur et jam teneretur, venisse cum maximis copiis Pacorum Parthum ; ita sibi esse cum ereptum, multis suis amissis ; in qua re accusat Volcatium. Ita mihi videtur bellum illud instare. Sed Dolabella et Nicias viderint. Idem Balbus meliora de Gallia. xxi die litteras habebat ; Germanos illasque nationes, re audita de Cæsare, legatos misisse ad Aurelium, qui est præpositus ab Hirtio, se, quod imperatum esset, esse facturos. Quid quæris ? omnia plena pacis, aliter ac mihi Calvena dixerat.

LETTRE DCXC

Écrite à Pouzzoles, le 19 avril 709.

CICÉRON A ATTICUS

Est-il donc vrai? voilà le prix de ce qu'a fait notre ami Brutus? il est réduit à demeurer à Lanuvium, et Trebonius à se sauver dans son gouvernement par des chemins détournés. Tout ce que César a fait, écrit, ou dit, tout ce qu'il a promis, tout ce qu'il a pensé, a plus de force que s'il vivait encore. Vous vous souvenez bien que le jour de sa mort, lorsque les conjurés se furent retirés dans le Capitole, je criais qu'il fallait que les préteurs y fissent assembler le sénat. Grands dieux! que n'aurait-on pas pu faire dans cette première ardeur? La joie était répandue parmi les gens du bon parti, et même parmi les plus tièdes; les brigands étaient consternés. Vous en accusez les fêtes de Bacchus. Que pouvait-on faire? le mal était dès lors sans remède. Ne vous souvenez-vous pas que vous disiez hautement que ce serait un coup fatal pour la bonne cause, si l'on rendait à César des honneurs funèbres? Non-seulement on lui en a rendu, mais on a brûlé son corps en plein forum; on a fait

EPISTOLA DCXC
(ad Att., XIV, 10)

Scrib. in Puteolano, xiii kal. maii A. V. C. 709.

CICERO ATTICO SAL.

Itane vero? hoc meus et tuus Brutus egit, ut Lanuvii esset? ut Trebonius itineribus deviis proficisceretur in provinciam? ut omnia facta, scripta, dicta, promissa, cogitata Cæsaris plus valerent, quam si ipse viveret? Meministi me clamare, illo ipso primo capitolino die, senatum in Capitolium a prætoribus vocari? Dii immortales! quæ tum opera effici potuerunt, lætantibus omnibus bonis, etiam sat bonis, fractis latronibus? Liberalia tu accusas. Quid fieri tum potuit? Jam pridem perieramus. Meministine te clamare, causam periisse, si funere elatus esset? At ille etiam in foro combustus laudatusque miserabiliter;

son éloge; on s'est apitoyé sur son sort. On a armé de flambeaux des esclaves et des mendiants pour brûler nos maisons. Qu'en est-il résulté? qu'on a l'audace de vous dire : *Quoi! vous osez aller contre la volonté de César?* Je ne puis soutenir cela, ni beaucoup d'autres choses; ainsi je veux aller vivre ailleurs. Votre retraite est encore trop exposée à l'orage.

Vos maux de cœur sont-ils entièrement passés? il me semble que votre lettre me donne lieu de le croire. Je reviens aux Tebassus, aux Scéva et aux Frangon. Pensez-vous que ces gens-là croient pouvoir jouir en sûreté de leurs usurpations tant qu'ils nous verront debout, à présent qu'ils ont reconnu que nous n'avons pas autant de vigueur qu'ils l'avaient cru? Sont-ce bien des gens à aimer la paix, eux qui sont les premiers auteurs de tous les brigandages? Ce que je vous ai écrit de Curtilius à propos de ce bien de Sextilius, je l'entends de Censorinus, de Mustela, de Plancus, de Postumius, et de toute la clique. Il aurait mieux valu, après la mort de César, s'exposer à périr, ce qui ne serait point arrivé, que de voir tout ce que nous voyons. Octave est arrivé à Naples le 14 des calendes. Balbus, qui le vit le lendemain, vint le même jour chez moi à Cumes, et me dit qu'Octave accepterait la succession de César. Vous avez raison de croire que ce sera une grande matière à contestations entre lui et Antoine.

Je pense, comme je le dois, à votre affaire de Buthrote, et j'y

---

servique et egentes in tecta nostra cum facibus immissi. Quæ deinde? Ut audeant dicere, ᴛᴜɴᴇ ᴄᴏɴᴛʀᴀ Cæsaris ɴᴜᴛᴜᴍ? Hæc et alia ferre non possum. Itaque γῆν πρὸ γῆς cogito. Tua tamen ὑπηνέμιος.

Nausea jamne plane abiit? Mihi quidem ex tuis litteris conjectanti ita videbatur. Redeo ad Tebassos, Scævas, Frangones. Hos tu existimas confidere se illa habituros, stantibus nobis, in quibus plus virtutis putarunt, quam experti sunt? Pacis isti scilicet amatores, et non latrocinii auctores? At ego quum tibi de Curtilio scripsi, Sextilianoque fundo, scripsi de Censorino, de Mustela, de Planco, de Postumio, de genere toto. Melius fuit periisse illo interfecto, quod nunquam accidisset, quam hæc videre. Octavius Neapolim venit xiv kal. Ibi cum Balbus mane postridie; eodemque die mecum in Cumano, illum hæreditatem aditurum. Sed, ut scribis, ῥοιζόθεμιν magnam cum Antonio.

Buthrotia mihi tua res est, ut debet, eritque curæ. Quod quæris, jamne ad

donnerai tous mes soins. Vous me demandez si le bien de Cluvius ira jusqu'à cent mille sesterces : je crois qu'il en approchera, mais j'ai mangé, cette première année, quatre-vingt mille sesterces en réparations. Mon frère Quintus se plaint fort de son fils, surtout de ce qu'il est au mieux avec sa mère, lui qui était en guerre ouverte avec elle tant qu'elle a été bien avec son père. Mon frère m'écrit là-dessus de la manière la plus vive. Que fait mon neveu? Si vous le savez, et si vous n'êtes pas encore parti de Rome, veuillez me l'écrire, et, certes, tout ce qu'il y aura de nouveau; vos lettres me font le plus grand plaisir.

LETTRE DCXCI

Écrite à Pouzzoles, le 20 avril 709.

CICÉRON A ATTICUS

Je vous ai écrit avant-hier une lettre assez longue; je réponds à présent à vos dernières questions. Oui, sans doute, je voudrais que Brutus vînt à Asture. Vous me parlez de l'insolence de ces misérables. Pensiez-vous qu'il en pût être autrement? Je

centena Cluvianum : adventare videtur; sed primo anno LXXX detersimus. Q. pater ad me gravia de filio, maxime quod matri nunc indulgeat, cui antea bene merenti fuerit inimicus. Ardentes in eum litteras ad me misit. Ille autem quid agat, si scis, neque dum Roma es profectus, scribas ad me velim; et hercule, si quid aliud. Vehementer delector tuis litteris.

EPISTOLA DCXCI

(ad Att., XIV, 11)

Scrib. Puteolis, XII kal. maii A. V. C. 709.

CICERO ATTICO SAL.

Nudius tertius dedi ad te epistolam longiorem : nunc ad ea, quæ proxime. Velim mehercule Asturæ Brutus. Ἀκολασίαν istorum scribis. An censebas ali-

m'attends à bien pis. Lorsque je lis dans leur discours : « Un si grand homme, un citoyen si illustre, » je perds patience, quoique, après tout, cela soit plutôt risible. Mais souvenez-vous de ce que je vous dis : l'effet de ces pernicieuses harangues sera que nos amis, qui sont plutôt des dieux que des héros, jouiront à la vérité d'une gloire immortelle, mais noircie* par l'envie, et qui les exposera aux plus grands dangers. Ce sera toujours une grande consolation pour eux que le souvenir d'une action si belle et si illustre. Mais qui nous consolera, nous qui sommes délivrés du tyran sans être libres? Abandonnons-nous à la fortune, puisque la raison ne tient plus le gouvernail.

Ce que vous me mandez de mon fils me fait beaucoup de plaisir; je souhaite qu'il réalise mes espérances. Je vous suis très-obligé du soin que vous avez de lui fournir largement l'argent dont il a besoin pour son usage et pour vivre avec honneur, et je vous prie de continuer. J'approuve fort ce que vous me dites touchant l'affaire de Buthrote : j'y pense toujours, et je me charge de la faire réussir, ce qui me paraît de jour en jour plus aisé. Puisque vous êtes plus en peine de mes affaires que moi-même, je vous dirai que le bien de Cluvius ira à cent mille sesterces. L'écroulement qui a eu lieu ne diminuera pas ce chiffre, je ne sais pas même s'il ne l'augmentera pas. J'ai ici avec moi Balbus, Hirtius et Pansa. Octave vient d'arriver chez mon proche

ter? Equidem etiam majora exspecto. Quum equidem concionem lego, DE TANTO VIRO, DE CLARISSIMO CIVI, ferre non queo : etsi ista jam ad risum. Sed memento; sic alitur consuetudo perditarum concionum; ut nostri illi, non heroes, sed dii, futuri quidem in gloria sempiterna sint, sed non sine invidia, ne sine periculo quidem. Verum illis magna consolatio, conscientia maximi et clarissimi facti; nobis quæ? qui interfecto rege, liberi non sumus? Sed hæc fortuna viderit, quoniam ratio non gubernat.

De Cicerone, quæ scribis, jucunda mihi sunt; velim, sint prospera. Quod vero curæ tibi est, ut ei suppeditetur ad usum et cultum copiose, per mihi gratum est; idque ut facias, te etiam rogo. De Buthrotiis, et tu recte cogitas, et ego non dimitto istam curam. Suscipiam omnem etiam actionem; quam video quotidie faciliorem. De Cluviano, quoniam in re mea me ipsum diligentia vincis, res ad centena perducitur. Ruina rem non fecit deteriorem, haud scio an jam fructuosiorem. Hic mecum Balbus, Hirtius, Pansa. Modo venit Octavius,

voisin Philippe; il paraît m'être tout à fait dévoué. Lentulus Spinther passe la journée chez moi, et part demain.

LETTRE DCXCII.

Écrite à Pouzzoles, le 22 avril 709.

CICÉRON A ATTICUS

O mon cher Atticus, je crains bien que nous n'ayons gagné aux ides de mars qu'un moment de joie et que le plaisir de nous être vengés d'un homme que nous haïssions. Que m'apprend-on de Rome et que vois-je ici? O la belle action, si elle n'était pas demeurée imparfaite! Vous savez combien j'aime les Siciliens, et tiens à honneur d'être leur patron. César leur avait accordé beaucoup de faveurs, et je n'en ai pas été fâché, quoiqu'il n'eût pas dû égaler leurs droits à ceux des peuples du Latium: passe encore pour cela. Mais voici qu'Antoine, gagné à force d'argent, fait paraître une loi, que le dictateur aurait, dit-il, fait passer aux comices, et par laquelle les Siciliens sont déclarés citoyens romains; et de cette loi personne n'en a entendu parler du vivant

et quidem in proximam villam Philippi, mihi totus deditus. Lentulus Spinther hodie apud me; cras mane vadit.

EPISTOLA DCXCII

(ad Att., XIV, 12)

Scrib. Puteolis, x kal. maii A. V. C. 709.

CICERO ATTICO SAL.

O mi Attice, vereor ne nobis idus mart. nihil dederint præter lætitiam, et odii pœnam ac doloris. Quæ mihi istinc afferuntur? quæ hic video? ὦ πράξεως καλῆς μὲν, ἀτελοῦς δέ. Scis quam diligam Siculos; et quam illam clientelam honestam judicem. Multa illis Cæsar, neque me invito; etsi latinitas erat non ferenda; verumtamen... Ecce autem Antonius, accepta grandi pecunia, fixit legem, a dictatore comitiis latam, qua Siculi cives Romani; cujus rei, vivo illo,

de César. Mais quoi? n'en est-il pas de même de notre ami Dejotarus : il n'est pas de royaume qu'il ne mérite d'obtenir ; mais l'obtenir de Fulvie !

Il y a mille exemples semblables. Mais je reviens à l'affaire de Buthrote : elle est trop juste et trop claire, pour que nous n'obtenions pas du moins une partie de ce que nous demandons, surtout puisque Antoine en accorde tant à d'autres.

Je reçois ici d'Octave beaucoup de marques de déférence et d'amitié ; ses gens l'appellent César ; Philippe non, ni moi non plus. Je soutiens qu'il ne peut être bon citoyen ; j'en juge par tous ceux qui l'environnent : ils menacent nos amis, et prétendent que ce qu'ils ont fait ne doit pas demeurer impuni. Que sera-ce lorsque ce jeune homme sera à Rome, où nos libérateurs n'ont pu rester en sûreté? Ils se sont acquis, il est vrai, une gloire immortelle, et ils seront heureux par la conscience de leur grande action; mais j'ai bien peur que nous n'en soyons pas mieux. J'ai un vif désir de m'éloigner et d'aller jusqu'aux lieux où, comme dit le poëte, *je n'entende plus parler de ces Pélopides*. Je hais jusqu'à ces consuls désignés, qui me forcent à faire ici un cours de déclamation ; de sorte que je ne puis, pas même aux eaux, jouir d'un instant de repos. Mais aussi je suis trop facile. Autrefois cela était presque nécessaire ; mais à présent il n'en est plus de même, de quelque manière que les choses tournent.

mentio nulla. Quid? Dejotari nostri causa non similis? Dignus ille quidem omni regno, sed non per Fulviam.

Sexcenta similia. Verum illuc referor : tam claram, tamque testatam rem, tamque justam, Buthrotiam, non tenebimus aliqua ex parte? et eo quidem magis, quo iste plura?

Nobiscum hic perhonorifice et amice Octavius; quem quidem sui Cæsarem salutabant, Philippus non; itaque ne nos quidem ; quem nego posse bonum civem ; ita multi circumstant, qui quidem nostris mortem minitantur. Negant hæc ferri posse. Quid censes, quum Romam puer venerit, ubi nostri liberatores tuti esse non possunt? qui quidem semper erunt clari ; conscientia vero facti sui etiam beati. Sed nos, nisi me fallit, jacebimus. Itaque exire aveo, UBI NEC PELOPIDARUM, inquit. Haud amo vel hos designatos, qui etiam declamare me coegerunt; ut ne apud aquas quidem acquiescere liceret. Sed hoc meæ nimiæ facilitatis. Nam id erat quondam quasi necesse : nunc, quoquo modo se res habet, non est item.

Quoique depuis longtemps je n'aie rien à vous écrire, je vous écris cependant. Ce n'est pas que de pareilles lettres puissent vous faire beaucoup de plaisir ; mais c'est pour vous arracher une réponse. Parlez-moi de tout ce que vous savez, mais surtout de Brutus. J'ai écrit celle-ci le 10 des calendes, étant à table chez Vestorius, pauvre dialecticien, mais calculateur assez habile.

LETTRE DCXCIII

Écrite à Pouzzoles, le 26 avril 709.

CICÉRON A ATTICUS

J'AI enfin reçu votre lettre du 13 des calendes, sept jours après sa date. Vous me demandez lequel j'aime le mieux, ou la belle vue que l'on a ici sur les collines, ou la promenade qui descend vers la mer, et vous croyez que j'aurai de la peine à le dire. En vérité vous avez raison, elles ont toutes deux tant d'agréments que je ne sais à laquelle je dois donner la préférence.

> Mais comment du festin pouvoir goûter les charmes,
> Quand notre cœur, en proie aux plus vives alarmes,
> Incertain du présent, tremblant pour l'avenir,
> Ignore s'il nous faut triompher ou périr.

Quanquam dudum nihil habeo, quod ad te scribam, scribo tamen, non ut delectem his litteris, sed ut eliciam tuas. Tu, si quid erit de cæteris ; de Bruto utique, quidquid. Hæc conscripsi x kal. accubans apud Vestorium, hominem remotum a dialecticis, in arithmeticis satis exercitatum.

EPISTOLA DCXCIII
(ad Att., XIV, 13)

Scrib. Puteolis, vi kal. maii A. V. C. 709.

CICERO ATTICO SAL.

SEPTIMO denique die litteræ mihi redditæ sunt, quæ erant a te xiii kal. datæ : quibus quæris, atque etiam me ipsum nescire arbitraris, utrum magis tumulis prospectuque, an ambulatione ἁλιτενεῖ delecter. Est mehercule, ut dicis, utriusque loci tanta amœnitas, ut dubitem utra anteponenda sit.

.....'Ἀλλ' οὐ δαιτὸς ἐπηράτου ἔργα μέμηλεν.
Ἀλλὰ λίην μέγα πῆμα, διοτρεφὲς, εἰσορόωντες
Δείδιμεν· ἐν δοιῇ δὲ σαωτέμεν, ἢ ἀπολέσθαι.

Toutefois vous m'annoncez une grande et bien agréable nouvelle, l'arrivée de D. Brutus au milieu de ses légions; j'espère beaucoup de lui. Mais enfin, si l'on en vient à une guerre civile, comme cela est inévitable ; si Sextus Pompée reste sous les armes, et certainement il y restera, quel parti faudra-t-il que je prenne? Je l'ignore. Il ne me sera pas libre à présent de demeurer neutre, comme j'aurais pu l'être pendant la guerre de César. Ce parti, composé de tout ce qu'il y a de plus mauvais citoyens, traitera comme ennemis tous ceux qui se sont réjouis de la mort de César. Et qui de nous n'a pas ouvertement fait paraître sa joie? Alors ce sera un affreux carnage. Irons-nous chercher un asile dans le camp de Sextus Pompée, ou, peut-être, dans celui de Brutus? Mais, outre que l'événement de la guerre est incertain, cela ne convient ni à notre humeur, ni à notre âge, et il me semble que nous pouvons, en quelque manière, nous dire l'un à l'autre :

> O mon fils, laisse en paix les travaux de guerriers,
> L'éloquence a pour toi tressé d'autres lauriers.

Mais abandonnons cela au hasard, qui dans de pareilles conjonctures a souvent plus de pouvoir que la prudence. Ce qui dépend de nous, ce à quoi nous devons nous attacher, c'est à supporter avec courage et en philosophes tout ce qui pourra arriver. Sou-

---

Quamvis enim tu magna, et mihi jucunda scripseris de D. Bruti adventu ad suas legiones, in quo spem maximam video : tamen, si est bellum civile futurum, quod certe erit, si Sextus in armis permanebit, quem permansurum esse certo scio; quid nobis faciendum, ignoro. Neque enim jam licebit, quod Cæsaris bello licuit, neque huc, neque illuc. Quemcumque enim hæc pars perditorum lætatum morte Cæsaris putabit (lætitiam autem apertissime tulimus omnes), hunc in hostium numero habebit : quæ res ad cædem maximam spectat. Restat, ut in castra Sexti, aut, si forte, Bruti nos conferamus. Res odiosa et aliena nostris ætatibus, et incerto exitu belli : et nescio, quo pacto tibi ego possim, mihi tu dicere :

Τέκνον ἐμὸν, οὔ τοι δέδοται πολεμήϊα ἔργα,
Ἀλλὰ σύ γ' ἱμερόεντα μετέρχεο ἔργα λόγοιο.

Sed hæc fors viderit, ea, quæ talibus in rebus plus, quam ratio, potest. Nos autem id videamus, quod in nobis esse debet, ut quidquid acciderit, fortiter

venons-nous que ce sont des malheurs auxquels l'humanité a déjà été exposée : que nos études, et surtout les ides de mars, servent à nous consoler.

Aidez-moi maintenant à sortir de l'incertitude qui m'agite : tant il y a de raisons pour et contre. Partirai-je pour la Grèce en qualité de lieutenant, comme je l'avais résolu? J'évite ainsi, ce me semble, le péril de mort dont nous sommes menacés. Mais je m'expose au reproche de manquer à la république dans de si graves circonstances. En demeurant, je vois bien que je m'expose à quelque danger; mais aussi il peut arriver que je sois utile à l'État. D'un autre côté, j'ai des raisons particulières pour aller en Grèce. Ma présence y serait très-importante pour activer l'éducation de mon fils: c'était pour cette seule raison que j'avais songé à me faire donner une légation par César. Pensez, je vous prie, à tout cela, avec cette attention que vous avez coutume de donner à tout ce qui me regarde.

Je reviens à votre lettre. Vous me dites qu'il court un bruit que je veux vendre le bien que j'ai auprès du lac Lucrin, et que mon frère veut avoir à quelque prix que ce soit cette petite maison de campagne pour y installer Aquillia richement dotée, à ce que vous a dit son fils. Pour moi, je ne pense point à vendre, à moins que je ne trouve quelque chose qui me convienne mieux; et mon frère ne pense point à présent à rien

et sapienter feramus, et accidisse hominibus meminerimus; nosque quum multum litteræ, tum non minimum idus quoque mart. consolentur.

Suscipe nunc meam deliberationem, qua sollicitor : ita multa veniunt in mentem in utramque partem. Proficiscor, ut constitueram, legatus in Græciam? Cædis impendentis periculum nonnihil vitare videor, sed casurus in aliquam vituperationem, quod rei publicæ defuerim tam gravi tempore. Sin autem mansero, fore me quidem video in discrimine; sed accidere posse suspicor, ut prodesse possim rei publicæ. Jam illa consilia privata sunt, quod sentio valde esse utile ad confirmationem Ciceronis, me illuc venire : nec alia causa profectionis mihi ulla fuit tum, quum consilium cepi legari ab Cæsare. Tota igitur hac de re, ut soles, si quid ad me pertinere putas, cogitabis.

Redeo nunc ad epistolam tuam. Scribis enim esse rumores, me, ad lacum quod habeo, venditurum; minusculam vero villam utique Quinto traditurum, vel impenso pretio, quo introducatur, ut tibi Quintus filius dixerit, dotata Aquillia : ego vero de venditione nihil cogito, nisi quid, quod magis me delectet, invenero. Quintus autem de emendo nihil curat hoc tempore. Satis enim

acheter. Il est bien assez embarrassé à payer la dot de votre sœur, et, à ce sujet, il a de grandes obligations à Egnatius. Quant à se marier, il en est si éloigné, qu'il ne trouve rien de plus agréable que de coucher seul.

Mais en voilà assez sur ce sujet. Je reviens à notre malheureuse république, si tant est qu'elle subsiste encore. M. Antoine m'a écrit pour le rappel de Sext. Clodius. Il ne pouvait le faire d'une manière qui marquât plus de considération pour moi, comme vous en jugerez par sa lettre, dont je vous envoie une copie; mais vous verrez en même temps combien cela montre de corruption, de turpitude et offre un pernicieux exemple. C'est à faire quelquefois regretter César. Ce qu'il n'aurait jamais fait, ce qu'il n'aurait pas même souffert, on le fait en son nom en falsifiant ses mémoires. Je n'ai pas fait difficulté de donner à Antoine le consentement qu'il me demandait : puisqu'il s'est persuadé que tout ce qu'il veut lui est permis, il aurait bien passé outre, quand même je n'y aurais pas consenti. Je vous envoie aussi une copie de ma réponse.

torquetur debitione dotis : in qua mirificas Egnatio gratias agit. A ducenda autem uxore sic abhorret, ut libero lectulo neget esse quidquam jucundius. Sed hæc quoque hactenus. Redeo enim ad miseram, seu nullam potius rem publicam. M. Antonius ad me scripsit de restitutione Sext. Clodii; quam honorifice, quod ad me attinet, ex ipsius litteris cognosces (misi enim tibi exemplum) ; quam dissolute, quam turpiter, quamque ita perniciose, ut nonnunquam Cæsar desiderandus esse videatur, facile existimabis. Quæ enim Cæsar nunquam neque fecisset, neque passus esset, ea nunc ex falsis ejus commentariis proferuntur. Ego autem Antonio facillimum me præbui. Etenim ille, quoniam semel induxit animum, sibi licere quod vellet, fecisset nihilo minus me invito. Itaque mearum quoque litterarum misi tibi exemplum.

LETTRE A

ANTOINE, CONSUL, A CICÉRON

J'ai été si occupé, et vous êtes parti si subitement, que je n'ai pu traiter de vive voix avec vous l'affaire pour laquelle je vous écris. J'appréhende de ne pas réussir aussi bien par lettre; mais si vous me donnez dans cette occasion des marques de cette bonté naturelle que je vous ai toujours connue, cela me fera un sensible plaisir. J'avais demandé à César le rappel de Sext. Clodius, et il me l'avait accordé. Dès lors, j'avais l'intention de ne profiter de cette faveur qu'avec votre consentement, et je souhaite plus que jamais que vous veuilliez bien me l'accorder. Que si le triste et misérable état où est Sext. Clodius vous trouve inexorable, je ne passerai pas outre, quoiqu'il semble que mon devoir est de faire exécuter tout ce que renferment les instructions de César. Mais, en vérité, si vous consultez tout ce que demandent l'humanité, la prudence et vos bons sentiments pour moi, vous vous laisserez fléchir, et vous serez bien aise de faire voir à P. Clodius, qui est un jeune homme de très-grande espérance, que vous n'avez point voulu persécuter les amis de son père lorsque vous l'auriez pu.

EPISTOLA A

ANTONIUS, CONSUL, M. CICERONI S. D.

Occupationibus est factum meis, et subita tua profectione, ne tecum coram de hac re agerem. Quam ob causam vereor ne absentia mea levior sit apud te. Quod si bonitas tua responderit judicio meo, quod semper habui de te, gaudebo. A Cæsare petii, ut Sext. Clodium restitueret; impetravi. Erat mihi in animo etiam tum sic uti beneficio ejus, si tu concessisses. Quo magis laboro, ut tua voluntate id per me facere nunc liceat. Quod si duriorem te ejus miseræ et afflictæ fortunæ præbes : non contendam ego adversus te. Quanquam videor debere tueri commentarium Cæsaris. Sed mehercule, si humaniter et sapienter et amabiliter in me cogitare vis, facilem profecto te præbebis, et voles P. Clodium, in optima spe puerum repositum, existimare non te insectatum esse, quum potueris, amicos paternos.

Laissez voir, je vous prie, que les seuls intérêts de la république ont été la cause de vos débats avec son père. Ne dédaignez pas cette famille. On renonce avec plus d'honneur et moins de peine à son ressentiment, lorsque le seul zèle pour la république l'avait fait naître, que lorsqu'il vient d'une animosité personnelle. Laissez-moi enfin élever ce jeune homme et persuader à son esprit encore tendre que les inimitiés ne doivent point être héréditaires. Quoique je sois persuadé, mon cher Cicéron, que votre sort est à l'abri de tout danger, cependant je crois que vous aimerez mieux jouir d'une vieillesse tranquille et honorée que d'être sans cesse en butte à des inquiétudes. D'ailleurs, il me semble que j'ai quelque droit de vous demander cette faveur, car j'ai fait pour vous tout ce qui a été en mon pouvoir. Si je ne l'obtiens pas, je ne ferai point de mon chef grâce à Clodius; vous verrez par là combien j'ai de considération pour vous, et vous vous laisserez toucher de compassion pour lui.

LETTRE B

CICÉRON A ANTOINE, CONSUL

Ce qui m'aurait fait préférer de traiter de vive voix avec vous

Patere, obsecro te, pro re publica videri gessisse simultatem cum patre ejus. Non contempseris hanc familiam. Honestius enim et libentius deponimus inimicitias rei publicæ nomine susceptas, quam contumaciæ. Me deinde sine ad hanc opinionem jam nunc dirigere puerum, et tenero animo ejus persuadere, non esse tradendas posteris inimicitias. Quanquam tuam fortunam, Cicero, ab omni periculo abesse, certum habeo : tamen arbitror, malle te quietam senectutem et honorificam potius agere, quam sollicitam. Postremo meo jure te hoc beneficium rogo. Nihil enim non tua causa feci. Quod si non impetro, per me Clodio daturus non sum; ut intelligas, quanti apud me auctoritas tua sit, atque eo te placabiliorem præbeas.

EPISTOLA B

CICERO ANTONIO, COS., S. D.

Quod mecum per litteras agis, unam ob causam mallem coram egisses. Non

l'affaire pour laquelle vous m'écrivez, c'est que, non-seulement vous auriez reconnu par mes discours, vous auriez même lu sur mes traits, dans mes yeux et sur mon front, comme on dit, combien j'ai d'amitié pour vous. Je vous ai toujours aimé, d'abord pour reconnaître l'attachement que vous m'avez témoigné, puis, en retour des services que vous m'avez rendus ; mais ceux que vous venez de rendre à la république ont si fort augmenté mon affection, que personne ne m'est plus cher que vous. J'ai été si touché des marques de considération et d'amitié dont votre lettre est remplie, qu'il me semble que c'est plutôt me faire une grâce que m'en demander une, de refuser de rappeler sans mon consentement un homme qui est mon ennemi, mais qui est votre protégé, lorsque rien ne vous obligeait à le faire.

Je vous sacrifie donc mon ressentiment, mon cher Antoine, et je reconnais qu'il n'y a rien de plus honorable et de plus obligeant pour moi que la manière dont vous m'en avez écrit. Ce que vous souhaitez, je le ferais à votre seule considération ; mais d'ailleurs mon caractère me porte naturellement à la douceur. Je n'ai jamais eu un esprit de vengeance, et je n'ai fait paraître de la rigueur et de la sévérité qu'autant que les besoins de la république l'ont exigé. J'ajoute que mon ressentiment contre Sextus Clodius n'a jamais eu rien d'excessif ; car j'ai toujours pensé que notre animosité ne devait point s'étendre jusqu'aux

enim solum ex oratione, sed etiam ex vultu et oculis et fronte (ut aiunt), meum ergo te amorem perspicere potuisses. Nam quum te semper amavi, primum tuo studio, post etiam beneficio provocatus; tum his temporibus res publica te mihi ita commendavit, ut cariorem habeam neminem. Litteræ vero tuæ, quum amantissime, tum honorificentissime scriptæ, sic me affecerunt, ut non dare tibi beneficium viderer, sed accipere a te, ita petente, ut inimicum meum, necessarium tuum, me invito servare nolles, quum id nullo negotio facere posses.

Ego vero tibi istuc, mi Antoni, remitto; atque ita, ut me a te, quum his verbis scripseris, liberalissime atque honorificentissime tractatum existimem : idque quum totum, quoquo modo se res haberet, tibi dandum putarem; tum do etiam humanitati et naturæ meæ. Nihil enim unquam non modo acerbum in me fuit, sed ne paulo quidem tristius, aut severius, quam necessitas rei publicæ postulavit. Accedit, ut ne in ipsum quidem Clodium meum insigne odium fuerit unquam; semperque ita statui, non esse insectandos inimico-

amis de nos ennemis, surtout lorsqu'ils sont à terre ; c'est une garantie pour l'avenir dont il ne faut pas se priver.

Pour ce qui est du jeune Clodius, c'est à vous à lui donner les impressions que vous me marquez, et à lui faire concevoir qu'il ne doit plus y avoir d'inimitié entre nos familles. Lorsque j'ai lutté contre son père, je défendais les intérêts de l'État, et lui les siens. La république a décidé en ma faveur : s'il vivait encore, il n'y aurait plus de démêlés entre lui et moi. Ainsi, puisque vous avez demandé mon consentement pour une chose dont vous étiez entièrement le maître, et que vous ne voulez pas passer outre si je le refuse, faites valoir au jeune Clodius cette faveur comme venant de moi, si bon vous semble. Ce n'est pas qu'à mon âge j'aie rien à craindre d'un homme du sien, ou que, dans le rang où je suis, je doive redouter aucune lutte avec lui. Mais c'est afin que nous puissions dorénavant être plus unis que nous ne l'avons été depuis quelque temps ; car, par suite de ces querelles domestiques, votre cœur m'a toujours été plus accessible que votre maison. Mais en voilà assez là-dessus ; je finis en vous assurant que je serai toujours prêt à exécuter avec zèle et sans aucune hésitation tout ce que vous souhaiterez et tout ce qui pourra vous faire plaisir. Soyez-en bien persuadé.

---

rum amicos, præsertim humiliores ; nec his præsidiis nosmet ipsos esse spoliandos.

Nam de puero Clodio tuas partes esse arbitror, ut ejus animum tenerum, quemadmodum scribis, his opinionibus imbuas, ut ne quas inimicitias residere in familiis nostris arbitretur. Contendi cum P. Clodio, quum ego publicam causam, ille suam defenderet. Nostras concertationes res publica dijudicavit. Si viveret, mihi cum illo nulla contentio jam maneret. Quare, quoniam hoc a me sic petis, ut, quæ tua potestas est, ea neges te me invito usurum : puero quoque hoc a me dabis, si tibi videbitur ; non quo aut ætas nostra ab illius ætate quidquam debeat periculi suspicari, aut dignitas mea ullam contentionem extimescat : sed ut nosmet ipsi inter nos conjunctiores simus, quam adhuc fuimus. Interpellantibus enim his inimicitiis animus tuus mihi magis patuit, quam domus. Sed hæc hactenus. Illud extremum : ego, quæ te velle, quæque ad te pertinere arbitrabor, semper sine ulla dubitatione summo studio faciam. Hoc velim tibi penitus persuadeas.

LETTRE DCXCIV

Écrite à Pouzzoles, le 27 avril 709.

CICÉRON A ATTICUS

Répétez-le-moi de nouveau; quoi? notre neveu Quintus a paru avec une couronne aux jeux Pariliens en l'honneur de César? aux jeux Pariliens! Était-il seul? Vous me parlez aussi de Lamia, ce qui me surprend fort. Je voudrais bien savoir quels furent les autres; mais je sais déjà par avance que ce ne pouvait être de bons citoyens; rendez-m'en compte en détail.

Le hasard a voulu que je vous aie écrit, le 6 des calendes, une lettre assez longue, et que, trois heures après, j'en aie reçu une de vous très-remplie. Il n'est pas nécessaire que je vous dise que vos plaisanteries pleines de sel sur la secte de Vestorius et sur la coutume des banquiers de Pouzzoles m'ont fait beaucoup rire. Mais parlons d'affaires plus sérieuses.

Vous défendez les deux Brutus et Cassius, comme si je les attaquais; moi qui pense au contraire qu'on ne peut assez les

EPISTOLA DCXCIV
(ad Att., XIV, 14)

Scrib. in Puteolano, a. d. v kal. maii A. V. C. 709.

CICERO ATTICO SAL.

Iteradum eadem ista mihi. Coronatus Quintus noster Parilibus? Parilibus! solusne? etsi addis Lamiam; quod demiror equidem; sed scire cupio, qui fuerint alii : quanquam satis scio, nisi improbum neminem. Explanabis igitur hoc diligentius.

Ego autem casu quum dedissem ad te litteras vi kal. satis multis verbis, tribus ere horis post accepi tuas, et magni quidem ponderis. Itaque joca tua plena facetiarum, de hæresi Vestoriana, et de Pherionum more Puteolano, risisse me satis nihil est necesse scribere. Πολιτικώτερα illa videamus.

Ita Brutos Cassiumque defendis, quasi eos ego reprehendam; quos satis lau-

3.

louer; je m'en prends aux événements funestes, et non aux hommes. Ils nous ont délivrés du tyran, et la tyrannie subsiste : car ce que l'on fait à présent, César ne l'aurait pas fait, témoin le rappel de Clodius. Je suis très-sûr que non-seulement il ne l'aurait pas fait, mais que même il ne l'aurait pas souffert. On rappellera de même Rufio Vestorianus, puis Victor, que César n'a jamais inscrit sur ses registres, et bien d'autres ; car à qui s'arrêtera-t-on? Nous obéissons servilement aux mémoires d'un homme à qui nous n'avons pu nous résoudre d'obéir.

Qui pouvait se dispenser d'aller au sénat le jour des fêtes de Bacchus? Mais je suppose que nous l'eussions pu, quand une fois nous y avons été, avons-nous pu opiner librement? N'a-t-il pas fallu maintenir tous les droits des soldats vétérans qui nous environnaient en armes pendant que nous étions sans défense? Vous avez été témoin vous-même que je n'approuvai point cette assemblée au Capitole. Est-ce donc la faute des Brutus? non, mais la faute de ceux qui sont bien dignes du nom de *brutes*, et qui se croient fort habiles et fort prudents. Ils se sont contentés de se réjouir, quelques-uns ont applaudi aux conjurés, mais aucun d'eux n'est demeuré pour les soutenir. Ne pensons plus au passé, faisons tous nos efforts pour défendre nos libérateurs; et, comme vous me le recommandez, consolons-nous en pensant aux ides de mars, qui, à la vérité, ont ouvert les portes du ciel à

---

dare non possum. Rerum ego vitia collegi, non hominum. Sublato enim tyranno tyrannida manere video. Nam quæ ille facturus non fuit, ea fiunt, ut de Clodio; de quo mihi exploratum est, illum non modo non facturum, sed etiam ne passurum quidem fuisse. Sequetur Rufio Vestorianus, Victor nunquam scriptus, cæteri, quis non? Cui servire ipsi non potuimus, ejus libellis paremus.

Nam Liberalibus quis potuit in senatum non venire? fac id potuisse aliquo modo : num, etiam quum venissemus, libere potuimus sententiam dicere? nonne omni ratione veterani, qui armati aderant, quum præsidii nos nihil haberemus, defendendi fuerunt? Illam sessionem Capitolinam mihi non placuisse, tu testis es. Quid ergo? ista culpa Brutorum? Minime illorum quidem; sed aliorum brutorum, qui se cautos ac sapientes putant; quibus satis fuit lætari; nonnullis, etiam gratulari; nullis, permanere. Sed præterita omittamus : istos omni cura præsidioque tueamur; et, quemadmodum tu præcipis, contenti idibus mart. simus : quæ quidem nostris amicis, divinis viris, aditum

nos amis, ces demi-dieux, mais qui n'ont point rendu au peuple romain sa liberté. Souvenez-vous de vos prédictions; vous disiez tout haut que tout était perdu, si on faisait des funérailles à César; vous aviez bien raison, et vous voyez quelles en ont été les conséquences.

Vous me mandez qu'Antoine doit, aux calendes de juin, faire son rapport au sénat sur les gouvernements des provinces, et qu'il demandera celui des deux Gaules pour un plus grand nombre d'années que celui qui est fixé par les lois. Pourra-t-on voter librement? Si on le peut, je me réjouirai de ce que la liberté nous aura été rendue; mais, si on ne le peut pas, qu'aurai-je gagné à changer de maître? rien autre chose que le plaisir que j'ai eu d'être témoin du juste trépas d'un tyran. Vous me dites qu'on pille tout l'argent qui était dans le temple d'Ops; je m'y étais bien attendu. Nous avons eu d'illustres libérateurs, et pourtant nous ne sommes pas libres; à eux l'honneur, à nous la faute. Et avec cela, vous m'exhortez à écrire l'histoire de notre temps! Voulez-vous que je trace le tableau de tous les attentats de ceux qui nous tiennent encore assiégés? Pourrais-je ne pas faire l'éloge de ceux qui vous ont fait signer leur testament? Certes, ce n'est pas un si mince intérêt qui me touche, mais il est fâcheux d'être obligé de dire du mal de ceux qui nous veulent du bien, quels qu'ils puissent être.

Je crois, comme vous, que pour me déterminer plus sûre-

---

ad cœlum dederunt, libertatem populo Romano non dederunt. Recordare tua. Nonne meministi clamare te, omnia periisse, si ille funere elatus esset? Sapienter id quidem. Itaque, ex eo quæ manarint, vides.

Quæ scribis kalendis juniis Antonium de provinciis relaturum, ut et ipse Gallias habeat, et utrisque dies prorogetur : licebit ne decerni libere? si licuerit, libertatem esse recuperatam lætabor : si non licuerit, quid mihi attulerit ista domini mutatio præter lætitiam, quam oculis cepi justo interitu tyranni? Rapinas scribis ad Opis fieri : quas nos quoque tum videbamus. Næ nos et liberati ab egregiis viris, nec liberi sumus. Ita laus illorum est, culpa nostra. Et hortaris me, ut historias scribam? ut colligam tanta eorum scelera, a quibus etiam nunc obsidemur? poterone eos ipsos non laudare, qui te obsignatorem adhibuerunt? nec mehercule me raudusculum movet : sed homines benevolos, qualescumque sunt, grave est insequi contumelia.

Sed de omnibus meis consiliis, ut scribis, existimo exploratius nos ad kalen-

ment sur le parti que je dois prendre, il faut attendre les calendes de juin. Je ne manquerai point d'aller au sénat; et je ferai tous mes efforts pour vous faire avoir un décret tel que vous le souhaitez, soutenu en cela par la grande considération, par le crédit dont vous jouissez, et par la bonté de la cause de ceux de Buthrote. Je penserai de nouveau à l'affaire à laquelle vous me conseillez de réfléchir, quoique je vous eusse prié dans ma dernière lettre d'y penser pour moi. Vous rendez à vos voisins de Marseille tout ce qu'on leur a ôté, comme si la république avait recouvré tous ses droits. Pour les rétablir, l'autorité morale ne suffit pas; il faudrait avoir des troupes, et quelles troupes avons-nous?

LETTRE DCXCV

Écrite à Pouzzoles, en avril 709.

CICÉRON A BITHYNICUS

A toutes les raisons qui me font vivement souhaiter le rétablissement de la république, se joint, croyez-moi, l'espérance de

das junias statuere posse : ad quas adero, et omni ope atque opera enitar, adjuvante me scilicet auctoritate tua et gratia et summa æquitate causæ, ut de Buthrotiis senatusconsultum, quale scribis, fiat. Quod me cogitare jubes, cogitabo equidem : etsi tibi dederam superiore epistola cogitandum. Tu autem, quasi jam recuperata re publica, vicinis tuis Massiliensibus sua reddis. Hæc armis, quæ, quam firma habeamus, ignoro, restitui fortasse possunt, auctoritate non possunt.

EPISTOLA DCXCV

(ad div., VII, 17)

Scrib. Puteolis, mense aprili A. V. C. 709.

M. CICERO BITHYNICO S. D.

Quum cæterarum rerum causa percupio esse aliquando rem publicam con-

vous voir remplir la promesse que vous me faites dans votre lettre. Vous m'écrivez que vous vivrez alors avec moi : comptez que je suis très-sensible à cette intention, et que je la trouve digne, non-seulement de notre amitié, mais encore de l'opinion qu'avait de moi un homme aussi éminent que votre père. Croyez bien que si vous êtes plus lié par la grandeur des services avec ceux qui ont joui ou qui jouissent encore de l'autorité dans ces conjonctures, il n'est personne qui vous soit plus attaché que moi. Aussi rien ne m'est plus agréable que le souvenir que vous conservez de notre amitié, et le désir que vous me témoignez d'en resserrer les liens.

LETTRE DCXCVI

Écrite à Pouzzoles, avant le 1er mai 709.

CICÉRON A TIRON

Achevez la déclaration, si vous le pouvez ; quoique cet argent soit d'une nature qui n'en demande point. Balbus m'écrit qu'il est atteint d'une si grande fluxion qu'il ne peut parler. Antoine

stitutam : tum velim mihi credas accedere, id quo magis expetam; promissum tuum, quo in litteris uteris. Scribis enim, si ita sit, te mecum esse victurum. Gratissima mihi tua voluntas est : facisque nihil alienum necessitudine nostra, udiciisque patris tui de me, summi viri. Nam sic habeto, beneficiorum magnitudine eos, qui temporibus valuerunt aut valent, conjunctiores tecum esse, quam me; necessitudine neminem. Quamobrem grata mihi est et memoria tua nostræ conjunctionis, et ejus etiam augendæ voluntas.

EPISTOLA DCXCVI
(ad div., XVI. 23)

Scrib. Puteolis, ante kal. maii A. V. C. 709.

TULLIUS TIRONI SUO S. P. D.

Tu vero confice professionem, si potes. Etsi hæc pecunia ex eo genere est, ut professione non egeat. Verumtamen Balbus ad me scripsit, tanta se epiphora

fera ce qui lui plaît avec sa loi, pourvu qu'il me soit permis de rester à la campagne.

J'ai écrit à Bithynicus. Suivez l'exemple de Servilius, vous qui ne méprisez pas la vieillesse. Notre cher Atticus, qui m'a vu autrefois sujet à des terreurs paniques, croit qu'il en est toujours de même; il ne voit pas quel rempart je me suis fait de la philosophie, et, parce qu'il a peur, il fait du bruit. Mon intention sans doute est d'entretenir avec Antoine une amitié fort ancienne et inaltérable. Je lui écrirai, mais ce ne sera point avant de vous avoir vu. Cependant je ne veux point vous enlever à la rédaction de votre obligation ; *avant la jambe le genou.* J'attends demain Lepta. J'aurai besoin que l'absinthe de son langage soit tempérée par le miel vos discours. Adieu.

LETTRE DCXCVII

Écrite à Pouzzoles, le 1ᵉʳ mai 709.

CICÉRON A ATTICUS

J'ai lu avec un vrai plaisir votre dernier petit billet au sujet

oppressum, ut loqui non possit. Antonius de lege quid egerit; liceat modo rusticari.

Ad Bithynicum scripsi. De Servilio tu videris, qui senectutem non contemnis. Etsi Atticus noster, quia quondam me commoveri πανικοῖς intellexit, idem semper putat, nec videt, quibus præsidiis philosophiæ septus sim : et hercle, quod timidus ipse est, θορυβοποιεῖ. Ego tamen Antonii inveteratam sine ulla offensione amicitiam retinere sane volo, scribamque ad eum, sed non antequam te videro : nec tamen te avoco a syngrapha. Γόνυ κνήμης. Cras exspecto Leptam. Ad cujus rutam pulegio mihi tui sermonis utendum est. Vale.

EPISTOLA DCXCVII

(ad Att., XIV, 13)

Scrib. in Puteolano, kal. maii A. V. C. 709.

CICERO ATTICO SAL.

Epistola brevis, quæ postea a te scripta est, sane mihi fuit jucunda, de

de la lettre de Brutus à Antoine, et de celle que Brutus vous a écrite ; cela me fait espérer que les affaires vont prendre une meilleure tournure. Il est temps que j'avise à ma position ici, et que je voie où je dois me retirer. O l'admirable action que celle de mon cher Dolabella ! Je dis à présent mon cher Dolabella, auparavant je vous assure que je doutais un peu de lui. Cette action sera d'un grand exemple : les uns précipités de la roche Tarpéienne, les autres mis en croix ; la colonne abattue ; le sol pavé ; que voulez-vous de plus ? c'est héroïque ! Il me semble que par là il a mis fin à tous ces semblants de regrets qui grossissaient chaque jour et qui, s'ils avaient duré plus longtemps, seraient, je le craignais, devenus funestes à nos illustres tyrannicides. Je suis à présent de votre avis, et je commence à concevoir de meilleures espérances ; quoique je ne puisse souffrir ces gens qui, sous prétexte d'entretenir la paix, défendent les actes les plus coupables ; mais tout ne peut pas venir à la fois. Les affaires tournent mieux que je ne l'avais pensé, et je ne partirai que lorsque vous croirez que je le puis avec honneur.

Brutus peut compter entièrement sur moi : quand je n'aurais jamais eu de liaison avec lui, je le ferais par respect pour sa rare et incroyable vertu. Je laisse notre chère Pilia maîtresse de ma maison de campagne et de tout ce qu'elle renferme ; je par-

---

Bruti ad Antonium, et de ejusdem ad te litteris. Posse videntur esse meliora, quam adhuc fuerunt. Sed nobis ubi simus, et quo jam nunc nos conferamus, providendum est. O mirificum Dolabellam meum ! Jam enim dico meum ; antea, crede mihi, subdubitabam. Magnam ἀναθεώρησιν res habet ; de saxo ; in crucem ; columnam tollere ; locum illum sternendum locare ! Quid quæris ? heroica ! Sustulisse mihi videtur simulationem desiderii, adhuc quæ serpebat in dies ; et inveterata verebar ne periculosa nostris tyrannoctonis esset. Nunc prorsus assentior tuis litteris, speroque meliora : quanquam istos ferre non possum, qui, dum se pacem velle simulant, acta nefaria defendunt. Sed non possunt omnia simul. Incipit res melius ire, quam putaram. Nec vero discedam, nisi quum tu me id honeste putabis facere posse.

Bruto certe meo nullo loco deero : idque, etiam si mihi cum illo nihil fuisset, facerem propter ejus singularem incredibilemque virtutem. Piliæ nostræ

tirai moi-même pour Pompéies aux calendes de mai. Que je voudrais que vous pussiez persuader à Brutus de se trouver à Asture !

LETTRE DCXCVIII

Écrite à Pouzzoles, le 3 mai 709, dans la maison de campagne de Cluvius.

CICÉRON A ATTICUS

Je vous écris cette lettre le 5 des nones, au moment de quitter les jardins de Cluvius et de m'embarquer sur mon esquif à rames, après avoir mis Pilia en possession de ma villa du lac Lucrin. Mes gens et mon intendant seront à ses ordres. Je vais aujourd'hui faire brèche au frugal ordinaire de notre cher Pétus ; j'irai de là à Pompéies, où je serai fort peu de jours ; je me rembarquerai pour revenir dans mes royaumes de Pouzzoles et de Cumes. Que je me plairais dans cet agréable séjour, si les importuns ne m'obligeaient presque à le déserter !

Mais, pour revenir aux affaires sérieuses, que j'admire le courage de mon cher Dolabella ! que cela sera d'un grand exemple !

---

villam totam, quæque in villa sunt, trado, in Pompeianum ipse proficiscens kal. maiis. Quam velim Bruto persuadeas, ut Asturæ sit.

EPISTOLA DCXCVIII
(ad Att., XIV, 16)

Scrib. in Puteolis in hortis Cluvianis, v non. maii A. V. C. 709.

CICERO ATTICO SAL.

Quinto non. conscendens ab hortis Cluvianis in phaselum epicopum has ded litteras, quum Piliæ nostræ villam ad Lucrinum, villicosque procuratores tradidissem. Ipse autem eo die in Pæti nostri tyrotarichum imminebam ; perpaucis diebus in Pompeianum : post in hæc Puteolana, et Cumana regna renavigaro. O loca cæteroqui valde expetenda, interpellantium autem multitudine pæne fugienda !

Sed ad rem ut veniam, o Dolabellæ nostri magnam ἀριστείαν! quanta est

Pour moi, je ne cesse de le louer, et de l'exhorter à ne pas se démentir. Je suis bien aise que vous me marquiez, dans toutes vos lettres, ce que vous pensez de l'action et de l'homme. Je crois qu'à présent Brutus pourrait paraître en plein forum avec une couronne d'or. Qui est-ce qui oserait l'insulter, et s'exposer à la croix ou à la roche Tarpéienne, surtout depuis que le bas peuple a si bien témoigné par ses applaudissements qu'il approuvait cette exécution?

Il faut à présent, mon cher Atticus, que vous me mettiez en état de partir. Dès que j'aurai fait tout ce que Brutus souhaitera, j'ai le plus vif désir de faire une excursion en Grèce. Il est fort important pour mon fils, ou plutôt pour moi, ou certes pour tous deux, que je voie par moi-même comment vont ses études; car cette lettre de Léonidas, que vous m'avez envoyée, que contient-elle qui puisse me faire tant de plaisir? Je ne trouverai jamais que ce soit faire assez l'éloge de mon fils, que de dire : « Il va bien *quant à présent.* » C'est le langage de la crainte et non de la confiance dans l'avenir. J'avais prié Hérode de m'écrire en détail à ce sujet; il ne m'a pas encore répondu jusqu'à ce jour. Je crains qu'il n'ait eu rien à me mander qui pût me faire plaisir à savoir. Je vous suis très-obligé de ce que vous avez écrit à Xénon; il est de mon devoir et de mon honneur que mon fils ne manque de rien.

ἀναθεώρησις! Equidem laudare eum et hortari non desisto. Recte tu omnibus epistolis significas, quid de re, quid de viro sentias. Mihi quidem videtur Brutus noster jam vel coronam auream per forum ferre posse. Quis enim audeat violare, proposita cruce, aut saxo, præsertim tantis plausibus, tanta approbatione infimorum?

Nunc, mi Attice, me fac ut expedias. Cupio, quum Bruto nostro affatim satisfecerim, excurrere in Græciam. Magni interest Ciceronis, vel mea potius, vel mehercule utriusque, me intervenire discenti. Nam epistola Leonidæ, quam ad me misisti, quid habet, quæso, in quo magnopere lætemur? Nunquam ille mihi satis laudari videbitur, quum ita laudabitur : QUOMODO NUNC EST. Non est fidentis hoc testimonium, sed potius timentis. Herodi autem mandaram, ut mihi κατὰ μίτον scriberet; a quo adhuc nulla littera est. Vereor, ne nihil habuerit, quod mihi, quum cognossem, jucundum putaret fore. Quod ad Xenonem scripsisti, valde mihi gratum est. Nihil enim deesse Ciceroni, quum ad officium, tum ad existimationem meam pertinet.

J'apprends que Flamma Flaminius est à Rome; je lui écris que je vous ai chargé de lui parler de l'affaire de Montanus : je vous prie de lui faire remettre ma lettre, et de lui parler quand vous en aurez le loisir. Je crois que si cet homme a quelque pudeur, il s'exécutera, et qu'il ne voudra pas qu'on paye pour lui. Je vous sais un gré infini de m'avoir appris le rétablissement d'Attica avant de m'avoir parlé de son indisposition.

LETTRE DCXCIX

Écrite à Pompéies, le 4 mai 709.

CICÉRON A ATTICUS

J'arrivai à Pompéies le 5 des nones de mai, après avoir la veille installé Pilia à Cumes, comme je vous l'ai déjà mandé. J'étais à table, lorsque j'ai reçu la lettre que vous aviez chargé Démétrius de me remettre la veille des calendes. Vous me donnez des conseils très-sages; mais tels, comme vous le dites prudemment, qu'il faille s'en remettre à la fortune du parti à suivre.

Flammam Flaminium audio Romæ esse. Ad eum scripsi, me tibi mandasse per litteras, ut de Montani negotio cum eo loquerere : et velim cures epistolam, quam ad eum misi, reddendam; et ipse, quod commodo tuo fiat, cum eo colloquare. Puto, si quid in homine pudoris est, præstaturum eum, ne pro se quodam modo dependatur. De Attica pergratum mihi fecisti, quod curasti, ut ante scirem recte esse, quam non belle fuisse.

EPISTOLA DCXCIX
(ad Att., XIV, 17)

Scrib. in Pompeiano, iv non. maii A. V. C. 709.

CICERO ATTICO SAL.

In Pompeianum veni v nonas maii quum pridie, ut antea ad te scripsi, Piliam in Cumano collocavissem. Ibi mihi cœnanti litteræ tuæ sunt redditæ, quas dederas Demetrio liberto pridie kal., in quibus multa sapienter, sed tamen talia, quemadmodum tute scribebas, ut omne consilium in fortuna positum vi-

Ainsi donc, nous prendrons ensemble conseil des circonstances. Quant à l'affaire de Buthrote, plaise au ciel que je puisse voir Antoine! cela contribuerait beaucoup au succès; mais on ne croit pas qu'il se détourne du chemin de Capoue. J'ai bien peur que ce voyage ne soit funeste à la république; L. César, que je laissai hier à Naples très-souffrant, l'appréhende aussi bien que moi. C'est pourquoi il nous faudra remettre jusqu'aux calendes de juin pour traiter cette affaire et la terminer. Mais assez sur ce sujet.

Mon frère a reçu, comme nous arrivions à Pompéies, une lettre de son fils, pleine d'aigreur. Il commence par dire qu'il ne s'accommodera jamais d'Aquillia pour sa belle-mère. Passe encore pour cela; mais il ajoute qu'il a obtenu de César tout ce qu'il a voulu, et jamais rien de son père, et qu'il espère le reste d'Antoine. Le malheureux! mais c'est son affaire... J'ai écrit à Brutus, à Cassius et à Dolabella. Je vous envoie une copie de mes lettres, non pas pour examiner s'il faut les remettre, car je n'ai aucun doute là-dessus, mais parce que je suis sûr qu'elles obtiendront votre approbation.

Je vous prie, mon cher Atticus, de fournir à mon fils tout l'argent que vous jugerez à propos, et souffrez que je me repose sur vous de ce soin : je vous suis très-obligé de celui que vous avez pris jusqu'à présent. Je n'ai pas encore travaillé autant

---

derêtur. Itaque his de rebus ex tempore et coram. De Buthrotio negotio, utinam quidem Antonium conveniam! multum profecto proficiam. Sed non arbitrantur eum a Capua declinaturum. Quo quidem, metuo, ne magno rei publicæ malo venerit. Quod idem L. Cæsari videbatur, quem pridie Neapoli affectum graviter videram. Quamobrem ista nobis ad kal. jun. tractanda et perficienda sunt. Sed hactenus.

Q. filius ad patrem acerbissimas litteras misit; quæ sunt ei redditæ, quum venissemus in Pompeianum; quarum tamen erat caput, Aquilliam novercam non esse laturum. Sed hoc tolerabile fortasse; illud vero? se ab Cæsare habuisse omnia, nil a patre, reliqua sperare ab Antonio. O perditum hominem! sed μελήσει. Ad Brutum nostrum, ad Cassium, ad Dolabellam epistolas scripsi. Earum exempla tibi misi, non ut deliberarem reddendæne essent (plane enim judico esse reddendas), sed quod non dubito, quin tu idem existimaturus sis.

Ciceroni meo, mi Attice, suppeditabis quantum videbitur, meque hoc tibi onus imponere patiere. Quæ adhuc fecisti, mihi sunt gratissima. Librum meum

que je l'aurais voulu à mes *Anecdotes*; ce que vous voudriez que j'y ajoutasse demande un volume séparé; mais, croyez-moi, je suis très-persuadé qu'il y aurait eu moins de danger à parler contre ces pestes de la république pendant la vie du tyran, que depuis sa mort. Je ne sais comment il se faisait qu'il souffrît avec une patience merveilleuse tout ce qui venait de moi. A présent, de quelque côté que nous nous tournions, on nous ramène non-seulement à ce que César a fait, mais à ce qu'il avait envie de faire. Puisque Flamma est arrivé, vous travaillerez, je vous prie, à l'affaire de Montanus; je la crois à présent en meilleur état.

LETTRE DCC

Écrite à Pompéies, le 4 mai 709.

CICÉRON A DOLABELLA

Bien que j'eusse applaudi à votre gloire, mon cher Dolabella, et qu'elle suffît pour me combler de joie et de bonheur, cependant je ne puis m'empêcher d'avouer que je suis charmé

illum ὀνίκδοτον nondum, ut volui, perpolivi. Ista vero, quæ tu contexi vis, aliud quoddam separatum volumen exspectant. Ego autem (credas mihi velim) minore periculo existimo contra illas nefarias partes, vivo tyranno, dici potuisse, quam mortuo : ille enim nescio quo pacto ferebat me quidem mirabiliter. Nunc quacumque nos commovimus, ad Cæsaris non modo acta, verum etiam cogitata revocamur. De Montano, quoniam Flamma venit, videbis. Puto rem meliore loco esse debere.

EPISTOLA DCC

(ad div., IX, 14)

Scrib. in Pompeiano, iv non. maii A. V. C. 709.

CICERO DOLABELLÆ COS. SUO S.

Etsi contentus eram, mi Dolabella, tua gloria, satisque ex ea magnam lætitiam voluptatemque capiebam; tamen non possum non confiteri, cumulari me

de ce que la voix publique m'associe aux louanges qu'on vous donne. Je ne vois personne ici (et j'y vois chaque jour beaucoup de monde ; car, outre qu'il y vient un grand nombre d'excellents citoyens pour cause de santé, il y vient aussi tous les jours, des villes voisines, plusieurs de mes amis); je ne vois, dis-je, personne qui, après avoir élevé jusqu'au ciel votre mérite, ne me fasse aussitôt de grandes félicitations. Ils se persuadent tous que c'est en suivant mes conseils, et en profitant de mes instructions, que vous vous êtes montré un si grand citoyen et un consul si remarquable. Je pourrais leur répondre en toute vérité que ce que vous faites, vous le faites de vous-même, par votre propre jugement, et que vous n'avez besoin pour cela du conseil de personne. Cependant je ne conviens pas tout à fait de ce qu'ils me disent, de peur de diminuer votre mérite en le laissant attribuer tout entier à mes conseils ; je ne nie pas absolument que je n'y aie quelque part. Je suis pour cela trop sensible à la louange. Au reste, il me semble que, sans porter atteinte à votre gloire, vous pouvez, comme Agamemnon, ce roi des rois, vous faire honneur d'avoir pour conseiller un Nestor : et il est bien glorieux pour moi de voir que les éloges qu'on donne au jeune consul, s'adressent en quelque sorte à l'élève formé par mes principes.

Lorsque je vis à Naples L. César, que je trouvai malade, tout acca-

---

maximo gaudio, quod vulgo hominum opinio socium me adscribat tuis laudibus. Neminem conveni (convenio autem quotidie plurimos : sunt enim permulti optimi viri, qui valetudinis causa, in his locis conveniunt ; præterea ex municipiis frequentes necessarii mei) quin omnes, quum te summis laudibus ad cœlum extulerunt, mihi continuo maximas gratias agant. Negant enim se dubitare, quin tu, meis præceptis et consiliis obtemperans, præstantissimum te civem, et singularem consulem præbeas. Quibus ego, quanquam verissime possum respondere, te quæ facias, tuo judicio et tua sponte facere, nec cujusquam egere consilio : tamen neque plane assentior, ne imminuam tuam laudem, si omnis a meis consiliis profecta videatur ; neque valde nego. Sum enim avidior etiam, quam satis est, gloriæ. Est tamen non alienum dignitate tua, quod ipsi Agamemnoni, regum regi, fuit honestum, habere aliquem in consiliis capiundis Nestorem. Mihi vero gloriosum, te juvenem consulem florere laudibus, quasi alumnum disciplinæ meæ.

L. quidem Cæsar, quum ad eum ægrotum Neapolim venissem, quanquam

blé qu'il était de douleurs par tout le corps, à peine m'eut-il salué qu'il s'écria : « O mon cher Cicéron, que je vous trouve heureux d'avoir tant de pouvoir sur l'esprit de Dolabella ! Si j'en avais autant sur le fils de ma sœur, nous n'aurions plus rien à craindre. Je félicite notre cher Dolabella, et je le remercie en mon particulier : nous pouvons dire qu'il est le seul qui, depuis vous, ait été véritablement consul. » Il me parla ensuite en détail de l'action, et de la manière dont elle s'était passée, et conclut qu'il ne s'était jamais rien fait de plus beau, de plus grand et de plus utile pour la république : il n'y a qu'une voix là-dessus. Je vous prie donc de vouloir bien souffrir que j'aie quelque part aux louanges qu'on vous donne, et que je jouisse, bien qu'à titre usurpé, d'une gloire qui vous appartient tout entière.

Plaisanterie à part, j'aimerais mieux, mon cher Dolabella, si j'ai jamais acquis quelque gloire, la transporter tout entière sur vous, que de vous ravir la moindre partie de la vôtre. Vous savez combien je vous ai toujours chéri ; mais ce que vous venez de faire a tellement augmenté mon amitié pour vous, qu'elle ne peut être ni plus vive ni plus ardente. C'est qu'il n'est rien, croyez-moi, de plus beau, de plus aimable et de plus séduisant que la vertu. J'ai toujours aimé, vous le savez, M. Brutus, a cause de l'élévation de son esprit, de la douceur de ses mœurs, et de cette grande probité qui ne s'est jamais démentie ; cepen-

---

erat oppressus totius corporis doloribus, tamen ante, quam me plane salutavit : « O mi Cicero, inquit, gratulor tibi, quum tantum vales apud Dolabellam, quantum, si ego apud sororis filium valerem, jam salvi esse possemus. Dolabellæ vero tuo et gratulor et gratias ago ; quem quidem, post te consulem, solum possum vere consulem dicere. » Dein multa de facto, ac de re gesta. Tum nihil rei publicæ salutarius : atque hæc una vox omnium est. A te autem peto, uti me hanc quasi falsam hæreditatem alienæ gloriæ sinas cernere, meque aliqua ex parte in societatem tuarum laudum venire patiare.

Quanquam, mi Dolabella (hæc enim jocatus sum), libentius omnes meas, si modo sunt aliquæ meæ laudes, ad te transfuderim, quam aliquam partem exhauserim ex tuis. Nam quum te semper tantum dilexerim, quantum tu intelligere potuisti ; tum his tuis factis sic incensus sum, ut nihil unquam in amore fuerit ardentius. Nihil est enim, mihi crede, virtute formosius, nihil pulchrius, nihil amabilius. Semper amavi, ut scis, M. Brutum, propter ejus summum ingenium, suavissimos mores, singularem probitatem atque constan-

dant, depuis les ides de mars, mon affection pour lui s'est accrue au point que je suis surpris moi-même qu'un sentiment qui semblait ne pouvoir aller plus loin, se soit tellement augmenté. Qui aurait cru que l'amitié que j'avais pour vous pût devenir plus grande? et pourtant elle l'est devenue, si bien qu'il me semble que ce n'était auparavant qu'une simple affection, et que c'est à présent une parfaite amitié.

Qu'est-il donc besoin que je vous exhorte à prendre soin de votre dignité et de votre gloire? Irai-je, comme l'on fait ordinairement, vous proposer pour modèles des hommes illustres? je n'en ai point de plus illustre à vous proposer que vous-même; vous n'avez qu'à vous imiter et vous surpasser. Il ne vous est même plus libre, après une action d'un si grand éclat, de n'être pas semblable à vous-même. Il ne faut donc point vous exhorter, il n'y a plus qu'à vous féliciter; car il vous est arrivé ce qui peut-être n'est jamais arrivé à personne, qu'une extrême sévérité vous a rendu agréable au peuple, bien loin de le prévenir contre vous; et que vous avez eu l'approbation, non-seulement des honnêtes gens, mais même de la plus basse classe du peuple. Si cela vous était arrivé par quelque sorte de hasard, je vous féliciterais de votre bonheur; mais on ne peut attribuer ce succès qu'à votre courage, à votre habileté et à votre prudence. J'ai lu votre harangue. Rien de plus adroit. En exposant le fait, vous avancez pas à pas et par degrés avec tant d'adresse, que, tout

---

tiam : tamen idibus mart. tantum accessit ad amorem, ut mirarer locum fuisse augendi in eo, quod mihi jampridem cumulatum etiam videbatur. Quis erat, qui putaret ad eum amorem, quem erga te habebam, posse aliquid accedere? tantum accessit, ut mihi nunc denique amare videar, antea dilexisse.

Quare quid est, quod ego te horter, ut dignitati et gloriæ servias? proponam tibi claros viros, quod facere solent, qui hortantur? neminem habeo clariorem, quam te ipsum. Te imitere oportet, tecum ipse certes. Ne licet quidem tibi jam, tantis rebus gestis, non tui similem esse. Quod quum ita sit, hortatio non est necessaria; gratulatione magis utendum est. Contigit enim tibi, quod haud scio an nemini, ut summa severitas animadversionis non modo non invidiosa, sed etiam popularis esset, et quum bonis omnibus, tum infimo cuique gratissima. Hoc si tibi fortuna quadam contigisset, gratularer felicitati tuæ : sed contigit magnitudine tum animi, tum etiam ingenii, atque consilii. Legi enim concionem tuam. Nihil illa sapientius. Ita pedetentim et gradatim quum

en vous ménageant une retraite, vous amenez insensiblement tout le monde à reconnaître que vous avez été sévère à propos. Par là, vous avez délivré Rome d'un grand danger, vous avez rassuré tous les bons citoyens ; et ce n'est pas seulement un grand avantage pour le présent, c'est un grand exemple pour l'avenir. Vous devez comprendre que, désormais, vous êtes le soutien de la république, et que vous devez, non-seulement défendre, mais honorer les héros qui ont pris l'initiative de notre affranchissement. Mais j'espère vous voir au premier jour, et je vous en dirai alors davantage. En attendant, mon cher Dolabella, comme vous êtes le sauveur de la république et le nôtre, veillez avec le plus grand soin à votre propre sûreté.

LETTRE DCCI

Écrite à Pompéies, le 7 mai 709.

CICÉRON A ATTICUS

C'est aux nones de mai que j'ai reçu à Pompéies vos deux

accessus a te ad causam facti, tum recessus, ut res ipsa maturitatem tibi animadvertendi omnium consensu daret.
Liberasti igitur et Urbem periculo, et civitatem metu : neque solum ad tempus maximam utilitatem attulisti, sed etiam ad exemplum. Quo facto, intelligere debes, in te positam esse rem publicam, tibique non modo tuendos, sed etiam ornandos illos viros, a quibus initium libertatis profectum est. Sed de his rebus coram plura propediem, ut spero. Tu, quoniam rem publicam nosque conservas, fac ut diligentissime te ipsum, mi Dolabella, custodias.

EPISTOLA DCCI

(ad Att., XIV, 19)

Scrib. in Pompeiano, non. maii A. V. C. 709.

CICERO ATTICO SAL.

Nonis maii quum essem in Pompeiano, accepi binas a te litteras, alteras

lettres, l'une à six jours, et l'autre à quatre jours de date. Je vais commencer par répondre à la première. Je suis ravi que Barnéus vous ait remis ma lettre si à propos. Vous avez fort bien parlé à Cassius, comme à votre ordinaire. Heureusement, quatre jours avant que j'eusse reçu votre lettre, j'avais écrit à Cassius, comme vous le souhaitiez, et je vous avais envoyé une copie de ma lettre. Mais, dans le temps que j'étais tout consterné de ce que Dolabella me faisait *banqueroute* (c'est votre expression), j'ai reçu votre lettre et celle de Brutus, qui pense à s'exiler. Pour moi, il faut que je cherche un autre port, dont mon âge me rapproche chaque jour davantage. J'aurais préféré n'y aborder qu'après avoir vu Brutus heureux et la république rétablie; mais, comme vous me le dites, je n'ai point deux partis à prendre; car vous pensez, comme moi, qu'à l'âge où nous sommes, la guerre, et surtout la guerre civile, ne nous convient pas.

Antoine s'est borné à me répondre, au sujet de Clodius, qu'il me sait très-bon gré de ma douceur et de ma modération, et que je n'aurai qu'à m'en louer. Pour Pansa, il se déchaîne, il me semble, contre Clodius et contre Dejotarus, qu'il faut traiter avec sévérité, si l'on veut l'en croire. Mais ce qui est mal, selon moi, c'est qu'il désapprouve violemment ce qu'a fait Dolabella. Le fils de votre sœur, ayant reçu des reproches de son père au sujet des couronnes, lui a répondu qu'il a porté une

---

sexto die, alteras quarto. Ad superiores igitur prius. Quam mihi jucundum, opportune tibi Barnæum litteras reddidisse. Tu vero cum Cassio, ut cætera. Quam commode autem, quod id ipsum, quod me mones, quatriduo ante ad eum scripseram, exemplumque mearum litterarum ad te miseram. Sed quum Dolabellæ ἀπιστίᾳ (sic enim tu ad me scripseras) magna desperatione affectus essem : ecce tibi et Bruti, et tuæ litteræ. Ille exsilium meditari. Nos autem alium portum propiorem huic ætati videbamus : in quem mallem equidem pervehi florente Bruto nostro, constitutaque re publica. Sed nunc quidem, ut scribis, non utrum vis. Assentiris enim mihi, nostram ætatem a castris, præsertim civilibus, abhorrere.

Antonius ad me tantum de Clodio rescripsit, meam lenitatem et clementiam et sibi esse gratam, et mihi voluptati magnæ fore. Sed Pansa furere videtur de Clodio, itemque de Dejotaro; et loquitur severe, si velis credere. Illud tamen non belle, ut mihi quidem videtur, quod factum Dolabellæ vehementer improbat. De coronatis quum sororis tuæ filius a patre accusatus esset,

couronne en l'honneur de César, et qu'il l'a déposée en signe de deuil ; qu'au reste, il était ravi qu'on lui reprochât d'aimer César, même après sa mort. J'ai écrit à Dolabella sans tarder, comme vous me le conseillez ; j'ai écrit aussi à Sicca. Je ne vous charge point de cette affaire, de peur que Dolabella ne vous en sache mauvais gré. Je trouve dans le discours de Servius plus de peur que de prudence ; mais comme la peur s'est emparée de nous tous, je suis de son avis. Publilius a chicané avec vous : ils m'ont député Cérellia ; mais je lui ai fait aisément concevoir que je ne pouvais pas faire ce qu'elle me demandait, et que, d'ailleurs, je ne le voulais pas. Si je vois Antoine, je lui recommanderai fort l'affaire de Buthrote.

J'arrive à votre dernière lettre : je vous ai déjà répondu au sujet de Servius, que je trouve l'action de Dolabella fort belle : il me semble ici qu'il ne pouvait rien faire de mieux dans une pareille conjoncture. Cependant, si je l'élève si haut, c'est sur ce que vous m'en avez écrit vous-même ; je suis néanmoins de votre avis ; cette action sera beaucoup plus belle lorsqu'il m'aura payé ce qu'il me doit. Je souhaite que Brutus vienne à Asture. Vous approuvez que je ne décide rien sur mon départ, jusqu'à ce que j'aie vu comment les affaires tourneront : j'ai changé d'avis ; mais je ne ferai rien avant de vous avoir vu. Je

---

rescripsit se coronam habuisse honoris Cæsaris causa ; posuisse luctus gratia : postremo, se libenter vituperationem subire, quod amaret etiam mortuum Cæsarem. Ad Dolabellam, quemadmodum tibi dicis placere, scripsi diligenter. Ego etiam ad Siccam. Tibi hoc oneris non impono. Nolo te illum iratum habere. Servii orationem agnosco : in qua plus timoris video, quam consilii. Sed quoniam perterriti omnes sumus, assentior Servio. Publilius tecum tricatus est. Huc enim Cærellia missa ab istis est legata ad me ; cui facile persuasi, mihi id, quod rogaret, ne licere quidem, non modo non lubere. Antonium si videro, accurate agam de Buthroto.

Venio ad recentiores litteras ; quanquam de Servio jam rescripsi. Me facere magnam πρᾶξιν Dolabellæ. Mihi mehercule ita videtur, non potuisset major tali re, talique tempore. Sed tamen, quidquid ei tribuo, tribuo ex tuis litteris. Tibi vero assentior, majorem πρᾶξιν ejus fore, si mihi, quod debuit, dissolverit. Brutus velim sit Asturæ. Quod autem laudas me, quod nihil ante de profectione constituam, quam, ista quo evasura, sint, videro : muto sententiam.

suis fort sensible aux remercîments que notre chère Attica me fait au sujet de sa mère; je l'ai laissée maîtresse de ma maison de campagne et de mes celliers. J'espère la voir le 5 des ides. Faites mes compliments à Attica; j'aurai bien soin de Pilia.

LETTRE DCCII

Écrite à Pompéies, le 8 mai 709.

CICÉRON A ATTICUS

Vous me reprochez toujours que j'exalte trop l'action de Dolabella. Il est vrai que je l'approuve; mais surtout c'est ce que vous m'en avez écrit dans deux lettres consécutives qui m'a déterminé à la louer autant que je le fais. Mais Dolabella s'est mis fort mal dans votre esprit, par la même raison qui m'a si fort brouillé avec lui. N'a-t-il point de honte? il devait me payer aux calendes de janvier, et je n'ai encore rien reçu. Il a pourtant Faberius qui, d'une ligne de sa main, lui a fourni tant d'argent pour payer ses dettes, et lui a procuré le secours de la déesse

---

Neque quidquam tamen ante, quam te videro. Atticam meam gratias mihi agere de matre gaudeo : cui quidem ego totam villam, cellamque tradidi; eamque cogitabam v idus videre. Tu Atticæ salutem dices. Nos Piliam diligenter tuebimur.

EPISTOLA DCCII

(ad Att., XIV, 18)

Scrib. in Pompeiano, a. d. viii id. maii A. V. C. 709.

CICERO ATTICO SAL.

Sæpius me jam agitas, quod rem gestam Dolabellæ nimis in cœlum videar efferre. Ego autem, quanquam sane probo factum, tamen ut tanto opere laudarem, adductus sum tuis et unis et alteris litteris. Sed totum te a se abalienavit Dolabella, ea de causa qua me quoque sibi inimicissimum reddidit. O hominem pudentem! kal. jan. debuit; adhuc non solvit, præsertim quum se maximo ære alieno Faberii manu liberarit, et Opem ab eo petierit. Licet enim

Ops; car il est bon de plaisanter, pour vous faire voir que je ne suis pas trop inquiet. Je lui ai écrit le 8 des ides, de grand matin. Le même jour au soir, j'ai reçu votre lettre à Pompéies, le troisième jour de sa date; c'est aller vite. Mais, comme je vous l'avais déjà mandé ce jour-là même, j'ai écrit à Dolabella une lettre assez piquante : si elle ne produit aucun effet, je crois qu'il ne pourra pas soutenir ma présence. Je compte que vous avez fini avec Albius. Je vous remercie infiniment de m'avoir aidé à payer Patulcius, et je reconnais à cela votre obligeance ordinaire. Je croyais qu'il suffisait que je laissasse à Rome Éros, qui a une grande expérience de ces sortes d'affaires; et c'est bien par sa faute que celle-ci a failli manquer; mais je m'en expliquerai avec lui. Je vous laisse tout le soin de l'affaire de Montanus, comme je vous l'ai déjà écrit plusieurs fois.

Je ne suis nullement surpris que Servius, en partant de Rome, vous ait témoigné qu'il désespérait de la république; je n'en espère pas plus que lui. Si votre cher Brutus, l'homme par excellence, ne vient pas au sénat aux calendes de juin, je ne vois pas ce qu'il pourrait faire au forum; mais il sait mieux que moi ce qu'il a à faire. De la manière dont les choses tournent, je juge que nous n'avons pas beaucoup gagné aux ides de mars; aussi je pense tous les jours de plus en plus à passer en Grèce. J'ignore à quoi je pourrai être bon ici à Brutus, puisque, comme vous me le dites, il pense à s'exiler lui-même.

jocari, ne me valde conturbatum putes. Atque ego ad eum viii idus litteras dederam bene mane : eodem autem die tuas litteras vesperi acceperam in Pompeiano, sane celeriter, tertio abs te die. Sed, ut ad te eo ipso die scripseram, satis aculeatas ad Dolabellam litteras dedi; quæ si nihil profecerint, puto fore, ut me præsentem non sustineat. Albianum te confecisse arbitror. De Patulciano nomine, quod mihi suppeditatus es, gratissimum est, et simile tuorum omnium. Sed ego Erotem, ad ista expedienda factum, mihi videbar reliquisse; cujus non sine magna culpa vacillarunt. Sed cum ipso videro. De Montano, ut sæpe ad te scripsi, erit tibi tota res curæ.

Servius proficiscens, quod desperanter tecum locutus est, minime miror; neque ei quidquam in desperatione concedo. Brutus noster, singularis vir, si in senatum non est kalend. juniis venturus, quid facturus sit in foro, nescio. Sed hoc ipse melius. Ego ex his, quæ parari video, non multum idibus martiis profectum judico. Itaque de Græcia quotidie magis et magis cogito. Nec enim Bruto meo, exsilium, ut scribis ipse, meditanti, video quid prodesse possim.

Je n'ai pas été tout à fait enchanté de la lettre de Léonidas; je suis de votre avis sur Hérode. Je voudrais bien voir la lettre de Saufeius. Je compte partir de Pompéies le 6 des ides de mai.

LETTRE DCCIII

Écrite en mai 709.

TULLIUS A TIRON

Quoique je vous aie envoyé ce matin Harpalus, et que je n'aie rien de nouveau à vous marquer, j'ai une occasion si commode pour vous écrire, que j'en profite pour vous parler toujours des mêmes choses. Ce n'est pas que je manque de confiance dans votre zèle, mais l'importance de l'affaire me préoccupe. J'ai, comme dit le proverbe grec, pourvu à tout de la proue à la poupe, en vous envoyant loin de moi régler mes comptes. Il faut satisfaire d'abord Ofillius et Aurelius. Si vous ne pouvez pas tirer de Flamma la somme entière, arrachez-en du moins quelque partie, et tâchez surtout que le payement soit effectué aux calendes de

---

Leonidæ me litteræ non satis delectarunt. De Herode tibi assentior. Saufeii legisse vellem. Ego ex Pompeiano vi idus maii cogitabam.

EPISTOLA DCCIII
(ad div., XV 4)

Scrib. mense maio A. V. C. 709.

TULLIUS TIRONI S. P. D.

Etsi mane Harpalum miseram : tamen, quum haberem, cui recte darem litteras, etsi novi nihil erat, iisdem de rebus volui ad te sæpius scribere : non quin confiderem diligentiæ tuæ; sed rei me magnitudo movebat. Mihi prora et puppis, ut Græcorum proverbium est, fuit a me tui dimittendi, ut rationes nostras explicares. Ofillio, et Aurelio utique satis fiat. A Flamma, si non potes omne, partem aliquam velim extorqueas : in prim. tue, ut expedita sit pensio

4.

janvier. Vous finirez ce qui regarde l'attribution, et vous verrez ce qu'il y aura à faire pour le payement argent comptant. Mais c'est assez sur mes intérêts domestiques. Je n'ai pas d'incertitude sur les affaires publiques. Que dit-on d'Octave et d'Antoine? quelle est l'opinion générale à leur égard? que pensez-vous vous-même de l'avenir? J'ai peine à m'empêcher de partir. Mais, st! j'attends de vos lettres : sachez que Balbus était à Aquinum le jour qu'on vous l'a dit, et qu'Hirtius y arriva le lendemain. Je crois que tous deux allaient aux eaux Il reste à savoir ce qu'ils ont fait. Ayez soin de faire avertir les gens d'affaires de Dolabella; et n'oubliez pas non plus de citer Papia. Adieu.

LETTRE DCCIV

Écrite à Naples, chez Lucullus, le 11 mai 709.

CICÉRON A ATTICUS

Je me suis embarqué à Pompéies et je suis arrivé à la maison hospitalière de notre cher Lucullus le 6 des ides, vers les trois heures. Sortant du vaisseau, j'ai reçu votre lettre datée des nones de mai, que votre messager avait, m'a-t-on dit, portée à Cumes;

kalendis jan. De attributione, conficies. De repræsentatione, videbis. De domesticis hactenus. De publicis omnia mihi certa: quid Octavius, quid Antonius; quæ hominum opinio ; quid futurum putes ? Ego vix teneor, quin accurram. Sed st! litteras tuas exspecto : et scito Balbum tum fuisse Aquini, quum tibi est dictum, et postridie Hirtium. Puto utrumque ad aquas. Sciemus quid egerint. Dolabellæ procuratores fac admoneantur. Appellabis etiam Papiam. Vale.

EPISTOLA DCCIV

(ad Att., XIV, 20)

Scrib. in Neapolitano Luculli, v id. maii A. V. C. 709.

CICERO ATTICO SAL.

E Pompeiano navi advectus sum in Luculli nostri hospitium vi idus, hora fere iii; egressus autem e navi accepi tuas litteras, quas tuus tabellarius in

et le lendemain, à peu près à la même heure que j'étais arrivé la veille, Lucullus m'en donna une datée du 7 des ides à Lanuvium : je vais répondre à toutes les deux.

Je vous remercie d'abord de vos bons soins pour ce payement et pour l'affaire d'Albius. Quant à celle de Buthrote, pendant que j'étais à Pompéies, Antoine est venu à Misènes; mais je ne l'ai su qu'après son départ, et il est allé de là dans le Samnium. Voyez ce que vous pouvez encore espérer. Ce n'est qu'à Rome qu'on peut lui parler de Buthrote. Le discours de L. Antoine est horrible; la réponse de Dolabella est admirable : il peut à présent, s'il veut, garder mon argent, pourvu qu'il me paye l'intérêt aux ides. Je suis fâché de la fausse couche de Tertulla; car il est bon que les Cassius se multiplient aussi bien que les Brutus. Je voudrais bien savoir ce qu'il y a de vrai dans l'histoire de la reine d'Égypte et de ce petit César.

Voilà pour votre première lettre; je viens à la seconde. Il faut, comme vous me le marquez, attendre que je sois à Rome pour parler des Quintus et de Buthrote. Je vous remercie de faire toucher de l'argent à mon fils. Quant à ce que vous me dites, que j'ai tort de croire que le salut de la république dépende de Brutus, il n'y a rien de plus vrai : si elle peut être sauvée, ce sera par lui et par ceux de son parti. Vous voudriez que je fisse pour lui une harangue; je vais, mon cher Atticus, vous dire en général ce que je pense sur cette matière, dont j'ai assez d'ex-

---

Cumanum attulisse dicebatur, nonis maii datas : a Lucullo postridie, eadem fere hora, qua veni, vii idus Lanuvio datas. Audi igitur ad omnes.

Primum, quæ de re mea gesta et in solutione, et in Albiano negotio, grata. De tuo autem Buthroto, quum in Pompeiano essem, Misenum venit Antonius; inde ante discessit, quam illum venisse audissem; a quo in Samnium. Vide quid speres. Romæ igitur de Buthroto. L. Antonii horribilis concio, Dolabellæ præclara. Jam vel sibi habeat nummos, modo numeret idibus. Tertullæ nollem abortum; tam enim Cassii sunt jam, quam Bruti serendi. De regina velim, atque etiam de Cæsare illo.

Persolvi primæ epistolæ : venio ad secundam. De Quintis, Buthroto, quum venero, ut scribis. Quod Ciceroni suppeditas, gratum. Quod errare me putas, qui rem publicam putem pendere e Bruto : sic se res habet. Aut nulla erit, aut ab isto, istisve servabitur. Quod me hortaris, ut scriptam concionem mittam; accipe a me, mi Attice, καθολικὸν θεώρημα earum rerum, in quibus satis

périence. Il n'y a jamais eu de poëte ni d'orateur, si mauvais qu'il fût, qui ait cru qu'il y en avait un meilleur que lui. Que devons-nous donc penser de Brutus, qui a beaucoup d'esprit, et qui l'a fort cultivé? Nous l'avons déjà éprouvé à l'occasion de sa proclamation. J'en avais composé une à votre prière; je trouvais la mienne bonne, il a trouvé la sienne meilleure. Il y a plus: lorsque, entraîné par ses sollicitations, je fis presque uniquement pour lui ce traité sur l'éloquence, il m'écrivit, et à vous aussi, que ce que je préférais ne lui plaisait pas. Laissez donc, je vous prie, chacun composer ses discours pour son propre compte; il me manda, et à vous aussi, qu'il était dans des principes bien différents des miens; ainsi, je vous prie, que chacun compose pour soi: *A chacun sa fiancée, à moi la mienne; à chacun son goût, à moi le mien.* Voilà qui n'est pas fort élégant; aussi est-ce d'Attilius, le plus dur des poëtes. Plaise aux dieux que Brutus seulement ait là liberté de haranguer. S'il peut être en sûreté dans Rome, nous sommes les maîtres; personne ne suivra celui qui voudrait allumer une nouvelle guerre civile; ou ceux qui le suivront seront facilement vaincus.

Je passe à votre troisième lettre. Je suis charmé que Brutus et Cassius aient été contents des miennes; je leur ai fait réponse Ils me prient d'inspirer de bons sentiments à Hirtius; j'y travaille: il parle fort bien, mais il vit et demeure avec Balbus, qui parle bien aussi; jugez si l'on peut s'y fier. Vous me paraissez content

exercitati sumus. Nemo unquam neque poeta, neque orator fuit, qui quemquam meliorem, quam se, arbitraretur. Hoc etiam malis contingit. Quid tu Bruto putas, et ingenioso et erudito? de quo etiam experti sumus nuper in edicto. Scripseram rogatu tuo. Meum mihi placebat, illi suum. Quin etiam, quum, ipsius precibus pæne adductus, scripsissem ad eum de optimo genere dicendi, non modo mihi, sed etiam tibi scripsit, sibi illud, quod mihi placeret, non probari. Quare sine quæso sibi quemque scribere. SUAM CUIQUE SPONSAM, MIHI MEAM; SUUM CUIQUE MOREM, MIHI MEUM. Non scite: hoc enim Attilius, poeta durissimus. Atque utinam liceat isti concionari! cui si esse in Urbe tuto licebit, vicimus. Ducem enim novi belli civilis aut nemo sequetur, aut ii sequentur, qui facile vincantur.

Venio ad tertiam. Gratas fuisse meas litteras Bruto et Cassio gaudeo. Itaque iis rescripsi. Quod Hirtium per me meliorem fieri volunt: do equidem operam; et ille optime loquitur; sed vivit habitatque cum Balbo, qui item bene

de Dolabella ; pour moi, c'est à ravir. J'ai passé quelques jours à Pompéies avec Pansa : il m'a montré les meilleurs sentiments et désire vivement la paix. Cependant, je vois qu'on ne cherche qu'un prétexte pour prendre les armes. J'approuve fort la proclamation de Brutus et de Cassius. Vous me priez d'examiner de quelle manière ils doivent se conduire : cela dépend des conjonctures, qui, comme vous le voyez, changent d'une heure à l'autre. Il me paraît que cette première action de Dolabella, et la harangue qu'il a faite depuis contre L. Antonius, ont fait le meilleur effet du monde. Les affaires sont en très-bon train. Je crois à présent que nous aurons un chef, et c'est tout ce que demandent les villes municipales et les bons citoyens.

Vous me citez Épicure, et vous osez dire avec lui : Point de politique ! Quoi ! l'air grave de notre cher Brutus ne vous empêche point de tenir de pareils discours ? Puisque notre neveu Quintus est le bras droit d'Antoine, nous pourrons aisément par son moyen obtenir ce que nous voudrons. Si L. Antonius a produit Octave devant le peuple, comme vous le croyez, j'attends que vous m'appreniez quelle a été sa harangue. J'ai écrit cette lettre en courant, car le messager de Cassius va repartir. Je m'en vais voir Pilia, et je monterai ensuite dans une barque pour aller souper chez Vestorius. Mes compliments à Attica.

loquitur. Quid credas, videris. Dolabellam valde placere tibi video : mihi quidem egregie. Cum Pansa vixi in Pompeiano. Is plane mihi probabat, se bene sentire et cupere pacem. Causam armorum quæri plane video. Edictum Bruti et Cassii probo. Quæris, ut suscipiam cogitationem, quidnam istis agendum putem ; consilia temporum sunt ; quæ in horas commutari vides. Dolabellæ et prima illa actio, et hæc contra Antonium concio mihi profecisse permultum videtur. Prorsus ibat res. Nunc autem videbimur habituri ducem : quod unum municipia bonique desiderant.

Epicuri mentionem facis, et audes dicere μὴ πολιτεύεσθαι ? Non te Bruti nostri vulticulus ab ista oratione deterret ? Quintus filius, ut scribis, Antonii est dextella. Per eum igitur, quod volemus, facile auferemus. Exspecto, si, ut putas, L. Antonius produxit Octavium, qualis concio fuerit. Hæc scripsi citatim. Statim enim Cassii tabellarius. Eram continuo Piliam salutaturus ; deinde ad epulas Vestorii ; navicula. Atticæ plurimam salutem.

LETTRE DCCV

Écrite à Pouzzoles, le 11 mai 709.

CICÉRON A ATTICUS

Le 5 des ides, un peu après que j'eus donné une lettre pour vous au messager de Cassius, le mien arriva; et, chose prodigieuse, ne m'apporta aucune lettre de vous; mais j'ai jugé aussitôt que vous étiez à Lanuvium. Éros s'est empressé de le faire partir, parce qu'il m'apportait une lettre de Dolabella, non en réponse à celle que je lui ai écrite sur ce qu'il me doit, car il ne l'avait pas encore reçue, mais à celle dont je vous ai envoyé une copie, et à laquelle il répond d'une manière très-satisfaisante.

A peine avais-je congédié le messager de Cassius, que Balbus arriva. Bons dieux! qu'on voit bien qu'il craint le maintien de la paix! Vous connaissez le personnage, et vous savez combien il est dissimulé; cependant il m'a parlé des desseins d'Antoine. Il m'a dit qu'il cherche à circonvenir les vétérans, pour qu'ils sanctionnent les actes de César. Il veut qu'ils s'y engagent par

EPISTOLA DCCV

(ad Att., XIV, 21)

Scrib. Puteolis, v id. maii A. V. C. 709.

CICERO ATTICO SAL.

Quum paulo ante dedissem ad te Cassii tabellario litteras, vidus venit noster tabellarius, et quidem, portenti simile, sine tuis litteris. Sed cito conjeci, Lanuvii te fuisse. Eros autem festinavit, ut ad me litteræ Dolabellæ perferrentur, non de re mea (nondum enim meas acceperat), sed rescripsit ad eas, quarum exemplum tibi miseram, sane luculente.

Ad me autem, quum Cassii tabellarium dimisissem, statim Balbus. O dii boni, quam facile perspiceres timere otium! et nosti virum, quam tectus; sed tamen Antonii consilia narrabat; illum circumire veteranos, ut acta Cæsaris

serment afin d'obliger tout le monde à s'y soumettre, et qu'il soit fait tous les mois une inspection des duumvirs à ce sujet. Balbus s'est aussi plaint à moi de la prévention où l'on est contre lui. Enfin tout dans son langage dénote un partisan d'Antoine. Que voulez-vous? aucune sincérité.

Pour moi, je ne doute point que tout ne tende à la guerre; car nos amis, hommes par le cœur, sont de véritables enfants par l'esprit. Qui ne voyait pas qu'on laissait un successeur au tyran? et y avait-il rien de plus absurde que « de craindre l'un, et de ne pas se mettre en peine de l'autre? » A présent même, combien d'inconséquences! et, entre autres, que la mère d'un des meurtriers du tyran continue à posséder le bien de Pontius à Naples! Il faut que je lise souvent le *Caton l'ancien* dont je vous ai envoyé un exemplaire. La vieillesse me rend chagrin; tout me blesse; mais j'ai assez vécu. Le reste est l'affaire de ceux qui sont jeunes.

Continuez, je vous prie de veiller à mes intérêts comme vous le faites. J'ai écrit, ou, pour mieux dire, j'ai dicté cette lettre au second service, chez Vestorius. Je vais demain chez Hirtius, qui reste seul des cinq, et c'est pour l'engager dans le bon parti. Vraie sottise! il n'y en a pas un seul qui ne redoute la paix. Eh bien, chaussons les talonnières, tout est préférable à la vie

---

sancirent; idque se facturos esse jurarent, ut rata omnes haberent : eaque duumviri omnibus mensibus inspicerent. Questus est etiam de sua invidia; eaque omnis ejus oratio fuit, ut amare videretur Antonium. Quid quæris? nihil sinceri.

Mihi autem non est dubium, quin res spectet ad castra. Acta enim illa res est animo virili, consilio puerili. Quis enim hoc non vidit, regni hæredem relictum? quid autem absurdius, Hoc METUERE, ALTERUM IN METU NON PONERE? Quin etiam hoc ipso tempore multa ὑπόσολοικα. Pontii Neapolitanum a matre tyrannoctoni possideri! Legendus mihi sæpius est CATO MAJOR, ad te missus. Amariorem enim me senectus facit. Stomachor omnia. Sed mihi quidem βε-ϐίωται. Viderint juvenes.

Tu mea curabis, ut curas. Hæc scripsi, seu dictavi, apposita secunda mensa, apud Vestorium. Postridie apud Hirtium cogitabam ; et quidem πεντέλοιπον. Sic hominem traducere ad optimates paro. Λῆρος πολύς. Nemo est istorum, qui otium non timeat. Quare talaria videamus. Quidvis enim potius quam castra.

des camps. Mille compliments à Attica. J'attends la harangue d'Octave, et tout ce qu'il y aura de nouveau. Marquez-moi surtout si Dolabella a fait sonner les écus; ou si, pour se dispenser de me payer, il a encore fait abolir les dettes.

LETTRE DCCVI

Écrite à Pouzzoles, le 15 mai 709.

CICÉRON À ATTICUS

Pilia m'apprend qu'on vous envoie des messagers le jour des ides, et je m'empresse de vous écrire sans trop savoir quoi. Il est bon d'abord que vous sachiez que j'irai d'ici à Arpinum le 16 des calendes de juin ; ainsi vous m'y écrirez, s'il y a quelque chose de nouveau, bien que je doive vous rejoindre au premier jour ; car je veux, avant d'entrer à Rome, flairer un peu ce qui va s'y passer, quoique j'appréhende que mes conjonctures ne soient que trop justes. Ce que l'on machine me paraît plus clair que le jour (mon disciple entre autres, qui soupe aujourd'hui

---

Atticæ salutem plurimam velim dicas. Exspecto Octavii concionem, et, si quid aliud ; maxime autem ecquid Dolabella tinniat : an in meo nomine tabulas novas fecerit.

EPISTOLA DCCVI

(ad Att., XIV, 22)

Scrib. in Puteolano, id. maii A. V. C. 709.

CICERO ATTICO SAL.

Certior a Pilia factus, mitti ad te idibus tabellarios, statim hoc nescio quid exaravi. Primum igitur scire te volui, me hinc Arpinum xvi kalend. jun.; eo igitur mittes, si quid erit posthac : quanquam ipse jam jamque adero. Cupio enim ante, quam Romam venio, odorari diligentius, quid futurum sit. Quanquam vereor ne nihil conjectura aberrem. Minime enim obscurum est, quid isti moliantur (meus vero discipulus, qui hodie apud me cœnat, valde amat

chez moi, aime fort celui que Brutus a frappé) ; et, pour vous dire ce que j'en pense, je vois très-bien qu'ils redoutent la paix ; or voici sur quoi ils se basent, et ce qu'ils proclament hautement : c'est qu'on a tué un grand homme, et que sa mort a jeté le trouble dans toute la république ; qu'il ne restera rien de ce qu'il a fait dès que nous cesserons de craindre, que sa clémence lui a été funeste, et que, sans elle, il n'eût pu lui arriver rien de semblable.

Je considère d'ailleurs que si Sextus Pompée passe en Italie avec des forces considérables, comme cela est vraisemblable, nous aurons certainement la guerre. Cette idée m'inquiète et me trouble ; car je n'aurai pas aujourd'hui la même liberté que vous avez eue naguère. J'ai fait éclater ouvertement ma joie. Les amis de César m'accusent hautement d'ingratitude ; ainsi je ne pourrai pas demeurer neutre, comme vous le fûtes alors avec beaucoup d'autres. Il faudra donc jeter le masque et prendre les armes ? Ah ! plutôt mille fois la mort, surtout à l'âge où je suis. Je ne trouve donc plus dans les ides de mars un si grand sujet de consolation. On fit, ce jour-là, une grande faute ; mais nos jeunes libérateurs

Par leur rare vertu sont au-dessus du blâme.

Comme vous êtes mieux instruit que moi, et que vous assistez

illum, quem Brutus noster sauciavit) ; et, si quæris (perspexi enim plane), timent otium ; ὑπόθεσιν autem hanc habent, eamque præ se ferunt, virum clarissimum interfectum, totam rem publicam illius interitu perturbatam, irrita fore, quæ ille egisset, simul ac desistamus timere ; clementiam illi malo fuisse ; qua si usus non esset, nihil ei tale accidere potuisse.

Mihi autem venit in mentem, si Pompeius cum exercitu firmo veniat, quod est εὔλογον, certe fore bellum. Hæc me species cogitatioque perturbat. Neque enim jam, quod tibi tum licuit, nobis nunc licebit. Nam aperte lætati sumus. Deinde habent in ore, nos ingratos. Nullo modo licebit, quod tum et tibi licuit, et multis. Φαινοπροσωπητέον ergo, et ἰτέον in castra ? Millies mori melius, huic præsertim ætati. Itaque me idus mart. non tam consolantur, quam antea. Magnum enim mendum continent. Etsi illi juvenes

Ἄλλοις ἐν ἐσθλοῖς τόνδ' ἀπωθοῦνται ψόγον.

Sed, si tu melius quidpiam speras, quod et plura audis, et interes consiliis,

souvent aux conseils de ceux qui gouvernent, peut-être avez-vous de meilleures espérances. Dites-moi ce que vous en pensez, et quel parti je dois prendre au sujet de cette *légation votive*. Il y a ici bien des gens qui me conseillent de ne point aller au sénat le jour des calendes. On dit que des soldats y seront secrètement apostés, que c'est à nos amis qu'on en veut. Je crois, en effet, qu'il n'y a point d'endroit où ils puissent être moins en sûreté qu'au sénat.

LETTRE DCCVII

Écrite à Pouzzoles, le 17 mai 709.

CICÉRON A ATTICUS

Quel triste événement que la mort d'Alexion! vous ne sauriez croire combien j'en ai été affligé. Ce n'est point pour le motif dont la plupart des gens me parlent : « Où prendrez-vous un autre médecin ? » me disent-ils. Qu'ai je affaire à présent de médecin? et quand j'en aurais besoin, est-ce une chose si rare? Ce que je regrette en lui, c'est son affection pour moi, son amabilité, sa douceur. D'ailleurs, que ne devons-nous pas craindre,

---

scribas ad me velim, simulque cogites, quid agendum nobis sit super legatione votiva. Equidem in his locis moneor a multis, ne in senatu kalendis. Dicuntur enim occulte milites ad eam diem comparari, et quidem in istos; qui mihi videntur ubivis tutius, quam in senatu, fore.

EPISTOLA DCCVII

(ad Att., XV, 1 pars prior)

Scrib. in Puteolano, a. d. xvi kal. jun. A. V. C. 709.

CICERO ATTICO SAL.

O factum male de Alexione! incredibile est, quanta me molestia affecerit; nec mehercule ex ea parte maxime, quod plerique mecum : « Ad quem igitur te medicum conferes? » Quid mihi jam medico? aut, si opus est, tanta inopia est? amorem erga me, humanitatem, suavitatemque desidero. Etiam illud :

lorsque nous voyons un homme si sobre et un si grand médecin emporté tout d'un coup par une pareille maladie? Mais, à de tels malheurs il n'y a qu'une seule consolation, c'est qu'étant hommes nous devons nous résigner à tous les accidents auxquels est sujette l'humanité.

Je vous ai déjà mandé que je n'ai pu voir Antoine. J'étais à Pompéies lorsqu'il vint à Misènes, et il en partit avant que j'eusse appris qu'il y était. Mais à propos de cela, Hirtius se trouva par hasard chez moi à Pouzzoles lorsque je reçus votre lettre; je la lui montrai, et je lui recommandai votre affaire. Il commença par me dire qu'il ne s'y intéressait pas moins que moi-même; et il conclut en m'assurant que je pouvais compter sur lui, non-seulement pour cela, mais pour tout le reste; il mettait son consulat à ma disposition. Je parlerai à Antoine d'une manière à lui faire entendre que s'il fait ce que nous souhaitons, il pourra compter sur moi sans réserve. J'espère que Dolabella n'aura pas mis la clef sous la porte.

Revenons à nos amis. Vous me donnez à entendre que vous en avez bon espoir à cause de la modération de leurs édits; mais moi, j'ai pénétré les sentiments d'Hirtius. Lorsqu'il me quitta à Pouzzoles le 17 des calendes, pour aller à Naples voir Pansa, je le pris en particulier, et je l'exhortai à maintenir la paix. Il me dit bien qu'il la souhaitait, et il ne pouvait pas parler autre-

---

quid est, quod non pertimescendum sit, quum hominem temperantem, summum medicum, tantus improviso morbus oppressit? Sed ad hæc omnia una consolatio est, quod ea conditione nati sumus, ut nihil, quod homini accidere possit, recusare debeamus.

De Antonio, jam antea tibi scripsi, non esse eum a me conventum. Venit enim Misenum, quum ego essem in Pompeiano : inde ante profectus est, quam ego eum venisse cognovi. Sed casu, quum legerem tuas litteras, Hirtius erat apud me in Puteolano : et legi et egi. Primum quod attinet, nihil mihi concedebat : deinde ad summam, arbitrum me statuebat non modo hujus rei, sed totius consulatus sui. Cum Antonio autem sic agemus, ut perspiciat, si in eo negotio nobis satisfecerit : totum me futurum suum. Dolabellam spero domi esse.

Redeamus ad nostros : de quibus tu bonam spem te significas habere propter edictorum humanitatem. Ego autem perspexi, quum a me xvii kalend. de Puteolano Neapolim Pansæ conveniendi causa proficisceretur Hirtius, omnem ejus sensum. Seduxi enim, et ad pacem sum cohortatus. Non poterat scilicet ne-

ment; mais il ajouta qu'il ne craignait pas moins les armes de nos amis que celles d'Antoine ; qu'à la vérité on avait raison des deux côtés de se tenir sur ses gardes, mais qu'il redoutait qu'ils n'en vinssent à une guerre ouverte. Que vous dirai-je ? Je n'en attends rien de bon.

Je suis de votre avis touchant notre neveu. Pour mon frère, il a été charmé de votre lettre, et elle lui a fait le plus grand plaisir. J'ai fait aisément goûter mes raisons à Cérellia ; il m'a paru qu'elle ne prenait pas cette affaire fort à cœur ; et, si elle y tenait, moi, certes, je ne m'en soucie guère. Pour cette autre personne, qui, à ce que vous me marquez, vous importune, je suis surpris que vous l'ayez seulement écoutée. Si j'en ai dit du bien devant quelques-uns de ses amis, et en présence de ses trois fils et de sa fille, depuis j'ai bien changé d'avis. Pourquoi cela ? c'est que je ne veux pas me masquer à mon âge ; la vieillesse n'est-elle pas déjà un assez triste masque ?

Quant à ce que vous me dites, que Brutus me prie d'aller le voir avant les calendes, il me l'a écrit, et j'irai peut-être ; mais, je ne devine pas ce qu'il veut de moi. Comment lui donnerais-je des conseils ? moi qui en ai tant besoin pour moi-même, et lorsqu'il a si bien travaillé pour sa gloire et si peu pour notre repos ! Ce bruit qui a couru touchant la reine d'Égypte se dissipera. Tâchez, si vous le pouvez, de faire entendre raison à Flamma.

gare, se velle pacem : sed non minus se nostrorum arma timere, quam Antonii : et tamen utrosque non sine causa præsidium habere ; se autem utraque arma metuere. Quid quæris ? οὐδὲν ὑγιές.

De Q. filio tibi assentior : patri quidem certe gratissimæ et bellissimæ tuæ litteræ fuerunt. Cærelliæ vero facile satisfeci ; nec valde laborare mihi visa est ; et, si illa, ego certe non laborarem. Istam vero, quam tibi molestam scribis esse, auditam a te esse omnino demiror. Nam quod eam collaudavi apud amicos, audientibus tribus filiis ejus, et filia, quid est hoc? Οὐ ταὐτὸ ἐκ τοῦ αὐτοῦ. Quid est autem, cur ego personatus ambulem ? parumne fœda persona est ipsius senectutis ?

Quod Brutus rogat, ut ante kalendas ; ad me quoque scripsit : et fortasse faciam. Sed plane, quid velit, nescio. Quid enim illi afferre consilii possum, quum ipse egeam consilio, et quum illi suæ immortalitati melius, quam nostro otio, consuluerit ? De regina, rumor exstinguetur. De Flamma, obsecro te, si quid potes.

LETTRE DCCVIII

Ecrite à Sinuesse, le 18 mai 709.

CICÉRON A ATTICUS

Je vous écrivis hier, en partant de Pouzzoles pour aller à Cumes, où j'ai trouvé Pilia bien portante ; je l'ai vue peu après à Baules, où elle était venue de Cumes, pour les funérailles que Cn. Lucullus, notre ami, faisait faire à sa mère et auxquelles j'ai assisté. J'ai couché ce jour-là à Sinuesse, d'où je vous écris le lendemain matin avant de partir pour Arpinum.

Je n'ai aucune nouvelle à vous apprendre ni à vous demander. A moins que vous ne pensiez qu'il n'est pas inutile de vous dire que Brutus m'a envoyé la harangue qu'il a prononcée au Capitole : il me prie de la corriger sans ménagement, avant qu'il la rende publique. On ne peut rien voir de plus élégant que cette pièce, soit pour les pensées, soit pour le style ; mais si j'avais eu un semblable sujet à traiter, je l'aurais fait avec plus de chaleur. L'orateur s'y peint tout entier. Je n'ai donc pu y

EPISTOLA DCCVIII
(ad Att., XV, 1 pars posterior)

Scrib. in Sinuessano, a. d. xv kal. jun. A. V. C. 709.

CICERO ATTICO SAL.

Heri dederam ad te litteras exiens e Puteolano, deverteramque in Cumanum. Ibi bene valentem videram Piliam. Quin etiam Baulos Cumis eam vidi. Venerat enim in funus : cui funeri ego quoque operam dedi. Cn. Lucullus, familiaris noster, matrem efferebat. Mansi igitur eo die in Sinuessano : atque inde mane postridie Arpinum proficiscens hanc epistolam exaravi.
Erat autem nihil novi, quod aut scriberem, aut ex te quærerem ; nisi forte hoc ad rem putas pertinere : Brutus noster misit ad me orationem suam, habitam in concione Capitolina ; petivitque a me, ut eam nec ambitiose corrigerem ante, quam ederet. Est autem oratio scripta elegantissime sententiis, verbis, ut nihil possit ultra. Ego tamen, si illam causam habuissem, scripsissem ardentius. Ὑπόθεσιν vides quæ sit et persona dicentis. Itaque eam corrigere non

rien changer; car, dans le genre d'écrire que Brutus se propose pour modèle, et d'après l'idée qu'il s'est formée de la perfection dans l'art de bien dire, il a si bien réussi dans cette harangue, qu'on ne peut rien faire de mieux. Mais, soit à tort ou à raison, je suis d'un goût tout différent, dussé-je être seul de mon avis. D'ailleurs je désirerais que vous lussiez cette harangue, si vous ne l'avez pas déjà lue : vous me diriez ce que vous en pensez; quoique je craigne que votre surnom ne vous mette trop dans les intérêts de l'élégance attique. Cependant, lorsque vous vous souviendrez des foudres de Démosthène, vous concevrez que l'atticisme n'exclut pas l'énergie : mais nous en parlerons ensemble; aujourd'hui je ne voulais pas que Métrodore partît sans lettre pour vous, ou avec une lettre insignifiante.

LETTRE DCCIX

Écrite le 18 mai 709.

CICÉRON A ATTICUS

Je partais de Sinuesse, le 15 des calendes, après vous avoir

potui. Quo enim in genere Brutus noster esse vult, et quod judicium habet de optimo genere dicendi, id ita consecutus est in ea oratione, ut elegantius esse nihil possit. Sed ego solus alius sum, sive hoc recte, sive non recte. Tu tamen velim orationem legas, nisi forte jam legisti, certioremque me facias, quid judices ipse. Quanquam vereor ne, cognomine tuo lapsus, ὑπεραττικὸς sis in judicando. Sed si recordabere Δημοσθένους fulmina, tum intelliges posse et ἀττικώτατα gravissime dici. Sed hæc coram. Nunc nec sine epistola, nec cum nani epistola volui ad te Metrodorum venire.

EPISTOLA DCCIX

(ad Att., XV, 2)

Scrib. xv kal. jun. A. V. C. 709.

CICERO ATTICO SAL.

Quinto decimo kalend. e Sinuessano proficiscens quum dedissem ad te litte-

écrit et être venu de Cumes dans le territoire de Vescia, lorsque votre messager m'a remis une lettre de vous, dans laquelle vous me recommandez l'affaire de Buthrote plus qu'il n'est besoin ; car elle ne vous est et ne vous sera jamais plus à cœur qu'à moi. En effet nous devons prendre soin, vous de mes intérêts, moi des vôtres. C'est pourquoi je me suis chargé de cette affaire, comme de ce qui m'intéresse le plus au monde. Vous m'écrivez, et j'avais déjà appris par d'autres lettres, que L. Antonius a fait une harangue dégoûtante ; mais je n'en connais pas le résultat, et vous ne m'en parlez pas. J'approuve ce que vous me dites de Menedemus. Il est vrai que Quintus répète à tout venant ce que vous me mandez. Je suis ravi que vous approuviez que je ne compose point cette harangue que vous m'avez demandée, et vous l'approuverez encore plus quand vous aurez lu celle dont je vous parle dans la lettre que je vous ai déjà écrite aujourd'hui. Ce que vous me dites de ces légions est vrai ; mais il me semble que vous n'avez pas assez compris que l'autorité du sénat est insuffisante pour faire réussir l'affaire de Buthrote. Je ne puis que conjecturer, mais d'après tout ce que je vois je crois que nous ne vivrons pas longtemps. Si je me trompe, vous ne serez pas alors trompé sur l'affaire de Buthrote.

Je suis de votre avis sur la harangue d'Octave : ces jeux qu'il prépare, Matius et Postumius qui en sont les commissaires, tout cela ne me plaît guère. Saserna est pour eux un digne collègue ;

ras, devertissemque a Cumis, in Vescino accepi a tabellario tuas litteras; in quibus nimis multa de Buthroto. Non enim tibi ea res majori curæ aut est aut erit, quam mihi. Sic enim decet, te mea curare, tua me. Quamobrem id qui dem sic susceptum est mihi, ut nihil sim habiturus antiquius. L. Antonium concionatum esse, cognovi tuis litteris et aliis, sordide : sed, id quale fuerit nescio. Nihil enim scripsisti. De Menedemo, probe. Quintus certe ea dictitat, quæ scribis. Consilium meum a te probari, quod ea non scribam, quæ tu a me postularis, facile patior : multoque magis id probabis, si orationem eam, de qua hodie ad te scripsi, legeris. Quæ de legionibus scribis, ea vera sunt. Sed non satis hoc mihi videris tibi persuasisse, quid de Buthrotiis nostris per senatum speres confici posse ; quod puto ; quantum enim video, non videmur esse victuri. Sed, si etiam nos hoc fallat, de Buthroto te non fallet.

De Octavii concione idem sentio, quod tu : ludorumque ejus apparatus, et Matius ac Postumius mihi procuratores non placent. Saserna collega dignus.

mais, comme vous le pensez, tous ces gens-là craignent autant la paix que nous craignons la guerre. Je voudrais bien que nous pussions rendre Balbus moins suspect à nos amis; mais lui-même ne croit pas que cela soit possible: aussi a-t-il d'autres vues. Je suis charmé du courage que vous donne ma première Tusculane, il n'est point de ressource plus sûre et plus prompte contre tous les événements. Je suis bien aise que Flamma donne de bonnes paroles. Je ne sais ce que c'est que cette affaire des Tyndaritains, pour laquelle vous vous intéressez si chaudement; mais je leur rendrai service. Tout cela, et surtout les distributions d'argent, paraissent ébranler *le dernier des cinq* (Hirtius). La mort d'Alexion m'afflige; mais sa maladie était si grave qu'il est heureux pour lui qu'il en soit délivré. Je voudrais bien savoir quels sont ces seconds héritiers, et quelle est la date de son testament.

LETTRE DCCX

Écrite à Atinas, le 22 mai 709.

CICÉRON A ATTICUS

J'AI reçu le 11 des calendes, à Atinas, les deux lettres par les-

---

Sed isti omnes, quemadmodum sentis, non minus otium timent, quam nos arma. Balbum levari invidia per nos velim : sed ne ipse quidem id fieri posse confidit. Itaque alia cogitat. Quod prima disputatio Tusculana te confirmat, sane gaudeo. Neque enim ullum est perfugium aut melius, aut paratius. Flamna quod bene loquitur, non moleste fero. Tyndaritanorum causa, de qua tam laboras, quæ sit ignoro. Hos tamen. Παντέλοιπον movere ista videntur, in primis erogatio pecuniæ. De Alexione doleo; sed, quoniam inciderat in ita gravem morbum, bene actum cum illo arbitror. Quos tamen secundos hæredes, scire vellem, et diem testamenti.

EPISTOLA DCCX

(ad Att., XV, 5)

Scrib. in Atinati, xi kal. jun. A. V. C. 709.

CICERO ATTICO SAL.

Undecimo kalend. accepi in Atinati duas epistolas tuas, quibus duabus meis

quelles vous répondez aux deux miennes ; l'une du 15, l'autre
du 12. Commençons par la plus ancienne. Vous accourrez donc
à Tusculum dès que j'y serai, et je compte y être le 6 des calendes. Vous me dites qu'il faudra se soumettre aux vainqueurs :
ce n'est pas mon avis; bien d'autres partis me semblent préfé-
rables. Vous rappelez le décret que l'on fit dans le temple
d'Apollon, sous le consulat de Lentulus et de Marcellus: la
cause n'est pas la même, et les circonstances sont fort différentes, surtout si Marcellus et d'autres consulaires se retirent,
comme vous me le dites. Nous aurons donc à observer et reconnaître de près si je puis être à Rome en sûreté. Je me défie
beaucoup de ces gens à qui l'on vient de distribuer de nouvelles
terres. Nous sommes assiégés de tous côtés ; mais cela m'importe
peu, je méprise même de plus grands dangers.

Je connais le testament de Calva; c'était un homme d'une
avarice sordide. Je vous remercie du soin que vous prenez de la
vente des biens de Demonicus. Quant à Marius, il y a déjà du
temps que j'ai écrit sur son affaire à Dolabella une lettre très-
pressante ; je ne sais s'il l'a reçue. Je n'ai fait pour lui que ce
que je désirais et devais faire.

Je viens à votre seconde lettre. Vous m'avez appris ce que je
voulais savoir du testament d'Alexion. Vous pouvez compter sur
Hirtius. Je voudrais qu'Antoine fût encore plus mal qu'il n'est.
Vous jugez bien du fils de Quintus ; nous parlerons de son père

---

respondisti. Una erat xv kalend., altera xii data. Ad superiorem igitur prius.
Accurres in Tusculanum, ut scribis, quo me vi kalend. venturum arbitrabar.
Quod scribis parendum victoribus, non mihi quidem, cui sunt multa potiora. Nam
illa, quæ recordaris Lentulo et Marcello consulibus acta in æde Apollinis, nec
causa eadem est, nec simile tempus ; præsertim quum Marcellum scribas
aliosque discedere. Erit igitur nobis coram odorandum et constituendum, tu-
tone Romæ esse possimus. Novi conventus habitatores sane movent. In magnis
enim versamur angustiis. Sed sint ista parvi. Quin et majora contemnimus.

Calvæ testamentum cognovi, hominis turpis ac sordidi. De tabula Demonici
quod tibi curæ est, gratum. De Mario scripsi jam pridem ad Dolabellam accuratissime ; modo redditæ litteræ sint. Ejus causa et cupio, et debeo.

Venio ad propiorem. Cognovi de Alexione, quæ desiderabam. Hirtius est
tuus. Antonio, quam est, volo pejus esse. De Q. filio, ut scribis, de patre co-

5.

quand nous serons ensemble. Je désire être utile à Brutus en tout ce que je pourrai : je vois que vous pensez comme moi sur sa petite harangue; mais je ne conçois pas comment vous voulez que j'en compose une comme si c'était celle qu'il a prononcée, puisqu'il a rendu la sienne publique. Cela convient-il ? certes, s'il s'agissait de prouver qu'on était en droit de tuer le tyran, j'en aurais long à dire, long à écrire sur ce sujet ; mais cesera d'une autre manière et dans un autre temps.

J'approuve fort les tribuns au sujet du siége de César. Les XIV rangs aussi se sont bien conduits. Je suis bien aise que Brutus ait été logé chez moi ; je souhaite qu'il s'y soit bien trouvé, et qu'il y soit demeuré assez longtemps.

LETTRE DCCXI

Écrite à Atinas, le 23 mai 709.

CICÉRON A ATTICUS

Le 10 des calendes, à la huitième heure environ, un messager m'a apporté, de la part de Q. Fufius, une espèce de petit billet, où

ram agemus. Brutum omni re, qua possum, cupio juvare : cujus de oratiuncula idem te, quod me, sentire video : sed parum intelligo, quid me velis scribere quasi a Bruto habitam orationem, quum ille ediderit ; qui tandem convenit ? Sane sic, ut in tyrannum jure optimo cæsum, multa dicentur, multa scribentur a nobis, sed alio modo et tempore.

De sella Cæsaris, bene tribuni. Præclaros etiam xiv ordines. Brutum apud me fuisse gaudeo : modo et libenter fuerit, et sat diu.

EPISTOLA DCCXI

(ad Att., XV, 4)

Scrib. in Atinati, x kal. jun. A. V. C. 709.

CICERO ATTICO SAL.

Decimo kalend. hora viii fere, a Q. Fufio venit tabellarius ; nescio quid ab eo

il me prie de lui rendre mon amitié ; ce qu'il fait, à son ordinaire, d'une manière assez sotte, ou peut-être que tout ce qui vient des gens que nous n'aimons point nous paraît sot. Je crois que vous serez content de ma réponse. Le même messager m'a apporté deux de vos lettres ; l'une du 11, et l'autre du 10 : je réponds d'abord à la dernière. Quoi ! une légion tout entière abandonne Antoine ! J'en suis charmé : mais Carfulenus prendre notre parti ! les rivières vont remonter vers leurs sources. Les desseins d'Antoine, dont vous me parlez, nous annoncent des tempêtes. Puissent-ils s'adresser plutôt au peuple qu'au sénat, et je crois qu'il prendra le premier parti ; mais il paraît que tout ce qu'il veut c'est d'en venir à une guerre ouverte, puisqu'il prétend ôter à D. Brutus son gouvernement ; car j'ai assez bonne opinion de la vigueur de ce dernier, pour croire qu'il ne se laissera pas déposséder sans se défendre ; cependant je ne le souhaite pas, puisqu'on s'occupe des Buthrotiens. Vous riez ! mais moi je suis fâché que ce ne soient pas plutôt mes soins, mon crédit et mes sollicitations qui aient fait réussir cette affaire.

Vous me dites que vous ne savez quel parti nos amis doivent prendre. Il y a longtemps que je suis tourmenté d'une pareille inquiétude ; ainsi c'est une folie de chercher de la consolation dans les ides de mars. On fit paraître alors un courage viril, mais, croyez-m'en, on tint une conduite puérile ; on a coupé l'arbre, mais on ne l'a pas arraché ; aussi vous voyez comme il

---

litterularum, uti me sibi restituerem ; sane insulse, ut solet : nisi forte, quæ non ames, omnia videntur insulse fieri. Scripsi ita, ut te probaturum existimem. Mihi duas a te epistolas reddidit, unam xi, alteram x. Ad recentiorem prius. De legione, probe ! Si vero etiam Carfulenus, ἄνω ποταμῶν. Antonii consilia narras turbulenta : atque utinam potius per populum agat, quam per senatum ; quod quidem ita credo. Sed mihi totum ejus consilium ad bellum spectare videtur, si quidem D. Bruto provincia eripitur. Quoquo modo de illius nervis existimo, non videtur fieri posse sine bello. Sed non cupio ; quoniam cavetur Buthrotiis. Rides ! ast condoleo, non mea potius assiduitate, diligentia, gratia perfici.

Quod scribis te nescire, quid nostris faciendum sit : jam pridem me illa ἀπορία sollicitat. Itaque stulta jam iduum martiarum est consolatio. Animis enim usi sumus virilibus ; consiliis, mihi crede, puerilibus. Excisa enim est arbor, non evulsa. Itaque, quam fruticetur, vides. Redeamus igitur, quoniam

repousse. Revenons donc aux *Tusculanes*, que vous me citez souvent; n'en parlons pas, si vous voulez, à Saufeius; pour moi, je vous promets le silence. Vous me dites que Brutus vous a prié de lui faire savoir quand je serai à Tusculum. Je compte toujours y être le 6 des calendes, et je voudrais bien vous y voir le plus tôt possible; car je crois qu'il faudra que j'aille à Lanuvium, ce qui fera sans doute beaucoup jaser. Mais nous y penserons.

Je reviens à votre première lettre : je passe outre sur tout ce que vous me dites d'abord de Buthrote; cela est profondément gravé dans mon esprit. Tout ce que je souhaite, c'est que j'aie la liberté d'agir comme vous l'espérez. Vous revenez avec insistance et très-longuement sur cette harangue de Brutus. Voulez-vous donc que je la refasse, et sans qu'il m'en ait prié? Il n'y a rien de plus offensant que ces concurrences d'esprit. Mais, dites-vous, faites du moins quelque ouvrage à la manière d'Héraclide. Je ne le refuse pas, mais il faut former un plan, et attendre un temps plus favorable pour traiter un pareil sujet.

Vous penserez de moi comme il vous plaira, et je souhaite que ce soit en bien; mais si la situation des affaires ne change point, comme il y a apparence, souffrez que je vous dise que je ne suis pas content des ides de mars. Ou César ne serait jamais revenu, et la crainte ne nous aurait pas obligés à ratifier tout ce qu'il a

---

sæpe usurpas, ad Tusculanas disputationes. Saufeium per te celemus. Ego nunquam indicabo. Quod te a Bruto scribis, ut certior fieret, quo die in Tusculanum essem futurus : ut ad te ante scripsi, vi kalend., et quidem ibi te quam primum pervidere velim. Puto enim nobis Lanuvium eundum, et quidem non sine multo sermone. Sed μελήσει.

Redeo ad superiorem : ex qua prætereo illa prima de Buthrotiis; quæ mihi sunt inclusa medullis; sit modo, ut scribis, locus agendi. De oratione Bruti, prorsus contendis, quum iterum tam multis verbis agis. Egone ut eam causam, quam is scripsit? Ego scribam non rogatus ab eo? Nulla παρεγχείρησις fieri potest contumeliosior. At, inquis, Ἡρακλείδιον aliquod. Non recuso id quidem; sed et componendum argumentum est, et scribendi exspectandum tempus maturius.

Licet enim de me, ut libet, existimes (velim quidem quam optime); si hæc ita manant, ut videntur (feres quod dicam), me idus martiæ non delectant. Ille enim aut nunquam revertisset; nos timor confirmare ejus acta non coegis-

fait; ou bien (pour suivre les principes de Saufeius, qui sont si contraires à ceux des *Tusculanes*, que vous voulez faire lire même à Vestorius), j'étais si bien avec cet homme, que les dieux puissent confondre tout mort qu'il est! qu'à l'âge où je suis je pouvais bien m'accommoder d'un pareil maître, puisque aussi bien, depuis sa mort, nous n'en sommes pas plus libres. Je rougis, croyez-moi, de cet aveu; mais n'importe, ce qui est écrit, est écrit; et je ne l'effacerai pas.

Que n'avez-vous dit vrai de Menedemus! Puisse aussi se confirmer ce que l'on dit de la reine d'Égypte! Nous parlerons ensemble du reste, et surtout de ce que doivent faire nos amis et de ce que je dois faire moi-même, si Antoine tient le sénat assiégé avec ses soldats. Je n'ai point voulu donner cette lettre à son messager, de peur qu'il ne l'ouvrît; et j'ai préféré envoyer un exprès pour vous porter ma réponse.

Que j'aurais été heureux si vous aviez pu rendre service à Brutus! je lui ai donc écrit que vous ne le pouviez pas. J'ai envoyé Tiron à Dolabella avec des instructions et une lettre. Vous l'enverrez chercher; et si vous avez quelque chose de bon à me mander, vous me l'écrirez. Voici L. César qui vient à la traverse, me prier de venir le voir à sa maison du bois de Diane; ou bien que je lui mande où je veux qu'il vienne me trouver, parce que Brutus souhaite que j'aille chez lui. Que d'embarras!

---

set : aut (ut in Saufeii cam, relinquamque Tusculanas disputationes, ad quas tu etiam Vestorium hortaris), ita gratiosi eramus apud illum, quem dii mortuum perduint! ut nostræ ætati, quoniam interfecto domino liberi non sumus, non fuerit dominus ille fugiendus. Rubeo, mihi crede. Sed jam scripseram; delere nolui.

De Menedemo, vellem verum fuisset. De regina, velim verum sit. Cætera coram, et maxime, quid nostris faciendum sit; quid etiam nobis, si Antonius militibus obsessurus est senatum. Hanc epistolam si illius tabellario dedissem, veritus sum, ne solveret. Itaque misi dedita opera; erat enim rescribendum tuis.

Quam vellem, Bruto studium tuum navare potuisses! Ego igitur ad eum litteras. Ad Dolabellam Tironem misi cum mandatis et litteris; cum ad te vocabis; et, si quid habebis, quod placeat, scribes. Ecce autem de transverso L. Cæsar, ut veniam ad se, rogat, in Nemus ; aut scribam, quo se venire velim : Bruto enim placere, se a me conveniri. O rem odiosam et inexplicabilem!

et par où en sortir? Je crois donc que j'irai chez L. César, et de là à Rome, à moins que je ne change d'avis. Je vous écris sommairement, parce que je n'ai point encore eu de nouvelles de Balbus. J'en attends des vôtres ; parlez-moi non-seulement de ce qui s'est fait, mais aussi de ce qui doit se faire.

LETTRE DCCXII

Écrite à la fin de mai 709.

M. T. CICÉRON A C. CASSIUS

Je ne cesse point un seul instant, croyez-le bien, mon cher Cassius, de m'occuper de vous et de notre cher Brutus; c'est-à-dire de toute la république, dont tout l'espoir repose en vous deux et en D. Brutus. J'augure mieux de nos affaires depuis qu'elles sont si admirablement conduites par mon gendre Dolabella. Le torrent du mal coulait à flots dans la ville et s'accroissait à un tel point de jour en jour, que je craignais qu'il n'y eût plus bientôt ni repos ni sécurité dans Rome. Mais le voilà si bien réprimé, qu'il me semble que nous sommes pour longtemps en sûreté contre ces ignobles excès. Il reste bien des choses à faire,

Puto me ergo iturum, et inde Romam ; nisi quid mutaro. Summatim adhuc ad te. Nihildum enim a Balbo. Tuas igitur exspecto, nec actorum solum, sed etiam futurorum.

EPISTOLA DCCXII
(ad div., XII, 1)

Scrib. exeunte maio A. V. C. 709.

M. T. CICERO C. CASSIO S. P. D.

Finem nullam facio, mihi crede, Cassi, de te, et de Bruto nostro, id est de tota re publica cogitandi, cujus omnis spes in vobis est, et in D. Bruto. Quam quidem jam habeo ipse meliorem, re publica a Dolabella meo præclarissime gesta. Manabat enim illud malum urbanum, et ita corroborabatur quotidie, ut ego quidem et Urbi, et otio diffiderem urbano. Sed ita compressum est, ut mihi videamur omne jam ad tempus ab illo duntaxat sordidissimo periculo

et d'une grande importance : mais tout roule désormais sur vous. Remédions d'abord au plus pressé.

Jusqu'à présent, ce n'est pas du règne, c'est du roi que nous sommes délivrés; car, malgré la mort du roi, nous laissons encore subsister les formes de la royauté. Il y a plus, ce qu'il ne ferait pas s'il vivait, nous l'approuvons parce qu'on veut nous persuader qu'il en a eu l'intention. Je ne vois pas même quelle peut être la fin de ce désordre. On promulgue des lois sur l'airain, on accorde des immunités, on ordonne de grosses levées d'argent, on rappelle les exilés, on produit de faux décrets du sénat; il semble enfin que le passé n'ait servi qu'à faire regarder sans haine cet homme pervers, et supporter la servitude sans douleur, tandis que la république reste plongée dans la perturbation où il l'a précipitée. C'est à vous de nous délivrer de tous ces maux.

Ne vous imaginez pas avoir assez fait pour la république : elle a reçu de vous plus qu'on eût jamais osé l'espérer; mais elle n'est point encore satisfaite; elle attend de vous de grandes choses, proportionnées à la grandeur même de votre courage et de vos bienfaits. Vous l'avez vengée de ses outrages par la mort du tyran; mais rien de plus. Où sont les honneurs en possession desquels elle est rentrée? en est-ce un d'obéir à un tyran mort, lorsqu'elle n'a pu le supporter vivant? Nous nous gouvernons

---

tuti futuri. Reliqua magna sunt, ac multa ; sed posita omnia in vobis. Quanquam primum quidque explicemus.

Nam, ut adhuc quidem actum est, non regno, sed rege liberati videmur. Interfecto enim rege, regios omnes nutus tuemur. Neque vero id solum, sed etiam, quæ ipse ille, si viveret, non faceret, ea nos, quasi cogitata ab illo, probamus. Nec ejus quidem rei finem video. Tabulæ figuntur ; immunitates dantur; pecuniæ maximæ describuntur; exsules reducuntur; senatusconsulta falsa referuntur; ut tantummodo odium illud hominis impuri, et servitutis dolor depulsus esse videatur, res republica jaceat in his perturbationibus, in quas eam ille conjecit. Hæc omnia vobis sunt expedienda.

Nec hoc cogitandum, satis jam habere rem publicam a vobis. Habet illa quidem tantum, quantum nunquam mihi in mentem venit optare ; sed contenta non est, et, pro magnitudine et animi, et beneficii vestri, a vobis magna desiderat. Adhuc ulta suas injurias est per vos, interitu tyranni : nihil amplius. Ornamenta vero sua quæ recuperavit ? An quod ei mortuo paret, quem vivum

d'après les papiers d'un homme dont nous aurions dû abroger les lois tracées sur l'airain ; à la vérité, nous nous y sommes engagés par un décret : il fallait bien céder aux conjonctures ; elles n'ont que trop de force dans les affaires du gouvernement ; mais n'abuse-t-on pas de notre facilité avec autant d'emportement que d'ingratitude ? Nous discuterons bientôt de vive voix toutes ces matières et quantité d'autres. En attendant, ne doutez pas que l'intérêt de la république, qui m'a toujours été très-cher, et l'amitié qui nous lie ne me fassent prendre votre dignité fort à cœur. Ayez bien soin de votre santé.

LETTRE DCCXIII

Écrite en mai 709.

M. T. CICÉRON A TRÉBONIUS

J'AI recommandé à votre ami Sabinus mon livre de *l'Orateur*; car c'est le titre que j'ai donné à cet ouvrage. Sabinus est d'un pays qui m'a inspiré de la confiance en lui, à moins qu'usant aussi de la licence des candidats, ce ne soit un surnom qu'il ait pris tout d'un coup : toutefois la modestie de son visage et la gravité

ferre non poterat? cujus æra refigere debebamus, ejus etiam chirographa defendimus? At enim ita decrevimus. Fecimus id quidem, temporibus cedentes, quæ valent in re publica plurimum. Sed immoderate quidam et ingrate nostra facilitate abutuntur. Verum hæc propediem, et multa alia coram. Interim sic tibi persuadeas, mihi quum rei publicæ, quam semper habui carissimam, tum amoris nostri causa, maximæ curæ esse tuam dignitatem. Da operam ut valeas.

EPISTOLA DCCXIII

(ad div., XV, 20)

Scrib. mense maio A. V. C. 709.

M. T. CICERO TREBONIO S. P. D.

ORATOREM meum (sic enim inscripsi) Sabino tuo commendavi. Natio me hominis impulit, ut ei recte putarem : nisi forte candidatorum licentia hic quoque usus, hoc subito cognomen arripuit. Etsi modestus ejus vultus ser-

de son langage paraissent conserver quelque chose des anciens Cures. Mais assez sur Sabinus.

Pour vous, mon cher Trebonius, dont le récent départ a encore ajouté à l'amitié que j'ai pour vous, ne manquez pas de m'écrire souvent, pour me faire supporter plus aisément le vif regret que j'éprouve de votre absence, surtout lorsque je vous promets de fréquentes lettres. Cependant deux raisons devaient vous rendre un peu plus actif que moi dans cette correspondance : d'abord, parce que c'était autrefois de Rome qu'on écrivait les nouvelles de la république à ses amis de province, et que c'est vous à présent qui devez nous en instruire. En effet, la république n'est-elle pas là où vous êtes? En second lieu, nous, qui sommes à Rome, nous pouvons vous rendre d'autres services en votre absence ; et de vous, je ne vois pas que nous puissions attendre autre chose que des lettres. Mais remettez les nouvelles à plus tard. Ce que je souhaite savoir à présent, c'est comment se passe votre voyage, où vous avez rejoint notre cher Brutus, et combien de temps vous avez passé près de lui. Ensuite, lorsque vous serez plus avancé, vous nous entretiendrez des affaires de la guerre et de tous nos intérêts, afin que nous puissions juger de l'état où nous sommes. Je ne me croirai bien instruit qu'autant que je le serai par vos lettres.

Prenez soin de votre santé, et continuez-moi cette tendre amitié que vous m'avez toujours témoignée.

moque constans, habere quiddam a Curibus videbatur. Sed de Sabino satis.
Tu, mi Treboni, quum ad amorem meum aliquantum discedens addidisti ; quo tolerabilius feramus igniculum desiderii tui, crebris nos litteris appellato : atque ita, si idem fiat a nobis. Quanquam duæ causæ sunt, cur tu frequentior in isto officio esse debeas, quam nos ; primum, quod olim solebant, qui Romæ erant, ad provinciales amicos de re publica scribere : nunc tu nobis scribas oportet. Res enim publica istic est : deinde, quod nos aliis officiis tibi absenti satisfacere possumus : tu nobis, nisi litteris, non video, qua re alia satisfacere possis. Sed cætera scribes ad nos postea. Nunc hæc primo cupio cognoscere ; iter tuum cujusmodi sit ; ubi Brutum nostrum videris ; quamdiu simul fueris ; deinde, quum processeris longius, de bellicis rebus, de toto negotio, ut existimare possimus, quo statu simus. Ego tantum me scire putabo, quantum ex tuis litteris habebo cognitum.
Cura ut valeas, meque ames amore illo tuo singulari.

LETTRE DCCXIV

Écrite à Lanuvium, en mai 709.

BRUTUS ET CASSIUS, PRÉTEURS, A M. ANTOINE, CONSUL

Si nous étions moins persuadés de votre loyauté et de vos bonnes intentions, nous ne penserions point à vous écrire ; mais, disposé comme vous l'êtes à notre égard, vous ne manquerez point de prendre cette lettre en bonne part. On nous écrit qu'un grand nombre de vétérans sont déjà réunis à Rome, et qu'on en attend encore beaucoup plus pour les calendes de juin. Il serait indigne de nous de former des soupçons ou de nous abandonner à la crainte. Cependant, après nous être livrés à vous de si bonne foi, après avoir congédié nos amis des villes municipales, et cela non-seulement par un édit, mais encore par nos lettres, nous méritons bien que vous nous fassiez part de vos desseins, surtout dans une affaire qui nous touche de si près. Apprenez-nous donc quelles sont vos intentions à notre égard.

Pensez-vous que nous soyons en sûreté au milieu de cette mul-

EPISTOLA DCCXIV
(ad div., XI, 2).

Scrib. Lanuvii, mense maio A. V. C. 709.

BRUTUS ET CASSIUS, PRÆTT., M. ANTONIO, COS.

De tua fide, et benevolentia in nos, nisi persuasum esset nobis, non conscripsissemus hæc tibi : quæ profecto, quum istum animum habes, in optimam partem accipies. Scribitur nobis, magnam veteranorum multitudinem Romam convenisse jam, et ad kalendas junias futuram multo majorem. De te si dubitemus, aut vereamur, simus nostri dissimiles. Sed certe, quum ipsi in tua potestate fuerimus, tuoque adducti consilio dimiserimus ex municipiis nostros necessarios; neque solum edicto, sed etiam litteris id fecerimus : digni sumus, quos habeas tui consilii participes, in ea præsertim re, quæ ad nos pertinet. Quare petimus a te, facias nos certiores tuæ voluntatis in nos.

Putesne, nos tutos fore in tanta frequentia militum veteranorum, quos etiam

titude de vétérans, dont on prétend même que le dessein est de relever l'autel de César : personne ne peut croire que vous approuviez un projet aussi contraire à notre existence qu'à notre honneur. Les faits prouvent assez que nous n'avons jamais eu d'autre but que la paix et la liberté. Vous êtes le seul qui puissiez nous tromper, et rien assurément n'est plus contraire à l'idée que nous avons de votre loyauté et de votre bonne foi; mais vous êtes le seul qui puissiez nous tromper, parce que notre confiance n'a reposé et ne repose encore que sur vous seul. Nos amis sont en proie aux plus vives alarmes à notre sujet, car, tout persuadés qu'ils sont de votre loyauté, ils considèrent cependant qu'une multitude de vétérans peut être portée à la violence avec beaucoup plus de promptitude que vous n'auriez de moyens pour l'arrêter. Expliquez-vous donc sur tout cela, nous vous en conjurons. Ce serait un prétexte aussi futile que dérisoire de nous répondre que les vétérans ont été convoqués parce que vous devez faire quelque proposition au sénat en leur faveur, au mois de juin. De qui pourraient-ils craindre de l'opposition, lorsqu'il est certain qu'ils n'en recevront pas de nous ? Au reste, on ne doit pas nous soupçonner d'avoir trop d'attachement pour la vie, si l'on considère qu'il ne peut nous arriver rien de funeste sans entraîner en même temps le renversement total de la république.

de reponenda ara cogitare audimus : quod velle te probare vix quisquam posse videtur, qui nos salvos et honestos velit. Nos ab initio spectasse otium, nec quidquam aliud libertate communi quaesisse, exitus declarat. Fallere nemo nos potest, nisi tu; quod certe abest a tua virtute, et fide; sed alius nemo facultatem habet decipiendi nos. Tibi enim uni credidimus, et credituri sumus. Maximo de nobis timore afficiuntur amici nostri; quibus etsi tua fides explorata est, tamen illud in mentem venit, multitudinem veteranorum facilius impelli ab aliis quo libet, quam a te retineri posse. Rescribas nobis ad omnia, rogamus. Nam illud valde leve est, ac nugatorium, ea re denuntiatum esse veteranis, quod de commodis eorum mense junio laturus esses. Quem enim impedimento futurum putas, quum de nobis certum sit, nos quieturos? Non debemus cuiquam videri nimium cupidi vitæ, quum accidere nobis nihil possit sine pernicie et confusione omnium rerum.

LETTRE DCCXV

Écrite à Athènes, le 25 mai 709.

TREBONIUS A CICÉRON

Si vous vous portez bien, tout est pour le mieux. — Je suis arrivé à Athènes le 11 des calendes de juin, et, suivant le plus ardent de mes désirs, j'y ai vu votre fils, qui s'applique aux études les plus utiles, et qui s'est fait une grande réputation de modestie. Vous comprenez, sans que je le dise, combien j'en ai ressenti de joie ; car vous n'ignorez pas combien je vous honore, et combien notre très-ancienne et très-sincère amitié me fait prendre part non-seulement à votre bonheur paternel, mais même à vos moindres intérêts. N'allez pas vous imaginer, mon cher Cicéron, que je cherche ici à vous flatter. Parmi tous les jeunes gens qui sont à Athènes, il n'y en a pas un qui soit plus aimable ou plus appliqué que votre fils, ou plutôt le nôtre (car vous n'avez rien qui ne me soit commun avec vous), personne, dis-je, qui ait plus de goût pour les arts que vous aimez, c'est-à-dire les meilleurs. C'est donc avec autant de sincérité que de

EPISTOLA DCCXV
(ad div., XII, 16)

Scrib. Athenis, a. d. viii kal. jun. A. V. C. 709.

TREBONIUS CICERONI S.

S. V. B. E. — Athenas veni a. d. xi kalend. jun., atque ibi, quod maxime optabam, vidi filium tuum, deditum optimis studiis, summaque modestiæ fama. Qua ex re quantam voluptatem ceperim, scire potes, etiam me tacente. Non enim nescis, quanti te faciam, et quam pro nostro veterrimo verissimoque amore, omnibus tuis etiam minimis commodis, non modo tanto bono, gaudeam. Noli putare, mi Cicero, me hoc auribus tuis dare : nihil adolescente tuo, atque adeo nostro (nihil enim mihi a te potest esse sejunctum), aut amabilius omnibus iis qui Athenis sunt, est, aut studiosius earum artium, quas tu maxime amas, hoc est optimarum. Itaque tibi, quod vere facere possum, libenter quo-

satisfaction que je vous félicite, et moi également, de ce que nous avons de si justes raisons d'aimer celui que nous aimerions encore quand il le mériterait moins. Il m'a fait entendre, dans la conversation, qu'il ne serait pas fâché de voir l'Asie. Non-seulement je l'y ai engagé, mais je l'ai prié de faire ce voyage pendant que je commande cette province; et vous ne devez pas douter que je ne lui tienne lieu de vous-même, par ma tendresse et mes attentions. J'aurai soin qu'il soit accompagné de Cratippus, car je ne veux pas que vous regardiez ce voyage comme une interruption pour ses études, auxquelles vous ne cessez de l'exhorter. Je le vois armé de toutes pièces et lancé dans la carrière à grands pas; mais je ne laisserai pas de l'exciter sans cesse à faire de nouveaux progrès dans ses études par des exercices journaliers.

En vous écrivant, j'ignore comment vont les affaires de la république. On parle de nouveaux troubles. Je souhaite que ces nouvelles soient fausses, et que nous puissions jouir enfin d'un peu de loisir et de liberté. C'est un bonheur que je n'ai pas encore connu jusqu'à présent. Cependant ma navigation m'a procuré un peu de relâche, que j'ai mis à profit pour préparer le petit présent que je vous destinais. J'ai terminé l'ouvrage par un mot de vous et qui m'a fait tant d'honneur; et je vous l'ai dédié. Si vous y trouvez quelques termes un peu libres, l'infa-

---

que gratulor, nec minus etiam nobis; quod eum, quem necesse erat diligere, qualiscumque esset, talem habemus, ut libenter quoque diligamus. Qui quum mihi in sermone injecisset, se velle Asiam visere : non modo invitatus, sed etiam rogatus est a me, ut id potissimum nobis obtinentibus provinciam faceret. Cui nos et caritate et amore tuum officium præstaturos non debes dubitare. Illud quoque erit nobis curæ, ut Cratippus una cum eo sit, ne putes, in Asia feriatum illum ab iis studiis, in quæ tua cohortatione incitatur, futurum. Nam illum paratum, ut video, et ingressum pleno gradu, cohortari non intermittemus, quo in dies longius discendo, exercendoque se procedat.

Vos quid ageretis in re publica, quum has litteras dabam, non sciebam. Audiebam quædam turbulenta, quæ scilicet cupio esse falsa, ut aliquando otiosa libertate fruamur : quod vel minime adhuc mihi contigit. Ego tamen nactus in navigatione nostra pusillum laxamenti, concinnavi tibi munusculum ex instituto meo, et dictum, cum magno nostro honore a te dictum, conclusi, et tibi infra subscripsi. In quibus versiculis si tibi quibusdam verbis εὐθυῤῥημονέστερος videbor, turpitudo personæ ejus, in quam liberius invehimur, nos

mie du personnage auquel je m'attaque sera mon excuse. Vous me pardonnerez aussi mon emportement, qui n'est que trop juste contre des gens et des citoyens de cette espèce. D'ailleurs, pourquoi cette liberté aurait-elle été plus permise à Lucilius qu'à nous? Il pouvait haïr autant ceux qu'il a attaqués; mais, certes, ils ne méritaient pas plus la liberté de langage à laquelle il s'est livré contre eux.

Pour vous, j'espère, comme vous me l'avez promis, que vous me ferez figurer bientôt dans vos dialogues, si vous écrivez quelque chose sur la mort de César; car je me flatte que vous ne me donnerez pas une petite part à l'action et aux témoignages de votre amitié. Prenez soin de votre santé. Je vous recommande ma mère et toute ma famille. A Athènes, le 8 des calendes de juin.

LETTRE DCCXVI

Écrite à Tusculum, ou à une autre de ses maisons de campagne, fin de mai 709.

M. T. CICÉRON A MATIUS

Je ne sais pas encore si je dois m'affliger ou me réjouir de la

vindicabit. Ignosces etiam iracundiæ nostræ : quæ justa est in ejusmodi et homines, et cives. Deinde, qui magis hoc Lucilio licuerit assumere libertatis quam nobis? quum etiam si odio pari fuerit in eos quos læsit, tamen certe non magis dignos habuerit, in quos tanta libertate verborum incurreret.

Tu, sicut mihi pollicitus es, adjunges me quam primum ad tuos sermones. Namque illud non dubito, quin, si quid de interitu Cæsaris scribas, non patiaris me minimam partem et rei, et amoris tui ferre. Vale, et matrem, meosque tibi commendatos habe. D. VIII kalendas junias, Athenis.

EPISTOLA DCCXVI

(ad div., XI, 27)

Scrib. in Tusculano, vel alia villa, exeunte maio A. V. C. 709.

M. T. CICERO MATIO S.

Nondum satis constitui, molestiæne plus, an voluptatis attulerit mihi Treba-

visite que je viens de recevoir de notre cher Trebatius, le plus obligeant de tous les hommes et l'homme du monde qui nous aime le plus, vous et moi. Je m'étais rendu le soir à Tusculum. Il vint m'y voir le lendemain au matin, sans être encore bien rétabli. Je lui fis un reproche de ménager si peu sa santé : il me répondit que je devais m'en prendre à l'impatience qu'il avait de me voir. Qu'y a-t-il donc de nouveau? lui dis-je. Il m'exposa vos plaintes. Mais, avant d'y répondre, permettez-moi quelques réflexions préliminaires.

Autant que je puis me rappeler le passé, je n'ai pas de plus ancien ami que vous. L'ancienneté est un avantage assez commun ; mais on ne peut pas en dire autant de l'amitié. Je vous ai aimé dès le premier jour que je vous ai connu, et j'ai jugé que vous m'aimiez aussi. Ensuite votre départ, la longueur de votre absence, la diversité de nos vues et de nos carrières n'ont pas permis que notre penchant mutuel se fortifiât par un commerce habituel. Cependant je n'ai pu méconnaître vos bonnes dispositions en ma faveur, plusieurs années avant la guerre civile, pendant que César était dans la Gaule. Vous l'avez disposé à m'aimer, à me témoigner de la considération, à me compter au nombre des siens, parce que vous jugiez que je pouvais tirer beaucoup d'avantages de son amitié, et que la mienne ne lui était pas inutile. Je passe sous silence l'intimité de nos entretiens, de notre corres-

---

tius noster, homo quum plenus officii, tum utriusque nostrum amantissimus. Nam quum in Tusculanum vesperi venissem, postridie ille ad me, nondum satis firmo corpore quum esset, mane venit. Quem quum objurgarem, quod parum valetudini parceret, tum ille, nihil sibi longius fuisse, quam ut me videret. Num quidnam, inquam, novi? Detulit ad me querelam tuam ; de qua prius, quam respondeo, pauca præponam.

Quantum memoria repetere præterita possum, nemo est mihi te amicus antiquior. Sed vetustas habet aliquid commune cum multis ; amor non habet. Dilexi te, quo die cognovi, meque a te diligi judicavi. Tuus deinde discessus, isque diuturnus, ambitio nostra, et vitæ dissimilitudo non est passa voluntates nostras consuetudine conglutinari. Tuum tamen erga me animum agnovi multis annis ante bellum civile, quum Cæsar esset in Gallia. Quod enim vehementer mihi utile esse putabas, nec inutile ipsi Cæsari, perfecisti, ut ille me diligeret, coleret, haberet in suis. Multa prætereo, quæ temporibus illis inter

pondance et de nos rapports à cette époque. Ce qui suit est plus important.

Dès le commencement de la guerre civile, lorsque vous alliez joindre César à Brindes, vous vîntes me voir à Formies. Quel prix n'avait pas pour moi cette visite, surtout dans de telles circonstances! Ensuite, croyez-vous que je puisse avoir oublié vos conseils, vos discours, et tant de témoignages de votre bienveillant intérêt? Je me souviens que Trebatius était présent à cette entrevue. Je ne conserve pas moins le souvenir des lettres que vous m'écrivîtes, lorsque vous eûtes joint César, dans le canton de Trebula, si je ne me trompe. Le temps qui succéda fut celui où, soit par honneur, soit par devoir, soit par un caprice du sort, je me vis contraint de suivre le parti de Pompée. Quels services, quelles marques d'affection et de zèle ne m'avez-vous pas prodigués pendant mon absence, et à ma famille, qui était restée à Rome! Aussi n'est-il pas un seul des miens qui ne vous regarde comme notre meilleur ami.

Je revins à Brindes. Croyez-vous que j'aie oublié avec quel empressement vous y accourûtes de Tarente, à la première nouvelle de mon arrivée? Dès que vous fûtes assis auprès de moi, quelles ne furent pas vos consolations pour ranimer mon esprit abattu par la crainte de misères communes? Enfin, je me revis à Rome. Que manqua-t-il alors à notre intimité? Dans ces graves

---

nos familiarissime dicta, scripta, communicata sunt. Graviora enim consecuta sunt.

Et initio belli civilis, quum Brundisium versus ires ad Cæsarem, venisti ad me in Formianum. Primum hoc ipsum quanti, præsertim temporibus illis! Deinde oblitum me putas consilii, sermonis, humanitatis tuæ? quibus rebus interesse memini Trebatium. Nec vero sum oblitus litterarum tuarum, quas ad me misisti, quum Cæsari obviam venisses in agro, ut arbitror, Trebulano. Secutum illud tempus est, quum me ad Pompeium proficisci, sive pudor meus coegit, sive officium, sive fortuna. Quod officium tuum, quod studium vel in absentem me, vel in præsentes meos defuit? quem porro omnes mei et mihi et sibi te amiciorem judicaverunt?

Veni Brundisium. Oblitumne me putas, qua celeritate, ut primum audieris, ad me Tarento advolaris? quæ tua fuerit assessio, oratio, confirmatio animi mei, fracti communium miseriarum metu? Tandem aliquando Romæ esse cœpimus. Quid defuit nostræ familiaritati? In maximis rebus quonam modo me

circonstances, ce fut par vos conseils que j'appris comment je devais me conduire avec César. Dans le commerce ordinaire de la vie, quelle maison, après celle de César, fréquentiez-vous de préférence à la mienne, où vous veniez souvent passer bien des heures dans les plus agréables entretiens? Ce fut même alors, si vous vous en souvenez, que vous m'engageâtes à composer mes ouvrages philosophiques. Après le retour de César, qu'eûtes-vous plus à cœur que de me faire entrer plus avant dans son intimité? et vous y aviez réussi.

Mais quel est donc le but de cette digression plus longue que je ne m'y attendais? C'est de vous exprimer ma surprise de ce que, sachant tout cela, vous m'avez cru capable d'avoir commis quelque chose qui blessât notre amitié. Car, outre que les faits que je viens de rapporter sont connus et bien établis, il en est beaucoup d'autres plus particuliers, et que les paroles ne rendent qu'imparfaitement. C'est qu'en vous tout me plaît; mais surtout votre fidélité inébranlable en amitié, votre prudence, votre gravité, votre constance; et de plus l'agrément de votre esprit, votre politesse et votre goût pour les lettres.

Revenons donc à vos plaintes. Premièrement, je n'ai pas cru que vous ayez appuyé cette loi de votre suffrage. En second lieu, quand je l'aurais cru, je ne me serais jamais persuadé que vous l'eussiez fait sans quelque juste raison. Votre haute position

---

gererem me adversus Cæsarem, usus tuo consilio sum. In reliquis officiis, cui tu tribuisti, excepto Cæsare, præter me, ut domum ventitares, horasque multas sæpe suavissimo sermone consumeres? tum, quum etiam, si meministi, ut hæc φιλοσοφούμενα scriberem, tu me impulisti. Post Cæsaris reditum, quid tibi majori curæ fuit, quam ut essem ego illi quam familiarissimus? quod effeceras.

Quorsum igitur hæc oratio longior, quam putaram? Quia sum admiratus, te, qui hæc nosse deberes, quidquam a me commissum, quod esset alienum nostra amicitia, credidisse. Nam præter hæc quæ commemoravi, quæ testata sunt et illustria, habeo multa occultiora, quæ vix verbis exsequi possum. Omnia me tua delectant: sed maxime maxima, quum fides in amicitia, consilium, gravitas, constantia; tum lepos, humanitas, litteræ.

Quapropter redeo nunc ad querelam. Ego te suffragium tulisse in illa lege, primum non credidi: deinde, si credidissem, nunquam id sine aliqua justa causa existimarem te fecisse. Dignitas tua facit, ut animadvertatur, quidquid

fait que toutes vos actions sont observées, et la malignité des hommes ne leur donne pas toujours une interprétation favorable. Si vous ignorez cela, je ne sais comment je dois faire pour m'expliquer. Pour moi, lorsque j'entends blâmer votre conduite, je prends votre défense comme je sais que vous prenez la mienne contre mes ennemis. J'ai deux manières de vous défendre : il y a des choses que je désavoue formellement, comme celles qui regardent le suffrage en question. Il y en a d'autres que je tourne à l'honneur de votre piété et de votre humanité, telles que le soin que vous avez pris des jeux publics. Mais vous êtes trop éclairé pour ne pas reconnaître que, si César était roi, comme il me semble qu'on n'en saurait disconvenir, on peut disputer pour et contre votre conduite; c'est-à-dire, ou prendre, comme moi, le parti de soutenir que votre tendresse et votre fidélité sont louables lorsque vous ne cessez pas d'aimer un ami même après sa mort; ou prétendre, comme d'autres le font, que la liberté de la patrie est préférable à la vie d'un ami.

Plût au ciel qu'on vous eût rapporté mes discussions sur ces deux points! Mais il y en a deux autres, qui sont tout à fait à votre gloire, et que personne ne relève ni plus volontiers ni plus souvent que moi : c'est que vous vous êtes toujours opposé fortement à la guerre civile et montré partisan de la modération dans la victoire. Je n'ai trouvé là-dessus personne pour me contredire.

facias; malevolentia autem hominum, ut nonnulla durius, quam a te facta sint, proferantur. Ea tu si non audis quid dicam, nescio. Equidem, si quando audio, tam defendo, quam me scio a te contra iniquos meos solere defendi. Defensio autem est duplex : alia sunt, quæ liquido negare soleam : ut de isto ipso suffragio : alia, quæ defendam a te pie fieri et humane : ut de curatione ludorum. Sed te, hominem doctissimum, non fugit, si Cæsar rex fuerit, quod mihi quidem videtur, in utramque partem de tuo officio disputari posse : vel in eam, qua ego uti soleo, laudandam esse fidem et humanitatem tuam, qui amicum etiam mortuum diligas : vel in eam, qua nonnulli utuntur, libertatem patriæ vitæ amici anteponendam.

Ex his sermonibus utinam essent delatæ ad te disputationes meæ! Illa vero duo quæ maxima sunt laudum tuarum, quis aut libentius, quam ego, commemorat, aut sæpius : te, et non suscipiendi belli civilis gravissimum auctorem fuisse, et moderandæ victoriæ? in quo, qui mihi non assentiretur, inveni neminem.

Ainsi je dois remercier Trebatius, notre ami commun, de l'occasion qu'il m'a donnée de vous écrire cette lettre. Douter des sentiments qu'elle exprime, ce serait me croire dépourvu de franchise et de tout sentiment humain; et rien assurément ne pourrait être plus affligeant pour moi, ni plus éloigné de l'opinion que j'ai de votre caractère.

LETTRE DCCXVII
Écrite à Rome, fin de mai 709.

MATIUS A CICÉRON

J'AI éprouvé un grand plaisir en lisant votre lettre, où je vois que vous conservez toujours de moi votre bonne opinion : c'était là ma plus douce espérance et mon vœu le plus ardent. Quoique je n'en eusse pas le moindre doute, le prix que j'attache à votre estime me fait désirer de la conserver intacte : mon cœur me rendait témoignage que je n'ai rien fait qui puisse offenser un homme de bien; et je ne pouvais par conséquent m'imaginer qu'avec un caractère si excellent et un esprit si éclairé, vous eussiez cédé légèrement à des préventions contre un ancien ami

Quare habeo gratiam Trebatio, familiari nostro, qui mihi dedit causam harum litterarum : quibus nisi credideris, me omnis officii et humanitatis expertem judicaris; quo nec mihi gravius quidquam potest esse, nec a te alienius.

EPISTOLA DCCXVII
(ad div., XJ, 28)

Scrib. Romæ, exeunte maio A. V. C 709.

MATIUS CICERONI S.

MAGNAM voluptatem ex tuis litteris cepi, quod, quam speraram atque optaram, habere te de me opinionem, cognovi. De qua etsi non dubitabam, tamen, quia maximi æstimabam, ut incorrupta maneret, laborabam. Conscius autem mihi eram, nihil a me commissum esse, quod boni cujusquam offenderet animum. Eo minus credebam, plurimis atque optimis artibus ornato tibi temere quidquam persuaderi potuisse, præsertim in quem mea propensa

dont les sentiments n'ont jamais changé pour vous. Rassuré complétement sur ce point, je vais répondre aux accusations contre lesquelles votre bonté et votre amitié vous ont fait prendre si souvent mon parti.

Je n'ignore point ce qu'on a dit contre moi depuis la mort de César. On me fait un crime de la douleur que je ressens d'avoir perdu un homme qui m'était si cher. On l'a tué, et l'on ne veut pas que je m'en indigne! On prétend que la patrie doit être préférée à l'amitié; comme s'il était bien prouvé que le meurtre de César ait été, en effet, de quelque utilité à la république. Mais je ne veux point employer ici l'artifice. J'avoue que je n'en suis point encore à ce haut degré de sagesse. Ce n'est pas César que j'ai suivi dans nos dernières dissensions : c'est à mon ami que je me suis attaché; et, quelque aversion que j'eusse pour le parti des armes, je n'ai point déserté sa cause. Jamais je n'ai approuvé la guerre civile ni les motifs qui l'ont allumée: j'ai fait, au contraire, tous mes efforts pour l'étouffer dans sa naissance. Aussi ne m'a-t-on pas vu profiter de la victoire de mon ami pour augmenter mes honneurs ou mes richesses. Ceux qui ont abusé avec le plus d'impudence de cet avantage avaient moins de part que moi à la confiance de César : et je puis dire même que mon bien a souffert de la loi qu'il a portée; tandis que ceux qui se réjouissent aujourd'hui de sa mort ont obtenu de lui la permission de rester dans Rome.

et perpetua fuisset atque esset benevolentia. Quod quum, ut volui, scio esse : respondebo criminibus, quibus tu pro me, ut par erat tuæ singulari bonitati et amicitiæ nostræ, sæpe restitisti.

Nota enim mihi sunt quæ in me post Cæsaris mortem contulerunt. Vitio mihi dant quod mortem hominis necessarii graviter fero ; atque eum, quem dilexi, periisse indignor. Aiunt enim, patriam amicitiæ præponendam esse; proinde ac si jam vicerint, obitum ejus rei publicæ fuisse utilem. Sed non agam astute. Fateor, me ad istum gradum sapientiæ non pervenisse. Neque enim Cæsarem in dissensione civili sum secutus; sed amicum, quanquam re offendebar, tamen non deserui : neque bellum unquam civile, aut etiam causam dissensionis probavi; quam etiam nascentem exstingui summe studui. Itaque in victoriâ hominis necessarii, neque honoris, neque pecuniæ dulcedine sum captus : quibus præmiis reliqui, minus apud eum quam ego quum possem, immoderate sunt abusi. Atque etiam res familiaris mea lege Cæsaris diminuta est : cujus beneficio plerique, qui Cæsaris morte lætantur, remanserunt in civitate.

J'ai sollicité le pardon des vaincus avec autant de zèle que s'il se fût agi de moi-même. Comment se pourrait-il qu'après m'être employé pour le salut de tout le monde, je ne fusse point indigné du meurtre de celui qui me l'accordait, surtout lorsque je vois que ceux qui l'ont fait périr sont précisément les mêmes hommes qui l'ont fait haïr et qui ont causé sa perte. Mais on me fera repentir, disent-ils, d'avoir condamné leur action. Insolence inouïe ! Quoi ! il sera permis aux uns de tirer gloire d'un forfait, et les autres ne pourront pas en gémir sans danger ? Jusqu'à présent on avait laissé aux esclaves eux-mêmes la liberté de craindre, de se réjouir, de s'affliger, suivant les mouvements de leur cœur et sans attendre l'ordre de leur maître; aujourd'hui cette même liberté, ceux qui se proclament les vengeurs de la liberté s'efforcent de nous la ravir par la terreur ! Vaines menaces ! Il n'y a point de danger ni de crainte qui puisse m'empêcher de remplir mes devoirs d'homme et d'ami. Mon principe a toujours été qu'une mort honorable ne doit jamais être évitée, et qu'elle mérite quelquefois d'être recherchée.

Enfin, pourquoi me font-ils un crime de souhaiter qu'ils puissent se repentir de leur action. Oui, je souhaite que tout l'univers regrette la mort de César. Mais, comme citoyen, je dois, dit-on, désirer le salut de la république. Si toutes les actions de ma vie passée et mes espérances pour l'avenir ne prouvent pas,

---

Civibus victis ut parceretur, æque ac pro mea salute, laboravi. Possum igitur, qui omnes voluerim incolumes, cum, a quo id impetratum est, periisse non indignari ; quum præsertim iidem homines illi, et invidiæ, et exitio fuerint ? Plecteris ergo, inquiunt, quum factum nostrum improbare audes. O superbiam inauditam ! alios in facinore gloriari, aliis ne dolere quidem impunite licere ! At hæc etiam servis semper libera fuerunt, timerent, gauderent, dolerent suo potius quam alterius arbitrio : quæ nunc isti, ut quidem dictitant, libertatis auctores, metu nobis extorquere conantur. Sed nihil agunt. Nullius unquam periculi terroribus ab officio aut ab humanitate desciscam. Nunquam enim honestam mortem fugiendam, sæpe etiam oppetendam putavi.

Sed quid mihi succensent, si id opto, ut pœniteat eos sui facti ? Cupio enim Cæsaris mortem omnibus esse acerbam. At debeo pro civili parte rem publicam velle salvam. Id quidem me cupere, nisi et ante acta vita, et reliqua mea

sans que je le dise, le sincère désir que j'en ai, je renonce à le prouver par d'inutiles arguments. Je vous supplie donc, de la manière la plus pressante, de juger de moi plutôt par les actions que par les paroles ; et, si vous croyez que mon intérêt est d'accord avec mon devoir, persuadez-vous bien que je n'aurai jamais de liaison avec les méchants. Je ne me suis point écarté de ces principes dans ma jeunesse, quoique l'erreur fût alors plus pardonnable ; puis-je maintenant, sur le déclin de l'âge, abjurer mes croyances et me rétracter ? Non, je suis résolu à ne rien faire qui m'expose à de justes reproches ; si ce n'est par la douleur que me cause le cruel destin de mon illustre ami. Croyez que si j'avais d'autres intentions, je ne les cacherais pas, et que je ne voudrais pas joindre à la perversité des actions la honte d'une lâche et vaine hypocrisie.

Mais, ajoute-t-on, j'ai pris la direction des jeux que le jeune César a fait célébrer pour les victoires de César. Ce fait est du domaine de la vie privée et n'a rien de commun avec la politique. C'est un hommage que j'ai cru devoir rendre à la mémoire et à la renommée d'un ami dans la tombe et que je n'ai pu refuser aux instances d'un jeune homme de tant d'espérance, au digne héritier de César. Je vais souvent chez le consul Antoine, uniquement pour le saluer : mais quels sont ses visiteurs les plus assidus ? Ceux mêmes qui me croient sans dévouement à la patrie, et qui n'y vont que pour en solliciter et en arracher des

spes, tacente me, probat, dicendo vincere non postulo. Quare majorem in modum te rogo, ut rem potiorem oratione ducas : mihique si sentis expedire, recte fieri, credas nullam communionem cum improbis esse posse. An, quod adolescens præstiti, quum etiam errare cum excusatione possem : id nunc, ætate præcipitata, commutem, ac me ipse retexam ? Non faciam : neque, quod displiceat, committam, præterquam quod hominis mihi conjunctissimi ac viri amplissimi doleo gravem casum. Quod si aliter essem animatus, nunquam quod facerem, negarem : ne in peccando improbus, et in dissimulando timidus ac vanus existimarer.

At ludos, quos Cæsaris victoriæ Cæsar adolescens fecit, curavi. At id ad privatum officium, non ad statum reipublicæ pertinet. Quod tamen munus et hominis amicissimi memoriæ ac honoribus præstare, etiam mortui, debui : et optimæ spei adolescenti ac dignissimo Cæsare repetenti negare non potui. Veni etiam consulis Antonii domum sæpe, salutandi causa : ad quem, qui me parum patriæ amantem esse existimant, rogandi quidem aliquid aut auferendi

faveurs. Quelle est donc cette arrogance? Quoi! lorsque jamais César ne m'a empêché de voir qui bon me semblait, même les hommes qu'il n'aimait pas, ceux qui m'ont si cruellement arraché mon ami croiraient, en me dénigrant, pouvoir m'empêcher de suivre les mouvements de mon cœur! Mais je suis sans inquiétude: la modération de ma conduite suffira toujours à l'avenir pour réfuter leurs fausses imputations, et je sais bien que ceux à qui la constance de mon amitié pour César me rend odieux, préféreraient des amis tels que moi à des amis qui leur ressemblent.

Quant à moi, si mes vœux s'accomplissent, je passerai tranquillement le reste de mes jours dans l'île de Rhodes; mais si je suis retenu à Rome par quelque obstacle, ma conduite y prouvera que je n'ai d'autre ambition que celle du bien public. J'ai beaucoup d'obligation à notre cher Trebatius de m'avoir fait connaître les sentiments de votre sincère amitié pour moi, et de savoir que l'homme que j'ai toujours aimé d'inclination, a plus que jamais des droits à mon affection et à mon estime. Prenez soin de votre santé, et conservez-moi votre affection.

causa, frequentes ventilare reperies. Sed quæ hæc est arrogantia, quod Cæsar nunquam interpellavit, quin, quibus vellem, atque etiam, quos ipse non diligebat, tamen iis uterer : eos, qui mihi amicum eripuerunt, carpendo me, efficere conari, ne, quos velim, diligam? Sed non vereor ne aut meæ vitæ modestia parum valitura sit in posterum contra falsos rumores : aut ne etiam ii qui me non amant, propter meam in Cæsarem constantiam, non malint mei, quam sui similes amicos habere.

Mihi quidem si optata contingent, quod reliquum est vitæ, in otio Rhodi degam : sin casus aliquis interpellarit, ita ero Romæ, ut recte fieri semper cupiam. Trebatio nostro magnas ago gratias, quod tuum erga me animum simplicem atque amicum aperuit : et quod eum quem semper lubenter dilexi, quo magis jure colere atque observare deberem, fecit. Bene vale, et me dilige.

LETTRE DCCXVIII

Écrite à Antium, le 25 mai 709.

CICÉRON A ATTICUS

Le messager que j'avais envoyé à Brutus est de retour, il m'a apporté une lettre de lui et une autre de Cassius. Ils me prient instamment de les aider de mes conseils. Brutus me demande lequel des deux partis il doit prendre. Où en sommes-nous réduits? Je ne sais que lui écrire; ainsi je crois que je garderai le silence, à moins que vous ne soyez d'un autre avis. S'il vous vient quelque chose dans l'esprit à ce sujet, je vous prie de me le mander. Cassius me conjure d'inspirer à Hirtius de meilleurs sentiments; a-t-il perdu la tête? *Ce serait le foulon qui veut blanchir le charbonnier.* Vous avez dû recevoir une lettre de moi. Ce que vous me dites, que le sénat fera un décret sur les gouvernements qu'on doit donner à Brutus et à Cassius, Balbus et Hirtius me l'ont aussi écrit. Ce dernier a déjà quitté Rome, et il est à présent à Tusculum. Il me conseille vivement de ne point me trouver au sénat; et cela, à cause du danger que je pourrais courir, et qu'il a couru lui-même. Mais quand il n'y aurait

EPISTOLA DCCXVIII
(ad Att., XV, 5)

Scrib. in Antiati, viii kal. jun. A. V. C. 709.

CICERO ATTICO SAL.

A Bruto tabellarius rediit; attulit et ab eo, et Cassio. Consilium meum magnopere exquirunt: Brutus quidem, utrum de duobus. O rem miseram! plane non habeo quid scribam. Itaque silentio puto me usurum; nisi quid aliud tibi videtur. Sin tibi quid venit in mentem, scribe, quæso. Cassius vero vehementer orat ac petit, ut Hirtium quam optimum faciam. Sanum putas? ὁ γναφεὺς ἀνθρακεύς. Epistolam tibi misi. Ut tu de provincia Bruti et Cassii per senatusconsultum, ita scribit et Balbus et Hirtius: qui quidem, se actutum. Etenim jam in Tusculano est: mihique, ut absim, vehementer auctor est; et ille quidem periculi causa; quod sibi etiam fuisse dicit; ego autem,

aucun danger, bien loin que je me soucie de laisser voir à Antoine que je ne suis pas bien aise qu'il soit si puissant, c'est précisément pour ne pas le voir que je ne vais point à Rome.

Varron, notre ami, m'a envoyé une lettre qui lui a été écrite par je ne sais qui, car il en a effacé la signature, et dans laquelle on lui mande que les vétérans qui n'ont point été compris dans la distribution des terres (car ils n'y ont pas tous eu part) tiennent des discours fort insolents, et que ceux qui ne sont pas pour eux ne peuvent pas aller à Rome sans s'exposer à un grand danger. Comment y aller? comment revenir? comment me montrer? comment me conduire au milieu de tous ces gens-là? Que s'il est vrai, comme vous me le marquez, que L. Antonius marche contre Decimus Brutus, et les autres contre Brutus et Cassius, que faut-il que je fasse? quelles mesures prendre? Pour le présent, je suis résolu à m'absenter d'une ville où non-seulement j'ai rempli avec éclat les premières places, mais où je me suis même soutenu avec quelque dignité dans un temps de servitude; et je suis moins résolu à sortir de l'Italie, car je veux encore en délibérer avec vous, qu'à ne point aller à Rome.

etiam ut nullum periculum sit; tantum abest, ut Antonii suspicionem fugere nunc curem, ne videar ejus secundis rebus non delectari, ut mihi causa sit, cur Romam venire nolim, ne illum videam.

Varro autem noster ad me epistolam misit, sibi a nescio quo missam (nomen enim delerat) in qua scriptum erat, veteranos eos, qui rejiciantur (nam partem esse dimissam) improbissime loqui; ut magno periculo Romæ sint futuri, qui ab eorum partibus dissentire videantur. Qui porro noster itus, reditus, vultus, incessus inter istos? quod si, ut scribis, L. Antonius in Decimum, reliqui in nostros; ego quid faciam? aut quo me pacto geram? mihi vero deliberatum est, ut nunc quidem est, abesse ex ea urbe, in qua non modo floru cum summa, verum etiam servivi cum aliqua dignitate. Nec tam statui ex Italia exire, de quo tecum deliberabo, quam istuc non venire.

LETTRE DCCXIX

Écrite à Tusculum, le 27 mai 709.

CICÉRON A ATTICUS

Depuis votre départ, j'ai reçu deux lettres de Balbus; mais rien de nouveau; Hirtius m'écrit aussi qu'il est très-irrité de la conduite des vétérans. Je suis fort en peine de ce que je ferai aux calendes prochaines. J'ai donc envoyé Tiron à Rome, et avec lui plusieurs de mes gens, à qui vous donnerez des lettres au fur et à mesure des événements. J'ai aussi écrit à Antoine au sujet de la légation que je demande. Je sais qu'il s'offense aisément, et il pourrait trouver mauvais que je n'en eusse écrit qu'à Dolabella; mais comme on dit qu'on ne l'approche pas aisément, j'ai écrit à Eutrapelus, pour le prier de lui remettre ma lettre, et de lui dire que j'ai besoin de cette légation. La légation votive est plus honorable; mais je pourrai prendre l'une et l'autre.

Réfléchissez, je vous prie, sérieusement à votre position personnelle; je voudrais que nous pussions en parler ensemble. Si

EPISTOLA DCCXIX
(ad Att., XV, 8)

Scrib. in Tusculano, vi kal. jun. A. V. C. 709.

CICERO ATTICO SAL.

Post tuum discessum binas a Balbo; nihil novi : itemque ab Hirtio, qui se scribit vehementer offensum esse veteranis. Exspectat animus, quidnam agam de kalendis. Misi igitur Tironem, et cum Tirone plures, quibus singulis, ut quidque accidisset, dares litteras : atque etiam scripsi ad Antonium de legatione : ne, si ad Dolabellam solum scripsissem, iracundus homo commoveretur. Quod autem aditus ad eum difficilior esse dicitur ; scripsi ad Eutrapelum, ut is ei meas litteras redderet, legatione mihi opus esse. Honestior est votiva : sed licet uti utraque.

De te, quæso, etiam atque etiam vide. Velim possis coram : si minus possis,

vous ne pouvez pas venir, nos lettres y suppléeront. Gréceius m'a écrit que C. Cassius lui avait mandé qu'on ramassait des gens armés pour venir à ma maison de Tusculum. Cela ne me paraît pas vraisemblable : cependant il est toujours bon de prendre des précautions, et d'aller d'une de mes villas à l'autre : nous verrons d'ici à demain ce que nous devons en penser.

LETTRE DCCXX.

Écrite à Tusculum, le 2 juin 709.

CICÉRON A ATTICUS

Brutus et Cassius m'ont écrit pour me parler d'Hirtius : ils savent qu'il a été jusqu'à présent fidèle à notre parti, mais ils ont peur qu'il ne change, et ils comptent sur mon influence pour l'affermir dans ses bons sentiments : il peut être irrité contre Antoine; mais il est fort attaché à la même cause. Cependant je lui ai écrit et je lui ai recommandé les intérêts de Brutus et de Cassius. Je veux que vous connaissiez sa réponse. Je désire savoir si vous ne trouverez pas, comme moi, que nos adversaires se figurent nos amis plus courageux qu'ils ne le sont en réalité.

litteris idem consequemur. Græceius ad me scripsit, C. Cassium sibi scripsisse, homines comparari, qui armati in Tusculanum mitterentur. Id quidem mihi non videbatur; sed cavendum tamen, villæque plures videndæ. Sed aliquid crastinus dies ad cogitandum nobis dabit.

EPISTOLA DCCXX

(ad Att., XV, 6)

Scrib. in Tusculano, IV non. jun. A. V. C. 709.

CICERO ATTICO SAL.

Quum ad me Brutus noster scripsisset et Cassius, ut Hirtium, quem adhuc bonum fuisse sciebant, neque cum confidebant fore, mea auctoritate meliorem facerem (Antonio est enim fortasse iratior, causæ vero amicissimus), tamen ad eum scripsi, eique dignitatem Bruti et Cassii commendavi. Ille quid mihi rescripsisset, scire te volui; si forte idem tu, quod ego, existimares, istos etiam nunc vereri, ne forte ipsi nostri plus animi habeant, quam habent:

HIRTIUS A CICÉRON

Vous me demandez si je suis de retour de la campagne. Puis-je, quand tout est en feu, rester dans une honteuse inaction? J'ai été à Rome, et j'en suis même revenu, car j'ai cru que je ferais mieux de n'y pas demeurer. Je vous écris cette lettre en partant pour Tusculum, et ne croyez pas que je sois assez brave pour rentrer en ville à l'époque des nones; je ne vois pas, d'ailleurs, qu'on y ait besoin de moi, puisqu'on y a distribué les gouvernements pour tant d'années. Je voudrais bien que vous pussiez empêcher Brutus et Cassius de se porter à quelque extrémité, aussi facilement que vous pouvez sûrement répondre de moi. C'est en partant, me dites-vous, qu'ils vous ont écrit; où vont-ils? pourquoi partir? Retenez-les, je vous en conjure, mon cher Cicéron; et ne les laissez pas achever de perdre la république, déjà ébranlée de fond en comble par tant de rapines, d'incendies et de meurtres. S'ils ont quelque chose à craindre, qu'ils se mettent sur leur garde, mais qu'ils en restent là. Pourvu qu'ils prennent de bonnes précautions, ils réussiront aussi bien en suivant des conseils modérés qu'en se portant à des extrémités fâcheuses. Qu'ils laissent passer le torrent, il ne coulera

HIRTIUS CICERONI SUO S.

Rure jam redierim, quæris. An ego, quum omnes caleant, ignaviter aliquid faciam? etiam ex Urbe sum profectus. Utilius enim statui abesse. Has tibi litteras exiens in Tusculanum scripsi. Noli autem me tam strenuum putare, ut ad nonas recurram. Nihil enim jam video opus esse nostra cura, quoniam præsidia sunt in tot annos provisa. Brutus et Cassius utinam, quam facile a te de me impetrare possunt, ita per te exorentur, ne quod calidius ineant consilium! Cedentes enim hæc ais scripsisse; quo? aut quare? Retine, obsecro te, Cicero, illos; et noli sinere hæc omnia perire, quæ funditus medius fidius rapinis, incendiis, cædibus pervertuntur. Tantum, si quid timent, caveant; nihil præterea moliantur. Non medius fidius acerrimis consiliis plus, quam etiam inertissimis, dummodo diligentibus, consequentur. Hæc enim, quæ

pas longtemps ; mais, si on lui résiste, sa violence détruira tout. Écrivez-moi à Tusculum ce que vous espérez de leurs dispositions.

Voilà la lettre d'Hirtius ; je lui ai dit, dans ma réponse, que nos amis ne pensaient point à faire un coup de tête, et je le lui ai bien assuré. J'ai cru que vous seriez bien aise que je vous rendisse compte de tout cela. J'avais déjà fermé ma lettre, lorsque j'en ai reçu une de Balbus. Servilia est de retour : elle assure que Brutus et Cassius ne partiront point. J'attends de vos nouvelles.

LETTRE DCCXXI

Écrite à Tusculum, le 28 mai 709.

CICÉRON A ATTICUS

Merci de toutes les lettres que vous m'avez envoyées. Elles m'ont charmé, surtout celle de notre cher Sextus. C'est parce qu'il vous loue, allez-vous dire. Je conviens en vérité que cela y entre pour quelque chose : cependant, avant d'arriver à l'endroit où il fait mon éloge, j'étais déjà très-content, et de ses

---

fluunt, per se diuturna non sunt ; in contentione præsentes ad nocendum habent vires. Quid speres de illis, in Tusculanum ad me scribe.

Habes Hirtii epistolam : cui rescripsi, nil illos calidius cogitare, idque confirmavi. Hoc qualecumque esset, te scire volui. Obsignata jam epistola, Balbus ad me, Serviliam rediisse, confirmare non discessuros. Nunc exspecto a te litteras.

EPISTOLA DCCXXI

(ad Att., XV, 7)

Scrib. in Tusculano, v kal. jun. A. V. C. 709.

CICERO ATTICO SAL.

Gratum, quod mihi epistolas ; quæ quidem me delectarunt, in primis Sexti nostri. Dices, quia te laudat. Puto mehercule id quoque esse causæ ; sed tamen etiam ante, quam ad eum locum veni, valde mihi placebat, quum sensus

sentiments sur la république, et de l'attention qu'il a eue de m'écrire. Pour Servius, notre pacificateur, le voilà, je crois, engagé, avec son petit secrétaire, dans cette médiation dont il craint que les clauses ne donnent prise à quelque subtilité. Mais il devrait se souvenir *que ce n'est pas le droit que l'on consultera pour en venir aux mains,* mais plutôt le glaive qui suit de près. Écrivez-moi aussi vous-même.

LETTRE DCCXXII

Écrite à Tusculum, le 3 juin 709.

CICÉRON A ATTICUS

J'AI reçu, le 3 des nones au soir, une lettre de Balbus, qui me mande que le sénat s'assemblera le jour des nones et qu'on enverra Brutus en Asie, et Cassius en Sicile pour acheter du blé et le faire transporter à Rome. Quelle honte ! qu'ils reçoivent une commission de ces gens-là, et qu'ils en acceptent une pareille ! Je ne sais si cela vaut mieux que d'être assis oisif sur le bord de l'Eurotas; mais le sort en décidera. Balbus ajoute qu'on fera un décret pour donner des gouvernements à Brutus

ejus de re publica, tum scribendi cura. Servius vero pacificator cum librariolo suo videtur obiisse legationem, et omnes captiunculas pertimescere. Debuerat autem, NON EX JURE MANU CONSERTUM, sed quæ sequuntur. Tu quoque scribes.

EPISTOLA DCCXXII

(ad Att., XV, 9)

Scrib. in Tusculano, a. d. III non. jun. A. V. C. 709.

CICERO ATTICO SAL.

TERTIO nonas vesperi a Balbo redditæ mihi litteræ, fore nonis senatum, ut Brutus in Asia, Cassius in Sicilia frumentum emendum et ad Urbem mittendum curarent. O rem miseram ! primum ullam ab istis, dein, si aliquam, hanc legatoriam provinciam ? Atque haud scio an melius sit, quam ad Eurotam sedere. Sed hæc casus gubernabit. Ait autem, eodem tempore decretum iri, ut

et à Cassius, ainsi qu'à tous ceux qui ont été préteurs. Cela vaudrait mieux que de se promener sous ce portique des Perses ; or ce n'est pas d'une lointaine Lacédémone que j'entends parler, mais de Lanuvium. Vous riez, me direz-vous, en parlant d'affaires si sérieuses ! Que voulez-vous ? je suis las de pleurer.

Dieux immortels ! que la première page de votre lettre m'a fait trembler ! Qu'est-ce que cette irruption de gens armés dans votre maison ? mais je suis enchanté que cet orage ait passé si vite. Je suis impatient de savoir comment vous vous serez tiré de cette commission si triste et si difficile qu'on vous a donnée, de délibérer avec nos amis sur ce qu'ils doivent faire. C'est un dédale dont on ne saurait sortir, tant nous sommes assiégés de tous côtés par des soldats. La lettre de Brutus que vous avez lue, à ce que vous me dites, m'a tellement troublé, que, bien que je ne susse pas trop quel conseil lui donner, la douleur m'a rendu encore plus incertain. Mais je vous en dirai davantage, lorsque je saurai tout cela en détail. A présent, je n'ai rien à vous mander, et cela d'autant plus que je doute que vous receviez cette lettre ; car il n'est pas sûr que mon messager puisse vous voir. J'attends de vos nouvelles avec impatience.

iis et reliquis prætoriis provinciæ decernantur. Hoc certe melius, quam illa Persice porticus. Nolo enim Lacedæmonem Lanuvium existimari. Rides, inquies, in talibus rebus ? Quid faciam ? plorando fessus sum.

Dii immortales ! quam me conturbatum tenuit epistolæ tuæ prior pagina ! quid autem iste in domo tua casus armorum ? Sed hunc quidem nimbum cito transiisse lætor. Tu quid egeris de tua quum tristi, tum etiam difficili ad consiliandum legatione, vehementer exspecto. Est enim inexplicabilis, ita circumsedemur copiis omnibus. Me quidem Bruti litteræ, quas ostendis a te lectas, ita perturbarunt, ut, quanquam ante egebam consilio, tamen animi dolore sim tardior. Sed plura, quum ista cognoro. Hoc autem tempore, quod scriberem, nihil erat, eoque minus, quod dubitabam, tu has ipsas litteras essesne accepturus. Erat enim incertum ; visurusne te esset tabellarius. Ego tuas litteras vehementer exspecto.

LETTRE DCCXXIII

Écrite à Tusculum, vers le 5 juin 709.

CICÉRON A ATTICUS

Que la lettre de Brutus est pleine de marques d'amitié! Que je suis fâché du contre-temps qui vous empêche de l'aller voir! Mais moi, que dois-je lui conseiller? D'accepter ce que leur offrent de tels hommes? quoi de plus honteux? D'entreprendre quelque chose? ils n'en ont ni l'audace ni le pouvoir. Mais quand bien même nous leur conseillerions de demeurer en repos, qui est-ce qui peut nous répondre qu'ils seront en sûreté? Que si la chance tourne mal pour Decimus, comment nos amis pourraient-ils vivre après cela, quand même personne ne les inquiéterait? N'est-ce pas une chose indigne, que Brutus ne puisse pas célébrer ses jeux? Cette commission des blés qu'on veut leur donner, n'est-ce pas une véritable légation à la Dion? et y a-t-il dans la république un plus vil emploi? Dans une pareille circonstance, il n'est pas même sûr de donner des conseils. Je ne m'en mettrais pas en peine, si j'étais sûr que les miens fussent utiles; mais à quoi bon essayer d'en donner en

EPISTOLA DCCXXIII
(ad Att., XV, 10)

Scrib. in Tusculano, circa nonas junias A. V. C. 709.

CICERO ATTICO SAL.

O Bruti amanter scriptas litteras! o iniquum tuum tempus, qui ad eum ire non possis! Ego autem quid scribam? Beneficio istorum utantur? Quid turpius? — Ut moliantur aliquid? Nec audent, nec jam possunt. Age; quiescant auctoribus nobis? quis incolumitatem præstet? Si vero aliquid de Decimo gravius; quæ nostris vita, etiam si nemo molestus sit? Ludos vero non facere, quid fœdius? Frumentum imponere, quæ est alia Dionis legatio? aut quod munus in republica sordidius? Prorsus quidem consilia tali in re ne iis quidem tuta sunt, qui dant. Sed possim id negligere proficiens. Frustra vero qui in-

pure perte? Brutus suit les avis de sa mère, ou se rend à ses
prières : à quoi servirait mon intervention ? Je réfléchirai néanmoins
sur ce que je dois lui écrire ; car le silence ne m'est pas
permis ; et j'enverrai aussitôt ma lettre à Antium ou à Circéi.

LETTRE DCCXXIV
Écrite à Antium, le 9 juin 709.

CICÉRON A ATTICUS

Je suis arrivé à Antium avant le 6 des ides. Brutus a été
charmé de me voir ; puis, en présence de Servilia, de Tertulla,
de Porcia, de plusieurs autres personnes et de Favonius, il me
demanda quel parti je croyais qu'il dût prendre. Je lui dis ce
que j'avais médité en route, que je lui conseillais d'accepter
cette commission des blés en Asie ; que tout ce qui nous restait
à faire à présent, c'était de penser à son salut, seul moyen de
sauver la république. Au moment où je commençais à parler,
Cassius arriva. Je répétai ce que j'avais déjà dit, et là-dessus
Cassius, les yeux enflammés (vous eussiez dit qu'il respirait

grediar? Matris consilio quum utatur, vel etiam precibus, quid me interponam?
Sed tamen cogitabo, quo genere utar litterarum. Nam silere non possum.
Statim igitur mittam vel Antium, vel Circæos.

EPISTOLA DCCXXIV
(ad Att., XV, 11)

Scrib. in Antiati, v id. jun. A. V. C. 709.

CICERO ATTICO SAL.

Antium veni ante vi idus. Bruto jucundus noster adventus. Deinde multis
audientibus, Servilia, Tertulla, Porcia, quærere, quid placeret. Aderat etiam
Favonius. Ego, quod eram meditatus in via, suadere, ut uteretur Asiatica curatione
frumenti ; nihil esse jam reliqui, quod ageremus, nisi ut salvus esset.
In eo etiam ipsi reipublicæ esse præsidium. Quam rationem quum ingressus essem,
Cassius intervenit. Ego eadem illa repetivi. Hoc loco, fortibus sane ocu-

la guerre) : Pour moi, s'écria-t-il, je n'irai point en Sicile. Quoi! je recevrais comme un bienfait un véritable affront? — Que ferez-vous donc? lui dis-je. — J'irai, reprit-il, en Achaïe. — Et vous, Brutus, où irez-vous? — A Rome, me dit-il, si vous n'y voyez pas d'objection. — J'en vois beaucoup, au contraire; car vous ne pourriez pas y être en sûreté. — Mais si je le pouvais, m'approuveriez-vous? — Je voudrais bien, lui dis-je, que vous ne sortissiez point de l'Italie, ni à présent, ni après votre préture; mais je trouve que ce serait trop vous exposer que de venir à Rome. Je lui en dis les raisons, qui vous viendront sans doute dans l'esprit, et lui énumérai les dangers qui l'y attendaient.

Dans la suite de la conversation, plusieurs personnes, et Cassius surtout, se plaignirent des belles occasions qu'on avait perdues; il s'en prit surtout avec amertume à D. Brutus. Je lui dis qu'il avait raison, mais qu'il ne fallait pas rappeler le passé. Je commençai ensuite à parler de ce qu'il aurait fallu faire, et je ne dis que ce que tout le monde dit tous les jours. Cependant je ne fis pas allusion à ce point important, que César n'était pas le seul dont on aurait dû se défaire; mais seulement qu'il aurait fallu assembler le sénat, et profiter de l'ardeur que le peuple témoignait, pour l'animer encore davantage et se rendre tout à fait maître des affaires. Là-dessus votre amie s'écria : « Je n'ai amais entendu dire rien de pareil; » mais je la fis bien taire.

lis, Cassius (Martem spirare diceres), se in Siciliam non iturum. Egone, ut beneficium accepissem contumeliam? — Quid ergo agis? inquam. — At ille, in Achaiam se iturum. — Quid tu, inquam, Brute? — Romam, inquit, si tibi videtur. — Mihi vero minime; tuto enim non eris. — Quid, si possem esse? placeretne? — Atque ut omnino, neque nunc, neque ex prætura in provinciam ires? sed auctor non sum, ut te Urbi committas. Dicebam ea, quæ tibi profecto in mentem veniunt, cur non esset tuto futurus.

Multo inde sermone querebantur, atque id quidem Cassius maxime, amissas occasiones; Decimumque graviter accusabat. Ego negabam oportere præterita: assentiebar tamen. Quumque ingressus essem dicere quid oportuisset (nec vero quidquam novi, sed ea quæ quotidie omnes), nec tamen illum locum attingerem, quemquam præterea oportuisse tangi, sed senatum vocari, populum ardentem studio vehementius incitari, totam susciperem rempublicam : exclamat tua familiaris : HOC VERO NEMINEM UNQUAM AUDIVI. Ego repressi. Sed et Cas-

Je crois que Cassius partira; car Servilia promet de faire abroger du décret du sénat ce qui regarde cette commission des blés. Notre cher Brutus est bientôt revenu sur les paroles vaines qu'il avait prononcées, car il avait d'abord dit qu'il voulait aller à Rome ; et il est convenu que, pendant son absence, on donnerait les jeux en son nom. Il m'a paru que son intention était de partir d'Antium pour l'Asie.

Bref, je n'emporte d'autre satisfaction de mon voyage que d'avoir agi selon ma conscience : il ne convenait pas que Brutus quittât l'Italie sans que je le visse, je devais cela à notre amitié; du reste je puis très-bien me dire à moi-même :

<blockquote>A quoi donc t'a servi d'aller trouver l'oracle?</blockquote>

J'ai trouvé le vaisseau entièrement brisé, ou, pour mieux dire, mis en pièces. Il n'y a ni prudence, ni raison, ni ordre dans tout ce qui se fait. Ainsi, je suis déterminé plus que jamais à partir au plus tôt, et à aller dans quelque endroit où je n'entende plus parler

<blockquote>Des forfaits ni du nom de tous ces Pélopides.</blockquote>

Mais, à propos, pour que vous ne l'ignoriez pas, sachez que Dolabella m'a nommé son lieutenant : la commission est datée

---

sius mihi videbatur iturus (etenim Servilia pollicebatur se curaturam, ut illa frumenti curatio de senatusconsulto tolleretur), et noster cito dejectus est de illo inani sermone. Velle enim se dixerat. Constituit igitur, ut ludi, absente se, fierent suo nomine. Proficisci autem mihi in Asiam videbatur ab Antio velle.

Ne multa; nihil me in illo itinere, præter conscientiam, delectavit. Non enim fuit committendum, ut ille ex Italia prius, quam a me conventus esset, discederet. Hoc dempto munere amoris atque officii, sequebatur, ut mecum ipse :

<blockquote>Ἡ δεῦρ' ὁδός σοι τί δύναται νῦν, θεόπροπε ;</blockquote>

Prorsus dissolutum offendi navigium, vel potius dissipatum. Nihil consilio, nihil ratione, nihil ordine. Itaque, etsi ne antea quidem dubitavi, tamen nunc eo minus, evolare hinc; idque quamprimum, ubi

<blockquote>Nec Pelopidarum facta, neque famam audiam.</blockquote>

Sed heus tu, ne forte sis nescius, Dolabella me sibi legavit a. d. iv nonas ;

du 4 des nones; je l'appris hier au soir. La *légation votive* ne vous plaisait pas plus qu'à moi; car il était ridicule que j'accomplisse, après la ruine de la république, des vœux que j'avais faits pour sa conservation. Je crois même que, par la loi Julia, ces sortes de légations ont un temps borné, et qu'elles ne laissent pas la liberté de venir à Rome et d'en sortir quand on veut, ce qui m'est permis maintenant. C'est une belle chose que d'avoir cette liberté pendant cinq ans, quoique cinq ans, dans la situation où sont les affaires, ce soit porter mes vues trop loin : mais pas de mauvais présages !

LETTRE DCCXXV

Écrite à Antium, le 10 juin 709.

CICÉRON A ATTICUS

Je suis charmé vraiment du tour que prend l'affaire de Buthrote : j'avais envoyé Tiron à Dolabella, et je lui avais écrit comme vous l'aviez souhaité; mais quel mal au surplus? Pour

id mihi heri vesperi nuntiatum est. Votiva ne tibi quidem placebat. Etenim erat absurdum, quæ, si stetisset respublica, vovissem, ea me, eversa illa, vota dissolvere : et habent, opinor, liberæ legationes definitum tempus lege Julia ; nec facile addi potest. Aveo genus legationis, ut, quum velis, introire, exire liceat : quod nunc mihi additum est. Bella est autem hujus juris quinquennii licentia. Quanquam quid de quinquennio cogitem? Contrahi mihi negotium videtur. Sed βλάσφημα mittamus.

EPISTOLA DCCXXV

(ad Att.; XV, 12)

Scrib. in Antiati, iv id. jun. A. V. C. 709.

CICERO ATTICO SAL.

Bene mehercule de Buthroto. At ego Tironem ad Dolabellam cum litteris, quia jusseras, miseram. Quid nocet? De nostris autem Antiatibus satis vide-

nos amis d'Antium, il me semblait que je vous avais marqué assez clairement qu'ils demeureraient en repos, et qu'ils étaient résolus à accepter l'outrageant bienfait d'Antoine. Cassius ne veut point de cette commission des blés, et Servilia a promis de la faire supprimer dans le décret du sénat. Pour notre ami Brutus, toujours grave et stoïque, il s'est résolu sans peine à aller en Asie, après être tombé d'accord avec moi qu'il ne pouvait être en sûreté à Rome : il aime donc mieux que ses jeux se fassent en son absence, et son intention est de ne partir que lorsqu'il en aura remis le programme à ceux qui doivent en prendre soin. Il rassemble des vaisseaux, et ne songe qu'à son voyage. En attendant, ils ne s'éloigneront pas des lieux où ils sont. Brutus m'a dit qu'il irait à Asture.

L. Antonius m'a écrit une lettre obligeante, où il m'assure que je n'ai rien à craindre. C'est déjà une obligation que je lui ai, et je lui en aurai une seconde s'il ne vient point à Tusculum. Que de choses insupportables, et que néanmoins l'on supporte ! Auquel des deux Brutus faut-il s'en prendre ? Il m'a paru qu'Octave avait assez d'esprit et de courage, et ses dispositions pour nos héros me paraissent telles que nous les souhaitons; mais son âge, le nom qu'il porte, la fortune dont il a hérité, les impressions qu'on lui a données, tout cela est grave et ne permet guère qu'on puisse se fier à lui. Son beau-père que j'ai vu

---

bar plane scripsisse, ut non dubitares quin essent otiosi futuri, usurique beneficio Antonii contumelioso. Cassius frumentariam rem aspernabatur. Eam Servilia sublaturam ex senatusconsulto se esse dicebat. Noster vero, καὶ μάλα σεμνὸς, in Asiam, postea quam mihi est assensus, tuto se Romæ esse non posse. Ludos enim absens facere malebat. Statim autem se iturum, simul ac ludorum apparatum iis, qui curaturi essent, tradidisset. Navigia colligebat. Erat animus in cursu. Interea in eisdem locis erant futuri. Brutus quidem se aiebat Asturæ.

L. quidem Antonius liberaliter litteris sine cura me esse jubet. Habeo unum beneficium, alterum fortasse, ni in Tusculanum venerit. O negotia non ferenda! quæ feruntur tamen. Τῶν δ' αἰτίαν τῶν Βρούτων τίς ἔχει; Octaviano, ut perspexi, satis ingenii, satis animi : videbaturque erga nostros ἥρωας ita fore, ut nos vellemus, animatus. Sed quid ætati credendum sit, quid nomini, quid hæreditati, quid κατηχήσει, magni consilii est. Vitricus

7.

à Asture ne sait qu'en penser; mais il faut toujours le ménager, quand ce ne serait que pour l'empêcher de se lier avec Antoine. Marcellus fera une bien belle chose s'il le prévient en faveur de nous et de nos amis. Il paraît avoir beaucoup de crédit sur l'esprit d'Octave, qui ne se fie pas trop à Hirtius et à Pansa. Il a un bon naturel, pourvu qu'il reste toujours le même.

LETTRE DCCXXVI

Écrite à sa campagne, près du Lucrin, le 10 juin 709.

CICÉRON A ATTICUS

Voilà enfin un messager de Cicéron, et certes une lettre fort bien écrite : c'est une preuve qu'il fait quelques progrès; aussi tous mes amis m'en écrivent des merveilles. Il n'y a que Léonidas qui ajoute toujours cette restriction : *jusqu'à présent;* mais Hérode m'en fait les plus grands éloges. Que voulez-vous que je vous dise? Peut-être que l'on m'en fait accroire; mais je me laisse tromper volontiers. Si vous avez eu des nouvelles de Statius sur ce qui me concerne, veuillez m'en faire part,

quidem nihil censebat, quem Asturæ vidimus. Sed tamen alendus est : et, ut nihil aliud, ab Antonio sejungendus. Marcellus præclare, si præcipit nos et nostros : cui quidem ille deditus mihi videbatur. Pansæ autem et Hirtio non nimis credebat. Bona indoles, ἐὰν διαμείνῃ.

EPISTOLA DCCXXVI

(ad Att., XV, 16 pars prior)

Scrib. in villa ad Lucrinum, iv id. jun. A. V. C. 709.

CICERO ATTICO SAL.

Tandem a Cicerone tabellarius; et mehercule litteræ πεπινωμένως scriptæ; quod ipsum προκοπήν aliquam significat : itemque cæteri præclara scribunt. Leonidas tamen retinet suum illud adhuc; summis vero laudibus Herodes. Quid quæris? vel verba mihi dari facile patior in hoc, meque libenter præbeo credulum. Tu, velim, si quid tibi est a Statio scriptum quod pertineat ad me, certiorem me facias.

LETTRE DCCXXVII

Écrite à sa campagne, près du Lucrin, le 11 juin 709.

CICÉRON A ATTICUS

Je vous dirai que je suis ici dans un endroit fort agréable, et surtout fort retiré. Si l'on veut s'y livrer à l'étude, point d'importuns à craindre; mais je ne sais comment j'aime mieux mon chez moi. Aussi mes pieds me ramènent à Tusculum. D'ailleurs, je crois qu'on se lasserait bientôt du joli paysage de cette côte. Je crains même que nous n'ayons de la pluie, si du moins mes *pronostics* sont sûrs, car les grenouilles exercent leur rhétorique. Faites-moi savoir, je vous prie, où je pourrai voir Brutus, et quel jour.

EPISTOLA DCCXXVII

(ad Att., XV, 16 pars posterior)

Scrib. in villa ad Lucrinum, III id. jun. A. V. C. 709.

CICERO ATTICO SAL.

Narro tibi, hæc loca venusta sunt, abdita certe, et, si quid scribere velis, ab arbitris libera. Sed nescio quo modo οἶκος φίλος. Itaque me referunt pedes in Tusculanum. Et tamen hæc ῥωπογραφία ripulæ videtur habitura celerem satietatem. Equidem etiam pluvias metuo, si prognostica nostra vera sunt. Ranæ enim ῥητορεύουσιν. Tu, quæso, fac sciam, ubi Brutum nostrum, et quo die videre possim.

LETTRE DCGXXVIII

Écrite à sa campagne, près du Lucrin, le 12 juin 709.

CICÉRON A ATTICUS

Que tous les maux pleuvent sur L. Antonius, s'il est vrai qu'il tourmente les Buthrotiens : je vous envoie mon certificat, vous y mettrez le cachet quand vous voudrez. Si L. Fadius, édile d'Arpinum, vous redemande l'argent de cette ville, rendez-lui, s'il le faut, toute la somme. Je vous ai prié, dans une autre lettre, de me faire payer des cent dix mille sesterces que me doit Statius. Si donc Fadius vous demande cet argent, vous le lui donnerez, mais rien qu'à lui. Je crois qu'il y a aussi quelque argent en dépôt chez moi. J'ai écrit à Eros de le rendre.

Cette reine d'Égypte m'est odieuse. Ammonius sait bien que j'ai raison, lui qui m'avait répondu de l'exécution des promesses qu'elle m'avait faites. Il s'agissait de choses qui convenaient à un homme de lettres, et compatibles avec ma dignité; et s'il le fallait, j'en rendrais compte en plein forum. Pour Sara, outre que je le connais pour un méchant homme, j'ai d'ailleurs éprouvé

EPISTOLA DCCXXVIII
(ad Att., XV, 15)

Scrib. in villa ad Lucrinum, pridie idus jun. A. V. C. 709.

CICERO ATTICO SAL.

L. Antonio male sit, siquidem Buthrotiis molestus est. Ego testimonium composui; quod, quum voles, obsignabis. Tu nummos Arpinatum, si L. Fadius ædilis petet, vel omnes reddito. Ego ad te alia epistola scripsi de H.-S. cx, quæ Statio curarentur. Si ergo petet Fadius, ei volo reddi; præter Fadium, nemini. Apud me item puto depositum. Id, scripsi ad Erotem, ut redderet.

Reginam odi. Me jure facere scit, sponsor promissorum ejus Ammonius; quæ quidem erant φιλόλογα, et dignitatis meæ, ut vel in concione dicere auderem. Saram autem præterquam quod nefarium hominem cognovi, præterea

moi-même son insolence. Il n'est venu qu'une seule fois chez moi : je lui demandai d'une manière fort polie ce qu'il désirait, il me répondit qu'il cherchait Atticus. Je ne puis encore me rappeler sans un vif ressentiment l'arrogance avec laquelle la reine d'Égypte me traita pendant qu'elle était dans ces jardins au delà du Tibre. Je ne veux donc avoir aucun commerce avec ces gens-là : ils croient apparemment que je n'ai point de cœur, ni même de ressentiment.

Je vois que le peu d'ordre qu'Eros a mis dans mes affaires retardera mon voyage. Suivant les comptes qu'il m'a rendus aux nones d'avril, je devrais avoir de l'argent de reste, et cependant je suis obligé d'emprunter. Je croyais que le produit de ces loyers avait été mis à part, pour la construction de ce temple; mais j'ai donné mes ordres à ce sujet à Tiron, que j'envoie exprès à Rome. Je n'ai pas voulu ajouter cet embarras à ceux que vous avez déjà. Plus mon fils est réservé à demander de l'argent, et plus je serais fâché qu'il en manquât. Il ne m'en a rien écrit, quoiqu'il dût naturellement s'adresser à moi; mais il a écrit à Tiron que, depuis les calendes d'avril, époque où son année est finie, il n'a rien reçu. Je sais que, libéral comme vous l'êtes, vous avez toujours été d'avis que je me devais à moi-même de me montrer généreux envers mon fils, et même de le traiter honorablement et avec magnificence. Je vous prie donc

in me contumacem. Semel eum omnino domi meæ vidi. Quum φιλοφρόνως ex eo quærerem, quid opus esset; Atticum se dixit quærere. Superbiam autem ipsius reginæ, quum esset trans Tiberim in hortis, commemorare sine magno dolore non possum. Nihil igitur cum istis ; nec tam animum me quam vix stomachum habere arbitrantur.

Profectionem meam, ut video, Erotis dispensatio impedit. Nam quum ex reliquis, quæ nonis april. fecit, vel abundare debeam ; cogor mutuari : quodque ex istis fructuosis rebus receptum est, id ego ad illud fanum sepositum putabam. Sed hæc Tironi mandavi, quem ob eam causam Romam misi. Te nolui impeditum impedire. Cicero noster quo modestior est, eo me magis commovet. Ad me enim de hac re nihil scripsit, ad quem nimirum potissimum debuit. Scripsit hoc autem ad Tironem, sibi post kal. april. (sic enim annuum tempus confici) nihil datum esse. Tibi pro tua natura semper placuisse, teque existimasse id etiam ad dignitatem meam pertinere, cum non modo liberaliter a nobis, sed etiam ornate cumulateque tractari. Quare velim cures (nec

de lui faire toucher à Athènes une année entière de sa pension ; je ne vous donnerais pas cet embarras si je pouvais m'adresser à quelque autre. Eros vous comptera cet argent ; j'ai envoyé pour cela Tiron à Rome. Je compte sur vos soins à cet effet, et vous me manderez là-dessus ce que vous jugerez à propos.

LETTRE DCCXXIX

Écrite à sa campagne, près du Lucrin, le 15 juin 709.

CICÉRON A ATTICUS

J'AI reçu deux de vos lettres le lendemain des ides, l'une écrite la veille et l'autre le jour même des ides. Je réponds d'abord à la première. Vous me donnerez des nouvelles de Brutus lorsque vous en aurez. On m'avait déjà parlé de cette prétendue peur que des consuls ont affectée. Sica était venu, par amitié pour moi en vérité, mais un peu à l'étourdie, me donner l'alarme. Mais qu'est-ce que vous me dites qu'il faut se contenter de ce que l'on nous donne ? Point de nouvelles de Siregius : cela ne me plaît guère. Je suis fâché que quelqu'un ait su avant moi ce

tibi essem molestus, si per alium hoc agere possem), ut permutetur Athenas, quod sit in annuum sumptum. Tibi scilicet Eros numerabit. Ejus rei causa Tironem misi. Curabis igitur, et ad me, si quid tibi de eo videbitur, scribes.

EPISTOLA DCCXXIX
(ad Att., XV, 17)

Scrib. in villa ad Lucrinum, xvii kal. quintil. A. V. C. 709.

CICERO ATTICO SAL.

Duas accepi postridie idus, alteram eo die datam, alteram idibus. Prius igitur superiori. De Bruto, quum scies. De consulum ficto timore cognoveram. Sica enim φιλοστόργως ille quidem, sed tumultuosius ad me etiam illam suspicionem pertulit. Quid tu autem ? τὰ μὲν διδόμενα ; nullum enim verbum a Siregio. Non placet. De Plætorio vicino tuo permoleste tuli, quemquam prius

qui arrive à votre voisin Plétorius. Vous avez agi prudemment dans l'affaire de Syrus. Je crois que vous pourrez aisément agir sur L. Antonius par l'entremise de Marius, son frère. Je vous avais marqué de ne point donner cet argent à Antron, mais vous n'aviez pas encore reçu ma lettre; ne le donnez qu'à l'édile L. Fadius; agir autrement ne serait ni sûr ni légal. Quant à ce que vous me dites, que vous n'avez point été payé des cent mille sesterces que vous avez fait payer à mon fils, demandez donc, je vous prie, à Eros, ce qu'il a fait du loyer de mes maisons. Je n'en veux point à Arabion au sujet de Sitius. Je ne penserai point à partir que mes affaires ne soient réglées, et je crois que vous êtes du même avis. Voilà pour votre première lettre; je passe à la seconde.

Je reconnais votre amitié dans tout ce que vous faites pour Servilia, c'est-à-dire pour Brutus. Je vois avec plaisir que vous ne vous inquiétez guère de la reine d'Égypte, et que vous approuvez même ce que j'ai fait. Tiron a examiné les comptes d'Eros, que j'ai fait venir ici. Je vous suis très-obligé de ce que vous me promettez qu'il ne manquera rien à mon fils : j'en ai appris des merveilles par Messala, qui a passé chez moi en revenant de voir nos amis à Lanuvium ; et certainement la lettre que j'ai reçue de mon fils est si bien écrite, et pour les sentiments et pour le style, que je ne craindrais pas de la lire dans une réunion de connaisseurs; raison de plus de ne rien épar-

---

audisse, quam me. De Syro prudenter. L. Antonium per M. fratrem, ut arbitror, facillime deterrebis. Antroni vetui ; sed nondum acceperas litteras ; nec cuiquam, nisi L. Fadio ædili. Aliter enim nec caute, nec jure fieri potest. Quod scribis tibi deesse H.-S. c, quæ Ciceroni curata sint; velim ab Erote quæras, ubi sit merces insularum. Arabioni de Sitio nihil irascor. Ego de itinere, nisi explicato A, nihil cogito. Quod idem tibi videri puto. Habes ad superiorem. Nunc audi ad alteram.

Tu vero facis, ut omnia, quod Serviliæ non dees, id est Bruto. De regina gaudeo te non laborare ; certe etiam tibi probari. Erotis rationes et ex Tirone cognovi, et vocavi ipsum. Gratissimum, quod polliceris. Ciceroni nihil defuturum de quo mirabilia Messala ; qui Lanuvio, rediens ab illis, venit ad me : et mehercule ipsius litteræ sic et φιλοστόργως et εὐπινῶς scriptæ, ut eas vel in acroasi audeam legere : quo magis illi indulgendum puto. De Buciliano

gner pour lui. Je crois que Sextius ne se formalisera pas au sujet de Bucilianus. Je compte aller à Tusculum dès que Tiron sera revenu près de moi. Dès qu'il y aura quelque nouvelle qui puisse m'intéresser, mandez-la-moi sur-le-champ.

LETTRE DCCXXX

Écrite pendant son voyage de sa maison de campagne au lac Lucrin, le 16 juin 709.

CICÉRON A ATTICUS

Quoique, dans ma lettre du 17 des calendes, je vous eusse suffisamment expliqué ce dont j'avais besoin et ce que je vous priais de faire pour moi, si cela ne vous incommodait point, cependant, à peine parti et embarqué sur le lac, j'ai pensé que je ferais bien de vous envoyer Tiron, afin qu'il fût présent à tout ce qui se ferait. J'ai aussi écrit à Dolabella que je voudrais bien partir pour la Grèce, s'il le jugeait convenable, et que je le priais de me faire fournir les mulets nécessaires au voyage. Je comprends combien vous êtes absorbé, d'un côté, par l'affaire des Buthrotiens, de l'autre par celle de

---

Sextium puto non moleste ferre. Ego, si Tiro ad me, cogito in Tusculanum. Tu vero, quidquid erit, quod me scire par sit, statim.

EPISTOLA DCCXXX

(ad Att., XV, 18)

Scrib. in itinere a villa ad lacum Lucrinum, a. d. xvi kal. quintil.
A. V. C. 709.

CICERO ATTICO SAL.

Septimodecimo kalend. etsi satis videbar scripsisse ad te, quid mihi opus esset, et quid te facere vellem, si tibi commodum esset : tamen, quum profectus essem, et in lacu navigarem, Tironem statui ad te esse mittendum, ut iis negotiis, quæ agerentur, interesset : atque etiam scripsi ad Dolabellam, me, si ei videretur, velle proficisci : petiique ab eo de mulis vecturæ itineris. Ut in his (quoniam intelligo te distentissimum esse qua de Buthrotiis, qua de

Brutus ; je soupçonne même que vous êtes chargé en grande partie du soin et de la direction de ses jeux ; je vous prie donc de me donner quelques moments de votre temps, car il ne m'en faudra pas beaucoup.

Il paraît que nous sommes menacés d'un massacre, et même prochain. Vous voyez à quels hommes nous avons affaire, et à quels satellites. Je ne me crois point du tout en sûreté. Si vous pensez autrement, je vous prie de me l'écrire : j'aimerais beaucoup mieux demeurer chez moi, si je le pouvais sans imprudence.

LETTRE DCCXXXI.

Écrite à Tusculum, le 17 juin 709.

CICÉRON A ATTICUS

Que pouvez-vous tenter désormais pour les Buthrotiens, puisque, comme vous me l'écrivez, vos efforts ont été inutiles ? Quel parti Brutus va-t-il prendre ? Je suis fâché que vous soyez si occupé ; il faut s'en prendre à ces dix commissaires. Cette autre affaire est difficile, mais le résultat en est supportable, et elle mérite toute ma gratitude. On se battra, rien n'est plus clair ;

Bruto ; cujus etiam ludorum suorum curam, etiam administrationem suspicor ex magna parte ad te pertinere) : ut ergo in ejusmodi re, tribues nobis poulum operæ ; nec enim multum opus est.

Mihi res ad cædem, et eam quidem propinquam, spectare videtur. Vides homines ; vides arma. Prorsus non mihi videor esse tutus. Sin tu aliter sentis, velim ad me scribas. Domi enim manere, si recte possum, multo malo.

EPISTOLA DCCXXXI.
(ad Att., XV, 19)

Scrib. in Tusculano, a. d. xv kal. quintil. A. V. C. 709.

CICERO ATTICO SAL.

Quidnam est, quod audendum amplius de Buthrotiis ? stetisse enim te frustra scribis. Quid autem se refert Brutus ? doleo mehercule te tam esse detentum : quod decem hominibus referendum acceptum. Est illud quidem ἐργῶδες, sed ἀνεκτόν, mihique gratissimum. De armis, nihil vidi apertius. Fugiamus

fuyons donc; mais, comme vous me le dites, nous en parlerons ensemble. Je ne sais ce que veut Théophane; il m'a écrit, et je lui ai fait réponse, tant bien que mal. Il me mande qu'il veut venir me trouver pour me parler de ses affaires, et de quelques autres qui me concernent. J'attends une lettre de vous.

Prenez garde, je vous prie, qu'on n'aille pas trop vite. Statius m'écrit que Q. Cicéron lui a dit très-formellement qu'il ne peut plus souffrir ce qui se passe, et qu'il est résolu à passer dans le parti de Brutus et de Cassius. Je voudrais bien savoir ce qu'il faut en penser, car je ne puis le deviner. C'est peut-être un mouvement d'humeur contre Antoine; peut-être le désir d'acquérir un nouveau genre de gloire; peut-être un coup de tête; oui, c'est cela sans doute. Cependant je ne suis pas sans crainte, et mon frère est encore plus inquiet, car il sait tout ce qu'Antoine a dit de son fils; il m'en a dit autrefois des choses qu'on ne peut pas répéter. Je ne sais quelles sont les intentions de Quintus.

Les ordres de Dolabella seront tout ce qu'il me plaira, c'est-à-dire rien. Dites-moi donc s'il est vrai que C. Antonius ait voulu être septemvir? Cet emploi est bien digne de lui. Je pense comme vous sur Menedemus. Tenez-moi au courant de tout ce qui se passe.

---

igitur ; at, ut ais, coram. Theophanes quid velit, nescio. Scripserat enim ad me : cui rescripsi, ut potui. Mihi autem scribit, venire ad me se velle, ut et de suis rebus, et quædam, quæ ad me pertineant. Tuas litteras exspecto.

Vide, quæso, ne quid temere fiat. Statius scripsit ad me, locutum secum esse Q. Ciceronem valde asseveranter, se hæc ferre non posse; certum sibi esse, ad Brutum et Cassium transire. Hoc enimvero nunc discere aveo; hoc ego, quid sit, interpretari non possum. Potest aliquid iratus Antonio; potest gloriam novam quærere; potest totum esse σχεδίασμα; et nimirum ita est. Sed tamen et ego vereor, et pater conturbatus est. Scit enim, quæ ille de hoc mecum quidem ἄρατα olim. Plane, quid velit, nescio.

A Dolabella mandata habebo, quæ mihi videbuntur, id est nihil. Dic mihi, C. Antonius voluitne fieri septemvir? fuit certe dignus. De Menedemo, est, ut scribis. Facies omnia mihi nota.

LETTRE DCGXXXII

Écrite à Tusculum, le 21 juin 709.

CICÉRON A ATTICUS

J'AI fait mes remercîments à Vectenus : on ne saurait, en effet, être plus obligeant. Que Dolabella me donne tels ordres qu'il lui plaira ; fût-ce un message à porter à Nicias, que m'importe? quel est l'homme sensé qui puisse douter à présent que cette légation n'est qu'un prétexte, et que je ne pars que parce que je crois les affaires désespérées ? Vous me dites que bien des gens, et de bons citoyens, parlent de la république comme perdue sans ressource. Pour moi, du jour où j'ai entendu en plein forum appeler le tyran un *grand homme*, je me suis défié de l'avenir ; et depuis, lorsque je vis, pendant que nous étions à Lanuvium, que nos amis n'espéraient vivre qu'autant qu'Antoine le leur aurait permis, je perdis tout espoir. Ainsi, mon cher Atticus, prenez ceci, comme je vous l'écris, avec courage : le genre de mort qui nous attend, c'est un honteux supplice, sachez-le bien ; Antoine

EPISTOLA DCGXXXII
(ad Att., XV, 20)

Scrib. in Tusculano, xi kal. quintil. A. V. C. 709.

CICERO ATTICO SAL.

Egi gratias Vecteno : nihil enim potuit humanius. Dolabellæ mandata sint quælibet : mihi aliquid, vel quod Niciæ nuntiem. Quid enim hæc, ut scribis, ad me? nunc dubitare quemquam prudentem, quin meus discessus desperationis sit, non legationis? Quod ais, extrema quædam jam homines de republica loqui, et eos quidem viros bonos; ego, quo die audivi illum tyrannum in concione CLARISSIMUM VIRUM appellari, subdiffidere cœpi. Postea vero quam tecum Lanuvii vidi nostros tantum spei habere ad vivendum, quantum accepissent ab Antonio, desperavi. Itaque, mi Attice, fortiter hoc velim accipias, ut ego scribo. Genus illud interitus, qui causæ cursus est, fœdum duco, et

ne nous l'a que trop annoncé. Je suis résolu à me tirer de cette
nasse, non pas précisément pour éviter la mort, mais pour en
chercher une plus glorieuse. Tout cela par la faute de Brutus.

Vous me mandez que la ville de Carteia a ouvert ses portes à
Sextus Pompée. On va donc faire marcher une armée contre lui,
et alors quel camp choisir? Pas de neutralité possible avec Antoine. Faiblesse d'un côté, crime de l'autre. Partons donc au plus
tôt. Mais, donnez-moi un conseil, dois-je m'embarquer à Brindes
ou à Pouzzoles? Brutus part sur-le-champ, et il fait bien. Cruelle
séparation! quand le reverrai-je? mais ce sont des maux auxquels l'humanité doit se résigner; vous ne le verrez pas non
plus. Que les dieux puissent confondre, même après sa mort, cet
homme qui vous a laissé sur les bras l'affaire de Buthrote! mais
laissons le passé, avisons au présent.

Quoique je n'aie point vu Eros, cependant, par ce qu'il m'a
écrit, et par l'examen que Tiron a fait de ses comptes, j'en suis
suffisamment instruit. Vous me dites qu'il faudra emprunter
deux cent mille sesterces pour cinq mois, c'est-à-dire jusqu'aux
calendes de novembre, époque de l'échéance de ce que me doit
mon frère. Je vous prie donc, puisque Tiron m'assure que vous
n'êtes pas d'avis que j'aille à Rome pour cela, de prendre la
peine, si cela ne vous gêne en rien, de me chercher cette somme
et de l'emprunter en mon nom. Voilà ce qu'il y a de plus pressé:

---

quasi denuntiatum nobis ab Antonio. Ex hac naxa exire constitui, non ad fu-
gam, sed ad spem mortis melioris. Hæc omnis culpa Bruti.

Pompeium Carteiæ receptum scribis : jam igitur contra hunc exercitum.
Utra ergo castra? media enim tollit Antonius. Illa infirma, hæc nefaria. Pro-
peremus igitur. Sed juva me consilio, Brundisione, an Puteolis? Brutus quidem
subito : sed sapienter. Πάσχω τι. Quando enim illum ? sed humana ferenda.
Tu ipse cum videre non potes. Dii illi mortuo, qui unquam Buthrotum? sed
acta missa. Videamus quæ agenda sint.

Rationes Erotis, etsi ipsum nondum vidi, tamen et ex litteris ejus, et ex
eo, quod Tiro cognovit, propemodum cognitas habeo. Versuram scribis esse
faciendam mensium quinque; id est ad kalend. novemb. H.-S. cc : in eam
diem cadere nummos, qui a Quinto debentur. Velim igitur, quoniam Tiro negat tibi placere, me ejus rei causa Romam venire; si te ea res nihil offendet,
videas, unde nummi sint, mihi feras expensum. Hoc video in præsentia opus

je me ferai rendre compte du reste en détail par Eros même, et surtout du revenu des biens dotaux. Si on le fait tenir exactement à mon fils, je crois qu'il suffira pour lui payer sa pension, quelque largement que je veuille le traiter. Il est vrai que j'ai aussi besoin d'argent pour mon voyage. On pourra payer mon fils au fur et à mesure des rentrées. Moi, il faut que j'emporte avec moi tout l'argent dont j'ai besoin ; et, quoique cet homme, qui craint son ombre, semble nous menacer d'un massacre général, je ne partirai point sans avoir mis en ordre mes affaires ; je saurai, lorsque nous nous verrons, si celle dont il s'agit est terminée. Je n'ai pas voulu dicter cette lettre, j'ai cru préférable de l'écrire de ma main. Vous ne payerez qu'à Fadius, comme vous me l'écrivez, et à nul autre. Réponse aujourd'hui, je vous prie.

LETTRE DCCXXXIII

Écrite à Tusculum, le 23 juin 709.

CICÉRON A ATTICUS

Voici les nouvelles : le père de Quintus est transporté de joie :

esse. Reliqua diligentius ex hoc ipso exquiram ; in his, de mercedibus dotalium prædiorum : quæ si fideliter Ciceroni curabuntur, quanquam volo laxius, tamen ei propemodum nihil deerit. Equidem video mihi quoque opus esse viaticum. Sed id ex prædiis, ut cadet, ita solvetur : mihi autem opus est universo quidem. Etsi mihi videtur iste, qui umbras timet, ad cædem spectare ; tamen, nisi explicata solutione, non sum discessurus. Sitne autem extricata necne, tecum cognoscam. Hanc putavi mea manu scribendam : itaque feci. De Fadio, ut scribis ; utique alii nemini. Rescribas velim hodie.

EPISTOLA DCCXXXIII
(ad Att., XV, 21)

Scrib. in Tusculano, x kal. quintil. A. V. C. 709.

CICERO ATTICO SAL.

Narro tibi : Q. pater exsultat lætitia. Scripsit enim filius, se idcirco profu-

son fils lui a écrit qu'il avait pensé à se joindre à Brutus, parce qu'Antoine ayant voulu qu'il le fît nommer dictateur, et qu'il s'emparât de quelque poste important, il lui avait refusé de le faire, et cela pour ne pas déplaire à son père ; que, depuis ce temps-là, Antoine était son ennemi. « Cependant, ajoute-t-il, je me suis retenu, de peur qu'Antoine, fâché contre moi, ne s'en vengeât sur vous. Je l'ai donc apaisé. Il m'a assuré quatre cent mille sesterces, et le reste en espérance. » Statius mande à mon frère que son fils veut dorénavant demeurer avec lui ; et ce qu'il y a de plus surprenant, c'est que Statius en est bien aise. Avez-vous jamais vu un plus grand étourdi ?

J'approuve fort votre hésitation au sujet de l'affaire de Canus. Je n'avais aucun soupçon de cette dette, et je croyais de bonne foi qu'on avait restitué la dot. J'attendrai que vous soyez ici, pour traiter de vive voix cette affaire. Vous pouvez retenir mes messagers aussi longtemps qu'il vous plaira, car je sais que vous êtes très-occupé. J'approuve ce que vous avez écrit à Xénon. Je vous enverrai l'ouvrage que je compose, dès qu'il sera achevé. Vous avez mandé à mon frère que vous lui aviez déjà écrit, personne ne lui a remis votre lettre. Tiron dit que vous n'êtes plus d'avis que j'aille m'embarquer à Brindes, à cause des troupes qui sont, dit-on, dans ces parages. J'avais déjà pensé à Hydrunte. Vos cinq heures de trajet m'avaient charmé. Mais, de ce côté-ci, quelle longue traversée ! Nous y penserons. Point de lettres de vous

---

gere ad Brutum voluisse, quod, quum sibi negotium daret Antonius, ut eum dictatorem efficeret, præsidium occuparet, id recusasset : recusasse autem se, ne patris animum offenderet : ex eo sibi illum hostem. « Tum me, inquit, collegi, verens ne quid mihi ille iratus tibi nocerct. Itaque eum placavi. Et quidem cccc certa : reliqua in spe. » Scribit autem Statius, illum cum patre habitare velle. Hoc vero mirum : et id gaudet. Ecquem tu illo certiorem nebulonem ?

Ἐποχὴν vestram de re Cani deliberationis probo. Nihil eram suspicatus de tabulis : ἀκεραίως restitutam arbitrabar. Quæ differs, ut mecum coram ; exspectabo. Tabellarios, quoad voles, tenebis ; es enim occupatus. Quod ad Xenonem, probe. Quod scribo, quum absolvero. Quinto scripsisti, te ad eum litteras : nemo attulerat. Tiro negat jam tibi placere Brundisium, et quidem dicere aliquid de militibus. At ego jam destinaram, Hydruntem quidem. Movebant me tuæ quinque horæ. Hinc autem quantus πλοῦς ; sed videbimus. Nullas a te

depuis le 11 des calendes : qu'y a-t-il en effet de nouveau? Vous viendrez donc ici le plus tôt que vous pourrez; je presse mon départ de peur que Sextus ne me prévienne ; et l'on dit qu'il doit arriver incessamment.

LETTRE DCCXXXIV

Écrite à Tusculum, le 23 juin 709.

CICÉRON A ATTICUS

Je suis horriblement tourmenté, quoique sans douleur ; il me passe dans l'esprit mille pensées diverses pour et contre mon voyage. Jusqu'à quand, me direz-vous, durera cette irrésolution? Jusqu'à ce que je ne puisse plus hésiter, c'est-à-dire jusqu'à ce que je sois embarqué. Si Pansa me fait réponse, je vous enverrai sa lettre et la mienne. J'attends Silius, je lui donnerai ce mémoire que j'ai composé pour lui ; s'il y a quelque chose de nouveau, vous me l'écrirez. J'ai écrit à Brutus ; je vous prie de me mander ce que vous saurez sur son départ.

xi kalend. quippe : quid enim jam novi? Quum primum igitur poteris, venies, Ego propere, ne ante Sextus; quem adventare aiunt.

EPISTOLA DCCXXXIV
(ad Att., XV, 23)

Scrib. in Tusculano, ix kal. quintii. A. V. C. 709.

CICERO ATTICO SAL.

Mirifice torqueor, sine dolore tamen : sed permulta mihi de nostro itinere in utramque partem occurrunt. Quousque? inquies. Quoad erit integrum : erit autem usque dum ad navem. Pansa si rescripserit, et meam tibi, et illius epistolam mittam. Silium exspectabam, cui ὑπόμνημα compositum. Si quid novi. Ego litteras misi ad Brutum : cujus de itinere etiam ex te velim, si quid scies, cognoscere.

LETTRE DCCXXXV

Écrite à Tusculum, le 25 juin 709.

CICÉRON A ATTICUS

Le messager que j'avais envoyé à Brutus est revenu le 7 des calendes. Servilia lui a dit que Brutus était parti ce jour à la quatrième heure. Je suis très-fâché qu'il n'ait pas reçu ma lettre. Je n'ai point vu Silius. J'ai terminé son mémoire, et je vous l'envoie. Je voudrais bien savoir quel jour vous viendrez ici.

LETTRE DCCXXXVI

Écrite de Tusculum, le 25 juin 709.

CICÉRON A ATTICUS

Félicitons-nous de ce que le fils de Quintus est parti : il ne nous donnera plus d'inquiétude. Je crois aux bons discours de Pansa,

EPISTOLA DCCXXXV
(ad Att., XV, 21)

Scrib. in Tusculano, vii kal. quintil. A. V. C. 709.

CICERO ATTICO SAL.

Tabellarius, quem ad Brutum miseram, ex itinere rediit vii kalend.; ei Servilia dixit, eo die Brutum H. iv profectum. Sane dolui, meas litteras redditas non esse. Silius ad me non venerat. Causam composui. Eum libellum tibi misi. Te quo die exspectem, velim scire.

EPISTOLA DCCXXXVI
(ad Att., XV, 22)

Scrib. in Tusculano, vii kal. quintil. A. V. C. 709.

CICERO ATTICO SAL.

Gratulor nobis Q. filium exiisse : molestus non erit. Pansam bene loqui

car je sais qu'il a toujours été d'accord avec Hirtius. Je crois aussi qu'il sera très-fort l'ami de Brutus et de Cassius, s'il y trouve son compte ; mais quand les verra-t-il ? Qu'il soit ennemi d'Antoine, depuis quand et pourquoi le serait-il ? se moquera-t-on toujours de nous ? Si je vous ai écrit que Sextus Pompée arrivait, ce n'est pas que cela soit encore si proche, mais il s'y prépare, et il ne pense point du tout à mettre bas les armes. S'il persiste, nous allons avoir la guerre. Quant à l'amant de Cythéris, il dit hautement que, pour vivre, il faudra vaincre. A cela que dit Pansa ? quel parti suivra-t-il si nous avons la guerre, comme il y a tout lieu de le craindre ? Mais nous parlerons de cela et de beaucoup d'autres choses, lorsque nous serons ensemble : ce sera, me dites-vous, aujourd'hui ou demain.

LETTRE DCCXXXVII

Écrite à Tusculum, le 27 juin 709.

CICÉRON A ATTICUS

Le 6 des calendes, j'ai reçu une lettre de Dolabella, dont je vous envoie la copie, et où il me marque qu'il a fait tout ce que vous souhaitiez. Je lui ai aussitôt répondu en lui exprimant

credo. Semper enim conjunctum esse cum Hirtio scio. Amicissimum Bruto et Cassio puto, si expediet ; sed quando illos videbit ? inimicum Antonio ; quando, aut cur ? quousque ludemur ? Ego autem scripsi Sextum adventare, non quo jam adesset, sed quia certe id ageret, ab armisque nullus discederet. Certe, si pergit, bellum paratum est. Hic autem noster Cytherius, nisi victorem, neminem victurum. Quid ad hæc Pansa ? utro erit, si bellum erit ? quod videtur fore. Sed et hæc, et alia coram : hodie quidem, ut scribis, aut cras.

EPISTOLA DCCXXXVII

(ad Att., XV, 14)

Scrib. in Tusculano, v kal. quintil. A. V. C. 709.

CICERO ATTICO SAL.

Sexto kalend. accepi a Dolabella litteras, quarum exemplum tibi misi : in quibus erat, omnia se fecisse quæ tu velles. Statim ei rescripsi, et multis ver-

amplement toute ma reconnaissance. Afin qu'il ne soit pas surpris de ce que je lui écris deux fois la même chose, je lui dis pour raison que je n'avais précédemment rien appris de vous à ce sujet ; mais à quoi bon vous en dire davantage ? voici ma lettre :

CICÉRON AU CONSUL DOLABELLA

Lorsque j'ai appris, par notre cher Atticus, la manière obligeante avec laquelle vous lui aviez rendu service, et combien il vous devait de reconnaissance ; et lorsque vous m'eûtes mandé vous-même que vous aviez fait ce que nous souhaitions ; je vous en remerciai d'une manière à vous faire comprendre que rien ne pouvait m'être plus agréable. Depuis, Atticus étant venu à Tusculum, uniquement pour m'exprimer de vive voix sa gratitude envers vous et vous remercier de l'ardeur avec laquelle vous vous êtes intéressé à l'affaire de Buthrote, et des marques d'amitié toutes particulières qu'il a reçues de vous ; je n'ai pu m'empêcher de vous écrire encore une fois, pour vous le témoigner de nouveau. De toutes les preuves que vous m'avez données de votre bonne volonté et de votre affection, aucune, sachez-le bien, mon cher Dolabella, ne pouvait être plus grande et me plaire plus sensiblement que celle qui montre

---

bis gratias egi. Sed tamen, ne miraretur, cur idem iterum facerem, hoc causæ sumpsi, quod ex te ipso coram antea nihil potuissem cognoscere. Sed quid multa ? litteras hoc exemplo dedi :

CICERO DOLABELLÆ COS. SUO S.

Antea quum per litteras Attici nostri de tua summa liberalitate, summoque erga se beneficio certior factus essem ; quumque tu ipse etiam ad me scripsisses, te fecisse ea, quæ nos voluissemus : egi tibi gratias per litteras iis verbis, ut intelligeres nihil te mihi gratius facere potuisse. Postea vero quam ipse Atticus ad me venit in Tusculanum hujus unius rei causa, tibi ut apud me gratias ageret, ut cujus eximiam quamdam et admirabilem in causa Buthrotia voluntatem, et singularem erga se amorem perspexisset ; teneri non potui, quin tibi apertius illud idem his litteris declararem. Ex omnibus enim, mi Dolabella, studiis in me et officiis, quæ summa sunt, hoc scito mihi et amplissimum videri, et gratissimum esse, quod perfeceris, ut Atticus intellige-

à Atticus combien je vous aime et combien vous m'aimez. Il ne me reste qu'à vous dire que l'affaire de Buthrote et de ses habitants étant réglée pour vous (et l'on soutient volontiers le bien qu'on a déjà fait), je vous prie de prendre sous votre protection cette ville, et d'employer pour elle toute votre autorité. Si vous voulez bien leur faire cette grâce à ma considération, ils n'auront plus besoin d'autre appui ; vous assurerez pour toujours leur repos, et vous nous tirerez, Atticus et moi, d'une grande peine ; je vous en conjure avec instance.

Après avoir écrit cette lettre, je me suis remis à composer ; mais je crains que votre crayon rouge ne trouve bien des endroits à noter, car je n'ai pas l'esprit assez libre, et de trop graves pensées me préoccupent.

ret, quantum ego te, quam tu me amares. Quod reliquum est, Buthrotiam et causam, et civitatem, quanquam a te constituta est (beneficia autem nostra tueri solemus), tamen velim, receptam in fidem tuam, a meque etiam tibi commendatam, auctoritate et auxilio tuo tectam velis esse. Satis erit in perpetuum Buthrotiis præsidii, magnaque cura et sollicitudine Atticum et me liberaris, si hoc honoris mei causa susceperis, ut eos semper a te defensos velis. Quod ut facias, te vehementer etiam atque etiam rogo.

His litteris scriptis, me ad συντάξεις dedi : quæ quidem, vereor ne miniata cerula tua pluribus locis notandæ sint : ita sum μετέωρος, et magnis cogitationibus impeditus.

LETTRE DCCXXXVIII

Écrite à Tusculum, fin de juin 709.

CICÉRON A ATTICUS

J'ai lu votre charmante lettre; j'en ai écrit une à Plancus, et je vous en envoie la copie; je saurai de Tiron ce qu'il lui aura dit. Vous pourrez vous occuper plus attentivement de votre sœur, lorsque vous serez délivré de cette affaire.

M. CICÉRON A GN. PLANCUS, PRÉTEUR DÉSIGNÉ

Je sais que vous serez ravi de rendre service à Atticus, et que vous êtes si affectionné pour moi, qu'il y a peu de personnes, j'en suis persuadé, qui me portent autant de bienveillance et d'affection. A l'ancienne et intime union de votre père et du mien est venue se joindre une bonne volonté mutuelle de vous envers moi et de moi envers vous. Vous connaissez l'affaire des Buthrotiens; je vous en ai souvent parlé et je vous en ai expliqué tous les détails : voici comment la chose s'est passée.

EPISTOLA DCCXXXVIII

(ad Att., XVI, 16)

Scrib. in Tusculano, exeunte junio A. V. C. 709.

CICERO ATTICO SAL.

Jucundissimas tuas legi litteras. Ad Plancum scripsi : habes exemplum. Cum Tirone quid sit locutus, cognoscam ex ipso. Cum sorore ages attentius, si te occupatione ista relaxaris.

M. CICERO GN. PLANCO, PRÆT. DES., S.

Attici nostri te valde studiosum esse cognovi, mei vero ita cupidum, ut mehercule paucos æque observantes atque amantes me habere existimem. Ad paternas enim magnas, et veteres, et justas necessitudines magnam attulit accessionem tua voluntas erga me, meaque erga te par atque mutua. Buthrotia tibi causa ignota non est ; egi enim sæpe de ea tecum, tibique totam rem demonstravi : quæ est acta hoc modo.

Dès que nous sûmes que les terres de Buthrote avaient été comprises dans le partage fait aux soldats, Atticus, fort alarmé, rédigea une requête, et me la donna pour la présenter à César, chez qui je devais souper ce jour-là. Je la lui remis. César trouva la réclamation fondée, et répondit à Atticus que ce qu'il demandait était juste, mais il l'avertit cependant qu'il fallait que les Buthrotiens payassent le reste de leur taxe à l'échéance. Atticus, qui voulait sauver cette ville, avança la somme de ses deniers. Cela fait, nous allâmes trouver César, et nous lui parlâmes en faveur des Buthrotiens. Nous obtînmes un décret très-favorable, qui fut contre-signé par plusieurs personnes d'une grande distinction. Cela étant ainsi, j'eus lieu d'être surpris que non-seulement César laissât assembler ceux qui avaient convoité les terres des Buthrotiens, mais qu'il vous chargeât même de cette opération. Je lui en parlai, et même plusieurs fois, jusque-là qu'il se plaignit de ce que je ne me fiais pas à sa parole. Il dit à M. Messala et à Atticus même qu'ils ne fussent point inquiets, et leur fit entendre très-clairement qu'il était gêné par la présence des soldats qu'il ne voulait pas mécontenter (car vous savez combien il tenait à sa popularité); mais que, lorsqu'ils auraient passé la mer, il leur ferait assigner d'autres terres. Voilà où en était l'affaire du vivant de César. Après sa

Ut primum Buthrotium agrum proscriptum vidimus, commotus Atticus libellum composuit. Eum mihi dedit, ut darem Cæsari. Eram enim cœnaturus apud eum illo die. Eum libellum Cæsari dedi; probavit causam; rescripsit Attico, æqua eum postulare : admonuit tamen, ut pecuniam reliquam Buthrotii ad diem solverent. Atticus, qui civitatem conservatam cuperet, pecuniam numeravit de suo. Quod quum esset factum, adiimus ad Cæsarem, verba fecimus pro Buthrotiis, liberalissimum decretum abstulimus; quod est obsignatum ab amplissimis viris. Quæ quum essent acta, mirari quidem solebam, pati Cæsarem convenire eos, qui agrum Buthrotium concupissent : neque solum pati, sed etiam ei negotio te præficere. Itaque et ego cum illo locutus sum, et sæpius quidem; ut etiam accusarer ab eo, quod parum constantiæ suæ confiderem; et M. Messalæ, et ipsi Attico dixit ut sine cura essent, aperteque ostendebat se præsentium animos (erat enim popularis, ut noras) offendere nolle : quum mare transissent, curaturum se, ut in alium agrum deducerentur. Hæc illo vivo. Post interitum autem Cæsaris, ut primum ex senatusconsulto causas

8.

mort, dès que le sénat eut attribué aux consuls la connaissance de tout ce qu'il avait réglé, on leur déféra tout ce que je viens de vous écrire : ils n'y trouvèrent aucune difficulté, et promirent de vous en écrire.

Ainsi, mon cher Plancus, quoique je ne doute point que le sénatus-consulte, la loi qui l'a confirmé, le décret que les consuls ont rendu, et la lettre qu'on vous a écrite, ne vous paraissent d'un grand poids, et quoique je sache que vous êtes déjà bien disposé en faveur d'Atticus, j'ai cru néanmoins que notre liaison mutuelle et votre bienveillance m'autorisaient à vous prier de faire ce que votre bonté et la douceur de votre caractère vous inspireraient naturellement. La grâce que je vous demande, c'est de faire de bon cœur, sans restriction et sans délai, à ma considération, ce que vous auriez fait de vous-même, j'en suis convaincu.

Il n'y a personne au monde qui me soit plus cher qu'Atticus, et dont l'amitié et le commerce me soient plus agréables. Maintenant il y va de son honneur de faire confirmer, vous aidant, ce qu'il a obtenu du vivant de César et depuis sa mort. Si vous faites cela pour lui, soyez persuadé que je le regarderai comme un très-grand service que vous m'aurez rendu, et dont je vous aurai une obligation infinie. Je serai toujours prêt à faire avec

---

consules cognoscere instituerunt, hæc, quæ supra scripsi, ad eos delata sunt. Probaverunt causam sine ulla dubitatione, seque ad te litteras daturos esse dixerunt.

Ego autem, mi Plance, etsi non dubitabam, quin et senatusconsultum, et lex et consulum decretum ac litteræ apud te plurimum auctoritatis haberent, teque ipsius Attici causa velle intellexeram : tamen hoc pro conjunctione et benevolentia nostra mihi sumpsi, ut id a te peterem, quod tua singularis humanitas, suavissimique mores a te essent impetraturi. Id autem est ut hoc, quod te tua sponte facturum esse certo scio, honoris nostri causa libenter, prolixe, celeriter facias.

Mihi nemo est amicior, nec jucundior, nec carior Attico ; cujus antea res solum familiaris agebatur, eaque magna ; nunc accessit etiam existimatio, ut, quod consecutus est magna et industria et gratia, et vivo Cæsare et mortuo, id, te adjuvante, obtineat. Quod si a te erit impetratum, sic velim existimes, me de tua liberalitate ita interpretaturum, ut tuo summo beneficio me affe-

zèle et avec empressement tout que je croirai pouvoir vous plaire ou vous être avantageux. Ayez soin de votre santé.

CICÉRON A CAPITON

Je ne m'attendais pas qu'un jour je prendrais avec vous le rôle de suppliant; mais, certes, je ne suis pas fâché d'avoir une occasion de mettre à l'épreuve votre amitié. Vous savez combien j'aime Atticus : je vous prie donc d'oublier, pour l'amour de moi, qu'il a été obligé autrefois de prendre contre vous les intérêts d'un de ses amis, dont il avait à sauver l'honneur. La droiture de votre caractère vous commande le pardon : chacun est obligé de prendre le parti de ses amis. Mais, sans parler davantage d'Atticus, ne pensez qu'à votre ami Cicéron. Si vous avez toujours pour moi autant de considération que vous avez coutume de le professer, et que je l'ai cru moi-même, voici une occasion de me le prouver.

César ayant rendu, en faveur des Buthrotiens, un décret que j'ai contre-signé, avec plusieurs autres personnes d'un rang distingué, et nous ayant promis que, dès que les vétérans auraient passé la mer, il leur ferait assigner d'autres terres, par malheur, il mourut subitement. Depuis, comme vous le savez

---

ctum judicem. Ego, quæ te velle, quæque ad te pertinere arbitrabor, studiose diligenterque curabo. Da operam ut valeas.

CICERO CAPITONI SUO S.

Nunquam putavi fore, ut supplex ad te venirem. Sed hercule facile patior da tum tempus, in quo amorem experirer tuum. Atticum quanti faciam, scis. Amabo te, da mihi et hoc : obliviscere mea causa, illum aliquando suo familiari, adversario tuo, voluisse consultum, quum illius existimatio ageretur. Hoc primum ignoscere est humanitatis tuæ; suos enim quisque debet tueri ; deinde, si me amas (omitte Atticum), Ciceroni tuo, quem quanti facias, præ te soles ferre, totum hoc da, ut, quod semper existimavi, nunc plane intelligam, me a te multum amari.

Buthrotios quum Cæsar decreto suo, quod ego obsignavi cum multis amplissimis viris, liberavisset, ostendissetque nobis, se, quum agrarii mare transissent, litteras missurum, quem in agrum deducerentur; accidit, ut subito

(car vous étiez présent lorsque, par un sénatus-consulte, on chargea les consuls de prendre connaissance de tous les actes de César), l'affaire fut remise par eux aux calendes de juin. Le décret du sénat fut confirmé, le 4 des nones, par une loi qui attribue aux consuls la connaissance de tout ce que César avait arrêté, décrété, prescrit. L'affaire de Buthrote fut donc portée devant eux. Ils se firent lire le décret et plusieurs autres mémoires de César sur cette même affaire ; et, de l'avis de leur conseil, ils prononcèrent en faveur des Buthrotiens, et commirent Plancus pour l'exécution.

Maintenant, c'est à vous, mon cher Capiton, que je m'adresse, parce que je sais combien vous avez de pouvoir sur l'esprit de ceux qui vous approchent, et surtout sur celui de Plancus, qui est si honnête et si obligeant. Employez vos soins, faites tous vos efforts, ou plutôt servez-vous des manières les plus insinuantes ; en un mot, faites en sorte que Plancus, qui nous paraît avoir de bonnes intentions, en ait encore de meilleures. L'affaire dont il s'agit me paraît être de telle nature que, indépendamment de toute recommandation, un homme aussi habile et aussi prudent que Plancus ne doit pas hésiter à faire exécuter un décret qui a été rendu par les consuls en vertu d'une loi et d'un sénatus-consulte ; puisque, si l'on n'y avait point d'égard, on pourrait de même remettre en question tous les actes de César, auxquels

ille interiret. Deinde, quemadmodum tu scis (interfuisti enim, quum consules oporteret ex senatusconsulto de actis Cæsaris cognoscere), res ab iis in kalend. jun. dilata est. Accessit ad senatusconsultum lex, quæ lata est a. d. iv non. jun.; quæ lex earum rerum, quas Cæsar statuisset, decrevisset, egisset, consulibus cognitionem dedit. Causa Buthrotiorum delata est ad consules. Decretum Cæsaris recitatum est, et multi præterea libelli Cæsaris prolati. Consules de consilii sententia decreverunt secundum Buthrotios ; Plancum dederunt.

Nunc, mi Capito (scio enim quantum semper apud eos, quibuscum sis, posse soleas, eo plus apud hominem facillimum, atque humanissimum Plancum), enitere, elabora, vel potius eblandire, effice, ut Plancus, quem spero optimum esse, sit etiam melior opera tua. Omnino res hujusmodi videtur esse, ut sine cujusquam gratia Plancus ipse pro ingenio et prudentia sua non sit dubitaturus, quin decretum consulum, quorum et lege, et senatusconsulto cognitio et judicium fuit, conservet ; præsertim quum, hoc genere cognitionum labefa-

non-seulement ceux qui y ont intérêt, mais même ceux qui ne les ont pas approuvés, souhaitent, pour le bien de la paix, qu'on ne donne aucune atteinte. Quoi qu'il en soit, il est important pour nous que Plancus nous serve, dans cette affaire, de bonne grâce et avec empressement ; ce qu'il fera sans doute, si vous employez, en notre faveur, cette ferme volonté que je vous connais, et ces manières engageantes que personne ne sait prendre aussi bien que vous. Je vous en prie instamment.

CICÉRON À C. CUPIENNIUS

J'ESTIMAIS fort votre père, et il avait pour moi beaucoup d'attachement et d'amitié ; et, certes, je n'ai jamais douté que vous ne m'aimassiez, comme je vous ai toujours aimé. Je vous prie donc instamment de venir en aide aux citoyens de Buthrote, et d'obtenir de notre ami Plancus qu'il confirme et sanctionne au plus tôt le décret que les consuls ont donné en leur faveur, en conséquence d'une loi et d'un sénatus-consulte qui leur en donnaient le pouvoir ; je vous en aurai, mon cher Cupiennius, un obligation infinie.

ctato, acta Cæsaris in dubium ventura videantur : quæ non modo ii, quorum interest, sed etiam ii, qui illa non probant, otii causa confirmari velint. Quod quum ita sit, tamen interest nostra, Plancum hoc animo libenti prolixoque facere. Quod certe faciet, si tu nervulos tuos, mihi sæpe cognitos, suavitatemque, qua nemo tibi par est, adhibueris. Quod ut facias, te vehementer rogo.

CICERO C. CUPIENNIO S.

PATREM tuum plurimi feci ; meque ille mirifice et coluit, et amavit : nec mehercule unquam mihi dubium fuit, quin a te diligerer. Ego quidem id facere non destiti. Quamobrem peto a te in majorem modum, ut civitatem Buthrotiam subleves, decretumque consulum, quod ii secundum Buthrotios fecerunt, quum et lege, et senatusconsulto statuendi potestatem haberent, des operam, ut Plancus noster quam primum confirmet et comprobet. Hoc te vehementer, mi Cupienni, etiam atque etiam rogo.

LETTRE DCCXXXIX

Écrite à Tusculum, le 27 juin 709.

CICÉRON A ATTICUS

Les opinions sont fort partagées sur mon projet de départ, car bien des gens m'en parlent : mais pensez-y mûrement, je vous prie ; cela est fort important pour moi. Êtes-vous d'avis que je parte, pourvu que je sois de retour pour les calendes de janvier ? Je suis sans crainte, mais je ne voudrais pas que cela fît tort à ma réputation. Pour marquer le jour des mystères, vous dites fort bien *le jour du scandale.* Quoi qu'il en soit, mon voyage dépendra de la manière dont les affaires tourneront ; ainsi ne décidons rien. Il est fâcheux de s'embarquer pendant l'hiver, et c'est pour cela que je vous avais proposé l'époque des mystères pour mon retour. Je suppose, d'après votre lettre, que je pourrai voir Brutus. Je compte partir d'ici la veille des calendes.

EPISTOLA DCCXXXIX
(ad Att., XV, 25)

Scrib. in Tusculano, v kal. quintil. A. V. C. 709.

CICERO ATTICO SAL.

De meo itinere variæ sententiæ. Multi enim ad me. Sed tu incumbe, quæso, in eam curam. Magna res est. An probas, si ad kalend. jan. cogitamus ? meus animus est æquus, sic tamen, ut si nihil offensionis sit : et tu etiam scite, « quo die olim piaclum, » mysteria scilicet. Ut ut sit res, casus consilium nostri itineris judicabit. Dubitemus igitur. Est enim hiberna navigatio odiosa ; eoque ex te quæsieram mysteriorum diem. Brutum, ut scribis, visum iri a me puto. Ego hinc volo prid. kalend.

LETTRE DCCXL

Écrite à Arpinum, le 2 juillet 709.

CICÉRON A ATTICUS

Je vois que vous avez fait tout ce qui était possible pour l'affaire de Quintus. Cependant il se désole, parce qu'il ne sait s'il doit s'en rapporter à Lepta, ou se défier de Silius.

J'ai ouï dire que L. Pison voulait partir pour une mission en vertu d'un faux sénatus-consulte. Je voudrais savoir ce qui en est. Je vous avais dit que j'avais envoyé un messager à Brutus à Anagni : il est revenu dans la nuit d'avant les calendes, et il m'a apporté une lettre, dans laquelle il y a une chose qui n'est guère d'un homme aussi raisonnable que Brutus : il m'engage à assister à ses jeux. Je lui ai fait réponse là-dessus, que je serai déjà parti à cette époque, et que je n'ai plus, dès lors, la liberté du choix ; que, d'ailleurs, il serait absurde que, n'ayant point été à Rome depuis qu'on y a fait venir des soldats, et que m'en étant abstenu, moins pour ma sûreté personnelle que pour la dignité de mon caractère, j'allasse tout d'un coup paraître à des jeux.

EPISTOLA DCCXL
(ad Att., XV, 26)

Scrib. in Arpinati, vi non. quintil. A. V. C. 709.

CICERO ATTICO SAL.

De Quinti negotio video a te omnia facta. Ille tamen dolet, dubitans, utrum morem gerat Leptæ, an fidem infirmet Silio.

Inaudivi L. Pisonem velle exire legatum ψευδογράφῳ senatusconsulto. Velim scire quid sit. Tabellarius ille, quem tibi dixeram a me ad Brutum esse missum in Anagninum, ad me venit ea nocte, quæ proxima ante kalend. fuit, litterasque ad me attulit : in quibus unum alienum summa sua prudentia, id est illud, ut spectem ludos suos. Rescripsi scilicet, primum me jam profectum, ut non integrum sit : dein, ἀτοπώτατον esse, me, qui Romam omnino post hæc arma non accesserim, neque id tam periculi mei causa fecerim, quam dignitatis, subito ad ludos venire. Tali enim tempore ludos facere illi hone-

Dans la conjoncture où nous sommes, on peut, avec bienséance, donner des jeux quand on y est obligé, mais il serait inconvenant que j'y assistasse, n'y étant point obligé. Je souhaite de tout mon cœur qu'il y ait un grand concours et de grands applaudissements du peuple, comme je l'espère. Je vous recommande de me mander, dès qu'ils seront commencés, comment ils auront été reçus, et de me rendre compte jour par jour de ce qui s'y sera passé; mais c'est assez parler de ces jeux.

Le reste de la lettre de Brutus est pleine d'incertitude : il lui échappe néanmoins de temps en temps quelques traits de vigueur : et, afin que vous puissiez juger par vous-même de ce qu'on doit en penser, je vous envoie une copie de sa lettre, quoique mon messager m'ait dit qu'il avait une lettre de Brutus pour vous, et qu'on vous l'avait apportée de Tusculum. De la manière que j'ai réglé ma marche, je compte être à Pouzzoles aux nones de juillet. Je me hâte le plus possible, mais toutefois en homme qui ne veut pas s'embarquer avant d'avoir pris toutes ses précautions.

Rassurez M. Elius : il craint que je fasse passer des conduits souterrains dans l'extrémité de son champ, ce qui pourrait l'assujettir à quelque servitude. Dites-lui qu'il y a longtemps que je n'y pense plus, et que je m'en soucie fort peu : mais, comme vous me le disiez, il faut lui en parler sans aucune aigreur, et

---

stum est, cui necesse est; spectare mihi, ut non est necesse, sic ne honestum quidem est. Equidem illos celebrari, et esse quam gratissimos mirabiliter cupio ; idque ita futurum esse confido : et tecum ago, ut jam ab ipsa commissione ad me, quemadmodum accipiantur ; deinde omnino reliquorum dies singulos persequare. Sed de ludis hactenus.

Reliqua pars epistolæ est illa quidem in utramque partem : sed tamen nonnullos interdum jacit igniculos viriles : quod quale tibi videretur, ut posses interpretari, misi ad te exemplum epistolæ. Quanquam mihi tabellarius noster dixerat, tibi quoque se attulisse litteras a Bruto, easque ad te e Tusculano esse delatas. Ego itinera sic composueram, ut nonis quint. Puteolis essem. Valde enim festino; ita tamen, ut, quantum homo possit, quam cautissime navigem.

M. Ælium cura liberabis : is metuit paucos specus in extremo fundo, et eos quidem subterraneos ; servitutis putat aliquid habituros : id me jam nolle, neque mihi quidquam esse tanti : sed, ut mihi dicebas, quam lenissime ; po-

seulement pour le rassurer contre toute irritation de ma part. Je vous prie aussi de parler, mais d'une manière ferme, à Cascelius, sur cette dette de Tullius : ce n'est pas une affaire de grande importance, mais il a voulu me tromper, comme vous l'avez fort bien remarqué. J'aurais été sa dupe, ce qui a failli arriver, si je n'avais pas eu pour second un homme aussi fin que vous ; et j'en aurais été fort piqué : ainsi, à tort ou à raison, j'aime mieux ne pas terminer cette affaire.

Souvenez-vous de faire diminuer d'un huitième les fenêtres de mes bâtiments qui sont auprès du temple de Strenia. Faites adjuger ce bien à l'acquéreur que propose Cérellia, au prix de la plus haute enchère à laquelle il a été porté : je crois que c'est trois cent quatre-vingt mille sesterces. Écrivez-moi souvent tout ce qu'il y aura de nouveau, et tout ce que vous pourrez prévoir. N'oubliez pas, comme je vous l'ai recommandé, de faire mes excuses à Varron, de ce que je suis si long à lui répondre. Puisse Mundus !... Écrivez-moi, je vous prie, au sujet du testament de M. Ennius ; j'en suis fort curieux, et je désire savoir à quoi m'en tenir. A Arpinum, le six des nones.

tius ut cura liberetur, quam ut me succensere aliquid suspicetur. Item de illo Tulliano capite libere cum Cascelio loquare. Parva res est ; sed tu bene attendisti ; nimis callide agebatur. Ego autem, si mihi imposuisset aliquid, quod pæne fecit, nisi tua malitia fuisset, animo iniquo tulissem. Itaque, ut ut erit, rem impediri malo.

Octavam partem tolli luminarium in ædibus ad Streniæ memineris. Quod Cærellia, videris mancipio dari ad eam summam, quæ sub præcone fuit maxima ; id opinor esse CCC LXXX. Novi si quid erit, atque etiam si quid prospicies, quod futurum putes, scribas ad me quam sæpissime velim. Varroni, quemadmodum tibi mandavi, memineris excusare tarditatem litterarum mearum. Mundus istum... M. Ennius quid egerit de testamento (curiosus enim) facias me velim certiorem. Ex Arpinati, VI non.

LETTRE DCCXLI

Écrite à Arpinum, le 5 des nones de juillet 709, au matin.

CICÉRON A ATTICUS

Comme je vous l'ai mandé hier, je compte toujours arriver pour les nones à Pouzzoles ; j'espère y recevoir de vos nouvelles tous les jours ; parlez-moi surtout des jeux de Brutus ; il faudra aussi lui écrire à ce sujet. Je vous ai envoyé hier une copie de sa lettre, que je ne comprends qu'à demi. Faites, je vous prie, mes excuses à Attica, de manière que vous preniez toute la faute sur vous, et assurez-la bien que je n'emporte pas en Grèce toute mon amitié.

EPISTOLA DCCXLI
(ad Att., XV, 10)

Scrib. in Arpinati, v non. quintil. mane A. V. C. 709.

CICERO ATTICO SAL.

Ego, ut ad te pridie scripseram, nonis constitueram venire in Puteolanum. Ibi igitur quotidie tuas litteras exspectabo, et maxime de ludis ; de quibus etiam ad Brutum tibi scribendum est. Cujus epistolæ, quam interpretari ipse vix poteram, exemplum pridie tibi miseram. Atticæ meæ velim me ita excuses, ut omnem culpam in te transferas, et ei tamen confirmes, me minime totum amorem eo mecum abstulisse.

LETTRE DCCXLII.

Écrite à Arpinum, le 5 des nones de juillet 709, à souper.

CICÉRON A ATTICUS

Je suis ravi d'avoir fait dès hier de moi-même ce que vous me conseillez ; car, le 6 des nones, en vous envoyant ma lettre, j'en remis une au messager pour Sextius, à qui je donne toutes sortes d'assurances d'amitié. C'est très-aimable à lui de venir me trouver à Pouzzoles ; mais il a tort de se plaindre de moi. Il est vrai que je n'ai pas attendu qu'il fût revenu de sa maison de Cosa ; mais il n'aurait pas dû y aller avant de m'avoir vu, ou, du moins, il aurait dû revenir plus tôt ; car il savait que je devais partir incessamment, et il m'avait écrit qu'il viendrait me voir à Tusculum.

J'ai appris avec peine que vous aviez pleuré en me quittant : si cela vous était arrivé en ma présence, peut-être aurais-je renoncé à tout projet de voyage. Je suis enchanté que vous vous consoliez par l'espérance de notre prochaine réunion ; cette attente me soutient plus que tout au monde. Vous

EPISTOLA DCCXLII.
(ad Att., XV, 27)

Scrib. in Arpinati, v non. quintil., inter cœnam, A. V. C. 709.

CICERO ATTICO SAL.

Gaudeo id te mihi suadere, quod ego mea sponte pridie feceram. Nam quum ad te vi non. darem, eidem tabellario dedi etiam ad Sextium, scriptas πάνυ φιλοστόργως. Ille autem, quod Puteolos prosequitur, humane ; quod queritur, injuste. Non enim ego tam illum exspectare, quum de Cosano rediret, debui, quam ille aut non ire ante, quam me vidisset, aut citius reverti. Sciebat enim me celeriter velle proficisci, seseque ad me in Tusculanum scripserat esse venturum.

Te, ut a me discesseris, lacrymasse, moleste ferebam. Quod si me præsente fecisses, consilium totius itineris fortasse mutassem. Sed illud præclare, quod te consolata est spes brevi tempore congrediendi : quæ quidem exspectatio

aurez souvent de mes nouvelles. Je vous manderai tout ce que je saurai de Brutus. Je vous enverrai incessamment mon traité *de la Gloire*, et j'en ferai un autre dans le genre d'Héraclide, que vous garderez dans vos trésors les plus secrets. Je n'oublierai pas d'écrire à Plancus. Attica a raison de se plaindre.

Ce que vous me mandez de Bacchide et des statues couronnées m'a fait un très-grand plaisir; et je vous prie dans la suite de ne rien oublier des choses importantes ni même des moindres bagatelles. Je me souviendrai d'Hérode et de Mettius, et de tout ce qui me paraîtra avoir pour vous quelque intérêt. O l'indigne homme que le fils de votre sœur! il vient d'arriver à l'heure où on dételle les bœufs, pendant que nous soupions.

LETTRE DCCXLIII

Écrite à Formies, le 5 des nones de juillet 709.

CICÉRON A ATTICUS

Je vous ai envoyé la lettre de Brutus. Grands dieux, quelle incertitude! vous en jugerez en la lisant. Je crois comme vous qu'il y aura une grande affluence à ses jeux. Inutile que vous alliez chez M. Élius; vous lui parlerez à la première ren-

me maxime sustentat. Neæ tibi litteræ non deerunt. De Bruto, scribam ad te omnia. Librum tibi celeriter mittam de Gloria. Excudam aliquid Ἡρακλείδειον, quod lateat in thesauris tuis. De Planco, memini. Attica jure queritur.

Quod me de Bacchide, de statuarum coronis certiorem fecisti, valde gratum: nec quidquam posthac non modo tantum, sed ne tantulum quidem præterieris. Et de Herode et Mettio meminero, et de omnibus, quæ te velle suspicabor modo. O turpem sororis tuæ filium! quum hæc scriberem. Adventabat autem βουλύσει cœnantibus nobis.

EPISTOLA DCCXLIII
(ad Att., XV, 29)

Scrib. in Formiano, a. d. III non. quintil. A. V. C. 709.

CICERO ATTICO SAL.

Bruti ad te epistolam misi. Dii boni, quanta ἀμηχανία! cognosces, quum legeris. De celebratione ludorum Bruti, tibi assentior. Ad M. Ælium nullus tu

contre. Vous avez raison de recourir à M. Axianus pour la dette à six pour cent de Tullius. Je suis fort content de ce que vous avez fait avec Cosianus. Vous expédiez en même temps vos affaires et les miennes, à merveille! Je suis ravi qu'on approuve ma légation. Puissent les dieux réaliser votre prophétie! Quoi de plus doux pour moi que de vivre avec mes amis? Je crains seulement cette méchante que vous exceptez. Quand j'aurai vu Brutus, je vous rendrai compte de tout. Certes je souhaite que ce que vous me mandez de Plancus et de Decimus Brutus soit vrai, mais je ne voudrais pas que Sextus Pompée jetât son bouclier. Savez-vous quelque chose de Mundus? Voilà tout ce que j'avais à répondre à votre lettre ; voici à présent ce que j'ai à vous dire.

Le fils de Quintus, excellent citoyen (comme qui dirait un Favonius, un Arsinius), m'a accompagné jusqu'à Pouzzoles pour deux raisons : premièrement, pour être plus longtemps avec moi; et, ensuite, pour aller faire sa paix avec Brutus et Cassius. Mais qu'en dites-vous, vous qui êtes ami des Othon? Il prétend que Julia veut l'épouser, et que son divorce est résolu? Mon frère m'a demandé quelle était la réputation de cette femme. Je lui ai répondu que je n'avais entendu parler que de sa figure et de son père; car je ne savais pas pourquoi il m'interrogeait ainsi. A quoi bon cette question? lui ai-je dit. C'est, dit-il, que mon fils veut l'épouser. Alors, quoique j'aie

---

quidem domum, sed sicubi inciderit. De Tulliano semisse M. Axianum adhibebis, ut scribis. Quod cum Cosiano egisti, optime. Quod non solum mea, verum etiam tua expedis, gratum. Legationem probari meam, gaudeo. Quod promittis, dii faxint. Quid enim mihi meis jucundius? sed istam, quam tu excipis, metuo. Brutum quum convenero, perscribam omnia. De Planco et Decimo, sane velim. Sextum scutum abjicere nolebam. De Mundo, si quid scies. Rescripsi ad omnia tua. Nunc nostra accipe.

Quintus filius usque Puteolos : mirus civis, ut tu Favonium, Asinium dicas : et quidem duas ob causas, et ut mecum ; et σπείσασθαι vult cum Bruto et Cassio. Sed tu quid ais? scio enim te familiarem esse Othonum. Ait hic sibi Juliam ferre. Constitutum enim esse discidium. Quæsivit ex me pater, qualis esset fama. Dixi, nihil sane me audisse (nesciebam enim cur quæreret), nisi de ore, et patre. Sed quorsus, inquam? at ille, filium velle. Tum ego, etsi

beaucoup d'éloignement pour ce mariage, cependant je lui dis que je ne croyais pas que tout ce qu'on disait de cette femme fût vrai. Le but secret de mon frère, c'est de ne rien donner à son fils. Cela n'empêcherait pas Julia de l'épouser, mais je soupçonne que notre neveu se fait illusion comme à son ordinaire. Cependant je vous prie de vous informer de cela, ce qui vous sera facile, et de me mander ce qu'il en est.

Mais qu'est-ce que j'apprends? J'avais déjà fermé cette lettre, lorsque les habitants de Formies qui soupaient chez moi m'ont dit qu'ils avaient vu hier, comme je vous écrivais, c'est-à-dire le 4 des nones, notre Plancus de Buthrote, l'oreille basse et en triste équipage ; et que ses esclaves disaient que les Buthrotiens l'avaient chassé, lui et tous ses partageurs de terres. A merveille ! mais instruisez-moi, je vous prie, de toute cette affaire.

LETTRE DCCXLIV

Écrite au commencement de juillet 709.

CICÉRON A OPPIUS.

J'ÉTAIS dans l'incertitude au sujet de cette grande question de mon départ, comme le sait notre ami Atticus, et une foule de rai-

ἐθελυττόμην, tamen negavi putare me illa esse vera : σκοπὸς (hoc est enim) huic nostro nihil præbere. Illa autem οὐ παρὰ τοῦτο. Ego tamen suspicor hunc, ut solet, hallucinari. Sed velim quæras (facile autem potes) et me certiorem.

Obsecro te, quid est hoc? Signata jam epistola, Formiani, qui apud me cœnabant, Plancum se aiebant, hunc Buthrotium, pridie, quam hoc scribebam, id est IV nonas, vidisse dimissum, sine phaleris : servulos autem dicere, eum et agripetas ejectos a Buthrotiis. Macte ! Sed amabo te, perscribe mihi totum negotium.

EPISTOLA DCCXLIV

(ad div., XI, 29)

Scrib. initio mensis quintilis A. V. C. 709.

CICERO OPPIO SAL.

DUBITANTI mihi, quod scit Atticus noster, de hoc toto consilio profectionis,

sons pour et contre se combattaient dans mon esprit ; mais votre
jugement et votre sagesse ont été d'un grand poids pour fixer mes
irrésolutions ; car vous m'avez écrit ouvertement ce que vous pensiez, et j'ai su d'Atticus le discours que vous lui aviez tenu. Je vous
ai toujours regardé comme l'homme du monde le plus capable de
donner un bon conseil, et de le donner de bonne foi ; je l'ai surtout
éprouvé au commencement de la guerre civile, lorsque je vous
consultai par mes lettres sur le parti que je devais prendre,
celui de suivre Pompée ou de demeurer en Italie. Vous me con-
seillâtes d'avoir égard à ma dignité. Ce fut assez pour me faire
comprendre ce que vous pensiez. J'admirai votre franchise et
votre probité dans une occasion où, ne pouvant douter qu'un
homme qui était de vos meilleurs amis ne désirât le contraire,
vous ne laissiez pas de préférer mon devoir à sa volonté. Je vous
aimais avant ce temps-là, et j'ai toujours reconnu que j'étais aimé
de vous. Je me souviens que, dans mon absence et dans mes plus
grands dangers, vous avez eu des attentions pour moi et pour les
miens, et que vous n'avez pas cessé de prendre notre défense.
Depuis mon retour, tout le monde sait, du moins ceux qui ont
coutume d'observer ces relations, dans quelle familiarité vous
avez vécu avec moi, et ce que j'ai pensé, ce que j'ai publié à votre
avantage. Vous n'avez pas manifesté moins avantageusement pour
moi l'opinion que vous aviez de ma fidélité et de ma constance,

quod in utramque partem in mentem multa veniebant, magnum pondus accessit ad tollendam dubitationem, judicium et consilium tuum. Nam et scripsisti aperte, quid tibi videretur, et Atticus ad me sermonem tuum pertulit.
Semper judicavi, in te, et in capiendo consilio prudentiam summam esse, et
in dando fidem ; maximeque sum expertus, quum initio civilis belli per litteras te consuluissem, quid mihi faciendum esse censeres ; eundumne ad Pompeium, an manendum in Italia. Suasisti, ut consulerem dignitati meæ. Ex quo,
quid sentires, intellexi, et sum admiratus fidem tuam, et in consilio dando re-
ligionem ; quod, quum aliud malle amicissimum tuum putares, antiquius tibi
officium meum, quam illius voluntas fuit. Equidem et ante hoc tempus te dilexi, et semper me a te diligi sensi. Et quum abessem, atque in magnis periculis essem, et me absentem, et meos præsentes a te cultos et defensos esse,
memini. Et post meum reditum quam familiariter mecum vixeris, quæque
ego de te et senserim et prædicarim, omnes, qui solent hæc animadvertere,
testes habemus. Gravissimum vero judicium de mea fide et constantia fecisti,

lorsque, après la mort de César, vous vous êtes livré sans réserve à mon amitié. Je me croirais indigne du nom d'homme, si je ne justifiais votre confiance par une affection extrême et par toutes sortes de services. Conservez-moi votre amitié, mon cher Oppius, et défendez mes intérêts ; je vous l'écris pour me conformer à l'usage, car je sais que je n'ai pas besoin de vous le recommander. J'ai mandé à Atticus de vous instruire de ce que vous pourriez ignorer. Comptez sur de plus longues lettres, lorsque je me trouverai un peu plus tranquille. Prenez soin de votre santé : vous ne pouvez rien faire qui me soit plus agréable.

LETTRE DCCXLV

Écrite à Pouzzoles, le 8 juillet 709.

CICÉRON A ATTICUS

Je suis arrivé le jour des nones de juillet à ma maison de Pouzzoles. Je vous ai écrit le lendemain, avant de partir pour aller voir Brutus à Nesis. Le jour même que j'arrivai, et pendant mon souper, Éros m'apporta votre lettre. Mais quoi ! est-il

---

quum, post mortem Cæsaris, totum te ad amicitiam meam contulisti. Quod tuum judicium nisi mea summa benevolentia erga te omnibusque meritis comprobaro, ipse me hominem non putabo. Tu, mi Oppi, conservabis amorem tuum (etsi more magis hoc quidem scribo, quam quo te admonendum putem), meaque omnia tuebere ; quæ tibi ne ignota essent, Attico mandavi ; a me autem, quum paulum otii nacti erimus, uberiores litteras exspectato. Da operam ut valeas. Hoc mihi gratius facere nihil potes.

EPISTOLA DCCXLV
(ad Att., XVI, 1)

Scrib. in Puteolano, viii id. quintil. A. V. C. 709.

CICERO ATTICO SAL.

Nonis quint. veni in Puteolanum. Postridie, iens ad Brutum in Nesidem, hæc scripsi. Sed eo die, quo veneram, cœnanti Eros tuas litteras. Itane ? Nonis ju-

possible? appeler le mois *quintilis* du nom de Jules César! Que les dieux les confondent! Mais si nous voulions nous fâcher, nous en aurions pour des journées entières. Est-il rien de plus honteux, Brutus dater des nones juliennes! Je reviens donc à dire : Souffrirons-nous encore de pareilles choses? je n'ai rien vu de semblable.

Mais qu'est-ce que j'entends dire? que les Buthrotiens ont taillé en pièces les usurpateurs de leurs terres? Pourquoi Plancus revient-il si vite? car on dit qu'il marche jour et nuit. Je désire vivement savoir ce qu'il en est.

Je suis bien aise qu'on approuve mon départ. Il n'est pas surprenant que les Dyméens, chassés de leurs terres, se mettent à pirater. Il faudra voir peut-être si l'on approuvera que je ne parte pas. Je risquerais moins, si je m'embarquais avec Brutus; mais je crois qu'il n'a que de petits vaisseaux; je vais le savoir, et je vous le manderai demain.

Je crois que ce qu'on dit de Ventidius n'est qu'une panique. Pour Sextus Pompée, on assure qu'il ne prendra pas les armes. Si cela est vrai, nous n'aurons point de guerre civile, mais la servitude. Quoi donc, me direz-vous, n'attend-on rien de Pansa aux calendes de janvier? Pure chimère des gens qui ne pensent qu'à boire et à dormir!

Ces deux cent dix mille sesterces feront très-bien l'affaire de mon fils; Ovius, arrivé récemment d'Athènes, m'en a apporté de

---

liis? Dii hercule istis! sed stomachari totum diem licet. Quidquamne turpius, quam Bruto, juliis! Redeo ad meum igitur, ἔτι ἑῶμεν? nihil vidi.

Sed quid est, quæso, quod agripetas Buthroti concisos audio? quid autem Plancus tam cursim (ita enim audiebam) diem et noctem? Sane cupio scire quid sit.

Meam profectionem laudari gaudeo. Dymæos, agro pulsos, mare infestum habere, nil mirum. Videndum est, ut mansio laudetur. Ἐν ὁμοπλοίᾳ Bruti videtur aliquid præsidii esse. Sed, opinor, minuta navigia. Sed jam sciam, et ad te cras.

De Ventidio, πανικὸν puto. De Sexto, pro certo habebatur, haud arma. Quod si verum est, sine bello civili video serviendum. Quid ergo? kalend. jan. in Pansa spes? λῆρος πολύς, in vino et in somno istorum.

De ccx optime Ciceronis rationes explicentur. Ovius enim recens; is multa,

9.

fort bonnes nouvelles, et entre autres choses, ce qui n'est pas indifférent, que ces soixante-douze mille sesterces étaient tout à fait suffisants à mon fils, mais que Xénon ne lui donnait que fort peu d'argent à la fois et sou à sou. Ce que vous lui avez fait tenir au delà du loyer de mes maisons sera pour la première année de sa pension, y compris les frais de son voyage; à partir de la seconde année, qui commence aux calendes d'avril, sa pension sera portée à quatre-vingt mille sesterces, car ces maisons sont louées à ce prix. Il faudra voir ce que je pourrai lui donner lorsqu'il sera à Rome, car il n'y a pas d'apparence que je puisse souffrir cette belle-mère. Quant à la vente de ma terre de Cumes, j'avais déjà refusé Pindarus.

Il faut vous dire à présent pourquoi je vous ai envoyé un exprès. Le fils de Quintus me promet d'être dorénavant un Caton : son père et lui m'ont prié de lui servir de caution auprès de vous, à condition néanmoins que vous ne le croiriez que lorsque vous l'auriez reconnu par vous-même. Je lui donnerai une lettre où je vous dirai tout ce qu'il voudra ; mais ne vous y laissez pas prendre. Je vous écris celle-ci pour que vous ne croyiez pas que je me sois laissé persuader. Fassent les dieux qu'il tienne ce qu'il promet, quelle joie alors pour nous tous! c'est tout ce que je puis vous en dire. Il doit partir d'ici le 7 des ides, parce qu'il a, dit-il, de l'argent à payer le 15, et qu'on le presse vivement. Vous pourrez, sur ce que je vous écris à présent, régler ce que vous voudrez lui répondre. Je vous en dirai davantage lorsque j'aurai

---

quæ vellem ; in his ne hoc quidem malum, H.-S. LXXII satis esse, affatim prorsus; sed Xenonem perexigue, et γλίσχρως præbere. Quod plus permutasti, quam ad fructum insularum, id ille annus habeat, in quem itineris sumptus accessit. Hinc ex kalend. april. ad H.-S, LXXX accommodetur. Nunc enim insulæ tantum. Videndum etiam est, quid, quum Romæ erit. Non enim puto socrum illam ferendam. Pindaro de Cumano negarám.

Nunc, cujus rei causa tabellarium miserim; accipe. Q. filius mihi pollicetur se Catonem. Egit autem et pater, et filius, ut tibi sponderem ; sed ita, ut tum crederes, quum ipse cognosses. Huic ego litteras ipsius arbitratu dabo. Eæ te ne moverint. Has scripsi in eam partem, ne me motum putares. Dii faxint, ut faciat ea, quæ promittit! commune enim gaudium. Sed ego nihil dico amplius. Is hinc VII idus. Ait enim attributionem in idus; se autem urgeri acriter. Tu ex meis litteris, quo modo respondeas, moderabere. Plura quum et

vu Brutus, et que je renverrai Éros. Je reçois les excuses de notre chère Attica, que j'aime tendrement : faites-lui mes compliments, aussi bien qu'à Pilia.

LETTRE DCCXLVI

Écrite à Pouzzoles, le 9 juillet 709.

CICÉRON A ATTICUS

Brutus attend toujours une lettre de vous. Je lui avais donné des nouvelles du succès du *Térée* d'Attius. Il croyait que c'était le *Brutus* qu'on avait joué ; mais il avait appris, je ne sais par quel bruit qui s'en était répandu, qu'il n'y avait pas eu beaucoup de monde aux jeux grecs. Cela ne m'a pas surpris, car vous savez ce que je pense de ces jeux.

Parlons maintenant d'une chose qui est pour moi la plus importante de toutes. Quintus a demeuré plusieurs jours avec moi, et y serait resté plus longtemps si je l'avais souhaité ; mais, pendant tout le temps de son séjour, vous ne sauriez croire combien j'en ai été content en toutes manières, et principalement au sujet

---

Brutum videro, et Erotem remittam. Atticæ meæ excusationem accipio, eamque amo plurimum : cui et Piliæ salutem.

EPISTOLA DCCXLVI

(ad Att., XVI, 5)

Scrib. in Puteolano, vii id. quintil. A. V. C. 709.

CICERO ATTICO SAL.

Tuas jam litteras Brutus exspectabat : cui quidem ego novum attuleram de Tereo Attii. Ille Brutum putabat. Sed tamen rumoris nescio quid afflaverat, commissione Græcorum, frequentiam non fuisse : quod quidem me minime fefellit. Scis enim, quid ego de Græcis ludis existimem.

Nunc audi quod pluris est, quam omnia. Quintus fuit mecum dies complures : et, si ego cuperem, ille vel plures fuisset : sed, quantum fuit, incredibile est, quam me in omni genere delectarit ; in eoque maxime, in quo minime

de ce qui m'affligeait le plus en lui. La lecture de quelques-uns de mes ouvrages, que je retouchais alors, les fréquents entretiens que j'ai eus avec lui, et les avis que je lui ai donnés, ont opéré ce changement : il est tel, que nous pouvons compter qu'il aura dorénavant pour la république tous les sentiments que nous désirons. Après qu'il me l'eût assuré d'une manière qui m'a entièrement persuadé, il me pria instamment de vouloir bien lui servir de caution auprès de vous, et de vous répondre que dorénavant il serait digne de vous et de nous. Il ne demande pas que vous le croyiez sur parole ; mais seulement que, lorsqu'il vous en aura donné des preuves, vous lui rendiez votre amitié.

Si je n'avais pas eu foi en ses promesses, et si je ne l'avais pas jugé fermement décidé à les tenir, je n'aurais pas fait ce que je vais vous dire. J'ai conduit notre jeune homme chez Brutus, qui a été si persuadé que son retour était sincère, qu'il n'a point voulu que je répondisse pour lui ; et, en le louant de ces bonnes dispositions, il a parlé de vous d'une manière pleine d'amitié, et ne l'a pas laissé partir sans le presser sur son cœur et l'embrasser. Ainsi, quoiqu'il semble que je doive vous faire compliment là-dessus, plutôt que de vous parler en sa faveur, cependant je vous prie d'être persuadé que, s'il a paru jusqu'à présent dans sa conduite une légèreté que sa jeunesse rendait pardonnable, il y a renoncé pour jamais. Croyez-moi, votre autorité contribuera

---

satisfaciebat. Sic enim commutatus est totus, et scriptis meis quibusdam, quæ manibus habebam, et assiduitate orationis, et præceptis, ut tali animo in rempublicam, quali nos volumus, futurus sit. Hoc quum mihi non modo confirmasset, sed etiam persuasisset, egit mecum accurate multis verbis, tibi ut sponderem, se dignum et te et nobis futurum ; neque se postulare ut statim crederes, sed, quum ipse perspexisses, tum ut se amares.

Quod nisi fidem mihi fecisset, judicassemque hoc, quod dico, firmum fore, non fecissem id, quod dicturus sum. Duxi enim mecum adolescentem ad Brutum. Sic ei probatum est, quod ad te scribo, ut ipse crediderit, me sponsorem accipere noluerit, eumque laudans amicissime mentionem tui fecerit, complexus osculatusque dimiserit. Quamobrem etsi magis est, quod gratuler tibi, quam quod te rogem, tamen etiam rogo, ut, si quæ minus antea propter infirmatem ætatis constanter ab eo fieri videbantur, ea judices illum abjecisse;

beaucoup, ou, pour mieux dire, infiniment, à l'affermir dans une si bonne résolution.

J'ai insinué plusieurs fois à Brutus, dans la conversation, que je serais bien aise de m'embarquer avec lui; mais il n'a pas saisi cela avec autant d'empressement que je l'aurais cru. Il m'a paru très-préoccupé, et certes il l'était, surtout de ses jeux. Quand je fus de retour à ma maison de campagne, Cn. Lucceius, qui ne quitte guère Brutus, me dit qu'il ne se pressait pas de partir, non par hésitation, mais dans l'attente d'un incident favorable. Je ne sais si je ne ferais pas bien d'aller à Venuse, pour attendre des nouvelles de ces légions. Si elles n'arrivent point, comme quelques gens le croient, j'irai à Hydrunte; mais s'il n'y a de sûreté nulle part, je reviendrai ici.

Vous croyez que je plaisante, mais que je meure si un autre que vous me retient. Regardez autour de vous; mais je rougis de vous dire cela en face. O les heureux auspices que ceux de Lépide! et qu'ils sont favorables à mes projets de retour! Votre lettre me décide à partir. Ah! si je pouvais vous rencontrer en Grèce! mais vos convenances avant tout.

J'attends la lettre de Nepos. Est-il si avide de lire mes ouvrages, lui qui méprise tant le genre d'écrire dont je me fais gloire? Vous lui donnez la première place après celui qui est

---

mihique credas, multum allaturam, vel plurimum potius, ad illius judicium confirmandum, auctoritatem tuam.

Bruto quum sæpe injecissem de ὁμοπλοίᾳ, non perinde, atque ego putaram, arripere visus est. Existimabam μετεωρότερον esse : et hercule erat, et maxime de ludis. At mihi, quum ad villam redissem, Cn. Lucceius, qui multum utitur Bruto, narravit, illum valde morari, non tergiversantem, sed exspectantem, si qui forte casus. Itaque dubito, an Venusiam tendam, et ibi exspectem de legionibus; si aberunt, ut quidam arbitrantur, Hydruntem : si neutrum erit ἀσφαλὲς, eodem revertar.

Jocari me putas? moriar, si quisquam me tenet præter te. Etenim circumspice: sed ante, erubesco. O dies in auspiciis Lepidi lepide descriptos, et apte ad consilium reditus nostri. Magna ῥοπὴ ad proficiscendum tuis litteris. Atque utinam te illic! sed ut conducere putabis.

Nepotis epistolam exspecto. Cupidus ille meorum? qui ea, quibus maxime

sans défaut; mais c'est vous qui êtes sans défaut. Pour Nepos, c'est un homme divin.

Il n'y a point de recueil de mes lettres. Tiron en a environ soixante-dix; il y en a chez vous quelques-unes qu'on pourrait y joindre; mais il faut que je les revoie et que je les retouche; après cela, je les publierai.

LETTRE DCCXLVII.

Écrite à Pouzzoles, le 10 juillet 709.

CICÉRON A ATTICUS.

Comme je vous l'ai écrit hier, et comme vous l'avez probablement appris aujourd'hui, car Quintus ne doit être que deux jours en route, j'ai été le 8 des ides à Nésis. J'y ai vu Brutus. Qu'il a été fâché qu'on ait daté ces affiches des *nones juliennes!* Il en est au désespoir, et il m'a dit qu'il allait écrire pour que l'annonce de la chasse aux bêtes qu'il doit donner le lendemain des jeux Apollinaires ait pour date le 8 *des ides quintiliennes.* Pendant

---

γαυριῶ, legenda non putet? et ais μετ᾽ ἀμύμονα. Tu vero ἀμύμων : ille quidem ἄμβροτος.

Mearum epistolarum nulla est συναγωγή : sed habet Tiro instar septuaginta. Et quidem sunt a te quædam sumendæ. Eas ego, oportet, perspiciam, corrigam. Tum denique edentur.

EPISTOLA DCCXLVII.
(ad Att., XVI, 4)

Scrib. in Puteolano, vi id. quintil. A. V. C. 709.

CICERO ATTICO SAL.

Ita ut heri tibi narravi, vel fortasse hodie (Quintus enim altero die se aiebat) in Nesida viii idus. Ibi Brutus. Quam ille doluit de *nonis juliis!* mirifice est conturbatus. Itaque sese scripturum aiebat, ut venationem etiam, quæ postridie ludos Apollinares futura est, proscriberent, iii id. quint. Libo interve-

que j'étais à Nésis, Libon est survenu. Il nous a dit qu'Hilarus, son affranchi, et Pilon, affranchi de Pompée, étaient arrivés d'Espagne avec des lettres de Sextus, adressées aux consuls, si l'on doit leur donner ce nom : Libon nous en a lu la copie, pour en savoir notre opinion. Il y a quelques expressions impropres ; du reste, de la dignité et de la modération. Nous avons seulement été d'avis qu'on ajoutât dans la suscription, *aux préteurs, aux tribuns du peuple, et au sénat*, de peur que les consuls ne les fissent pas voir, si elles n'étaient adressées qu'à eux seuls.

Ces nouvelles nous annoncent que Sextus Pompée n'avait qu'une seule légion à Carthagène, et que le jour même qu'il avait pris Boréa, on avait appris la mort de César ; que cela avait produit une grande joie et un grand changement dans les esprits ; qu'on accourait vers lui de toutes parts, et qu'il était allé rejoindre les six légions qu'il avait laissées dans l'Espagne Ultérieure. Il écrit en particulier à Libon que tout cela lui importe peu, si on ne lui rend ses lares paternels. Ses propositions se réduisent en somme à demander que toutes les armées, en quelques lieux qu'elles se trouvent, soient dissoutes. Voilà à peu près tout ce que nous avons appris de Sextus.

Je me suis informé de tous côtés de ce qui est arrivé à Buthrote, je n'ai pu rien apprendre. Les uns disent que les soldats qui étaient allés pour prendre possession des terres ont été taillés en pièces ;

---

nit. Is Philonem, Pompeii libertum, et Hilarum suum, venisse a Sexto cum litteris ad consules, sive quo alio nomine sunt. Earum exemplum nobis legit, si quid videretur. Pauca παρὰ λέξιν : cæteroqui et satis graviter, et non contumaciter. Tantum addi placuit, quod erat coss. solum, ut esset, PRÆTT., TRIBB. PLEB., SENATUI ; ne illi non proferrent eas quæ ad ipsos missæ essent.

Sextum autem nuntiant cum una solum legione fuisse Carthagine : eique eo ipso die, quo oppidum Boream cepisset, nuntiatum esse de Cæsare : capto oppido, miram lætitiam, commutationemque animorum, concursumque undique : sed illum ad sex legiones, quas in ulteriore reliquisset, revertisse. Ad ipsum autem Libonem scripsit, nihil esse, nisi ad larem suum liceret. Summa postulatorum, ut omnes exercitus dimittantur, qui ubique sint. Hæc fere de Sexto.

De Buthrotiis undique quærens, nihil reperiebam. Alii, concisos agripetas ;

d'autres, que Plancus, ayant touché de l'argent, les a abandonnés et s'est enfui; ainsi je vois que je n'en pourrai rien savoir si je ne reçois bientôt de vos lettres.

Je crois que je ne pourrai pas aller à Brindes, comme j'en avais l'intention, car on dit que les légions d'Antoine arrivent. Ce voyage par mer pourrait bien aussi offrir quelque danger; c'est pourquoi je suis résolu à ne m'embarquer qu'avec Brutus. Sa flotte est mieux équipée qu'on ne me l'avait dit. Domitius a de très-bons birèmes : il y a en outre les excellents vaisseaux de Sextius, de Bucialinus et des autres. Pour la flotte de Cassius, elle est fort belle, mais je n'en parle pas parce qu'elle reste au delà du détroit. Ce qui me contrarie, c'est que Brutus ne presse guère son départ. Il attend des nouvelles de la manière dont ses jeux se sont terminés. De plus, autant que j'en puis juger, il ne fera pas beaucoup de diligence et séjournera en plusieurs endroits; mais, selon moi, il vaut encore mieux aller lentement que de ne pas aller du tout. Une fois que nous serons en mer, je verrai mieux quel parti j'aurai à prendre, et je pourrai profiter des vents étésiens.

---

alii, Plancum, acceptis nummis, relictis illis, aufugisse. Itaque non video sciturum me, quid ejus sit, ni statim aliquid litterarum.

Iter illud Brundisium, de quo dubitabam, sublatum videtur. Legiones enim adventare dicuntur. Hæc autem navigatio habet quasdam suspiciones periculi. Itaque constituebam uti ὁμοπλοίᾳ. Paratiorem offendi Brutum, quam audiebam. Nam et ipse Domitius bona plane habet dicrota : suntque navigia præterea luculenta Sextii, Buciliani, cæterorum. Nam Cassii classem, quæ plane bella est, non numero ultra fretum. Illud est mihi submolestum, quod parum Brutus properare videtur. Primum confectorum ludorum nuntios exspectat; deinde, quantum intelligo, tarde est navigaturus, consistens in locis pluribus. Tamen arbitror esse commodius tarde navigare, quam omnino non navigare; et si, quum processerimus, exploratiora videbuntur, etesiis utemur.

LETTRE DCCXLVIII

Écrite à Pouzzoles, le 12 juillet 709.

CICÉRON A ATTICUS

J'ai reçu, le 6 des ides, deux de vos lettres, l'une par mon messager, et l'autre par celui de Brutus. On avait parlé ici de l'affaire des Buthrotiens d'une manière bien différente : c'est un nouveau mécompte à joindre à tant d'autres.

J'ai renvoyé Éros plus tôt que je n'avais résolu, afin d'avoir quelqu'un à Rome pour l'affaire d'Hortensius, et parce qu'Éros m'a dit qu'il avait pris jour pour les ides avec ces chevaliers. Il faut qu'Hortensius soit bien effronté. Il ne lui sera rien dû, si ce n'est au troisième terme qui écherra aux calendes d'août, et dont on lui a payé la plus grande partie quelque temps avant l'échéance ; mais Éros verra cela aux ides. Quant aux rescriptions de Publilius, je crois qu'on ne doit pas différer à le satisfaire ; mais, comme vous savez vous-même combien je me suis relâché de mon droit, puisque de quatre cent mille sesterces que je res-

EPISTOLA DCCXLVIII
(ad Att., XVI, 2)

Scrib. in Puteolano, a. d. iv id. quint. A. V. C. 709.

CICERO ATTICO SAL.

Sexto idus duas epistolas accepi, unam a meo tabellario, alteram a Bruti. De Buthrotiis longe alia fama in his locis fuerat : sed cum aliis multis hoc ferendum.

Erotem remisi citius, quam constitueram, ut esset, qui Hortensio ; et quia equitibus quidem ait se idibus constituisse. Hortensius vero impudenter. Nihil enim debetur ei, nisi ex tertia pensione, quæ est kalend. sext. ; ex qua pensione ipsa major pars est ei soluta aliquanto ante diem. Sed hæc Eros videbit idibus. De Publilio autem, quod perscribi oportet, moram non puto esse faciendam. Sed quum videas, quantum de jure nostro decesserimus, qui de re

tais lui devoir, je lui en ai payé deux cents argent comptant, et que je lui donne des délégations pour le surplus; je vous prie, si vous le jugez bon, de lui proposer de me donner du temps, puisque j'ai fait pour lui une si large concession. Mais je vous en conjure, mon cher Atticus (voyez comme je prends un ton affectueux), pendant que vous serez à Rome, réglez, tranchez, décidez comme vous l'entendrez, et sans me consulter. Je laisse assez de fonds pour faire face à tout ce que je dois; mais, comme il arrive souvent, ceux qui me doivent pourraient ne pas payer à temps; dans ce cas, que le soin de mon honneur l'emporte sur toute autre considération. Vous pouvez non-seulement emprunter, mais même, s'il le faut, vendre pour m'acquitter.

Brutus a lu avec beaucoup de plaisir votre lettre. Quelque temps après l'avoir reçue, j'allai le voir à Nesis, où je passai plusieurs heures avec lui. Il m'a paru fort content du *Térée*, et avoir plus d'obligation à Attius qu'à Antoine. Pour moi, plus cela a réussi, et plus je suis fâché et indigné de voir que le peuple romain ne fasse usage de ses mains que pour de vains applaudissements, au lieu de s'en servir pour défendre la république. La rage qu'en ont eue ces misérables pourra probablement les exciter à dévoiler plus tôt leurs sinistres desseins; mais, pourvu qu'Antoine soit mortifié, peu m'importe comment.

siduis cccc H.-S., cc præsentia solverimus, reliqua rescribamus; loqui cum eo, si videbitur, poteris, eum commodum nostrum exspectare debere, quum tanta sit a nobis jactura facta juris. Sed amabo te, mi Attice (videsne, quam blande?), omnia nostra, quoad eris Romæ, ita gerito, regito, gubernato, ut nihil a me exspectes. Quanquam enim reliqua satis apta sunt ad solvendum, tamen fit sæpe, ut ii qui debent, non respondeant ad tempus. Si quid ejusmodi acciderit, ne quid tibi sit fama mea potius. Non modo versura, verum etiam venditione, si ita res coget, nos vindicabis.

Bruto tuæ litteræ gratæ erant. Fui enim apud illum multas horas in Neside, quum paulo ante tuas litteras accepissem. Delectari mihi Tereo videbatur, et habere majorem Attio, quam Antonio, gratiam. Mihi autem quo lætiora sunt, eo plus stomachi et molestiæ est, populum Romanum manus suas non in defendenda republica, sed in plaudendo consumere. Mihi quidem videntur istorum animi incendi etiam ad repræsentendam improbitatem suam. Sed tamen, DUMMODO DOLEAT ALIQUID, DOLEAT QUOD LUBET.

Je ne suis pas fâché d'apprendre par vous qu'on approuve de plus en plus mon projet de départ, et j'attendais ce que vous m'écririez à ce sujet; car on m'en parlait fort diversement, et même cela me l'avait fait différer, afin d'être plus longtemps le maître de mes résolutions: mais, puisqu'on me met l'épée dans les reins, je vais m'embarquer à Brindes; car je pourrai plus facilement et plus sûrement éviter la rencontre des légions que celle des pirates qui reparaissent, dit-on, sur ces côtes. On attendait ici Sextius le 6 des ides, mais il n'est pas arrivé, que je sache. Cassius y est avec sa petite flotte. Je le vis le lendemain, comme je pensais à partir pour Pompéies, et de là me rendre à Aculanum. Vous savez le reste.

Ce que vous me mandez de Tutia ne m'a point surpris. Je ne crois pas que ce que l'on dit d'Ébutius soit vrai, et je ne m'en soucie pas plus que vous. J'ai écrit, selon votre désir, à Plancus et à Oppius, mais ne leur envoyez pas mes lettres, si cela ne vous semble pas nécessaire : comme ils ont fait pour vous tout ce que vous souhaitez, je crains qu'ils ne trouvent ma recommandation fort inutile, surtout Oppius, qui est votre ami particulier : vous en ferez ce qu'il vous plaira. Puisque vous m'écrivez que vous comptez passer l'hiver en Épire, vous seriez bien aimable d'y venir avant l'époque où vous me conseillez de rentrer en Italie.

Écrivez-moi le plus souvent possible, pour les choses de mé-

Consilium meum quod ais quotidie magis laudari, non moleste fero; exspectabamque, si quid de eo, ad me scriberes. Ego enim in varios sermones incidebam. Quin etiam idcirco trahebam, ut quam diutissime integrum esset. Sed quoniam furcilla extrudimur, Brundisium cogito. Facilior enim et exploratior devitatio legionum fore videtur, quam piratarum, qui apparere dicuntur. Sextius vi idus exspectabatur, sed non venerat, quod sciam. Cassius cum classicula sua venerat. Ego, quum eum vidissem, v id. in Pompeianum cogitabam, inde Aculanum. Nosti reliqua.

De Tutia ita putaram. De Æbutio non credo : nec tamen curo plus, quam tu. Planco et Oppio scripsi equidem, quoniam rogaras : sed, si tibi videbitur, ne necesse habueris reddere. Quum enim tua causa fecerint omnia, verear ne meas litteras supervacaneas arbitrentur. Oppio quidem utique; quem tibi amicissimum cognovi. Verum, ut voles. Tu, quoniam scribis hiematurum te in Epiro, feceris mihi gratum, si ante eo veneris, quam mihi in Italiam, te auctore, veniendum sit.

Litteras ad me quam sæpissime, sed de rebus minus necessariis, aliquem

diocre intérêt et par la première occasion qui se présentera;
mais, s'il s'agissait de quelque affaire importante, par un exprès à nous. Si j'arrive à Brindes sain et sauf, je commencerai cet ouvrage à la manière d'Héraclide. Je vous ai envoyé mon traité *de la Gloire* : qu'il soit bien pour vous seul, comme de coutume. Seulement vous ferez extraire les plus beaux endroits, que Salvius lira à table, lorsque vous aurez des auditeurs bien disposés. Je suis très-content de cet ouvrage; j'aimerais mieux que vous le fussiez aussi. Adieu, mille fois adieu.

LETTRE DCCXLIX

Écrite à Pouzzoles, le 12 juillet 709.

CICÉRON A PLANCUS, PRÉTEUR DÉSIGNÉ

Je vous ai déjà écrit pour vous prier de nous être favorable dans l'affaire des Buthrotiens. Leur requête a été approuvée par les consuls, que la loi et un sénatus-consulte autorisaient à connaître, statuer et juger de tous les actes de César. Tirez de peine

nactus; sin autem erit quid majus, domo mittito. Ἡρακλείδιον, si Brundisium salvi, adoriemur. De Gloria misi tibi. Custodies igitur, ut soles : sed notentur eclogarii, quos Salvius, bonos auditores nactus, in convivio duntaxat legat. Mihi valde placent; mallem tibi. Etiam atque etiam vale.

EPISTOLA DCCXLIX
(ad Att., XVI, 16)

Scrib. in Puteolano, a. d. IV id. quint. A. V. C. 709.

CICERO PLANCO, PRÆT. DES., S.

Jam antea petivi abs te per litteras, ut, quum causa Buthrotiorum probata a consulibus esset, quibus et lege et senatusconsulto permissum erat, ut de Cæsaris actis cognoscerent, statuerent, judicarent, eam rem tu adjuvares; At-

notre cher Atticus, pour qui je sais que vous avez de l'affection, et en même temps moi, qui ne m'intéresse pas moins à cette affaire. Après tous les soins, tous les efforts et tous les travaux qu'elle nous a coûtés, il ne dépend plus que de vous de mettre un terme le plus tôt possible à nos inquiétudes. Vous êtes trop prudent pour ne pas concevoir quelle perturbation ce serait dans l'État, si l'on portait quelque atteinte aux décrets que les consuls ont rendus sur les actes de César. Pour moi, quoique je voie bien que, parmi ce que César a fait dans des temps où il était accablé d'affaires, il y a bien des choses qu'on pourrait condamner; cependant je soutiens tout avec chaleur pour assurer la paix et la tranquillité, et je crois que vous ne devez pas hésiter à faire de même.

Toutefois le but de cette lettre n'est pas de vous conseiller, mais de vous solliciter. Je vous prie donc, mon cher Plancus, et je vous conjure au nom du ciel, avec tout le zèle et toute l'ardeur dont je suis susceptible, d'examiner, de traiter et de régler notre affaire de façon que nous puissions croire que vous adhérez sans regret et même avec joie au décret que nous avons obtenu des consuls sans aucune hésitation de leur part, parce que l'équité et la justice de notre cause parlaient pour nous. Les bonnes intentions que vous avez souvent témoignées à Atticus

---

ticumque nostrum, cujus te studiosum cognovi, et me, qui non minus laboro, molestia liberares. Omnibus enim rebus magna cura, multa opera et labore confectis, in te positum est, ut nostræ sollicitudinis finem quam primum facere possimus. Quanquam intelligimus, ea te esse prudentia, ut videas, si ea decreta consulum, quæ de Cæsaris actis interposita sunt, non serventur; magnam perturbationem rerum fore. Equidem, quum multa, quod necesse erat in tanta occupatione, non probentur, quæ Cæsar statuerit; tamen otii pacisque causa acerrime illa soleo defendere : quod tibi idem magnopere faciendum censeo.

Quanquam hæc epistola non suasoris est, sed rogatoris. Igitur, mi Plance, rogo te, et etiam oro, sic medius fidius, ut majore studio, magisque ex animo agere non possim, ut totum hoc negotium ita agas, ita tractes, ita conficias, ut, quod sine ulla dubitatione apud consules obtinuimus, propter summam bonitatem et æquitatem causæ, id tu nos obtinuisse non modo facile patiare, sed etiam gaudeas. Qua quidem voluntate te esse erga Atticum, sæpe præsens

lui-même, en ma présence, et à moi en particulier, nous le font espérer. Si vous le faites, vous me rendrez le service le plus signalé, qui augmentera l'amitié que ma liaison avec votre père et mon inclination pour vous avaient déjà formée. Je vous prie instamment de m'accorder cette grâce.

LETTRE DCCL

Écrite vers le 15 juillet 709.

CICÉRON A PLANCUS, PRÉTEUR DÉSIGNÉ

Pardonnez-moi si, après vous avoir écrit déjà tant de fois et dans le plus grand détail au sujet des Buthrotiens, je vous écris encore souvent sur la même affaire. Ce n'est pas certainement, mon cher Plancus, que je manque de confiance dans votre obligeance et votre amitié; mais l'affaire dont il s'agit est de la dernière importance pour notre cher Atticus, et il est aujourd'hui engagé d'honneur à obtenir l'exécution de ce que César a réglé par plusieurs actes authentiques, auxquels j'ai mis mon cachet comme témoin (car j'étais présent lorsque, par ses décrets, il a

et illi ostendisti, et vero etiam mihi. Quod si feceris, me, quem voluntate et paterna necessitudine conjunctum semper habuisti, maximo beneficio devinctum habebis : idque ut facias, te vehementer etiam atque etiam rogo.

EPISTOLA DCCL

(ad Att., XVI, 16)

Scrib. circa id. quint. A. V. C. 709.

CICERO PLANCO, PRÆT. DES., S.

Ignosce mihi, quod, quum antea accuratissime de Buthrotiis ad te scripserim, eadem de re sæpius scribam. Non mehercule, mi Plance, facio, quo parum confidam aut liberalitati tuæ, aut nostræ amicitiæ; sed quum tanta res agatur Attici nostri, nunc vero etiam existimatio, ut id, quod probavit Cæsar, nobis testibus et obsignatoribus, qui et decretis, et responsis Cæsaris inter-

répondu à nos requêtes), surtout lorsque cela ne dépend plus que de vous. Ce que nous vous demandons, ce n'est pas simplement de faire exécuter ce que les consuls ont arrêté en conformité des décrets et des réponses de César, mais de le faire de bonne grâce, et comme un homme qui a envie de nous rendre service; vous ne sauriez me faire un plus sensible plaisir.

J'espère que, lorsque vous recevrez cette lettre, vous m'aurez déjà accordé ce que je vous ai demandé par mes lettres précédentes; cependant je ne cesserai pas de vous renouveler mes prières, jusqu'à ce que nous ayons appris que vous avez fait ce que nous souhaitons si ardemment; car j'ai hâte de vous écrire sur un autre ton et de n'avoir plus à vous adresser que des remerciments. Si vous nous rendez cet important service, soyez persuadé que ce ne sera pas seulement Atticus que vous obligerez, quoiqu'il y soit fort intéressé, mais moi aussi; car je ne m'y intéresse pas moins que lui. Adieu.

fueramus, videatur obtinere potuisse, præsertim quum tota potestas ejus re. tua sit, ut ea, quæ consules decreverunt secundum Cæsaris decreta et responsa, non dicam comprobes, sed studiose libenterque comprobes. Id mihi sic erit gratum, ut nulla res gratior esse possit.

Etsi jam sperabam, quum has litteras accepisses, fore, ut ea, quæ superioribus litteris a te petiissemus, impetrata essent; tamen non faciam finem rogandi, quoad nobis nuntiatum erit, te id fecisse; quod magna cum spe exspectamus. Deinde enim confido fore, ut alio genere litterarum utamur, tibique pro tuo summo beneficio gratias agamus. Quod si acciderit, velim sic existimes, non tibi tam Atticum, cujus permagna res agitur, quam me, qui non minus laboro, quam ille, obligatum fore. Vale.

LETTRE DCCLI

Écrite vers le 15 juillet 709.

CICÉRON A CAPITON

Je ne doute point que vous ne soyez surpris, et même fâché que je vous écrive si souvent sur la même affaire. Mais celle dont il s'agit est de la dernière importance pour Atticus, qui est mon ami intime, et à qui je suis attaché par les liens les plus étroits. Je sais quel est votre zèle pour vos amis et le zèle de vos amis pour vous. Vous pouvez nous servir très-bien auprès de Plancus. Je sais combien vous êtes obligeant, et combien vos amis aiment à vous faire plaisir. Personne ne peut, dans cette occasion, nous être plus utile que vous. L'affaire est très-juste, et notre droit bien établi. Les consuls, à qui le décret du sénat, confirmé par une loi, a attribué la connaissance de tout ce que César avait réglé, ont jugé en notre faveur. Cependant nous pensons que tout dépend des bonnes intentions de votre ami Plancus. Nous avons lieu d'espérer qu'il se déterminera de lui-même, par équité et pour l'intérêt public, à faire exécuter le décret des consuls, et qu'il le fera même volontiers pour m'obliger per-

EPISTOLA DCCLI

(ad Att., XVI, 16)

Scrib. circa id. quint. A. V. C. 709.

CICERO CAPITONI S.

Non dubito quin mirere, atque etiam stomachere, quod tecum de eadem re agam sæpius. Hominis familiarissimi et mihi omnibus rebus conjunctissimi permagna res agitur, Attici. Cognovi ego tua studia in amicos, etiam in te amicorum. Multum potes nos apud Plancum juvare. Novi humanitatem tuam. Scio quam sis amicis jucundus. Nemo nos in hac causa plus juvare potest, quam tu. Et res ita est firma, ut debet esse, quam consules de consilii sententia decreverunt, quum et lege, et senatusconsulto cognoscerent. Tamen omnia posita putamus in Planci tui liberalitate : quem quidem arbitramur quum officii sui et reipublicæ causa decretum consulum comprobaturum, tum libenter no-

sonnellement. Soyez-nous donc en aide, mon cher Capiton, je
vous en prie de nouveau avec les plus vives instances.

LETTRE DCCLII.

Écrite à Pompéies, le 15 juillet 709.

CICÉRON A ATTICUS.

Vous avez agi très-sagement (car je réponds enfin à la lettre
que vous m'avez écrite après votre entrevue avec Antoine à Ti-
bur); oui, vous avez agi sagement en lui donnant la main et en
allant même jusqu'aux remercîments. Certes, comme vous le
dites, nous perdrons la liberté avant de perdre notre bien. Vous
m'écrivez qu'en lisant : *O Titus, si je vous viens en aide*, etc.,
vous y trouvez un charme toujours nouveau. Cela me met en
verve pour composer. Vous comptez, me dites-vous, qu'Éros
vous apportera quelque petit présent; je suis bien aise que vous
ne vous soyez pas trompé dans votre espérance. Vous avez déjà
vu l'ouvrage que je vous envoie; mais je l'ai retouché; et c'est
l'original même auquel j'ai fait beaucoup d'additions et de changements. Vous le ferez mettre au net, et vous le lirez en secret à

stra causa esse facturum. Adjuvabis igitur, mi Capito : quod ut facias, vehementer etiam atque etiam rogo.

EPISTOLA DCCLII.

(ad Att., XVI, 3)

Scrib. in Pompeiano, id. quint. A. V. C. 709.

CICERO ATTICO SAL.

Tu vero sapienter. Nunc demum enim rescribo his litteris, quas mihi misisti, convento Antonio Tiburi. Sapienter igitur, quod manus dedisti, quodque
etiam ultro gratias egisti. Certe enim, ut scribis, deseremur potius a republica,
quam a re familiari. Quod vero scribis te magis et magis delectari, O TITE, SI
QUID EGO, ETC., addis mihi scribendi alacritatem. Quod Erotem non sine munusculo
expectare dicis, gaudeo non fefellisse eam rem opinionem tuam : sed tamen
idem σύνταγμα misi ad te retractatius, et quidem ἀρχέτυπον ipsum, crebris
locis inculcatum et refectum. Hunc tu tralatum in macrocollum lege arcano

vos convives; mais je vous prie, ayez soin de leur faire faire bonne chère, de crainte que leur mauvaise humeur contre vous ne retombe sur moi.

Je souhaite que tout ce que j'apprends de mon fils soit véritable. Je verrai sur les lieux ce qu'a fait Xénon; mais je crois qu'il n'y a eu ni négligence ni indélicatesse de sa part. Je ferai ce que vous me recommandez par rapport à Hérode, et je m'informerai à Saufeius et à Xénon de ce que vous désirez savoir. Je suis bien aise que vous ayez reçu la lettre sur le fils de Quintus que je vous ai envoyée par un exprès, avant celle dont il était lui-même porteur: vous ne vous y seriez pas laissé prendre. Qui sait, pourtant? Je suis fort curieux de savoir ce qu'il vous aura dit, et ce que vous lui aurez répondu. Je ne doute point que chacun de vous n'ait parlé à sa manière ordinaire, mais j'espère en avoir des nouvelles par la lettre que m'apportera Curius. Ce Curius mérite qu'on l'aime pour lui-même, et je l'aime beaucoup; cependant votre recommandation ajoute beaucoup à mon amitié pour lui.

Je crois avoir suffisamment répondu à votre lettre. Pour ce que je vais ajouter, je conçois qu'il est assez inutile de vous l'écrire, et néanmoins je vous l'écris. Je suis fâché de partir pour plusieurs raisons, et surtout parce que je m'éloigne de vous. Ensuite la fatigue d'un voyage par mer me répugne: cela ne convient ni à mon âge ni à mon caractère. Puis le moment est mal

convivis tuis; sed, si me amas, hilaris et bene acceptis; ne in me stomachum erumpant, quum sint tibi irati.

De Cicerone, velim ita sit, ut audimus. De Xenone coram cognoscam; quanquam nihil ab eo arbitror neque indiligenter, neque illiberaliter. De Herode faciam, ut mandas; et ea, quæ scribis, ex Saufeio et e Xenone cognoscam. De Q. filio, gaudeo tibi meas litteras prius a tabellario meo, quam ab ipso, redditas; quanquam te nihil fefellisset. Verumtamen... Sed exspecto, quid ille tecum, quid tu vicissim; nec dubito, quin suo more uterque. Sed eas litteras Curium mihi spero redditurum: qui quidem, etsi per se est amabilis, a meque diligitur, tamen accedit magnus cumulus commendationis tuæ.

Litteris tuis satis responsum est: nunc audi, quod etsi intelligo scribi necesse non esse, scribo tamen. Multa me movent in discessu; in primis mehercule, quod dijungor a te. Movet etiam navigationis labor, alienus non ab ætate solum nostra, verum etiam a dignitate; tempusque discessus subabsurdum.

choisi : car je quitte la paix, et je vais retrouver la guerre ; je vais employer à voyager un temps que je pouvais passer si doucement dans mes maisons de campagne, qui sont si bien bâties et si agréables ! Ce qui me console, c'est que je serai utile à mon fils ; je verrai du moins ce qu'on peut faire pour lui. Enfin, vous me faites espérer que vous me suivrez de près. S'il en est ainsi, tout ira pour le mieux.

Le payement de mes dettes m'inquiète beaucoup. Quoique j'aie laissé des fonds pour les acquitter, cependant, comme ce que Dolabella me doit fait partie de ces fonds, et que je ne connais pas ceux sur qui il m'a donné une délégation, cela m'embarrasse, et c'est ce qui me tourmente le plus. Ainsi je crois que je n'ai pas mal fait de confier franchement à Balbus l'état de mes affaires, en le priant de me venir en aide, si les rentrées ne coïncidaient pas exactement avec les échéances. Je lui ai écrit que, dans ce cas, vous iriez le voir ; ce que vous ferez, si vous le jugez convenable, surtout si vous partez pour l'Épire.

Je vous écris cette lettre au moment de m'embarquer à Pompéies sur l'un de mes trois petits bâtiments à dix rames. Brutus est encore à Nesis, et Cassius à Naples. Comment donc, vous aimez Dejotarus, et vous n'aimez pas aussi Hiéras, qui, depuis que Blesamius est venu chez moi, quoiqu'il eût ordre de ne rien faire

---

Relinquimus enim pacem, ut ad bellum revertamur ; quodque temporis in prædiolis nostris, et belle ædificatis, et satis amœnis consumi potuit, in peregrinatione consumimus. Consolantur hæc. Aut proderimus aliquid Ciceroni, aut, quantum profici possit, judicabimus. Deinde tu jam, ut spero, et ut promittis, aderis. Quod quidem si acciderit, omnia nobis erunt meliora.

Maxime autem me angit ratio reliquorum meorum : quæ quanquam explicata sunt, tamen, quod et Dolabellæ nomen in iis est, et attributione mihi nomina ignota, conturbor ; nec me ulla res magis angit ex omnibus. Itaque non mihi videor errasse, quod ad Balbum scripsi apertius, ut, si quid tale accidisset, ut non concurrerent nomina, subveniret ; meque tibi etiam mandasse, ut, si quid ejusmodi accidisset, cum eo communicares ; quod facies, si tibi videbitur, eoque magis, si proficisceris in Epirum.

Hæc ego conscendens e Pompeiano tribus actuariolis, decem scalmis. Brutus erat in Neside etiam nunc, Neapoli Cassius. Ecquid amas Dejotarum, et non amas Hieram ? qui, ut Blesamius venit ad me, quum ei præscriptum esset, ne

que par les avis de notre cher Sextus, n'a jamais parlé de rien, ni à lui, ni à aucun de nous? Les compliments que vous me faites de la part de notre chère Attica me font tant de plaisir, que je voudrais bien pouvoir l'embrasser, tout absente qu'elle est : faites-lui donc bien des amitiés de ma part, ainsi qu'à Pilia, je vous prie.

LETTRE DCCLIII

Écrite à Velie, le 20 juillet 709.

CICÉRON A TREBATIUS

Velie m'a paru plus agréable, parce que j'ai remarqué que vous y êtes aimé. Mais qui ne vous aimerait pas? On regrette votre Rufion, je vous le jure, avec autant d'impatience que si c'était un de nous. Mais je ne vous blâme pas de l'employer à vos constructions. Quoique Velie vaille bien le Lupercal, je préfère que vous bâtissiez au Lupercal plutôt que partout ailleurs. Si vous m'en croyez, comme c'est assez votre usage, vous conserverez des biens que vous avez reçus

quid sine Sexti nostri sententia ageret; neque ad illum, neque ad quemquam nostrum retulit. Atticam nostram cupio absentem suaviari; ita mihi dulcis salus visa est, per te missa ab illa. Referes igitur ei plurimam, itemque Piliæ dicas velim.

EPISTOLA DCCLIII

(ad div., VII, 20)

Data xiii kal. sext. A. V. C. 709. Velia.

CICERO TREBATIO S. D.

Amabilior mihi Velia fuit, quod te ab ea sensi amari. Sed quid ego dicam te, quem quis non amat? Rufio, medius fidius, tuus ita desiderabatur, ut si esset unus e nobis. Sed ego te non reprehendo, qui illum ad ædificationem tuam traduxeris. Quanquam enim Velia non est vilior, quam Lupercal, tamen istuc malo, quam hæc omnia. Tu, si me audies, quem soles, has paternas possessio-

de vos pères. Je ne sais quelle inquiétude les habitants de Velie avaient conçue à ce sujet; mais n'abandonnez point le célèbre fleuve Halétès, ni la maison Papirienne, ni le petit bois que les étrangers mêmes admirent, quoiqu'en le faisant couper vous jouiriez d'une vue beaucoup plus étendue. Enfin, il est très-important, surtout dans le temps où nous sommes, d'être assuré d'un asile, d'abord dans une ville dont les habitants vous chérissent; en second lieu, dans une maison et dans des terres qui vous appartiennent, et dans un endroit écarté où l'air est aussi sain que la situation en est agréable. Il me semble, mon cher Trebatius, que j'y ai moi-même quelque intérêt. Mais songez d'abord à vous bien porter; prenez soin de mes affaires, et comptez, avec le secours du ciel, me revoir avant l'hiver.

J'ai pris à Sextus Fadius, disciple de Nicon, un livre de son maître, qui a pour titre *Nicon, sur la Gloutonnerie*. O le charmant médecin! et que je me sens de docilité pour sa méthode! Notre ami Bassus m'avait caché cet ouvrage : il n'a pas été si réservé pour vous. Mais le vent commence à fraîchir. Je vous recommande encore le soin de votre santé. A Velie, le 13 des calendes d'août.

---

nes tenebis : nescio quid enim Velienses verebantur : neque Haletem, nobilem amnem, relinques, nec Papirianam domum deseres. Quanquam illa quidem habet lucum, a quo etiam advenæ teneri solent : quem tamen si excideris, multum prospexeris. Sed in primis opportunum videtur, his præsertim temporibus, habere perfugium, primum eorum urbem, quibus carus sis : deinde tuam domum tuosque agros, eaque remoto, salubri, amœno loco : idque etiam mea interesse, mi Trebati, arbitror. Sed valebis, meaque negotia videbis, meque diis juvantibus ante brumam exspectabis.

Ego a Sexto Fadio, Niconis discipulo, librum abstuli, Νίκωνος περὶ πολυφαγίας. O medicum suavem, meque docilem ad hanc disciplinam! Sed Bassus noster me de hoc libro celavit : te quidem non videtur. Ventus increbrescit. Cura ut valeas. xiii kal. sext. Velia.

LETTRE DCCLIV

Écrite à Rhegium, le 28 juillet 709.

CICÉRON A TRÉBATIUS

Voyez combien vous m'êtes cher, et, certes, ce n'est pas sans raison, car votre amitié ne le cède pas à la mienne. Cependant, ce que je vous avais presque refusé quand vous étiez présent, ce que certes je ne vous avais pas accordé, je n'étais pas obligé de le faire pour vous en votre absence. Eh bien, en mettant à la voile pour quitter Vélie, cette ville où vous êtes aimé si tendrement m'a fait souvenir de composer des *Topiques* à la manière d'Aristote; et je vous envoie de Rhegium cet ouvrage, écrit avec toute la clarté que le sujet comporte. Si vous y trouvez dans quelques endroits un peu d'obscurité, il faut songer qu'il n'y a point de science qu'on puisse apprendre par la seule lecture, sans le secours d'un maître et sans quelque exercice. Vous n'irez pas loin pour en avoir la preuve. Croyez-vous qu'on pût apprendre votre droit civil dans les livres seuls? Quoiqu'ils soient en

EPISTOLA DCCLIV
(ad div., VII, 19)

Data Rhegio, v kal. sext. A. V. C. 709.

CICERO TREBATIO S.

Vide, quanti apud me sis; etsi jure id quidem. Non enim te amore vinco. Verumtamen quod præsenti tibi prope subnegaram, non tribueram certe, id absenti debere non potui. Itaque, ut primum Velia navigare cœpi, institui Topica Aristotelea conscribere, ab ipsa urbe commonitus, amantissima tui. Eum librum tibi misi Rhegio, scriptum, quam planissime res illa scribi potuit. Sin tibi quædam videbuntur obscuriora, cogitare debebis nullam artem litteris, sine interprete, et sine aliqua exercitatione percipi posse. Non longe abieris. Num jus civile vestrum ex libris cognosci potest? qui, quanquam plurimi sunt,

fort grand nombre, on a besoin d'un maître pour les comprendre. Cependant, si vous lisez attentivement et plus d'une fois mon livre, vous parviendrez tout seul à l'entendre : l'exercice vous fera trouver facilement la réponse à toute question donnée. Je me charge de vous soutenir dans cette étude, si nous revenons sains et saufs à Rome, et si nous y retrouvons la république saine et sauve.

LETTRE DCCLV

Écrite le 4 août 709.

BRUTUS ET CASSIUS, PRÉTEURS, A ANTOINE, CONSUL

Si votre santé est bonne, je m'en réjouis. — Nous avons lu votre lettre, tout à fait conforme à votre édit. Mêmes outrages, mêmes menaces ; enfin indigne d'être écrite par vous à des gens tels que nous. Songez, Antoine, que nous ne vous avons provoqué par aucune offense. Nous n'avons pas dû nous imaginer qu'il pût vous paraître étrange que des magistrats revêtus de la dignité de préteurs employassent la voie d'un édit pour faire quelque de-

doctorem tamen usumque desiderant. Quanquam tu si attente leges, si sæpius, per te omnia consequere, ut certe intelligas. Ut vero etiam ipsi tibi loci, proposita quæstione, occurrant, exercitatione consequere. In qua quidem nos te continebimus, si et salvi redierimus, et salva ista offenderimus. v kalend. sext. Rhegio.

EPISTOLA DCCLV

(ad div., XI, 3)

Scrib. prid. non. sext. A. V. C. 709.

BRUTUS ET CASSIUS, PRÆTT., ANTONIO, COS., S. D.

S. V. B. E. — Litteras tuas legimus, simillimas edicti tui, contumeliosas, minaces, minime dignas, quæ a te nobis mitterentur. Nos, Antoni, te nulla lacessimus injuria, neque miraturum credidimus, si prætores, et ea dignitate homines, aliquid edicto postulassemus a consule. Quodsi indignaris ausos esse

mande à un consul ; et si cette liberté vous choque, permettez-nous de nous affliger de ce que vous ne l'accordiez pas même à Brutus et à Cassius. Quant aux levées de troupes, aux contributions que nous aurions exigées, à nos sollicitations pour séduire des armées, et aux messagers que nous aurions envoyés au delà de la mer, vous nous assurez que vous n'avez fait là-dessus aucune plainte ; nous vous croyons et nous regardons votre désaveu comme une preuve de vos bonnes intentions. Mais nous désavouons aussi tous ces faits, et nous trouvons étrange que, ne nous faisant point d'objections à ce sujet, la colère vous aveugle au point de nous reprocher la mort de César. Nous vous prions de considérer s'il est supportable que des préteurs ne puissent pas, par amour pour la concorde et la liberté, se départir de leurs droits par un édit, sans que le consul les menace d'en appeler aux armes.

Ne vous flattez pas cependant de nous faire peur : il ne convient ni à notre rang ni à notre caractère de fléchir devant aucun danger, et ce n'est point à Antoine de prétendre commander à ceux qui l'ont rendu libre. Si d'autres raisons étaient capables de nous exciter à la guerre civile, ce n'est pas votre lettre qui pourrait nous retenir. Les menaces font peu d'impression sur des cœurs libres. Mais comme vous n'ignorez pas qu'il est impossible de forcer notre volonté, peut-être ne prenez-vous un air menaçant que pour faire croire que notre

id facere, concede nobis ut doleamus, ne hoc quidem abs te Bruto et Cassio tribui. Nam de delectibus habitis et pecuniis imperatis, exercitibus sollicitatis et nuntiis trans mare missis quod te questum esse negas, nos quidem tibi credimus, optimo animo te fecisse : sed tamen neque agnoscimus quidquam eorum, et te miramur, quum hæc retuleris, non potuisse continere iracundiam tuam, quin nobis de morte Cæsaris objiceres. Illud vero quemadmodum ferendum sit, tute cogita : non licere prætoribus, concordiæ ac libertatis causa, per edictum de suo jure decedere, quin consul arma minetur.

Quorum fiducia nihil est, quod nos terreas. Neque enim decet, aut convenit nobis, periculo ulli submittere animum nostrum. Neque est Antonio postulandum, ut iis imperet, quorum opera liber est. Nos si alia hortarentur, ut bellum civile suscitare vellemus, litteræ tuæ nihil proficerent. Nulla enim minantis auctoritas apud liberos est. Sed pulchre intelligis, non posse nos quoquam impelli, et fortassis ea re minaciter agis, ut judicium nostrum metus

prudence est l'effet de la crainte. Voici nos sentiments. Nous désirons vous voir vivre grand et honoré dans la république libre ; nous ne vous provoquons à aucune inimitié ; mais nous déclarons que nous faisons plus de cas de la liberté que de votre amitié. Réfléchissez mûrement à ce que vous voulez entreprendre et à ce que vous pouvez accomplir ; considérez non combien de temps César a vécu, mais combien peu il a régné.

Nous prions les dieux de vous inspirer des conseils qui soient également salutaires à la république et à vous-même ; et si vous en suivez d'autres, nous souhaitons qu'ils ne vous soient pas plus funestes que ne l'exigent l'honneur et le salut de la république. La veille des nones d'août. Adieu.

LETTRE DCCLVI

Ecrite à Vibone, le 25 juillet 709.

CICÉRON A ATTICUS

Je ne suis encore arrivé qu'à Vibone chez Sica. Jusqu'à présent, notre voyage a été plus heureux que rapide, car nous n'avons été le

videatur. Nos in hac sententia sumus, ut te cupiamus in libera republica magnum atque honestum esse ; vocemus te ad nullas inimicitias, sed tamen pluris nostram libertatem, quam tuam amicitiam æstimemus. Tu etiam atque etiam vide, quid suscipias, quid sustinere possis : neque, quam diu vixerit Cæsar, sed quam non diu regnarit, fac cogites.

Deos quæsumus, consilia tua reipublicæ salutaria sint ac tibi : si minus, ut, salva atque honesta republica, tibi quam minimum noceant, optamus. Pridie nonas sext. Vale.

EPISTOLA DCCLVI

(ad Att., XVI, 6)

Scrib. Vibone, a. d. vııı kal. sext. A. V. C. 709.

CICERO ATTICO SAL.

Ego adhuc (perveni enim Vibonem ad Sicam) magis commode, quam strenue

plus souvent qu'à force de rames. Les vents qui précèdent la canicule n'ont point soufflé, et cela fort à propos ; car nous avons traversé vent arrière les deux golfes de Pæstum et de Vibone. Je ne suis donc arrivé chez Sica que le huitième jour depuis mon départ de Pompéies. Je me suis arrêté un jour à Velie chez notre ami Testa, où j'ai été fort bien reçu ; on ne pouvait mieux faire en son absence les honneurs de sa maison. Je suis donc arrivé le 9 des calendes chez Sica, où j'ai été comme chez moi ; aussi j'y ai passé tout le jour suivant. Mais, lorsque je serai arrivé à Rhegium, il faudra, avant *d'entreprendre ce long trajet*, examiner si je dois passer à Patras avec un vaisseau de charge, ou bien si je dois avec mes légers bâtiments aller à Leucopetra, port des Tarentins, pour aller de là à Corcyre ; et, en cas que je m'embarque sur un vaisseau de charge, si je dois traverser la mer sans m'arrêter ou relâcher à Syracuse. Je vous manderai de Rhegium le parti que j'aurai pris.

En vérité, mon cher Atticus, je me dis souvent : *Pourquoi faire ce voyage* ? pourquoi me séparer de vous ? pourquoi quitter mes jolies maisons de campagne, mes bijoux d'Italie ? mais, quand il n'y aurait que la peine que j'ai de m'éloigner de vous, c'en serait assez, c'en serait trop. Et pourquoi fuir où est le danger ? Si je ne me trompe, il n'y en a aucun jusqu'à présent, et vous voulez que je revienne lorsqu'il y en aura ; car vous me dites

---

navigavi : remis enim magnam partem ; prodromi nulli. Illud satis opportune ; duo sinus fuerunt, quos tramitti oporteret, Pæstanus, et Vibonensis ; utrumque pedibus æquis transmisimus. Veni igitur ad Sicam octavo die e Pompeiano, quum unum diem Veliæ constitissem ; ubi quidem fui sane libenter apud Testam nostrum ; nec potui accipi, illo absente præsertim, liberalius. ix kalend. igitur ad Sicam. Ibi tanquam domi meæ scilicet. Itaque obduxi posterum diem. Sed putabam, quum Rhegium venissem, fore, ut illic δολιχὸν πλόον ὁρμαίνοντες, cogitaremus, corbitane Patras, an actuariolis ad Leucopetram Tarentinorum, atque inde Corcyram : et, si oneraria, statimne freto, an Syracusis. Hac super re scribam ad te Rhegio.

Mehercule, mi Attice, sæpe mecum, ἡ δεῦρ ὁδός σοι τί δύναται; cur ego tecum non sum? cur ocellos Italiæ, villulas meas non video? Sed id satis superque, tecum me non esse. Quid fugientem? Periculumne? At id nunc quidem, nisi fallor, nullum est. Ad ipsum autem revocat me auctoritas tua. Scri-

qu'on porte aux nues mon voyage, pourvu que je sois de retour avant les calendes de janvier. Je ferai mon possible pour cela ; car j'aime mieux être à Rome, même en courant quelques risques, que d'être en sûreté dans votre Athènes. Tâchez, néanmoins, de voir de loin comment les affaires tourneront, et écrivez-le-moi ; ou, ce que j'aimerais beaucoup mieux, venez me le dire vous-même. En voilà assez sur ce sujet.

Trouvez bon, je vous prie, que je vous parle maintenant de ce qui vous occupe, je le sais, plus que moi-même. Au nom du ciel, liquidez et acquittez mes dettes. J'ai laissé grandement assez de fonds pour cela ; il faut seulement user de diligence pour que l'on puisse payer aux calendes d'août le solde de la terre de Cluvius aux cohéritiers. Vous verrez ce qu'il y aura à faire avec Publilius. Il ne doit pas me presser, puisque je n'ai pas usé de rigueur envers lui ; cependant je veux qu'il soit satisfait entièrement. Pour Terentia, que vous dirai-je ? n'attendez pas même l'échéance, s'il est possible. Je vous prie encore, si vous partez bientôt pour l'Épire, comme je l'espère, de penser sérieusement à cette dette pour laquelle j'ai répondu, et de la faire complètement payer avant votre départ. Mais c'est assez, je crains même que vous ne trouviez que c'est trop.

Voyez maintenant combien je suis distrait ! Je vous ai envoyé mon traité *de la Gloire*, mais j'y ai mis le même préambule que

---

his enim, in cœlum ferri profectionem meam, sed ita, si ante kalend. jan. redeam : quod quidem certe enitar. Malo enim vel cum timore domi esse, quam sine timore Athenis tuis. Sed tamen prospice, quo ista vergant : mihique aut scribe, aut quod multo malim, affer ipse. Hæc hactenus.

Illud velim in bonam partem accipias, me agere tecum, quod tibi majori curæ sciam esse, quam ipsi mihi. Nomina mea, per deos, expedi, exsolve : bella reliqua reliqui. Sed opus est diligentia, cohæredibus pro Cluviano kalend. sext. persolutum ut sit. Cum Publilio quo modo agendum sit, videbis. Non debet urgere, quoniam jure non utimur, sed tamen ei quoque satisfieri plane volo. Terentiæ vero, quid ego dicam ? etiam ante diem, si potes. Quin, si, ut spero, celeriter in Epirum : hoc, quod satisdato debeo, peto a te, ut ante provideas, planeque expedias, et solutum relinquas. Sed de his satis ; metuoque, ne tu nimium putes.

Nunc negligentiam meam cognosce. De Gloria librum ad te misi : at in eo

j'avais déjà mis au troisième livre des *Académiques*. Cela vient de ce que j'ai un volume de préambules tout faits, et quand travaille à quelque nouvel ouvrage, j'en choisis un. C'est ainsi que, pendant que j'étais à Tusculum, j'ai mis ce préambule en tête du livre que je vous ai envoyé, ne me souvenant plus que je l'avais déjà employé ailleurs. Mais, en lisant dans mon vaisseau mes *Académiques*, je me suis aperçu de mon erreur. J'ai donc fait sur-le-champ un autre préambule, que je vous envoie; vous ferez ôter l'autre, et coller celui-ci à sa place. Mille compliments à Pilia et à Attica, mes délices et mes amours.

LETTRE DCCLVII

Écrite en se rendant par mer à Pompéies, le 19 août 709.

CICÉRON A ATTICUS

Je venais de quitter Leucopetra, mon point de départ, le 8 des Ides d'août; mais à peine étions-nous à trois cents stades du port, que nous y fûmes repoussés par un vent du midi très-vio-

---

proœmium id est, quod in Academico tertio. Id evenit ob eam rem, quod habeo volumen proœmiorum. Ex eo eligere soleo, quum aliquod σύγγραμμα institui. Itaque jam in Tusculano, qui non meminissem me abusum isto proœmio, conjeci id in eum librum, quem tibi misi. Quum autem in navi legerem Academicos, agnovi erratum meum. Itaque statim novum proœmium exaravi et tibi misi. Tu illud desecabis, hoc agglutinabis. Piliæ salutem dices, et Atticæ deliciis atque amoribus meis.

EPISTOLA DCCLVII

(ad Att., XVI, 7)

Scripsit navigans ad Pompeianum, a. d. xiv kal. sept. A. V. C. 709.

CICERO ATTICO SAL.

Octavo id. sext. quum a Leucopetra profectus (inde enim tramittebam) stadia circiter ccc processissem, rejectus sum austro vehementi ad eamdem Leu-

lent. J'attendais donc un vent favorable à la villa de notre ami Valerius, et je m'y étais commodément et agréablement installé, lorsqu'il vint de Rhegium quelques personnes des plus distinguées de cette ville, qui arrivaient de Rome, entre autres un hôte de notre cher Brutus, qu'il avait laissé à Naples. Voici les nouvelles qu'ils nous apportaient : un édit de Brutus et de Cassius; l'assemblée du sénat devait, disaient-ils, être fort nombreuse aux calendes ; Brutus et Cassius avaient écrit aux consulaires et aux prétoriens, pour les prier de s'y trouver; et il y avait tout lieu d'espérer qu'Antoine ferait des concessions; que les affaires s'arrangeraient, et que nos amis reviendraient à Rome. Ils ajoutaient qu'on me regrettait et qu'on accusait même tout bas mon absence.

Toutes ces nouvelles me déterminèrent sans hésitation à ne point continuer mon voyage, qui, certes, ne m'avait jamais plu. Lorsque j'eus lu votre lettre, je fus surpris à la vérité que vous eussiez si brusquement changé d'avis; mais je ne doutai pas que vous n'eussiez pour cela de bonnes raisons. Car, bien que ce ne soit pas vous qui m'ayez porté et déterminé à partir, vous m'avez certainement approuvé, pourvu que je fusse de retour à Rome aux calendes de janvier. De cette manière j'aurais été absent au moment où il y avait le moins de danger, pour revenir lorsque tout serait en feu. Cela n'était pas très-prudent, mais je ne vous en veux pas; première-

---

copetram. Ibi quum ventum exspectarem (erat enim villa Valerii nostri, ut familiariter essem, et libenter), Rhegini quidam, illustres homines, eo venerunt, Roma sane recentes; in iis Bruti nostri hospes, qui Brutum Neapoli reliquisset. Hæc afferebant, edictum Bruti et Cassii ; et fore frequentem senatum kalend. ; a Bruto et Cassio litteras missas ad consulares et prætorios, ut adessent, rogare. Summam spem nuntiabant fore, ut Antonius cederet, res conveniret, nostri Romam redirent. Addebant etiam, me desiderari, subaccusari.

Quæ quum audissem, sine ulla dubitatione abjeci consilium profectionis, quo mehercule ne antea quidem delectabar. Lectis vero tuis litteris, admiratus equidem sum, te tam vehementer sententiam commutasse; sed, non sine causa, arbitrabar. Etsi, quamvis non fueris suasor et impulsor profectionis meæ, approbator certe fuisti, dummodo kalend. jan. Romæ essem. Ita fiebat, ut, dum minus periculi videretur, abessem, in flammam ipsam venirem. Sed hæc, etiamsi non prudenter, tamen ἀνεμέσητα sunt; primum, quod de mea

ment je m'y suis porté de moi-même ; et quand vous m'y auriez déterminé, lorsqu'on donne des conseils à ses amis, on ne doit répondre que de ses bonnes intentions.

Ce dont je ne puis assez m'étonner, c'est que vous m'écriviez en ces termes : *Venez donc, vous qui estimez tant une belle mort ; venez, abandonnerez-vous votre patrie?* Était-ce l'abandonner? et pensiez-vous que je l'abandonnais, vous qui, au lieu de me détourner de faire ce voyage, l'approuviez au contraire? Voici quelque chose de plus fort : *Il faut que vous m'adressiez une note qui explique les motifs que vous avez eus de le faire.* Quoi donc! mon cher Atticus, est-il besoin que je me justifie, surtout auprès de vous qui m'approuviez si chaudement? Cette apologie s'adresserait mieux à quelqu'un de ceux qui me blâmaient et me dissuadaient de partir. Mais maintenant à quoi bon? si j'eusse persévéré, à la bonne heure. Mais, me direz-vous, il y a toujours en cela de l'inconstance. De tous les savants qui ont écrit sur cette matière, et il y en a beaucoup, aucun n'a dit que changer de résolution ou fût être inconstant.

Vous ajoutez : *S'il s'agissait de Phèdre, notre ami, il serait aisé de le justifier, mais que répondre pour vous?* Ainsi donc le parti que j'avais pris ne pouvait être approuvé par Caton ; c'était un crime, une action honteuse. Plût au ciel que vous en eussiez

---

sententia acta sunt ; deinde, etiamsi te auctore, quid debet, qui consilium dat, præstare præter fidem?

Illud admirari satis non potui, quod scripsisti his verbis : Veni igitur tu, qui εὐθανασίαν, veni : relinques patriam? An ego relinquebam, aut tibi tum relinquere videbar? Tu id non modo non prohibebas, verum etiam approbabas. Graviora, quæ restant. Velim σχόλιον aliquod elimes ad me, oportuisse te istuc facere. Itane, mi Attice, defensione eget meum factum, præsertim apud te, qui id mirabiliter approbasti? ego vero istum ἀπολογισμὸν συντάξομαι, sed ad eorum aliquem, quibus invitis et dissuadentibus profectus sum. Etsi quid jam opus est σχολίῳ; si perseverassem, opus fuisset.— At hoc ipsum non constanter.— Nemo doctus unquam (multa autem de hoc genere scripta sunt) mutationem consilii inconstantiam dixit esse.

Deinceps igitur hæc : Nam si a Phædro nostro, expedita excusatio esset. Nunc quid respondemus? Ergo id erat meum factum, quod Catoni probare non possem, flagitii scilicet plenum, et dedecoris. Utinam a primo ita tibi esset vi-

jugé ainsi tout d'abord ; vous auriez été pour moi un Caton, comme vous l'êtes souvent. Vous finissez par ces mots, qui me font plus de peine que tout le reste : *Pour Brutus, il garde le silence;* c'est-à-dire qu'il n'ose pas donner des leçons à un homme de mon âge. Je ne vois pas que ces paroles puissent signifier autre chose, et certes elles n'ont pas d'autre sens.

En effet, j'arrivai à Velie le 16 des calendes de septembre. Brutus l'apprit : il était avec ses vaisseaux à l'embouchure du fleuve Halétès, trois mille pas en deçà de Velie. Il vint me trouver à pied. Bons dieux ! qu'il a été ravi que je fusse de retour, ou, pour mieux dire, que je fusse revenu sur mes pas ! il me dit à cœur ouvert ce qu'il m'avait tu jusqu'alors, et cela me rappela ces mots de votre lettre, *pour Brutus, il garde le silence.* Il est surtout très-fâché que je n'aie pas été au sénat aux calendes d'août, et il élève Pison jusqu'aux cieux. Il me témoigna qu'il était ravi qu'en revenant je me fusse mis à couvert de deux grands reproches : en premier lieu, il semblait que j'abandonnasse la république, comme si les affaires étaient désespérées : et en effet, tous ceux que je rencontrais sur mon chemin me faisaient ce reproche les larmes aux yeux, ne pouvant croire à mon prompt retour ; en second lieu, on s'était imaginé que j'allais voir les jeux Olympiques. Brutus, et un grand nombre d'autres personnes qui étaient avec lui, me témoignèrent beaucoup

---

sum ! tu mihi, sicut esse soles, fuisses Cato. Extremum illud vel molestissimum. Nam Brutus noster silet : hoc est, non audet hominem id ætatis monere. Aliud nihil habeo, quod ex iis a te verbis significari putem ; et hercule ita est.

Nam xvi kalend. sept. quum venissem Veliam, Brutus audivit. Erat enim cum suis navibus apud Haletem fluvium, citra Veliam millia passuum iii. Pedibus ad me statim. Dii immortales, quam valde ille reditu, vel potius reversione mea lætatus, effudit illa omnia, quæ tacuerat ! ut recordarer illud tuum, nam Brutus noster silet. Maxime autem dolebat, me kalend. sext. in senatu non fuisse. Pisonem ferebat in cœlum : se autem lætari, quod effugissem duas maximas vituperationes ; unam, quam itinere faciendo me intelligebam suscipere, desperationis ac relictionis reipublicæ (flentes mecum vulgo querebantur, quibus de meo celeri reditu non probabam) ; alteram, de qua Brutus, et qui una erant (multi autem erant), lætabantur, quod eam vituperationem ef-

de joie de me voir échapper à cette double imputation. Et certainement il n'y aurait rien de plus honteux dans quelque temps que ce pût être, mais dans l'état présent de la république ce serait inexcusable. Certes, je dois de grandes actions de grâce au vent du midi qui m'a sauvé de ce déshonneur.

Voilà les raisons ostensibles de mon retour : elles sont justes et fortes ; mais il n'y en a point de plus juste que celle que vous me fournissez vous-même dans une précédente lettre : *Si vous devez quelque chose, prenez des mesures pour vous faire payer de ce qui vous est dû; car la crainte de la guerre rend l'argent très-rare.* J'étais au milieu du détroit, lorsque je lus cette lettre, et il ne me vint dans l'esprit aucune autre mesure à prendre que de venir moi-même défendre mes intérêts. Mais en voilà assez; je vous dirai le reste de vive voix.

Brutus m'a fait lire l'édit d'Antoine avec la réponse qu'ils y ont faite, et que j'ai trouvée très-bien. Mais je ne vois pas clairement à quoi peuvent être bons tous ces édits et quel en est le but : aussi je ne viens point, comme le croit Brutus, pour me mettre à la tête des affaires. Que peut-on faire pour la république? Quelqu'un a-t-il suivi l'avis de Pison? et est-il revenu lui-même au sénat le lendemain? Mais on ne veut pas qu'à mon âge on ménage sa vie.

Dites-moi un peu, je vous prie, qu'est-ce que j'apprends par

---

fugissem, me existimari ad Olympia. Hoc vero nihil turpius, quovis reipublicæ tempore : sed hoc, ἀναπολόγητον. Ego vero austro gratias miras, qui me a tanta infamia averterit.

Reversionis [has speciosas] causas habes, justas illas quidem et magnas : sed nulla justior, quam quod tu idem aliis litteris : PROVIDE, SI CUI QUID DEBETUR, UT SIT UNDE PAR PARI RESPONDEATUR. MIRIFICA ENIM δυσχρηστία EST PROPTER METUM ARMORUM. In freto medio hanc epistolam legi, ut, quid possem providere, in mentem mihi non veniret, nisi ut præsens me ipse defenderem. Sed hæc hactenus. Reliqua coram.

Antonii edictum legi a Bruto, et horum contra, scriptum præclare. Sed quid ista edicta valeant, aut quo spectent, plane non video : nec ego nunc, ut Brutus censebat, istuc ad rempublicam capessendam venio. Quid enim fieri potest? Num quis Pisoni est assensus? num rediit ipse postridie? Sed abesse hanc ætatem longe a sepulcro negant oportere.

Sed obsecro te, quid est quod audivi de Bruto? Piliam πειράζεσθαι παρα-

Brutus? Vous lui avez écrit, dit-il, que Pilia est menacée d'une paralysie : cela m'a beaucoup alarmé, quoique vous ayez ajouté qu'il y a encore de l'espoir. Puisse-t-il en être ainsi ! Faites-lui bien mes compliments, ainsi qu'à la charmante Attica. J'ai écrit cette lettre dans mon vaisseau, en arrivant à Pompéies, le 14 des calendes.

LETTRE DCCLVIII

Écrite de Rome, à la fin de septembre 709.

CICÉRON A PLANCUS

J'étais parti de Rome pour me rendre dans la Grèce ; le cri de la république m'a fait rebrousser chemin, et, depuis mon retour, M. Antoine ne m'a pas laissé un moment de repos. Il porte si loin, je ne dirai pas l'insolence, car ce vice est celui de tout le monde, mais la barbarie, qu'il ne peut souffrir dans personne ni un mot ni un visage libre. Aussi mon inquiétude n'est point pour ma vie, à laquelle il ne manque rien, ni du côté de l'âge, ni du côté des actions, et, s'il m'est permis de le dire, du côté de la gloire ; mais je tremble pour la patrie, et je meurs

λύσει, te scripsisse aiebat. Valde sum commotus : etsi idem te scribere sperare melius. Ita plane velim. Ei dicas plurimam salutem, et suavissimæ Atticæ. Hæc scripsi navigans, quum Pompeianum accederem, xiv kalend.

EPISTOLA DCCLVIII
(ad div., X, 1)

Scrib. Romæ, exeunte sept. A. V. C. 709.

CICERO PLANCO

Et abfui proficiscens in Græciam : et posteaquam de meo cursu reipublicæ sum voce revocatus, nunquam per M. Antonium quietus fui : cujus tanta est non insolentia (nam id quidem vulgare vitium est), sed immanitas, non modo ut vocem, sed ne vultum quidem liberum possit ferre cujusquam. Itaque mihi maximæ curæ est, non de mea quidem vita, cui satisfeci, vel ætate, vel factis, vel (si quid etiam hoc ad rem pertinet) gloria : sed me patria sollicitat, im-

d'impatience dans l'attente de votre consulat : il est encore si éloigné, mon cher Plancus, que nous sommes réduits à souhaiter de pouvoir conserver jusque-là un reste de vie à la république. Quelle espérance, en effet, peut-on concevoir d'elle, lorsque le plus emporté et le plus effréné de tous les hommes y tient tout dans l'oppression par la terreur de ses armes; quand l'autorité du sénat et du peuple y est sans force; quand il n'y a plus ni lois, ni justice, ni la moindre apparence ou la moindre trace d'un gouvernement régulier ?

Je pense qu'on vous envoie tous les actes publics, et qu'il serait inutile d'entrer ici dans les détails. Mais je me crois obligé par l'affection que j'ai conçue pour vous dès votre enfance, et qui s'est non-seulement conservée, mais accrue, de vous engager, de vous exhorter à consacrer toutes vos pensées, tous vos soins à la république. Si elle subsiste jusqu'au temps de votre consulat, il sera facile alors de la gouverner; mais pour la prolonger jusqu'à cette époque, il ne faut pas moins de bonheur que de zèle. J'espère que nous nous reverrons quelque temps auparavant. Outre ce que je dois au salut de la république, je m'intéresse tellement au maintien de votre dignité, que j'apporte toutes mes réflexions, tout mon zèle, toute ma diligence, tous mes soins, tous mes efforts à l'accroissement de votre pouvoir. C'est ainsi que je veux m'acquitter à la fois envers la républi-

---

primisque, mi Plance, exspectatio consulatus tui : quæ ita longa est, ut optandum sit, ut possimus ad id tempus reipublicæ spiritum ducere. Quæ potest enim spes esse in ea republica, in qua hominis impotentissimi, atque intemperantissimi armis oppressa sunt omnia ? et in qua nec senatus nec populus vim habet ullam ? nec leges ullæ sunt, nec judicia, nec omnino simulacrum aliquod, ac vestigium civitatis ?

Sed quum acta omnia mitti ad te arbitrabar, nihil erat quod singulis de rebus scriberem. Illud autem erat amoris mei, quem a tua pueritia susceptum non servavi solum, sed etiam auxi, monere te atque hortari, ut in republicam omni cogitatione curaque incumberes. Quæ si ad tuum tempus perducitur, facilis gubernatio est. Ut perducatur autem, magnæ quum diligentiæ est, tum etiam fortunæ. Sed et te aliquanto ante, ut spero, habebimus, et, præterquam quod reipublicæ consulere debemus, tamen tuæ dignitati ita favemus, ut omne nostrum consilium, studium, officium, operam, laborem, diligentiam, ad amplitudinem tuam conferamus. Ita facillime et reipublicæ, quæ mihi caris-

que, que je préfère à tout, et envers notre amitié, que nous devons cultiver religieusement.

Je suis charmé, sans en être surpris, que vous ayez pour notre cher Furnius autant de considération que sa politesse et son noble caractère en méritent. Croyez que je regarderai toutes les marques d'estime et de bon vouloir qu'il recevra de vous, comme autant de preuves d'amitié que vous m'aurez données à moi-même.

LETTRE DCCLIX

Écrite dans la Gaule Citérieure, fin de septembre 709.

D. BRUTUS, IMP., CONSUL DÉSIGNÉ, A CICÉRON

Si je doutais de votre inclination à m'obliger, j'emploierais beaucoup de paroles pour vous prier de prendre la défense de ma dignité : mais je suis sûr de ne pas me tromper lorsque je vous crois du zèle pour mes intérêts. Je me suis avancé dans l'intérieur des Alpes avec mon armée, moins par ambition d'obtenir le titre d'*imperator* que pour satisfaire mes troupes et leur ins-

---

sima est, et amicitiæ nostræ, quam sanctissime nobis colendam puto, me intelligo satisfacturum.

Furnium nostrum tanti a te fieri, quantum ipsius humanitas et dignitas postulat, nec miror, et gaudeo : teque hoc existimare volo, quidquid in eum judicii, officiique contuleris, id ita me accipere, ut in me ipsum te putem contulisse.

EPISTOLA DCCLIX
(ad div., XI, 4)

Scrib. in Gallia Citeriore, exeunte sept. A. V. C. 709.

D. BRUTUS, IMP., COS. DES., CICERONI S. D.

Si de tua in me voluntate dubitarem, multis a te verbis peterem, ut dignitatem meam tuerere. Sed profecto est ita, ut mihi persuasi, me tibi esse curæ. Progressus sum ad Inalpinos cum exercitu, non tam nomen imperatorium ca-

pirer plus de fermeté à soutenir notre entreprise. Je me flatte d'y avoir réussi, car ils ont fait l'expérience de ma libéralité et de mon courage. J'ai fait la guerre aux plus belliqueux de tous ces peuples; j'ai pris quantité de places fortes; j'ai ravagé beaucoup de pays. Enfin, ce n'est pas sans fondement que j'ai écrit au sénat. Aidez-moi de votre suffrage, ce sera rendre un très-grand service à la cause commune.

LETTRE DCCLX

Écrite à Rome, fin de septembre 709.

M. T. CICÉRON A C. CASSIUS

C'est avec une vive satisfaction que j'apprends que vous approuvez mon suffrage et ma harangue ! S'il m'était permis de parler plus souvent, nous n'aurions pas beaucoup de peine à rétablir la liberté et la république. Mais cet insensé, ce furieux, beaucoup plus méchant que celui dont vous avez dit : le plus méchant des hommes est tué, cherche des prétextes pour commencer le carnage, et n'a point d'autre but, en me signalant comme l'ins-

ptans, quam cupiens militibus satisfacere, firmosque eo sad tuendas nostras res efficere : quod mihi videor consecutus. Nam et liberalitatem nostram, et animum sunt experti. Cum omnium bellicosissimis bellum gessi; multa castella cepi ; multa vastavi. Non sine causa ad senatum litteras misi. Adjuva nos tua sententia ; quod quum feceris, ex magna parte communi commodo inservieris.

EPISTOLA DCCLX

(ad div., XII, 2)

Scrib. Romæ, exeunte sept. A. V. C. 709.

M. T. CICERO C. CASSIO S. P. D.

Vehementer lætor, tibi probari sententiam et orationem meam : qua si sæpius uti liceret, nihil esset negotii, libertatem, et rempublicam reciperare. Sed homo amens et perditus, multoque nequior, quam ille ipse, quem tu nequissimum occisum esse dixisti, cædis initium quærit : nullamque aliam ob

tigateur du meurtre de César, que d'exciter contre moi les vétérans. C'est un péril qui m'alarme peu, pourvu qu'il me fasse participer à la gloire de votre action. Ainsi il n'y a plus de sûreté à se rendre au sénat, ni pour Pison, qui s'est emporté le premier contre lui, sans que sa voix trouvât aucun écho, ni pour moi qui ai fait de même trente jours après, ni pour P. Servilius, qui a suivi mon exemple. L'infâme gladiateur veut du sang, et devait commencer par moi le 15 des calendes d'octobre : il y vint préparé, après avoir médité plusieurs jours à la campagne de Metellus. Le vin et la débauche n'avaient-ils pas été pour lui d'excellentes méditations ? Aussi a-t-il paru à tout le monde, comme je vous l'ai déjà marqué, moins parler que vomir, selon sa coutume ordinaire.

Ainsi donc, dans de si grands maux, j'ai fait une partie de ce que vous attendez, dites-vous, de mon autorité et de mon éloquence. Le peuple romain comprend qu'il existe trois consulaires qui, pour avoir bien pensé et parlé librement sur l'état de la république, ne peuvent sans danger venir au sénat. N'attendez rien de plus. Votre allié est enchanté du nouveau lien qu'il vient de former : aussi il n'a plus de goût pour les jeux, et il enrage des applaudissements frénétiques qu'il voit donner à votre frère. Votre autre allié s'est laissé adoucir par les *nou-*

---

causam me auctorem fuisse Cæsaris interficiendi criminatur, nisi ut in me veterani incitentur. Quod ego periculum non extimesco, modo vestri facti gloriam cum mea laude communicet. Ita nec Pisoni, qui in eum primus invectus est, nullo assentiente; nec mihi, qui idem tricesimo post die feci; nec P. Servilio, qui me est consecutus, tuto in senatum venire licet. Cædem enim gladiator quærit, ejusque initium a. d. XII kalend. octobr. a me se facturum putavit. Ad quam paratus venerat, quum in villa Metelli complures dies commentatus esset. Quæ autem in lustris et in vino commentatio potuit esse ? Itaque omnibus est visus, ut ad te antea scripsi, vomere suo more, non dicere.

Quare quod scribis te confidere, auctoritate et eloquentia nostra aliquid profici posse : nonnihil, ut in tantis malis, est profectum. Intelligit enim populus Romanus tres esse consulares, qui, quia de republica quæ bene senserint, libere locuti sunt, tuto in senatum venire non possint. Nec est præterea quod quidquam exspectes. Tuus enim necessarius affinitate nova delectatur. Itaque iam non est studiosus ludorum, infinitoque fratris tui plausu dirumpitur. Alter
11.

veaux actes de César. Mais tout cela est supportable. Ce qui ne l'est pas, c'est qu'il y ait quelqu'un qui compte voir son fils consul dans votre année, et qui affecte par cette raison de faire sa cour à ce bandit. L. Cotta, mon ami, a cessé d'assister au sénat, et cède, dit-il, à un fatal désespoir. L. César, un de nos meilleurs et de nos plus courageux citoyens, est retenu chez lui par sa maladie. Serv. Sulpicius, homme d'une grande influence et dont les opinions sont admirables, est absent de Rome.

Pardonnez-moi si, à la réserve des deux consuls désignés, je m'abstiens de nommer le reste des consulaires. Vous venez de voir les principaux chefs des délibérations publiques, nombre bien faible dans des circonstances favorables : qu'en penser dans le misérable état où nous sommes ?

Toute notre espérance est donc en vous ; du moins si ce n'est pas pour votre sûreté que vous êtes hors de Rome, car alors notre espoir serait vain : mais si vous méditez quelque chose qui soit digne de votre gloire, puissé-je y trouver la vie sauve ! Mais qu'à cela ne tienne, pourvu que la république recouvre par vous tous ses droits. Pour moi, je ne manque et ne manquerai jamais à ceux qui vous appartiennent. Dussent-ils manquer eux-mêmes de confiance en moi, ma fidélité et mon amitié pour vous resteront toujours inaltérables.

---

item affinis novis commentariis Cæsaris delinitus est. Sed hæc tolerabilia : illud non ferendum, quod est, qui vestro anno filium suum consulem futurum putet, ob eamque causam se huic latroni deservire præ se ferat. Nam L. Cotta, familiaris meus, fatali quadam desperatione, ut ait, minus in senatum venit. L. Cæsar, optimus, et fortissimus civis, valetudine impeditur. Serv. Sulpicius, et summa auctoritate, et optime sentiens, non adest.

Reliquos, exceptis designatis, ignosce mihi, si non numero consulares. Habes auctores consilii publici : qui numerus etiam bonis rebus exiguus esset, quid censes perditis ?

Quare spes est omnis in vobis ; qui si idcirco abestis, ut sitis in tuto, ne in vobis quidem. Sin aliquid dignum vestra gloria cogitatis, velim salvis nobis. Sin id minus, res tamen publica per vos brevi tempore jus suum reciperabit. Ego tuis neque desum, neque deero. Qui sive ad me referent, sive non, mea tibi tamen benevolentia fidesque præstabitur.

LETTRE DCCLXI

Écrite à Rome, vers le 7 octobre 709.

M. T. CICÉRON A C. CASSIUS

La fureur de votre ami augmente de jour en jour. Premièrement, à la statue qu'il a fait élever aux Rostres, il a mis pour inscription : *Au meilleur des pères*, dans la vue de vous faire passer non-seulement pour des assassins, mais encore pour des parricides. Mais, que dis-je? *vous* : c'est *nous* que je devrais dire, car ce furieux prétend que votre glorieuse action n'a eu d'autre instigateur que moi. Plût au ciel que je l'eusse été! il ne nous causerait plus d'inquiétude. A vous la faute; mais comme le mal est fait, je voudrais, du moins, pouvoir vous donner un bon conseil. Quel moyen, lorsque je ne vois pas quel parti j'ai à prendre pour moi-même? Que faire, en effet, quand on est sans force contre la force? Or le seul but de ces hommes est de venger la mort de César. Le 6 des nones d'octobre, Antoine, s'étant fait présenter à la tribune par Canutius, n'en est descendu que de la manière la plus honteuse; mais

EPISTOLA DCCLXI

(ad div., XII, 3)

Scrib. Romæ, circa nonas octobr. A. V. C. 709.

M. T. CICERO C. CASSIO S. P. D.

Auget tuus amicus furorem in dies : primum in statua, quam posuit in Rostris, inscripsit PARENTI OPTIME MERITO : ut non modo sicarii, sed jam etiam parricidæ judicemini. Quid dico, judicemini? judicemur potius. Vestri enim pulcherrimi facti ille furiosus me principem dicit fuisse. Utinam quidem fuissem! molestus nobis non esset. Sed hoc vestrum est : quod quum præteriit, utinam haberem, quid vobis darem consilii! Sed ne mihi quidem ipsi reperio, quid faciendum sit. Quid enim est, quod contra vim sine vi fieri possit? Consilium omne autem hoc est illorum, ut mortem Cæsaris persequantur. Itaque a. d. vi non. octobr. productus in concionem a Canutio, turpissime ille

il n'a pas laissé d'y parler des conservateurs de la patrie, comme on parlerait d'un ramassis de traîtres. Quant à moi, tous assurent sans hésiter que vous n'avez rien fait, et que Canutius ne fait rien que par mon conseil. Tout le reste est de la même force. Jugez-en par ce seul trait : ils ont enlevé à votre lieutenant son indemnité de route. Et sous quel prétexte croyez-vous qu'ils en agissent ainsi? Cet argent, disent-ils, allait être porté à l'ennemi.

O comble de misère! Nous n'avons pu souffrir un maître, et nous sommes les esclaves de notre compagnon d'esclavage. Cependant, tout mon espoir (et je désire plus que je n'espère) réside dans votre courage. Mais où sont les troupes? A l'égard du reste, j'aime mieux que vous vous consultiez vous-même que de vous apprendre ce que nous disons de vous. Adieu.

LETTRE DCCLXII

Écrite à Rome, le 15 octobre 709.

M. T. CICÉRON A P. CORNIFICIUS

Stratorius m'a rendu un compte exact de votre situation et de

quidem discessit : sed tamen ea dixit de conservatoribus patriæ, quæ dici deberent de proditoribus. De me quidem non dubitanter, quin omnia de meo consilio et vos fecissetis, et Canutius faceret. Cætera cujusmodi sint, ex hoc judica, quod legato tuo viaticum eripuerunt. Quid eos interpretari putas, quum hoc faciunt? Ad hostem scilicet portari.

O rem miseram! Dominum ferre non potuimus; conservo servimus. Et tamen me quidem favente magis, quam sperante, etiam nunc residet spes in virtute tua. Sed ubi sunt copiæ? De reliquo, malo te ipsum loqui tecum, quam nostra dicta cognoscere. Vale.

EPISTOLA DCCLXII

(ad div., XII, 25)

Scrib. Romæ, medio octobr. A. V. C. 709.

M. T. CICERO P. CORNIFICIO S. D.

Omnem conditionem imperii tui, statumque provinciæ mihi demonstravit

l'état de votre province. Que d'abus insupportables de tous
côtés! Mais plus est grande votre dignité, moins vous devez souffrir ce qui vous est arrivé. Mille choses, que votre esprit et votre
magnanimité vous rendent capable de supporter, ne demandent
pas moins une juste répression, quoiqu'elles ne doivent pas vous
affliger. Mais nous en parlerons plus tard.

Je sais de bonne source qu'on vous tient au courant des
affaires de la ville, sans quoi je ne manquerais pas de vous
écrire ce qui s'y passe; et surtout l'entreprise du jeune César
Octave, contre qui le vulgaire s'imagine qu'Antoine n'a lancé
une feinte accusation que pour fondre sur l'argent de ce jeune
homme : mais les gens sages et honnêtes tiennent le fait pour
vrai et l'approuvent. Que vous dirai-je d'Octave ? Il donne de
hautes espérances. On est persuadé qu'il n'est rien qu'il ne soit
capable d'entreprendre pour l'honneur et la gloire.

Pour Antoine, notre cher ami, il sent qu'il est devenu si
odieux, qu'ayant surpris des meurtriers apostés dans sa
propre maison, il n'ose en faire ouvertement des plaintes. Il est
parti le 7 des ides d'octobre pour se rendre à Brindes, au-devant
des quatre légions de Macédoine, qu'il se flattait de gagner à
force d'argent, de les amener à Rome et de les faire servir à nous
mettre sous le joug.

Voilà le tableau de la république, s'il peut encore exister une

---

Stratorius. O multa intolerabilia locis omnibus! Sed quo tua major dignitas,
eo, quæ tibi acciderunt, minus ferenda. Neque enim, quæ tu propter magni-
tudinem et animi et ingenii moderate fers, a te non ulciscenda sunt, etiamsi
non sunt dolenda. Sed hæc posterius.

Rerum urbanarum acta tibi mitti certo scio. Quod ni ita putarem, ipse perscriberem, imprimisque Cæsaris Octaviani conatum : de quo multitudini fictum
ab Antonio crimen videtur, ut in pecuniam adolescentis impetum faceret.
Prudentes autem, et boni viri, et credunt factum, et probant. Quid quæris?
Magna spes est in eo. Nihil est, quod non existimetur laudis et gloriæ causa
facturus.

Antonius autem, noster familiaris, tanto se odio esse intelligit, ut, quum
interfectores suos domi comprenderit, rem proferre non audeat. A. d. vii idus
octobr. Brundisium erat profectus obviam legionibus Macedonicis iv, quas sibi
conciliare pecunia cogitabat, easque ad Urbem adducere, et in cervicibus nostris collocare.

Habes formam reipublicæ, si in castris potest esse respublica : in quo tuam

république au milieu des armes. Je plains bien souvent votre sort ; votre jeune âge ne vous a pas permis de goûter même une partie des avantages d'une république saine et forte. Jusqu'à présent néanmoins vous pouviez en concevoir l'espérance ; mais cette illusion même vous est ôtée : qu'espérer, en effet, lorsqu'Antoine a l'audace de dire, dans une harangue publique, que Canutius cherche une place parmi ceux dont le séjour dans la ville ne peut s'accorder avec sa sûreté personnelle. Pour moi, je souffre ces indignités et tout ce qui peut arriver à un homme, en rendant grâce à la philosophie qui, non-seulement me met à l'abri de toute inquiétude, mais qui m'arme contre tous les coups de la fortune. Je vous exhorte à faire comme moi, et à croire qu'un homme sans reproche n'est jamais malheureux. Mais vous savez cela mieux que moi. Si j'ai toujours aimé Stratorius, c'est surtout à l'occasion de vos affaires que je prends une plus haute idée de sa fidélité, de son zèle et de sa prudence.

Ayez soin de votre santé : vous ne pouvez rien faire qui me soit plus agréable.

vicem sæpe doleo, quod nullam partem, per ætatem, sanæ et salvæ reipublicæ gustare potuisti. Atque anteliac quidem sperare saltem licebat : nunc etiam id ereptum est. Quæ enim est spes, quum in concione dicere ausus sit Antonius, Canutium apud eos sibi locum quærere, quibus, se salvo, locus in civitate esse non posset? Equidem et hæc et omnia, quæ homini accidere possunt, sic fero, ut philosophiæ magnam habeam gratiam, quæ me non modo ab sollicitudine abducit, sed etiam contra omnes fortunæ impetus armat : tibique idem censeo faciendum, nec, a quo culpa absit, quidquam in malis numerandum. Sed hæc tu melius. Stratorium nostrum quum semper probassem, tum maxime in tuis rebus summam ejus fidem, diligentiam, prudentiamque cognovi.

Da operam ut valeas : hoc mihi gratius facere nihil potes.

LETTRE DCCLXIII

Écrite à Rome, le 15 octobre 709.

CICÉRON A PLANCUS

Je n'aurais pas manqué de soutenir vos intérêts comme l'amitié m'y oblige, s'il y avait eu pour moi honneur ou sûreté à venir au sénat; mais quiconque pense librement sur les affaires publiques, ne peut sans péril se trouver au milieu d'une troupe de gladiateurs, sûrs de l'impunité; et ma dignité ne me permet pas d'expliquer mes sentiments sur l'état de la république, dans un lieu où je suis écouté plus attentivement et de plus près par des gens armés que par des sénateurs. Ainsi tous mes services et tout mon zèle vous sont assurés dans les affaires particulières, et même dans les affaires publiques, si mon intervention y est utile; je ne manquerai pas à soutenir votre dignité, fût-ce au péril de ma vie; mais pour les occasions où mon absence n'empêche point que vos affaires ne s'expédient, je vous prie de trouver bon que je prenne conseil de ma sûreté et de mon honneur.

EPISTOLA DCCLXIII
(ad div., X, 2)

Scrib. Romæ, medio octobr. A. V. C. 709.

CICERO PLANCO S.

Meum studium honori tuo pro necessitudine nostra non defuisset, si aut tuto in senatum, aut honeste venire potuissem. Sed nec sine periculo quisquam libere de republica sentiens versari potest in summa impunitate gladiorum : nec nostræ dignitatis videtur esse, ibi sententiam de republica dicere, ubi me et melius et propius audiant armati, quam senatores. Quapropter in privatis rebus nullum neque officium neque studium meum desiderabis. Ne in publicis quidem, si quid erit, in quo me interesse necesse sit, unquam deero; ne cum periculo quidem meo, dignitati tuæ. In iis autem rebus, quæ nihilominus, ut ego absim, confici possunt, peto a te, ut me rationem habere velis et salutis et dignitatis meæ.

LETTRE DCCLXIV.

Écrite à Pouzzoles, le 24 octobre 709.

CICÉRON A ATTICUS

J'ai reçu deux de vos lettres le 8 des calendes ; je vais d'abord répondre à la première. Je pense comme vous : nous ne devons être ni à l'avant-garde, ni à l'arrière-garde, mais seulement favoriser la marche. Je vous envoie ma harangue. Vous la garderez ou vous la publierez à votre choix ; mais, quand viendra le jour où vous croirez pouvoir la rendre publique ? Je ne conçois pas que la trêve dont vous me parlez soit possible : il vaut mieux ne pas répondre, et c'est, je pense, le parti que je prendrai. Vous me mandez qu'il est arrivé à Brindes deux légions ; vous savez toutes les nouvelles avant nous ; vous m'écrirez donc tout ce que vous apprendrez. J'attends le *Dialogue* de Varron. Oui, je ferai quelque chose à la manière d'Héraclide, puisque cela est si fort de votre goût ; mais je voudrais bien savoir quel sujet vous voulez que je traite. Quant à ce que je vous avais écrit *auparavant*, ou plutôt *d'abord* (puisque ce mot vous plaît mieux), je vous le

EPISTOLA DCCLXIV.

(ad Att., XV, 13)

Scrib. in Puteolano, viii kal. nov. A. V. C. 709.

CICERO ATTICO SAL.

Octavo kalend. duas a te accepi epistolas. Respondebo igitur priori prius. Assentior tibi, ut nec duces simus, nec agmen cogamus ; faveamus tamen. Orationem tibi misi. Ejus custodiendæ et proferendæ arbitrium tuum. Sed quando illum diem, quum tu edendam putes ? Inducias, quas scribis, non intelligo fieri posse. Melior est ὀναντιφώνησια, qua me usurum arbitror. Quod scribis legiones duas Brundisium venisse ; vos omnia prius. Scribes igitur, quidquid audieris. Varronis διάλογον exspecto. Jam probo Ἡρακλείδειον, præsertim quum tu tantopere delectere : sed quale velis, velim scire. Quod ad te ANTEA, atque adeo PRIUS scripsi (sic enim mavis), ad scribendum tibi itero dicere, te

répète, vous me redonnez du cœur à écrire ; car à votre approbation, qui m'est connue, vous ajoutez le suffrage de Peducéus, dont je fais un grand cas et dont l'autorité est pour moi d'un grand poids. Je vais donc faire tous mes efforts pour que mon zèle et mon application ne vous laissent rien à désirer.

Je ménage Vectenus et Faberius, comme vous me le conseillez. Je ne crois pas que Clelius ait de mauvaises intentions ; cependant.... que fera-t-il? Oui, gardons la liberté, le plus doux de tous les biens, je suis de votre avis. Quoi ! traiter ainsi Gallus Caninius? Le scélérat ! car quel autre nom peut-on lui donner ? Que Marcellus a bien fait de prendre ses précautions ! j'en prends aussi, mais peut-être pas assez.

Voici ma réponse à la première et à la plus longue de vos lettres. Je n'ai rien à vous dire sur la plus courte et la plus récente, si ce n'est qu'elle m'a fait un plaisir infini. Les affaires d'Espagne vont fort bien : pourvu que je revoie sain et sauf Balbilius, qui sera mon bâton de vieillesse ! Je fais le même vœu pour Annianus, à cause de Visellia, qui a toujours eu pour moi beaucoup de soins et de prévenances. Mais ce sont là les chances auxquelles est exposée l'humanité. Vous me dites que vous ne savez rien de Brutus : je vous apprendrai donc que Servilia m'a dit que M. Scaptius était arrivé sans son cortége ordinaire, qu'il viendrait la voir en secret, et qu'elle me manderait tout ce qu'il lui dirait ; je vous l'écrirai aussitôt. En attendant, elle m'a dit qu'il

---

cisti me acriorem. Ad tuum enim judicium, quod mihi erat notum, addidisti Peducæi auctoritatem, magnam quidem apud me, et in primis gravem. Enitar igitur, ne desideres aut industriam meam, aut diligentiam.

Vectenum, ut scribis, et Faberium foveo. Clœlium nihil arbitror malitiose : quanquam... Sed quid egerit. De libertate retinenda, qua certe nihil est dulcius, tibi assentior : Itane Gallo Caninio? o hominem nequam ! quid enim ducam aliud? Cautum Marcellum ; me sic satis, non tamen cautissimum.

Longiori epistolæ superiorique respondi. Nunc breviori propiorique quid respondeam, nisi eam fuisse dulcissimam? Res Hispanienses valde bonæ. Modo Balbilium incolumem videam, subsidium nostræ senectutis. De Annjano item, quod me valde observat Visellia. Sed hæc quidem humana. De Bruto te nihil scire dicis : sed Serviliá venisse M. Scaptium ; eumque non qua pompa, ad se tamen clam venturum, sciturumque me omnia : quæ ego statim. Interea nar-

était venu un esclave de Bassus, qui lui a annoncé que les légions d'Alexandrie avaient pris les armes; que Bassus était appelé par elles, et qu'on attendait Cassius. Que vous dirai-je? Je crois que la république va reprendre ses droits, pourvu que ses ennemis ne nous préviennent pas; car vous connaissez l'activité de ces furieux, à qui le crime ne coûte rien.

Je suis content de Dolabella. Je viens d'apprendre, en écrivant cette lettre, à table, au second service, qu'il est arrivé à Baïes; cependant j'ai reçu, comme je sortais du bain, une lettre de lui, datée de Formies, dans laquelle il me mande qu'il a fait tout ce que je souhaitais sur le transport de sa dette; il se plaint de Vectenus, qui chicane, selon l'habitude ordinaire de ces gens-là; il ajoute que Sextius s'est chargé de toute cette affaire. C'est un très-honnête homme, et un de mes amis intimes : mais dites-moi, je vous prie, qu'est-ce que Sextius peut faire en pareil cas, que tout autre d'entre nous ne puisse faire comme lui? Si cette affaire est en meilleur état que je ne l'espère, faites-le-moi savoir. Mais si c'est de l'argent perdu, comme je le crois, écrivez-le-moi toujours, et j'en prendrai mon parti.

Je m'occupe ici à philosopher (que faire de mieux?) : je compose un grand ouvrage sur *les Devoirs*, et je le dédie à mon fils. Quel sujet plus convenable un père peut-il choisir pour son

---

rat eadem, Bassi servum venisse, qui nuntiaret legiones Alexandrinas in armis esse, Bassum arcessi, Cassium exspectari. Quid quæris? videtur respublica jus suum reciperatura. Sed ne quid ante. Nosti horum exercitationem in latrocinio et amentiam.

Dolabella vir optimus. Etsi, quum scribebam, secunda mensa apposita, venisse eum ad Baias audiebam, tamen ad me ex Formiano scripsit (quas litteras, quum e balineo exissem, accepi), sese de attributione omnia summa fecisse : Vectenum accusat (tricatur scilicet, ut homo talis). Sed ait totum negotium Sextium nostrum suscepisse, optimum quidem illum virum, nostrique amantissimum. Quæro autem, quid tandem Sextius in hac re facere possit, quod non quivis nostrum? Sed, si quid præter spem erit, facies ut sciam. Sin est, ut arbitror, negotium perditum, scribes tamen ; neque ista res commovebit.

Nos hic φιλοσοφοῦμεν (quid enim aliud?), et τὰ περὶ τοῦ καθήκοντος magnifice explicamus, προσφωνοῦμενque Ciceroni. Qua de re enim potius pater

fils? Je ferai ensuite d'autres choses. Que voulez-vous? ces ouvrages attesteront l'emploi de mon temps pendant ce voyage. On croit que Varron sera ici aujourd'hui ou demain. Pour moi, je m'en vais vite à Pompéies. Ce n'est pas que je puisse trouver un pays plus agréable que celui-ci, mais là il y aura moins d'importuns. Mandez-moi, je vous prie, ce qu'il en est de Myrtilus; j'apprends qu'il a subi son châtiment. Sait-on qui le faisait agir et par qui il était gagné? Au moment même où je vous écris, je pense que vous avez reçu ma harangue. Oh! que je crains le jugement que vous en porterez! Après tout, pourquoi m'en mettre en peine, puisqu'elle ne paraîtra que lorsque le parti de la république aura triomphé? Sur quoi se fonde cet espoir? je n'ose vous l'écrire.

LETTRE DCCLXV

Écrite à Pouzzoles, postérieurement au 1ᵉʳ novembre 709.

CICÉRON A ATTICUS

Quand je saurai quel jour je pourrai arriver, je vous en ferai

filio? deinde alia. Quid quæris? exstabit opera peregrinationis hujus. Varronem hodie aut cras venturum putabant. Ego autem in Pompeianum properabam; non quo hoc loco quidquam pulchrius, sed interpellatores illic minus molesti. Sed perscribe, quæso, quæ causa sit Myrtillo (pœnas quidem illum pependisse audivi), et satisne pateat, unde corruptus. Hæc quum scriberem, tantum quod existimabam ad te orationem esse perlatam. Hui, quam timeo, quid existimes! etsi quid ad me, quæ non sit foras prodita, nisi republica reciperata? de quo quid sperem, non audeo scribere.

EPISTOLA DCCLXV

(ad Att., XVI, 8)

Scrib. in Puteolano, post. kal. nov. A. V. C. 709.

CICERO ATTICO SAL.

Quum sciam, quo die venturus sim, faciam ut scias. Impedimenta exspe-

part. Il faut que j'attende mes équipages qui viennent d'Anagni, et mes gens sont malades. J'ai reçu, le soir des calendes, une lettre d'Octave. Il médite de grands projets; il a entraîné dans son parti tous les soldats vétérans qui sont à Casilinum et à Calatia. Je n'en suis pas surpris, il leur donne à chacun cinq cents deniers. Il veut aller faire un tour dans toutes les autres colonies. Son but évident est de commander les troupes qui feront la guerre à Antoine; ainsi je vois que, dans peu de jours, on prendra les armes. Qui suivrons-nous? Songez au nom, songez à l'âge de ce jeune homme! Il me demande d'abord d'avoir une conférence secrète avec moi à Capoue, ou dans le voisinage. C'est un enfantillage de s'imaginer que cela puisse se faire sans qu'on le sache. Je lui ai fait comprendre par écrit que cela n'était ni nécessaire ni possible. Il m'a envoyé un certain Cécina de Volterre, son ami particulier, qui m'a dit qu'Antoine marchait sur Rome avec la légion des *Alouettes*, levant des impôts sur les villes municipales, et que ses troupes s'avançaient en ordre de bataille. Octave me demande si je suis d'avis qu'il aille à Rome avec ses trois mille vétérans, ou qu'il reste en position à Capoue pour barrer le chemin à Antoine, ou bien qu'il aille au-devant des trois légions de Macédoine, qui sont en route le long de la mer Supérieure; il espère qu'elles se donneront à lui. Les soldats de ces légions n'ont point voulu recevoir les gratifications d'An-

---

ctanda sunt, quæ Anagniā veniunt : et familia ægra est. Kalend. vesperi litteræ mihi ab Octaviano. Magna molitur. Veteranos, quiqui Casilini et Calatiæ sunt, perduxit ad suam sententiam. Nec mirum; quingenos denarios dat : cogitat reliquas colonias obire. Plane hoc spectat, ut se duce bellum geratur cum Antonio. Itaque video paucis diebus nos in armis fore. Quem autem sequamur? Vide nomen ; vide ætatem. Atque a me postulat, primum ut clam colloquatur mecum, vel Capuæ, vel non longe a Capua. Puerile hoc quidem, si id putat clam fieri posse. Docui per litteras, id nec opus esse nec fieri posse. Misit ad me Cæcinam quemdam Volaterranum, familiarem suum, qui hæc pertulit : Antonium cum legione Alaudarum ad Urbem pergere, pecunias municipiis imperare, legionem sub signis ducere. Consultabat, utrum Romam cum ↁↁↁ veteranorum proficisceretur, an Capuam teneret, et Antonium venientem excluderet, an iret ad tres legiones Macedonicas, quæ iter secundum mare Superum faciunt; quas sperat suas esse. Ex congiarium ab Antonio accipere

toine, à ce que m'a dit Cécina : ils l'ont chargé d'injures, et lorsqu'il a voulu les haranguer, ils l'ont laissé parler tout seul.

Que vous dirai-je? Octave se proclame général et ne doute pas que nous le seconderons. Je lui ai conseillé d'aller à Rome : selon toutes les apparences, il aura pour lui tout le menu peuple de la ville, et même les honnêtes gens, s'ils croient pouvoir se fier à lui. Brutus, où êtes-vous? Quelle belle occasion vous perdez! Je n'ai pas deviné ceci précisément, mais j'ai toujours cru qu'il arriverait quelque chose de semblable. Conseillez-moi maintenant. Dois-je aller à Rome ou demeurer ici, ou me sauver à Arpinum? Y serais-je plus en sûreté? A Rome, sans doute, pour qu'on n'ait pas à regretter mon absence, en cas d'événement. Tirez-moi de cet embarras : je n'ai jamais été dans une plus grande perplexité.

LETTRE DCCLXVI

Écrite à Pouzzoles, vers le 5 novembre 709.

CICÉRON A ATTICUS

J'AI reçu, en un même jour, deux lettres d'Octave. Il me prie à présent de venir à Rome sur-le-champ, et m'assure qu'il ne

noluerunt, ut hic quidem narrat, et ei convicium grave fecerunt, concionantemque reliquerunt.

Quid quæris? ducem se profitetur, nec nos sibi putat deesse oportere. Equidem suasi, ut Romam pergeret. Videtur enim mihi et plebeculam urbanam, et, si fidem fecerit, etiam bonos viros secum habiturus. O Brute, ubi es? Quantam εὐκαιρίαν amittis? non equidem hoc divinavi, sed aliquid tale putavi fore. Nunc tuum consilium exquiro. Romamne venio, an hic maneo, an Arpinum (ἀσφάλειαν habet is locus) fugiam? Romam; ne desideremur, si quid actum videbitur. Hoc igitur explica. Nunquam in majore ἀπορίᾳ fui.

EPISTOLA DCCLXVI
(ad Att., XVI, 9)

Scrib. in Puteolano, circa non. nov. A. V. C. 709.

CICERO ATTICO SAL.

BINÆ uno die mihi litteræ ab Octavio, nunc quidem, ut Romam statim ve

veut agir que par l'autorité du sénat. Je lui objecte qu'on ne peut pas assembler le sénat avant les calendes de janvier, comme je le crois en effet. Mais il ajoute qu'il veut se conduire par mes conseils; en un mot, il me presse; mais moi, je ne me presse pas tant. Je ne me fie point à sa jeunesse; j'ignore s'il est bien intentionné, et je ne veux rien faire sans votre ami Pansa. Je crains qu'Antoine ne soit le plus fort; je n'ai point envie de m'éloigner de la mer, et cependant je crains que quelque grand coup ne se frappe en mon absence! Varron désapprouve les projets de ce jeune homme; moi, non. Il a de bonnes troupes, il peut se joindre avec Brutus; il agit ouvertement; il organise ses centuries à Capoue, et les paye bien. Voilà, voilà la guerre. Répondez-moi sur tout cela. Mon messager est parti de Rome le jour des calendes, sans lettres de vous; je m'en étonne.

LETTRE DCCLVII

Écrite à Pouzzoles, le 5 novembre 709.

CICÉRON A ATTICUS

J'ai reçu, le jour des nones, deux de vos lettres, l'une datée

niam : velle se rem agere per senatum. Cui ego, non posse senatum ante kalend. jan.; quod quidem ita credo. Ille autem addit, consilio tuo. Quid multa? Ille urget; ego autem σκήπτομαι. Non confido ætati. Ignoro, quo animo : nil sine Pansa tuo volo. Vereor ne valeat Antonius : nec a mari discedere libet : et metuo ne quæ ἀριστεία me absente. Varroni quidem displicet consilium pueri; mihi non. Firmas copias habet; Brutum habere potest; et rem gerit palam. Centuriat Capuæ; dinumerat. Jam jamque video bellum. Ad hæc rescribe. Tabellarium meum kalend. Roma profectum sine tuis litteris miror.

EPISTOLA DCCLXVII

(ad Att., XVI, 11)

Scrib. in Puteolano, nonis novembr. A. V. C. 709.

CICERO ATTICO SAL.

Nonis accepi a te duas epistolas; quarum alteram kalend. dederas, alteram

des calendes et l'autre de la veille; je commencerai par celle-ci. Je suis ravi que vous soyez content de mon ouvrage, dont vous avez marqué les plus beaux endroits : votre goût me les fera trouver encore plus beaux ; je redoutais vos petites remarques à la cire rouge. Ce que vous me dites de Sica est vrai. J'ai eu peine à me retenir; mais je frapperai Antoine sans offenser Sica ni Septimia : il me suffit de faire savoir aux enfants de nos enfants, sans prendre le ton satirique de Lucilius, qu'il a eu des enfants de la fille de Q. Fadius. Puissé-je voir le jour où cette harangue sera assez publique pour parvenir jusque dans la maison de Sica ; mais il faudrait pour cela que les choses fussent comme elles étaient du temps de ces triumvirs. Je veux mourir s'il y a rien de plus plaisant que le mot de Varron à ce sujet*.

Vous lirez ma harangue à Sextus, et vous me direz ce qu'il en pense. Son suffrage en vaut pour moi dix mille ; mais prenez garde que Calenus et Matius ne soient présents à cette lecture. Vous craignez, dites-vous, de m'ennuyer. Vous, ennuyeux ! qui le fut jamais moins? Je pense de vos lettres ce qu'Aristophane dit des *iambes* d'Archiloque, que les plus longs sont les meilleurs. Quant aux avis que vous me donnez, je les recevrais sans me plaindre et même avec plaisir quand ce seraient des critiques, tant chez vous la raison s'unit à l'aménité ! Je corrigerai donc volontiers les en-

---

pridie. Igitur prius ad superiorem. Nostrum opus tibi probari lætor : ex quo ἄνθη ipsa posuisti, quæ mihi florentiora sunt visa tuo judicio. Cerulas enim tuas miniatulas illas extimescebam. De Sica ita est, ut scribis. Ast ægre me tenui. Itaque perstringam sine ulla contumelia Sicæ aut Septimiæ; tantum, ut sciant παῖδες παίδων sine sillo Luciliano, eum ex Q. Fadii filia liberos habuisse. Atque utinam eum diem videam, quum ista oratio ita libere vagetur, ut etiam in Sicæ domum introeat! Sed illo tempore opus est, quod fuit illis triumviris. Moriar, nisi facete.

Tu vero leges Sexto, ejusque judicium mihi perscribes. Εἷς ἐμοὶ μύριοι. Caleni interventum, et Calvenæ cavebis. Quod vereris, ne ἀδόλεσχος, mihi tu? quis minus? cui, ut Aristophani Archilochi iambus, sic epistola longissima quæque optima videtur. Quod me admones : tu vero etiamsi reprehenderes, non modo facile paterer, sed etiam lætarer; quippe quum in reprehensione est prudentia cum εὐμενείᾳ. Ita libenter ea corrigam, quæ a te animadversa

* Varron avait fait une satire sur le triumvirat de Pompée, César et Crassus; elle était intitulée : *Tricipitina*, la bête à trois têtes, ou trois têtes dans un bonnet. C'est sans doute à un trait plaisant de cette satire que Cicéron fait allusion ici.

droits que vous blâmez. Je mettrai *eodem jure quo Rubriana*, au lieu de *quo Scipionis*, et je retrancherai quelque chose du panégyrique de Dolabella. Il me semble, après tout, que c'est une ironie assez piquante que de le louer de s'être trouvé à trois batailles contre ses concitoyens. J'aime mieux aussi *indignissimum est hunc vivere*, que *quid indignius*.

Je ne suis pas fâché de voir que vous approuvez la *Péplographie* de Varron; je n'ai point encore pu tirer de lui cette œuvre héraclidienne. Vous m'exhortez à écrire, c'est le vœu d'un ami; mais sachez que je ne fais pas autre chose. Votre douleur de tête me chagrine. Observez, je vous prie, à votre ordinaire un régime exact. Je suis ravi que mon traité *de la Vieillesse* vous soit de quelque utilité. Ces gens d'Anagni, c'est Mustella, le chef des gladiateurs, et Lacon, le déterminé buveur. Je retoucherai l'ouvrage que vous me demandez, et je vous l'enverrai.

Je vais à présent répondre à votre seconde lettre. J'ai renfermé dans les deux premiers livres *des Devoirs* tout ce que Panétius a mis en trois; voici, dès le début, comment il divise son ouvrage. Il dit que lorsqu'on délibère il y a trois choses à examiner : en premier lieu, si ce qu'on veut faire est honnête ou honteux; ensuite si cela est utile ou nuisible; enfin lorsqu'il paraît qu'on ne peut accorder l'honnête avec l'utile, quel parti il faut prendre. C'est le cas de Régulus : l'honneur veut qu'il retourne à Carthage,

---

sunt, EODEM JURE, QUO RUBRIANA, potius quam QUO SCIPIONIS : et de laudibus Dolabellæ deruam cumulum. Attamen est isto loco bella, ut mihi videtur, εἰρωνεία, quod eum ter contra cives in acie. Illud etiam malo, INDIGNISSIMUM EST HUNC VIVERE, quam QUID INLIGNIUS?

Πεπλογραφίαν Varronis tibi probari non moleste fero : a quo adhuc Ἡρακλείδειον illud non abstuli. Quod me hortaris ad scribendum : amice tu quidem: sed me scito agere nihil aliud. Gravedo tua mihi molesta est. Quæso adhibe, quam soles, diligentiam. O Tite tibi prodesse, lætor. Anagnini sunt, Mustella ταξιάρχης, et Laco, qui plurimum bibit. Librum, quem rogas, perpoliam, et mittam.

Hæc ad posteriorem. Τὰ περὶ τοῦ καθήκοντος, quatenus Panætius, absolvi duobus : illius tres sunt. Sed quum initio divisisset ita, tria genera exquirendi officii esse : unum, quum deliberemus, honestum an turpe sit; alterum, utile an inutile; tertium, quum hæc inter se pugnare videantur, quo modo judicandum sit; qualis causa Reguli, redire honestum, manere utile : de duo-

l'intérêt qu'il reste à Rome. Panétius a fort bien traité les deux
premières questions et il promet de traiter la troisième; mais
il ne l'a point fait. Posidonius a rempli cette lacune. Je fais
venir son livre, et j'ai écrit à Athénodorus Calvus de m'en envoyer
le sommaire des chapitres. Je l'attends; exhortez-le, je vous prie,
à me l'envoyer au plus tôt. Posidonius y traite aussi des devoirs
qui dépendent des circonstances. Quant au titre de mon ouvrage,
je ne doute point que notre *officium* ne réponde au καθῆκον des
Grecs; à moins que vous n'ayez quelque chose de mieux à me
proposer; mais *de Officiis* est une expression plus étendue.
J'adresse ce livre à mon fils; cela me semble assez convenable.

Vous avez fort bien démêlé l'affaire de Myrtilus : vous démasquez toujours ces gens-là. Quoi! ils en voulaient à D. Brutus?
Que les dieux les confondent!

Je n'ai pas été me renfermer à Pompéies, comme je vous
l'avais écrit; d'abord le temps m'en a empêché : je n'ai jamais
vu d'orage plus épouvantable. Puis, je reçois tous les jours
des lettres d'Octave, qui me prie de me mettre à la tête des
affaires, de venir à Capoue, et de sauver une seconde fois la république; il va, dit-il, marcher droit à Rome.

« Je n'ose refuser, et je crains d'accepter. »

Cependant Octave a agi jusqu'à présent et agit encore avec
vigueur; il viendra à Rome avec des forces imposantes; mais ce

---

bus primis præclare disseruit, de tertio pollicetur se deinceps; sed nihil scripsit. Eum locum Posidonius persecutus. Ego autem et ejus librum arcessivi, et
ad Athenodorum Calvum scripsi, ut ad me τὰ κεφάλαια mitteret; quæ exspecto : quem velim cohortere et roges, ut quamprimum. In eo est περὶ τοῦ
κατὰ περίστασιν καθήκοντος. Quod de inscriptione quæris, non dubito, quin
καθῆκον officium sit, nisi quid tu aliud : sed inscriptio plenior, DE OFFICIIS.
Προσφωνῶ autem Ciceroni filio. Visum est non ἀνοικεῖον.
De Myrtilo dilucide. O quales tu semper istos! Itane in D. Brutum? dii istis.
Ego me, ut scripseram, in Pompeianum non abdidi, primo tempestatibus,
quibus nil tetrius : deinde ab Octaviano quotidie litteræ, ut negotium susciperem, Capuam venirem, iterum rempublicam servarem, Romam utique statim

.....αἴδεσθεν μὲν ἀνήνασθαι, δεῖσαν δ' ὑποδέχθαι.

Is tamen egit sane strenue, et agit. Romam veniet cum manu magna : sed est

n'est qu'un enfant. Il croit qu'on pourra d'abord assembler le sénat. Qui est-ce qui y viendra? et quand on y viendrait, qui est-ce qui osera se déclarer contre Antoine, dans l'incertitude où sont les affaires? Octave sera peut-être un appui aux calendes de janvier, si l'on n'en vient aux mains auparavant. Toutes les villes municipales sont merveilleusement affectionnées à ce jeune homme. En allant au Samnium, il passa à Calès, et séjourna à Teano : on accourait de tous les côtés au-devant de lui, et on l'encourageait. L'auriez-vous cru? Cela me fera aller à Rome plus tôt que je ne l'avais résolu : quand je serai décidé, je vous le ferai savoir.

Quoique je n'aie pas encore vu les conventions dont vous me parlez (car Éros n'est pas encore arrivé), je vous prie de finir cette affaire pour la veille des ides.

Pour que j'écrive à Catine, à Tauromenium et à Syracuse, il faut que Valerius, l'interprète, m'envoie le nom de ceux qui ont du crédit; car cela change, et presque tous mes amis sont morts. J'ai écrit d'avance des lettres officielles aux magistrats des villes, si Valerius veut s'en servir; s'il en veut d'autres, qu'il m'envoie leurs noms.

Balbus m'a écrit que, suivant les féries marquées dans le livre de Lepidus, je pouvais être absent jusqu'au 3 des calendes. J'attendrai jusque-là de vos nouvelles, et je crois que vous serez instruit alors de cette petite affaire de Torquatus. Je vous envoie une lettre de Quintus, pour vous faire voir combien il aime à présent son fils,

---

piane puer. Putat senatum statim. Quis veniet? si venerit, quis incertis rebus offendet Antonium? kalend. jan. erit fortasse præsidio : aut quidem ante depugnabitur. Puero municipia mire favent. Iter enim faciens in Samnium venit Cales, mansit Teani. Mirifica ἀπάντησις, et cohortatio. Hoc tu putares? Ob hoc ego citius Romam, quam constitueram. Simul ac constituero, scribam.

Etsi nondum stipulationes legeram (nec enim Eros venerat), tamen rem pridie idus velim conficias.

Epistolas Catinam, Tauromenium, Syracusas commodius mittere potero, si Valerius interpres ad me nomina gratiosorum scripserit. Alii enim sunt alias, nostrique familiares fere demortui. Publice tamen scripsi, si uti vellet eis Valerius; aut mihi nomina mitteret.

De Lepidanis feriis Balbus ad me usque ad III kalend. Exspectabo tuas litteras : déque Torquati negotiolo sciturum puto. Quinti litteras ad te misi, ut

et combien il s'afflige de voir que vous l'aimez si peu. Puisque Attica est de si belle humeur, ce qui est fort bon signe dans les enfants, je vous prie de l'embrasser pour moi. Adieu.

LETTRE DCCLXVIII

Écrite le 6 novembre 709.

CICÉRON A ATTICUS

Je vous envoie une copie de la lettre d'Oppius, parce que je l'ai trouvée fort obligeante. Pendant que vous ruminez sur l'affaire d'Ocella, sans me faire réponse, j'ai pris mon parti de moi-même. Je compte donc être à Rome la veille des ides. J'ai cru qu'il valait mieux que j'y allasse, quand même cela ne serait pas nécessaire, que de ne pas y être si l'on venait à avoir besoin de moi. D'ailleurs, je craignais que les chemins ne fussent plus libres ; car Antoine peut arriver d'un jour à l'autre, quoiqu'on en parle fort diversement, et qu'on répande beaucoup de bruits que je voudrais bien qui fussent vrais ; mais on ne sait rien de certain. Quoi qu'il en soit, j'aime mieux être avec vous que d'être en peine, en votre absence, et de vous et de moi. Que vous dirai-

scires, quam valde cum amaret, quem dolet a te minus amari. Atticæ, quoniam, quod optimum in pueris est, hilarula est, meis verbis suavium des. Vale.

EPISTOLA DCCLXVIII

(ad Att., XVI, 12)

Scrib. viii id. nov. A. V. C. 709.

CICERO ATTICO SAL.

Oppii epistolæ, quia perhumana erat, tibi misi exemplum. De Ocella, dum tu muginaris, nec mihi quidquam rescribis, cepi consilium domesticum. Itaque me pridie idus arbitror Romæ futurum. Commodius est visum, frustra me istic esse, quum id non necesse esset, quam, si opus esset, non adesse; et simul, ne intercluderer, metuebam. Ille enim jam adventare potest : etsi varii rumores, multique, quos cuperem veros. Nihil tamen certi. Ego vero, quidquid est, tecum potius, quam animi pendeam, quum a te absim, et de te, et

je? il faut avoir bon courage. Vos remarques sur l'ouvrage de Varron sont pleines de sel, jamais rien ne m'a paru plus piquant : mais nous parlerons ensemble de cela, et de beaucoup d'autres affaires plus importantes.

LETTRE DCCLXIX
Écrite à Sinuesse, le 8 novembre 709.

CICÉRON A ATTICUS

J'ARRIVAI à ma maison de Sinuesse le 7 des ides. Le bruit courait qu'Antoine devait coucher le même jour à Casilinum; aussi j'ai changé mon itinéraire, car j'avais résolu d'aller tout droit à Rome par la voie Appia. Il aurait pu facilement m'atteindre : car on dit que c'est un autre César pour la diligence. En quittant Minturnes, j'ai tourné du côté d'Arpinum. J'ai l'intention de coucher le 5 des Ides à Aquinum ou à Arcanum. Il faut à présent, mon cher Atticus, que vous pensiez sérieusement à ce que je dois faire. La circonstance est grave. Il y a trois partis à prendre : resterai-je à Arpinum, ou m'approcherai-je davan-

de me. Sed quid tibi dicam? Bonum animum. De Ἡρακλειδείῳ Varronis, negotia salsa. Me quidem nihil unquam sic delectavit. Sed hæc et alia majora coram.

EPISTOLA DCCLXIX
(ad Att., XVI, 10)
Scrib. in Sinuessano, vi id. nov. A. V. C. 709.

CICERO ATTICO SAL.

SEPTIMO id. veni ad me in Sinuessanum. Eodem die vulgo loquebantur, Antonium mansurum esse Casilini. Itaque mutavi consilium. Statueram enim recta Appia Romam. Facile me ille esset assecutus. Aiunt enim eum Cæsarina uti celeritate. Verti igitur me a Minturnis Arpinum versus. Constitueram, ut v idus aut Aquini manerem, aut in Arcano. Nunc, mi Attice, tota mente incumbe in hanc curam. Magna enim res est. Tria sunt autem, maneamne Ar-

tage, ou irai-je à Rome? Je ferai ce que vous me conseillerez; mais vite une réponse; je l'attends avec impatience. Le 6 des ides au matin, à ma maison de Sinuesse.

LETTRE DCCLXX

Écrite à Aquinum, le 10 novembre 709.

CICÉRON A ATTICUS

L'HEUREUSE rencontre! j'étais parti le 6 des ides, avant le lever du soleil, de Sinuesse, et j'arrivais au point du jour au pont Tirenus, à Minturnes, où le chemin tourne vers Arpinum, lorsque votre messager me rencontra au moment même où je délibérais sur le chemin que je devais prendre. Eh bien, lui dis-je aussitôt, m'apportez-vous une lettre d'Atticus? Il ne faisait pas encore assez jour pour lire, car j'avais fait éteindre les flambeaux. Quand il fit clair, on me lut d'abord la lettre que vous aviez écrite la première. Elle est charmante. Que je meure si je ne le pense comme je vous le dis, je n'ai jamais rien lu de plus

---

pini, an propius accedam, an veniam Romam. Quod censueris, faciam. Sed quamprimum : avide exspecto tuas litteras. vi idus mane in Sinuessano.

EPISTOLA DCCLXX

(ad Att., XVI, 13 pars prior)

Scrib. Aquini, IV id. nov. A. V. C. 709.

CICERO ATTICO SAL.

O CASUM mirificum! vi idus quum ante lucem de Sinuessano surrexissem, venissemque diluculo ad pontem Tirenum, qui est Minturnis, in quo flexus est ad iter Arpinas, obviam mihi fit tabellarius, qui me offendit δολιχὸν πλόον ὁρμαίνοντα. Ego statim, Cedo, inquam, si quid ab Attico. Nondum legere poteramus : nam et lumina dimiseramus, nec satis lucebat. Quum autem luceret, ante scripta epistola ex duabus tuis prior mihi legi cœpta est. Illa omnium quidem elegantissima. Ne sim salvus, si aliter scribo ac sentio; nihil

12.

aimable. J'irai donc où vous m'appelez, mais à condition que vous m'aiderez de vos conseils. D'abord je trouvais que tout ce que vous me disiez n'avait aucun rapport avec ce que je vous avais mandé : mais voici une seconde lettre, où vous me dites par allusion *d'aller du côté du mont Mimas, aux vents orageux, vers l'île Psyria, en laissant à gauche la voie Appienne.* J'ai donc couché aujourd'hui à Aquinum : le chemin est assez long et la route détestable. C'est de là que je vous ai écrit cette lettre le lendemain matin avant de partir.

LETTRE DCCLXXI

Écrite à Arpinum, le 11 novembre 709.

CICÉRON A ATTICUS

...Certes, c'est bien contre mon gré que je l'ai laissé partir, et une lettre d'Eros en est cause; Tiron vous racontera cela. Vous verrez ce qu'il y aura à faire. Je vous prie en outre de me dire si je puis sans risque me rapprocher davantage, car j'aimerais mieux être à Tusculum, ou dans quelque maison aux environs

---

legi humanius. Itaque veniam, quo vocas, modo adjutore te. Sed nihil tam ἀπροσδιόνυσον mihi primo videbatur, quam ad has litteras, quibus ego a te consilium petieram, te mihi ista rescribere. Ecce tibi altera, qua hortaris παρ᾽ ἠνεμόεντα Μίμαντα, νῆσον ἐπὶ Ψυρίης, Appiam ἐπ᾽ ἀριστέρ᾽ ἔχοντα. Itaque eo die mansi Aquini. Longulum sane iter, et via inepta : inde postridie mane proficiscens has litteras dedi.

EPISTOLA DCCLXXI

(ad Att., XVI, 13 pars posterior)

Dat. III id. nov., in Arpinati, A. V. C. 709.

CICERO ATTICO SAL.

...Et quidem, ut a me dimitterem invitissimus, fecerunt Erotis litteræ. Rem tibi Tiro narrabit. Tu, quid faciendum sit, videbis. Præterea, possimne propius accedere (malo enim esse in Tusculano, aut uspiam in suburbano), an etiam

de Rome, ou si vous croyez que je ferai mieux de m'éloigner encore. Écrivez-moi souvent, car vous aurez tous les jours quelque occasion pour cela. Quant aux conseils que vous me demandez sur le parti que vous devez prendre, je ne puis guère vous en donner, étant absent de Rome. Cependant, tant que la balance restera égale entre les deux partis, il faut demeurer en repos ; mais si le mal s'étend plus loin et jusqu'à nous, il atteindra ensuite tout le monde. J'attends vos conseils avec impatience. Je crains d'être absent dans des circonstances où il serait de mon honneur d'être à Rome, et je n'ose pas y aller. On répand, sur la marche d'Antoine, des bruits assez différents de ceux que je vous avais mandés. Tâchez d'avoir des nouvelles certaines, et faites-m'en part.

Que vous dirai-je d'ailleurs ? J'ai grande envie de travailler à quelque histoire ; vos exhortations m'y encouragent bien puissamment ! Mais c'est un dessein que je ne puis ni entreprendre ni exécuter sans votre secours. En attendant, je vous prie de me marquer sous quels censeurs Caïus Fannius, fils de Marcus, a été tribun. Il me semble que j'ai entendu dire que c'était sous Scipion l'Africain et sous L. Mummius ; dites-moi si je ne me trompe point. Rendez-moi un compte exact et détaillé de tous les changements qui se préparent. Le 5 des ides, à Arpinum.

longius discedendum putes. Crebro ad me velim scribas ; erit autem quotidie, cui des. Quod præterea consulis, quid tibi censeam faciendum, difficile est, quum absim. Verumtamen, si pares æque inter se, quiescendum : sin, latius manabit, et quidem ad nos ; deinde communiter. Avide tuum consilium exspecto. Timeo ne absim, quum adesse me sit honestius : venire non audeo. De Antonii itineribus nescio quid aliter audio, atque ad te scribebam. Omnia igitur velim explices, et ad me certa mittas.

De reliquo quid tibi ego dicam ? Ardeo studio historiæ (incredibiliter enim me commovet tua cohortatio) ; quæ quidem nec institui nec effici potest sine tua ope. Coram igitur hoc quidem conferemus. In præsentia mihi velim scribas, quibus censoribus C. Fannius M. F. tribunus plebis fuerit. Videor mihi audisse, P. Africano, L. Mummio. Id igitur quæro. Tu mihi de iis rebus, quæ novantur, omnia certa, clara. III id. ex Arpinati.

LETTRE DCCLXXII

Ecrite à Arpinum, le 13 novembre 709

CICÉRON A ATTICUS

Je n'ai absolument rien à vous écrire. Pendant que j'étais à Pouzzoles, j'apprenais tous les jours quelque chose de nouveau d'Octave ; il courait aussi beaucoup de faux bruits sur Antoine. Pour répondre à vos lettres, car j'en ai reçu trois le troisième jour des ides, je suis tout à fait de votre avis que, plus Octave aura de pouvoir, plus il approuvera et consolidera les actes du tyran, bien plus que nous ne l'avons fait au temple de Tellus, et que tout cela tournera contre Brutus ; mais, d'un autre côté, si Octave est battu, jugez quelle sera l'insolence d'Antoine. On ne sait vraiment que souhaiter entre les deux.

O le méchant homme que ce messager de Sextius ! Il m'avait promis à Pouzzoles qu'il serait à Rome le lendemain. Vous me conseillez d'aller doucement : je le ferai, quoique j'eusse une autre pensée. Ce n'est pas l'exemple de Philippe et de Marcellus qui me détermine : ils n'ont pas les mêmes engagements que

EPISTOLA DCCLXXII
(ad Att., XVI, 14)

Scrib. in Arpinati, id. nov. A. V. C. 709.

CICERO ATTICO SAL.

Nihil erat plane quod scriberem. Nam quum Puteolis essem, quotidie aliquid novi de Octaviano, multa etiam falsa de Antonio. Ad ea autem, quæ scripsisti (tres enim acceperam iii idus a te epistolas), valde tibi assentior, si multum possit Octavianus, multo firmius acta tyranni comprobatum iri, quam in Telluris, atque id contra Brutum fore : sin autem vincitur, vides intolerabilem Antonium ; ut, quem velis, nescias.

O Sextii tabellarium, hominem nequam ! Postridie Puteolis Romæ se dixit fore. Quod me mones, ut pedetentim ; assentior : etsi aliter cogitaram. Nec me Philippus aut Marcellus movet. Alia enim eorum ratio : et, si non est, ta

moi, ou du moins ils ne paraissent pas les avoir. Pour ce jeune homme, il ne manque pas de résolution, mais il n'a pas assez d'autorité. Voyez toutefois si je ne ferais pas bien d'aller à Tusculum, cela ne serait-il pas préférable? je m'y plairai davantage, et j'y serai au courant de tout; ou bien si je dois attendre l'arrivée d'Antoine.

Mais, pour parler d'autre chose, je ne doute point que notre *officium* ne réponde au καθῆκον des Grecs. Comment pouvez-vous hésiter à croire que ce mot convienne parfaitement, même en parlant des affaires publiques? ne disons-nous pas *consulum officium, senatus officium?* C'est le mot propre, trouvez mieux. Quelle triste nouvelle vous me donnez du fils de Nepos! Sa mort m'afflige vivement, et j'en suis tout bouleversé. Je ne savais pas que Nepos eût ce fils. J'ai perdu Caninius, un homme qui s'était montré reconnaissant, du moins envers moi. Vous n'avez que faire de presser Athénodore; il m'a envoyé un mémoire assez bien fait. Ne négligez rien, je vous en conjure, pour vous bien rétablir. L'arrière-petit-fils de votre aïeul écrit au petit-fils de mon père, que le jour des nones, dans lequel j'ai accompli de grandes choses, il fera devant le peuple des interpellations au sujet du trésor qui était dans le temple d'Ops. Vous y assisterez et vous m'en écrirez le résultat. J'attends l'avis de Sextus sur ma harangue.

---

men videtur. Sed in isto juvene, quanquam animi satis, auctoritatis parum est. Tamen vide, si forte in Tusculano recte esse possum, idne melius sit (ero libentius; nihil enim ignorabo), an hoc, quum Antonius venerit.

Sed, ut aliud ex alio, mihi non est dubium, quin, quod Græci καθῆκον, nos OFFICIUM. Id autem, quid dubitas, quin etiam in rempublicam præclare caderet? nonne dicimus, CONSULUM OFFICIUM, SENATUS OFFICIUM? præclare convenit; aut da melius. Male narras de Nepotis filio. Valde mehercule moveor, et moleste fero. Nescieram omnino esse istum puerum. Caninium perdidi, hominem, quod ad me attinet, non ingratum. Athenodorum nihil est quod hortere. Misit enim satis bellum ὑπόμνημα. Gravedini, quæso, omni ratione subveni. Avi tui pronepos scribit ad patris mei nepotem, se ex nonis iis, quibus nos magna gessimus, ædem Opis explicaturum, idque ad populum. Videbis igitur, et scribes. Sexti judicium exspecto.

LETTRE DCCLXXIII

Écrite à Arpinum, fin de novembre 709.

CICÉRON A ATTICUS

Ne croyez pas que ce soit par paresse que je n'écris pas de ma main ; et pourtant il faut bien que ce soit par paresse, car je n'ai pas d'autre excuse à vous donner ; et d'ailleurs il me semble aussi que je reconnais dans vos lettres la main d'Alexis. Venons au fait. Si Dolabella n'avait pas usé envers moi de la plus mauvaise foi du monde, peut-être douterais-je encore si je dois garder quelque ménagement à son égard, ou suivre la rigueur du droit ; mais à présent je suis ravi d'avoir occasion de lui faire sentir et de faire voir à tout le monde que je suis brouillé avec lui : je suis bien aise que l'on sache que je le hais, et pour mon compte et pour celui de la république. C'est par mes conseils qu'il avait commencé à la défendre ; mais depuis qu'il s'est vendu à Antoine pour de l'argent, non-seulement il l'a abandonnée, il a même fait tout ce qui dépendait de lui pour la détruire.

EPISTOLA DCCLXXIII
(ad Att., XVI, 15)

Scrib. in Arpinati, exeunte nov. A. V. C. 709.

CICERO ATTICO SAL.

Noli putare, pigritia me facere, quod non mea manu scribam ; sed mehercule pigritia. Nihil enim habeo aliud quod dicam ; et tamen in tuis quoque epistolis Alexim videor agnoscere. Sed ad rem venio. Ego, si me non improbissime Dolabella tractasset, dubitassem fortasse, utrum remissior essem, an summo jure contenderem. Nunc vero etiam gaudeo mihi causam oblatam, in qua et ipse sentiat et reliqui omnes, me ab illo abalienatum : idque præ me feram, et quidem me mea facere, et reipublicæ causa, ut illum oderim, quod, quum eam me auctore defendere cœpisset, non modo deseruerit, emptus pecunia, sed etiam, quantum in ipso fuit, everterit.

Vous me demandez ce que je veux que l'on fasse, lorsque le jour du payement sera venu. D'abord je désire que les choses s'arrangent de manière que je puisse, sans inconvénient, être alors à Rome : mais là-dessus, comme sur toute autre chose, je ne ferai que ce que vous me conseillerez. Somme toute, je veux qu'on pousse cette affaire le plus vigoureusement possible. Cependant il semble qu'il faut y regarder à deux fois avant de faire assigner des cautions; vous verrez quelles mesures il y aura à prendre. Nous pouvons les faire assigner par des fondés de pouvoir, car ces cautions déclineront peut-être le procès, et je n'ignore pas que, par ce moyen, ils pourront être mis hors d'instance; mais il serait déshonorant pour lui que ses gens d'affaires refusassent de me payer une dette qu'il m'a garantie; et je ne dérogerai pas à mon caractère en soutenant mes droits sans lui faire le dernier affront. Je vous prie de me mander ce que vous en pensez, et je ne doute point que vous ne conduisiez cette affaire avec tous les ménagements convenables.

Parlons maintenant de la république. Vous m'avez souvent écrit sur ce sujet avec une sagacité remarquable; mais vous n'avez jamais déployé une plus sage politique que dans votre dernière lettre. *Quoique pour le présent,* concluez-vous, *ce jeune homme s'oppose avec vigueur aux entreprises d'Antoine, cependant il faut voir ce que ceci deviendra.* Mais quelle harangue! car on me l'a envoyée. *Ainsi puissé-je parvenir aux mêmes honneurs que*

Quod autem quæris, quomodo agi placeat, quum dies venerit; primum velim ejusmodi sit, ut non alienum sit, me Romæ esse : de quo, ut de cæteris, faciam, ut tu censueris. De summa autem agi prorsus vehementer et severe volo. Etsi, sponsores appellare, videtur habere quamdam δυσωπίαν : tamen hoc, quale sit, consideres velim. Possumus enim, ut sponsores appellentur, procuratores introducere. Neque enim illi litem contestabuntur : quo facto, non sum nescius, sponsores liberari. Sed et illi turpe arbitror, eo nomine, quod satisdato debeat, procuratores ejus non dissolvere; et nostræ gravitatis, jus nostrum sine summa illius ignominia persequi. De hoc quid placeat, rescribas velim : nec dubito quin hoc totum lenius administraturus sis.

Redeo ad rempublicam. Multa mehercule a te sæpe ἐν πολιτικῷ genere prudenter; sed his litteris nihil prudentius : QUANQUAM ENIM IN PRÆSENTIA BELLE ISTE PUER RETUNDIT ANTONIUM, TAMEN EXITUM EXSPECTARE DEBEMUS. At, quæ concio! nam est missa mihi. Jurat, ITA SIBI PARENTIS HONORES CONSEQUI LICEAT : et

mon père! C'est son serment, et en le faisant il étend sa main vers la statue de César. Je ne veux point d'un pareil libérateur. Mais, comme vous me le dites, le tribunat de notre ami Casca sera l'épreuve la plus certaine de ses intentions. C'est ce que je répondis à Oppius, lorsqu'il me pressa d'embrasser la cause de ce jeune homme et de sa troupe de vétérans. Je lui dis que je ne pouvais rien faire si je n'étais auparavant bien assuré que, non-seulement il ne sera pas l'ennemi des meurtriers du tyran, mais même qu'il sera leur ami. Il me répondit qu'il le serait. Eh bien, lui dis-je, pourquoi nous presser? Il n'a pas besoin de ma coopération avant les calendes de janvier, et nous connaîtrons avant les ides de décembre ses véritables intentions par sa conduite envers Casca. Oppius trouva cela fort raisonnable. Voilà pour le présent. Du reste, vous aurez tous les jours une occasion pour m'écrire, et je pense que vous ne manquerez pas de nouvelles à me donner. Je vous envoie une copie de la lettre de Lepta, par laquelle il paraît qu'Antoine, ce grand général, est fort déconcerté ; mais vous en jugerez par vous-même en la lisant.

Ma lettre était à peine fermée, lorsque j'en ai reçu une de vous et une autre de Sextus : rien de plus charmant et de plus aimable que celle de Sextus. Quant à la vôtre, elle est trop courte ; mais la précédente était très-remplie. Vous êtes d'avis que je reste où je suis jusqu'au dénoûment de la crise actuelle. Je

---

simul dextram intendit ad statuam. Μηδὲ σωθείην ὑπό γε τοιούτου. Sed, ut scribis, certissimum esse video discrimen, Cascæ nostri tribunatum : de quo quidem ipso dixi Oppio, quum me hortaretur, adolescentem, totamque causam, manumque veteranorum complecterer, me nullo modo facere posse, ni mihi exploratum esset, eum non modo non inimicum tyrannoctonis, verum etiam amicum fore. Quum ille diceret ita futurum : Quid igitur festinamus? inquam. Illi enim mea opera ante kalend. januar. nihil opus est. Nos autem ejus voluntatem ante idus decembr. perspiciemus in Casca. Mihi valde assensus est. Quamobrem hæc quidem hactenus. Quod reliquum est, quotidie tabellarios habebis, et, ut ego arbitror, etiam quod scribas habebis quotidie. Leptæ litterarum exemplum tibi misi ; ex quo mihi videtur στρατύλλαξ ille dejectus de gradu. Sed tu, quum legeris, existimabis.

Obsignata jam epistola, litteras a te et a Sexto accepi. Nihil jucundius litteris Sexti, nihil amabilius : nam tuæ, breves ; priores erant uberrimæ. Tu qui-

reconnais dans ce conseil votre amitié et votre prudence. Mais, mon cher Atticus, ce n'est point à présent la république qui me détermine; non que rien me soit ou me doive être plus cher; mais Hippocrate lui-même ne veut pas que l'on traite les malades désespérés : ainsi donc, qu'on s'en tire comme on pourra. Ce qui me tourmente, ce sont mes affaires domestiques; il y va de ma fortune, bien plus, de ma réputation; car, quoiqu'il me reste beaucoup plus que je ne dois, je n'ai pas même de fonds pour payer Terentia; et, ce qui est encore pis, vous savez que je me suis engagé, depuis déjà longtemps, à payer vingt-cinq mille sesterces pour Montanus. Mon fils m'avait demandé cela comme une grâce, y ayant engagé sa parole. Je m'en étais chargé avec plaisir, et vous l'aviez approuvé; j'avais dit à Éros de mettre de l'argent à part pour cela : non-seulement on ne l'a point fait, mais il a fallu qu'Aurelius, pour payer cette somme, empruntât de l'argent à un taux exorbitant.

Quant à ce qui est dû à Terentia, Tiron m'a écrit que vous disiez qu'on pouvait le payer avec l'argent qu'on toucherait de Dolabella. Je crois qu'il a mal compris, si l'on peut comprendre mal en pareil cas, ou plutôt qu'il n'a point du tout compris : cela ne s'accorde nullement avec la réponse de Cocceius que vous m'avez communiquée, et avec ce qu'Éros me mande à peu près dans les mêmes termes. Il faut donc aller à Rome, et me jeter au milieu même de

---

dem et prudenter et amice suades, ut in his locis potissimum sim, quoad audiamus, hæc, quæ commota sunt, quorsum evadant. Sed me, mi Attice, non sane hoc quidem tempore movet respublica; non quo aut sit mihi quidquam carius, aut esse debeat : sed desperatis etiam Hippocrates vetat adhibere medicinam. Quare ista valeant : me res familiaris movet : rem dico? immo vero existimatio. Quum enim tanta reliqua sint; ne Terentiæ quidem adhuc, quod solvam, expeditum est. Terentiam dico? Scis nos pridem jam constituisse Montani nomine H.-S. xxv dissolvere. Pudentissime hoc Cicero petierat, ut fide sua. Liberalissime, ut tibi quoque placuerat, promiseram : Erotique dixeram, ut sepositum haberet. Non modo; sed iniquissimo fenore versuram facere Aurelius coactus est.

Nam de Terentiæ nomine Tiro ad me scripsit, te dicere, nummos a Dolabella fore. Male cum credo intellexisse, si quisquam male intelligit; potius, nihil intellexisse. Tu enim ad me scripsisti Cocceii responsum, et iisdem pæne verbis Eros : veniendum est igitur vel in ipsam flammam. Turpius est enim

l'incendie ; car il est plus honteux de périr seul que de succomber dans un désastre public. Quant à tout le reste, je n'ai pas l'esprit assez tranquille pour répondre, comme à mon ordinaire, à tout ce que vous me dites d'obligeant et d'agréable. Permettez-moi, je vous prie, de penser à me tirer de l'embarras où je me trouve : il me vient dans l'esprit plusieurs moyens, mais je ne puis rien déterminer que je ne vous aie vu. Pourquoi ne pourrais-je pas être à Rome aussi bien que Marcellus? mais ce n'est pas là ce dont il s'agit, ni mon plus grand souci. Vous voyez bien ce qui m'inquiète ; je vais donc vous rejoindre.

LETTRE DCCLXXIV

Écrite à Rome, vers le 13 décembre 709.

M. T. CICÉRON A D. BRUTUS, IMP., CONSUL DÉSIGNÉ

A L'ARRIVÉE de notre ami Lupus, que vous m'avez envoyé, et pendant les quelques jours qu'il a passés à Rome, j'étais dans une retraite où je croyais être le plus en sûreté ; voilà pourquoi Lupus s'en est retourné vers vous sans lettres de moi, quoiqu'il

privatim cadere, quam publice. Itaque cæteris de rebus, quas ad me suavissime scripsisti, perturbato animo, non potui, ut consueram, rescribere. Consenti in hac cura, ubi sum, ut me expediam : quibus autem rebus, venit quidem mihi in mentem ; sed certe constituere nihil possum, priusquam te videro. Qui minus autem ego istic recte esse possum, quam est Marcellus? Sed non id agitur ; neque id maxime curo. Quid curem, vides. Adsum igitur.

EPISTOLA DCCLXXIV
(ad div., XI, 5)

Scrib. Romæ, circa id. decembr. A. V. C. 709.

M. T. CICERO D. BRUTO, IMP., COS. DES., S. D.

Lupus, familiaris noster, quum a te venisset, quumque Romæ quosdam dies commoraretur, ego eram in iis locis, in quibus maxime me tuto esse arbitrabar. Eo factum est ut ad te Lupus sine meis litteris rediret, quum tamen cu-

eût pris soin de me faire remettre les vôtres. Je suis revenu à Rome le 5 des ides de décembre, et je n'ai rien eu de plus pressant que de voir aussitôt Pansa, qui m'a appris de vous ce que je désirais le plus au monde. Si, dans l'entreprise que vous avez exécutée (la plus grande assurément dont la mémoire des hommes ait conservé le souvenir), vous n'avez pas eu besoin d'exhortations, elles vous sont aujourd'hui bien moins nécessaires. Cependant je crois devoir vous dire en peu de mots qu'il n'y a rien que le peuple romain n'attende de vous, et qu'il met en vous toute son espérance de voir un jour sa liberté rétablie. Représentez-vous jour et nuit, comme vous le faites, je n'en doute pas, quelle grande action vous avez exécutée, et il vous sera impossible d'oublier ce qui vous reste à faire encore. Si ce misérable Antoine, pour qui j'ai toujours eu de l'amitié avant qu'il déclarât de son plein gré une guerre ouverte à la république, se met en possession de votre province, je ne vois point qu'il nous reste aucune espérance de salut. Je vous conjure donc, avec les mêmes instances que le sénat et le peuple romain, de délivrer pour jamais la république de la domination royale, afin de finir aussi glorieusement que vous avez commencé. C'est votre tâche, c'est le rôle qui vous appartient, c'est ce que Rome, ou plutôt toutes les nations du monde attendent et réclament de vous.

Mais je ne dois rien ajouter, car, je le répète, vous n'avez pas

rasset tuas ad me perferendas. Romam autem veni a. d. quintum idus decembres, nec habui quidquam antiquius, quam ut Pansam statim convenirem : ex quo ea de te cognovi, quæ maxime optabam. Quare hortatione tu quidem non eges, si ne illa quidem in re, quæ a te gesta est post hominum memoriam maxima, hortatorem desiderasti. Illud tamen breviter significandum videtur, populum Romanum omnia a te exspectare, atque in te aliquando recuperandæ libertatis omnem spem ponere. Tu si dies noctesque memineris (quod te facere certo scio), quantam rem gesseris, non obliviscere profecto, quantæ tibi etiam nunc gerendæ sint: Si enim iste provinciam nactus erit, cui quidem ego semper amicus fui, antequam illum intellexi non modo aperte, sed etiam libenter cum republica bellum gerere, spem reliquam nullam video salutis. Quamobrem te obsecro iisdem precibus, quibus S. P. Q. R., ut in perpetuum rempublicam dominatu regio liberes, ut principiis consentiant exitus. Tuum est hoc munus, tuæ partes : a te hoc civitas, vel omnes potius gentes non exspectant solum, sed etiam postulant.

Quanquam, quum hortatione non egeas, ut supra scripsi, non utar ea pluri-

besoin d'exhortation. Mon devoir, à moi, c'est de vous promettre tous mes services, tous mes soins, tout mon zèle, toutes mes pensées en tout ce qui touche à votre honneur et à votre gloire. Soyez donc persuadé qu'il n'est rien que je ne fasse, soit par amour pour la république, qui m'est plus chère que ma vie, soit par attachement pour vous et par le désir d'augmenter votre dignité, que je seconderai dans toutes les circonstances vos excellentes intentions, et que je contribuerai de toutes mes forces à votre grandeur et à votre gloire. Adieu.

LETTRE DCCLXXV

Écrite à Rome, vers le 25 décembre 709.

M. T. CICÉRON A D. BRUTUS, IMP., CONSUL DÉSIGNÉ

Lupus, arrivé de Modène après six jours de voyage, m'est venu voir le lendemain matin. Il m'a soigneusement communiqué vos instructions et m'a remis votre lettre. Lorsque vous me recommandez votre dignité, je pense que vous me recommandez la mienne, qui, certes, ne m'est pas plus chère que la vôtre. Vous ne sauriez donc me faire plus de plaisir que d'être

bus verbis : faciam illud, quod meum est, ut tibi omnia mea officia, studia, curas, cogitationes pollicear, quæ ad tuam laudem et gloriam pertinebunt. Quamobrem velim tibi ita persuadeas, me tum reipublicæ causa, quæ mihi vita mea est carior, tum quod tibi ipse faveam, tuamque dignitatem amplificari velim, tuis optimis consiliis, amplitudini, gloriæ nullo loco defuturum. Vale.

EPISTOLA DCCLXXV
(ad div., XI, 6)

Scrib. Romæ, circa x kal. jan. A. V. C. 709.

M. T. CICERO D. BRUTO, IMP., COS. DES., S. D.

Lupus noster quum Romam sexto die Mutina venisset, postridie me mane convenit; tua mihi mandata diligentissime exposuit, et litteras reddidit. Quod mihi tuam dignitatem commendas, eodem tempore existimo te mihi meam dignitatem commendare, quam mehercule non habeo tua cariorem. Quare

bien persuadé que mon dévouement et mon zèle pour votre gloire ne vous feront faute en nulle occasion. J'avais résolu de ne pas me rendre au sénat avant les calendes de janvier ; mais les tribuns du peuple ayant convoqué l'assemblée treize jours plus tôt, et ayant l'intention d'y soumettre la proposition d'une garde pour les consuls désignés ; comme d'ailleurs votre édit devait être discuté le même jour ; je me serais fait un crime de souffrir que l'assemblée eût lieu sans qu'on y parlât des services inestimables que vous avez rendus à la république, ce qui serait arrivé néanmoins si je n'y eusse point assisté ; ou si l'on vous eût rendu, moi absent, les honneurs que vous méritez. Aussi ne manquai-je pas de m'y rendre dès le matin ; et, lorsqu'on le sut, les sénateurs accoururent en foule. J'aime mieux que vous appreniez par d'autres lettres que la mienne ce que j'ai fait au sénat en votre faveur et ce que j'ai dit dans une assemblée fort nombreuse du peuple. Je souhaite seulement de vous voir bien persuadé que lorsqu'il sera question de l'accroissement de votre dignité, qui est déjà très-grande, mon zèle sera toujours extrême, autant à proposer qu'à soutenir tout ce qui pourra l'agrandir encore ; je vois que j'aurai en cela beaucoup d'émules ; mais je m'efforcerai de l'emporter sur tout le monde.

mihi gratissimum facies, si exploratum habebis, tuis laudibus nullo loco nec consilium nec studium meum defuturum. Quum tribuni plebis edixissent, senatus adesset a. d. xiii kalend. jan. haberentque in animo de præsidio consulum designatorum referre ; quanquam statueram in senatum ante kalend. jan. non venire : tamen, quum eo die ipso edictum tuum propositum esset, nefas esse duxi, aut ita haberi senatum, ut de tuis divinis in rempublicam meritis sileretur (quod factum esset, nisi ego venissem), aut, etiamsi quid de te honorifice diceretur, me non adesse. Itaque in senatum veni mane. Quod quum esset animadversum, frequentissimi senatores convenerunt. Quæ de te in senatu egerim, quæ in concione maxima dixerim, aliorum te litteris malo cognoscere. Illud tibi persuadeas velim, me omnia, quæ ad tuam dignitatem augendam pertinebunt, quæ est per se amplissima, summo semper studio suscepturum et defensurum : quod quanquam intelligo me cum multis esse facturum, tamen appetam hujus rei principatum.

LETTRE DCCLXXVI

Écrite à Rome, fin de décembre 709.

M. T. CICÉRON A D. BRUTUS, IMP., CONSUL DÉSIGNÉ

Lupus a eu chez moi une conférence avec Libon et Servius, votre cousin : je ne doute point que vous n'ayez appris de M. Seius, qui était présent, quel a été mon sentiment. Quoique le départ de Seius ait été suivi presque immédiatement de celui de Gréceius, vous pourrez savoir le reste de ce dernier. Le principal point, celui que je souhaiterais que vous comprissiez bien et qu'il ne vous sortît point de la mémoire, c'est que, pour conserver la liberté et le salut du peuple romain, vous ne devez point attendre l'ordre d'un sénat qui n'est point encore libre. Vous ne voudriez pas sans doute laisser croire que vous condamnez votre propre action (car vous n'avez demandé le conseil d'aucun pouvoir public pour délivrer la république ; ce qui rend votre entreprise plus grande et plus glorieuse) ; ni faire entendre que vous accusez de témérité César, ce jeune homme, ou plutôt cet

EPISTOLA DCCLXXVI

(ad div., XI, 7)

Scrib. Romæ, exeunte decembri A. V. C. 709.

M. T. CICERO D. BRUTO, IMP., COS. DES., S. D.

Quum adhibuisset domi meæ Lupus me et Libonem et Servium, consobrinum tuum : quæ mea fuerit sententia, cognosse te ex M. Seio arbitror, qui nostro sermoni interfuit. Reliqua, quanquam statim Seium Græceius est subsecutus, tamen ex Græceio poteris cognoscere. Caput autem est hoc, quod te diligentissime percipere et meminisse velim, ut ne in libertate et salute populi Romani conservanda auctoritatem senatus exspectes, nondum liberi, ne et tuum factum condemnes (nullo enim publico consilio rempublicam liberasti ; quo etiam est res illa major et clarior) ; et adolescentem, vel puerum potius, Cæsa-

enfant, parce qu'il a pris de son propre mouvement la défense de la cause publique; enfin, vous ne laisserez pas supposer que vous regardez comme autant d'insensés ces hommes rustiques à la vérité, mais remplis de courage et citoyens excellents, ces vétérans, vos compagnons d'armes, puis la légion Martia et la quatrième légion, qui ont jugé leur consul ennemi de la république, et qui ont entrepris la défense du salut commun. L'intention du sénat doit passer pour un décret, lorsque ses décrets sont arrêtés par la terreur. Déjà vous vous êtes lié par un double engagement, qui ne vous laisse plus la liberté du choix, d'abord aux ides de mars; puis, tout récemment, en levant une nouvelle armée et en rassemblant des troupes. Ainsi donc, vous devez être prêt et décidé à tout entreprendre, et non à n'agir que par ordre, mais à faire de si grandes choses qu'elles vous attirent les louanges et l'admiration de tous.

LETTRE DCCLXXVII

Écrite à Rome, fin de décembre 709.

M. T. CICÉRON A CORNIFICIUS

Nous sommes ici en guerre avec un gladiateur le plus méchant

rem, judices temere fecisse, qui tantam causam publicam privato consilio susceperit; denique homines rusticos, sed fortissimos viros, civesque optimos, dementes fuisse judices, primum milites veteranos, commilitones tuos, deinde legionem Martiam, legionem quartam, quæ suum consulem hostem judicaverunt, seque ad salutem reipublicæ defendendam contulerunt. Voluntas senatus pro auctoritate haberi debet, quum auctoritas impeditur metu. Postremo suscepta tibi causa jam bis est, ut non sit integrum : primum idibus martiis; deinde proxime, exercitu novo et copiis comparatis. Quamobrem ad omnia ita paratus seu animatus debes esse, non ut nihil facias, nisi jussus; sed ut ea geras, quæ ab omnibus summa cum admiratione laudentur.

EPISTOLA DCCLXXVII

(ad div., XII, 22)

Scrib. Romæ, exeunte decembri A. V. C. 709.

M. CICERO CORNIFICIO S. P. D.

Nos hic cum homine gladiatore, omnium nequissimo, collega nostro, Anto-

de tous les hommes, M. Antoine, notre collègue. Le combat n'est pas égal, car il emploie les armes et nous la parole. Il harangue même contre vous ; mais ce ne sera pas impunément, car on lui fera sentir à qui il s'attaque. Je pense que vous êtes instruit par d'autres de tous ses faits et gestes. Pour moi, je ne dois me charger de vous parler que de l'avenir, qui n'est que trop facile à conjecturer. Tout est dans l'oppression. Les honnêtes gens manquent de chef, et nos *tyrannicides* se sont retirés dans des contrées éloignées. Pansa a de bons sentiments et parle avec fermeté. La santé de notre cher Hirtius se rétablit lentement. Qu'arrivera-t-il? je l'ignore complétement ; mon unique espoir est que le peuple romain se montrera quelque jour digne de ses ancêtres. Pour moi, je ne manquerai jamais à la république ; et, quoi qu'il advienne, je la soutiendrai avec fermeté, et sans avoir rien à me reprocher. Comptez du moins avec certitude qu'aussi longtemps que je le pourrai, je défendrai votre dignité et votre gloire.

L'assemblée du sénat, qui était fort nombreuse le 13 des calendes de janvier, approuva mon opinion sur plusieurs affaires graves et importantes, et particulièrement sur la nécessité de laisser les provinces aux gouverneurs actuels, avec défense de les remettre à un successeur sans un ordre exprès du sénat. Si c'est par zèle pour la république que j'ai ouvert cet avis, croyez

---

nio, bellum gerimus ; sed non pari conditione ; contra arma verbis. At etiam de te concionatur, nec impune ; nam sentiet, quos lacessierit. Ego autem acta ad te omnia arbitror perscribi ab aliis : a me futura debes cognoscere ; quorum quidem non est difficilis conjectura. Oppressa omnia sunt ; nec habent ducem boni ; nostrique τυραννοκτόνοι longe gentium absunt. Pansa et sentit bene, et loquitur fortiter ; Hirtius noster tardius convalescit. Quid futurum sit, plane nescio. Spes tamen una est, aliquando populum Romanum majorum similem fore. Ego certe reipublicæ non deero : et, quidquid acciderit, a quo mea culpa absit, animo forti feram. Illud profecto, quoad potero, tuam famam et dignitatem tuebor.

A. d. XIII kalendas januar. senatus frequens mihi est assensus, quum de cæteris rebus magnis et necessariis, tum de provinciis, ab iis, qui obtinerent, retinendis, neque cuiquam tradendis, nisi qui ex senatusconsulto successisset. Hoc ego quum reipublicæ causa censui, tum, mehercule, in primis retinendæ

que l'envie de conserver votre dignité n'y a pas eu moins de part. Je vous prie donc, au nom de notre amitié, et je vous exhorte, dans l'intérêt de la république, à ne laisser prendre à personne aucun droit dans votre province, et à n'avoir égard qu'à votre dignité, qui doit l'emporter sur tout.

Je veux vous parler avec franchise, comme l'exige notre amitié. Si vous vous étiez conformé à mes lettres sur Sempronius, vous auriez obtenu l'approbation universelle. Mais c'est une affaire faite, et d'une légère importance. Ce qui en a beaucoup, c'est de conserver votre province sous l'autorité de la république. Je vous en écrirais davantage, si vos gens ne paraissaient pressés de partir. Chargez-vous donc de mes excuses auprès de notre ami Cherippus.

LETTRE DCCLXXVIII

Écrite à Rome, en 709, mois incertain.

Q. CICÉRON A SON CHER AMI TIRON

Votre lettre est un merveilleux reproche de mon silence. Mon

dignitatis tuæ. Quamobrem te amoris nostri causa rogo, reipublicæ causa hortor, ut ne cui quidquam juris in tua provincia esse patiare ; atque ut omnia referas ad dignitatem, qua nihil potest esse præstantius.

Vere tecum egam, ut necessitudo nostra postulat. In Sempronio, si meis litteris obtemperasses, maximam ab omnibus laudem adeptus esses. Sed illud et præteriit, et levius est. Hæc magna res est : fac ut provinciam retineas in potestate reipublicæ. Plura scripsissem, nisi tui festinarent. Itaque Cherippo nostro me velim excuses.

EPISTOLA DCCLXXVIII

(ad div., XVI, 27)

Scrib. Romæ, mense incerto, A. V. C. 709.

Q. CICERO TIRONI SUO S. P. D.

Mirificam mihi verberationem cessationis epistola dedisti. Nam, quæ parcius

15.

frère m'en avait écrit avec moins de détails, autant par ménagement sans doute que par précipitation; pour vous, sans garder tant de mesure, vous m'écrivez les choses telles qu'elles sont, surtout par rapport aux consuls désignés. Je les connais à fond : ce sont des hommes sans énergie, énervés, efféminés par la débauche, qui, s'ils ne quittent le gouvernail, exposent la république à périr dans un naufrage universel. Il est à ma connaissance qu'ils ont fait pendant la campagne, à la vue du camp gaulois, des choses vraiment incroyables. Si l'on n'y met bon ordre, ce brigand d'Antoine les corrompra en les associant à ses vices. Il faut que la république cherche un appui dans la puissance tribunitienne, ou par des voies particulières; car j'ai si mauvaise opinion de ces deux hommes, que je ne confierais pas à l'un Césène, ni à l'autre les caves des tavernes Cossutiennes. Je vous l'ai déjà dit, je vous aime comme la prunelle de mes yeux. J'espère vous voir le 3 des calendes, et si je vous rencontre, fût-ce en plein forum, j'irai vous baiser sur les yeux. Aimez-moi, et portez-vous bien.

frater perscripserat, verecundia videlicet et properatione, ea tu sine assentatione, ut erant, ad me scripsisti; et maxime de consulibus designatis; quos ego penitus novi libidinum et languoris effeminatissimi animi plenos : qui nisi a gubernaculis recesserint, maximum ab universo naufragio periculum est. Incredibile est, quæ ego illos scio, oppositis Gallorum castris, in æstivis fecisse, quos ille latro, nisi aliquid firmius fuerit, societate vitiorum deliniet. Res est aut tribunitiis aut privatis consiliis munienda; nam isti duo vix sunt digni, quibus alteri Cæsenam, alteri Cossutianarum tabernarum fundamenta credas. Te, ut dixi, fero oculis. Ego vos a. d. III kalend. videbo, tuosque oculos, etiam si te veniens in medio foro videro, dissuaviabor. Me ama. Vale.

LETTRE DCCLXXIX

Écrite à Athènes, en 709, mois incertain.

CICÉRON LE FILS A SON CHER TIRON

J'attendais vos messagers de jour en jour, avec la plus grande impatience. Enfin ils sont arrivés, quarante-six jours après vous avoir quitté, et rien ne pouvait me faire plus de plaisir. La lettre de mon père est si bienveillante et renferme une telle expansion de tendresse, qu'elle m'a pénétré de joie. La vôtre y a mis le comble : de sorte qu'au lieu de me repentir d'avoir manqué la dernière occasion de vous écrire, je dois m'applaudir de mon silence, qui m'a procuré des témoignages si particuliers de votre affection.

Je suis charmé que vous ayez agréé sans hésiter mes excuses, et je ne doute pas, mon très-cher Tiron, que les récits qu'on vous fait à présent de moi ne vous soient agréables et ne comblent vos vœux. Tous mes soins et mes efforts vont être consacrés à redoubler de jour en jour la bonne opinion qu'on commence

EPISTOLA DCCLXXIX
(ad div., XVI, 21)

Scrib. Athenis, mense incerto, A. V. C. 709.

CICERO FIL. TIRONI SUO DULCISS. S. P. D.

Quum vehementer tabellarios exspectarem quotidie, aliquando venerunt post diem VI et XL, quam a vobis discesserant : quorum mihi fuit adventus optatissimus. Nam quum maximam cepissem lætitiam ex humanissimi et carissimi patris epistola, tum vero jucundissimæ tuæ litteræ cumulum mihi gaudii attulerunt. Itaque me jam non pœnitebat, intercapedinem scribendi fecisse, sed potius lætabar. Fructum enim magnum humanitatis tuæ capiebam ex silentio mearum litterarum.

Vehementer igitur gaudeo, te meam sine dubitatione accepisse excusationem. Gratos tibi optatosque esse, qui de me rumores afferuntur, non dubito, mi dulcissime Tiro : præstaboque et enitar, ut in dies magis magisque hæc

à prendre de moi ; et, puisque vous promettez de chanter partout mes louanges, je vous assure que vous le pouvez hardiment, sans craindre que je démente jamais vos éloges. Je suis si humilié des erreurs de mon jeune âge, que non-seulement je les ai prises en haine, mais que je ne puis même en entendre parler sans honte. Vous avez pris part, je le sais, à mon inquiétude et à mes remords. Je ne m'en étonne point ; car, en me souhaitant de réussir pour l'amour de moi-même, n'est-ce pas le souhaiter aussi pour votre propre intérêt, puisque ma résolution a toujours été de partager avec vous tout ce qui peut m'arriver d'heureux ?

Après vous avoir causé du chagrin, je veux vous donner par ma conduite un double sujet de joie. Vous saurez que je vis dans la plus intime union avec Cratippus, et qu'il me traite moins comme son disciple que comme son fils. Je suis un auditeur assidu de ses leçons, et je ne prends pas moins de plaisir à la douceur de sa conversation. Nous passons ensemble des jours entiers, et fort souvent une partie de la nuit. Car je l'engage aussi souvent que possible à souper avec moi. Depuis que nous vivons sur ce pied-là, il vient souvent à l'improviste me surprendre à table ; et, déposant la sévérité du philosophe, il se montre avec nous aimable et enjoué. Tâchez donc de venir nous rejoindre le plus tôt qu'il vous sera possible, pour faire la connaissance d'un si charmant et si excellent homme.

nascens de me duplicetur opinio. Quare quod polliceris te buccinatorem fore existimationis meæ, firmo id constantique animo facias licet. Tantum enim mihi dolorem cruciatumque attulerunt errata ætatis meæ, ut non solum animus a factis, sed aures quoque a commemoratione abhorreant. Cujus te sollicitudinis et doloris participem fuisse, notum exploratumque est mihi : nec id mirum. Nam quum omnia mea causa velles mihi successa, tum etiam tua. Socium enim te meorum commodorum semper esse volui.

Quod igitur tum ex me doluisti, nunc, ut duplicetur tuum ex me gaudium, præstabo. Cratippo me scito non ut discipulum, sed ut filium, esse conjunctissimum. Nam quum audio illum libenter, tum etiam propriam ejus suavitatem vehementer amplector. Sum totos dies cum eo, noctisque sæpenumero partem. Exoro enim, ut mecum quam sæpissime cœnet. Hac introducta consuetudine, sæpe inscientibus nobis et cœnantibus obrepit, sublataque severitate philosophiæ humanissime nobiscum jocatur. Quare da operam ut hunc talem, tam jucundum, tam excellentem virum videas quam primum.

Que vous dirai-je de Bruttius? Je ne le laisse pas s'éloigner de moi un seul instant. Sa compagnie est aussi agréable que sa conduite est sage et exemplaire. Il possède l'art de mêler aux propos joyeux des questions littéraires et philosophiques. J'ai loué pour lui un logement près du mien, et je viens en aide à son indigence autant que le permet mon petit revenu. J'ai commencé aussi à déclamer en grec sous Cassius; mais, pour le latin, je m'exerce plus volontiers avec Bruttius. Je ne vois pas moins familièrement les gens de lettres qui sont venus de Mitylène avec Cratippus. Il fait très-grand cas de leur savoir et de leur caractère. Je vois aussi beaucoup Épicrates, l'homme le plus considéré dans Athènes, Léonides et plusieurs autres personnes non moins distinguées. Voilà l'emploi de mon temps.

A l'égard de Gorgias, il m'était assurément fort utile pour mes exercices quotidiens de déclamation, mais j'ai dû avant tout obéir aux ordres de mon père, qui m'avait écrit d'une manière formelle de le congédier sur-le-champ. La moindre hésitation de ma part lui aurait paru suspecte, et j'ai fait réflexion d'ailleurs qu'il ne me convenait pas de délibérer sur le jugement d'un père. Croyez, d'ailleurs, que votre zèle et vos avis me sont très-agréables; je vous en suis reconnaissant. J'accepte l'excuse de vos occupations; je sais que vous êtes accablé de besogne.

Nam quid ego de Bruttio dicam? quem nullo tempore a me patior discedere : cujus quum frugi severaque est vita, tum etiam jucundissima convictio. Non est enim sejunctus jocus a philologia et quotidiana συζητήσει. Huic ego locum in proximo conduxi, et, ut possum, ex meis angustiis illius sustento tenuitatem. Præterea declamitare græce apud Cassium institui : latine autem apud Bruttium exerceri volo. Utor familiaribus et quotidianis convictoribus, quos secum Mitylenis Cratippus adduxit, hominibus et doctis et illi probatissimis. Multum etiam mecum est Epicrates, princeps Atheniensium, et Leonides, et horum cæteri similes. Τὰ μὲν οὖν καθ' ἡμᾶς τάδε.

De Gorgia autem quod mihi scribis, erat quidem ille in quotidiana declamatione utilis; sed omnia postposui, dummodo præceptis patris parerem : Διαρρήδην enim scripserat, ut cum dimitterem statim. Tergiversari nolui, ne mea nimia σπουδὴ suspicionem ei aliquam importaret. Deinde illud etiam mihi succurrebat, grave esse, me de judicio patris judicare. Tuum tamen studium et consilium gratum acceptumque est mihi. Excusationem angustiarum tui temporis accipio. Scio enim, quam soleas esse occupatus.

Vous avez acheté une ferme ; je m'en réjouis beaucoup, et je souhaite que vous n'ayez qu'à vous louer de cette acquisition. Ne vous étonnez pas que je choisisse cet endroit de ma lettre pour vous en féliciter, car je suis en cela l'ordre de la vôtre. Vous voilà donc propriétaire ! Adieu les élégantes manières de la ville ! Vous allez devenir un Romain de la vieille roche. Avec quelle satisfaction je me représente déjà votre aimable figure ! Il me semble vous voir achetant des instruments aratoires, causant avec votre fermier, et mettant de côté les graines des fruits que vous mangez au dessert. Raillerie à part, je suis aussi fâché que vous de ce que je n'ai pu vous être d'aucun secours en cette affaire. Mais ne doutez pas que je vous vienne en aide un jour, si la fortune me sourit. Ne sais-je pas bien que vous avez acheté cette ferme pour mon usage autant que pour le vôtre ?

Mille remercîments du soin avec lequel vous avez rempli mes commissions. Envoyez-moi au plus tôt, je vous prie, un secrétaire, surtout un Grec, car je perds beaucoup de temps à transcrire mes notes. Sur toutes choses, prenez soin de votre santé, afin que nous puissions de nouveau philosopher ensemble. Je vous recommande Antherus. Adieu.

Emisse te prædium vehementer gaudeo; feliciterque tibi rem istam evenire cupio. Hoc loco me tibi gratulari, noli mirari. Eodem enim fere loco, tu quoque, emisse te, fecisti me certiorem. Habes. Deponendæ tibi sunt urbanitates : rusticus Romanus factus es. Quomodo ego mihi nunc ante oculos tuum jucundissimum conspectum propono ? Videor enim videre ementem te rusticas res, cum villico loquentem, in lacinia servantem ex mensa secunda semina. Sed quod ad rem pertinet, me tum tibi defuisse, æque ac tu doleo. Sed noli dubitare, mi Tiro, quin te sublevaturus sim, si modo fortuna me : præsertim quum sciam, communem nobis emptum esse istum fundum.

De mandatis quod tibi curæ fuit, est mihi gratum. Sed peto a te, ut quam celerrime mihi librarius mittatur, maxime quidem Græcus : multum mihi enim eripitur operæ in exscribendis hypomnematis. Tu velim in primis cures ut valeas, ut una συμφιλολογεῖν possimus. Antherum tibi commendo. Vale.

LETTRE DCCLXXX

Écrite à Athènes, en 709, mois incertain.

CICÉRON LE FILS A TIRON

Quoique l'excuse que vous m'apportez pour l'interruption de vos lettres soit juste et convenable, je vous prie de n'avoir pas souvent besoin de vous justifier. J'apprends à la vérité l'état des affaires publiques par les bruits qui courent et par les messagers, et mon père m'instruit de ses volontés par ses lettres; cependant le moindre billet de vous, sur le sujet le plus léger, m'a toujours fait le plus grand plaisir. Sachant donc combien je désire vos lettres, n'allez pas, au lieu d'une correspondance active et suivie, ne me donner que des excuses. Adieu.

EPISTOLA DCCLXXX
(ad div., XVI, 25)

Scrib. Athenis, mense incerto, A. V. C. 709.

CICERO FIL. TIRONI S. P. D.

Etsi justa et idonea usus es excusatione de intermissione litterarum tuarum, tamen, id ne sæpius facias rogo. Nam etsi de republica rumoribus et nuntiis certior fio, et de sua in me voluntate semper ad me perscribit pater tamen de quavis minima re scripta a te ad me epistola semper fuit gratissima. Quare quum in primis tuas desiderem litteras, noli committere ut excusatione potius expleas officium scribendi, quam assiduitate epistolarum. Vale.

LETTRE DCCLXXXI

Écrite en 709, mois incertain.

M. T. CICÉRON A CORNIFICIUS

C. Anicius, mon ami intime, homme accompli de tout point, part avec une légation libre, pour l'Afrique, où l'appellent ses affaires particulières : je vous demande pour lui vos bons offices en toute occasion, et je vous prie de lui faciliter le succès de ses affaires. Mais je vous recommande surtout beaucoup d'égards envers lui ; car c'est son côté sensible. Faites pour lui, je vous prie, ce que j'ai toujours fait spontanément pour tous les sénateurs qui venaient dans ma province; donnez-lui des licteurs : c'est un usage qui m'a été transmis par plusieurs hommes éminents. Accordez-lui la même faveur, mon cher Cornificius ; et, si vous avez quelque amitié pour moi, secondez-le dans tout ce qui concerne ses intérêts et sa dignité. Ce sera m'obliger infiniment. Prenez bien soin de votre santé !

EPISTOLA DCCLXXXI
(ad div., XII, 21)

Scrib. mense incerto, A. V. C. 709.

M. T. CICERO CORNIFICIO S. D.

C. Anicius, familiaris meus, vir omnibus rebus ornatus, negotiorum suorum causa legatus est in Africam legatione libera. Eum velim rebus omnibus adjuves, operamque des ut quam commodissime sua negotia conficiat. In primisque, quod ei carissimum est, dignitatem ejus tibi commendo : idque a te peto, quod ipse in provincia facere sum solitus non rogatus, ut omnibus senatoribus lictores darem : quod idem acceperam et cognoveram a summis viris factitatum. Hoc igitur, mi Cornifici, facies : cæterisque rebus omnibus ejus dignitati reique, si me amas, consules. Id erit mihi gratissimum. Da operam ut valeas.

LETTRE DCCLXXXII

Écrite en 709, mois incertain.

M. T. CICÉRON A CORNIFICIUS

Q. Turius, qui faisait le commerce en Afrique, était un homme de bien et très-considéré, qui a laissé des héritiers qui lui ressemblent, Cn. Saturninus, Sext. Aufidius, C. Anneius, Q. Considius Gallus, L. Servilius Postumus, et C. Rubellius. Ce qu'ils m'ont dit m'a fait comprendre qu'ils ont moins besoin de recommandation auprès de vous que de vous offrir l'expression de leur reconnaissance. Ils se louent tellement de vos bontés, qu'ils me paraissent avoir reçu de vous plus que je n'oserais vous demander pour eux. Je l'oserai cependant, parce que je sais de quel poids ma recommandation sera auprès de vous. Je souhaite donc que ma lettre vous fasse mettre le comble aux faveurs que vous leur avez accordées sans que je vous en aie sollicité. Ce que je vous demande surtout, c'est de ne pas permettre qu'Éros Turius, affranchi de Q. Turius, dilapide la succession, comme il a

EPISTOLA DCCLXXXII
(ad. div., XII, 26)

Scrib. mense incerto, A. V. C. 709.

M. T. CICERO CORNIFICIO S. D.

Q. Turius, qui in Africa negotiatus est, vir bonus et honestus, hæredes fecit similes sui, Cn. Saturninum, Sext. Aufidium, C. Anneium, Q. Considium Gallum, L. Servilium Postumum, C. Rubellium. Ex eorum oratione intellexi, gratiarum actione eos magis egere, quam commendatione. Tanta enim liberalitate se tua usos prædicabant, ut iis plus a te tributum intelligerem, quam ego te auderem rogare. Audebo tamen. Scio enim quantum ponderis mea commendatio sit habitura. Quare a te peto ut ad eam liberalitatem qua sine meis litteris usus es, quam maximus his litteris cumulus accedat. Caput autem est meæ commendationis, ne patiare, Erotem Turium, Q. Turii libertum, ut adhuc fe-

fait jusqu'à présent. Enfin, je vous recommande très-expressément tous leurs intérêts. Vous recueillerez une grande satisfaction de leur reconnaissance et de la bonne opinion qu'on a de leur caractère. Encore une fois, je vous les recommande avec les plus vives instances.

LETTRE DCCLXXXIII

Écrite en 709, mois incertain.

M. T. CICÉRON A CORNIFICIUS

Sextus Aufidius va presque de pair avec mes meilleurs amis, par les preuves qu'il me donne de son attachement; et, par son illustration, il ne le cède à aucun chevalier romain. Son caractère égal et modéré offre l'heureuse union des mœurs les plus sévères et du commerce le plus aimable. Je vous recommande ses affaires en Afrique avec toute la chaleur et tout le zèle dont je suis susceptible. Ce sera m'obliger personnellement que de lui faire sentir que ma lettre a été d'un très-grand poids auprès de vous, mon cher Cornificius. Je vous le demande avec instances.

cit, hæreditatem Turianam avertere, cæterisque omnibus rebus habeas eos commendatissimos. Magnam ex eorum splendore et observantia capies voluptatem. Quod ut velis, te vehementer etiam atque etiam rogo.

EPISTOLA DCCLXXXIII
(ad div., XII, 27)

Scrib. mense incerto, A. V. C. 709.

M. T. CICERO CORNIFICIO S. P. D.

Sextus Aufidius et observantia, qua me colit, accedit ad proximos, et splendore equiti Romano nemini cedit. Est autem ita temperatis moderatisque moribus, ut summa severitas summa cum humanitate jungatur. Cujus tibi negotia, quæ sunt in Africa, ita commendo, ut majore studio magisve ex animo commendare non possim. Pergratum mihi feceris, si dederis operam ut is intelligat meas apud te litteras maximum pondus habuisse. Hoc te vehementer, mi Cornifici, rogo.

LETTRE DCCLXXXIV

Écrite en 709, mois incertain.

M. T. CICÉRON A D. BRUTUS, IMP., CONSUL DÉSIGNÉ

Il m'importe beaucoup de savoir dans quelle disposition vous trouvera cette lettre. Aurez-vous alors l'esprit libre ou troublé par quelque inquiétude. Aussi ai-je recommandé à mon messager de saisir le moment opportun pour vous la remettre. Une lettre remise mal à propos nous est importune comme une visite malencontreuse. Mais si vous êtes aussi tranquille, aussi libre que je l'espère, et que le porteur de ma lettre choisisse assez habilement le moment favorable pour se présenter à vous, je me flatte d'obtenir facilement ce que je vous demande.

L. Lamia sollicite la préture. C'est l'homme du monde avec qui je vis le plus intimement. Notre commerce est très-ancien, nos liens sont consacrés par le temps, et, ce qui est encore d'un plus grand prix, son amitié fait tout le charme de ma vie. J'ai d'ailleurs à Lamia de grandes obligations, il m'a rendu de grands

EPISTOLA DCCLXXXIV
(ad div., XI, 16)

Scrib. mense incerto, A. V. C. 709.

M. T. CICERO D. BRUTO, IMP., COS. DES., S. P. D.

Permagni interest, quo tibi hæc tempore epistola reddita sit; utrum quum sollicitudinis aliquid haberes, an quum ab omni molestia vacuus esses. Itaque ei præcepi, quem ad te misi, ut tempus observaret epistolæ tibi reddendæ. Nam, quemadmodum coram, qui ad nos intempestive adeunt, molesti sæpe sunt, sic epistolæ offendunt, non loco redditæ. Si autem, ut spero, nihil te perturbat, nihil impedit, et ille, cui mandari, satis scite et commode tempus ad te cepit adeundi : confido, me, quod velim, facile a te impetraturum.

L. Lamia præturam petit. Hoc ego utor uno omnium plurimum. Magna vetustas, magna consuetudo intercedit : quodque plurimum valet, nihil mihi ejus est familiaritate jucundius. Magno præterea beneficio ejus, magnoque me-

services ; car, dans le temps de mes démêlés avec Clodius, étant le chef de l'ordre équestre, il prit parti pour moi avec beaucoup de chaleur, et fut exilé par le consul Gabinius ; ce qui n'était arrivé jusqu'alors à aucun chevalier romain. Il n'y a personne à Rome qui ne s'en souvienne. Il serait honteux à moi de l'avoir oublié. Figurez-vous donc, mon cher Brutus, que c'est moi-même qui demande la préture. Quoiqu'il ne manque rien à la splendeur de Lamia, ni à son crédit, et qu'il ait déployé une très-grande magnificence dans les jeux de son édilité, je mets de côté tous ces titres et je prends tout sur moi. Vous êtes à la tête des centuries de l'ordre équestre, et vous y avez un pouvoir absolu. Si vous avez pour moi autant de considération que je me plais à le croire, envoyez un messager à notre cher Lupus pour qu'il nous assure les suffrages de ces centuries.

Je ne vous tiendrai pas plus longtemps ; mais je finis par une protestation sincère ; c'est, mon cher Brutus, que si je puis tout attendre de votre amitié, vous ne pouvez rien faire qui me soit plus agréable.

rito sum obligatus. Nam Clodianis temporibus, quum equestris ordinis princeps esset, proque mea salute acerrime propugnaret, a Gabinio consule relegatus est : quod ante id tempus civi Romano contigit nemini. Hoc quum populus Romanus meminerit, me ipsum non meminisse turpissimum est. Quapropter persuade tibi, mi Brute, me petere præturam. Quanquam enim Lamia summo splendore, summa gratia est, magnificentissimo munere ædilitio : tamen, quasi ea ita non essent, ego suscepi totum negotium. Nunc, si me tanti facis, quanti certe facis, quando equitum centurias tenes, in queis regnas, mitte ad Lupum nostrum, ut is nobis eas centurias conficiat.

Non tenebo te pluribus. Ponam in extremo quod sentio. Nihil est, Brute, quum omnia a te exspectem, quod mihi gratius facere possis.

LETTRE DCCLXXXV

Écrite en 709, mois incertain.

M. T. CICÉRON A D. BRUTUS, IMP.

Lamia est le plus intime de mes amis : il m'a rendu, je ne dirai pas des soins, mais des services éminents, qui sont bien connus du peuple romain. Après s'être distingué dans son édilité par la magnificence de ses jeux, il demande la préture, et tout le monde convient qu'il ne manque ni de crédit ni de dignité; mais l'intrigue est si puissante, que je crains beaucoup pour lui, et que je crois devoir prendre sur moi tout le soin de sa candidature. Il m'est facile de voir combien vous pouvez m'aider dans cette entreprise, et je sais aussi combien vous êtes disposé à m'obliger. Je vous prie donc, mon cher Brutus, d'être bien persuadé qu'il n'est rien que je vous demande avec plus d'instance, et dont je puisse vous savoir plus de gré, que d'employer tout votre pouvoir et tout votre zèle pour soutenir les prétentions de Lamia. C'est une grâce que je vous conjure de m'accorder.

EPISTOLA DCCLXXXV
(ad div., XI, 17)

Scrib. mense incerto, A. V. C. 709.

M. T. CICERO D. BRUTO, IMP., S. D.

Lamia uno omnium familiarissime utor. Magna ejus in me, non dico officia ed merita, eaque sunt populo Romano notissima. Is, magnificentissimo munere ædilitatis perfunctus, petit præturam, omnesque intelligunt nec dignitatem ei deesse, nec gratiam. Sed is ambitus instare videtur, ut ego omnia pertimescam, totamque petitionem Lamiæ mihi sustinendam putem. In ea re quantum me possis adjuvare, facile perspicio; nec vero, quantum mea causa velis, dubito. Velim igitur, mi Brute, tibi persuadeas, nihil me majore studio a te petere, nihil te mihi gratius facere posse, quam si omnibus tuis opibus, omni studio, Lamiam in petitione juveris : quod ut facias, vehementer te rogo.

LETTRE DCCLXXXVI

Écrite de la Gaule Transalpine, fin de décembre 709.

PLANCUS A CICÉRON

J'ai lu avec une vive satisfaction la lettre que vous m'avez écrite; j'ai compris que c'est à la suite de votre conversation avec Furnius. Ma seule excuse pour avoir tardé si longtemps à vous donner de mes nouvelles, c'est qu'ayant appris votre départ, je n'ai su votre retour que peu de temps avant qu'il m'ait été confirmé par votre lettre. Je ne me pardonnerais pas de manquer le moins du monde à ce que je vous dois. La liaison de nos pères, le respect que je vous ai porté dès mon enfance, le retour dont vous avez toujours payé mon amitié, m'en font un devoir. Aussi devez-vous être persuadé, mon cher Cicéron, que vous êtes le seul (la différence de nos âges m'y autorise) pour qui j'éprouve les sentiments qu'inspire le nom sacré de père.

Je reconnais également dans tous vos conseils, et cette haute prudence qui vous distingue, et le fidèle témoignage d'une

EPISTOLA DCCLXXXVI
(ad div., X, 4)

Scrib. in Gallia Transalpina, exeunte decembri A. V. C. 709.

PLANCUS CICERONI

Gratissimæ mihi tuæ litteræ fuerunt, quas ex Furnii sermone te scripsisse animadverti. Ego autem præteriti temporis excusationem affero, quod te profectum audieram : nec multo ante redisse scivi, quam ex epistola tua cognovi. Nullum enim in te officium, ne minimum quidem, sine maxima culpa videor posse præterire. In quo tuendo habeo causas plurimas, vel paternæ necessitudinis, vel meæ a pueritia observantiæ, vel tui erga me mutui amoris. Quare, mi Cicero, quod mea tuaque patitur ætas, persuade tibi te unum esse in quo ego colendo patriam mihi constituerim sanctitatem.

Omnia igitur tua consilia mihi non magis prudentiæ plena, quæ summa est,

amitié dont je trouve la mesure dans mon propre cœur. Si tels n'étaient pas mes sentiments, vos avis suffiraient pour me rappeler à mon devoir ; ou, si je balançais à les suivre, vos exhortations seraient assez puissantes pour me ramener au parti qui vous paraîtrait préférable. Mais quelle raison aurais-je à présent de m'en écarter ? Quoique votre amitié vous fasse grossir un peu mes avantages, ils sont devenus tels, soit par la faveur du sort, soit par mes propres efforts, qu'au jugement même de ceux qui me haïssent, il n'y manque que l'éclat d'une grande réputation. Ne doutez donc pas que tout ce que j'ai de force pour agir, de prudence pour prévoir, d'autorité pour commander, ne soit employé au service de la république. Je n'ignore point vos sentiments ; et si j'étais avec vous, comme je le souhaite, je suivrais en tout vos conseils ; et même, loin de vous, je ne ferai rien qui puisse à juste titre m'attirer vos reproches.

J'attends avec impatience des nouvelles de la Gaule Citérieure, et de ce qu'on a fait à Rome dans le mois de janvier. En attendant j'éprouve une vive inquiétude, je crains que les peuples voisins ne saisissent pour nous attaquer l'occasion que leur offrent nos malheurs. Mais si j'obtiens le succès que je crois mériter, soyez certain que ma conduite satisfera, et vous, dont j'ambitionne surtout le suffrage, et tous les gens de bien. Donnez

---

videntur, quam fidelitatis, quam ego ex mea conscientia metior. Quare si aut aliter sentirem, certe admonitio tua me reprimere, aut, si dubitarem, hortatio impellere posset, ut id sequerer, quod tu optimum putares. Nunc vero quid est, quod me in aliam partem trahere possit ? Quæcumque in me bona sunt, aut fortunæ beneficio tributa, aut meo labore parta, etsi a te propter amorem carius sunt æstimata : tamen vel inimicissimi judicio tanta sunt, ut præter bonam famam nihil desiderare videantur. Quare hoc unum tibi persuade, quantum viribus eniti, consilio providere, auctoritate monere potero, hoc omne reipublicæ semper futurum. Non est ignotus mihi sensus tuus : neque, si facultas, optabilis mihi quidem, tui præsentis esset, unquam a tuis consiliis discreparem ; nec nunc committam ut ullum meum factum reprehendere jure possis.

Sum in exspectatione omnium rerum, quid in Gallia Citeriore, quid in urbe mense januario geratur. Interim maximam hic sollicitudinem curamque sustineo, ne inter aliena vitia hæ gentes nostra mala suam putent occasionem. Quod si proinde, ut ipse mereor, mihi successerit : certe et tibi, cui maxime

tous vos soins à votre santé, et aimez-moi comme je vous aime.

LETTRE DCCLXXXVII

Écrite à Rome, au commencement de janvier 710.

M. T. CICÉRON A CORNIFICIUS

Je me fais un devoir de ne laisser échapper aucune occasion de faire votre éloge et de contribuer à votre gloire. Mais j'aime mieux que vous soyez informé de mon zèle et de mes services par les lettres de vos amis que par les miennes. Cependant je vous exhorte à consacrer tous vos soins au soutien de la république. C'est ce que j'attends de votre courage, de vos talents, et de l'espérance que vous devez avoir d'augmenter votre dignité. Mais je vous en dirai davantage sur ce sujet une autre fois. Au moment où je vous écris, tout est en suspens.

Nous ne voyons point encore arriver les députés que le sénat avait envoyés, non pour demander la paix, mais pour déclarer la guerre à Antoine, s'il refusait d'obéir à l'ordre qu'on lui notifiait. De mon côté, je n'ai pas manqué, dès que l'occasion m'en

cupio, et omnibus viris bonis satisfaciam. Fac valeas, meque mutuo diligas.

EPISTOLA DCCLXXXVII
(ad div., XII, 24).

Scrib. Romæ, ineunte januario A. V. C. 710.

M. T. TULLIUS CORNIFICIO S. P. D.

Ego nullum locum prætermitto (nec enim debeo) non modo laudandi tui, sed ne ornandi quidem. Sed mea studia erga te et officia malo tibi ex tuorum litteris, quam ex meis, esse nota. Te tamen hortor ut omni cura in rempublicam incumbas. Hoc est animi, hoc est ingenii tui, hoc ejus spei, quam habere debes, amplificandæ dignitatis tuæ. Sed hac de re alias ad te pluribus. Quum enim hæc scribebam, in exspectatione erant omnia.

Nondum legati redierant, quos senatus non ad pacem deprecandam, sed ad denuntiandum bellum miserat, nisi legatorum nuntio paruisset. Ego tamen,

a été offerte, de défendre la république avec ma vigueur ordinaire. Je me suis déclaré le chef du sénat et du peuple romain : et, depuis que j'ai embrassé la cause de la liberté, je n'ai pas cessé un moment de m'employer à la défense du salut et de la liberté publique. Mais j'aime mieux que vous appreniez cela par d'autres que par moi.

Je vous recommande T. Pinarius, mon ami très-intime, avec toute la chaleur dont je suis capable. Toutes les vertus qu'il possède et la conformité de nos goûts m'attachent à lui très-étroitement. Il est chargé des comptes et des affaires de notre ami Dionysius, que vous aimez beaucoup et que je chéris plus que personne. Au fond, je ne devrais pas vous faire ces recommandations : je vous les fais néanmoins ; et j'espère apprendre par les lettres de Pinarius, le plus reconnaissant des hommes, toutes les bontés que vous aurez eues pour lui et pour Dionysius.

---

ut primum occasio data est, meo pristino more rempublicam defendi ; me principem senatui populoque Romano professus sum ; nec, posteaquam suscepi causam libertatis, minimum tempus amisi tuendæ salutis libertatisque communis. Sed hæc quoque te ex aliis malo.

T. Pinarium, familiarissimum meum, tanto tibi studio commendo, ut majore non possim. Cui quum propter omnes virtutes, tum etiam propter studia communia, sum amicissimus. Is procurat rationes negotiaque Dionysii nostri, quem et tu multum amas, et ego omnium plurimum. Ea tibi ego non debeo commendare ; sed commendo tamen. Facies igitur, ut ex Pinarii, gratissimi hominis, litteris tuum et erga illum et erga Dionysium studium perspiciamus.

LETTRE DCCLXXXVIII

Écrite à Rome, au commencement de janvier 710.

M. T. CICÉRON A D. BRUTUS, IMP., CONSUL DÉSIGNÉ.

Votre chère Polia m'a fait demander si j'avais des lettres à vous envoyer, dans un moment où je n'avais rien à vous écrire. En effet, l'attente où l'on est du retour des députés tient tout en suspens, et l'on ne sait rien encore du résultat de leur mission. Cependant je crois devoir vous mander que le sénat et le peuple romain ont de l'inquiétude pour vous, non-seulement par le motif de leur propre salut, mais encore pour l'intérêt de votre dignité; car votre nom est ici l'objet d'une vénération admirable, et tous les citoyens vous portent une affection singulière. On espère, on compte que vous allez délivrer la république de la tyrannie, comme vous l'avez déjà délivrée du tyran.

On fait de nouvelles levées à Rome et dans toute l'Italie, si l'on doit employer ce terme lorsque tout le monde se présente volontairement : tant le désir de la liberté et la haine d'une

EPISTOLA DCCLXXXVIII
(ad div., XI, 8).

Scrib. Romæ, ineunte januario A. V. C. 710.

M. T. CICERO BRUTO, IMP., COS. DES., S. D.

Eo tempore Polla tua misit, ut ad te, si quid vellem, darem litterarum, quum, quod scriberem, non habebam. Omnia enim erant suspensa propter exspectationem legatorum : qui quid egissent, nihildum nuntiabatur. Hæc tamen scribenda existimavi : primum, S. P. Q. R. de te laborare, non solum salutis suæ causa, sed etiam dignitatis tuæ. Admirabilis enim est quædam tui hominis caritas, amorque in te singularis omnium civium. Ita enim sperant atque confidunt, ut antea rege, sic hoc tempore regno te rempublicam liberaturum.

Romæ delectus habetur totaque Italia; si hic delectus appellandus est, quum ultro se offerunt omnes : tantus ardor occupavit animos hominum desiderio

longue servitude ont enflammé tous les cœurs! C'est de vos lettres désormais que nous devons attendre des nouvelles de tout le reste, c'est-à-dire de ce que vous faites, de ce que font notre cher Hirtius et mon jeune César, que j'espère voir bientôt réunis avec vous par une association de victoire. Il me reste à vous dire, par rapport à moi, ce que j'aime bien mieux que vous appreniez par les lettres de vos amis et ce que j'espère qu'on ne vous laisse point ignorer : c'est-à-dire que je ne manque dans aucune occasion et que je ne manquerai jamais de soutenir votre dignité.

LETTRE DCCLXXXIX

Écrite à Rome, en janvier 710.

CICÉRON A PLANCUS

La joie que j'ai éprouvée à voir Furnius m'a été d'autant plus sensible, qu'en l'entendant parler je croyais vous entendre vous-même. Il m'a fait l'éloge de vos talents militaires, de votre équité dans l'administration de votre province, et de votre prudence en toute chose ; il s'est étendu sur les charmes, à moi bien connus, de votre commerce et de votre intimité ; enfin il s'est

libertatis odioque diutinæ servitutis. De reliquis rebus a te jam exspectare litteras debemus, quid ipse agas, quid noster Hirtius, quid Cæsar meus : quos spero brevi tempore societate victoriæ tecum copulatos fore. Reliquum est, ut de me id scribam, quod te ex tuorum litteris et spero et malo cognoscere : me neque deesse ulla in re, neque unquam defuturum dignitati tuæ.

EPISTOLA DCCLXXXIX
(ad div., X, 5)

Scrib. Romæ, mense januario A. V. C. 710.

CICERO PLANCO S. D.

Quum ipsum Furnium per se vidi libentissime, tum hoc libentius, quod illum audiens te videbar audire. Nam et in re militari virtutem, et in administranda provincia justitiam, et in omni genere prudentiam mihi tuam exposuit, et, mihi non ignotam in consuetudine et familiaritate suavitatem tuam ad-

joué extrêmement de vos bontés pour lui. Tout cela m'a fait bien plaisir, mais ce qui vous concerne m'a touché au cœur. Mes liaisons avec votre famille, mon cher Plancus, ont précédé de quelque temps votre naissance. J'ai pris de l'amitié pour vous dès votre plus tendre jeunesse : ensuite, à mesure que vous avanciez en âge, mon inclination pour vous et votre affection pour moi en ont fait une vive et étroite union. C'est par toutes ces raisons que je prends un intérêt si vif à votre dignité, et que je ne la sépare pas de la mienne. Guidé par la vertu et secondé par la fortune, vous êtes parvenu, bien jeune encore, au faîte des honneurs. Votre esprit et votre habileté vous ont fait triompher des obstacles que l'envie vous opposait. Aujourd'hui, si vous en croyez un homme qui vous aime tendrement et à qui personne ne peut contester le droit de se dire votre plus ancien ami, vous ferez dépendre votre gloire, pour tout le reste de votre vie, du rétablissement de la république.

Vous savez (car il est impossible que vous ayez rien ignoré) qu'on vous a reproché pendant quelque temps de vous être trop plié aux circonstances; et j'aurais de vous la même opinion, si je croyais que vous eussiez approuvé ce que vous étiez obligé de souffrir; mais je comprenais fort bien ce que vous pensiez alors, et j'étais persuadé que votre conduite résultait du sentiment de votre impuissance. A présent votre position est bien différente :

junxit; præterea summam erga se liberalitatem. Quæ omnia mihi jucunda, hoc extremum etiam gratum fuit. Ego, Plance, necessitudinem constitutam habui cum domo vestra ante aliquanto, quam tu natus esses ; amorem autem erga te ab ineunte pueritia tua; confirmata jam ætate, familiaritatem quum studio meo, tum judicio tuo constitutam. His de causis mirabiliter faveo dignitati tuæ, quam mihi tecum statuo habere communem. Omnia summa consecutus es, virtute duce, comite fortuna ; eaque es adeptus adolescens, multis invidentibus, quos ingenio industriaque fregisti. Nunc me amantissimum tui, nemini concedentem, qui tibi vetustate necessitudinis potior possit esse, si audies, omnem tibi reliquæ vitæ dignitatem ex optimo reipublicæ statu acquires.

Scis profecto (nihil enim te fugere potuit), fuisse quoddam tempus, quum homines existimarent, te nimis servire temporibus ; quod ego quoque existimarem, te si ea, quæ patiebare, probare etiam arbitrarer. Sed quum intelligerem, quid sentires, te arbitrabar videre, quid posses. Nunc alia ratio est.

vous pouvez juger librement de toutes choses. Désigné consul à la fleur de votre âge, et doué d'une grande éloquence, dans un temps où la république manque de citoyens tels que vous, attachez-vous, au nom des dieux immortels, à former des desseins et des entreprises qui puissent vous conduire au faîte de la dignité et de la gloire. Je ne connais, surtout dans le temps où nous sommes, après les maux que la république a soufferts depuis tant d'années, qu'une seule route qui mène à la gloire : c'est une bonne administration.

N'attribuez qu'à mon amitié la liberté que je prends de vous écrire en ces termes. Je n'ai pas la prétention de vous donner des conseils et de vous diriger. Vos principes, je le sais, sont puisés à la même source que les miens. Je m'arrête, car j'ai bien moins pensé à faire parade de mon habileté qu'à vous donner un témoignage de mon affection. Comptez toujours sur mon zèle et sur mes efforts pour tout ce qui me paraîtra intéresser votre dignité.

Omnium rerum tuum judicium est, idque liberum. Consul es designatus, optima ætate, summa eloquentia, maxima orbitate reipublicæ virorum talium, Incumbe, per deos immortales, in eam curam et cogitationem, quæ tibi summam dignitatem et gloriam afferat. Unus autem est, hoc præsertim tempore, per tot annos republica devexata, reipublicæ bene gerendæ cursus ad gloriam.

Hæc amore magis impulsus scribenda ad te putavi, quam quo arbitrarer te monitis et præceptis egere. Sciebam enim, ex iisdem te hæc haurire fontibus, ex quibus ipse hauseram. Quare modum faciam. Nunc tantum significandum putavi, ut potius amorem tibi ostenderem meum, quam ostentarem prudentiam. Interea, quæ ad dignitatem tuam pertinere arbitrabor, studiose diligenterque curabo.

LETTRE DCCXC

Écrite à Rome, en janvier 710.

M. T. CICÉRON A CASSIUS

Que ne m'avez-vous invité à votre festin des ides de mars! il n'y aurait point eu de restes. Aujourd'hui, ce sont ces restes qui me donnent de la tablature, et m'en donnent plus qu'à personne. Cependant nous avons d'excellents consuls; mais quels misérables consulaires! Nous avons en général un sénat plein de courage; mais les plus courageux sont précisément les moins élevés en dignité. Rien de plus ferme et de mieux intentionné que le peuple romain et l'Italie entière; mais rien de plus méprisable et de plus criminel que Philippus et Pison, nos deux députés, qui, chargés de porter à Antoine les ordres du sénat, auxquels il a refusé formellement d'obéir, n'ont pas fait difficulté de nous rapporter de sa part les propositions les plus intolérables. Aussi tout le monde a recours à moi, et je suis devenu populaire dans une fort bonne cause. Mais j'ignore ce que vous faites, ce que vous avez en vue, et jusqu'aux lieux où vous êtes. On a dit que vous étiez allé en Syrie, mais personne ne connaît la source de ce bruit.

EPISTOLA DCCXC
(ad div., XII, 4)

Scrib. Romæ, mense januario A. V. C. 710.

M. T. CICERO C. CASSIO S. P. D.

Vellem idibus martiis me ad cœnam invitasses : reliquiarum nihil fuisset. Nunc me reliquiæ vestræ exercent, et quidem præter cæteros me. Quanquam egregios consules habemus, sed turpissimos consulares ; senatum fortem, sed infimo quemque honore fortissimum. Populo vero nihil fortius, nihil melius, Italiaque universa. Nihil autem fœdius Philippo et Pisone legatis, nihil flagitiosius : qui quum essent missi, ut Antonio ex senatus sententia certas res denuntiarent, quum ille earum rerum nulli paruisset, ultro ab illo ad nos intolerabilia postulata retulerunt. Itaque ad nos concurritur ; factique jam in re salutari populares sumus. Sed tu quid ageres, quid acturus, ubi denique esses, nesciebam. Fama nuntiabat, te isse in Syriam : auctor erat nemo.

Il y a plus de fondement à croire ce que l'on rapporte de Brutus, parce qu'il est moins éloigné. Des gens qui ne manquent pas d'esprit blâment Dolabella de son impatience à vous succéder en Syrie, quand vous y êtes à peine depuis trente jours, et sont d'avis qu'il ne faut pas que vous l'y receviez. Mais on vous loue beaucoup, ainsi que Brutus, d'avoir formé une armée en si peu de temps et contre toute espérance. Je vous en écrirais plus long si je connaissais votre situation. Maintenant je ne parle que d'après des présomptions et des bruits publics. Satisfaites donc à l'impatience que j'ai de recevoir de vos lettres. Adieu.

LETTRE DCCXCI

Écrite à Rome, en février 710.

CICÉRON A TRÉBONIUS

Que ne m'aviez-vous invité à ce beau festin des ides de mars! Il n'y aurait pas eu de restes. Ces gens-là nous causent aujourd'hui tant de tracas, que l'admirable service que vous rendites alors à

De Bruto, quo propius est, eo firmiora videntur esse, quæ nuntiantur. Dolabella valde vituperabatur ab hominibus non insulsis, quod tibi tam cito succederet, quum tu vixdum triginta dies in Syria fuisses. Itaque constabat, eum recipi in Syriam non oportere. Summa laus et tua et Bruti est, quod exercitum præter spem existimamini comparasse. Scriberem plura, si rem causamque nossem. Nunc quæ scribo, scribo ex opinione hominum atque fama. Tuas litteras avide exspecto. Vale.

EPISTOLA DCCXCI
(ad div., X, 28)

Scrib. Romæ, mense februario A. V. C. 710.

CICERO TREBONIO S. D.

Quam vellem ad illas pulcherrimas epulas me idibus martiis invitasses! reliquiarum nihil haberemus. At nunc cum his tantum negotii est, ut vestrum

la république nous laisse quelque sujet de plainte. Quand je pense que c'est vous, le meilleur des hommes, qui avez tiré cette peste à l'écart et lui avez sauvé la vie, je serais prêt, si ce n'était un crime, à m'emporter contre vous. Vous m'avez laissé plus d'embarras qu'à tous les autres ensemble; car, dès la première fois que le sénat put s'assembler librement après l'ignoble départ d'Antoine, je repris ces anciens sentiments que vous et votre père, un de nos plus zélés citoyens, avez toujours proclamés et aimés.

Les tribuns du peuple ayant convoqué l'assemblée, le 13 des calendes de janvier, pour des affaires ordinaires, j'exposai l'ensemble de la situation de la république; j'en fis un énergique tableau : et, par la vigueur de mon courage plutôt que par celle de mon talent oratoire, je ranimai dans le sénat languissant et fatigué le sentiment de son ancienne vertu. Depuis ce jour, mes protestations et mes efforts ont rendu au peuple romain les premières espérances de recouvrer sa liberté. Ensuite je n'ai pas cessé un instant de penser et d'agir dans l'intérêt de la république. Je vous ferais ce détail, tout occupé que je suis des plus importantes affaires, si je n'étais persuadé qu'on vous instruit de ce qui se passe à Rome et de tous les actes publics. Mais je pense que vous en serez instruit par d'autres, et je me borne à vous apprendre en substance que nous

illud divinum in rempublicam beneficium nonnullam habeat querelam. Quod vero a te, viro optimo, seductus est, tuoque beneficio adhuc vivit hæc pestis : interdum, quod mihi vix fas est, tibi subirascor. Mihi enim negotii plus reliquisti uni, quam præter me omnibus. Ut enim primum post Antonii fœdissimum discessum senatus haberi libere potuit, ad illum animum meum reverti pristinum, quem tu cum civi acerrimo, patre tuo, in ore et amore semper habuisti.

Nam quum senatum a. d. xiii kalendas januarias tribuni plebis vocavissent, deque alia re referrent : totam rempublicam sum complexus, egique acerrime, senatumque jam languentem et defessum ad pristinam virtutem consuetudinemque revocavi, magis animi quam ingenii viribus. Hic dies, meaque contentio atque actio spem primum populo Romano attulit libertatis recuperandæ. Nec vero ipse postea tempus ullum intermisi de republica non cogitandi solum, sed etiam agendi. Quod nisi res urbanas actaque omnia ad te perferri arbitrarer, ipse perscriberem; quanquam eram maximis occupationibus impe-

avons un sénat rempli de fermeté, mais qu'entre nos consulaires les uns sont timides et les autres mal disposés.

Nous avons fait une grande perte en Servius. Lucius César pense fort bien; mais sa qualité d'oncle ne lui permet pas de parler avec assez de vigueur. Les consuls sont parfaits; D. Brutus, admirable; Octave César est un jeune homme distingué, sur qui je fonde de grandes espérances pour l'avenir. Vous ne devez pas douter que, s'il ne s'était hâté de rassembler les vétérans, et si les deux légions de l'armée d'Antoine, qui ont passé sous ses enseignes, ne l'avaient mis en état de se faire redouter de lui, ce brigand n'eût pas mis de bornes à ses crimes et à ses cruautés.

Ces nouvelles vous sont connues, je pense, mais j'ai voulu vous les confirmer. Je vous écrirai plus au long, si j'ai plus de loisir.

LETTRE DCCXCII

Écrite à Rome, en février 710.

M. T. CICÉRON A CASSIUS

C'est l'hiver, je le suppose, qui nous a empêchés d'apprendre

ditus. Sed illa cognosces ex aliis, a me pauca, et ea summatim. Habemus fortem senatum, consulares partim timidos, partim male sentientes.

Magnum damnum factum est in Servio. L. Cæsar optime sentit; sed, quod avunculus est, non acerrimas dicit sententias. Consules egregii, præclarus D. Brutus : puer egregius Cæsar, de quo spero equidem reliqua. Hoc vero certum habeto, nisi ille veteranos celeriter conscripsisset, legionesque duæ de exercitu Antonii ad ejus se auctoritatem contulissent, atque is oppositus esset terror Antonio, nihil Antonium sceleris, nihil crudelitatis præteriturum fuisse.

Hæc tibi, etsi audita esse arbitrabar, volui tamen notiora esse. Plura scribam, si plus otii habuero.

EPISTOLA DCCXCII

(ad div., XII, 6)

Scrib. Romæ, mense februario A. V. C. 710.

M. T. CICERO C. CASSIO S. P. D.

Hiemem credo adhuc prohibuisse, quo minus de te certum haberemus, quid

avec certitude ce que vous faites et surtout où vous êtes. Cependant tout le monde dit, sans doute parce qu'on le désire, que vous êtes en Syrie, et que vous y avez des troupes. Peut-être se le persuade-t-on facilement, parce qu'on y trouve de la vraisemblance. Notre cher Brutus s'est acquis assurément beaucoup de gloire : il a fait de si grandes choses, et d'une manière si inopinée, que la satisfaction qu'elles inspirent par elles-mêmes s'accroît encore par la promptitude de l'exécution. De votre côté, si vous possédez toutes les forces qu'on vous suppose, la république est appuyée par de grandes ressources; car, depuis les extrêmes rivages de la Grèce jusqu'aux confins de l'Égypte, nous serons fortifiés par l'autorité et les troupes de deux excellents citoyens. Cependant, ou je me trompe, ou dans l'état où sont les choses, tout le fort de la guerre tombera sur D. Brutus. S'il sort de Modène, comme nous l'espérons, la guerre me paraît terminée. Il n'est assiégé que par un fort petit nombre de troupes, parce qu'Antoine a concentré une forte garnison à Bologne. Notre ami Hirtius est à Claterna, César à Forum Cornelium, tous deux avec une bonne armée; et Pansa recrute à Rome de grandes forces avec les levées d'Italie. L'hiver empêche encore les opérations.

Si j'en crois les lettres que je reçois souvent d'Hirtius, il n'entreprendra rien qu'avec prudence. Outre Bologne, Regium

---

ageres, maximeque ubi esses. Loquebantur omnes tamen, credo quod volebant, in Syria te esse, habere copias. Id autem eo facilius credebatur, quia simile vero videbatur. Brutus quidem noster egregiam laudem est consecutus. Res enim tantas gessit, tamque inopinatas, ut eæ, quum per se gratæ essent, tum ornatiores propter celeritatem. Quodsi tu ea tenes, quæ putamus : magnis subsidiis fulta respublica est. A prima enim ora Græciæ usque ad Ægyptum optimorum civium imperiis muniti erimus et copiis. Quanquam, nisi me fallebat, res se sic habebat, ut totius belli omne discrimen in D. Bruto positum videretur : qui si, ut sperabamus, erupisset Mutina, nihil belli reliquum fore videbatur. Parvis omnino jam copiis obsidebatur, quod magno præsidio Bononiam tenebat Antonius. Erat autem Claternæ noster Hirtius; ad Forum Cornelium Cæsar; uterque cum firmo exercitu; magnasque Romæ Pansa copias ex delectu Italiæ comparabat. Hiems adhuc rem geri prohibuerat.

Hirtius nihil nisi considerate, ut mihi crebris litteris significat, acturus vi-

de Lépide et Parme, toute la Gaule tient pour nous et est fort attachée à la république. Vos clients de l'autre côté du Pô montrent aussi un zèle admirable pour la cause commune. Le sénat est très-ferme, à l'exception des consulaires, entre lesquels je ne vois que L. César qui ait de la fermeté et de la droiture.

La mort de Servius Sulpicius nous a fait perdre un puissant appui. Les autres du même ordre sont ou lâches ou pervers. Quelques-uns portent envie à la gloire de ceux dont la faveur publique récompense les services. Mais, du reste, l'accord du peuple romain et de toute l'Italie est admirable : voilà ce que j'ai cru devoir vous communiquer. Maintenant il ne me reste qu'un vœu à exprimer : c'est que de ces contrées lointaines de l'Orient l'éclat de votre gloire resplendisse jusqu'à nous. Adieu.

LETTRE DCCXCIII

Écrite à Rome, à la fin de février 710.

CICÉRON A PÉTUS

Quand j'aurais reçu quelque offense de ce Rufus, votre ami, en

debatur. Præter Bononiam, Regium Lepidi, Parmam, totam Galliam tenebamus, studiosissimam reipublicæ. Tuos etiam clientes Transpadanos mirifice conjunctos cum causa habebamus. Erat firmissimus senatus, exceptis consularibus; ex quibus unus L. Cæsar firmus est et rectus.

Servii Sulpicii morte magnum præsidium amisimus. Reliqui partim inertes, partim improbi : nonnulli invident eorum laudi, quos in republica probari vident. Populi vero Romani totiusque Italiæ mira consensio est. Hæc erant fere, quæ tibi nota esse vellem. Nunc autem opto ut ab istis Orientis partibus virtutis tuæ lumen eluceat. Vale.

EPISTOLA DCCXCIII

(ad div., IX, 24)

Scrib. Romæ, exeunte februario A. V. C. 710.

CICERO PÆTO

Rufum istum, amicum tuum, de quo iterum jam ad me scribis, adjuvarem,

faveur duquel vous m'écrivez pour la seconde fois, je ne lui rendrais pas moins les services qui dépendent de moi, puisque vous montrez tant de chaleur pour ses intérêts. Mais je vois, par vos lettres et par les siennes, qu'il s'est employé avec le plus grand zèle pour me sauver la vie, et je ne puis me dispenser de l'aimer; ma volonté et mon inclination ne m'y portent pas moins que votre recommandation, qui est d'ailleurs toute-puissante sur moi, comme elle doit l'être.

Je veux que vous sachiez, mon cher Pétus, que ce sont vos lettres qui, les premières, m'ont donné l'éveil et m'ont fait mettre sur mes gardes. J'en avais ensuite reçu de plusieurs côtés, qui s'accordaient avec les vôtres. On avait formé contre moi dans Aquinum et dans Fabrateria un complot, dont je vois que vous avez été instruit; et ces gens-là, devinant peut-être les embarras que je devais leur causer, ne pensaient à rien moins qu'à se défaire de moi. Sans défiance, comme j'étais, je n'aurais pris aucune précaution, si vous ne m'aviez averti. Vous voyez donc que votre ami n'a pas besoin de m'être recommandé. Puissent seulement les destinées de la république devenir telles que je trouve l'occasion de lui prouver toute ma reconnaissance! Mais assez sur ce sujet.

J'apprends avec peine que vous ayez renoncé aux soupers en ville; c'est une grande jouissance et un grand plaisir dont vous

---

quantum possem, etiamsi ab eo læsus essem, quum te tantopere viderem ejus causa laborare: quum vero et ex tuis litteris, et ex illius ad me missis intelligam et judicem, magnæ curæ ei salutem meam fuisse, non possum ei non amicus esse, neque solum tua commendatione, quæ apud me, ut debet, valet plurimum, sed etiam voluntate ac judicio meo.

Volo enim te scire, mi Pæte, initium mihi suspicionis et cautionis et diligentiæ fuisse litteras tuas; quibus litteris congruentes fuerunt aliæ postea multorum. Nam et Aquini et Fabrateriæ consilia sunt inita de me, quæ te video inaudisse: et, quasi divinarent quam his molestus essem futurus, nihil aliud egerunt, nisi me ut opprimerent. Quod ego non suspicans incautior fuissem, nisi a te admonitus essem. Quamobrem iste tuus amicus apud me non eget commendatione. Utinam ea fortuna reipublicæ sit, ut ille me quam gratissimum possit cognoscere! Sed hæc hactenus.

Te ad cœnas itare desisse, moleste fero. Magna enim te delectatione et vo-

vous êtes privé; d'ailleurs, car il faut parler sincèrement, je crains que vous ne perdiez l'habitude de ce je ne sais quoi qui fait le charme des petits soupers : car, si, dans le temps même que vous aviez d'excellents modèles, vous n'y avez pas fait de grands progrès, que sera-ce à présent? J'en ai parlé dernièrement à Spurinna, et, lui racontant le fait, je lui fis le tableau de votre vie passée; il m'a fait voir clairement que la république courait un grand danger, si vous ne repreniez pas votre ancienne coutume au premier souffle du zéphyr; et que, tout sensible que vous pouvez être au froid, il n'est pas insupportable en cette saison.

Mais, plaisanterie à part, mon cher Pétus, je vous recommande, comme une des choses les plus essentielles au bonheur de la vie, de vous faire une société d'honnêtes gens qui soient aimables et qui vous aiment. Il n'y a rien qui soit plus propre et qui contribue plus à rendre heureuse l'existence. Et ce n'est pas la sensualité que j'envisage ici, mais l'agrément de se réunir ensemble et à la même table ; car c'est surtout à table que l'on jouit des causeries intimes et des épanchements de l'âme. En cela notre langue a l'avantage sur celle des Grecs : car, ce qu'ils appellent συμπόσια ou σύνδειπνα (repas où l'on boit et mange ensemble), nous le nommons plus sagement *convivia*, parce que c'est là surtout qu'on *vit ensemble*.

---

luptate, privasti. Deinde etiam vereor, licet enim verum dicere, ne nescio quid illud, quod solebas, dediscas, et obliviscare cœnulas facere. Nam si tum quum habebas, quos imitarere, non multum proficiebas; quid nunc te facturum putem ? Spurinna quidem, quum ei rem demonstrassem, et vitam tuam superiorem exposuissem, magnum periculum summæ reipublicæ demonstrabat, nisi ad superiorem consuetudinem tuam, quum Favonius flaret, revertisses. Hoc tempore ferri posse, si forte tu frigus ferre non posses.

Sed, mehercule, mi Pæte, extra jocum, moneo te, quod pertinere ad beate vivendum arbitror, ut cum viris bonis, jucundis, amantibus tui vivas. Nihil aptius vitæ : nihil ad beate vivendum accommodatius. Nec id ad voluptatem refero, sed ad communitatem vitæ atque victus, remissionemque animorum, quæ maxime sermone efficitur familiari, qui est in conviviis dulcissimus, ut sapientius nostri quam Græci; illi συμπόσια aut σύνδειπνα, nos CONVIVIA; quod tum maxime simul vivitur.

Voyez comme, en philosophant, je tâche de vous ramener aux soupers. Prenez soin de votre santé, et ne doutez pas que les soupers en ville n'y contribuent beaucoup. Mais, au nom de notre amitié, n'allez pas conclure du badinage de cette lettre que j'aie renoncé entièrement au soin de la république. Soyez persuadé, au contraire, que jour et nuit je n'ai d'autre soin, d'autre souci que de travailler au salut et à la liberté de mes concitoyens. Je ne laisse passer aucune occasion de parler, d'agir, de pourvoir aux besoins de l'État. Enfin, je le dis sincèrement, s'il fallait le sacrifice de ma vie à l'accomplissement de cette tâche, je le ferais de grand cœur. Je vous recommande instamment le soin de votre santé.

LETTRE DCCXCIV

Écrite à Rome, en février 710.

CICÉRON A PLANCUS

Votre lettre m'est arrivée par duplicata : c'est une preuve de votre zèle. J'en ai conclu que, si j'attendais impatiemment de vos nouvelles, vous ne désiriez pas moins que j'en pusse recevoir.

Vides ut te philosophando revocare coner ad cœnas? Cura ut valeas. Id foris cœnitando facillime consequere. Sed cave, si me amas, existimes, me, quod jocosius scribam, abjecisse curam reipublicæ. Sic tibi, mi Pæte, persuade, me dies et noctes nihil aliud agere, nihil curare, nisi ut mei cives salvi liberique sint. Nullum locum prætermitto monendi, agendi, providendi : hoc denique animo sum, ut si in hac cura atque administratione vita mihi ponenda sit, præclare actum mecum putem. Etiam atque etiam vale.

EPISTOLA DCCXCIV
(ad div., X, 5)

Scrib. Romæ, mense februario A. V. C. 710.

CICERO PLANCO S. D.

Binas a te accepi litteras eodem exemplo : quod ipsum argumento mihi fuit diligentiæ tuæ. Intellexi enim te laborare ut ad me mihi exspectatissimæ lit-

Elles m'ont causé une double satisfaction, et je ne saurais dire, car la comparaison est difficile, ce que je dois le plus apprécier de votre amitié pour moi ou de votre dévouement à la république. L'amour de la patrie est, à mon avis, le plus noble des sentiments ; mais il faut convenir qu'il y a plus de douceur dans l'amitié intime et dans l'union des volontés. Ainsi, vous m'avez fait ressentir un plaisir extrême en me rappelant la liaison que j'ai eue avec votre père, l'amitié que vous m'avez portée dès votre enfance, et mille autres circonstances de cette nature. D'un autre côté, la manifestation des sentiments où vous êtes et où vous persisterez pour la république, m'a pénétré de joie, et cette joie était d'autant plus grande, qu'elle s'unissait à l'assurance de votre amitié.

Je vous exhorte donc, mon cher Plancus, que dis-je? je vous conjure, comme je l'ai déjà fait dans la lettre à laquelle vous me faites une réponse si obligeante, de consacrer toute la puissance de votre esprit, toute l'énergie de votre âme au service de la république. Vous ne pouvez aspirer à rien de plus utile et de plus glorieux pour vous-même : de toutes les choses humaines, il n'en est pas de plus grande et de plus belle que de bien mériter de sa patrie. L'opinion que j'ai de votre bon esprit et de votre sagesse m'autorise à vous parler librement. Jusqu'à pré-

---

teræ perferrentur. Ex quibus cepi fructum duplicem, mihique in comparatione difficilem ad judicandum, amoremne erga me tuum, an animum in rempublicam pluris æstimandum putarem. Est omnino patriæ caritas, meo quidem judicio, maxima : sed amor voluntatisque conjunctio plus certe habet suavitatis. Itaque commemoratio tua paternæ necessitudinis, benevolentiæque ejus, quam erga me a pueritia contulisses, cæterarumque rerum, quæ ad eam sententiam pertinebant, incredibilem mihi lætitiam attulerunt. Rursus declaratio animi tui, quem haberes de republica, quemque habiturus esses, mihi erat jucundissima ; eoque major erat hæc lætitia, quod ad illa superiora accedebat.

Itaque te non hortor solum, mi Plance, sed plane etiam oro, quod feci his litteris, quibus tu humanissime respondisti, ut tota mente omnique animi impetu in rempublicam incumbas. Nihil est quod tibi majori fructui gloriæque esse possit : nec quidquam ex omnibus rebus humanis est præclarius aut præstantius, quam de republica bene mereri. Adhuc enim patitur tua summa humanitas et sapientia, me, quod sentiam, libere dicere. Fortuna suffragante,

sent il semble que, si vous avez obtenu de grands succès, vous en êtes redevable à la fortune, et quoique sans talents vous ne les eussiez pas obtenus, on ne laisse pas d'en attribuer une grande partie à des circonstances favorables. Mais, dans des temps aussi difficiles que ceux où nous sommes, tous les services que vous rendrez à la république tourneront à votre seul honneur et vous appartiendront en propre. Vous ne sauriez croire combien est grande la haine que tous les citoyens, les brigands exceptés, portent à Antoine : on espère, on attend beaucoup de vous et de votre armée. Au nom des dieux, ne perdez point une si belle occasion d'augmenter votre crédit et votre gloire. Je vous parle comme un père à son fils, je m'intéresse pour vous comme pour moi-même; je vous exhorte avec le zèle que réclament la patrie et ma vive amitié pour vous.

LETTRE DCCXCV

Écrite au camp de Tarichée, le 7 mars 710.

C. CASSIUS, PROCONSUL, A CICÉRON

Je souhaite que votre santé soit parfaite : quant à la mienne, elle est bonne. — Sachez que je me suis rendu dans la Syrie

videris res maximas consecutus : quod quanquam sine virtute non potuisses, tamen ex maxima parte ea, quæ es adeptus, fortunæ temporibusque tribuuntur. Iis temporibus difficillimis reipublicæ quidquid subveneris, id erit totum et proprie tuum. Incredibile est omnium civium, latronibus exceptis, odium in Antonium : magna spes in te et in tuo exercitu, magna exspectatio. Cujus, per deos, gratiæ gloriæque cave tempus amittas. Sic moneo, ut filium ; sic faveo, ut mihi : sic hortor, ut et pro patria, et amicissimum.

EPISTOLA DCCXCV

(ad div., XII, 11)

Scrib. nonis martiis in castris Taricheis, A. V. C. 710.

C. CASSIUS, PROCOS., M. T. CICERONI S. P. D.

Si vales, bene est : ego quidem valeo. — In Syriam me profectum esse scito

pour rejoindre les généraux L. Murcus et Q. Crispus. Aussi bons citoyens que braves guerriers, ils n'ont pas plutôt su ce qui se passait à Rome, qu'ils m'ont remis leurs armées, et qu'ils se sont unis à moi pour servir courageusement la république. Apprenez encore que la légion dont Q. Cécilius Bassus avait le commandement s'est rangée sous mes enseignes, et qu'Allienus m'a livré aussi les quatre légions qu'il a ramenées d'Égypte. Je pense que maintenant vous n'avez pas besoin d'exhortation pour soutenir nos intérêts en notre absence, et pour défendre la république autant que cela dépend de vous. Je veux que vous sachiez que, vous et le sénat, vous avez de vigoureux soutiens, et que vous pouvez en toute confiance prendre à cœur la défense de la république. L. Carteius, mon ami intime, est chargé de vous communiquer le reste. Adieu. Au camp de Tarichée, le jour des nones de mars.

LETTRE DCCXCVI

Écrite à Cordoue, le 16 mars 710.

C. ASINIUS POLLION A CICÉRON

Vous n'avez pas dû trouver étrange que je ne vous aie point

ad L. Murcum et Q. Crispum, imperatores. Viri fortes optimique cives, posteaquam audierunt quæ Romæ gererentur, exercitus mihi tradiderunt ipsique mecum una fortissimo animo rempublicam administrant. Item legionem, quam Q. Cæcilius Bassus habuit, ad me venisse, quatuorque legiones, quas A. Allienus ex Ægypto eduxit, traditas ab eo mihi esse scito. Nunc te cohortatione non puto indigere, ut nos absentes remque publicam, quantum est in te, defendas. Scire te volo, firma præsidia vobis senatuique non deesse, ut optima spe et maximo animo rempublicam defendas. Reliqua tecum aget L. Carteius, familiaris meus. Vale. Data nonis martiis, ex castris Taricheis.

EPISTOLA DCCXCVI

(ad div., X, 31)

Scrib. Cordubæ, xvii kal. april. A. V. C. 710.

C. ASINIUS POLLIO CICERONI S. D.

Minime mirum tibi debet videri, nihil me scripsisse de republica, posteaquam

encore écrit sur les affaires publiques depuis qu'on a pris les armes. Le défilé de Castulon, qui a toujours arrêté nos messagers, et qui est plus infesté que jamais par toutes sortes de brigandages, n'apporte pas tant d'obstacles au passage des lettres qu'une infinité d'émissaires de l'un et de l'autre parti, postés à chaque pas, qui fouillent et qui retiennent les courriers. C'est au point que j'ignorerais absolument ce qui se passe là où vous êtes, si je n'en avais reçu des nouvelles par mer. Mais, à présent que la navigation est ouverte, je saisirai avec empressement l'occasion de vous écrire le plus souvent qu'il me sera possible. Il n'y a pas de danger que j'accorde la moindre confiance aux discours de cet homme que tout le monde refuse de voir, et qu'on ne hait point encore autant qu'il le mérite. Quant à moi, je l'ai tellement en aversion, que tout ce qui me serait commun avec lui me paraîtrait insupportable.

Mon caractère naturel et mes inclinations me portent au désir de la paix et de la liberté. Aussi ai-je souvent gémi en voyant s'allumer cette guerre civile; mais, comme il ne m'était pas permis de demeurer neutre, parce que j'avais des ennemis redoutables dans les deux partis, j'ai fui celui des deux camps où je savais que j'aurais peine à me mettre à couvert des pièges de mon principal ennemi. Ainsi, c'est la nécessité qui m'a jeté dans celui où mon inclination ne me portait pas; et, pour me soustraire à une perte certaine, je n'ai pas fait difficulté de

itum est ad arma. Nam saltus Castulonensis, qui semper tenuit nostros tabellarios, etsi nunc frequentioribus latrociniis infestior factus est, tamen nequaquam tanta in mora est, quanta, qui locis omnibus dispositi ab utraque parte scrutantur tabellarios et retinent. Itaque nisi nave perlatæ litteræ essent, omnino nescirem quid istic fieret. Nunc vero, nactus occasionem, posteaquam navigari cœptum est, cupidissime, et quam creberrime potero, scribam ad te. Ne movear ejus sermonibus, quem, tametsi nemo est qui videre velit, tamen nequaquam proinde, ac dignus est, oderunt homines, periculum non est. Adeo est enim invisus mihi, ut nihil non acerbum putem, quod commune cüm illo sit.

Natura autem mea et studia trahunt me ad pacis et libertatis cupiditatem. Itaque illud initium civilis belli sæpe deflevi. Quum vero non liceret mihi nullius partis esse, quia utrobique magnos inimicos habebam, ea castra fugi, in quibus plane tutum me ab insidiis inimici sciebam non futurum. Compulsus eo, quo minime volebam ne in extremis essem, plane pericula non dubi-

m'exposer ouvertement à d'autres périls. Ensuite, César, au faîte des grandeurs, m'ayant reçu au rang de ses plus anciens amis, quoiqu'il ne me connût que depuis peu, je l'ai aimé avec autant de dévouement que de fidélité. Dans tout ce que j'ai fait de mon propre choix, je me suis conduit de manière à m'attirer l'approbation de tous les gens de bien. Dans les occasions où je me suis vu forcé de suivre la volonté d'autrui, j'ai agi si lentement et de telle façon qu'on a pu voir que je n'obéissais qu'avec répugnance. L'injuste reproche qu'on n'a pas laissé de m'en faire a suffi pour m'apprendre combien il y a de douceur dans la liberté, et de malheur à vivre sous la domination d'autrui.

S'il s'agit donc aujourd'hui de nous donner un nouveau maître, je déclare que, quel qu'il soit, je serai son ennemi; et de tous les périls, il n'y en pas un que je redoute ou que je veuille éviter, pour conserver la liberté. Mais les consuls ne m'avaient encore rien prescrit, ni par un décret du sénat, ni par leurs lettres. En effet, depuis les ides de mars je n'en ai reçu qu'une de Pansa, par laquelle il m'exhorte à écrire au sénat qu'il pouvait disposer de moi et de mon armée. C'est ce qui offrait de grandes difficultés, lorsque Lepidus publiait dans ses harangues et dans toutes ses lettres qu'il était d'accord avec Antoine. Comment aurais-je pu, malgré lui, me procurer des vivres et traverser sa province avec mes légions? Et quand j'aurais pu m'ouvrir tous les autres

tanter adii. Cæsarem vero, quod me in tanta fortuna, modo cognitum, vetustissimorum familiarium loco habuit, dilexi summa cum pietate et fide. Quæ mea sententia gerere mihi licuit, ita feci, ut optimus quisque maxime probarit. Quod jussus sum eo tempore atque ita feci, ut appareret, invito imperatum esse. Cujus facti injustissima invidia erudire me potuit, quam jucunda libertas, et quam misera sub dominatione vita esset.

Ita, si id agitur, ut rursus in potestate omnia unius sint, quicumque is est, ei me profiteor inimicum. Nec periculum est ullum, quod pro libertate aut refugiam aut deprecer. Sed consules neque senatusconsulto, neque litteris præceperant mihi, quid facerem. Unas enim post idus martias demum a Pansa litteras accepi, in quibus hortatur me ut senatui scribam, me et exercitum in potestate ejus futurum. Quod, quum Lepidus concionaretur, atque omnibus scriberet se consentire cum Antonio, maxime contrarium fuit. Nam quibus commeatibus, invito illo, per illius provinciam legiones ducerem? aut, si

passages, avais-je des ailes pour franchir les Alpes, dont il garde tous les passages ? Ajoutez que je n'avais aucun moyen de faire passer mes lettres, parce que Lepidus fait fouiller et retenir en mille endroits les messagers. Ce que personne ne peut révoquer en doute, c'est que, dans un discours public, à Cordoue, j'ai déclaré que je ne remettrais ma province qu'à celui qui se présenterait avec un ordre du sénat. Dirai-je combien j'ai fait de difficultés pour livrer la treizième légion ? Personne n'ignore que la livrer c'était m'affaiblir extrêmement pour le service de la république ; car sachez qu'il n'y a rien de si ferme et de si brave que cette légion. Soyez donc persuadé que si je souhaite ardemment la paix, parce que je m'intéresse de bonne foi au salut de tous mes concitoyens, je suis prêt aussi à défendre ma liberté et celle de la république.

Vous avez reçu mon ami au nombre des vôtres. Je suis ravi qu'il doive cette faveur à votre propre inclination. Cependant j'envie le bonheur qu'il a de se promener et de plaisanter avec vous. Voulez-vous savoir le cas que je fais de cet avantage ? Vous l'apprendrez par l'expérience, si le ciel m'accorde jamais une vie tranquille ; car je ne vous quitterai point d'un seul pas.

Je suis surpris que vous ne m'ayez point écrit ce qui serait le plus utile à la république, ou que je demeure dans ma province,

---

cætera transissem, num etiam Alpes poteram transvolare, quæ præsidio illius tenentur ? Adde huc, quod perferri litteræ nulla conditione potuerunt. Sexcentis enim locis excutiuntur, deinde etiam retinentur ab Lepido tabellarii. Illud me Cordubæ pro concione dixisse, nemo vocabit in dubium, provinciam me nulli, nisi qui ab senatu missus venisset, traditurum. Nam de legione trigesima tradenda quantas habuerim contentiones, quid ego scribam ? Qua tradita, quanto pro republica infirmior futurus fuerim, quis ignorat ? Hac enim legione noli acrius aut pugnacius quidquam putare. Quare eum me existima esse, qui primum pacis cupidissimus sim ; omnes enim cives plane studeo esse salvos : deinde, qui et me et rempublicam vindicare in libertatem paratus sim.

Quod familiarem meum tuorum numero habes, opinione tua mihi gratius est. Invideo illi tamen, quod ambulat et jocatur tecum. Quas res quanti æstimem, si unquam licuerit vivere in otio, experieris. Nullum enim vestigium abs te recessurus sum.

Illud vehementer admiror, non scripsisse te mihi, manendo in provincia, an

ou que je passe en Italie avec mon armée. Quoiqu'il y ait pour moi plus de sûreté et moins d'embarras à demeurer ici, comme je vois qu'on a besoin d'armées beaucoup plus que de provinces, parce qu'il sera toujours aisé de ramener les provinces à la soumission, cela étant, j'ai pris la résolution de partir avec mon armée. Vous serez d'ailleurs instruit de tout par la lettre que j'écris à Pansa, et dont je vous envoie copie. A Cordoue, le 17 des calendes d'avril. Adieu.

LETTRE DCCXCVII

Écrite à Rome, le 20 mars 710.

CICÉRON A PLANCUS

Le sénat a reçu avec beaucoup de plaisir, et le peuple romain avec de grandes marques d'approbation, le témoignage que notre ami Furnius leur a rendu de votre zèle pour la république. Mais les lettres qu'on a lues au sénat n'ont pas paru s'accorder avec ce qu'a dit Furnius. Vous étiez pour la paix, tandis que votre illustre collègue était assiégé par d'infâmes brigands. S'ils veu-

ducendo exercitum in Italiam, reipublicæ magis satisfacere possim. Ego quidem, etsi mihi tutius, ac minus laboriosum est, manere; tamen, quia video tali tempore multo magis legionibus opus esse, quam provinciis, quæ præsertim recuperari nullo negotio possint, constitui, ut nunc est, cum exercitu proficisci. Deinde ex litteris, quas Pansæ misi, cognosces omnia. Nam tibi earum exemplar misi. xvii kalend. april. Cordubæ. Vale.

EPISTOLA DCCXCVII

(ad div., X, 6)

Scrib. Romæ, xiii kal. april. A. V. C. 710.

CICERO PLANCO

Quæ locutus est Furnius noster de animo tuo in rempublicam, ea gratissima fuerunt senatui, populoque Romano probatissima. Quæ autem recitatæ litteræ sunt in senatu, nequaquam consentire cum Furnii oratione visæ sunt. Pacis enim auctor eras, quum collega tuus, vir clarissimus, a fœdissimis latronibus

lent la paix, ils doivent commencer par mettre bas les armes; ou s'ils veulent l'obtenir en combattant, c'est par la victoire, et non par des traités qu'on l'obtiendra d'eux.

Vous pourrez apprendre par votre excellent frère et par C. Furnius comment on a accueilli vos lettres et celles de Lepidus sur ce sujet. Mais, quoique vous ne manquiez pas de prudence, et que l'amitié et les fidèles conseils de Furnius et de votre frère ne vous fassent pas défaut, l'affection que j'ai pour vous et mille raisons qui nous unissent de cœur, me portent à vous donner aussi quelques avis auxquels mon expérience donne du poids. Croyez-moi, mon cher Plancus, vous êtes parvenu au plus haut degré des honneurs; mais toutes ces distinctions ne seront regardées que comme de simples titres honorifiques et non comme de véritables dignités, si vous ne vous joignez au peuple romain pour la défense de sa liberté, et au sénat pour le maintien de son autorité. Séparez-vous enfin, je vous en conjure, de ceux avec qui vous vous êtes moins lié par votre propre choix que par la nécessité des conjonctures. Combien avons-nous vu de gens, dans les troubles de la république, qui ont porté le nom de consuls, mais sans être reconnus pour consulaires, si ce n'est ceux qui en ont manifesté les sentiments envers la république.

Tels sont les modèles que vous devez suivre : commencez donc par rompre avec des citoyens impies, auxquels vous ressem-

---

obsideretur : qui aut positis armis pacem petere debent; aut, si pugnantes eam postulant, victoria pax, non pactione parienda est.

Sed de pace litteræ vel Lepidi, vel tuæ, quam in partem acceptæ sint, ex viro optimo, fratre tuo, et ex C. Furnio poteris cognoscere. Me autem impulit tui caritas, ut quanquam nec tibi ipsi consilium deesset, et fratris Furniique benevolentia, fidelisque prudentia tibi præsto esset futura, vellem tamen meæ quoque auctoritatis, pro plurimis nostris necessitudinibus, præceptum ad te aliquod pervenire. Crede igitur mihi, Plance, omnes, quod adhuc gradus dignitatis consecutus sis (es autem adeptus amplissimos), eos honorum vocabula habituros, non dignitatis insignia, nisi te cum libertate populi Romani, et cum senatus auctoritate conjunxeris. Sejunge te, quæso, aliquando ab iis, cum quibus te non tuum judicium, sed temporum vincla conjunxerunt. Complures in perturbatione reipublicæ consules dicti; quorum nemo consularis habitus, nisi qui animo exstitit in rempublicam consularis.

Talem igitur te esse oportet, qui primum te ab impiorum civium, tui dis-

blez si peu ; devenez ensuite le guide, le moteur, le chef du sénat et de tous les gens de bien ; enfin, croyez-le bien, la paix ne consiste pas à mettre bas les armes, mais à nous délivrer de la crainte des armes et de la servitude.

Si tels sont votre conduite et vos sentiments, vous serez non-seulement consul et consulaire, mais grand consul et grand consulaire de fait comme de nom. Sans cela, tous ces titres honorifiques, si grands qu'ils soient, contribueront moins à votre dignité qu'ils ne serviront à votre déshonneur. C'est l'amitié qui me porte à vous donner ces conseils un peu sévères peut-être ; mais, si vous prenez un parti digne de vous, l'expérience vous fera connaître que la vérité seule me les a dictés. Le 13 des calendes d'avril.

LETTRE DCCXCVIII

Écrite à Rome, en mars 710.

CICÉRON A LEPIDUS

La parfaite amitié que j'ai pour vous me porte sans cesse à ne rien épargner pour le maintien et l'accroissement de votre

simillimorum, societate sejungas : deinde et senatui, bonisque omnibus auctorem, principem, ducem præbeas : postremo, ut pacem esse judices non in armis positis, sed in abjecto armorum et servitutis metu.

Hæc si et ages et senties, tum eris non modo consul et consularis, sed magnus etiam et consul et consularis. Sin aliter : tua in istis amplissimis nominibus honorum non modo dignitas nulla erit, sed erit summa deformitas. Hæc, impulsus benivolentia, scripsi paulo severius : quæ tu experiendo in ea ratione, quæ te digna est, vera esse cognosces. D. XIII kalend. apriles.

EPISTOLA DCCXCVIII
(ad div., X, 27)

Scrib. Romæ, mense martio A. V. C. 710.

CICERO LEPIDO S. D.

Quod mihi, pro summa erga te benevolentia, magnæ curæ est, ut quam am-

dignité; mais je n'ai pu me défendre de quelque chagrin en vous voyant négliger de faire vos remerciments au sénat pour les honneurs extraordinaires qu'il vous a décernés. Je me réjouis néanmoins de l'ardeur que vous témoignez pour le rétablissement de la paix. Si vous pouvez nous la donner sans l'esclavage, vous travaillerez également pour votre honneur et pour la république. Mais si elle n'a d'autre résultat que de nous livrer de nouveau au despotisme intolérable d'un furieux, sachez bien qu'il n'y a pas un homme d'un jugement sain qui ne préfère la mort à la servitude. Il me semble donc que la sagesse vous oblige à ne plus vous mêler de cette paix, qui ne serait approuvée ni du sénat, ni du peuple, ni d'aucun homme de bien.

Mais vous pourrez apprendre cela par d'autres, et votre correspondance vous le confirmera. Voyez donc ce que vous avez de mieux à faire : votre prudence vous servira de guide.

plissima dignitate sis, moleste tuli, te senatui gratias non egisse, quum esses ab eo ordine ornatus summis honoribus. Pacis inter cives conciliandæ te cupidum esse lætor. Eam si a servitute sejungis, consules et reipublicæ et dignitati tuæ. Sin ista pax perditum hominem in possessionem impotentissimi dominatus restitutura est, hoc animo scito esse omnes sanos, ut mortem servituti anteponant. Itaque sapientius, meo quidem judicio, facies, si te in istam pacificationem non interpones, quæ neque senatui, neque populo, nec cuiquam bono probatur.

Sed hæc audies ex aliis, aut certior fies litteris. Tu pro tua prudentia, quid optimum factu sit, videbis.

LETTRE DCCXCIX

Écrite en Espagne, en mars 710.

PLANCUS, IMP., ET CONS. DÉSIGNÉ, AUX CONS., AUX PRÉT., AUX TRIB. DU PEUPLE, AU SÉNAT ET AU PEUPLE ROMAIN

Comme on pourrait peut-être m'accuser d'avoir tenu trop longtemps en suspens l'attente des hommes et ajourné volontairement l'espérance de la république, je me crois obligé de justifier ma conduite, avant de m'engager pour l'avenir par des promesses. Je ne veux point paraître vouloir réparer une faute passée, mais expliquer en temps opportun les sentiments mûrement réfléchis d'un cœur qui n'a rien à se reprocher. Je n'ignorais pas que, dans l'agitation de tous les esprits, au milieu du trouble qui régne à Rome, il y avait beaucoup d'avantages à professer de bonnes intentions, et j'ai remarqué que beaucoup de gens ont pris utilement ce moyen pour arriver à de grands honneurs; mais, voyant que, dans la situation où la fortune m'avait placé, je pouvais faire naître des obstacles à mes espérances en me hâtant de faire des promesses, et qu'au contraire un peu de réserve me ferait trou-

EPISTOLA DCCXCIX
(ad div., X, 8)

Scrib. in Hispania, mense martio A. V. C. 710.

PLANCUS, IMP., COS. DES., COSS., PRÆTT., TRIBB. PLEB., SEN., POP.
PL. Q. R. S. D.

Si cui forte videor diutius et hominum exspectationem, et spem reipublicæ de mea voluntate tenuisse suspensam : huic prius excusandum me esse arbitror, quam de insequenti officio quidquam ulli pollicendum. Non enim præteritam culpam videri volo redemisse, sed optimæ mentis cogitata jampridem maturo tempore enuntiare. Non me præteribat, in tanta sollicitudine hominum, et tam perturbato statu civitatis, fructuosissimam esse professionem bonæ voluntatis, magnosque honores ex ea re complures consecutos videbam. Sed, quum in eum casum me fortuna demisisset, ut aut celeriter pollicendo magna mihi ipse ad proficiendum impedimenta opponerem; aut, si eo mihi

ver plus promptement les occasions de me rendre utile, j'ai pris le chemin qui conduisait au salut public plutôt que celui de ma propre gloire.

Qui, en effet, dans ma position, après les actions par lesquelles je crois m'être fait connaître, et soutenu par les espérances que j'ai entre mes mains, qui, dis-je, serait capable ou de souffrir une bassesse, ou de concevoir des désirs pernicieux? Mais j'ai senti le besoin que j'avais d'un peu de temps, de beaucoup de travail et d'une dépense considérable pour justifier par d'heureux succès les promesses que je ferais à la république et à tous les gens de bien, et pour ne pas venir avec une bonne volonté toute nue, mais avec des ressources assurées. L'armée avait été tentée plus d'une fois par des offres considérables; il fallait la confirmer dans la résolution d'accepter plutôt des récompenses médiocres de la république que des avantages sans bornes de la main d'un seul chef. Plusieurs villes s'étaient, l'année précédente, laissé dégager de notre cause par des largesses et des concessions; il fallait leur en faire reconnaître la vanité, et leur persuader qu'elles devaient les attendre d'une meilleure source. Il fallait aussi attirer à nous les commandants des provinces et des armées voisines, afin de former une grande alliance pour défendre la liberté, plutôt que de partager avec un petit nombre une victoire funeste au monde entier. Enfin il fallait me fortifier

---

temperavissem, majores occasiones ad opitulandum haberem : expeditius iter communis salutis, quam meæ laudis, esse volui.

Nam quis in ea fortuna, quæ mea est, et ab ea vita, quam in me cognitam hominibus arbitror, et cum ea spe, quam in manibus habeo, aut sordidum quidquam pati, aut perniciosum concupiscere potest? Sed aliquantum nobis temporis, et magni labores, et multæ impensæ opus fuerunt, ut, quæ reipublicæ bonisque omnibus polliceremur, exitu præstaremus, neque ad auxilium patriæ nudi cum bona voluntate, sed cum facultatibus accederemus. Confirmandus erat exercitus nobis, magnis sæpe præmiis sollicitatus, ut ab republica potius moderata, quam ab uno infinita speraret. Confirmandæ complures civitates, quæ superiore anno largitionibus concessionibusque præmiorum erant obligatæ : ut et illa vana putarent, et eadem a melioribus auctoribus petenda existimarent. Alliciendæ etiam voluntates reliquorum qui finitimis provinciis exercitibusque præfuerunt, ut potius cum pluribus societatem defendendæ libertatis iniremus, quam cum paucioribus funestam orbi terrarum victoriam

si bien, par l'augmentation de mon armée et la jonction de plusieurs corps auxiliaires, que, le moment venu de me déclarer ouvertement, il n'y eût aucun danger, en dépit de mes détracteurs, à faire connaître la cause que je voulais défendre.

Je ne désavouerai donc pas que, pour assurer le succès de mes desseins, j'ai dû feindre malgré moi et dissimuler, non sans chagrin. C'est que l'exemple de mon collègue m'avait appris combien il était dangereux pour un bon citoyen de se déclarer sans avoir pris de justes précautions. C'est par la même raison qu'en dépêchant à Rome C. Furnius, mon lieutenant, homme aussi dévoué que brave, je lui ai donné plus d'ordres de vive voix que par écrit : j'ai voulu mettre également à couvert, et ce qu'il devait vous communiquer, et ma propre sûreté ; vous apprendrez par lui tout ce qu'il m'a fallu faire pour assurer le salut commun et organiser mon armée. Ainsi, vous reconnaîtrez que je veille depuis longtemps à la défense de notre grande république. A présent que, par la faveur des dieux, il ne manque rien à mes préparatifs, non-seulement je demande qu'on espère bien de moi, mais qu'on ne me juge pas à la légère. J'ai sous les armes cinq légions, dévouées à la république, qui peut compter sur leur fidélité et leur courage, et disposées par mes largesses à suivre exactement mes ordres. Toute ma province est prête aussi à les exécuter ; de l'accord unanime de toutes les villes, qui se

---

partiremur. Muniendi vero nosmetipsi fuimus aucto exercitu auxiliisque multiplicatis, ut, quum præferremus sensus aperte, tum etiam, invitis quibusdam, sciri, quid defensuri essemus, non esset periculosum.

Ita nunquam diffitebor, multa me, ut ad effectum horum consiliorum pervenirem, et simulasse invitum, et dissimulasse cum dolore : quod prædmatura denuntiatio boni civis imparati, quam periculosa esset, ex casu collegæ videbam. Quo nomine etiam C. Furnio legato, viro forti atque strenuo, plura etiam verbo, quam scriptura, mandata dedimus : ut et tectius ad vos perferrentur, et nos essemus tutiores : quibusque rebus et communem salutem muniri, et nos armari conveniret, præcepimus. Ex quo intelligi potest, curam reipublicæ summæ defendendæ jampridem apud nos excubare. Nunc, quum deum benignitate ab omni re sumus paratiores, non solum bene sperare de nobis homines, sed explorate judicare volumus. Legiones habeo quinque sub signis, et sua fide virtuteque reipublicæ conjunctissimas, et nostra liberalitate nobis obsequentes : provinciam, omnium civitatum consensu, paratissimam, et summa conten-

disputent l'honneur de mieux remplir leur devoir. J'ai autant de cavalerie et de troupes auxiliaires que le pays peut en fournir pour la défense de son salut et de sa liberté.

Pour moi personnellement, je suis si déterminé à remplir mon devoir, que je ne refuse ni de continuer à défendre la province, ni d'aller où la république peut m'appeler, ni de remettre à un autre mon armée, mes auxiliaires et mon commandement, ni même d'attirer sur moi tout le poids de la guerre; heureux si, au prix de ma vie, je puis assurer le salut de ma patrie, ou retarder les dangers qui la menacent. Si mes promesses n'arrivent qu'après le rétablissement des affaires et la conclusion de la paix, je me réjouirai du bonheur de la république aux dépens de ma gloire. Si je m'offre assez tôt pour être associé à sa défense au moment des plus pressants et des plus grands dangers, je recommande aux juges équitables l'apologie de mes intentions contre les attaques de l'envie. Pour moi, je serai toujours assez récompensé de mes services par le salut même de la république; mais je crois devoir aussi vous recommander ceux de mes compagnons d'armes qui, dociles à mon autorité et surtout fidèles aux serments qu'ils vous ont prêtés, n'ont pu être ébranlés par aucune sorte de crainte ni séduits par aucune espérance.

tione ad officia certantem : equitatus auxiliorumque tantas copias, quantas hæ gentes ad defendendam suam salutem libertatemque conficere possunt.
Ipse ita sum animo paratus, ut vel provinciam tueri, vel ire quo respublica vocet, vel tradere exercitum, auxilia, provinciamque, vel omnem impetum belli in me convertere non recusem, si modo meo casu aut confirmare patriæ salutem, aut periculum possim morari. Hæc si jam expeditis omnibus rebus, tranquilloque statu civitatis polliceor : in damno meæ laudis reipublicæ commodo lætabor. Sin ad societatem integerrimorum et maximorum periculorum accedam : consilia mea æquis judicibus ab obtrectatione invidorum defendenda commendo. Mihi quidem ipsi fructus meritorum meorum in reipublicæ incolumitate satis magnus est paratus. Eos vero, qui, meam auctoritatem et multo magis vestram fidem secuti, nec ulla spe decipi nec ullo metu terreri potuerunt, ut commendatos vobis habeatis, petendum videtur.

LETTRE DCCC

Écrite en Espagne, en mars 710.

PLANCUS A CICÉRON

Je vous expliquerais mes desseins plus au long, et j'entrerais dans le détail de toute ma conduite, si je suivais le désir que j'ai de vous faire connaître avec quelle ponctualité j'exécute vos avis et mes promesses pour le service de la république. Car, j'ai toujours tenu à votre estime autant qu'à votre amitié; et je n'ai pas moins désiré vous avoir pour défenseur de mes fautes que pour panégyriste de mes bons services. Mais j'ai deux raisons de ne pas faire cette lettre plus longue : l'une, que j'explique tout dans ma lettre officielle; l'autre, que j'ai chargé M. Varisidius, chevalier romain et mon intime ami, de vous voir et de vous donner tous les éclaircissements que vous pouvez souhaiter. Le ciel m'est témoin que ce n'est pas sans une vive douleur que j'ai vu les autres en possession de la gloire avant moi. Mais je me suis fait violence pour

EPISTOLA DCCC

(ad div., X, 7)

Scrib. in Hispania, mense martio A. V. C. 710.

PLANCUS CICERONI

Plura tibi de meis consiliis scriberem, rationemque omnium rerum redderem verbosius, quo magis judicares, omnia me reipublicæ præstitisse, quæ et tua exhortatione excepi, et mea affirmatione tibi recepi : (non minus enim a te probari, quam diligi semper volui, nec te magis in culpa defensorem mihi paravi, quam prædicatorem meritorum meorum esse volui) : sed breviorem me duæ res faciunt : una, quod publicis litteris omnia sum persecutus; altera, quod M. Varisidium, equitem Romanum, familiarem meum, ipsum ad te transire jussi, ex quo omnia cognoscere posses. Non, medius fidius, mediocri dolore afficiebar, quum alii occupare possessionem laudis viderentur : sed usque

attendre que j'eusse conduit les choses au point de former quelque entreprise digne de mon consulat et de votre attente. C'est ce que je réaliserai, si la fortune ne trompe pas mes espérances ; on verra alors que j'ai été un des plus fermes soutiens de la république, et la postérité en conservera le souvenir.

Accordez, je vous prie, votre suffrage au maintien de ma dignité, et redoublez mon courage en me faisant recueillir les fruits glorieux que vous m'avez fait espérer. Je sais que vous en avez également le pouvoir et la volonté. Ayez soin de votre santé et aimez-moi comme je vous aime.

LETTRE DCCCI

Écrite à Rome, à la fin de mars 710.

M. T. CICÉRON A C. CASSIUS

J'aimerais mieux que ce fussent vos amis, plutôt que moi-même, qui vous apprissent le zèle que j'ai mis à défendre votre dignité dans l'assemblée du sénat et dans celle du peuple. Non

mihi temperavi, dum perducerem eo rem, ut dignum aliquid et consulatu meo et vestra exspectatione efficerem. Quod spero, si me fortuna non fefellerit, me consecuturum : ut, maximo præsidio reipublicæ nos fuisse, et nunc sentiant homines et in posterum memoria teneant.

A te peto, ut dignitati meæ suffrageris, et, quarum rerum spe ad laudem me vocasti, harum fructu in reliquum facias alacriorem. Non minus posse te, quam velle, exploratum mihi est. Fac valeas, meque mutuo diligas.

EPISTOLA DCCCI
(ad div., XII, 7)

Scrib. Romæ, exeunte martio A. V. C. 710.

M. T. CICERO C. CASSIO S. P. D.

Quanto studio dignitatem tuam et in senatu et ad populum defenderim, ex tuis te malo, quam ex me, cognoscere. Quæ mea sententia in senatu facile

opinion aurait aisément prévalu au sénat, si Pansa ne s'y était fortement opposé. Après y avoir soutenu ma proposition, je me fis présenter à la tribune aux harangues par le tribun du peuple M. Servilius. Je dis tout ce que je pus en votre faveur, avec une voix si forte, qu'elle remplissait toute l'étendue du Forum, et le peuple me témoigna son approbation par des applaudissements dont je n'ai jamais vu d'exemple.

Vous me pardonnerez d'avoir fait toutes ces démarches contre la volonté de votre belle-mère ; sa timidité lui faisait craindre que Pansa n'en fût offensé. En effet, il a dit en pleine assemblée que votre mère et votre frère étaient d'un autre avis que moi sur cette proposition. Mais cet obstacle n'a point été capable de m'ébranler. J'étais poussé par des considérations plus puissantes. Avec le bien de la république, qui a toujours été ma plus forte passion, j'avais en vue votre dignité et votre gloire. Je me suis longuement étendu devant le sénat et dans l'assemblée publique sur un point pour lequel je désire que vous dégagiez ma parole. J'ai promis et j'ai presque affirmé que vous n'aviez pas attendu et que vous n'attendriez point nos décrets pour défendre la république, mais que vous le feriez de votre propre mouvement et comme vous le jugeriez utile.

Et cependant j'étais sans nouvelles de vous, je ne savais pas même où vous étiez ni quelle était la force de vos troupes : je

---

valuisset, nisi Pansa vehementer obstitisset. Ea sententia dicta, productus sum in concionem a tribuno plebis, M. Servilio. Dixi de te, quæ potui, tanta contentione, quantum Forum est; tanto clamore consensuque populi, ut nihil unquam simile viderim.

Id velim mihi ignoscas, quod invita socru tua fecerim. Mulier timida verebatur, ne Pansæ animus offenderetur. In concione quidem Pansa dixit, matrem quoque tuam et fratrem illam a me sententiam noluisse dici. Sed hæc non movebant : alia malebam. Favebam et reipublicæ, cui semper favi, et dignitati ac gloriæ tuæ. Quod autem et in senatu pluribus verbis disserui, et dixi in concione, in eo velim fidem meam liberes. Promisi enim et prope confirmavi, te non exspectasse nec exspectaturum decreta nostra, sed te ipsum tuo more rempublicam defensurum.

Et, quanquam nihildum audieramus, nec ubi esses, nec quas copias habe-

n'en ai pas moins posé en fait que toutes les ressources, que toutes les troupes qui sont dans ces contrées sont à votre disposition, et que je ne doutais pas que vous eussiez déjà fait rentrer toute la province d'Asie sous l'obéissance de la république. Faites-vous donc un devoir de vous surpasser vous-même, en augmentant sans cesse votre gloire. Adieu.

LETTRE DCCCII

Écrite à Rome, le 30 mars 710.

CICÉRON A PLANCUS

Bien que le récit de Furnius m'eût assez fait connaître vos intentions et vos projets pour le service de la république, la lecture de vos dépêches au sénat m'a donné une idée plus nette de l'ensemble de vos vues. La fortune de l'empire dépend entièrement d'une bataille, et je pense que son sort sera déjà décidé lorsque vous recevrez cette lettre ; quoi qu'il en soit, le bruit de vos bonnes intentions s'est répandu et vous attire les plus grands éloges. Si nous avions eu un consul à Rome, le sénat

res : tamen sic statuebam, omnes, quæ in istis partibus essent opes copiæque, tuas esse ; per teque Asiam provinciam confidebam jam reipublicæ reciperatam. Tu fac in augenda gloria te ipsum vincas. Vale.

EPISTOLA DCCCII
(ad div., X, 10)

Scrib. Romæ, III kal. april. A. V. C. 710.

CICERO PLANCO

Etsi satis ex Furnio nostro cognoram quæ tua voluntas, quod consilium de republica esset : tamen, tuis litteris lectis, liquidius de toto sensu tuo judicavi. Quamobrem, quanquam in uno prœlio omnis fortuna reipublicæ disceptat ; quod quidem, quum hæc legeres, jam decretum arbitrabar fore, tamen ipsa fama, quæ de tua voluntate percrebuit, magnam es laudem consecutus.

n'aurait pas manqué de vous faire connaître, en vous décernant de grands honneurs, combien il est satisfait de vos efforts et de vos préparatifs. Mais le temps d'agir n'est point encore passé, et, selon mon opinion, n'est pas même arrivé ; car, après tout, les vrais honneurs sont ceux qu'on accorde aux services rendus par les grands hommes, plutôt qu'à l'espérance d'en recevoir. Si le ciel nous rend une république où le mérite puisse briller, il n'y a pas, croyez-moi, d'honneurs, si grands qu'ils soient, dont vous ne soyez comblé. Ce qui doit porter véritablement le nom d'honneur n'est pas un simple encouragement passager, c'est la récompense immortelle d'un mérite éprouvé.

Ainsi donc, mon cher Plancus, que la gloire soit le but de tous vos efforts. Servez votre patrie ; volez au secours de votre collègue, et secondez cet heureux accord de toutes les nations qui font cause commune avec nous : vous me trouverez toujours plein de zèle à faire valoir vos intentions et à favoriser votre dignité ; enfin, à vous donner dans toutes les circonstances les preuves de l'amitié la plus fidèle : car, outre les anciens motifs tels que notre affection mutuelle, les bons offices et la durée de notre liaison, j'en trouve un si puissant dans l'amour de la patrie, qu'il me ferait préférer votre vie à la mienne. Le 3 des calendes d'avril.

Itaque si consulem Romæ habuissemus, declaratum esset ab senatu cum tuis magnis honoribus, quam gratus esset conatus et apparatus tuus. Cujus rei non modo non præteriit tempus, sed ne maturum quidem etiam nunc, meo quidem judicio, fuit. Is enim denique honos mihi videri solet, qui non propter spem futuri beneficii, sed propter magna merita claris viris defertur et datur. Quare, sit modo aliqua respublica, in qua honos elucere possit ; omnibus, mihi crede, amplissimis honoribus abundabis. Is autem, qui vere appellari potest honos, non invitamentum ad tempus, sed perpetuæ virtutis est præmium.

Quamobrem, mi Plance, incumbe toto pectore ad laudem ; subveni patriæ ; opitulare collegæ ; omnium gentium consensum et incredibilem conspirationem adjuva. Me tuorum consiliorum adjutorem, dignitatis fautorem, omnibus in rebus tibi amicissimum fidelissimumque cognosces. Ad eas enim causas, quibus inter nos amore sumus, officiis, vetustate conjuncti, patriæ caritas accessit : eaque effecit, ut tuam vitam anteferrem meæ. III kalendas apriles.

LETTRE DCCCIII

Écrite à Rome, le 11 avril 710.

CICÉRON A PLANCUS

Quoique la cause de la république suffise pour me faire ressentir la joie la plus vive du puissant secours qu'elle vient de recevoir de vous, au moment où elle était presque à bout de ressources; néanmoins le sauveur de la république m'est si cher, qu'une fois la liberté raffermie par lui, je ferai ma plus grande joie de sa gloire à laquelle est promis un si brillant avenir! Jamais, croyez-le bien, dépêches n'ont reçu du sénat un accueil plus favorable que les vôtres, tant par le mérite éminent de vos services, que par la dignité de vos expressions et de vos sentiments. Cela ne m'a nullement surpris, moi qui vous connais, qui me souviens des promesses que vous m'avez réitérées dans vos lettres, moi que Furnius a initié à vos plus secrètes pensées. Mais le sénat y a trouvé plus de grandeur qu'il ne s'y était attendu non qu'il se défiât de vos intentions; mais parce qu'il n'avait pas

EPISTOLA DCCCIII
(ad div., X, 12)

Scrib. Romæ, III id. april. A. V. C. 710.

CICERO PLANCO

Etsi reipublicæ causa maxime gaudere debeo, tantum ei te præsidii, tantum opis attulisse extremis pæne temporibus; tamen ita te victorem complectar republica recuperata, ut magnam partem mihi lætitiæ tua dignitas afferat, quam et esse jam, et futuram amplissimam intelligo. Cave enim putes, ullas unquam litteras gratiores quam tuas, in senatu esse recitatas. Idque contigit quum meritorum tuorum in rempublicam eximia quadam magnitudine, tum verborum sententiarumque gravitate. Quod mihi quidem minime novum, qui et te nossem, et tuarum litterarum ad me missarum promissa meminissem, et haberem a Furnio nostro tua penitus consilia cognita. Sed senatui majora visa sunt, quam erant exspectata: non quo unquam de tua voluntate dubitas-

bien conçu ce qu'on pouvait attendre de vous, et jusqu'où vous seriez capable de pousser vos succès.

Aussi, lorsque le 7 des ides d'avril M. Varisidius m'apporta de grand matin votre lettre, je me sentis transporté de joie en la lisant. J'avais autour de moi un grand nombre d'excellents citoyens, qui attendaient ma sortie pour m'accompagner. Je ne pus m'empêcher de leur communiquer le sujet de ma satisfaction. Dans le même instant, T. Munatius, notre ami commun, étant venu me joindre à l'ordinaire, je lui montrai votre lettre, dont il n'avait encore rien appris; car Varisidius était d'abord venu chez moi, selon vos instructions. Quelques moments après, Munatius m'apporta vos deux autres lettres; celle que vous lui écriviez à lui-même, ainsi que votre dépêche officielle. Nous résolûmes de porter celle-ci sur le champ au préteur Cornutus; qui, suivant l'ancien usage, tient la place des consuls en leur absence. Le sénat fut convoqué immédiatement; l'assemblée fut nombreuse; le bruit de vos lettres s'était répandu, et l'attente était grande. Après la lecture de vos dépêches, Cornutus, sur l'avis des pullaires, eut un scrupule de religion, parce qu'il n'avait pas, disait-on, bien consulté les auspices; notre collége fut de cette opinion et l'affaire fut remise au lendemain. Ce jour-là j'eus une contestation des plus vives avec Servilius, au sujet

set ; sed nec, quantum facere posses, nec quo progredi velles, exploratum satis habebat.

Itaque quum a. d. vii idus apriles mane mihi tuas litteras M. Varisidius reddidisset, easque legissem, incredibili gaudio sum elatus : quumque magna multitudo optimorum virorum et civium me domo deduceret, feci continuo omnes participes meæ voluptatis. Interim ad me venit T. Munatius noster, ut consuerat : at ego ei litteras tuas; nihildum enim sciebat. Nam ad me primum Varisidius : idque sibi a te mandatum esse dicebat. Paulo post idem mihi Munatius eas litteras legendas dedit, quas ipsi miseras, et eas, quas publice. Placuit nobis ut statim ad Cornutum prætorem urbanum litteras deferremus ; qui, quod consules aberant, consulare munus sustinebat more majorum. Senatus est continuo convocatus, frequensque convenit propter famam atque exspectationem tuarum litterarum. Recitatis litteris, oblata religio Cornuto est, pullariorum admonitu, non satis diligenter eum auspiciis operam dedisse : idque a nostro collegio comprobatum est. Itaque res dilata est in posterum. Eo autem die magna mihi pro tua dignitate contentio cum Servi-

de votre dignité ; il avait obtenu, par son crédit, la faveur de voter le premier. Pendant qu'il parlait, un grand nombre de sénateurs se retirèrent pour aller s'occuper d'autres affaires ; mais, lorsque l'assemblée eut applaudi à mon opinion, que j'émis le second, le tribun P. Titius, à l'instigation de Servilius, me fit opposition. Nouveau renvoi au jour suivant. Servilius y vint armé de toutes pièces et prêt à combattre Jupiter même, dans le temple duquel se tenait l'assemblée. J'aimerais mieux que vous apprissiez d'un autre que de moi comment je l'écrasai, et par quels efforts je parvins à triompher de l'opposition de Titius. Ce que je puis vous assurer, c'est que le sénat ne pouvait se montrer plus digne, plus ferme et plus jaloux de votre gloire qu'il le fut dans cette circonstance ; mais Rome entière ne vous est pas moins favorable que le sénat, car le peuple et tous les ordres de l'État sont merveilleusement unis pour la défense de la république.

Continuez donc comme vous avez commencé, et rendez-vous digne d'une gloire immortelle. Tout ce qui n'a qu'une vaine splendeur et qui ne promet que des apparences de gloire, mérite votre mépris. Regardez tout cela comme un avantage court, frivole et passager. Mais le véritable honneur consiste dans la vertu, et c'est par les services qu'on rend à la patrie qu'il acquiert son plus beau lustre. Jamais occasion ne vous fut plus favorable. Vous

---

lio : qui quum gratia effecisset, ut sua sententia prima pronuntiaretur, frequens eum senatus reliquit, et in alia omnia discessit, meæque sententiæ, quæ secunda pronuntiata erat, quum frequenter assentiretur senatus, rogatu Servilii P. Titius intercessit. Res in posterum dilata. Venit paratus Servilius, Jovi ipsi iniquus ; cujus in templo res agebatur. Hunc quemadmodum fregerim, quantaque contentione Titium intercessorem abjecerim, ex aliorum te litteris malo cognoscere. Unum hoc ex meis : senatus gravior, constantior, amicior tuis laudibus esse non potuit, quam tum fuit. Nec vero tibi senatus amicior, quam cuncta civitas. Mirabiliter enim populus Romanus universus et omnium generum ordinumque consensus ad liberandam rempublicam conspiravit.

Perge igitur, ut agis, nomenque tuum commenda immortalitati : atque hæc omnia quæ habent speciem gloriæ, collectam inanibus splendoris insignibus, contemne ; brevia, fugacia, caduca existima. Verum decus in virtute positum est, quæ maxime illustratur magnis in rempublicam meritis. Eam facultatem

la tenez, profitez-en, et faites en sorte que la république ne vous doive pas moins que vous ne devez à la république. Pour moi, vous me trouverez toujours ardent, non-seulement à soutenir, mais à augmenter votre dignité. C'est un devoir que me commandent à la fois la république, qui m'est plus chère que la vie, et l'amitié qui nous lie. Au milieu de mes luttes pour faire valoir vos services, j'ai éprouvé une vive satisfaction de voir Munatius, dont la sagesse m'est bien connue, se signaler de plus en plus par son zèle et sa bienveillance envers vous. Le 3 des ides d'avril.

LETTRE DCCCIV

Écrite à Rome, en avril 710.

M. T. CICÉRON A Q. CORNIFICIUS

Vous avez raison : ceux qui menaçaient Lilybée, comme vous me l'écrivez, devaient être punis à Lilybée même ; mais vous avez craint, dites-vous, que votre vengeance ne parût point exempte d'emportement ; vous avez craint de ne pas paraître assez grave comme citoyen, assez maître, assez digne de vousmême. Je suis charmé que vous renouveliez avec moi l'alliance

---

habes maximam, quam quoniam complexus tenes, perfice, ut ne minus respublica tibi, quam tu reipublicæ debeas. Me tuæ dignitatis non modo fautorem, sed etiam amplificatorem cognosces. Id quum reipublicæ, quæ mihi vita est mea carior, tum nostræ necessitudini debere me judico. Atque in his curis, quas contuli ad dignitatem tuam, cepi magnam voluptatem, quod bene cognitam mihi T. Munatii prudentiam et fidem magis etiam perspexi in ejus incredibili erga te benevolentia et diligentia. iii idus apriles.

EPISTOLA DCCCIV
(ad div., XII, 28)

Scrib. Romæ, mense aprili A. V. C. 710.

M. T. CICERO Q. CORNIFICIO S. P. D.

Assentior tibi, eos, quos scribis Lilybæi minari, istic pœnas dare debuisse : sed metuisti, ut ais, ne nimis liber in ulciscendo viderere. Metuisti igitur ne gravis civis, ne nimis fortis, ne nimis te dignus viderere. Quod societatem

que j'ai formée avec votre père pour la défense de la république. Il faut, mon cher Cornificius, que cette alliance subsiste perpétuellement entre nous.

Je vois avec le même plaisir que vous ne croyez pas me devoir des remerciments en votre nom. En effet, ces formalités sont superflues de vous à moi. Le sénat penserait plus souvent à votre dignité, si, dans l'absence des consuls, il s'assemblait pour d'autres choses que pour des incidents extraordinaires. Il n'y a donc rien à attendre de lui en ce moment pour l'affaire des deux millions, ni celle des cinq millions de sesterces. Je crois que vous devez lever de l'argent et faire un emprunt en vertu du sénatus-consulte. Je crois que vous êtes informé de ce qui se passe à Rome par les lettres de ceux qui doivent vous envoyer les actes. J'ai bon espoir. Mes conseils, mes soins et mes efforts ne se relâchent point. Je fais profession d'être l'ennemi acharné de tous ceux qui le sont de la république. L'état des affaires ne me paraît point à présent trop difficile, et serait beaucoup meilleur, si certaines gens n'avaient rien à se reprocher.

---

reipublicæ conservandæ tibi mecum a patre acceptam renovas, gratum est : quæ societas inter nos semper, mi Cornifici, manebit.

Gratum etiam illud, quod mihi tuo nomine gratias agendas non putas. Nec enim id inter nos facere debemus. Senatus sæpius pro dignitate tua appellaretur, si absentibus consulibus, unquam, nisi ad rem novam, cogeretur. Itaque nec de H.-S. xx, nec de H.-S. ıɔcɔ, quidquam agi nunc per senatum potest. Tibi autem ex senatusconsulto imperandum, mutuumque sumendum censeo. In republica quid agatur, credo te ex eorum litteris cognoscere, qui ad te acta debent perscribere. Ego sum spe bona : consilio, cura, labore non desum : omnibus inimicis reipublicæ esse me acerrimum hostem præ me fero. Res neque nunc difficili loco mihi videtur esse; et fuisset facillimo, si culpa a quibusdam abfuisset.

LETTRE DCCCV

Écrite à Rome, en avril ou mai 710.

M. T. CICÉRON A Q. CORNIFICIUS

Vous, qui connaissez si bien tout ce qui me touche, vous devez savoir l'amitié qui m'unit à L. Lamia? Je ne crois pas qu'il y ait à Rome une seule personne qui l'ignore. Elle parut dans tout son éclat lorsqu'il fut exilé par le consul A. Gabinius, pour avoir défendu ma vie avec autant de courage que de liberté. Ce n'est pas, d'ailleurs, de ce moment que date notre liaison : elle était déjà très-vive, très-ancienne, et ce fut pour cette raison qu'il n'hésita pas à affronter toutes sortes de périls pour me défendre. A tant de services, ou plutôt à tant de droits, ajoutez les agréments de son commerce, qui me font trouver un plaisir extrême à vivre avec lui; et je ne crois point qu'après cela vous me demandiez à quel titre je vous le recommande.

Vous voyez les motifs d'une si vive affection. Toutes les expressions qu'elle demande, figurez-vous que je les emploie. En un mot, persuadez-vous bien que si vous faites tout ce qui dépendra de vous pour les affaires de Lamia, pour ses agents, ses affran-

EPISTOLA DCCCV
(ad div., XII, 29)

Scrib. Romæ, mense aprili aut maio A. V. C. 710.

M. T. CICERO Q. CORNIFICIO S. P. D.

Non modo tibi, cui omnia nostra notissima sunt, sed neminem in populo Romano arbitror esse, cui sit ignota ea familiaritas quæ mihi cum L. Lamia est. Etenim magno theatro spectata est tum, quum est ab A. Gabinio consule relegatus, quod libere et fortiter salutem meam defendisset. Nec ex eo amor inter nos natus est : sed quod erat vetus et magnus, propterea nullum periculum pro me adire dubitavit. Ad hæc officia vel merita potius, jucundissima consuetudo accedit, ut nullo prorsus plus homine delecter. Non puto te jam exspectare, quibus eum tibi verbis commendem.

Causas enim tanti amoris intelligis; quæ verba desideret, iis me omnibus usum putato. Tantum velim existimes, si negotia Lamiæ, procuratores, liber-

chis, enfin pour toute sa maison, j'y serai plus sensible que si vous agissiez avec autant de générosité pour mes propres intérêts. Je ne doute point qu'indépendamment de ma recommandation, vous sachiez trop bien juger du mérite des hommes pour ne pas rendre avec empressement à Lamia toutes sortes de services. On m'a dit, il est vrai, que vous l'accusiez d'avoir apposé sa signature à certain décret du sénat, où votre dignité n'était pas ménagée; mais il est certain que Lamia n'a jamais eu de part aux décrets de ce consulat; d'ailleurs, combien de faux sénatus-consultes ne fabriquait-on pas alors? Croyez-vous, par exemple, que j'aie signé le décret de Sempronius, moi qui n'étais pas même à Rome à cette époque, et qui vous en écrivis sur-le-champ? Assez là-dessus.

Je vous supplie encore, mon cher Cornificius, avec toutes sortes d'instances, de regarder les affaires de Lamia comme les miennes, de lui faire comprendre que ma recommandation lui a été on ne peut plus utile. Vous ne pouvez rien faire qui me soit plus agréable. Prenez soin de votre santé.

tos, familiam, quibuscumque rebus opus erit, defenderis, gratius mihi futurum, quam si ea tua liberalitas pertinuisset ad rem familiarem meam. Nec dubito quin sine mea commendatione, quod tuum est judicium de hominibus, ipsius Lamiæ causa studiose omnia facturus sis : quanquam erat nobis dictum, te existimare, alicui senatusconsulto, quod contra dignitatem tuam fieret, scribendo Lamiam affuisse; qui omnino consulibus illis nunquam fuit ad scribendum : deinde omnia tum falsa senatusconsulta deferebantur. Nisi forte etiam illi Semproniano senatusconsulto me censes affuisse : qui ne Romæ quidem fui, ut tum de eo ad te scripsi, re recenti. Sed hæc hactenus.

Te, mi Cornifici, etiam atque etiam rogo ut omnia Lamiæ negotia mea putes esse; curesque ut intelligat hanc commendationem maximo sibi usui fuisse. Hoc mihi gratius facere nihil potes. Cura ut valeas.

LETTRE DCCCVI

Écrite à Rome, en avril 710.

M. T. CICÉRON A C. CASSIUS

Vous pouvez apprendre de C. Titius Strabon quelle était la situation des affaires lorsque je lui ai remis cette lettre. C'est un honnête homme, et fort affectionné à la république. Il est inutile d'ajouter qu'il vous aime beaucoup, puisqu'il abandonne sa maison et sa fortune uniquement pour se rendre auprès de vous. Aussi me garderai-je bien de vous le recommander : sa seule présence vous le recommandera suffisamment. Croyez donc, mettez-vous dans l'esprit, cher Cassius, et persuadez-vous bien que si, contre mes désirs, nous éprouvons quelques revers, les honnêtes gens n'ont point d'autre refuge qu'auprès de vous et de Brutus.

Au moment où je vous écris, la république est dans le dernier danger; D. Brutus ne se soutient qu'avec beaucoup de peine dans Modène. S'il est secouru, la victoire est à nous. Dans le cas contraire (que les dieux détournent ce présage!) tout le monde émigrera vers vous. Faites donc en sorte que votre courage et

EPISTOLA DCCCVI
(ad div., XII, 6)

Scrib. Romæ, mense aprili A. V. C. 710.

M. T. CICERO C. CASSIO S. P. D.

Qui status rerum fuerit tum, quum has litteras dedi, scire poteris ex C. Titio Strabone, viro bono et optime de republica sentiente : nam quid dicam, cupidissimo tui, qui, domo et fortunis relictis, ad te potissimum profectus sit? Itaque eum tibi ne commendo quidem. Adventus ipsius ad te satis eum commendabit. Tu velim sic existimes tibique persuadeas, omne perfugium bonorum in te et Bruto esse positum, si, quod nolim, adversi quid evenerit.

Res, quum hæc scribebam, erat in extremum adducta discrimen. D. Brutus enim Mutinæ vix jam sustinebat. Qui si conservatus erit, vicimus : sin (quod dii omen avertant!), omnis omnium cursus erit ad vos. Proinde fac animum

16.

vos forces soient en état de sauver entièrement la république. Adieu.

LETTRE DCCCVII

Écrite au camp près Modène, le 16 avril 710.

GALBA A CICÉRON

Le 17 des calendes de mai, jour où Pansa devait se rendre au camp d'Hirtius, j'avais été, l'espace d'environ cent milles, au-devant de lui, pour hâter sa marche, et je l'avais rejoint, lorsque Antoine fit avancer deux légions, la seconde et la trente-cinquième, avec deux cohortes prétoriennes, la sienne et celle de Silanus, et une partie des vétérans rappelés. Il marcha hardiment contre nous, pensant que nous n'avions que quatre légions de nouvelles levées. Mais Hirtius avait profité de la nuit pour favoriser notre arrivée au camp en nous envoyant la légion Martia, que je commande ordinairement, et deux cohortes prétoriennes. Dès que nous aperçûmes la cavalerie d'Antoine, nous ne pûmes modérer l'ardeur de la légion Martia et des deux cohortes; et,

---

tantum habeas, tantumque apparatum, quanto opus est ad universam rempublicam reciperandam. Vale.

EPISTOLA DCCCVII
(ad div., X, 30)

Scrib. xvi kal. maii, in castris ap. Mutinam, A. V. C. 710.

GALBA CICERONI S. D.

A. d. xvii kalend. mai., quo die Pansa in castris Hirtii erat futurus, cum quo ego eram (nam ei obviam processeram millia passuum centum, quo maturius veniret), Antonius legiones eduxit duas, secundam et quintamtrigesimam, et cohortes prætorias duas, unam suam, alteram Silani, et evocatorum partem. Ita obviam venit nobis, quod nos quatuor legiones tironum habere solum arbitrabatur. Sed noctu, quo tutius venire in castra possemus, legionem Martiam, cui ego præesse solebam, et duas cohortes prætorias miserat Hirtius nobis. Quum equites Antonii apparuissent, contineri neque legio Martia, neque cohortes

voyant que nous ne pouvions les retenir, nous fûmes obligés de les suivre malgré nous.

Antoine avait masqué ses troupes derrière *Forum Gallorum*, et, voulant nous cacher qu'il eût des légions, il n'avait fait paraître que sa cavalerie et de l'infanterie armée à la légère. Lorsque Pansa vit qu'il était impossible d'empêcher la légion Martia d'avancer, il donna ordre à deux de ses nouvelles légions de le suivre, et dès que nous eûmes franchi les défilés des bois et des marais, nous mîmes les douze cohortes en ordre de bataille, sans attendre l'arrivée des deux nouvelles légions. Antoine déboucha du village avec ses troupes, en bon ordre, et, sans perdre un moment, il engagea l'action. Le premier choc fut on ne peut plus acharné de part et d'autre. Cependant, l'aile gauche, où j'étais, composée de huit cohortes de la légion Martia, mit d'abord en fuite la trente-cinquième légion d'Antoine, et la poursuivit plus de cinq cents pas au delà du champ de bataille. M'apercevant alors que la cavalerie ennemie cherchait à nous envelopper, je commençai à me retirer, et je donnai ordre à mon infanterie légère de faire tête à la cavalerie africaine, pour l'empêcher de nous prendre à dos. Pendant tous ces mouvements, je me trouve tout à coup au milieu des gens d'Antoine, qui lui-même n'était qu'à deux pas derrière moi. Je n'eus que le temps de me couvrir les épaules de mon bouclier, et de pous-

---

prætoriæ potuerunt : quas sequi cœpimus coacti, quando eas retinere non poteramus.

Antonius ad Forum Gallorum suas copias continebat, neque sciri volebat se legiones habere : tantum equitatum, et levem armaturam ostendebat. Posteaquam vidit, se invito, legionem ire, Pansa, sequi se duas legiones jussit tironum. Posteaquam angustias paludis et silvarum transivimus, acies est instructa a nobis duodecim cohortium. Nondum venerant legiones duæ ; repente Antonius in aciem suas copias de vico produxit, et sine mora concurrit. Primo ita pugnatum est, ut acrius non posset ex utraque parte pugnari ; etsi dexterius cornu, in quo eram cum Martiæ legionis cohortibus octo, impetu primo fugaverat legionem xxxv Antonii, ut amplius passus quingentos ultra aciem, quo loco steterat, processerit. Itaque quum equites nostrum cornu circuire vellent, recipere me cœpi, et levem armaturam opponere Maurorum equitibus, ne aversos nostros aggrederentur. Interim video me esse inter Antonianos, Anto-

ser mon cheval du côté de la légion de recrues qui venait du camp. Les gens d'Antoine me poursuivaient ; les nôtres mêmes faisaient mine de me lancer leurs javelots. Enfin, je ne sais comment je pus échapper à tant de dangers, et me faire sitôt reconnaître de nos soldats. La cohorte prétorienne de César soutint longtemps le combat sur la voie Émilienne ; mais notre aile gauche, qui était la plus faible, n'étant composée que de deux cohortes de la légion Martia et d'une cohorte prétorienne, commença à lâcher pied, se voyant environnée de la cavalerie d'Antoine, qui est sa principale force. Toutes nos troupes étant parvenues à reformer leurs rangs, nous rentrâmes, moi le dernier, en bon ordre dans notre camp.

Antoine, se croyant vainqueur, se flatta de pouvoir s'en emparer ; mais, l'ayant attaqué, il y perdit un grand nombre des siens sans le moindre avantage. Hirtius, averti de ce qui se passait, vint avec vingt cohortes de vétérans couper la retraite à Antoine, qui retournait dans son camp, le défit entièrement, et le mit en fuite dans le lieu même où l'on venait de combattre, près de *Forum Gallorum*. Antoine regagna, vers la quatrième heure de la nuit, son camp devant Modène, avec toute sa cavalerie. Hirtius se retira dans le camp que Pansa avait quitté le matin, et où il avait laissé les deux légions qu'Antoine avait attaquées.

niumque post me esse aliquanto. Repente equum immisi ad eam legionem tironum, quæ veniebat ex castris, scuto rejecto. Antoniani me insequi ; nostri pila conjicere velle. Ita nescio quo fato sum servatus, quod sum cito a nostris cognitus. In ipsa Æmilia, ubi cohors Cæsaris prætoria erat, diu pugnatum est. Cornu sinisterius, quod erat infirmius, ubi Martiæ legionis duæ cohortes erant, et cohors prætoria, pedem referre cœperunt, quod ab equitatu circuibantur, quo vel plurimum valet Antonius. Quum omnes se recepissent nostri ordines, recipere me novissimus cœpi ad castra.

Antonius, tanquam victor, castra putavit se posse capere. Quo quum venit, complures ibi amisit, nec egit quidquam. Audita re, Hirtius cum cohortibus viginti veteranis redeunti Antonio in sua castra occurrit, copiasque ejus omnes delevit, fugavit, eodemque loco, ubi erat pugnatum, ad Forum Gallorum. Antonius cum equitibus, hora noctis quarta, se in castra sua ad Mutinam recepit. Hirtius in ea castra rediit, unde Pansa exierat, ubi duas legiones reliquerat, quæ ab Antonio erant oppugnatæ.

Ainsi Antoine a perdu la plus grande partie de ses vétérans; mais nous avons aussi perdu quelques soldats de nos cohortes prétoriennes et de la légion Martia. Nous avons pris à l'ennemi deux aigles et soixante enseignes, et l'affaire a été bien conduite. Au camp, le 16 des calendes de mai.

LETTRE DCCCVIII

Écrite dans la Gaule Narbonnaise, fin d'avril 710.

PLANCUS A CICÉRON

Je me réjouis de ne vous avoir rien promis témérairement, et de ce que vous n'avez pas fait pour moi de vaines promesses. Le soin que j'ai pris de vous informer le premier de tous mes desseins est une preuve certaine que je vous aime plus que personne. Vous voyez, je l'espère, combien mes services augmenteront de jour en jour, et je vous promets que vous le reconnaîtrez mieux encore. Quant à ce qui me concerne, mon cher Cicéron, puisse mon bras délivrer la république de tous les maux qui la menacent, et, malgré la haute opinion que j'ai de vos honneurs

Sic partem majorem suarum copiarum Antonius amisit veteranarum. Nec id tamen sine aliqua jactura cohortium prætorianarum nostrarum et legionis Martiæ fieri potuit. Aquilæ duæ, signa sexaginta sunt relata Antonii. Res bene gesta est. A. d. xvi kalendas mai., ex castris.

EPISTOLA DCCCVIII
(ad div., X, 9)

Scrib. in Gallia Narbonensi, exeunte aprili A. V. C. 710.

PLANCUS CICERONI S. D.

Nihil me tibi temere, aut te cæteris de me frustra recepisse lætor. Certe hoc majus habes testimonium amoris mei, quo maturius tibi, quam cæteris, consilia mea volui esse nota. In dies vero meritorum meorum fieri accessiones, prævidere te spero : cogniturum magis recipio. Quod ad me attinet, mi Cicero (ita ab imminentibus malis respublica me adjuvante liberetur), sic honores

et de vos récompenses, comparables certainement à l'immortalité, l'espoir m'en serait interdit que mon zèle et ma persévérance ne se soutiendraient pas moins. Si je ne me distingue point par l'ardeur de mes efforts, entre un si grand nombre de bons citoyens, je ne vous demande point de contribuer par vos suffrages à l'augmentation de ma dignité. Je ne désire rien pour moi-même; je souhaite, au contraire, qu'on ne s'occupe point de moi : je vous laisse volontiers juge du temps et des circonstances favorables. Mon principe est que, pour un citoyen, les faveurs de la patrie ne sont jamais trop petites ni trop tardives.

Je suis parvenu par de grandes marches à faire passer le Rhône à mon armée le 6 des calendes de mai. De Vienne, j'ai fait prendre les devants à mille chevaux par un plus court chemin. Si Lepidus ne me cause point de retards, on sera content de ma diligence; mais s'il s'oppose à ma marche, je prendrai conseil des conjonctures. J'amène une armée formidable par le nombre, par la composition de ses troupes et par sa fidélité.

Aimez-moi, je vous prie, si vous croyez pouvoir compter sur la réciprocité de mes sentiments. Adieu.

---

præmiaque vestra suspicio, conferenda certe cum immortalitate, ut sine his nihil de meo studio perseverantiaque sim remissurus. Nisi in multitudine optimorum civium impetus animi mei fuerit singularis, et opera præcipua : nihil ad meam dignitatem accedere volo suffragatione vestra. Concupisco autem nihil mihi (contra quod ipse pugno) ; et temporis et rei te moderatorem facile patior esse. Nihil aut sero aut exigue a patria civi tributum potest videri.

Exercitum a. d. sextum kalend. maias Rhodanum trajeci, magnis itineribus. Vienna equites mille via breviore præmisi. Ipse, si ab Lepido non impediar, celeritate satisfaciam. Si autem itineri meo se opposuerit, ad tempus consilium capiam. Copias adduco et numero, et genere, et fidelitate firmissimas.

Te, ut diligas me, si mutuo te facturum scis, rogo. Vale.

LETTRE DCCCIX

Écrite au camp de Rhegium, le 29 avril 710.

D. BRUTUS A M. CICÉRON

Vous n'ignorez pas combien la perte de Pansa est pernicieuse à la république. C'est à vous de veiller, par votre autorité et votre prudence, à ce que la mort des deux consuls ne donne pas à nos ennemis l'espoir de rétablir leurs forces. Je prendrai soin, de mon côté, qu'Antoine ne puisse pas tenir en Italie. Je le suivrai sans perdre de temps. Je crois pouvoir vous garantir tout à la fois, et que Ventidius ne m'échappera point, et qu'Antoine ne prolongera pas son séjour en Italie. Je vous prie surtout d'envoyer un messager à cet étourdi de Lepidus, qui tourne à tous vents, pour l'empêcher de renouveler la guerre en se joignant avec Antoine. Pour Asinius Pollion, vous prévoyez, je pense, ce qu'on doit en attendre; ses légions et celles de Lepidus sont solides et aguerries. En vous écrivant cela, ce n'est pas que je craigne que vous y fassiez moins d'attention que moi ; mais, parce que si vous doutez encore de Lepidus, pour moi, je suis très-persuadé

EPISTOLA DCCCIX
(ad div., XI, 9)

Scrib. III kal. maii in castris Rhegii, A. V. C. 710.

D. BRUTUS M. CICERONI S. D.

Pansa amisso, quantum detrimenti respublica acceperit, non te præterit. Nunc auctoritate et prudentia tua prospicias oportet, ne inimici nostri consulibus sublatis, sperent se convalescere posse. Ego, ne consistere possit in Italia Antonius, dabo operam. Sequar eum confestim. Utrumque me præstaturum spero, ne aut Ventidius elabatur, aut Antonius in Italia moretur. In primis rogo te, ad hominem ventosissimum, Lepidum, mittas, ne bellum nobis redintegrare possit, Antonio sibi conjuncto. Nam de Pollione Asinio puto te perspicere, quid facturus sit. Multæ et bonæ et firmæ sunt legiones Lepidi et Asinii. Neque hæc idcirco tibi scribo, quod te non eadem advertere sciam, sed quod mihi persuasissimum est, Lepidum recte facturam nunquam, si forte vo-

qu'il ne sera jamais capable de marcher droit. Je vous prie aussi de confirmer Plancus. J'espère que, lorsque Antoine sera chassé de l'Italie, il ne manquera point à la république. Si Antoine se jette au delà des Alpes, je suis résolu à les faire garder, et je vous informerai de tout ce qui se passera. Le 5 des calendes de mai, au camp de Rhegium. Adieu.

LETTRE DCCCX.

Écrite à Rome, fin d'avril 710.

M. T. CICÉRON A CORNIFICIUS

J'AI reçu votre lettre aux fêtes de Bacchus, quoique Cornificius prétende me l'avoir remise le vingt-unième jour. Il n'y eut point de séance du sénat ni ce jour-là, ni le lendemain. J'ai plaidé votre cause dans une assemblée nombreuse, le jour des *Quinquatries*, et non *malgré Minerve*, puisque c'est le même jour que la statue de notre Minerve, protectrice de la ville, abattue par un orage, a été rétablie par un décret du sénat.

bis de hoc dubium est. Plancum quoque confirmetis oro : quem spero, pulso Antonio, rei publicæ non defuturum. Si se Alpes Antonius trajecerit, constitui præsidium in Alpibus collocare, et te de omni re facere certiorem. III kalend. mai., ex castris Rhegii. Vale.

EPISTOLA DCCCX

(ad div., XII, 25)

Scrib. Romæ, exeunte aprili A. V. C. 710.

M. T. CICERO CORNIFICIO S. P. D.

LIBERALIBUS litteras accepi tuas, quas mihi Cornificius altero vicesimo die, ut dicebat, reddidit. Eo die non fuit senatus, neque postero. Quinquatribus frequenti senatu causam tuam egi, non invita Minerva. Etenim eo ipso die senatus decrevit, ut Minerva nostra, custos urbis, quam turbo dejecerat, restitueretur.

Pansa nous a donné lecture de vos lettres, au grand applaudissement de toute l'assemblée, et au grand déplaisir et mécontentement du Minotaure, c'est-à-dire de Calvisius et de Taurus. On a porté un décret qui vous est fort honorable. On demandait même que ces deux hommes fussent réprimandés. Pansa s'est montré plus indulgent. Pour moi, mon cher Cornificius, dès le jour où j'ai commencé à former quelque espérance de liberté, et où, sans m'arrêter aux incertitudes des autres, j'ai jeté les fondements de la république, le 13 des kalendes de janvier, ce même jour j'ai pourvu à quantité de choses, et j'ai travaillé au soutien de votre dignité. Le sénat s'est déclaré pour mon avis sur la répartition des provinces. Ensuite je n'ai pas cessé de harceler celui qui, au préjudice de votre honneur et à la honte de la république, conservait sa province, quoique absent. Aussi n'a-t-il pas pu soutenir les reproches que je lui adressais souvent, ou plutôt tous les jours : il s'est retiré à Rome en dépit de lui-même ; et ce n'est pas seulement à l'espérance, mais à la possession certaine et déjà réelle qu'il s'est vu forcé de renoncer, par mes justes et victorieuses attaques. Je suis ravi du courage avec lequel vous avez maintenu votre province, et des splendides honneurs que vous y avez reçus.

Au reste, puisque vous croyez devoir vous justifier au sujet de Sempronius, je reçois volontiers vos excuses. On était alors dans

---

Pansa tuas litteras recitavit. Magna senatus approbatio consecuta est cum summo odio et offensione Minotauri, id est Calvisii et Tauri. Factum de te senatusconsultum honorificum. Postulabatur autem, ut etiam illi notarentur : sed Pansa clementior. Ego, mi Cornifici, quo die primum in spem libertatis ingressus sum, et cunctantibus cæteris a. d. xiii kalend. jan. fundamenta jeci reipublicæ, eo ipso die providi multum, atque habui rationem dignitatis tuæ. Mihi enim est assensus senatus de obtinendis provinciis. Nec vero postea destiti labefactare eum, qui summa cum tua injuria, contumeliaque reipublicæ provinciam absens obtinebat. Itaque crebras vel potius quotidianas compellationes meas non tulit, seque in Urbem recepit invitus : neque solum spe, sed certa re jam et possessione deturbatus est meo justissimo honestissimoque convicio. Te tuam dignitatem summa tua virtute tenuisse, provinciæque honoribus amplissimis affectum, vehementer gaudeo.

Quod te mihi de Sempronio purgas, accipio excusationem. Fuit enim illud

un certain aveuglement de servitude. Moi, qui avais été l'auteur de vos projets et le défenseur de votre dignité, irrité contre les circonstances et désespérant de la liberté, je me laissais entraîner en Grèce, lorsque les vents étésiens, comme l'eussent fait de bons citoyens, m'empêchèrent d'abandonner la république, et le vent du midi, par son souffle violent, me repoussa vers Rhegium, chez les habitants de votre tribu ; de là je me hâtai de retourner à Rome à force de voiles et de rames, et dès le lendemain, au milieu de tous les autres, plongés dans la servitude, je me trouvai le seul libre. Je m'emportai avec tant de force contre Antoine, que, ne le pouvant supporter, l'ivrogne répandit sur moi seul toute sa fureur vineuse, et, pour chercher un prétexte au carnage, il me tenta par toutes sortes de pièges ; mais je parvins moi-même à le lancer, tout écumant de vin et de rage, dans les filets de César Octave ; et ce fut alors que ce noble jeune homme prit les premières mesures pour sa propre sûreté, pour la mienne et pour le salut de la république. Sans lui, Antoine, à son retour de Brindes, eût été le fléau de la patrie. Je crois que vous n'ignorez pas le reste.

Mais revenons au sujet qui m'a conduit si loin. J'accepte votre excuse par rapport à Sempronius, car vous n'avez pas pu avoir de règle certaine dans une si grande perturbation. *Aujourd'hui, comme dit Térence, le temps nous apporte une autre vie, et*

quoddam cæcum tempus servitutis. Ego tuorum consiliorum auctor, dignitatisque fautor, iratus temporibus, in Græciam, desperata libertate, rapiebar : quum me etesiæ, quasi boni cives, relinquentem rempublicam prosequi noluerunt ; austerque adversus maximo flatu me ad tribules tuos Rhegium retulit : atque inde ventis, remis in patriam omni festinatione properavi, postridieque in summa reliquorum servitute liber unus fui. Sic sum in Antonium invectus, ut ille non ferret, omnemque suum vinolentum furorem in me unum effunderet, meque tum elicere vellet in cædis causam, tum tentaret insidiis : quem ego ructantem et nauseantem conjeci in Cæsaris Octaviani plagas. Puer enim egregius præsidium sibi primum et nobis, deinde summæ reipublicæ comparavit : qui nisi fuisset, Antonii reditus a Brundisio pestis patriæ fuisset. Quæ deinceps acta sint, scire te arbitror.

Sed redeamus ad illud, unde divertimus. Accipio excusationem tuam de Sempronio. Neque enim statuti quid in tanta perturbatione habere potuisti. NUNC HIC DIES ALIAM VITAM AFFERT, ALIOS MORES POSTULAT, ut ait Terentius. Quamobrem,

demande une autre conduite. Embarquez-vous donc avec nous, mon cher Quintus, et prenez place à la même poupe. Il n'y a plus qu'un vaisseau pour tous les honnêtes gens. Je travaille à le bien diriger. Fasse le ciel que la traversée soit heureuse! Mais quels que soient les vents qui le menacent, mon expérience ne lui fera pas faute. Que peut faire de plus la vertu?

De votre côté, n'ayez que des sentiments nobles et élevés; et dans votre pensée, ne séparez jamais votre grandeur de celle de la république.

Vous me recommandez, à moi, mon cher P. Lucceius! Pouvez-vous douter que je ne prenne vivement ses intérêts, et de tout mon pouvoir? La mort de nos deux collègues, Hirtius et Pansa, est une perte bien malencontreuse! Ces deux consuls étaient fort utiles à la république. Elle est, à la vérité, délivrée du brigandage d'Antoine, mais sans être encore tout à fait hors de danger. Je prendrai, si rien ne s'y oppose, sa défense, comme d'habitude, quoique je sois déjà bien fatigué; mais le zèle et la fidélité ne connaissent point de lassitude. Assez sur ce sujet. J'aime mieux que les autres vous parlent de moi que de vous en parler moi-même.

Nous n'apprenons rien de vous qui ne réponde parfaitement à nos désirs. Les bruits sont moins favorables à Cn. Minucius, quoique vous l'éleviez jusqu'au ciel dans quelques-unes de vos

---

mi Quinte, conscende nobiscum, et quidem ad puppim. Una navis est jam bonorum omnium : quam quidem nos damus operam, ut rectam teneamus. Utinam prospero cursu! Sed quicumque venti erunt, ars nostra certe non aberit. Quid enim præstare aliud virtus potest?

Tu fac magno animo sis et excelso, cogitesque omnem dignitatem tuam cum republica conjunctam esse debere.

P. Lucceium mihi meum commendas : quem, quibuscumque rebus potero, diligenter tuebor. Hirtium quidem et Pansam, collegas nostros, homines in consulatu reipublicæ salutares, alieno sane tempore amisimus, republica Antoniano quidem latrocinio liberata, sed nondum omnino explicata : quam nos, si licebit, more nostro tuebimur, quanquam admodum sumus jam defatigati. Sed nulla lassitudo impedire officium et fidem debet. Verum hæc hactenus. Ab aliis te de me, quam a me ipso, malo cognoscere.

De te audiebamus ea, quæ maxime vellemus; De Cn. Minucio, quem tu qui-

lettres. Dites-moi ce qu'il en est, et ne me laissez ignorer rien de ce qui se passe là où vous êtes.

LETTRE DCCCXI

Écrite au camp de Dertona, le 5 mai 710.

D. BRUTUS A M. CICÉRON

Non, je ne pense pas que la république m'ait plus d'obligation que je ne vous en ai moi-même. Vous êtes bien persuadé que je suis plus capable de reconnaissance pour vous que tous ces mauvais citoyens ne le sont pour moi; et ce ne sont point assurément les circonstances qui me portent à vous dire que je préfère votre jugement à celui de tous ces ingrats. Vous jugez de moi par des règles certaines de raison et de vérité, au lieu que ces gens-là sont aveuglés par leur malveillance et leur jalousie. Qu'ils mettent donc obstacle aux honneurs qui me sont dus, pourvu qu'ils ne m'empêchent pas de bien servir la république.

busdam litteris ad cœlum laudibus extulisti, rumores duriores erant. Id quale sit, omninoque quid istic agatur, facias me velim certiorem.

EPISTOLA DCCCXI

(ad div., XI, 10)

Data III non. maii ex castris. Dertona, A. V. C. 710.

D. BRUTUS M. CICERONI S. D.

Non mihi rempublicam plus debere arbitror, quam me tibi. Gratiorem me esse in te posse, quam isti perversi sint in me, exploratum habes; si tamen hoc temporis videatur dici causa, malle me tuum judicium, quam ex altera parte omnium istorum. Tu enim a certo sensu et vero judicas de nobis; quod isti ne faciant, summa malevolentia et livore impediuntur. Interpellent me, quo minus honoratus sim, dum ne interpellent, quo minus respublica a me commode administrari possit.

Je vais vous expliquer aussi brièvement que possible combien sont grands les dangers qui la menacent. Premièrement, vous n'ignorez pas quelle perturbation la mort des consuls a jetée dans les affaires de la ville, et à quel point le vide qu'elle laisse dans l'autorité excite l'ambition des hommes. C'est en dire assez de ce qu'on peut confier à une lettre. Je sais à qui j'écris. Mais, revenons à M. Antoine. En fuyant avec un petit nombre de soldats mal armés, il a fait ouvrir les prisons, il a pris toutes sortes de gens, et, par ce moyen, il paraît avoir réuni des troupes assez nombreuses. Joignez-y celles de Ventidius, qui, après avoir traversé les Alpes par une marche fort difficile, est arrivé aux Gués, et y a fait sa jonction avec Antoine. Bon nombre de vétérans et de volontaires armés marchent avec Ventidius. Antoine prendra nécessairement un de ces trois partis : ou d'aller joindre Lepidus, s'il en est reçu ; ou de se tenir dans l'Apennin et dans les Alpes, et de faire ravager par sa cavalerie, qui est nombreuse, les lieux où il pourra faire des incursions ; enfin, de retourner dans l'Étrurie, parce que cette partie de l'Italie est sans armée. Si César m'avait écouté, et avait traversé l'Apennin, j'aurais mis Antoine si à l'étroit qu'il serait mort par la famine plutôt que par le fer ; mais César ne veut recevoir les ordres de personne, et son armée n'obéit pas aux siens : ce qui est doublement déplorable.

Quæ quanto sit in periculo, quam potero brevissime exponam. Primum omnium quantam perturbationem rerum urbanarum afferat obitus consulum, quantamque cupiditatem hominibus injiciat vacuitas, non te fugit. Satis me multa scripsisse, quæ litteris commendari possint, arbitror. Scio enim cui scribam. Revertor nunc ad Antonium : qui ex fuga quum parvulam manum militum haberet inermium, ergastula solvendo, omneque genus hominum arripiendo, satis magnum numerum videtur effecisse. Huc accessit manus Ventidii, quæ trans Apenninum itinere facto difficillimo, ad Vada pervenit, atque ibi se cum Antonio conjunxit. Est numerus veteranorum et armatorum satis frequens cum Ventidio. Consilia Antonii hæc sint, necesse est : aut ad Lepidum ut se conferat, si recipitur ; aut Apennino Alpibusque se teneat, et decursionibus per equites, quos habet multos, vastet ea loca, in quæ incurrerit ; aut rursus se in Etruriam referat, quod ea pars Italiæ sine exercitu est. Quodsi me Cæsar audisset, atque Apenninum transisset : in tantas angustias Antonium compulissem, ut inopia potius, quam ferro conficeretur. Sed neque Cæsari imperari potest, nec Cæsar exercitui suo. Quod utrumque pessimum est.

Les affaires étant dans cette situation, je n'empêche point, comme je vous l'ai déjà dit, qu'on ne s'oppose à ce qui me concerne personnellement. Comment sortir de ces difficultés? Pour y parvenir, je crains que vous ne rencontriez bien des obstacles. Je ne puis déjà plus nourrir mes soldats. J'avais plus de quatre millions de sesterces comptant lorsque j'ai entrepris de délivrer la république. A présent, loin qu'il me reste quelque chose de mon patrimoine, j'ai fait contracter à tous mes amis beaucoup de dettes. Je nourris actuellement sept légions; jugez avec quelle difficulté. Tous les trésors de Varron ne me suffiraient pas pour fournir à cette dépense. Dès que j'aurai des nouvelles certaines d'Antoine, je vous en informerai.

Aimez-moi, si vous croyez que j'aie la même affection pour vous. Au camp de Dertona, le 3 des nones de mai.

LETTRE DCCCXII

Écrite à Rome, le 5 mai 710.

CICÉRON A PLANCUS

O la bonne nouvelle qui s'est répandue, deux jours avant la

Quum hæc talia sint : quo minus, quod ad me pertinebit, homines interpellent, ut supra scripsi, non impedio. Hæc quemadmodum explicari possint, aut a te quum explicabuntur, ne impediantur, timeo. Alere jam milites non possum. Quum ad rempublicam liberandam accessi, cccc H.-S. mihi fuit quadringenties amplius. Tantum abest ut meæ rei familiaris liberum sit quidquam, ut jam omnes meos amicos ære alieno obstrinxerim. Septem nunc numero legionum alo : qua difficultate, tu arbitrare. Non, si Varronis thesauros haberem, subsistere sumptui possem. Quum primum de Antonio exploratum habuero, faciam te certiorem.

Tu me amabis ita, si hoc idem me in te facere senseris. III non. maii, ex castris, Dertona.

EPISTOLA DCCCXII

(ad div., X, 14)

Scrib. Romæ, III non. maii A. V. C. 710.

CICERO PLANCO S. D.

O gratam famam biduo ante victoriam, de subsidio tuo, de studio, de cele-

victoire, du secours que vous nous ameniez, de votre zèle, de votre diligence et du nombre de vos troupes! Et même, quoique nos ennemis soient battus, toute notre espérance est en vous; car on assure que les principaux chefs des brigands se sont sauvés du combat de Modène; et le mérite n'est pas moindre à compléter la victoire qu'à porter les premiers coups à l'ennemi. J'attendais des lettres de vous avec une impatience que bien d'autres partageaient. J'espère aussi que Lepidus, éclairé par les circonstances, fera cause commune avec vous et avec la république. Tournez tous vos soins, mon cher Plancus, à ce qu'il ne reste aucune étincelle de cette odieuse guerre. Ce sera rendre à la république un divin service, et vous acquérir une gloire immortelle. Le 3 des nones de mai.

LETTRE DCCCXIII

Écrite à son camp sur la frontière des Statiellates, le 6 mai 710.

D. BRUTUS, IMP., CONSUL DÉSIGNÉ, A M. CICÉRON

J'AI reçu le duplicata de votre lettre que mes gens m'avaient

ritate, de copiis! Atqui, etiam hostibus fusis, spes omnis in te est. Fugisse enim ex prœlio Mutinensi dicuntur notissimi latronum duces. Est autem non minus gratum extrema delere, quam prima depellere. Equidem exspectabam jam tuas litteras, idque cum multis : sperabamque etiam Lepidum, temporibus admonitum, tecum et reipublicæ satis esse facturum. In illam igitur curam incumbe, mi Plance, ut ne qua scintilla teterrimi belli relinquatur. Quod si erit factum : et rempublicam divino beneficio affeceris, et ipse æternam gloriam consequere. D. III non. maii.

EPISTOLA DCCCXIII
(ad div., XI, 11)

Data pridie non. maii ex castris, finibus Statiellensium, A. V. C. 710.

D. BRUTUS, IMP., COS. DES., M. CICERONI S. D.

EODEM exemplo a te mihi litteræ redditæ sunt, quo pueri mei attulerunt

apportée. Je vous ai tant d'obligation qu'il m'est bien difficile de m'acquitter envers vous. Je vous ai fait connaître ce qui se passe ici. Antoine est en marche : il va joindre Lepidus. Il n'a pas même perdu toute espérance de gagner Plancus, comme je l'ai découvert dans ses papiers, qui sont tombés entre mes mains : j'y ai trouvé les noms des affidés qu'il devait envoyer à Asinius, à Lepidus et à Plancus. Je n'ai pas douté un instant de Plancus, et je lui ai sur-le-champ dépêché un exprès : j'attends dans deux jours les députés des Allobroges et ceux de toute la Gaule, que je renverrai chez eux bien affermis. De votre côté, pourvoyez à tout ce qui réclame vos soins, afin qu'il ne se fasse rien que vous n'approuviez et qui ne soit à l'avantage de la république. Vous arrêterez, s'il est possible, la malveillance de mes ennemis ; si vous ne le pouvez point, consolez-vous en pensant que tous leurs outrages ne peuvent me faire dévier de mes principes.

De mon camp, sur la frontière des Statiellates, la veille des nones de mai.

Tantum me tibi debere existimo, quantum persolvere difficile est. Scripsi tibi quæ hic gererentur. In itinere est Antonius ; ad Lepidum proficiscitur ; ne de Planco quidem spem adhuc abjecit, ut ex libellis ejus animadverti, qui in me inciderunt. In quibus quos ad Asinium, quos ad Lepidum, quos ad Plancum mitteret, scribebat. Ego tamen non habui ambiguum, et statim ad Plancum misi : et biduo ab Allobrogibus, et totius Galliæ legatos exspecto, quos confirmatos domum remittam. Tu, quæ istic opus erunt administrari, prospicies, ut ex tua voluntate reique publicæ commodo fiant. Malevolentiæ hominum in me, si poteris, occurres : si non potueris, hoc te consolabere, quod me de statu meo nullis contumeliis deterrere possunt.

Pridie nonas maii, ex castris, finibus Statiellensium.

LETTRE DCCCXIV

Écrite à son camp en Asie, le 7 mai 710.

CASSIUS, PROCONSUL, A M. CICÉRON

Si votre santé est bonne, je m'en réjouis ; la mienne est parfaite. — J'ai lu votre lettre, et j'y ai reconnu l'admirable témoignage de votre vive amitié pour moi. Je le vois, vous ne vous bornez pas à faire des vœux pour moi, ce que vous avez toujours fait dans mon intérêt et dans celui de la république ; mais vous vous préoccupez vivement de ma position, qui vous cause beaucoup d'inquiétude. Comme je savais bien d'avance que vous ne me croiriez jamais capable d'assister, les bras croisés, à la ruine de la république, et ensuite, que vous ne me supposeriez point engagé dans des entreprises sans concevoir des alarmes pour ma sûreté et pour le succès de mes desseins, à peine eus-je reçu les légions qu'Allienus amenait d'Égypte, que je vous écrivis et que j'envoyai à Rome plusieurs courriers. J'ai aussi écrit au sénat à ce sujet ; mais j'ai défendu que mes lettres lui fussent remises avant de vous avoir été communiquées : je ne

EPISTOLA DCCCXIV
(ad div., XII, 12)

Data ex castris, in Asia, nonis maii A. V. C. 710.

CASSIUS, PROCOS., M. CICERONI SUO S. D.

Si vales, bene est : ego quidem valeo. — Legi tuas litteras, in quibus mirificum tuum erga me amorem recognovi. Videbaris enim non solum favere nobis, id quod et nostri et reipublicæ causa semper fecisti, sed etiam gravem curam suscepisse, vehementerque esse de nobis sollicitus. Itaque, quod te primum, existimare putabam, nos oppressa republica quiescere non posse ; deinde, quum suspicarere nos moliri, quod te sollicitum esse et de salute nostra et de rerum eventu putabam : simul ac legiones accepi, quas A. Allienus eduxerat ex Ægypto, scripsi ad te, tabellariosque complures Romam misi. Scripsi etiam ad senatum litteras, quas reddi vetui prius quam tibi recitatæ essent : si forte

sais si mes gens ont obéi à mes ordres. Si ces lettres ne vous sont point parvenues, je ne puis douter que Dolabella, qui, depuis l'horrible meurtre de Trebonius, se trouve maître de l'Asie, n'ait arrêté mes messagers et intercepté mes lettres.

Toutes les armées qui étaient dans la Syrie sont à présent réunies sous mes ordres. J'avais pris avec les soldats quelques engagements qui m'ont causé un peu de retard ; mais enfin je suis prêt à entrer en campagne.

Je vous recommande instamment de veiller au maintien de ma dignité : vous savez que je n'ai reculé devant aucun effort, devant aucun danger, pour rendre service à ma patrie ; que c'est par votre conseil et à votre instigation que j'ai pris les armes contre ces infâmes brigands ; que non-seulement j'ai levé des armées pour la défense de la république et de la liberté, mais que je les ai arrachées des mains de nos cruels tyrans. Si Dolabella s'en était rendu maître avant moi, le seul bruit de son arrivée et l'espoir d'un renfort auraient suffi pour ranimer le courage d'Antoine. Je vous conjure donc de prendre nos troupes sous votre protection, du moins si vous croyez qu'elles aient rendu de bons services à l'État. Faites qu'elles ne se repentent point d'avoir préféré la république à l'appât du butin et du pillage. Faites aussi tout ce qui dépendra de vous pour faire rendre de justes honneurs aux généraux Murcius et Crispus ; car ce misérable

---

mei obtemperare mihi voluerint. Quodsi litteræ perlatæ non sunt, non dubito quin Dolabella, qui, nefarie Trebonio occiso, Asiam occupavit, tabellarios meos deprehenderit, litterasque interceperit.

Exercitus omnes, qui in Syria fuere, teneo. Habui paululum moræ, dum promissa militibus persolvo. Nunc jam sum expeditus.

A te peto ut dignitatem meam commendatam tibi habeas, si me intelligis nullum neque periculum neque laborem patriæ denegasse ; si contra importunissimos latrones arma cœpi, te hortante et auctore ; si non solum exercitus ad rempublicam libertatemque defendendam comparavi, sed etiam crudelissimis tyrannis eripui. Quos si occupasset Dolabella, non solum adventu, sed etiam opinione et exspectatione exercitus sui Antonium confirmasset. Quas ob res milites tuere, si eos mirifice de republica meritos esse animadvertis, et efﬁce, ne quem pœniteat, rempublicam, quam spem prædæ et rapinarum, sequi maluisse. Item Murci et Crispi, imperatorum, dignitatem, quantum est in te,

Bassus a refusé de me remettre sa légion ; et si ses soldats ne m'avaient envoyé une députation malgré lui, il m'aurait fermé les portes d'Apamée, que j'aurais été obligé de prendre de vive force. Je vous demande cette grâce, non-seulement au nom de la république, qui a toujours été le plus cher objet de votre affection, mais encore au nom de notre amitié, qui a, j'en ai l'assurance, tant de pouvoir sur votre âme. Les troupes que j'ai sous mes ordres appartiennent au sénat, à tous les honnêtes gens, et particulièrement à vous ; car ce qu'elles apprennent chaque jour de vos bons sentiments pour elles, les dispose merveilleusement à vous aimer et vous chérir ; et lorsqu'elles sauront que vous prenez un soin particulier de leurs intérêts, elles croiront vous tout devoir.

Depuis que cette lettre est écrite, j'ai appris que Dolabella était entré dans la Cilicie avec ses troupes. Je pars pour l'y rejoindre. J'aurai soin de vous informer promptement de mes opérations. Fasse le ciel seulement que les services que nous rendons à la république aient un heureux succès ! Soignez votre santé, et aimez-moi toujours. De mon camp, aux nones de mai.

tuere. Nam Bassus misere noluit mihi legionem tradere. Quod nisi milites invito eo legatos ad me misissent, clausam Apameam tenuisset, quoad vi esset expugnata. Hæc a te peto, non solum reipublicæ, quæ tibi semper fuit carissima, sed etiam amicitiæ nostræ nomine, quam confido apud te plurimum posse. Crede mihi, hunc exercitum, quem habeo, senatus atque optimi cujusque esse, maximeque tuum ; de cujus voluntate assidue audiendo, mirifice te diligit, carumque habet. Qui si intellexerit, commoda sua curæ tibi esse, debere etiam se tibi omnia putabit.

Litteris scriptis, audii Dolabellam in Ciliciam venisse cum suis copiis. Proficiscar in Ciliciam. Quid egerim, celeriter ut scias, dabo operam. Ac velim, ut meremur de republica, sic felices simus. Fac valeas, méque ames. Nonis maii, ex castris.

LETTRE DCCCXV.

Écrite au pays des Allobroges, en mai 710.

PLANCUS A CICÉRON.

Je vous rends et je vous rendrai tant que je vivrai d'immortelles actions de grâces; car je ne suis pas sûr de pouvoir jamais m'acquitter envers vous. En effet, il me paraît impossible que les témoignages de ma reconnaissance égalent tant de bienfaits, à moins que, comme vous me l'écrivez avec autant d'éloquence que de dignité, vous ne mettiez en compte le souvenir éternel que j'en conserverai. Quand il aurait été question de l'honneur de votre fils, vous n'auriez pu rien faire de plus aimable. Je n'ignore ni vos premiers avis, qui m'ont fait obtenir des avantages infinis, ni plus tard ceux que vous sûtes si bien approprier aux circonstances et aux vœux de mes amis, ni vos discours assidus en ma faveur, ni vos démêlés perpétuels avec mes détracteurs. J'ai deux devoirs importants à remplir, d'abord de me montrer envers la république un citoyen digne de vos éloges, ensuite de vous prouver la fidélité de mon amitié et de ma recon-

EPISTOLA DCCCXV.
(ad div., X, 11)

Scrib. in Allobrogibus, mense maio A. V. C. 710.

PLANCUS CICERONI.

Immortales ago tibi gratias, agamque dum vivam. Nam relaturum me affirmare non possum. Tantis enim tuis officiis non videor mihi respondere posse, nisi forte, ut tu gravissime disertissimeque scripsisti, ita sensurus es, ut me referre gratiam putes, quum memoria tenebo. Si de filii tui dignitate esset actum, amabilius certe nihil facere potuisses. Primæ tuæ sententiæ infinitis cum muneribus; posteriores ad tempus arbitriumque amicorum meorum compositæ; oratio de me assidua, et perpetua jurgia cum obtrectatoribus propter me notissima mihi sunt. Non mediocris adhibenda mihi est cura, ut reipublicæ me civem dignum tuis laudibus præstem, in amicitia tua memorem atque

naissance. Continuez seulement votre ouvrage; et, si l'expérience vous fait connaître que je suis tel que vous l'avez souhaité, ne cessez pas d'être mon défenseur et mon appui.

Après avoir fait passer le Rhône mes troupes et fait prendre les devants à mon frère avec trois mille chevaux, je dirigeais ma marche vers Modène, lorsque j'ai appris en chemin le succès du combat, la levée du siége et la délivrance de Brutus. J'ai pensé dès lors qu'Antoine, avec les débris de ses troupes, n'avait pas d'autre ressource que de se réfugier dans ce pays, et qu'il ne lui restait plus que deux espérances : l'armée de Lépidus et Lepidus lui-même. Sachant d'ailleurs qu'une partie de cette armée n'est pas moins forcenée que celle même d'Antoine, j'ai pris le parti de rappeler ma cavalerie, et je me suis arrêté dans le pays des Allobroges, afin d'être prêt à agir suivant les circonstances. Si Antoine arrive ici sans être bien accompagné, j'espère lui résister facilement, et faire prendre aux affaires une tournure dont vous serez satisfait, quand même l'armée de Lepidus se déterminerait à le recevoir. Mais s'il amène avec lui des troupes, et si la dixième légion de vétérans, que j'avais rappelée à son devoir avec les autres, se révolte de nouveau, je veillerai à ce qu'elle ne puisse nous faire aucun mal, et j'espère y parvenir jusqu'à ce que j'aie reçu de Rome des troupes qui, jointes aux miennes,

gratum. Quod reliquum est, tuum munus tuere ; et me, si, quem esse voluisti, cum exitu rebusque cognoscis, defende ac suscipe.

Quum Rhodanum copias trajecissem, fratremque cum tribus millibus equitum præmisissem, ipse iter ad Mutinam dirigerem : in itinere de prœlio facto, Brutoque et Mutina obsidione liberatis, audivi. Animadverti nullum alium receptum Antonium, reliquiasque, quæ cum eo essent, habere, nisi in his partibus ; duasque ei spes esse propositas, unam Lepidi ipsius, alteram exercitus. Quod quædam pars exercitus non minus furiosa est, quam qui cum Antonio fuerunt, equitatum revocavi. Ipse in Allobrogibus constiti, ut proinde ad omnia paratus essem, ac res moneret. Si nudus huc se Antonius conferet, facile mi videor per me sustinere posse, remque publicam ex vestra sententia administrare, quamvis ab exercitu Lepidi recipiatur. Si vero copiarum aliquid secum adducet, et si decima legio veterana, quæ nostra opera revocata cum reliquis est, ad eumdem furorem redierit : tamen, ne quid detrimenti fiat, dabitur opera a me ; idque me præstaturum spero, dum istinc copiæ trajiciantur, con-

me mettent en état d'écraser ces brigands. C'est ce que je puis vous garantir, mon cher Cicéron; et vous pouvez compter aussi que le courage et la diligence ne me manqueront point. Le plus ardent de mes vœux est qu'il ne vous reste aucun sujet d'inquiétude; mais s'il vous en reste encore, soyez sûr que personne ne l'emportera sur moi pour le zèle, le courage et l'activité. Je travaille à obtenir le concours de Lepidus dans cette entreprise; et je lui promets toutes sortes de déférences, s'il veut prendre l'intérêt de la république. J'ai pour négociateurs et pour interprètes auprès de lui mon frère, Laterensis et notre ami Furnius. Mes ressentiments particuliers ne m'empêcheront point de me mettre d'accord avec mon plus mortel ennemi pour le salut de la république. Si le succès ne répond point à mes intentions, mon courage n'en sera pas moindre, et si je puis vous satisfaire, ma gloire peut-être n'en sera que plus grande.

Prenez soin de votre santé, et aimez-moi comme je vous aime.

---

junctæque nobiscum facilius perditos opprimant. Hoc tibi spondeo, mi Cicero, neque animum nec diligentiam mihi defuturum. Cupio mehercule nullam residuam sollicitudinem esse. Sed si fuerit, nec animo, nec benevolentiæ, nec patientiæ cujusquam, pro vobis cedam. Do quidem ego operam, ut etiam Lepidum ad hujus rei societatem incitem, omniaque ei obsequia polliceor, si modo rempublicam respicere volet. Utor in hac re adjutoribus interpretibusque, fratre meo, et Laterense, et Furnio nostro. Non me impedient privatæ offensiones, quo minus pro reipublicæ salute etiam cum inimicissimo consentiam. Quod si nihil profecero, nihilominus maximo sum animo, et majore fortasse cum mea gloria vobis satisfaciam.

Fac valeas, meque mutuo diligas.

LETTRE DCCCXVI.

Écrite au pays des Allobroges, en mai 710.

PLANCUS A CICÉRON.

Après avoir écrit cette lettre, j'ai fait réflexion qu'il pouvait être utile à la république que vous fussiez informé de ce qui s'est passé depuis. J'espère que mes soins ont été de quelque avantage pour l'État et pour moi-même. J'ai traité avec Lepidus par de fréquents messages; je lui ai proposé de renoncer à tous nos démêlés, d'accepter une franche réconciliation, de travailler d'accord avec moi au salut commun, et de faire plus de cas de ses propres intérêts, de ses enfants et de sa patrie, que d'un vil et ignoble bandit. Je lui ai fait offrir, s'il y consentait, mes services en toute circonstance. C'est par l'entremise de Laterensis que cette négociation a eu lieu. Lepidus m'a engagé sa parole que, s'il ne peut empêcher Antoine d'entrer dans sa province, il lui fera la guerre à outrance. Il me prie de venir joindre mes forces aux siennes; ce qui est d'autant plus nécessaire, qu'Antoine est surtout fort par sa cavalerie, tandis que Lepidus n'en a pas même une médiocre. Cependant, malgré ce petit nombre de ca-

EPISTOLA DCCCXVI.
(ad div., X, 15)

Scrib. in Allobrogibus, mense maio A. V. C. 710.

PLANCUS CICERONI.

His litteris scriptis, quæ postea accidissent, scire te, ad rempublicam putavi pertinere. Sedulitas mea, ut spero, et mihi et reipublicæ tulit fructum. Namque assiduis internuntiis cum Lepido egi, ut omissa omni contentione, reconciliataque voluntate nostra, communi consilio reipublicæ succurreret; se, liberos, urbemque pluris, quam unum perditum abjectumque latronem, putaret; obsequioque meo, si ita faceret, ad omnes res abuteretur. Profeci itaque per Laterensem internuntium. Fidem mihi dedit, se Antonium, si prohibere provincia sua non potuisset, bello persecuturum : me, ut venirem, copiasque conjungerem, rogavit; eoque magis, quod et Antonius ab equitatu firmus esse dicebatur, et Lepidus ne mediocrem quidem equitatum habebat. Nam etiam

valiers, dix de ses meilleurs escadrons sont venus depuis peu de jours se ranger sous mes drapeaux.

Ces bonnes dispositions de Lepidus une fois connues, je n'ai pas hésité à les seconder. J'ai compris de quelle utilité serait notre jonction, soit parce que ma cavalerie peut poursuivre et écraser celle d'Antoine, soit parce que la présence de mon armée peut réprimer et contenir la partie gâtée et hostile à la république de celle de Lepidus. Ayant donc fait jeter, en un seul jour, un pont sur l'Isère, grande rivière qui baigne la frontière des Allobroges, j'y ai fait passer mon armée le 4 des ides de mai. Cependant, sur l'avis que Lucius, frère d'Antoine, avait poussé une reconnaissance jusqu'à Forum Julii avec de la cavalerie et des cohortes, j'ai fait partir mon frère, le 5 des ides de mai, à la tête de quatre mille chevaux, pour aller à sa rencontre. Je vais le suivre moi-même, à marches forcées, avec quatre légions sans bagages et le reste de ma cavalerie. Pour peu que la fortune de la république me favorise, c'est là que s'arrêtera l'audace de ces misérables et que nous trouverons la fin de nos inquiétudes. Mais si ce brigand, averti à temps de mon approche, parvient à gagner encore une fois l'Italie, ce sera l'affaire de D. Brutus de lui en barrer le passage; et je suis certain que ni l'habileté ni le courage ne lui manqueront. Dans cette supposition néanmoins,

---

ex paucitate ejus, non multis ante diebus, decem, qui optimi fuerant, ad me transierunt.

Quibus rebus ego cognitis cunctatus non sum : in cursu bonorum consiliorum Lepidum adjuvandum putavi. Adventus meus quid profecturus esset, vidi, vel quod equitatu meo persequi atque opprimere equitatum ejus possem, vel quod exercitus Lepidi eam partem, quæ corrupta est et ab republica alienata, et corrigere et coercere præsentia mei exercitus possem. Itaque in Isara, flumine maximo, quod in finibus est Allobrogum, ponte uno die facto, exercitum a. d. quartum idus maii traduxi. Quum vero mihi nuntiatum esset, L. Antonium præmissum cum equitibus et cohortibus ad Forum Julii venisse, fratrem cum equitum quatuor millibus, ut occurreret ei, misi a. d. v idus maii. Ipse maximis itineribus cum quatuor legionibus expeditis et reliquo equitatu subsequar. Si nos mediocris modo fortuna reipublicæ adjuverit, et audaciæ perditorum et nostræ sollicitudinis hic finem reperiemus. Quod si latro, præcognito nostro adventu, rursus in Italiam se recipere cœperit, Bruti erit officium occurrere ei ; cui scio nec consilium nec animum defuturum. Ego tamen, si id

je ferai partir mon frère avec ma cavalerie à la poursuite d'Antoine, pour protéger l'Italie contre ce dévastateur.

Prenez soin de votre santé, et aimez-moi comme je vous aime.

LETTRE DCCCXVII

Écrite à Rome, en mai 710.

M. T. CICÉRON A D. BRUTUS, IMP.

Je suis étroitement lié avec Appius Claudius, fils de Caïus, et notre liaison est cimentée par un grand nombre de services mutuels. Je vous prie instamment, soit pour l'honneur de votre propre générosité, soit en considération de moi, d'employer votre autorité, dont je connais toute l'étendue, pour sa conservation. Votre valeur est célèbre, je veux que votre clémence ne le soit pas moins. Il vous sera glorieux qu'un jeune homme distingué par la noblesse de sa naissance vous soit redevable de son salut. Sa cause doit être d'autant plus favorable, que c'est l'affection filiale qui l'a conduit à se joindre à Antoine, dans la vue d'obtenir le rétablissement de son père. Ainsi, quand vous

acciderit, fratrem cum equitatu mittam, qui sequatur, Italiam a vastatione defendat.

Fac valeas, meque mutuo diligas.

EPISTOLA DCCCXVII

(ad div., XI, 22)

Scrib. Romæ, mense maio A. V. C. 710.

M. T. CICERO D. BRUTO, IMP., S. P. D.

Cum Appio Claudio, C. F. summa mihi necessitudo est, multis ejus officiis et meis mutuis constituta. Peto a te majorem in modum, vel humanitatis tuæ, vel meâ causa, ut eum auctoritate tua, quæ plurimum valet, conservatum velis. Volo te, quum fortissimus vir cognitus sis, etiam clementissimum existimari. Magna tibi erit ornamento, nobilissimum adolescentem beneficio tuo esse salvum. Cujus quidem causa hoc melior debet esse, quod pietate adductus, propter patris restitutionem, se cum Antonio conjunxit. Quare etsi minus

n'auriez pas de véritable raison pour justifier le service que je vous prie de lui rendre, il vous sera facile d'en donner une qui ne manquera pas de vraisemblance. D'un signe, vous pouvez retenir à Rome dans une situation tranquille un homme de la plus haute naissance, d'un esprit distingué, d'une vertu rare, et d'ailleurs aussi porté au dévouement qu'à la reconnaissance. Cette grâce, je vous la demande avec tout le zèle et toute l'affection dont je suis capable.

LETTRE DCCCXVIII

Écrite au pays des Allobroges, fin de mai 710.

PLANCUS A CICÉRON

Antoine est arrivé, le 15 mai, à Forum Julii avec son avant-garde. Ventidius n'en est éloigné que de deux journées. Lepidus est campé à Forum Vocontium, d'où l'on compte vingt-quatre milles jusqu'à l'autre ville, et, suivant ce qu'il m'écrit, il est résolu à m'y attendre. Si Lepidus et la fortune me sont fidèles,

— veram causam habebis, tamen vel probabilem aliquam poteris inducere. Nutus tuus potest hominem, summo loco natum, summo ingenio, summa virtute, officiosissimum præterea et gratissimum, incolumem in civitate retinere. Quod ut facias, ita a te peto, ut majore studio magisve ex animo petere non possim.

EPISTOLA DCCCXVIII

(ad div., X, 17)

Scrib. in Allobrogibus, exeunte maio A. V. C. 710.

PLANCUS CICERONI

Antonius id. maii ad Forum Julii cum primis copiis venit. Ventidius bidui spatio abest ab eo. Lepidus ad Forum Vocontium castra habet, qui locus a Foro Julii quatuor et viginti millia passuum abest; ibique me exspectare constituit, quemadmodum ipse mihi scripsit. Quod si omnia mihi integra et ipse et fortuna

je vous garantis que l'affaire se terminera bientôt comme nous le désirons. Mon frère, je vous l'ai écrit déjà, a gravement souffert de l'excès de ses fatigues et de ses marches continuelles; cependant, au premier pas qu'il a pu faire, se croyant rétabli pour le service de la république autant que pour lui-même, il s'est montré disposé à braver toutes sortes de périls. Mais je l'ai pressé, je l'ai même forcé de s'en aller, non-seulement parce qu'en demeurant ici dans l'état où il est, il ne ferait que ruiner entièrement ses forces sans m'être d'un grand secours, mais encore parce que la république, après la douloureuse perte des deux consuls, a besoin, dans les fonctions de la ville, d'un citoyen tel que lui pour préteur. Si quelqu'un d'entre vous n'approuvait point son retour, qu'il sache bien que j'ai pu manquer de prudence dans mon conseil, mais non pas lui de fidélité envers la patrie. Au reste, Lepidus a pris, comme je le souhaitais, le parti de m'envoyer Apellas pour otage de sa sincérité dans le dessein qu'il a de servir avec moi la république.

Dans cette occasion, L. Gellius m'a donné une bonne preuve de son zèle, et n'a pas moins satisfait Sextus Gavianus sur l'affaire des trois frères. Aussi n'ai-je pas fait difficulté de l'employer tout nouvellement auprès de Lepidus; car je le crois dévoué à la république. Je lui rends volontiers témoignage, et je le rendrai toujours à ceux que j'en croirai dignes.

servarit, recipio vobis, celeriter me negotium ex sententia confecturum. Fratrem meum, assiduis laboribus concursationibusque confectum, graviter se habuisse, antea tibi scripsi; sed tamen quum primum posse ingredi cœpit, non magis sibi quam reipublicæ se convaluisse existimans, ad omnia pericula princeps esse non recusavit. Sed ego cum non solum hortatus sum, verum etiam coegi isto proficisci, quod et ille valetudine magis conficere se, quam me tueri posset in castris, et quod acerbissimo interitu consulum rempublicam nudatam tali cive prætore in urbanis officiis indigere existimabam. Quodsi quis vestrum non probabit, mihi prudentiam in consilio defuisse sciat, non illi erga patriam fidelitatem. Lepidus tamen, quod ego desiderabam, fecit, ut Apellam ad me mitteret, quo obside fidei illius et societatis in republica administranda uterer.

Studium in ea re suum mihi L. Gellius, de tribus fratribus Sexto Gaviano probavit: quo ego interprete novissime ad Lepidum sum usus. Amicum eum reipublicæ cognosse videor, libenterque ei sum testimonio, et omnibus ero, qui bene merentur.

Prenez soin de votre santé, aimez-moi comme je vous aime, et, si vous croyez que je le mérite, continuez de soutenir ma dignité avec cette affection singulière dont vous n'avez pas cessé de me donner des preuves.

LETTRE DCCCXIX

Écrite à Rome, en mai 710.

CICÉRON A PLANCUS

Jamais événement ne fut ni plus glorieux, ni plus agréable, ni plus convenable aux circonstances, mon cher Plancus, que l'arrivée de votre lettre : elle a été remise à Cornutus dans une nombreuse assemblée du sénat ; il en venait de lire de Lepidus une froide et incertaine. La vôtre fut lue aussitôt après, non sans de grandes acclamations. On applaudit, non-seulement au fond des choses, à votre zèle, aux services que vous rendez à la république, mais encore à la noblesse du style et des pensées. L'assemblée pressa Cornutus d'en faire aussitôt le rapport. Il répondit qu'il voulait prendre du temps pour délibérer. Tout le

---

Fac valeas, meque mutuo diligas, dignitatemque meam, si mereor, tuearis, sicut adhuc singulari cum benivolentia fecisti.

EPISTOLA DCCCXIX
(ad div., X, 16)

Scrib. Romæ, mense maio A. V. C. 710.

CICERO PLANCO

Nihil post hominum memoriam gloriosius, nihil gratius, ne tempore quidem ipso opportunius accidere vidi quam tuas, Plance, litteras. Redditæ sunt enim frequenti senatu Cornuto, quum is frigidas sane et inconstantes recitasset litteras Lepidi. Sub eas statim recitatæ sunt tuæ, non sine magnis quidem clamoribus. Quum rebus enim ipsis essent et studiis beneficiisque in rempublicam gratissimæ, tum erant gravissimis verbis et sententiis. Flagitare senatus institit Cornutum, ut referret statim de tuis litteris. Ille se considerare velle. Quum

sénat en paraissant mécontent, le rapport fut fait par cinq tribuns. Servilius, lorsqu'on en vint aux opinions, se déclara pour le délai. J'expliquai mon avis, et tout le monde s'y conforma sans exception. Vous apprendrez, par le décret même, comment il était conçu. Quoique vous ne manquiez point de conseil, et que vous soyez plutôt, de ce côté-là, dans une espèce d'abondance, il faut, si vous m'en croyez, avoir assez de fermeté pour ne rien renvoyer ici, et dans des affaires si subites, si pressantes, ne pas vous croire obligé de consulter le sénat. Le sénat, c'est vous. Partout où la cause de la patrie vous appelle, allez. Faites que nous apprenions de vous quelque belle action, avant que nous ayons pu la prévoir. J'ose vous le garantir, vous ne ferez rien qui ne soit approuvé du sénat, et qui ne porte à ses yeux le caractère de la fidélité et de la prudence.

LETTRE DCCCXX

Écrite à Rome, en mai 710.

M. T. CICÉRON A CORNIFICIUS

Vous trouvez donc que je ne vous écris que par des plaideurs?

ei magnum convicium fieret cuncto a senatu, quinque tribuni plebei retulerunt. Servilius rogatus rem distulit. Ego cam sententiam dixi, cui sunt assensi ad unum. Ea quæ fuerit, ex senatusconsulto cognosces. Tu quanquam consilio non eges, vel abundas potius, tamen hoc animo esse debes, ut nihil huc rejicias, neve in rebus tam subitis tamque angustis a senatu consilium petendum putes. Ipse tibi sis senatus. Quocumque te ratio reipublicæ ducet, sequare. Cures ut ante factum aliquod a te egregium audiamus, quam futurum putarimus. Illud tibi promitto, quidquid a te erit factum, id senatum, non modo ut fideliter sed etiam ut sapienter factum, comprobaturum.

EPISTOLA DCCCXX

(ad div., XII, 30)

Scrib. Romæ, mense maio A. V. C. 710.

M. T. CICERO CORNIFICIO S. P. D.

Itane præter litigatores nemo ad te meas litteras? multæ istæ quidem. Tu

En effet, je me suis servi souvent de cette voie; c'est à vous-même qu'il faut vous en prendre si personne ne se croit bien recommandé à vous sans lettres de moi. Cependant jamais quelqu'un de vos gens m'a-t-il averti d'une occasion de correspondre avec vous dont je n'aie profité? Et croyez-vous d'ailleurs, qu'il y ait rien de plus agréable pour moi lorsque je ne puis vous entretenir de vive voix, que de vous écrire ou de lire vos lettres? Ce qui m'afflige le plus, c'est que mes grandes occupations ne me permettent pas de vous écrire à mon gré. Je vous attaquerais, non par des lettres, mais par des volumes. Mais c'est vous néanmoins qui devriez me provoquer ainsi; car, tout occupé que vous êtes, vos affaires vous laissent du moins quelque loisir. Et si vous n'êtes pas plus libre que moi, soyez discret, ménagez-moi, et ne me demandez pas des lettres plus fréquentes, lorsque j'en reçois si rarement de vous. Jusqu'à présent, mes occupations ont été extraordinaires, parce que j'apportais tous mes soins à la défense de la république; mais elles le sont devenues plus que jamais dans le temps où nous sommes. Nous ressemblons, en effet, à ceux qui retombent dans une maladie dont ils paraissaient délivrés, et qui n'en devient que plus dangereuse : nous souffrons aussi davantage, forcés que nous sommes de renouveler la guerre après l'avoir presque entièrement terminée.

enim perfecisti, ut nemo sine litteris meis tibi se commendatum putaret. Sed quis unquam tuorum mihi dixit esse, cui darem, quin dederim? aut quid mihi jucundius, quam, quum coram tecum loqui non possim, aut scribere ad te, aut tuas legere litteras? Illud magis mihi solet esse molestum, tantis me impediri occupationibus, ut ad te scribendi meo arbitratu facultas nulla detur. Non enim te epistolis, sed voluminibus lacesserem; quibus quidem me a te provocari oportebat. Quamvis enim occupatus sis, otii tamen plus habes. Aut, si ne tu quidem vacas, noli impudens esse, nec mihi molestiam exhibere, et a me litteras crebriores, quum tu mihi raro mittas, flagitare. Nam quum antea distinebar maximis occupationibus, propterea quod omnibus curis rempublicam mihi tuendam putabam, tum hoc tempore multo distineor vehementius. Ut enim gravius ægrotant ii, qui, quum levati morbo viderentur, in eum de integro inciderunt, sic vehementius nos laboramus, qui, profligato bello ac pæne sublato, renovatum bellum gerere conamur.

Mais, c'en est assez sur ce sujet. Soyez-en bien persuadé, mon cher Cornificius, je ne suis pas assez ingrat pour me laisser vaincre en zèle et en affection. Je n'ai jamais douté de vos sentiments ; mais Cherippus me les a fait encore mieux connaître : c'est un homme qui m'avait toujours beaucoup plu ; combien maintenant il m'est plus agréable ! Il m'a représenté non-seulement votre cœur et vos expressions, mais jusqu'aux moindres mouvements de votre visage. Ne craignez donc pas que je vous sache mauvais gré de m'avoir écrit dans les mêmes termes qu'à tous les autres. Si je vous ai demandé des lettres particulières, je l'ai fait avec plus de chaleur dans mon affection que dans mes instances.

Quant à la dépense que vous avez faite pour la guerre, et que vous faites encore, je ne vois aucun moyen de vous soulager, parce que le sénat est sans chef depuis la mort des consuls, et qu'il y a une incroyable pénurie de deniers publics. On cherche de l'argent de tous côtés, pour satisfaire aux promesses qu'on a faites aux soldats qui ont le mieux mérité. Je ne crois point qu'on en vienne à bout sans avoir recours au tribut. Apparemment que l'affaire d'Attius Dionysius n'est rien, puisque Stratorius ne m'en a point parlé. Je ne conviens pas que vous ayez plus de raisons que moi pour vouloir obliger P. Lucceius, car je suis lié très-étroitement avec lui ; mais lorsque j'ai pressé les com-

Sed hæc hactenus. Tu tibi, mi Cornifici, fac ut persuadeas, non esse me tam imbecillo animo, ne dicam inhumano, ut a te vinci possim aut officiis aut amore. Non dubitabam equidem ? verumtamen multo mihi notiorem amorem tuum effecit Cherippus. O hominem, semper illum quidem mihi aptum, nunc vero etiam suavem ! Vultus mehercule tuos mihi expressit omnes : non solum animum ac verba pertulit. Itaque noli vereri, ne tibi succensuerim, quod eodem exemplo ad me, quo ad cæteros. Requisivi equidem proprias ad me unum litteras ; sed neque vehementer, et amanter.

De sumptu, quem te in rem militarem facere et fecisse dicis, nihil sane possum tibi opitulari, propterea quod et orbus senatus consulibus amissis, et incredibiles angustiæ pecuniæ publicæ : quæ conquiritur undique, ut optime meritis militibus promissa solvantur ; quod quidem fieri sine tributo posse, non arbitror. De Attio Dionysio nihil puto esse, quoniam mihi nihil dixit Stratorius. De P. Lucceio nihil tibi concedo, quo studiosior ejus sis, quam ego sum. Est enim nobis necessarius. Sed a magistris quum contenderem de proferendo die, probave-

missaires pour obtenir d'eux une prolongation, ils m'ont fait voir que le compromis et le serment ne leur permettaient pas de l'accorder. Ainsi je crois que Lucceius doit prendre le parti de venir ici; et, s'il a fait quelque attention à ma lettre, lorsque vous recevrez celle-ci, il sera infailliblement à Rome.

Vous ignoriez encore la mort de Pansa, lorsque vous m'avez écrit sur l'argent et les autres choses que vous vous flattiez d'obtenir de lui par mes sollicitations. Vous n'auriez point été trompé s'il eût vécu, car il vous aimait. Depuis sa mort, au contraire, je ne vois point ce qu'on peut espérer.

J'approuve ce qui regarde Venuleius, Latinus et Horatius; mais je ne puis approuver que, pour le consoler, vous ayez ôté, comme vous le dites, les licteurs à vos propres lieutenants. Des hommes honorables ne devaient pas être comparés à des gens qui ne sont dignes que de l'opprobre; et je suis même d'avis que, s'ils ne quittent pas la province, vous devez employer le décret du sénat pour les y contraindre.

Je crois avoir répondu à tous les articles de la lettre dont j'ai reçu deux copies. Il ne me reste qu'à vous prier d'être bien persuadé que ma propre dignité ne m'est pas plus chère que la vôtre.

runt mihi, sese, quo minus id facerent, et compromisso et jurejurando impediri. Quare veniendum arbitror Lucceio. Quanquam, si meis litteris obtemperavit, quum tu hæc leges, illum Romæ esse oportebit.

Cæteris de rebus, maximeque de pecunia, quum Pansæ mortem ignorares, scripsisti, quæ per nos ab eo consequi te posse arbitrarere. Quæ te non fefellissent, si viveret, nam te diligebat. Post mortem autem ejus quid fieri posset, non videbamus.

De Venuleio, Latino, Horatio, valde laudo. Illud non nimium probo, quod scribis, quo illi animo æquiore ferrent, te tuis etiam legatis lictores ademisse. Honore enim digni cum ignominia dignis non erant comparandi; eosque ex senatusconsulto, si non decedunt, cogendos, ut decedant, existimo.

Hæc fere ad eas litteras, quas eodem exemplo binas accepi. De reliquo, velim tibi persuadeas, non esse mihi meam dignitatem tua cariorem.

LETTRE DCCCXXI

Écrite à Rome, le 20 mai 710.

M. T. CICÉRON A D. BRUTUS, IMP., CONSUL DÉSIGNÉ.

Quoique la commission dont vous avez chargé Galba et Volumnius auprès du sénat nous donnât quelque soupçon de ce que vous croyiez devoir craindre et soupçonner vous-même, il nous a semblé néanmoins qu'elle était plus timide que ne le demandaient votre victoire et celle du peuple romain. Croyez-le, mon cher Brutus, le sénat est plein de courage, et ses chefs en ont beaucoup aussi. Il n'a pu voir sans chagrin que celui qu'il regarde comme le plus brave de tous les hommes, n'eût pas une meilleure opinion de sa hardiesse et de sa fermeté. Si, dans le temps même que vous étiez resserré par un siége et qu'Antoine était puissant, tout le monde avait conçu les plus hautes espérances de votre vertu, à qui peut-il rester de la crainte lorsque Antoine est défait et que vous êtes délivré?

Nous n'appréhendions pas non plus Lepidus. Comment pourrait-il, lui qui s'est déclaré pour la paix au milieu d'une sanglante guerre, être assez furieux pour faire la guerre à la

EPISTOLA DCCCXXI
(ad div., XI, 18)

Scrib. Romæ, xiii kal. jun. A. V. C. 710.

M. T. CICERO D. BRUTO, IMP., COS. DES., S. D.

Etsi ex mandatis, quæ Galbæ Volumnioque ad senatum dedisti, quid timendum suspicandumque putares, suspicabamur, tamen timidiora mandata videbantur, quam erat dignum tua populique Romani victoria. Senatus autem, mi Brute, fortis est, et habet fortes duces. Itaque moleste ferebat, se a te, quem omnium, quicumque fuissent, fortissimum judicaret, timidum atque ignavum judicari. Etenim quum te incluso spem maximam omnes habuissent in tua virtute, florente Antonio, quis erat, qui quidquam timeret, profligato illo, te liberato?

Nec vero Lepidum timebamus. Quis enim esset qui illum tam furiosum arbitraretur, ut, qui in maximo bello pacem velle se dixisset, is in optatissima pace

république dans le sein d'une paix si désirée? Je ne doute point que vous ne voyiez plus clair que nous. Mais si proche des actions de grâces que nous avons rendues en votre nom dans les temples des dieux, il a paru bien fâcheux de voir les craintes se renouveler. Fasse donc le ciel, comme je l'espère, qu'Antoine soit abattu et ruiné tout à fait! Au reste, s'il parvient à rassembler quelques forces, il éprouvera que le sénat ne manque point de prudence, ni le peuple romain de courage, et que, tant que vous vivrez, la république ne manquera point de chef. Le 20 mai.

LETTRE DCCCXXII

Écrite à Vercelles, le 21 mai 710.

D. BRUTUS A M. T. CICÉRON.

Je vous prie de jeter les yeux sur la lettre que j'écris au sénat, avant qu'elle lui soit présentée, et d'y faire les changements que vous jugerez convenables. Vous remarquerez aisément que je n'ai pu me dispenser d'écrire. Lorsque je m'attendais d'avoir avec moi la légion Martia et la quatrième, suivant l'avis de Drusus et

bellum reipublicæ indiceret? Nec dubito quin tu plus provideas. Sed tamen tam recenti gratulatione, quam tuo nomine ad omnia deorum templa fecimus, renovatio timoris magnam molestiam afferebat. Quare velim equidem, id quod spero, ut plane abjectus et fractus sit Antonius : sin aliquid virium forte collegerit, sentiet, nec senatui consilium, nec populo Romano virtutem deesse, nec reipublicæ, te vivo, imperatorem. xiii kalend. jun.

EPISTOLA DCCCXXII
(ad div., XI, 19)

Scrib. Vercellis, xii kal. jun. A. V. C. 710.

D. BRUTUS M. T. CICERONI S. P. D.

Ad senatum quas litteras misi, velim prius perlegas, et, si qua tibi videbuntur, commutes. Necessario me scripsisse, ipse animadvertes. Nam quum putarem, quartam et Martiam legiones mecum futuras, ut Druso Pauloque pla-

de Paulus, auquel vous aviez tous consenti, il me semblait que tout le reste devait m'inquiéter moins. A présent que je me vois avec des recrues qui manquent de tout, je suis forcé de trembler pour votre sort et pour le mien.

Les peuples du Vicentin ont une considération particulière pour M. Brutus et pour moi : je vous demande en grâce de ne pas permettre qu'il leur soit fait d'injustice au sénat dans l'affaire des esclaves. Leur cause est excellente, ils ont rendu de grands services à la république, et leurs adversaires sont une race de séditieux et d'hommes sans foi. Le 21 mai, à Vercelles.

LETTRE DCCCXXIII

Écrite au camp du Pont-d'Argens, le 20 mai 710.

M. LEPIDUS, IMPÉRATOR II, GRAND PONTIFE, A CICÉRON

Je souhaite que votre santé soit bonne ; la mienne est parfaite. — Informé qu'Antoine avait pris le chemin de ma province avec

cuerat, vobis assentientibus, minus de reliquis rebus laborandum existimavi. Nunc vero, quum sim cum tironibus egentissimis, valde et meam et vestram vicem timeam, necesse est.

Vicentini me et M. Brutum præcipue observant. His ne quam patiare injuriam fieri in senatu vernarum causa, a te peto. Causam habent optimam, officium in rempublicam summum, genus hominum adversariorum seditiosum et incertissimum. xii kalendas jun. Vercellis.

EPISTOLA DCCCXXIII

(ad div., X, 34).

Scrib. in castris ad Pontem Argenteum, xi kal. jun. A. V. C. 710.

M. LEPIDUS, IMP. ITERUM, PONT. MAX., M. T. CICERONI S. P. D.

S. V. B. E. E. V. — Quum audissem, Antonium cum suis copiis, præmisso

ses troupes, et qu'il se faisait précéder par une partie de sa cavalerie, sous la conduite de Lucius son frère, j'ai quitté le camp que j'occupais à la jonction de la Saône et du Rhône, dans la résolution d'aller au-devant d'eux. Je me suis rendu par des marches continuelles à Forum Vocontium, et même plus loin, pour asseoir mon camp sur les bords de l'Argens. P. Ventidius s'est joint à M. Antoine avec ses trois légions. Leur camp est au delà du mien. Antoine, avant cette jonction, n'avait que la seconde légion, avec un assez grand nombre de soldats des autres légions, mais sans armes. Sa cavalerie est considérable, car elle est sortie entière du combat. Elle ne s'élève pas à moins de trente centuries ; mais il me vient un grand nombre de ses gens, tant cavaliers que soldats, et son armée diminue tous les jours. Silanus et Culleon l'ont quitté. Quoique vivement irrité contre eux, pour s'être joints à lui contre ma volonté, l'amitié que j'ai pour eux et ma bonté naturelle m'ont porté à les recevoir ; mais je n'emploie point leurs services ; je ne les souffre pas même dans mon camp, et je ne leur donne aucune mission. A l'égard de cette guerre, je ne manquerai ni au sénat ni à la république.

J'aurai soin de vous apprendre ce que j'aurai fait dans la suite. Bien que l'amitié qui nous unit nous ait toujours portés mutuellement à nous rendre les plus grands services et que ce senti-

L. Antonio cum parte equitatus, in provinciam meam venire, cum exercitu meo ab confluente Rhodano castra movi, ac contra eos venire institui. Itaque continuis itineribus ad Forum Vocontium veni, et ultra castra ad flumen Argenteum contra Antonianos feci. P. Ventidius suas legiones tres conjunxit cum eo, et ultra me castra posuit. Habebat antea legionem secundam, et ex reliquis legionibus magnam multitudinem, sed inermorum. Equitatum habet magnum. Nam omnis ex proelio integer decessit, ita ut sint amplius equitum xxx. Ad me complures milites et equites ab eo transierunt, et in dies singulos ejus copiæ minuuntur. Silanus et Culleo ab eo discesserunt. Nos etsi graviter ab his læsi eramus, quod contra nostram voluntatem ad Antonium ierant, tamen nostræ humanitatis et necessitudinis causa eorum salutis rationem habuimus. Nec tamen eorum opera utimur ; neque in castris habemus, neque ulli negotio præfecimus. Quod ad bellum hoc attinet, nec senatui nec reipublicæ deerimus.

Quæ postea egerimus, faciam te certiorem. Etsi omni tempore summa studia officii mutuo inter nos certatim constiterunt, pro nostra inter nos familiari-

ment ne se soit jamais altéré, je ne doute point que, dans une si subite et si violente agitation de la république, mes ennemis n'aient répandu sur mon compte quantité de bruits faux et indignes de moi, qui n'auront pas manqué d'aller jusqu'à vous, et de produire un fort mauvais effet sur un homme aussi dévoué que vous à la république. Vous les avez néanmoins reçus avec modération, et vous avez jugé qu'ils ne devaient pas être crus légèrement; je le sais par mes agents, et j'en ressens une vive joie; car je me rappelle aussi avec reconnaissance tout ce que l'amitié vous a déjà fait faire pour accroître ma dignité; j'en conserverai éternellement le souvenir.

Ainsi, mon cher Cicéron, si vous avez connu jusqu'ici le fond de ma conduite, et si vous m'avez trouvé dans l'administration de la république un zèle et des sentiments dignes de moi, comptez que je serai toujours le même, ou que l'avenir ne fera qu'ajouter au passé. Plus j'ai d'obligation à vos bons offices, plus vous devez vous croire obligé de défendre ma dignité. Adieu. Le 22 mai, au camp du Pont-d'Argens.

tate, et proinde diligenter ab utroque conservata sunt, tamen non dubito, in tanto et tam repentino reipublicæ motu, quin nonnulla de me falsis rumoribus a meis obtrectatoribus me indigna ad te delata sint; quæ tuum animum magno opere moverent pro tuo amore in rempublicam. Ea te moderate accepisse, neque temere credendum judicasse, a meis procuratoribus certior sum factus: quæ mihi, ut debent, gratissima sunt. Memini enim et illa superiora, quæ abs tua voluntate profecta sunt, ad meam dignitatem augendam et ornandam: quæ perpetuo animo meo fixa manebunt.

Abs te, mi Cicero, magnopere peto, si meam vitam et studium diligentissime superioribus temporibus in republica administranda, quæ Lepido digna sunt, perspecta habes; ut paria aut eo ampliora reliquo tempore exspectes, et proinde tua auctoritate me tuendum existimes, quo tibi plura tuo merito debeo. Vale. D. xi kalendas junias, ex castris, ex Ponte Argenteo.

LETTRE DCCCXXIV

Écrite à Rome, en mai 710.

CICÉRON A FURNIUS

S'IL importe, comme tout le monde en est persuadé, que vous continuiez de rendre service à la république et d'entrer dans toutes les mesures qui peuvent contribuer à éteindre les restes de la guerre, il me semble que vous ne pouvez rien faire de mieux, ni prendre de parti plus louable et plus honnête. L'avantage d'arriver plus tôt à la préture ne me paraît pas comparable à l'honneur de servir courageusement la patrie. Je ne veux pas, en effet, vous laisser ignorer quelle gloire vous vous êtes acquise : croyez-moi, elle n'est guère moindre que celle de Plancus ; et je parle sur le témoignage de Plancus même, auquel il faut joindre la renommée et la conviction universelle.

C'est pourquoi, s'il vous reste quelque chose à terminer, il faut, selon moi, vous y attacher de toutes vos forces. Est-il rien de plus honorable? Et croyez-vous qu'il y ait rien de préférable à l'honneur? Mais si vous croyez avoir rempli ce que vous devez à

EPISTOLA DCCCXXIV
(ad div., X, 25)

Scrib. Romæ, mense maio A. V. C. 710.

CICERO FURNIO S. D.

Si interest, id quod homines arbitrantur, reipublicæ te, ut instituisti atque fecisti, navare operam, rebusque maximis, quæ ad exstinguendas reliquias belli pertinent, interesse : nihil videris melius, neque laudabilius, neque honestius facere posse, istamque operam tuam, gravitatem, animum in rempublicam celeritati præturæ anteponendum censeo. Nolo enim te ignorare, quantam laudem consecutus sis ; mihi crede proximam Planco, idque ipsius Planci testimonio, præterea fama scientiaque omnium.

Quamobrem si quid operis tibi etiam nunc restat, id maximo opere censeo persequendum. Quid enim honestius, aut quid honesto anteponendum? Sin

la république, mon avis est que vous vous hâtiez de venir aux comices, puisqu'ils doivent se tenir de si bonne heure ; en prenant garde néanmoins que cet empressement d'ambition ne diminue quelque chose de la gloire que nous avons obtenue. On a l'exemple de quantité d'illustres personnages qui ont sacrifié une année de prétention au service de la république : ce qui doit nous coûter d'autant moins, que cette année n'est pas celle qui vous appartient naturellement, comme il arriverait si vous aviez été édile, et que vous eussiez droit de vous présenter à l'expiration des deux ans. Il semblera qu'à présent vous aurez été trop ponctuel à profiter du temps où l'usage et les lois vous permettent de demander. Au contraire, je trouve que si vous attendiez le consulat de Plancus, quoique vous n'ayez pas besoin de ce secours, votre demande en aurait plus d'éclat, surtout si le succès des affaires que vous dirigez répond à nos espérances. Sage et judicieux comme vous êtes, je ne crois pas qu'il soit fort nécessaire de vous en dire davantage ; mais je suis bien aise aussi que vous n'ignoriez pas ce que je pense. En un mot, j'aimerais mieux que vous prissiez pour règle votre dignité que votre ambition, et je voudrais vous voir attacher un plus grand prix à la perpétuité de la gloire qu'à la promptitude avec laquelle vous pouvez obtenir la préture. J'ai tenu le même langage dans un entretien que j'ai eu chez moi avec Quintus mon frère, avec Cécina et Calvisius, qui vous sont tous fort affectionnés, en

autem satisfactum reipublicæ putas, celeriter ad comitia, quando mature futura sunt, veniendum censeo ; dummodo ne quid hæc ambitiosa festinatio imminuat ejus gloriæ, quam consecuti sumus. Multi clarissimi viri, quum reipublicæ darent operam, annum petitionis suæ non obierunt. Quod eo facilius nobis est, quod non est annus hic tibi destinatus, ut, si ædilis fuisses, post biennium tuus annus esset. Nunc nihil prætermittere videbere usitati et quasi legitimi temporis ad petendum. Video autem, Planco consule, etsi etiam sine eo rationes expeditas haberes, tamen splendidiorem petitionem tuam, si modo ista ex sententia confecta essent. Omnino plura me scribere, quum tuum tantum consilium judiciumque sit, arbitrabar non ita necesse ; sed tamen sententiam meam tibi ignotam esse nolebam ; cujus est hæc summa, ut omnia te metiri dignitate malim, quam ambitione, majoremque fructum ponere in perpetuitate laudis, quam in celeritate præturæ. Hæc eadem locutus sum domi meæ, adhibito Q. fratre meo, et Cæcina, et Calvisio, studiosissimis tui, quum

présence de Dardanus votre affranchi. Il m'a paru qu'ils entraient tous dans mon sentiment; mais vous en jugerez parfaitement vous-même.

LETTRE DCCCXXV

Écrite au camp, un peu après le 24 mai 710.

PLANCUS A CICÉRON

Quelles étaient mes dispositions quand Levus et Nerva m'ont quitté, c'est ce que vous apprendrez et par les lettres dont je les ai chargés et par eux-mêmes, qui ont été continuellement témoins de ma conduite et de mes vues. Je me trouve dans la position où se trouve presque toujours un homme délicat qui désire servir la république, et qui est aussi celle de tous les gens de bien : j'ai mieux aimé choisir le parti le plus dangereux, parce qu'il justifie mes intentions, que de prendre le plus sûr, au risque de donner sur moi quelque prise à la malignité. Ainsi, me voyant sollicité depuis le départ des députés, par deux lettres: l'une de Lepidus, qui me priait de le joindre ; l'autre de Late-

---

Dardanus libertus tuus interesset. Omnibus probari videbatur oratio mea. Sed tu optime judicabis.

EPISTOLA DCCCXXV

(ad div., X, 18)

Scrib. in castris paulo post xii kal. jun. A. V. C. 710.

PLANCUS CICERONI

Quid in animo habuerim, quum Lævus Nervaque discesserunt a me, et ex litteris, quas eis dedi, et ex ipsis cognoscere potuisti, qui omnibus rebus consiliisque meis interfuerunt. Accidit mihi, quod homini pudenti et cupido satisfaciendi reipublicæ bonisque omnibus accidere solet, ut consilium sequerer periculosum magis, dum me probarem, quam tutum, quod habere posset obtrectationem. Itaque post discessum legatorum, quum binis continuis litteris et Lepidus me, ut venirem, rogaret, et Laterensis multo etiam magis, prope

rensis, qui me demandait la même chose avec beaucoup plus d'instances et presque à genoux, en me représentant qu'il ne craignait que l'inconstance et l'infidélité de l'armée, sur laquelle je ne suis pas non plus sans défiance, j'ai cru qu'il ne fallait pas balancer, et que je devais m'exposer au péril commun.

Je n'ignorais pas qu'il était plus sûr d'attendre près de l'Isère que Brutus eût fait passer ici son armée, et d'aller au-devant de l'ennemi de concert avec un collègue qui pense comme moi, et une armée si unie et si bien disposée pour la république ; mais j'ai considéré que s'il arrivait quelque chose de fâcheux à Lepidus, on ne manquerait pas d'en accuser mon opiniâtreté ou ma frayeur : soit pour n'avoir pas secouru un homme lié avec la république, parce qu'il n'était pas mon ami ; soit pour avoir évité le combat dans une guerre si indispensable. Aussi j'ai mieux aimé m'exposer à tous les risques, dans la vue de soutenir Lepidus et de fortifier son armée, que de m'arrêter à des excès de précaution. Je crois d'ailleurs en avoir marqué plus que personne dans des occasions qui ne peuvent pas m'être reprochées ; car ce qui m'aurait été facile, si Lepidus n'était point ici avec son armée, me cause à présent beaucoup d'inquiétude et ne me paraît pas même exempt de danger. En effet, si j'avais rencontré Antoine le premier, il n'aurait pas tenu une heure devant moi, tant j'ai de confiance en moi-même, et de mépris

implorans, obtestaretur : non ullam rem aliam extimescens, quam eamdem, quæ mihi quoque facit timorem, varietatem atque infidelitatem exercitus ejus, non dubitandum putavi, quin succurrerem, meque communi periculo offerrem.

Sciebam enim, etsi cautius illud erat consilium, exspectare me ad Isaram, dum Brutus trajiceret exercitum, et cum collega consentiente, exercitu concordi et bene de republica sentiente, hostibus obviam ire ; tamen si quid Lepidus detrimenti cepisset, hoc omne assignatum iri aut pertinaciæ meæ aut timori videbam, si aut hominem offensum mihi, conjunctum cum republica, non sublevassem, aut ipse a certamine belli tam necessarii me removissem. Itaque potius periclitari volui, si possem mea præsentia et Lepidum tueri, et exercitum facere meliorem, quam nimis cautus videri. Sollicitiorem certe hominem, non suis contractis, neminem puto fuisse. Nam, quæ res nullam habebat dubitationem, si exercitus Lepidi abesset, ea nunc magnam affert sollicitudinem, magnumque habet casum. Mihi enim si contigisset, ut prior occurrerem Antonio, non mehercules horam constitisset : tantum ego et mihi confido,

pour ses troupes découragées et pour celles de ce muletier de Ventidius. Mais je frémis, quand je réfléchis qu'il y a peut-être sous la peau quelque plaie cachée, dont les pernicieux effets peuvent se faire sentir avant qu'on puisse la connaître et y porter remède. Cependant il est certain que si nous ne campions pas au même endroit, Lepidus et cette partie de l'armée qui est bien disposée pour la république courraient un grand danger. Nos ennemis se fortifieraient aussi beaucoup, s'ils pouvaient enlever quelques troupes à Lepidus. Si mon arrivée empêche les choses, j'en rendrai grâces à la fortune et à ma constance, qui m'a excité à tenter cette entreprise.

J'ai donc quitté l'Isère, le 21 mai, après avoir muni de deux redoutes la tête du pont que j'y ai fait jeter et j'y ai laissé des troupes suffisantes pour les défendre, afin que Brutus, en y arrivant avec son armée, puisse trouver le passage libre. Pour moi, j'espère que dans huit jours, à compter de la date de cette lettre, je me joindrai aux troupes de Lepidus.

et sic perculsas illius copias, Ventidiique mulionis castra despicio. Sed non possum non exhorrescere, si quid intra cutem subest ulceris, quod prius nocere potest, quam sciri curarique possit. Sed certe nisi uno loco metaremur, magnum periculum ipse Lepidus, magnum ea pars exercitus adiret, quæ bene de republica sentit. Magnam etiam perditi hostes accessionem sibi fecissent, si quas copias a Lepido abstraxissent. Quæ si adventus meus represserit, agam gratias fortunæ constantiæque meæ, quæ ad hanc experientiam excitavit.

Itaque a. d. xii kalend. jun. ab Isara castra movi : pontem tamen, quem in Isara feceram, castellis duobus ad capita positis, reliqui; præsidiaque ibi firma posui, ut venienti Bruto exercituique ejus sine mora transitus esset paratus. Ipse, ut spero, diebus octo, quibus has litteras dabam, cum Lepidi copiis me conjungam.

LETTRE DCCCXXVI

Écrite à Rome, en mai 710.

CICÉRON A PLANCUS

C'est en vous et votre collègue que sont toutes nos espérances avec l'approbation des dieux. Vos lettres ont rendu témoignage au sénat de votre union : il en a ressenti une joie extrême, et Rome entière ne s'en réjouit pas moins. Vous m'avez écrit au sujet des distributions de terres : si le sénat en eût pris connaissance, j'aurais embrassé l'opinion qui vous aurait été la plus honorable; mais la lenteur des délibérations et l'embarras des conjonctures ayant retardé toutes les affaires, nous avons cru, Plancus votre frère et moi, qu'il fallait user du décret tel qu'il est : Plancus n'aura pas manqué de vous écrire par la faute de qui il n'est pas conçu comme nous l'aurions désiré. Mais si vous trouvez quelque chose à redire, ou sur ce décret ou sur tout autre point, soyez persuadé que, cher comme vous l'êtes à tous les gens de bien, il n'y a aucune sorte de distinction qu'on ne soit prêt à vous accorder.

EPISTOLA DCCCXXVI

(ad div., X, 22).

Scrib. Romæ, mense maio A. V. C. 710.

CICERO PLANCO

In te et in collega omnis spes est, diis approbantibus. Concordia vestra, quæ senatui declarata litteris vestris est, mirifice et senatus et cuncta civitas delectata est. Quod ad me scripseras de re agraria, si consultus senatus esset, ut quisque honorificentissimam de te sententiam dixisset, qui eam secutus esset certe ego fuissem. Sed propter tarditatem sententiarum moramque rerum, quum ea, quæ consulebantur, ad exitum non pervenirent, commodissimum mihi Plancoque fratri visum est, uti eo, quod ne nostro arbitratu componeretur, quis fuerit impedimento, arbitror te ex Planci litteris cognovisse. Sed sive in senatusconsulto, sive in cæteris rebus desideras aliquid, sic tibi persuade, tantam esse apud omnes bonos tui caritatem, ut nullum genus amplissimæ dignitatis excogitari possit, quod tibi non paratum sit.

J'attends de vos nouvelles avec impatience, et je souhaite qu'elles soient conformes à nos vœux les plus ardents. Adieu.

LETTRE DCCCXXVII

Écrite à Rome, en mai 710.

M. T. CICÉRON A D. BRUTUS, IMP., CONSUL DÉSIGNÉ

Bien que vos lettres me causent beaucoup de plaisir, j'en ai ressenti encore plus de ce qu'au milieu de vos immenses occupations vous ayez chargé Plancus, votre collègue, de me faire vos excuses par une lettre. Il s'en est acquitté aussitôt, et je ne trouve rien de si aimable que cette attention et cette exactitude. Votre jonction avec un tel collègue et votre bonne intelligence, que vous avez fait connaître par une lettre commune, a causé beaucoup de satisfaction au sénat et au peuple romain. Continuez, mon cher Brutus. Il ne s'agit plus désormais de l'emporter sur les autres, mais de vous surpasser vous-même.

Je ne dois pas écrire plus longuement, surtout à vous, mon

Litteras tuas vehementer exspecto, et quidem tales, quales maxime opto. Vale.

EPISTOLA DCCCXXVII

(ad div., XI, 15)

Scrib. Romæ, mense maio A. V. C. 710.

M. T. CICERO D. BRUTO, IMP., COS. DES., S. P. D.

Etsi mihi tuæ litteræ jucundissimæ sunt, tamen jucundius fuit, quod in summa occupatione tua Planco collegæ mandasti, ut te mihi per litteras excusaret : quod fecit ille diligenter. Mihi autem nihil amabilius officio tuo et diligentia. Conjunctio tua cum collega, concordiaque vestra, quæ litteris communibus declarata est, S. P. Q. R. gratissima accidit. Quod superest, perge, mi Brute, et jam non cum aliis, sed tecum ipse certa.

Plura scribere non debeo, præsertim ad te, quo magistro brevitatis uti co-

maître en laconisme. J'attends impatiemment de vos nouvelles : puissent-elles être telles que je les souhaite !

LETTRE DCCCXXVIII

Écrite à Rome, en mai 710.

CICÉRON A PLANCUS

Aussitôt que j'ai pu contribuer à l'augmentation de votre dignité, je n'ai rien épargné pour vous procurer de nouveaux honneurs, soit par des éloges, soit par les récompenses qui conviennent au mérite. Vous le reconnaîtrez aux expressions du décret, car il est conçu dans les mêmes termes que j'ai employés pour expliquer mon opinion, que tout le sénat a embrassée avec autant d'unanimité que de zèle.

Quoique vous m'eussiez fait connaître par votre dernière lettre que vous étiez plus sensible à l'estime des gens de bien qu'aux décorations de la gloire, j'ai cru que votre désintéressement ne devait point nous empêcher de considérer ce que vous devait la république. La fin répondra sans doute à ce commen-

gito. Litteras tuas vehementer exspecto, et quidem tales, quales maxime opto.

EPISTOLA DCCCXXVIII

(ad div., X, 13)

Scrib. Romæ, mense maio A. V. C. 710.

CICERO PLANCO

Ut primum potestas data est augendæ dignitatis tuæ, nihil prætermisi in te ornando, quod positum esset aut in præmio virtutis aut in honore verborum. Id ex ipso senatusconsulto poteris cognoscere. Ita enim est perscriptum, ut a me de scripto dicta sententia est : quam senatus frequens secutus est summo studio magnoque consensu.

Ego quanquam ex tuis litteris, quas mihi misisti, perspexeram, te magis judicio bonorum, quam insignibus gloriæ delectari, tamen considerandum existimavi, etiamsi tu nihil postulares, quantum tibi a republica deberetur. Tu

cement; car celui qui nous défera d'Antoine terminera la guerre. Ce n'est point Ajax ni Achille, mais Ulysse qu'Homère a nommé *le destructeur de villes.*

LETTRE DCCCXXIX

Écrite à Rome, en mai 710.

CICÉRON A PLANCUS

J'ÉTAIS TROP persuadé de vos sentiments pour exiger aucune marque de votre reconnaissance; toutefois, je l'avouerai, vos remerciments m'ont fait beaucoup de plaisir. J'y ai reconnu aussi clairement que ce qui s'aperçoit par les yeux, que je suis aimé par vous. Vous me direz : *Qu'en pensiez-vous donc auparavant ?* Je m'en étais toujours flatté; mais je n'en avais jamais eu un témoignage plus éclatant.

Vos lettres ont plu merveilleusement au sénat, non-seulement par le fond des choses, qui sont assurément de la plus haute importance, et qui font autant d'honneur à votre courage qu'à votre prudence, mais encore par la noblesse des sentiments et

contexes extrema cum primis. Qui enim M. Antonium oppresserit, is bellum confecerit. Itaque Homerus non Ajacem, nec Achillem, sed Ulyssem appellavit πτολίπορθον.

EPISTOLA DCCCXXIX

(ad div., X, 19)

Scrib. Romæ, mense maio A. V. C. 710.

CICERO PLANCO

QUANQUAM gratiarum actionem a te non desiderabam, quum te re ipsa atque animo scirem esse gratissimum, tamen (fatendum est enim) fuit ea mihi perjucunda. Sic enim vidi, quasi ea, quæ oculis cernuntur, me a te amari. Dices, QUID ANTEA? Semper equidem ; sed nunquam illustrius.

Litteræ tuæ mirabiliter gratæ fuerunt senatui, quum rebus ipsis, quæ erant gravissimæ et maximæ, fortissimi animi summique consilii, tum etiam gravi-

des expressions. Mais travaillez, mon cher Plancus, à finir heureusement la guerre ; c'est par là que vous mettrez le comble à votre gloire et à l'affection qu'on a pour vous. Mes vœux sont sans bornes pour l'intérêt de la république ; mais, fatigué de tout ce que j'ai fait pour sa conservation, je ne sais si elle a maintenant beaucoup plus de part à mon zèle que l'intérêt de votre gloire. Il me semble que les dieux immortels ne pouvaient vous offrir une plus belle occasion d'en acquérir. Saisissez-la, je vous en conjure. C'est à celui qui nous aura défait d'Antoine qu'appartiendra l'honneur d'avoir terminé cette terrible et dangereuse guerre.

LETTRE DCCCXXX

Écrite à Rome, en mai 710.

M. T. CICÉRON A D. BRUTUS, IMP., CONSUL DÉSIGNÉ

J'ai reçu trois lettres de vous dans un même jour : l'une fort courte, dont vous aviez chargé Flaccus Volumnius ; les deux autres plus longues, dont la première m'a été remise par le messager de T. Vibius, et la seconde m'a été envoyée par Lupus.

tate sententiarum atque verborum. Sed, mi Plance, incumbe ut belli extrema perficias. In hoc erit summa et gratia et gloria. Cupio omnia reipublicæ causa ; sed, mehercules, in ea conservanda jam defatigatus non multo plus patriæ faveo, quam tuæ gloriæ, cujus maximam facultatem tibi dii immortales, ut spero, dedere ; quam complectere, obsecro. Qui enim Antonium oppresserit, is hoc bellum teterrimum periculosissimumque confecerit.

EPISTOLA DCCCXXX

(ad div., VI, 12)

Scrib. Romæ, mense maio A. V. C. 710.

M. T. CICERO BRUTO, IMP., COS. DES., S. D.

Tres uno die a te accepi epistolas : unam brevem, quam Flacco Volumnio dederas ; duas pleniores quarum alteram tabellarius T. Vibii attulit, alteram

Je comprends, par ce que vous m'écrivez et par le récit de Greceius, que, loin de s'éteindre, la guerre se rallume; sans aucun doute votre rare prudence vous fait voir que si Antoine trouve quelque moyen de se fortifier, tous ces glorieux services que vous avez rendus à la république vont se réduire à rien. On avait mandé à Rome, et tout le monde était persuadé qu'Antoine avait pris la fuite dans la dernière consternation, avec un petit nombre de gens mal armés et troublés par la crainte. S'il est vrai, au contraire, comme Greceius me le fait entendre, qu'on ne puisse en venir aux mains avec lui sans danger, il me semble qu'on ne peut pas donner le nom de fuite à son départ de Modène, et qu'il n'a fait que changer le théâtre de la guerre. Aussi les dispositions sont-elles ici toutes différentes. On se plaint même que vous ne l'ayez point poursuivi. On s'imagine qu'il pouvait être accablé, si l'on y eût apporté de la diligence. C'est bien le caractère du peuple, et particulièrement du nôtre, d'abuser de sa liberté surtout contre celui de qui il la tient. Cependant il faut prendre garde que les plaintes ne puissent devenir justes.

Voici l'état des choses : l'honneur d'avoir fini la guerre est pour celui qui nous aura défait d'Antoine. Combien est puissante cette considération, j'aime mieux vous en laisser juge que de m'expliquer plus ouvertement.

ad me misit Lupus. Ex tuis litteris, et ex Græceii oratione, non modo non restinctum bellum, sed etiam inflammatum videtur. Non dubito autem, pro tua singulari prudentia, quin perspicias, si aliquid firmitatis nactus sit Antonius, omnia tua illa præclara in rempublicam merita ad nihilum esse ventura. Ita enim Romam erat nuntiatum, ita persuasum omnibus, cum paucis inermibus, perterritis metu, fracto animo, fugisse Antonium. Qui si ita se habet, ut, quemadmodum audiebam de Græceio, confligi cum eo sine periculo non possit, non ille mihi fugisse a Mutina videtur, sed locum belli gerendi mutasse. Itaque homines alii facti sunt : nonnulli etiam queruntur, quod persecuti non sitis; opprimi potuisse, si celeritas adhibita esset, existimant. Omnino est hoc populi, maximeque nostri, in eo potissimum abuti libertate, per quem eam consecutus sit. Sed tamen providendum est ne qua justa querela esse possit.

Res se sic habet. Is bellum confecerit, qui Antonium oppresserit. Hoc quam vim habeat, te existimare malo, quam me apertius scribere.

LETTRE DCCCXXXI

Écrite de l'Espagne Ultérieure, en mai 710.

POLLION A CICÉRON

Si votre santé est bonne, je m'en réjouis ; la mienne est parfaite. — La nouvelle du combat de Modène m'est venue fort tard, parce que Lepidus a retenu mes courriers pendant neuf jours. Il est peut-être à souhaiter de n'apprendre que le plus tard possible des événements si déplorables ; mais c'est pour ceux qui ne peuvent y apporter de changement ni de remède. Plût au ciel que le même décret du sénat par lequel vous avez appelé Plancus et Lepidus en Italie, m'eût ordonné aussi de m'y rendre ; la république assurément n'eût pas éprouvé ce malheur. Si quelques-uns s'en réjouissent, parce qu'il semble qu'on est délivré des chefs et des vétérans du parti de César, ils seront pourtant bien forcés de s'affliger lorsqu'ils jetteront les yeux sur les ravages de l'Italie. En effet, toute la fleur et la race de nos guerriers a péri, du moins si les détails qu'on nous écrit

EPISTOLA DCCCXXXI
(ad div., X, 33)

Scrib. in Hispania Ulteriore, mense maio A. V. C. 710.

POLLIO CICERONI S. D.

S. V. B. E. E. Q. V. — Quo tardius certior fierem de prœliis apud Mutinam factis, Lepidus effecit, qui meos tabellarios novem dies retinuit ; tametsi tantam calamitatem reipublicæ quam tardissime audire optandum est, sed illis qui prodesse nihil possunt, neque mederi. Atque utinam eodem senatusconsulto, quo Plancum et Lepidum in Italiam arcessistis, me quoque jussissetis venire ! profecto non accepisset respublica hoc vulnus. Quo si qui lætantur in præsentia, quia videntur et duces et veterani Cæsaris partium interiisse, tamen postmodum necesse est doleant, quum vastitatem Italiæ respexerint. Nam et robur et soboles militum interiit, si quidem, quæ nuntiantur, ulla ex parte

des deux côtés sont fidèles. Je voyais assez de quel avantage il pouvait être pour la république que je me rendisse auprès de Lepidus. J'aurais dissipé toute sa lenteur, surtout avec le secours de Plancus. Mais lorsque je recevais de lui les lettres que je vous ferai lire, et qui ressemblent aux harangues qu'on dit qu'il faisait à Narbonne, il fallait bien le flatter; si je voulais me procurer des vivres en traversant sa province. Je craignais d'ailleurs que si la guerre se terminait avant l'exécution de mon entreprise, mes ennemis ne prissent droit des liaisons d'amitié que j'avais avec Antoine pour dénaturer mes intentions, quoique je ne fusse pas moins amide Plancus que de lui. C'est par ces raisons qu'ayant fait partir de Gades, au mois d'avril, deux messagers sur deux vaisseaux différents, j'écrivis non-seulement à vous, mais aux consuls et au jeune Octave, pour vous prier tous, par mes lettres, de m'apprendre en quoi je pouvais être le plus utile à la république. Suivant mon calcul, les deux vaisseaux partirent de Gades le jour que Pansa livra bataille; car depuis l'hiver la navigation n'avait pas été ouverte avant ce jour. J'étais encore si éloigné de croire à une guerre civile, que j'avais mis toutes mes légions en quartiers d'hiver dans le fond de la Lusitanie. Les deux chefs se hâtèrent d'en venir aux mains, comme si leur plus grande crainte eût été qu'on ne trouvât le moyen de finir la

vera sunt. Neque ego non videbam, quanto usui reipublicæ essem futurus, si ad Lepidum venissem. Omnem enim cunctationem ejus discussissem, præsertim adjutore Planco. Sed scribenti ad me ejusmodi litteras, quas leges, concionibus videlicet, quas Narbone habuisse dicitur, similes, palpare plane necesse erat, si vellem commeatus, per provinciam ejus iter faciens, habere. Præterea verebar ne, si ante quam ego incepta perficerem, prœlium confectum esset, pium meum consilium raperent in contrariam partem obtrectatores mei, propter amicitiam quæ mihi cum Antonio, non major tamen, quam Planco fuit. Itaque a Gadibus mense aprili, binis tabellariis in duas naves impositis, et tibi et consulibus et Octaviano scripsi, ut me faceretis certiorem, quonam modo plurimum possem prodesse reipublicæ. Sed, ut rationem ineo, quo die prœlium Pansa commisit, eodem a Gadibus naves profectæ sunt. Nulla enim post hiemem fuit ante eam diem navigatio. Et hercules longe remotus ab omni suspicione futuri civilis tumultus penitus in Lusitania legiones in hibernis collocaram. Ita porro festinavit uterque confligere, tanquam nihil pejus

guerre sans causer beaucoup de mal à la république. Cependant je vois que si la promptitude était en effet nécessaire, Hirtius s'est conduit avec toute l'habileté d'un grand général.

Voici maintenant ce que des lettres m'annoncent de la Gaule, de Lepidus : l'armée de Pansa est défaite ; Pansa lui-même est mort de ses blessures ; la légion Martia a péri tout entière ; L. Fabatus, C. Peducéus et D. Carfulenus ont perdu la vie ; dans le combat d'Hirtius, et la seconde légion, et toutes celles d'Antoine et celles d'Hirtius ont été taillées en pièces ; la quatrième légion s'était déjà saisie du camp d'Antoine lorsqu'elle a été si maltraitée par la cinquième ; le consul Hirtius et Pontius Aquila ont été tués dans le même lieu, et, si l'on en croit la renommée, Octave est mort aussi. Plaise au ciel que tout ce détail soit faux ! mais s'il ne l'est pas, ma douleur est extrême. Antoine, ajoute-t-on a levé honteusement le siége de Modène, mais il lui reste cinq mille hommes de cavalerie avec trois légions en bon ordre, une de P. Bagiennus, et quantité de soldats sans armes ; Ventidius s'est joint à lui avec la septième légion, la huitième et la neuvième ; s'il perd l'espérance du côté de Lepidus, il aura recours aux dernières extrémités, et il armera non-seulement le peuple des provinces, mais jusqu'aux esclaves ; on a livré Parme au pillage ; L. Antoine s'est emparé des Alpes.

timerent, quam ne sine maximo reipublicæ detrimento bellum componeretur. Sed, si properandum fuit, nihil non summi ducis consilio gessisse Hirtium video.

Nunc hæc mihi scribuntur ex Gallia Lepidi, et nuntiantur, Pansæ exercitum concisum esse ; Pansam ex vulneribus mortuum ; eodem prœlio Martiam legionem interiisse, et L. Fabatum, et C. Peducœum, et D. Carfulenum ; Hirtiano autem prœlio et secundam legionem, et omnes peræque Antonii cæsas, item Hirtii ; quartam vero, quum castra quoque Antonii cepisset, a quinta legione concisam esse ; ibi Hirtium quoque periisse, et Pontium Aquilam ; dici etiam Octavianum cecidisse (quæ si, quod dii prohibeant ! vera sunt, non mediocriter doleo) ; Antonium turpiter Mutinæ obsessionem reliquisse, sed habere equitum v millia, legiones sub signis armatas tres, et P. Bagienni unam, inermes bene multos ; Ventidium quoque se cum legione septima, octava, nona conjunxisse ; si nihil in Lepido spei sit, descensurum ad extrema, et non modo nationes, sed etiam servitia, concitaturum ; Parmam direptam ; L. Antonium Alpes occupasse.

Si ces faits sont vrais, personne d'entre nous ne doit demeurer tranquille, ni même attendre les résolutions du sénat. Il faut contre un tel incendie le concours de tous ceux à qui l'État est cher, et qui souhaitent le salut du peuple romain. J'apprends que Brutus n'a que dix-sept cohortes et deux légions peu complètes de nouvelle milice, qui avaient été levées par Antoine. Cependant je ne doute point que tous les restes de l'armée d'Hirtius ne se rassemblent autour de lui ; car il ne faut pas compter sur les nouvelles levées, lorsqu'il serait fort dangereux surtout de laisser à Antoine le temps de se fortifier. La saison du moins me donne toute la liberté que je puis souhaiter, parce qu'il y a des blés et dans les champs et dans les habitations. Aussi je vous ferai part de ma résolution dans mes premières lettres. Je ne veux ni manquer à la république ni lui survivre. Mon plus grand chagrin est que les chemins soient si longs et si dangereux, qu'il me faut quarante jours, et quelquefois plus, pour recevoir des nouvelles.

Quæ si vera sunt, nemini nostrum cessandum est, nec exspectandum, quid decernat senatus. Res enim cogit huic tanto incendio succurrere omnes, qui aut imperium, aut nomen denique populi Romani salvum volunt esse. Brutum enim cohortes xvii, et duas non frequentes tironum legiones, quas conscripserat Antonius, habere audio. Neque tamen dubito quin omnes, qui supersint de Hirtii exercitu, confluant ad eum. Nam in delectu non multum spei puto esse ; præsertim quum nihil sit periculosius, quam spatium confirmandi sese Antonio dari. Anni autem tempus libertatem majorem mihi dat, propterea quia frumenta aut in agris aut in villis sunt. Itaque proximis litteris consilium meum expedietur. Nam neque deesse neque superesse reipublicæ volo. Maxime tamen doleo, adeo et longo et infesto itinere ad me veniri, ut die quadragesimo post, aut ultra etiam, quam facta sunt, omnia nuntientur.

LETTRE DCCCXXXII

Écrite au camp sur l'Isère, en mai 710.

PLANCUS A CICÉRON

L'INCONSTANCE de mes lettres me causerait beaucoup de confusion, si je n'avais droit d'en accuser la légèreté d'autrui. J'ai fait tout pour me mettre en état, lorsque je serais uni à Lepidus, de diminuer votre inquiétude et de résister à nos brigands. J'ai consenti à toutes ses propositions, je lui ai fait volontairement des offres ; et, dans la confiance où j'étais, je vous écrivis, il y a deux jours, que je me croyais sûr de lui, et que nous allions commander de concert. Je me fiais à des promesses de sa propre main, et surtout aux assurances de Laterensis, qui, étant alors près de moi, me conjurait de me réconcilier sincèrement et de me reposer sur sa parole. Il a fallu renoncer bientôt à de si belles espérances. Mais j'ai pris et je continuerai de prendre des mesures pour empêcher que ma crédulité ne devienne funeste à la république.

EPISTOLA DCCCXXXII
(ad div., X, 21)

Scrib. in castris ad Isaram, mense maio A. V. C. 710.

PLANCUS CICERONI

PUDERET me inconstantiæ mearum litterarum, si non hæc ex aliena levitate penderent. Omnia feci, quare, Lepido conjuncto ad rempublicam defendendam, minore sollicitudine vestra perditis resisterem. Omnia ei et petenti recepi, et ultro pollicitus sum, scripsique tibi biduo ante, confidere me, bono Lepido esse usurum, communique consilio bellum administraturum. Credidi chirographis ejus, affirmationi præsentis Laterensis; qui tum apud me erat, reconciliaremque me Lepido, fidemque haberem, orabat. Non licuit diutius bene de eo sperare. Illud certe caui et cauebo, ne mea credulitate reipublicæ summa fallatur.

19.

Après avoir jeté un pont sur l'Isère en un seul jour, j'avais fait passer mon armée avec la diligence que demandait une si grande entreprise, pour hâter ma marche, comme il m'en avait pressé lui-même par ses lettres, lorsque je reçus de lui par un exprès d'autres lettres, qui me recommandaient de ne point avancer, parce qu'il pouvait achever les affaires sans mon secours, et de demeurer sur l'Isère. Je ne vous cacherai point que je formai là-dessus un projet fort téméraire. M'imaginant qu'il voulait se réserver toute la gloire, j'étais résolu de ne pas moins continuer ma marche. Il me semblait que, sans nuire à la gloire d'un homme si vain, je pouvais me poster dans quelque lieu voisin, pour être à portée de le secourir promptement s'il arrivait quelque chose de fâcheux. Dans ma simplicité je n'avais aucun soupçon. Mais dans cet intervalle Laterensis, dont la probité est reconnue, m'écrit de sa propre main, dans les termes du désespoir, qu'il n'y a plus de fond à faire sur l'armée ni sur la bonne foi de Lepidus, et se plaint d'être abandonné, il m'avertit ouvertement que je dois prendre garde d'être trompé ; me déclare enfin qu'il est dégagé de sa parole, et que c'est à moi de demeurer fidèle à la république.

J'ai envoyé à Titius une copie de cette lettre. Toutes les autres, soit celles que j'avais crues sincères, soit celles qui m'avaient inspiré de la défiance, je les remettrai, pour être portées à Rome, à Levus Cispius, qui a été témoin de tout ce qui s'est

---

Quum Isaram flumen, uno die ponte effecto, exercitum traduxissem, pro magnitudine rei celeritatem adhibens, quod petierat per litteras ipse, ut maturarem venire : præsto mihi fuit stator ejus cum litteris, quibus ne venirem denuntiabat ; se posse per se conficere negotium ; interea ad Isaram exspectarem. Indicabo temerarium meum consilium tibi : nihilominus ire decreram, existimans eum socium gloriæ vitare. Putabam posse me nec de laude jejuni hominis delibare quidquam et subesse tamen propinquis locis, ut, si durius aliquid esset, succurrere celeriter possem. Ego non malus homo hoc suspicabar. At Laterensis, vir sanctissimus, suo chirographo mittit mihi litteras, in eisque, desperans de se, de exercitu, de Lepidi fide, querensque se destitutum, aperte denuntiat, videam ne fallar ; suam fidem solutam esse ; reipublicæ ne desim.

Exemplar ejus chirographi Titio misi. Ipsa chirographa omnia, et quibus credidi, et ea, quibus fidem non habendam putavi, Lævo Cispio dabo perfe-

passé. Je ne dois pas oublier que Lepidus haranguant son armée, ses soldats, ou mal disposés d'eux-mêmes, ou corrompus par leurs chefs, tels que les Canidius, les Rufrenus, et d'autres que je vous ferai connaître lorsqu'il sera nécessaire, se sont écrié indignement qu'ils voulaient la paix, et qu'ils ne se battraient avec personne après avoir déjà vu périr deux consuls, après la perte de tant de citoyens qui étaient morts pour la patrie, enfin lorsqu'ils se voyaient tous déclarés ennemis publics et leurs biens déjà confisqués. Lepidus n'ayant ni puni les mutins, ni apporté de remède au désordre, j'ai conçu que, sans un excès de folie et de témérité, je ne pouvais penser plus longtemps à le joindre, ni exposer à deux armées réunies une armée remplie de fidélité, un grand nombre d'auxiliaires, les plus honnêtes gens de la Gaule, et toute la province; que, périssant dans cette entreprise, je perdais la république avec moi, et me rendais indigne, non-seulement du moindre honneur, mais de la moindre pitié après ma mort. Je suis donc résolu de retourner sur mes pas, pour ne pas donner de si grands avantages à des misérables. Faire occuper de bons postes à mon armée, et, quand elle abandonnerait son devoir, défendre ma province, et y conserver tout en bon état, ce sera l'objet de mes soins, jusqu'à ce que vous m'ayez envoyé de nouvelles troupes, et que vous vengiez ici la république aussi heureusement qu'à Modène. Combattre

---

renda, qui omnibus his interfuit rebus. Accessit eo, ut milites ejus quum Lepidus concionaretur, improbi per se, corrupti etiam per eos, qui præsunt, Canidios, Rufrenosque, et cæteros, quos, quum opus erit, scietis, conclamarint viri boni, pacem se velle, neque esse cum ullis pugnaturos, duobus jam consulibus amissis, tot civibus pro patria occisis, hostibus denique omnibus judicatis, bonisque publicatis. Neque hoc aut vindicarat Lepidus, aut sanarat. Huc me venire, et duobus exercitibus conjunctis objicere exercitum fidelissimum, auxilia maxima, principes Galliæ, provinciam cunctam, summæ dementiæ et temeritatis esse vidi, mihique, si ita oppressus essem, remque publicam mecum prodidissem, mortuo non modo honorem, sed misericordiam quoque defuturam. Itaque rediturus sum, nec tanta munera perditis hominibus dari posse sinam. Ut exercitum locis habeam opportunis, provinciam tuear, etiamsi ille exercitus descierit, omniaque integra servem, dabo operam, quoad exercitus huc summittatis, parique felicitate rempublicam hic vindicetis. Nec depu-

pour vous dans l'occasion, soutenir un siége s'il en est besoin, mourir si le hasard m'y expose, c'est à quoi personne n'est plus disposé que moi.

Ainsi, je vous exhorte, mon cher Cicéron, faites passer ici promptement une armée, pour ne pas laisser à l'ennemi le temps de se fortifier, ni à nos gens celui de perdre courage. Si l'on se hâte autant qu'il le faut, les scélérats seront détruits, et la république demeurera en possession de la victoire. Prenez soin de votre santé, et continuez de m'aimer.

Dois-je vous faire des excuses pour mon frère, à qui la fatigue a causé une fièvre continue dont il est assez tourmenté? C'est un citoyen plein de courage et prêt à tout entreprendre. Le désir qu'il a de ne manquer nulle part à la république le ramènera bientôt ici, quand ses forces le permettront. Je vous recommande toujours ma dignité. Je n'ai rien à désirer, lorsque j'ai un ami tel que vous, revêtu, suivant mes désirs, de la plus haute autorité. Voyez vous-même ce que vous êtes porté à faire pour moi, et quel temps vous voulez prendre pour cette faveur. Je me croirai fort heureux, si vous permettez que je succède à Hirtius dans votre amitié et par mon attachement.

---

gnare, si occasio tulerit, nec obsideri, si necesse fuerit, nec mori, si casus inciderit, pro vobis, paratior fuit quisquam.

Quare hortor te, mi Cicero, exercitum huc trajiciendum quam primum cures, et matures prius quam hostes magis corroborentur, et nostri perturbentur. In quo si celeritas erit adhibita, respublica in possessione victoriæ, deletis sceleratis, permanebit. Fac valeas, meque diligas.

Fratrem meum tibi, fortissimum civem, et ad omnia paratissimum, excusem litteris? qui ex labore in febriculam incidit assiduam et satis molestam. Quum primum poterit istuc recurrere, non dubitabit ne quo loco reipublicæ desit. Meam dignitatem commendatam habeas, rogo. Concupiscere me nihil oportet. Habeo te et amantissimum mei, et, quod optavi, summæ auctoritatis. Tu videris, quantum et quando tuum munus apud me velis esse. Tantum te rogo, in Hirtii locum me subdas et ad tuum amorem et ad meam observantiam.

LETTRE DCCCXXXIII

Écrite à Rome, en mai 710.

M. CICÉRON A FURNIUS

En lisant les lettres où vous déclarez qu'il fallait ou abandonner la Gaule Narbonnaise ou y combattre avec danger, c'est le premier de ces deux partis qui m'a le plus alarmé; et je ne suis pas fâché qu'on ait trouvé le moyen de s'en garantir. La bonne intelligence régnant, comme vous me l'écrivez, entre Plancus et Decimus Brutus, je la regarde comme le plus heureux présage de la victoire. A l'égard des Gaulois, nous connaîtrons quelque jour leur affection, puisque vous le dites, vous qui les avez si bien disposés. Mais, croyez-moi, nous la connaissons déjà. Je n'aurais trouvé que des sujets de joie dans votre lettre, si la fin ne m'avait causé un peu de mauvaise humeur. Vous m'écrivez que, si les comices se tiennent au mois d'août, vous serez bientôt ici, et que vous y serez plus tôt, s'ils sont déjà finis, de peur qu'on ne vous reproche de n'avoir été qu'un sot, qui s'expose au danger sans raison. O mon cher Furnius, que vous connaissez mal votre cause, vous qui jugez si bien de

EPISTOLA DCCCXXXIII
(ad div., X, 26)

Scrib. Romæ, mense maio A. V. C. 710.

M. CICERO C. FURNIO S. D.

Lectis tuis litteris, quibus declarabas, aut omittendos Narbonenses, aut cum periculo dimicandum, illud magis timui : quod vitatum non moleste fero. Quod de Planci et Bruti concordia scribis, in eo vel maximam spem pono victoriæ. De Gallorum studio, nos aliquando cognoscemus, ut scribis, cujus id opera maxime excitatum sit. Sed jam, mihi crede, cognovimus. Itaque jucundissimis tuis litteris stomachatus sum in extremo. Scribis enim, si in sextilem comitia, cito te, sin jam confecta, citius, ne diutius cum periculo fatuus sis. O mi Furni, quam tu causam tuam non nosti, qui alienas tam facile di-

celles d'autrui ! Vous vous regardez à présent comme un candidat, et vous ne pensez qu'à vous rendre promptement aux comices, ou à vous retirer chez vous s'ils sont déjà finis, pour ne pas vous obstiner, dites-vous, dans une sottise périlleuse. Non, je ne puis me persuader que ce soient là vos sentiments ; je connais trop bien votre passion pour la gloire. Si vous pensez ce que vous m'écrivez, je vous accuse moins que le jugement que j'ai toujours porté de vous.

Quoi ! l'impatience d'obtenir une magistrature frivole, un honneur commun, du moins s'il est pour vous ce qu'il est pour le plus grand nombre, vous fera renoncer à tant de justes louanges, par lesquelles tout le monde vous élève avec raison jusqu'au ciel ? La question pour vous est donc d'être préteur cette année ou l'année suivante, et non pas de rendre service à la république pour obtenir une gloire infinie par tous les suffrages ? Ignorez-vous donc à quel degré d'honneur vous êtes déjà parvenu, ou n'en tenez-vous aucun compte ? Si vous l'ignorez, je vous pardonne, et c'est nous qui sommes coupables ; mais si vous le savez, quelle préture peut avoir plus de charmes pour vous que le devoir, qui a bien peu de partisans, ou que la gloire, dont tout le monde est idolâtre. Voilà le grief que Calvisius, homme d'un grand jugement et fort affectionné pour vous, vous fait ainsi que moi, chaque jour. Cependant, puisque vous dépendez si fort des comices, nous tâchons de les remettre au mois

scas ! Tu nunc candidatum te putas, et id cogitas, ut aut ad comitia curras, aut, si jam confecta, domi tuæ sis, ne cum maximo periculo, ut scribis, stultissimus sis ? Non arbitror te ita sentire. Omnes enim tuos ad laudem impetus novi. Quodsi, ut scribis, ita sentis, non magis te, quam de te judicium reprehendo meum.

Te adipiscendi magistratus levissimi et divulgatissimi, si ita adipiscare, ut plerique, præpropera festinatio abducet a tantis laudibus, quibus te omnes in cœlum jure et vere ferunt ? Scilicet id agitur, utrum hac petitione, an proxima prætor fias, non ut ita de republica mereare omni honore ut dignissimus judicere ? Utrum nescis, quam alte ascenderis ? an pro nihilo id putas ? si nescis, tibi ignosco : nos in culpa sumus. Sin intelligis, ulla tibi est prætura vel officio, quod pauci, vel gloria, quam omnes sequuntur, dulcior ? Hac de re et ego et Calvisius, homo magni judicii, tuique amantissimus, te accusamus quotidie. Comitia tamen, quando ex his pendes, quantum facere possumus, quod multis

de janvier, parce qu'il nous a paru que l'intérêt de la république le demandait par diverses raisons. Soyez donc vainqueur, et portez-vous bien.

LETTRE DCCCXXXIV

Écrite à Rome, vers le 25 mai 710.

M. T. CICÉRON A D. BRUTUS, IMP., CONSUL DÉSIGNÉ

Ma joie est extrême, mon cher Brutus, de vous voir approuver mes vues et mes avis touchant les décemvirs et les honneurs que je crois dus à notre jeune homme. Mais qu'importe au fond? Je vous assure, cher Brutus, moi qui ne suis pas fort glorieux, que j'ai absolument les bras croisés. Le sénat était mon organe : le sénat est séparé. Votre brillante sortie de Modène et la fuite d'Antoine après la défaite de son armée avaient tellement enflé nos espérances, qu'on aperçoit aujourd'hui dans tout le monde un relâchement de courage, et que cette véhémence qu'on a vue dans mes mouvements n'a plus l'air que d'un combat en peinture.

de causis reipublicæ arbitramur conducere, in januarium mensem protrudimus. Vince igitur, et vale.

EPISTOLA DCCCXXXIV
(ad div., XI, 14)

Scrib. Romæ, circa vııı kal. jun. A. V. C. 710.

M. T. CICERO D. BRUTO, IMP., COS. DES., S. P. D.

Mirabiliter, mi Brute, lætor, mea consilia measque sententias a te probari de decemviris, de ornando adolescente. Sed quid refert? mihi crede, homini non glorioso : plane jam, Brute, frigeo. Ὄργανον enim erat meum senatus. Id est jam dissolutum. Tantam spem attulerat exploratæ victoriæ tua præclara Mutina eruptio, fuga Antonii, conciso exercitu, ut omnium animi relaxati sint, meæque illæ vehementes contentiones tanquam σκιαμαχίαι esse videantur.

Mais, pour revenir à notre sujet, ceux qui connaissent la légion Martia et la quatrième légion prétendent que sous aucune condition elles ne pourront servir sous vos enseignes. On peut prendre des mesures pour vous procurer la somme que vous désirez, et l'on ne manquera pas de les prendre. Je pense comme vous sur la nécessité d'appeler Brutus, et de retenir César pour la garde de l'Italie. Mais, comme vous me l'écrivez, vous avez des détracteurs ; quoiqu'il ne me soit pas difficile de les tenir en respect, ils ne laissent pas d'embarrasser. On attend les légions d'Afrique. Mais tout le monde s'étonne que la guerre se soit rallumée du côté où vous êtes, et jamais rien ne fut si éloigné de nos espérances ; car à la nouvelle de la victoire, que nous reçûmes le jour de votre naissance, nous avons cru le repos de la république assuré pour plusieurs siècles. Les nouvelles craintes font revivre le passé.

Vous m'avez informé, dans votre lettre du 15 mai, que, suivant celles que vous aviez eues de Plancus, Lepidus ne recevrait point Antoine. Dans cette supposition, tout devient plus facile ; mais s'il en est autrement, l'embarras sera grand. Au reste, je n'en redoute point l'issue. C'est désormais votre affaire. Pour moi, je ne puis rien de plus que ce que j'ai fait. Malgré tout, j'espère et je désire vous voir plus grand et plus glorieux que personne.

Sed, ut ad rem redeam, legionem Martiam et quartam negant, qui illas norunt, ulla conditione ad te posse perduci. Pecuniæ, quam desideras, ratio potest haberi, eaque habebitur. De Bruto arcessendo, Cæsareque ad Italiæ præsidium tenendo, valde tibi assentior. Sed, ut scribis, habes obtrectatores : quos equidem facillime sustineo ; sed impediunt tamen. Ex Africa legiones exspectantur. Sed bellum istic renatum mirantur homines. Nihil tam præter spem unquam. Nam die tuo natali victoria nuntiata, in multa sæcula videbamus rempublicam liberatam. Novi timores retexunt superiora.

Scripsisti autem ad me iis, quas idibus maiis dedisti, modo te accepisse a Planco litteras, non recipi a Lepido Antonium. Id si ita est, omnia faciliora : sin aliter, magnum negotium ; cujus exitum non extimesco : tuæ partes sunt. Ego plus, quam feci, facere non possum. Te tamen, id quod spero, omnium maximum et clarissimum videre cupio.

LETTRE DCCCXXXV

Écrite à Eporedia, le 24 mai 710.

D. BRUTUS, IMP., CONSUL DÉSIGNÉ, A CICÉRON

Je ne crains pas pour moi-même, mais l'amitié que je vous porte et la reconnaissance que je vous dois me forcent de craindre pour vous. On me l'avait dit plusieurs fois, et je n'en avais pas tenu compte. Mais tout récemment Labeon Segulius, dont le caractère ne se dément pas, me l'a encore raconté : comme il se trouvait chez César, on parla beaucoup de vous ; César ne fit aucune plainte de vous, si ce n'est qu'il prétendit que vous aviez dit : *Il faut louer ce jeune homme, l'honorer, puis l'élever :* il ajouta qu'il ne se mettrait pas dans le cas que ce dernier mot fait entendre. Je suis persuadé que c'est Labeon même qui lui a rapporté ce trait, ou qui l'a peut-être inventé ; ce n'est assurément pas Octave qui l'a imaginé.

Labeon s'est encore efforcé de me faire croire que les vétérans parlent fort mal, que vous avez quelque chose à redouter

EPISTOLA DCCCXXXV
(ad div., XI, 20)

Scrib. Eporediæ, IX kal. jun. A. V. C. 710.

D. BRUTUS, IMP., COS. DES., M. T. CICERONI S. P. D.

Quod pro me non facio, id pro te facere meus in te amor tuaque officia cogunt, ut timeam. Sæpe enim mihi quum esset dictum, neque a me contemptum, novissime Labeo Segulius, homo sibi simillimus, narravit mihi, apud Cæsarem se fuisse, multumque sermonem de te habitum esse : ipsum Cæsarem nihil sane de te questum, nisi quod diceret, te dixisse, LAUDANDUM ADOLESCENTEM, ORNANDUM, TOLLENDUM : se non esse commissurum, ut tolli possit. Hoc ego Labeonem credo illi retulisse, aut finxisse dictum, non ab adolescente prolatum.

Veteranos vero pessime loqui, volebat Labeo me credere, et tibi ab iis in-

de leur part, et qu'ils sont particulièrement indignés que César et moi n'ayons point été nommés parmi les décemvirs, et que toute cette affaire ait été réglée suivant vos vues. Je m'étais déjà mis en marche lorsque j'ai appris ce détail; mais je n'ai pas cru devoir traverser les Alpes sans savoir ce qui se passe autour de vous. Soyez-en persuadé, dans leurs vains discours, et dans ces avis affectés du péril qui vous menace, l'idée de ces gens est qu'en vous effrayant et poussant ainsi le jeune César, ils peuvent se promettre de grands avantages; enfin, leur but dans cette chanson est de gagner beaucoup. Je serais fâché néanmoins que vous ne prissiez pas des précautions, et que vous ne fussiez point en garde contre le péril. Rien en effet ne m'est plus cher et plus agréable que votre existence. Mais prenez garde aussi qu'en craignant vous ne vous mettiez dans la nécessité de craindre encore plus. Allez, autant qu'il est possible, au-devant de ce qui peut satisfaire les vétérans : commencez par leur accorder ce qu'ils désirent au sujet des décemvirs, vous penserez ensuite aux récompenses. Si vous le jugez à propos, proposez de leur distribuer, au nom de César et de moi, les terres des vétérans qui ont servi Antoine. Pour l'argent il ne faut pas se presser; il faut se régler sur ce qui s'en trouve au trésor, et leur dire que le sénat prendra là-dessus des arrangements. Les terres de Stella et de Campanie vous mettront, ce me semble, en état de les satisfaire. Quant aux quatre légions à

stare periculum ; maximeque indignari, quod in decemviris neque Cæsar neque ego habiti essemus, atque omnia ad vestrum arbitrium essent collata. Hæc quum audissem, et jam in itinere essem, committendum non putavi, prius ut Alpes transgrederer, quam, quid istic ageretur, scirem. Nam de tuo periculo, crede mihi, jactatione verborum, et denuntiatione periculi, sperare eos, te pertimefacto, adolescente impulso, posse magna consequi præmia; et totam istam cantilenam ex hoc pendere, ut quam plurimum lucri faciant. Neque tamen non te cautum esse volo, et insidias vitantem. Nihil enim tua mihi vita potest esse jucundius, neque carius. Illud vide, ne timendo magis timere cogare, et, quibus rebus potest occurri veteranis, occurras. Primum, quod desiderant de decemviris, facias; deinde de præmiis. Si tibi videtur, agros eorum militum, qui cum Antonio veterani fuerunt, his dandos censeas ab utrisque nobis : de nummis, lente ac ratione habita pecuniæ, senatum de ea re constituturum : quatuor legionibus iis, quibus agros dandos censuistis, video facul-

qui vous avez cru qu'il fallait distribuer des terres, selon moi, cette distribution doit se faire également ou par le sort.

Ce qui me porte à vous écrire dans ces termes, ce n'est pas ma prudence, c'est la tendresse que j'ai pour vous, et ma passion pour le repos, qui ne peut être durable sans vous. Si cela est absolument nécessaire, je ne quitterai point l'Italie. J'arme mes légions; je les exerce. Je me flatte d'avoir contre toutes sortes d'accidents et de violences une armée qui ne sera pas des plus mauvaises; mais César ne me renvoie pas la légion qui lui est venue de l'armée de Pansa.

Faites-moi réponse tout de suite, et si vous avez quelque chose de plus secret qu'il importe de me faire savoir, envoyez-moi quelqu'un de vos gens. Adieu. Le 24 mai, à Époredia.

LETTRE DCCCXXXVI

Écrite à Époredia, le 25 mai 710.

D. BRUTUS A M. T. CICÉRON

Nous sommes ici dans une fort bonne situation, et je travail-

tatem fore ex agris Stellati et Campano. Æqualiter, aut sorte agros legionibus assignari puto oportere.

Hæc me tibi scribere non prudentia mea hortatur, sed amor in te et cupiditas otii; quod sine te consistere non potest. Ego, nisi valde necesse fuerit, ex Italia non excedam. Legiones armo, paro : spero me non pessimum exercitum habiturum ad omnes casus et impetus hominum. De exercitu, quem Pansa habuit, legionem mihi Cæsar non remittit.

Ad has litteras statim mihi rescribe, tuorumque aliquem mitte, si quid reconditum magis erit, meque scire opus putaris. Vale. ix kalend. jun. Eporedia.

EPISTOLA DCCCXXXVI

(ad div., XI, 25)

Data viii kal. jun. Eporedia, A. V. C. 710.

D. BRUTUS M. T. CICERONI S. P. D.

Nos hic valemus recte, et, quo melius valeamus, operam dabimus. Lepidus

lerai à la rendre encore meilleure. Lepidus marque d'assez favorables sentiments pour nous. Bannissant toute crainte, nous devons nous employer librement à servir la république. Quand Lepidus nous abandonnerait entièrement, trois puissantes armées qui sont dévouées à la république, doivent vous inspirer beaucoup de courage. Vous n'en avez jamais manqué, et le secours de la fortune est capable à présent de l'augmenter. Tout ce que je vous ai écrit de ma propre main, dans ma dernière lettre, n'était que des bruits qu'on invente pour vous effrayer. Mordez une fois le frein, et je veux mourir si tous autant qu'ils sont peuvent soutenir le moindre essai que vous ferez de la parole. Ma résolution est toujours, comme je vous l'ai écrit, de m'arrêter en Italie, jusqu'à ce que j'aie reçu de vos lettres. Le 25 mai, à Eporedia.

LETTRE DCCCXXXVII

Écrite à Rome, le 29 mai 710.

CICÉRON A PLANCUS

Toutes les nouvelles qui nous viennent d'où vous êtes me pa-

commode de nobis sentire videtur. Omni timore deposito, debemus libere reipublicæ consulere. Quodsi omnia essent aliena, tamen tribus tantis exercitibus, propriis reipublicæ, valentibus, magnum animum habere debebas, quem et semper habuisti, et nunc fortuna adjuvante augere potes. Quæ tibi superioribus litteris mea manu scripsi, terrendi tui causa homines loquuntur. Si frenum momorderis, peream, si te omnes, quot sunt, conantem loqui ferre poterunt. Ego, tibi ut antea scripsi, dum mihi a te litteræ veniant, in Italia morabor. VIII kalend. jun. Eporedia.

EPISTOLA DCCCXXXVII
(ad div., X, 20)

Scrib. Romæ, IV kal. jun. A. V. C. 710.

CICERO PLANCO

Ita erant omnia, quæ istinc afferebantur, incerta, ut, quid ad te scriberem,

raissent si incertaines, que je ne sais ce que je dois vous écrire. Ce qu'on nous marque de Lépidus est tantôt favorable, tantôt contraire à nos désirs. Cependant, constante en votre faveur, la renommée nous assure toujours qu'on n'a pu ni vous tromper ni vous vaincre ; et si la fortune a quelque part à l'un de ces objets, on ne peut attribuer l'autre qu'à votre prudence. Mais j'ai reçu de votre collègue une lettre du 15 mai. Vous l'avez informé, m'écrit-il, que Lepidus est résolu à ne pas recevoir Antoine. Nous en serons plus certain lorsque vous nous l'aurez écrit vous-même. Peut-être ne l'osez-vous pas, à cause de la fausse joie que vous nous aviez donnée par vos dernières lettres. Mais tout le monde a fort bien jugé que c'est une erreur dont vous vous étiez flatté, et personne n'a cru que vous eussiez été capable en effet de vous laisser tromper. A présent, il n'y a plus même de matière à l'erreur : car le proverbe *se heurter deux fois contre la même pierre* est un préservatif. Cependant si la chose est telle que vous l'avez écrit à votre collègue, nous devons être sans inquiétude ; mais nous attendrons, pour l'être en effet, que vous nous ayez donné à nous-mêmes cette assurance. Au reste, je pense toujours, comme je vous l'ai plusieurs fois écrit, que l'honneur d'avoir entièrement fini la guerre tombera sur celui qui achèvera d'en étouffer les restes ; cet homme, ce sera vous ; je le souhaite et j'en ai la confiance.

Je suis charmé, sans en être surpris, de vous voir si sensible

---

non occurreret. Modo enim, quæ vellemus, de Lepido, modo contra nuntiabantur. De te tamen fama constans, nec decipi posse, nec vinci : quorum alterius fortuna partem habet quamdam, alterum proprium est prudentiæ tuæ. Sed accepi litteras a collega tuo, datas idibus maiis : in quibus erat, te ad se scripsisse, a Lepido non recipi Antonium. Quod erit certius, si tu ad nos idem scripseris. Sed minus audes fortasse propter inanem lætitiam litterarum superiorum. Verum, ut errare, mi Plance, potuisti (quis enim id effugerit?), sic decipi te non potuisse, quis non videt? Nunc vero etiam jam erroris causa sublata est. Culpa enim illa, BIS AD EUMDEM, vulgari reprehensa proverbio est. Sin, ut scripsisti ad collegam, ita se res habet, omni cura liberati sumus : nec tamen erimus prius quam ita esse tu nos feceris certiores. Mea quidem, ut ad te sæpius scripsi, hæc sententia est : Qui reliquias hujus belli oppresserit, eum totius belli confectorem fore; quem te et opto esse, et confido futurum.

Studia mea erga te, quibus certe nulla esse majora potuerunt, tibi tam

aux témoignages de mon zèle. Ils ne pouvaient être plus grands ; mais si les affaires tournent bien de votre côté, vous reconnaîtrez qu'ils augmenteront encore, et qu'ils me donneront de nouveaux droits sur votre reconnaissance. 29 mai.

LETTRE DCCCXXXVIII

Écrite au Pont-d'Argens, le 30 mai 71.

LÉPIDUS, IMPERATOR II, GRAND-PONTIFE, AU SÉNAT ET AU PEUPLE ROMAIN

Si vous jouissez d'une bonne santé, vous et vos enfants, je m'en réjouis beaucoup : la mienne est fort bonne. — Je prends les dieux et les hommes à témoin, pères conscrits, que mes pensées et mes sentiments se sont toujours rapportés au bien de la république et que je n'ai rien eu de plus à cœur que le salut et la liberté commune. Vous n'en auriez pas attendu longtemps des preuves si la fortune ne m'avait comme arraché mon projet. Mais toute l'armée s'est obstinée dans un soulèvement général, à vouloir, suivant sa coutume, conserver la paix et ménager les citoyens.

grata esse, quam ego putavi fore, minime miror, vehementerque lætor. Quæ quidem tu, si recte istic erit, majora et gratiora cognosces. Quarto kalendas junias.

EPISTOLA DCCCXXXVIII

(ad div., X, 35)

Data III kal. jun., a Ponte Argenteo A. V. C. 710.

LEPIDUS, IMP. ITER., PONT. MAX., SEN., POP. PL. Q. R. S. D.

S. V. liberique vestri V. B. E. E. Q. V. — Deos hominesque testor, patres conscripti, qua mente et quo animo semper in rempublicam fuerim, et quam nihil antiquius communi salute ac libertate judicarim : quod vobis brevi probassem, nisi mihi fortuna proprium consilium extorsisset. Nam exercitus cunctus consuetudinem suam in civibus conservandis, communique pace, se-

Elle m'a forcé, pour le dire sincèrement, à prendre la vie et la sûreté de tant de Romains sous ma protection. Je vous supplie donc, pères conscrits, de mettre à part tous les ressentiments particuliers pour ne consulter que l'intérêt de la république, et pour que dans un temps de dissension civile la pitié dont nous avons été émus, moi et mon armée, ne soit pas traitée de crime. Il me semble qu'en ayant égard au salut et à la dignité de tout le monde, vous prendrez le meilleur parti pour vous-mêmes et pour la république. Le 30, au Pont-d'Argens. Adieu.

LETTRE DCCCXXXIX

Écrite à Pollentia, fin de mai 710.

D. BRUTUS A M. T. CICÉRON.

Je ne vous offre pas mes remercîments; quand des actes y suffiraient à peine, des paroles ne peuvent acquitter ma dette envers vous. Je voudrais que vous fissiez attention à ce que vous avez entre les mains. Avec la prudence qui vous caractérise, il ne vous échappera rien, si vous lisez soigneusement

ditione facta, retinuit; meque tantæ multitudinis civium Romanorum salutis atque incolumitatis causam suscipere, ut vere dicam, coegit. In qua re ego vos, patres conscripti, oro atque obsecro, ut, privatis offensionibus omissis, summæ reipublicæ consulatis, neve misericordiam nostram exercitusque nostri, in civili dissensione, sceleris loco ponatis. Quodsi salutis omnium ac dignitatis rationem habueritis, melius et vobis et reipublicæ consuletis. Data III kalend. a Ponte Argenteo. Valete.

EPISTOLA DCCCXXXIX

(ad div., XI, 15)

Scrib. Pollentiæ, maio exeunte A. V. C. 710.

D. BRUTUS M. T. CICERONI S. D.

Jam non ago tibi gratias. Cui enim re vix referre possum, huic verbis non patitur res satisfieri. Attendere te volo, quæ in manibus sunt. Qua enim prudentia es, nihil te fugiet, si meas litteras diligenter legeris. Sequi confestim

toutes mes lettres. Voici, mon cher Cicéron, ce qui m'a mis dans l'impossibilité de suivre Antoine. J'étais sans cavalerie, sans chevaux de bagages. J'ignorais qu'Hirtius eût été tué. Je n'osais me fier à César, avant de l'avoir été trouver et d'avoir eu une conférence avec lui. Tous ces soins ont employé le premier jour.

Le lendemain, Pansa me fit dire de l'aller voir à Bologne. En chemin, j'appris sa mort. Je me hâtai de rejoindre mes petites bandes ; car je puis leur donner véritablement ce nom, tant elles sont diminuées et en désordre, par la disette de toutes sortes de provisions. Antoine a pris ainsi sur moi l'avance de deux jours. Il a fait de bien plus grandes journées dans sa fuite que je n'en ai pu faire en le poursuivant. Il marche en désordre, et moi dans toutes les règles. Partout sur son passage il a fait ouvrir les prisons, il a pris toutes sortes de gens ; il ne s'est arrêté qu'en arrivant aux Gués. C'est un lieu que je veux vous faire connaître. Sa situation est entre l'Apennin et les Alpes : l'accès en est fort difficile. Je n'en étais plus éloigné que de trente milles, et la jonction de Ventidius était déjà faite, lorsqu'on m'a rapporté le discours qu'il avait fait à ses soldats pour les engager à le suivre au delà des Alpes, en les assurant qu'il était d'accord avec Lepidus. Cette harangue a été reçue avec des cris redoublés, surtout par les soldats de Ventidius (car les siens

---

Antonium his de causis, Cicero, non potui. Eram sine equitibus, sine jumentis : Hirtium periisse nesciebam ; Cæsari non credebam prius, quam convenissem et collocutus essem. Hic dies hoc modo abiit.

Postero die mane a Pansa sum arcessitus Bononiam. Quum in itinere essem, nuntiatum mihi est eum mortuum esse. Recurri ad meas copiolas : sic enim vere eas appellare possum : sunt extenuatissimæ, et inopia omnium rerum pessime acceptæ. Biduo me Antonius antecessit, itinera fecit multo majora fugiens, quam ego sequens. Ille enim iit passim, ego ordinatim. Quacumque iit, ergastula solvit, homines arripuit. Constitit nusquam prius, quam ad Vada venit. Quem locum volo tibi esse notum. Jacet inter Apenninum et Alpes, impeditissimus ad iter faciendum. Quum abessem ab eo milia passuum triginta, et se jam Ventidius conjunxisset, concio ejus ad me est allata : in qua petere cœpit a militibus, ut se trans Alpes sequerentur ; sibi cum M. Lepido convenire. Succlamatum est, ut frequenter a militibus Ventidianis (nam suos

sont en fort petit nombre), qui déclarèrent que leur résolution était de vaincre ou de périr en Italie, et commencèrent à demander d'être conduits à Pollentia. Antoine, ne pouvant leur résister, a remis son départ au lendemain. Sur cet avis, j'ai fait prendre aussitôt le chemin de Pollentia à cinq cohortes, et je me suis mis moi-même en marche vers le même lieu. Mon détachement y est arrivé une heure avant que Trebellius y fût avec sa cavalerie. Jugez quelle joie j'en aie ressentie; car je suis persuadé que de là dépend la victoire. Nos ennemis n'étaient pas sans espérance, parce qu'ils ne croyaient pas que les quatre légions de Plancus fussent aussi fortes que toutes leurs troupes ensemble, et qu'ils ne s'imaginaient pas qu'on pût faire passer si promptement une armée en Italie. Cependant les Allobroges mêmes et la cavalerie que j'y avais envoyée d'avance, semblaient mettre assez d'ardeur à vouloir les arrêter ; et j'espère à présent que mon arrivée aura cet effet. Mais, si par quelque hasard ils trouvaient le moyen de passer l'Isère, j'aurais grand soin d'empêcher qu'ils ne causassent beaucoup de mal à la république. Pour vous, nous vous le demandons, excitez votre courage, et espérez bien du fond des affaires, en voyant l'union singulière qui règne entre nous et nos armées, et notre disposition commune à tout entreprendre pour votre service. Mais il faut aussi ne rien relâcher de votre zèle; et pour ce qui regarde les

valde quam paucos habet), sibi aut in Italia pereundum esse, aut vincendum : et orare cœperunt ut Pollentiam iter facerent. Quum sustinere eos non posset, in posterum diem iter suum contulit. Hac re mihi nuntiata, statim quinque cohortes Pollentiam præmisi, meumque iter eo contuli. Hora ante præsidium meum Pollentiam venit, quam Trebellius cum equitibus. Sane quam sum gavisus. In hoc enim victoriam puto consistere. In spem venerant, quod neque Planci quatuor legiones omnibus suis copiis pares arbitrabantur, neque ex Italia tam celeriter exercitum trajici posse credebant. Quos ipsi adhuc satis arroganter Allobroges, equitatusque omnis, qui eo præmissus erat a nobis, sustinebant; nostroque adventu sustineri facilius posse confidimus. Tamen, si quo etiam casu Isaram se trajecerint, ne quod detrimentum reipublicæ injungant, summa a nobis dabitur opera. Vos magnum animum optimamque spem de summa republica habere volumus, quum et nos et exercitus nostros, singulari concordia conjunctos, ad omnia pro vobis videatis paratos. Sed tamen nihil de diligentia remittere debetis, dareque operam, ut quam paratissimi et ab exer-

troupes et tout le reste, nous mettre en état de combattre sans obstacles pour votre salut contre la perfide conspiration d'ennemis qui ont employé tout d'un coup à la perte de la république des troupes qu'ils avaient feint longtemps d'assembler pour son service !

LETTRE DCCCXL

Écrite à Perga, le 2 juin 710.

P. LENTULUS, PROQ., PROPR., AUX CONS., AUX PRÉT., AUX TR. DU PEUPLE, AU SÉNAT ET AU PEUPLE ROM.

Si votre santé est bonne, ainsi que celle de vos enfants, j'en suis charmé; la mienne est parfaite. — Le crime de Dolabella ayant jeté l'Asie dans l'oppression, je me suis rendu dans la province de Macédoine, qui en est voisine, et dans les lieux où notre illustre Brutus avait des troupes. Je n'ai rien épargné pour remettre la province d'Asie et les revenus publics entre vos mains par les moyens que j'ai crus les plus prompts. Mais Dolabella s'était hâté, dans cette crainte, de ravager la province, de se saisir des revenus, de dépouiller et même de vendre

citu reliquisque rebus pro vestra salute contra sceleratissimam conspirationem hostium confligamus; qui quidem eas copias, quas diu simulatione reipublicæ comparabant, subito ad patriæ periculum converterunt.

EPISTOLA DCCCXL

(ad div., XII, 15)

Scrib. Pergæ, iv non. jun. A. V. C. 710.

P. LENTULUS P. F., PROQUÆST., PROPR., COSS., PRÆTT., TRIB. PL., SEN. POP. Q. R. S. P. D.

Si valetis, liberique V. V. B. E. E. V. — Scelere Dolabellæ oppressa Asia, in proximam provinciam Macedoniam, præsidiaque reipublicæ, quæ M. Brutus, vir clarissimus, tenebat, me contuli; et id egi, ut, per quos celerrime posset, Asia provincia vectigaliaque in vestram potestatem redigerentur. Quod quum pertimuisset Dolabella, vastata provincia, correptis vectigalibus, præcipue ci-

cruellement tous les citoyens romains, et s'était retiré ensuite avant que les troupes de la république pussent être arrivées. Je n'ai donc pas jugé qu'il fût nécessaire de m'arrêter plus longtemps ni d'attendre les troupes. Il m'a semblé, au contraire, que je devais retourner aux fonctions de mon emploi, pour lever les restes du tribut, rassembler les sommes que j'ai mises en dépôt, examiner ce qu'on a détourné, qui il en faut accuser et vous rendre compte de toutes les circonstances.

Cependant étant embarqué pour l'Asie j'ai appris, en traversant les îles, que la flotte de Dolabella était en Lycie, et que les Rhodiens avaient en mer quantité de navires bien équipés : je suis retourné à Rhodes avec les vaisseaux que j'avais avec moi et ceux qu'avait pris soin de rassembler le proquesteur Patiscus, qui m'est également uni par l'amitié et par ses sentiments pour la république. Je me croyais bien appuyé sur votre autorité, sur le décret du sénat, par lequel vous avez déclaré Dolabella ennemi public ; enfin, sur le traité d'alliance renouvelé avec les Rhodiens par les consuls. M. Marcellus et Servius Sulpicius, et sur le serment qu'ils avaient fait de regarder comme leurs ennemis tous ceux de la république. Mais l'effet s'est trouvé bien contraire à mon attente.

Loin de paraître disposés à fortifier notre flotte, ils ont fermé

vibus Romanis omnibus crudelissime denudatis ac divenditis, celeriusque Asia excessisset, quam eo præsidium adduci potuisset : diutius morari, aut exspectare præsidium non necesse habui, et quam primum ad meum officium revertendum mihi esse existimavi, ut et reliqua vectigalia exigerem, et, quam deposui pecuniam, colligerem ; quidquid ex ea correptum esset, aut quorum id culpa accidisset, cognoscerem quam primum, et vos de omni re facerem certiores.

Interim quum per insulas in Asiam naviganti mihi nuntiatum esset, classem Dolabellæ in Lycia esse, Rhodiosque naves complures instructas et paratas in aqua habere, cum his navibus, quas aut mecum adduxeram, aut comparaverat Patiscus proquæstor, homo mihi quum familiaritate tum etiam sensibus in republica conjunctissimus, Rhodum reverti, confisus auctoritate vestra senatuique consulto, quo hostem Dolabellam judicaratis; fœdere quoque, quod cum his, M. Marcello, Serv. Sulpicio consulibus, renovatum erat, quo juraverant Rhodii, eosdem hostes se habituros, quos S. P. Q. R. Quæ res nos vehementer fefellit.

Tantum enim abfuit, ut illorum præsidio nostram firmaremus classem, ut

à nos soldats l'entrée de la ville, du port et de la rade ; ils leur ont refusé des vivres et même de l'eau ; à peine ont-ils consenti à me recevoir avec quelques petits bâtiments. Cette indignité, qui non-seulement blesse mes droits, mais qui offense encore la majesté de l'empire et du peuple romain, je l'ai soufferte parce que j'ai appris, par des lettres interceptées, que le dessein de Dolabella, s'il perdait l'espérance du côté de la Syrie et de l'Égypte, était de s'embarquer pour l'Italie avec tous ses brigands et ses trésors, et que, dans cette intention, il faisait garder par sa flotte quantité de vaisseaux de charge, qu'il tenait resserrés dans les ports de Lycie. Cette crainte, pères conscrits, m'a fait prendre le parti de supporter un outrage, et de fermer entièrement les yeux sur une situation dont j'ai senti toute la honte.

Je me suis donc soumis à la volonté des Rhodiens, qui m'ont introduit dans leur ville : j'ai plaidé la cause de la république dans leur sénat, avec toute la force dont je suis capable, et je leur ai représenté les périls qui nous menaçaient, si ce brigand s'embarquait une fois avec tous ses associés. J'ai trouvé aux Rhodiens de bien mauvaises dispositions : ils regardent les honnêtes gens comme les plus faibles ; ils ne croient pas que cet accord de tous les ordres pour la défense de la liberté vienne

etiam a Rhodiis urbe, portu, statione, quæ extra urbem est, commeatu, aqua denique prohiberentur nostri milites ; nos vix ipsi singulis cum navigiolis reciperemur. Quam indignitatem diminutionemque, non solum juris nostri sed etiam majestatis imperiique populi Romani, idcirco tulimus, quod interceptis litteris cognoramus, Dolabellam, si desperasset de Syria Ægyptoque, quod necesse erat fieri, in naves cum omnibus suis latronibus atque omni pecunia conscendere esse paratum, Italiamque petere : idcirco etiam naves onerarias, quarum minor nulla erat duum millium amphorum, contractas in Lycia a classe ejus obsideri. Hujus rei timore, patres conscripti, percitus, injurias perpeti, et cum contumelia etiam nostra omnia prius experiri malui.

Itaque ad illorum voluntatem introductus in urbem, et in senatum eorum, quam diligentissime potui, causam reipublicæ egi ; periculumque omne, quod instaret, si ille latro cum omnibus suis naves conscendisset, exposui. Rhodios autem tanta importunitate animadverti, ut omnes firmiores putarent, quam honos ; ut hanc concordiam et conspirationem omnium ordinum ad defen-

d'um mouvement volontaire; ils s'imaginent que la patience du sénat et des honnêtes gens est toujours la même, et que personne n'a pu être assez hardi pour déclarer Dolabella ennemi public; enfin, ils ont ajouté plus de foi aux inventions des traîtres qu'à la vérité des faits et de mes discours. C'est dans les mêmes principes qu'avant mon arrivée, et depuis l'indigne meurtre de Trebonius, qui a été suivi de tant d'autres crimes, ils ont envoyé deux députations à Dolabella : nouveauté sans exemple, contraire à leurs propres lois, et condamnée par les magistrats mêmes qu'ils avaient alors à leur tête. Mais soit, comme ils le disent, crainte pour leurs terres du continent, soit fureur aveugle, soit tyrannie d'un petit nombre de leurs citoyens, qui ont fait essuyer autrefois la même injure à des personnages très-illustres et nous l'infligent durement à nous, revêtus de magistratures, ni nos dangers, ni le péril présent auquel j'étais exposé, ni celui qui menaçait l'Italie et la ville de Rome, si ce parricide s'embarquait avec tous ses brigands après avoir été chassé de l'Asie et de la Syrie, rien n'a pu les déterminer à prévenir des maux qu'ils pouvaient facilement éloigner. On a même soupçonné leurs magistrats de m'avoir retenu, et d'avoir retardé les choses jusqu'à ce que la flotte de Dolabella pût être informée de mon arrivée. Ce soupçon a été suivi de quelques évé-

---

dendam libertatem propense non crederent esse factam; ut patientiam senatus et optimi cujusque manere etiam nunc confiderent, nec potuisse audere quemquam Dolabellam hostem judicare; ut denique omnia, quæ improbi fingebant, magis vera existimarent, quam quæ vere facta erant, et a nobis docebantur. Qua mente etiam ante nostrum adventum, post Trebonii indignissimam cædem, cæteraque tot tamque nefaria facinora, binæ profectæ erant ad Dolabellam legationes eorum, et quidem novo exemplo, contra leges ipsorum, prohibentibus iis, qui tum magistratus gerebant. Hæc sive timore (ut dictitant), de agris, quos in continenti habent, sive furore, sive potentia paucorum, qui et antea pari contumelia viros clarissimos affecerant, et nunc quam maxime nos magistratus gerentes, nullo exemplo, neque vestro ex parte, neque nostro præsentium, neque imminenti Italiæ urbique nostræ periculo, si ille parricida cum suis latronibus, navibus, ex Asia Syriaque expulsus, Italiam petisset, mederi quum facile possent, noluerunt. Nonnullis etiam ipsi magistratus veniebant in suspicionem, detinuisse nos, et demorati esse, dum classis Dolabellæ certior fieret de adventu nostro. Quam suspicionem consecutæ res

nements qui l'ont augmenté, celui-ci, surtout : Sext. Marius et C. Titius, lieutenants de Dolabella, ont soudainement quitté la flotte, et, partant de Lycie sur une barque longue, ont abandonné tous les bâtiments de transport, quoiqu'ils eussent employé beaucoup de temps et de peine à les rassembler.

Je me hâtai donc de partir de Rhodes, et de me rendre en Lycie avec les vaisseaux qui étaient sous mes ordres. Là, j'ai repris les vaisseaux de transport, que j'ai restitués à leurs maîtres, et je me suis délivré de ma principale crainte, qui était de voir passer Dolabella en Italie. J'ai poursuivi sa flotte jusqu'à Side, dernière ville de ma province, où j'ai appris que la plus grande partie de ses vaisseaux avait pris la fuite, et que le reste s'était retiré en Syrie et dans l'île de Chypre. Après les avoir ainsi dispersés, ne doutant point que Cassius, qui n'est pas moins grand capitaine qu'excellent citoyen, ne fût bientôt en Syrie avec sa puissante flotte, je suis retourné à mon emploi, et je n'épargnerai rien, pères conscrits, pour vous témoigner mon attachement et mon zèle, à vous et à la république. Je ramasserai la plus grosse somme et le plus promptement que je pourrai, pour vous l'envoyer aussitôt avec tous les comptes. Si je parcours la province et que j'y puisse apprendre qui sont ceux dont la fidélité nous a conservé l'argent que j'avais mis en dépôt, et ceux

---

aliquot auxerunt : maxime quod subito ex Lycia Sext. Marius et C. Titius, legati Dolabellæ, a classe discesserunt, navique longa profugerunt, onerariis relictis, in quibus colligendis non minimum temporis laborisque consumpserant.

Itaque quum ab Rhodo cum iis, quas habueramus, navibus in Lyciam venissemus, naves onerarias recepimus, dominisque restituimus ; iidemque, quod maxime verebamur, ne posset Dolabella cum suis latronibus in Italiam venire, timere desiimus. Classem fugientem persecuti sumus usque Sidam, quæ extrema regio est provinciæ meæ. Ibi cognovi, partem navium Dolabellæ diffugisse, reliquas Syriam Cyprumque petiisse. Quibus disjectis, quum scirem, C. Cassii, singularis civis et ducis, classem maximam fore præsto in Syria, ad meum officium reverti, daboque operam, ut meum studium, diligentiam vobis, patres conscripti, reique publicæ præstem, pecuniamque, quam maximam potero, et quam celerrime cogam, omnibusque cum rationibus ad vos mittam. Si percurrero provinciam, et cognovero, qui nobis et reipublicæ fidem præstiterunt in conservanda pecunia a me deposita, quique, scelere ultro descrentes pecu-

aussi qui, étant assez lâches pour l'offrir volontairement à Dolabella, sont entrés à ce prix en société de ses crimes, je ne manquerai pas de vous en informer. En punissant ces perfides, si vous croyez devoir le faire, avec toute la rigueur qu'ils méritent, et en me soutenant par votre autorité, vous me faciliterez les moyens de lever le reste des impôts et de conserver ce qui est déjà levé. Cependant, pour me rendre moi-même cette entreprise plus aisée, et pour me mettre en état de défendre ma province, j'ai formé un corps de troupes dont je ne pouvais me passer, et qui est composé de volontaires.

Depuis que j'ai écrit cette lettre, une trentaine de soldats que Dolabella avait levés en Asie, l'ont abandonné dans la Syrie, et sont venus en Pamphylie. Ils ont annoncé ce qui suit. Dolabella s'est présenté aux portes d'Antioche, ville de Syrie, et n'y ayant point été reçu, il a fait plusieurs tentatives pour se les faire ouvrir par la force; mais il a toujours été repoussé avec beaucoup de dommage. Enfin, ayant perdu environ cent hommes et ayant abandonné ses malades, il s'est retiré pendant la nuit d'Antioche à Laodicée. Mais dans cette fuite, tout ce qu'il avait de soldats asiatiques se sont séparés de lui. Huit cents sont retournés à Antioche, où ils se sont livrés aux chefs que Cassius a laissés dans cette ville. Les autres sont descendus dans la Cilicie par le mont Amanus, et ceux qui ont fait ce récit disaient

---

niam publicam, hoc munere societatem facinorum cum Dolabella inierunt, faciam vos certiores. De quibus, si vobis videbitur, si, ut meriti sunt, graviter constitueritis, nosque vestra auctoritate firmaveritis, facilius et reliqua exigere vectigalia, et exacta servare poterimus. Interea quo commodius vectigalia tueri, provinciamque ab injuria defendere possim, præsidium necessarium voluntariumque comparavi.

His litteris scriptis, milites circiter xxx, quos Dolabella ex Asia conscripserat e Syria fugientes, in Pamphyliam venerunt. Hi nuntiaverunt Dolabellam Antiocheam, quæ in Syria est, venisse; non receptum, conatum esse aliquoties vi introire; repulsum semper esse cum magno suo detrimento. Itaque centum circiter amissis, ægris relictis, noctu Antiochea profugisse Laodiceam versus; ea nocte omnes fere Asiaticos milites ab eo discessisse; ex his ad octingentos Antiocheam rediisse, et se iis tradidisse, qui a Cassio relicti urbi illi præerant, cæteros per Amanum in Ciliciam descendisse : quo ex numero se

être de ce nombre. Ils ont ajouté que lorsque Dolabella fuyait vers Laodicée, on prétendait que Cassius avec toutes ses troupes n'en était éloigné que de quatre jours de marche. Je ne doute plus que cet infâme brigand ne reçoive plus tôt qu'on ne se l'imagine le châtiment qu'il mérite. A Perga, le 2 juin.

LETTRE DCCCXLI

Écrite à Perga, le 2 juin 710.

LENTULUS A CICÉRON

Comme j'ai compris, dans la visite que j'ai rendue à Brutus, qu'il n'irait pas sitôt en Asie, j'y suis revenu pour recueillir les restes de mon travail, et faire partir promptement de l'argent pour Rome. Dans cet intervalle, j'ai appris que la flotte de Dolabella était en Lycie, accompagnée de plus de cent vaisseaux de transport, sur lesquels il pouvait faire monter son armée; et qu'il avait pris ces dispositions afin, s'il ne réussissait pas dans la Syrie, de s'embarquer, de gagner l'Italie, et de se joindre

---

quoque esse dicebant : Cassium autem cum suis omnibus copiis nuntiatum esse quatridui iter Laodicea abfuisse, tum quum Dolabella eo tenderet. Quamobrem opinione celerius confido sceleratissimum latronem pœnas daturum. Quarto nonas junias, Pergæ.

EPISTOLA DCCCXLI

(ad div., XII, 14)

Scrib. Pergæ, IV non. jun. A. V. C. 710.

LENTULUS CICERONI SUO S. P. D.

Quum Brutum nostrum convenissem, eumque tardius in Asiam venturum animadverterem, in Asiam redii, ut reliquias mei laboris colligerem, et pecuniam quam primum Romam mitterem. Interim cognovi, in Lycia esse classem Dolabellæ, ampliusque centum naves onerarias, in quas exercitus ejus imponi posset; idque Dolabellam eâ mente comparasse, ut, si Syriæ spes eum

avec les Antoine et les autres brigands. Ce projet m'a si vivement alarmé, que, perdant de vue tout le reste, je n'ai pensé qu'à m'avancer vers lui avec mes vaisseaux, quoique fort inférieurs aux siens pour la grandeur et pour le nombre. Peut-être l'aurais-je anéanti, si les chicanes des Rhodiens ne m'avaient arrêté ; mais je l'ai du moins beaucoup affaibli : car sa flotte est dissipée ; chefs et soldats ont pris la fuite à mon approche ; et les vaisseaux de transport sont tombés entre mes mains, sans en excepter un. Je crois avoir gagné, par cette expédition, de mettre Dolabella dans l'impossibilité de passer en Italie, ce qui faisait ma principale crainte, et d'aller redoubler vos embarras en rendant la confiance à ses alliés.

A quel danger les Rhodiens ont exposé la république et moi, vous l'apprendrez par ma lettre officielle. J'en parle avec beaucoup de retenue ; mais vous n'en devez pas être surpris. Leur folie ne se conçoit pas. Le ressentiment de mes propres injures ne m'a jamais beaucoup touché ; mais la malignité de ces gens-là contre nous, le penchant qu'ils ont pour le parti opposé, leur mépris obstiné pour tous les honnêtes gens, voilà ce que je ne pouvais supporter. Ce n'est pas que je les croie tous également coupables ; mais il se trouve, par une sorte de fatalité, que ceux qui ont refusé de recevoir mon père, et L. Lentulus et Pompée,

---

frustrata esset, conscenderet in naves, et Italiam peteret, seque cum Antoniis et reliquis latronibus conjungeret. Cujus rei tanto in timore fui, ut, omnibus rebus relictis, cum paucioribus et minoribus navibus ad illas ire conatus sim. Quæ res, si a Rhodiis non essem interpellatus, fortasse tota sublata esset ; tamen magna ex parte profligata est, quandoquidem classis dissipata est, adventus nostri timore milites ducesque effugerunt, onerariæ omnes ad unam a nobis sunt exceptæ. Certe (quod maxime timui) videor consecutus, ut non possit Dolabella in Italiam pervenire, nec sociis suis firmatis durius vobis efficere negotium.

Rhodii nos et rempublicam quam valde desperaverint, ex litteris, quas publice misi, cognosces. Et quidem multo parcius scripsi, quam re vera eos facere inveni : quod vero scripsi, mirari noli. Mira est eorum amentia. Nec in me ullæ privatim injuriæ unquam : malus animus eorum in nostram salutem, cupiditas partium aliarum, perseverantia in contemptione optimi cujusque, ferenda mihi non fuit. Nec tamen omnes perditos esse puto. Sed iidem illi, qui tum fugientem patrem meum, qui L. Lentulum, qui Pompeium, qui cæteros

et tant d'autres grands hommes, sont aujourd'hui en possession des magistratures, ou disposent absolument de ceux qui les possèdent. Ils ont encore le même orgueil dans leur perversité. Cette improbité doit être corrigée, pour que l'impunité ne l'accroisse pas ; cela n'est pas seulement utile pour la république, cela est nécessaire.

Quant à mon honneur, je vous prie de veiller toujours à ses intérêts et, dans toutes les occasions, soit au sénat ou dans les autres affaires, de soutenir de votre suffrage ce qui pourra tourner à mon avantage. Puisque le gouvernement de l'Asie est décerné aux consuls, et qu'on leur permet d'en charger quelqu'un jusqu'à leur arrivée, engagez-les à me donner la préférence pour cette commission. Ils n'ont aucune raison qui les presse de s'y rendre pendant l'exercice de leur emploi, ni même d'y envoyer une armée. Dolabella est dans la Syrie ; et, comme votre exquise sagacité vous l'a fait prévoir et répéter hautement, Cassius nous aura délivrés d'eux avant qu'ils puissent être ici. La ville d'Antioche a déjà refusé ses portes à Dolabella. Il s'est mal trouvé d'avoir employé la force pour se les faire ouvrir ; et, ne voyant point d'autre ville à laquelle il puisse se fier, il s'est retiré à Laodicée, qui est une place maritime de la Syrie. Je ne doute pas qu'il n'y reçoive bientôt la punition de ses crimes, car il ne lui

---

viros clarissimos non receperunt, iidem, tanquam aliquo fato, et nunc aut magistratum gerunt, aut eos qui sunt in magistratu in sua habent potestate. Itaque eadem superbia in pravitate utuntur. Quorum improbitatem aliquando retundi, et non pari impunitate augeri, non solum utile est reipublicæ nostræ, sed etiam necessarium.

De nostra dignitate, velim tibi ut semper curæ sit ; et, quocumque tempore occasionem habueris, et in senatu et in cæteris rebus laudi nostræ suffragere. Quando consulibus decreta est Asia, et permissum est iis, ut, dum ipsi venirent, darent negotium, qui Asiam obtineant, rogo te, petas ab iis, ut hanc dignitatem potissimum nobis tribuant, et mihi dent negotium, ut Asiam obtineam, dum ipsorum alteruter venerit : Nam quod huc properent in magistratu venire, aut exercitum mittere, causam non habent. Dolabella enim in Syria est, et, ut tu divina tua mente prospexisti et prædicasti, dum isti venient, Cassius eum opprimet. Exclusus enim ab Antiochea Dolabella, et in oppugnando male acceptus, nulla alia confisus urbe, Laodiceam, quæ est in Syria ad mare, se contulit. Ibi spero celeriter eum pœnas daturum. Nam neque quo refugiat

reste plus de retraite, et je ne vois aucune apparence qu'il puisse soutenir dans celle-ci une armée aussi puissante que celle de Cassius. Peut-être est-ce déjà fait de lui. Ainsi je ne saurais croire que Pansa et Hirtius se hâtent de partir pour leurs provinces. Ils exerceront leur consulat à Rome ; et si vous les priez de se reposer sur moi pendant ce temps-là de l'administration de l'Asie, je me flatte que vous pourrez l'obtenir. Ajoutez qu'ils l'ont promis tous deux verbalement, et qu'ils me l'ont ensuite écrit pendant mon absence ; sans compter que Pansa a affirmé à Verrius, notre ami commun, qu'il s'efforcerait d'empêcher qu'on ne me donnât un successeur pendant toute la durée de son consulat.

Au reste, je puis vous assurer de bonne foi que ce n'est point la passion de gouverner qui me fait souhaiter cette prolongation de mon commandement : je n'y ai trouvé que de la peine, des dangers et des pertes ; mais les avoir subis en vain et me voir forcé de partir sans avoir eu le temps de recueillir les fruits de mon travail, cela me fâcherait beaucoup. Comptez que s'il m'avait été possible d'envoyer tout l'argent que j'avais ramassé, je demanderais un successeur. Quant à présent, je voudrais me dédommager de ce que j'ai donné à Cassius, et de ce que j'ai perdu par la mort de Trebonius, par la cruauté de Dolabella, et par la perfidie de ceux qui ont trompé la république et moi. Comment pourrai-je y parvenir, si l'on ne m'accorde un peu de temps ?

habet, neque diutius ibi poterit tantum exercitum Cassii sustinere. Spero etiam confectum esse jam et oppressum Dolabellam. Quare non puto, Pansam et Hirtium in consulatu properaturos in provincias exire, sed Romæ acturos consulatum. Itaque si ab his petieris, ut interea nobis procurationem Asiæ dent, spero te posse impetrare. Præterea mihi promiserunt Pansa et Hirtius coram, et absenti mihi scripserunt, Verrioque nostro Pansa affirmavit, se daturum operam, ne in suo consulatu mihi succedatur.

Ego porro non, medius fidius, cupiditate provinciæ produci longius spatium mihi volo. Nam mihi fuit ista provincia plena laboris, periculi, detrimenti. Quæ ego ne frustra subierim, neve prius, quam reliquias meæ diligentiæ consequar, decedere cogar, valde laboro. Nam si potuissem, quam exegeram pecuniam, universam mittere, postularem, ut mihi succederetur. Nunc, quod Cassio dedi, quod Trebonii morte amisimus, quod etiam crudelitate Dolabellæ, aut perfidia eorum qui mihi fidem reique publicæ non præstiterunt, id conse-

Faites, je vous prie, avec votre amitié ordinaire, que j'aie cette obligation à vos soins.

Je crois avoir assez bien servi la république, pour ne pas regarder comme un bienfait le gouvernement de cette province, et pour me promettre autant que Cassius et les Brutus, dont j'ai non-seulement partagé l'action et les périls, mais suivi les principes et sans cesse imité la vertu. C'est moi qui ai renversé le premier les lois d'Antoine ; c'est moi qui ai fait passer la cavalerie de Dolabella au service de la république et qui l'ai donnée à Cassius ; c'est moi qui ai commencé le premier à lever des troupes pour le salut public, contre une détestable conjuration ; enfin, c'est moi seul qui ai joint à Cassius et à la république la Syrie et les armées qui étaient dans cette province. Car si je n'avais donné à Cassius d'aussi grandes sommes et des secours aussi puissants qu'il les a reçus de moi, il n'aurait pas osé mettre le pied en Syrie, et Dolabella ne serait pas aujourd'hui moins redoutable qu'Antoine à la république. J'ai fait toutes ces choses, et j'étais ami et compagnon de Dolabella, j'étais lié de fort près par le sang avec les Antoine ; c'est de leur bonne volonté que je tenais ma province ; mais j'ai préféré la patrie à mes amis, et j'ai été le premier à déclarer la guerre à tous les miens.

Quoique je n'en aie pas recueilli beaucoup de fruits jusqu'à

---

qui et reficere volo. Quod aliter non potest fieri, nisi spatium habuero. Id ut per te consequar, velim, ut solet, tibi curæ sit.

Ego me de republica puto esse meritum, ut non provinciæ istius beneficium exspectare debeam, sed tantum, quantum Cassius et Bruti, non solum illius facti periculique societate, sed etiam hujus temporis studio et virtute. Primus enim ego leges Antonias fregi ; primus equitatum Dolabellæ ad rempublicam traduxi, Cassioque tradidi ; primus delectus habui pro salute omnium contra conjurationem sceleratissimam ; solus Cassio et reipublicæ Syriam exercitusque, qui ibi erant, conjunxi. Nam nisi ego tantam pecuniam, tantaque præsidia, et tam celeriter Cassio dedissem, ne ausus quidem esset ire in Syriam ; et nunc non minora pericula reipublicæ a Dolabella instarent, quam ab Antonio. Atque hæc omnia is feci, qui sodalis et familiarissimus Dolabellæ eram, conjunctissimus sanguine Antoniis ; provinciam quoque illorum beneficio habebam : sed, πατρίδα ἐμὴν μᾶλλον φιλῶν, omnibus meis bellum primus indixi.

Hæc etsi adhuc non magnopere mihi tulisse fructum animadverto, tamen

présent, je ne perds pas l'espérance ; et rien ne lassera la constance, non-seulement de mon amour pour la liberté, mais de mon courage dans la peine et le danger. Toutefois, si j'étais excité par quelque juste et glorieuse récompense, si le sénat et tous les gens de bien s'accordaient à me rendre leurs bons offices, mon autorité en aurait ici plus de poids, et j'en deviendrais plus capable de servir la république. Je n'ai pu voir votre fils, lorsque je suis allé trouver Brutus, parce qu'il était déjà parti pour le quartier d'hiver avec la cavalerie. Mais, en vérité, la réputation qu'il s'est acquise me cause une vive joie, et pour vous, et pour lui, et pour moi-même ; car je ne puis manquer de le regarder comme mon frère, puisqu'il est né de vous et qu'il en est digne. Adieu. Le 2 juin, à Perga.

LETTRE DCCCXLII

Écrite à son camp, le 3 juin 710.

D. BRUTUS, IMP., A M. CICÉRON

Dans l'excès de douleur où je suis, ma consolation est de voir

non despero ; nec defatigabor permanere non solum in studio libertatis, sed etiam in labore et periculis. Attamen si etiam aliqua gloria justa et merita provocabimur, senatus et optimi cujusque officiis majore, cum auctoritate apud cæteros erimus, et eo plus prodesse reipublicæ poterimus. Filium tuum, ad Brutum quum veni, videre non potui, ideo quod jam in hiberna cum equitibus erat profectus : sed medius fidius, ea esse eum opinione, et tua, et ipsius, et in primis mea causa, gaudeo. Fratris enim loco mihi est, qui ex te natus, teque dignus est. Vale D. iv nonas jun.; Pergæ.

EPISTOLA DCCCXLII
(ad div., XI, 26)

Scrib. iii non. jun. ex castris A. V. C. 710

D. BRUTUS, IMP., M. T. CICERONI S. P. D.

N maximo meo dolore hoc solatio utor, quod intelligunt homines, non sine

le public persuadé que ce n'était pas sans raison que j'appréhendais tout ce qui vient d'arriver. Qu'on délibère à présent si les légions d'Afrique et de Sardaigne doivent passer la mer, si l'on doit appeler Brutus, et me décerner ou non une solde pour mes troupes. J'ai écrit au sénat. Croyez-moi; si l'on ne se conduit point comme je le propose dans ma lettre, nous sommes tous menacés d'un grand danger. Je vous recommande de bien observer sur qui vous vous reposerez du soin de m'amener les légions. Il faut tout à la fois de la fidélité et de la diligence. Le 5 juin, dans mon camp.

LETTRE DCCCXLIII

Écrite à Rome, le 4 juin 710.

M. T. CICÉRON A D. BRUTUS, IMPERATOR

Que les dieux confondent ce Segullus, le plus grand malheureux qui soit, qui ait été, et qui puisse jamais être! Quoi! vous imaginez-vous qu'il n'ait fait ce récit qu'à vous et à César? il l'a

causa me timuisse ista quæ acciderunt. Deliberent utrum trajiciant legiones ex Africa necne, et ex Sardinia..., et Brutum arcessant necne, et mihi stipendium dent an non decernant. Ad senatum litteras misi. Crede mihi, nisi ista omnia ita fiant, quemadmodum scribo, magnum nos omnes adituros periculum. Rogo te, videte, quibus hominibus negotium detis, qui ad me legiones adducant. Et fide opus est, et celeritate. III non. jun., ex castris.

EPISTOLA DCCCXLIII
(ad div., XI, 21)

Scrib. Romæ, pridie non. jun. A. V. C. 710.

M. T. CICERO D. BRUTO, IMP., S. P. D.

Di isti Segulio malefaciant, homini nequissimo omnium, qui sunt, qui fuerunt, qui futuri sunt! Quid? tu illum tecum solum, aut cum Cæsare? qui ne-

répété à tous ceux qu'il a vus. Je vous remercie néanmoins, comme je le dois, mon cher Brutus, de m'avoir donné cet avis, quoique la chose au fond ne soit qu'une bagatelle. Ce m'est une preuve certaine de votre amitié. A l'égard des plaintes que Segulius attribue aux vétérans, sur ce que vous et César n'êtes point au nombre des décemvirs, je vous assure que je souhaiterais moi-même n'avoir point été nommé dans la commission. Est-il, en effet, un fardeau plus pesant? Mais lorsque je proposai d'y comprendre les généraux d'armée, ces gens, qui ont pris l'habitude de s'opposer à tout, ne manquèrent pas de faire leurs objections; de sorte que si vous fûtes exceptés, ce fut absolument contre mon opinion. Ne nous embarrassons donc pas de Segulius, qui cherche à faire de nouveaux fonds; non qu'il ait dissipé les anciens, il n'en avait aucun d'ancien; mais il est déjà venu à bout de dévorer ceux qu'il s'était faits depuis peu.

Vous m'écrivez qu'étant sans crainte pour vous-même, vous n'en êtes pas exempt pour moi; je vous en prie, cher et généreux Brutus, ne craignez rien sur ce qui me touche. En tout ce qui dépend de la prudence, je ne serai point trompé; pour les choses dont il est impossible de se défendre, je m'en inquiète peu. En effet, il y aurait de l'impudence à prétendre plus qu'il n'est accordé à l'homme par la nature des choses. Vous m'exhortez à

---

minem prætermiserit, quicum loqui potuerit, cui non eadem ista dixerit? Te tamen, mi Brute, sic amo, ut debeo, quod istud, quidquid esset nugarum, me scire voluisti. Signum enim magnum amoris dedisti. Nam quod idem Segulius, veteranos queri, quod tu et Cæsar in decemviris non essetis, utinam ne ego quidem essem! Quid enim molestius? Sed tamen, quum ego sensissem, de iis qui exercitus haberent sententiam ferri oportere, iidem illi qui solent, reclamarunt. Itaque excepti etiam estis, me vehementer repugnante. Quocirca Seguliam negligamus, qui res novas quærit; non quod veterem comederit; nullam enim habuit; sed hanc ipsam recentem novam devoravit.

Quod autem scribis, te, quod pro te ipso non facias, id pro me, ut timeas aliquid, omni te, vir optime, mihique carissime Brute, de me metu libero: Ego enim, quæ provideri poterunt, non fallar in iis: quæ cautionem non habebunt, de his non ita valde laboro. Sim enim impudens, si plus postulem, quam homini a rerum natura tribui potest. Quod mihi præcipis, ut caveam,

prendre garde qu'en craignant je ne me jette dans la nécessité de craindre encore plus : c'est un conseil digne de votre sagesse et de votre amitié. Mais soyez-en persuadé, s'il est certain que c'est un des principaux attributs de votre caractère de ne vous livrer jamais à la crainte et de ne vous troubler de rien, j'approche beaucoup de la même vertu. Ainsi je ne redouterai rien, et je m'armerai de précaution contre tout. Cependant ne puis-je pas dire, mon cher Brutus, que ce serait votre faute si je craignais quelque chose? Avec votre secours et votre consulat, quand je serais d'un caractère plus timide, il ne peut me rester aucune crainte, surtout lorsque personne n'ignore, et moi moins que personne, que vous m'aimez tendrement.

J'approuve beaucoup les vues que vous me communiquez au sujet des quatre légions, et sur la distribution des terres par vous et par César. Quelques-uns de nos collègues étaient déjà fort affamés de cette commission; mais j'ai renversé leurs projets, et j'ai fait réserver la question tout entière pour votre arrivée. S'il arrive quelque chose de plus secret et qui doive être caché, comme vous le dites, je vous enverrai quelqu'un de mes gens, afin qu'il n'y ait rien à risquer pour mes lettres. Le 4 juin.

---

ne timendo magis timere cogar, et sapienter et amicissime præcipis. Sed velim tibi persuadeas, quum te constet excellere hoc genere virtutis, ut nunquam extimescas, nunquam perturbere, me huic tuæ virtuti proxime accedere. Quamobrem neque metuam quidquam, et cavebo omnia. Sed vide, ne tua jam, mi Brute, culpa futura sit, si ego quidquam timeam. Tuis enim opibus et consulatu tuo, etiamsi timidi essemus, tamen omnem timorem abjiceremus, præsertim quum persuasum omnibus esset, mihique maxime, a te nos unice diligi.

Consiliis tuis, quæ scribis de quatuor legionibus, deque agris assignandis abutrisque vestrum, vehementer assentior. Itaque quum quidam de collegis nostris agrariam curationem ligurrirent, disturbavi rem, totamque vobis integram reservavi. Si quid erit occultius, et (ut scribis) reconditum, meorum aliquem mittam, quo fidelius ad te litteræ perferantur. Pridie nonas jun.

LETTRE DCCCXLIV

Écrite à Rome, le 6 juin 710.

CICÉRON A D. BRUTUS

Il faut vous le dire : je n'étais pas content jusqu'ici de voir vos lettres si courtes; mais il me semble à présent que je ne suis qu'un babillard. Je veux donc vous imiter. Peut-on renfermer plus de choses en moins de mots ? Votre situation est bonne, vous travaillez tous les jours à la rendre meilleure. Lepidus est dans des dispositions favorables avec trois armées; il n'y a rien qu'on ne doive se promettre. Quand je serais un homme timide, votre lettre aurait dissipé toutes mes craintes. Mais j'ai pris le mors aux dents, comme vous m'y exhortez. Moi qui avais mis en vous toute mon espérance lorsque vous étiez enfermé dans Modène, que ne dois-je pas espérer aujourd'hui ! Je veux, cher Brutus, que vous me releviez de sentinelle, mais à condition que ma constance ne se démentira pas. Vous attendrez, dites-vous, pour quitter l'Italie que vous ayez reçu de mes lettres : vous avez raison ; car il se passe bien des choses à Rome. Si votre arrivée

EPISTOLA DCCCXLIV
(ad div., XI, 24)

Scrib. Romæ, viii id. jun. A. V. C. 710.

CICERO D. BRUTO S. P. D.

Narro tibi : antea subirascebar brevitati tuarum litterarum. Nunc mihi loquax esse videor. Te igitur imitabor. Quam multa, quam paucis ! Te recte valere operamque dare, ut quotidie melius ; Lepidum commode sentire ; tribus exercitibus quidvis nos oportere confidere. Si timidus essem, tamen ista epistola mihi omnem metum abstersisses. Sed, ut mones, frenum momordi. Etenim qui, te incluso, omnem spem habuerim in te, quid nunc putas? Cupio jam vigiliam meam, Brute, tibi tradere, sed ita, ut ne desim constantiæ meæ. Quod scribis, in Italia te moraturum, dum tibi litteræ meæ veniant : si per hostem licet, non erraris. Multa enim Romæ. Sin adventu tuo bellum confici

pouvait terminer la guerre, nous n'aurions rien de mieux à désirer. On vous a destiné par un décret tout l'argent dont on a pu disposer. Servius vous sert en ami zélé. De mon côté je ne néglige rien. Le 6 juin.

LETTRE DCCCXLV

Écrite à Cularon, sur la frontière des Allobroges, le 6 juin 710.

PLANCUS A CICÉRON

Jamais je ne regretterai, mon cher Cicéron, de m'être exposé aux plus grands dangers pour le service de la patrie, pourvu que, si le succès ne m'est pas favorable, on ne s'en prenne point à ma témérité. Je me reconnaîtrais coupable d'imprudence, si j'avais jamais pris une véritable confiance en Lepidus. Cependant la crédulité est moins une faute qu'une erreur, et les plus honnêtes gens sont ceux qui s'en défendent le moins. Mais ce n'est pas cette faiblesse qui a failli me tromper, car je connaissais parfaitement Lepidus. Sur quoi donc faire tomber le reproche? Sur ma pudeur, vertu dangereuse dans le métier de la guerre,

potest, nihil sit antiquius. Pecunia, expeditissima quæ erat, tibi decreta est. Habes amantissimum Servium. Nos non desumus. VIII idus junias.

EPISTOLA DCCCXLV
(ad div., X, 23)

Scrib. Cularone, ex finibus Allobrogum, VIII id. jun. A. V. C. 710.

PLANCUS CICERONI

Nunquam mehercules, mi Cicero, me pœnitebit maxima pericula pro patria subire, dum, si quid acciderit mihi, a reprehensione temeritatis absim. Confiterer imprudentia me lapsum, si unquam Lepido ex animo credidissem. Credulitas enim error est magis quam culpa, et quidem in optimi cujusque mentem facillime irrepit. Sed ego non hoc vitio pæne sum deceptus: Lepidum enim pulchre noram. Quid ergo est? Pudor me, qui in bello maxime est peri-

qui m'a comme forcé de courir les risques de cette aventure. Si je demeurais dans le même lieu, je craignais qu'il ne parût à quelqu'un de mes ennemis que ma haine était trop opiniâtre contre Lepidus, et que je cherchais à nourrir la guerre par mon inaction. Aussi j'ai fait avancer mes troupes presque à la vue de Lepidus et d'Antoine, et je me suis arrêté à quarante mille pas d'eux, pour m'assurer le pouvoir ou de m'approcher promptement, ou de me retirer sans difficulté. En outre, dans le choix de cette position, je me suis proposé ce point, de me poster au-dessous d'un grand fleuve, qu'on ne pouvait traverser qu'avec lenteur, et d'être à portée du territoire des Vocontiens, à travers lequel ma retraite fût assurée. Lepidus, désespérant de me voir arriver, comme il s'en était grandement flatté, s'est joint à M. Antoine le 29 mai ; et dès le même jour ils ont fait marcher vers moi leurs troupes réunies ; ils n'étaient plus qu'à vingt milles, lorsque j'en ai reçu la nouvelle. Je me suis hâté, avec la faveur du ciel, de me retirer, sans que cette retraite eût la moindre apparence d'une fuite, sans qu'il tombât entre les mains de ces voleurs affamés ni un soldat, ni un cheval, ni aucune partie de mon bagage. Ainsi, le 4 juin, j'ai fait repasser l'Isère à toutes mes troupes, et j'ai rompu les ponts que j'y avais jetés, afin de me donner le temps de rassembler mes forces et de me joindre à mon collègue, que j'attends dans trois jours.

culosus, hunc casum coegit subire. Nam nisi uno loco essem, verebar, ne cui obtrectatorum viderer et nimium pertinaciter Lepido offensus, et mea patientia etiam alere bellum. Itaque copias prope in conspectum Lepidi Antoniique adduxi, quadragintaque millium pass. spatio relicto consedi, eo consilio, ut vel celeriter accedere, vel salutariter recipere me possem. Adjunxi hæc in loco eligendo, flumen oppositum ut haberem, in quo mora transitus esset; Vocontii sub manu ut essent, per quorum loca fideliter mihi pateret iter. Lepidus, desperato adventu meo, quem non mediocriter captabat, se cum Antonio conjunxit a. d. IV kalend. junias, eodemque die ad me castra moverunt : viginti millia pass. quum abessent, res mihi nuntiata est. Dedi operam deum benignitate ut et celeriter me reciperem, et hic discessus nihil fugæ simile haberet, non miles ullus, non eques, non quidquam impedimentorum amitteretur, aut ab illis ferventibus latronibus interciperetur. Itaque pridie nonas junias omnes copias Isaram trajeci, pontesque, quos feceram, interrupi, ut spatium ad colligendum se homines haberent, et ego me interea cum collega conjungerem; quem triduo, quum has dabam litteras, exspectabam.

Notre ami Laterensis a montré une fidélité et un courage extraordinaire ; je lui en rendrai toujours le témoignage. Mais, par un excès d'indulgence pour Lepidus, il s'est aveuglé sur tous ces dangers. Enfin, reconnaissant qu'il avait été trompé, ces mains qu'il aurait mieux employées à la ruine de Lepidus, il s'est efforcé de les tourner contre lui-même. On l'a cependant interrompu dans l'exécution de ce dessein, il vit et l'on dit qu'il conservera la vie ; mais je n'en ai point encore de certitude. Nos parricides sont au désespoir que je leur sois échappé. Leur fureur n'en voulait pas moins à moi qu'à la patrie. Ils avaient même trouvé de nouveaux sujets de ressentiment contre moi dans ces circonstances : je n'avais pas cessé d'exciter Lépidus à finir la guerre ; j'avais condamné leurs conférences ; j'avais refusé de laisser paraître devant moi des députés venus sous la garantie de Lepidus ; j'avais reçus dans mon armée C. Catius Vestinus, tribun militaire, qu'Antoine lui avait envoyé avec des lettres. Je pense avec plaisir que plus ils désiraient me gagner, plus ils sont chagrins que je leur sois échappé. Pour vous, mon cher Cicéron, ne cessez pas de travailler, avec votre fermeté et votre vigilance ordinaires, à nous procurer de justes honneurs, tandis que nous sommes armés pour le salut public. Que César se hâte de nous joindre avec ses meilleures troupes ; ou, s'il est

---

Laterensis nostri et fidem et animum singularem in rempublicam semper fatebor. Sed certe nimia ejus indulgentia in Lepidum ad hæc pericula perspicienda fecit eum minus sagacem. Qui quidem quum in fraudem se deductum videret, manus, quas justius in Lepidi perniciem armasset, sibi afferre conatus est. In quo casu tamen interpellatus et adhuc vivit, et dicitur victurus. Sed tamen de hoc mihi parum certum est. Magno cum dolore parricidarum elapsus sum iis. Veniebant enim eodem furore in me, quo in patriam, incitati. Iracundias autem harum rerum recentes habebant : quod Lepidum castigare non destiteram, ut exstingueret bellum ; quod colloquia facta improbabam ; quod legatos, fide Lepidi missos ad me, in conspectum venire vetueram ; quod C. Catium Vestinum, tribunum militum, missum ab Antonio ad eum cum litteris, exceperam. In quo hanc capio voluptatem, quod certe, quo magis me petiverunt, tanto majorem his frustratio dolorem attulit. Tu, mi Cicero, quod adhuc fecisti, idem præsta, ut vigilanter nervoseque nos, qui stamus in acie, subornes. Veniat Cæsar cum copiis, quas habet firmissimas ; aut, si ipsum

arrêté par quelque obstacle, qu'il nous envoie son armée ; car il est question pour lui-même d'un grand danger. C'est ici que se réunissent à présent toutes les vues que nos brigands ont formées contre la patrie. Pourquoi n'emploierions-nous point toutes nos forces pour le salut de Rome? Si vous ne manquez à rien de votre côté, vous pouvez être sûr que du mien je ferai tout ce que je dois pour le service de la république. Le ciel m'en est témoin, mon cher Cicéron, chaque jour vous me devenez plus cher, et les nouveaux droits que vous acquérez à ma reconnaissance viennent raviver ma crainte de perdre quelque chose de votre amitié ou de votre estime. Je souhaite à présent qu'il me soit permis de vous rendre à Rome des témoignages de ma religieuse tendresse, qui puissent augmenter encore la satisfaction que vous trouvez dans vos propres bienfaits.

Le 6 juin, à Cularon, sur la frontière des Allobroges.

LETTRE DCCCXLVI

Écrite à Cordoue, le 8 juin 710.

C. ASINIUS POLLION A CICÉRON

Balbus, mon questeur, après avoir ramassé une grosse somme,

aliqua res impedit, exercitus mittatur, cujus ipsius magnum agitur periculum. Quidquid aliquando futurum fuit in castris perditorum contra patriam, hoc omne jam convenit. Pro urbis vero salute cur non omnibus facultatibus, quas habemus, utamur? Quod si vos istic non defueritis, profecto, quod ad me attinet, omnibus rebus abunde reipublicæ satisfaciam. Te quidem, mi Cicero, in dies, mehercules, habeo cariorem, sollicitudinesque meas quotidie magis tua merita exacuunt, ne quid aut ex amore aut ex judicio tuo perdam. Opto ut mihi liceat jam præsenti pietate meorum officiorum tua beneficia tibi facere jucundiora.

Octavo idus jun., Cularone, ex finibus Allobrogum.

EPISTOLA DCCCXLVI

(ad div., X, 32)

Scrib. Cordubæ, vi id. jun. A. V. C. 710.

C. ASINIUS POLLIO CICERONI

Balbus quæstor, magna numerata pecunia, magno pondere auri, majore ar-

à laquelle il a joint beaucoup d'or et encore plus d'argent qu'il a recueilli des impôts publics, sans s'être même embarrassé de donner aux soldats leur paye, est parti de Gades; et, s'étant vu forcé par la tempête de s'arrêter trois jours à Calpé, il est passé, le 1ᵉʳ juin, dans les États du roi Bogude, la bourse assez bien garnie. Les bruits qui se sont répandus de sa fuite lui feront-ils prendre le parti de revenir à Gades ou d'aller à Rome, car il change honteusement de projet à chaque nouvelle qu'il reçoit, c'est ce que j'ignore encore.

Outre ses vols, ses rapines, et l'audace qu'il a eue de faire fouetter de verges plusieurs de nos alliés, il a voulu, comme il s'en vante, imiter C. César dans les faits suivants. Ayant donné des jeux publics à Gades, il a fait présent, le dernier jour, d'un anneau d'or à Herennius Gallus, bateleur, et l'a conduit aux *quatorze bancs :* car il en avait fait établir ce nombre pour les chevaliers. Il a prolongé, dans son propre intérêt, le quatuorvirat. Il a tenu en deux jours les comices de deux ans, c'est-à-dire qu'il a nommé ceux qu'il lui a plu de choisir pour la seconde année. Il a fait revenir les exilés, non ceux de ce temps-ci, mais ceux du temps où les sénateurs furent massacrés et chassés par les séditieux, sous le proconsulat de Sextus Varus.

Mais voici d'autres excès, pour lesquels il n'a pas eu l'exemple de César : il a fait représenter au théâtre l'histoire du voyage qu'il entreprit pour solliciter le proconsul L. Lentulus ; et pen-

---

genti coacto de publicis exactionibus, ne stipendo quidem militibus reddito, duxit se a Gadibus, et triduum tempestate retentus ad Calpen kalend. juniis trajecit sese in regnum Bogudis, plane bene peculatus. His rumoribus utrum Gades referatur, an Romam (ad singulos enim nuntios turpissime consilia mutat), nondum scio.

Sed præter furta et rapinas et virgis cæsos socios hæc quoque fecit, ut ipse gloriari solet, eadem, quæ C. Cæsar. Ludis, quos Gadibus fecit, Herennium Gallum, histrionem, summo ludorum die annulo aureo donatum, in xiv sessum deduxit. Tot enim fecerat ordines equestris loci. Quatuorviratum sibi prorogavit : comitia biennii biduo habuit, hoc est renuntiavit, quos ei visum est : exsules reduxit, non horum temporum, sed illorum, quibus a seditiosis senatus trucidatus aut expulsus est, Sexto Varo proconsule.

Illa vero jam ne Cæsaris quidem exemplo, quod ludis prætextam de suo itinere ad L. Lentulum proconsulem sollicitandum posuit. Et quidem quum

dant l'action il a donné des larmes au souvenir de ses aventures. Dans le combat des gladiateurs, un certain Fadius, soldat pompéien qui avait combattu deux fois *gratis*, n'ayant pas voulu recommencer pour plaire au questeur, et s'étant réfugié vers le peuple, il le fit d'abord enlever par des cavaliers gaulois qu'il lâcha contre l'assemblée, parce que, sur cet ordre, le peuple lui avait jeté des pierres; ensuite l'ayant fait enterrer à demi dans une fosse, il le fit brûler vif. Pendant ce spectacle, qui suivit son dîner, il se promenait autour du bûcher, pieds nus; sa robe ouverte, les mains derrière le dos, et le misérable gladiateur répétant : *Je suis né citoyen romain*; il lui répondit : *Va, implore à présent la protection du peuple*. Ce n'est pas tout : il a exposé aux bêtes plusieurs citoyens, entre autres un coureur de ventes, fort connu de toute la ville d'Hispalis, par la seule raison que sa figure était difforme. C'est à un pareil monstre que j'ai eu affaire. Mais je vous en dirai beaucoup plus quand nous serons ensemble.

Ce qui importe surtout à présent, c'est que vous décidiez du parti que je dois prendre. J'ai trois légions fidèles; l'une, la vingt-huitième, avait été fort sollicitée dès le commencement de la guerre par les promesses d'Antoine, qui s'engageait à faire distribuer, le jour qu'elle joindrait son camp, cinq cents deniers à chaque soldat, et qui lui assurait après la victoire les mêmes

ageretur, flevit, memoria rerum gestarum commotus. Gladiatoribus autem Fadium quemdam, militem Pompeianum, quia, quum depressus in ludum bis gratis depugnasset, auctore sese nolebat, et ad populum confugerat, primum Gallos equites immisit in populum (collecti enim lapides sunt in eum, quum abriperetur Fadius); deinde abstractum defodit in ludo, et vivum combussit; quum quidem pransus, nudis pedibus, tunica soluta, manibus ad tergum rejectis, inambularet, et illi misero quiritanti, Civis romanus natus sum, responderet, Adi nunc, populi fidem implora. Bestiis vero cives Romanos, etiam in his circulatorem quemdam auctionum, notissimum hominem Hispali, quia deformis erat, objecit. Cum hujuscemodi portento res mihi fuit. Sed de illo plura coram.

Nunc, quod præstat, quid me velitis facere, constituite. Tres legiones firmas habeo : quarum unam, duodetrigesimam, quum ad se initio belli arcessisset Antonius hac pollicitatione, quo die in castra venisset, denarios quingenos singulis militibus daturum, in victoria vero eadem præmia, quæ suis legio-

récompenses qu'à ses propres légions ; car personne ne doutait que ses récompenses ne fussent en effet sans mesure et sans bornes. Elle était très-ébranlée, et je ne l'ai pas retenue sans peine. J'en aurais même désespéré si elle avait été réunie dans le même lieu ; car plusieurs cohortes se sont mutinées dans leurs divers quartiers. Antoine n'a pas cessé de solliciter aussi les autres légions par ses lettres et par une infinité de promesses ; tandis que Lepidus et lui m'écrivaient avec les plus pressantes instances de leur envoyer la trentième légion. Aussi cette armée, que je n'ai voulu vendre à quelque prix que ce soit, et que la crainte de tous les malheurs dont nous étions menacés par la victoire de nos ennemis n'a pas été capable de diminuer, n'en doutez pas, elle a été retenue et conservée pour la république, et vous devez juger que j'aurais exécuté tous les ordres dont vous m'auriez chargé, puisque, même en l'absence d'ordres, j'ai agi. J'ai entretenu la tranquillité dans ma province ; j'ai conservé mon armée dans la soumission ; je ne me suis point éloigné des lieux où je commande ; je ne me suis défait d'aucun soldat légionnaire, ni même auxiliaire, et quand j'ai trouvé des déserteurs dans la cavalerie, je les ai châtiés. Je me croirai assez bien payé de tous ces soins, si la république se soutient heureusement ; mais si elle me connaissait mieux, elle et la meilleure partie du sénat, elle aurait tiré plus d'utilité de mes services.

nibus (quorum quis ullam finem aut modum futurum putabit?) incitatissimam retinui, ægre mehercules ; nec retinuissem, si uno loco habuissem, utpote quum singulæ quædam cohortes seditionem fecerint. Reliquas quoque legiones non destitit litteris atque infinitis pollicitationibus incitare. Nec vero minus Lepidus ursit me et suis et Antonii litteris, ut legionem trigesimam mitterem sibi. Itaque quem exercitum neque vendere ullis præmiis volui, nec eorum periculorum metu, quæ, victoribus illis, portendebantur, diminuere, debetis existimare retentum et conservatum reipublicæ esse, atque ita credere, quodcumque imperassetis, facturum fuisse, sicut, quod non jussistis, feci. Nam et provinciam in otio, et exercitum in mea potestate tenui ; finibus meæ provinciæ nusquam excessi ; militem non modo legionarium, sed ne auxiliarium quidem ullum quoquam misi, et, si quos equites decedentes nactus sum, supplicio affeci. Quarum rerum fructum satis magnum republica salva tulisse me putabo. Sed respublica si me satis novisset, et major pars senatus, majores ex me fructus tulisset.

Je suis bien aise de vous faire lire la lettre que j'ai écrite à Balbus avant qu'il eût quitté la province; vous en trouverez ici la copie. Si vous êtes curieux de lire aussi sa pièce de théâtre, vous pouvez la demander à Gallus Cornelius, mon intime ami. Cordoue, le 8 juin.

LETTRE DCCCXLVII

Écrite à Rome, en juin 710.

M. T. CICÉRON A C. CASSIUS

Le crime de votre allié Lepidus, et l'excès de sa légèreté et de son inconstance vous sont connus, je pense, par les actes de Rome, que je sais qu'on vous envoie. Nous avions cru la guerre terminée; mais il faut recommencer, et toute notre espérance porte sur D. Brutus et Plancus. Vous parlerai-je sincèrement? elle n'est que dans vous et mon cher M. Brutus, non-seulement pour notre ressource présente, s'il arrive quelque événement sinistre; mais encore pour le solide rétablissement de la liberté. Il s'est répandu ici sur Dolabella bien des bruits conformes à nos

Epistolam, quam Balbo, quum etiamnunc in provincia esset, scripsi, legendam tibi misi : etiam prætextam si voles legere, Gallum Cornelium, familiarem meum, poscito. vi idus junias, Corduba.

EPISTOLA DCCCXLVII
(ad div., XII, 8)

Scrib. Romæ, mense junio A. V. C. 710.

M. T. CICERO C. CASSIO S. P. D.

Scelus affinis tui, Lepidi, summamque levitatem et inconstantiam ex actis, quæ ad te mitti certo scio, cognosse te arbitror. Itaque nos, confecto bello, ut arbitramur, renovatum bellum gerimus, spemque omnem in D. Bruto et Planco habemus; si verum quæris, in te et in M. Bruto, non solum ad præsens perfugium, si quod nolim, adversi quid acciderit, sed etiam ad confirmationem perpetuæ libertatis. Nos hic de Dolabella audiebamus quæ vellemus,

désirs, mais on n'en connaît point assez la source. Pour vous, mon cher Cassius, sachez que vous êtes un grand homme, et par le jugement qu'on porte aujourd'hui de vous, et par les espérances qu'on en conçoit pour l'avenir. Que cette idée vous fasse tendre à ce qu'il y a de plus relevé. Il n'est rien de si grand dont le peuple romain ne vous juge capable, et qu'il ne croie pouvoir attendre de vous. Adieu.

LETTRE DCCCXLVIII

Écrite à Rome, en juin 710.

M. T. CICÉRON A C. CASSIUS

La brièveté de vos lettres me fait réduire aussi les miennes, et franchement la matière me manque. Je sais que vous apprenez toutes nos affaires dans les recueils qu'on vous envoie, et nous ignorons les vôtres. On croirait l'Asie fermée; nous n'en recevons aucune nouvelle, à l'exception néanmoins des bruits qui se soutiennent assez sur la perte de Dolabella, bruits dont on ne connaît point encore l'auteur. Pour nous, lorsque nous

sed certos auctores non habebamus. Te quidem magnum hominem, et præsenti judicio, et reliqui temporis exspectatione scito esse. Hoc tibi proposito fac ut ad summa contendas. Nihil est tantum, quod non populus Romanus a te perfici atque obtineri posse judicet. Vale.

EPISTOLA DCCCXLVIII

(ad div., XII, 9)

Scrib. Romæ, mense junio A. V. C. 710.

M. T. CICERO C. CASSIO S. P. D.

Brevitas tuarum litterarum me quoque breviorem in scribendo facit, et, vere ut dicam, non satis occurrit, quid scribam. Nostras enim res in actis perferri ad te certo scio, tuas autem ignoramus. Tanquam enim clausa sit Asia, sic nihil perfertur ad nos, præter rumores de oppresso Dolabella, satis

nous croyions à la fin de la guerre, votre Lepidus nous a replongés dans les dernières inquiétudes. Aussi persuadez-vous bien que la république met en vous sa principale espérance. Nous avons de fort bonnes armées; mais, pour obtenir tout le succès que j'espère, il importe extrêmement que vous vous rendiez ici. Il y a peu de fond à faire sur la conservation de la république : je n'ose dire aucun fond; mais le peu qui reste porte sur l'année de votre consulat. Adieu.

LETTRE DCCCXLIX

Écrite à Crommyu-acris, île de Cypre, le 15 juin 710.

C. CASSIUS A M. CICÉRON

Je souhaite que votre santé soit aussi bonne que la mienne. — Nous nous applaudissons également de la victoire et du salut de la république, et du renouvellement de votre gloire. En vous le consulaire l'emporte encore sur le consul, et nous ne pouvons en ressentir assez de joie et d'admiration. Il y a je ne sais quelle

illos quidem constantes, sed adhuc sine auctore. Nos, confectum bellum quum putaremus, repente a Lepido tuo in summam sollicitudinem adducti sumus. Itaque persuade tibi, maximam reipublicæ spem in te et in tuis copiis esse. Firmos omnino exercitus habemus; sed tamen, ut omnia, ut spero, prospere procedant, multum interest te venire. Exigua enim spes est reipublicæ; nam nullam non libet dicere; sed, quæcumque est, ea despondetur anno consulatus tui. Vale.

EPISTOLA DCCCXLIX
(ad div., XII, 13)

Data idibus jun. Cypro a Crommyu-acride, A. V. C. 710.

CASSIUS M. CICERONI S. D.

Si vales, bene est : valeo. — Quum reipublicæ vel salute vel victoria gaudemus, tum instauratione tuarum laudum : quod maximus consularis maximum consulem te ipse vicisti, et lætamur, et mirari satis non possumus. Fatale

fatalité attachée à votre vertu. Combien de fois ne l'avons-nous pas éprouvé! Votre toge est plus heureuse que les armes de tous les autres. C'est elle encore qui, lorsque la république était presque vaincue, vient de l'arracher à nos ennemis, et de nous la rendre. Maintenant nous vivrons donc libres : vous, le plus grand des citoyens, vous qui m'en êtes le plus cher, et vous avez pu vous en assurer dans ces temps où la république était obscurcie par les plus profondes ténèbres, vous serez donc témoin de notre affection pour vous et pour cette république à laquelle vous êtes si étroitement lié ; et, ce que vous m'avez promis tant de fois de taire pendant notre servitude, pour le publier lorsque j'en pourrais tirer de l'utilité, je souhaiterai bien moins aujourd'hui de le voir effectivement publié que senti par vous ; car j'estime moins d'être recommandé par vous à l'opinion publique, que d'être comme je crois le mériter dans votre propre opinion : heureux que mes dernières actions vous paraissent, non l'effet d'une chaleur subite et inconsidérée, mais de la même nature que ces principes que vous connaissez ; et que vous me représentiez à vos propres yeux comme un homme dont la patrie peut concevoir les meilleures espérances. Vous avez, mon cher Cicéron, des enfants et des proches dignes de vous, et qui vous sont justement chers. Après eux, vous devez aimer dans la république ceux qui s'efforcent de suivre vos principes, et je souhaite que

---

nescio quid tuæ virtuti datum, idque sæpe jam experti sumus. Est enim tua toga omnium armis felicior, quæ nunc quoque nobis pæne victam rempublicam ex manibus hostium eripuit ac reddidit. Nunc ergo vivemus liberi ; nunc te, omnium maxime civis, et mihi carissime, id quod maximis reipublicæ tenebris comperisti, nunc te habebimus testem nostri et in te et in conjunctissimam tibi rempublicam amoris. : et, quæ sæpe pollicitus es, te et taciturum, dum serviremus, et dicturum de me tum, quum mihi profutura essent, nunc illa non ego quidem dici tantopere desiderabo, quam sentiri a te ipso. Neque enim omnium judicio malim me a te commendari, quam ipse tuo judicio digne ac mereor commendatus esse ; ut hæc novissima nostra facta non subita, nec inconvenientia, sed similia illis cogitationibus, quarum tu testis es, fuisse judices, meque ad optimam spem patriæ non minimum tibi ipsi producendum putes. Sunt tibi, M. T. Tulli, liberi propinquique, digni quidem te, et merito tibi carissimi. Esse etiam debent in republica proxime hos cari, qui studio-

le nombre en soit considérable. Mais je ne pense pas que la foule soit assez grande pour vous ôter la liberté de m'y recevoir, et de m'employer à tout ce qui pourra vous convenir et vous plaire. Peut-être vous ai-je prouvé mon courage : je n'ose en dire autant de mon esprit ; tel qu'il est maintenant (car il a perdu), un si long esclavage m'a-t-il permis de le mettre à l'épreuve ?

Pour en venir aux affaires, j'ai tiré, des côtes de l'Asie et des îles, autant de vaisseaux que j'ai pu. Malgré la résistance des villes, j'ai fait lever assez promptement des matelots. J'ai suivi la flotte de Dolabella, commandée par Lucilius, qui, après m'avoir fait souvent espérer de passer à nous, sans cesser cependant de se retirer, s'est enfin rendu à Corycum, et s'est tenu renfermé dans le port. J'ai pris le parti de l'y laisser, autant parce qu'il m'a paru plus convenable de gagner le camp, que parce que j'étais suivi d'une autre flotte que Tillius Cimber avait rassemblée en Bithynie l'année dernière, et qui était commandée par le questeur Turulius, et je me suis rendu dans l'île de Cypre. C'est de là que je me hâte de vous écrire tout ce qui est venu à ma connaissance. A l'exemple des Tarsiens, ces infidèles alliés, les Laodicéens, encore plus insensés, ont appelé volontairement Dolabella. Il a rassemblé dans ces deux villes un certain nombre de soldats grecs, qui lui forment une sorte d'armée. Il est campé devant Laodicée, et il a démoli une partie des

---

rum tuorum sunt æmuli, quorum esse cupio tibi copiam. Sed tamen non maxima me turba puto excludi, quo minus tibi vacet me excipere, et ad omnia quæ velis et probes, producere. Animum tibi nostrum fortasse probavimus : ingenium diutina servitus, certe, qualecumque est, minus tamen, quam erat, passa est videri.

Nos ex ora maritima Asiæ provinciæ, et ex insulis, quas potuimus, naves deduximus. Delectum remigum magna contumacia civitatum, tamen satis celeriter habuimus. Secuti sumus classem Dolabellæ, cui Lucilius præerat : qui spem sæpe transitionis præbendo, neque unquam non recedendo, novissime Corycum se contulit, et clauso portu se tenere cœpit. Nos, illa relicta, quod et in castra pervenire satius esse putabamus, et sequebatur classis altera, quam anno priore in Bithynia Tillius Cimber compararat, cui Turulius quæstor præerat, Cyprum petivimus. Ibi, quæ cognovimus, scribere ad vos quam celerrime voluimus. Dolabellam, ut Tarsenses, pessimi socii, ita Laodiceni, multo amentiores, ultro arcessierunt : ex quibus utrisque civitatibus, Græcorum militum numero, speciem exercitus effecit. Castra habet ante oppidum Laodi-

murs pour joindre son camp à la ville. Notre cher Cassius a le sien à Paltos, qui en est éloigné de vingt milles. Il y a rassemblé dix légions, vingt cohortes d'auxiliaires et quatre mille chevaux; mais il croit pouvoir vaincre sans combat; car le blé vaut déjà douze drachmes au camp de Dolabella. Si l'on n'y reçoit quelque secours des navires de Laodicée, il faut nécessairement qu'on y périsse de faim; et nous nous flattons de rendre facilement ce secours impossible avec la flotte de Cassius, qui est commandée par Sextilius Rufus, et trois autres flottes que nous avons amenées, Turulius Patiscus et moi. Enfin je vous exhorte à l'espérance, et je crois pouvoir vous assurer que nous ne tarderons point à délivrer ici la république, comme vous l'avez déjà fait en Italie. Adieu. Le 13 juin, à Crommyu-acris, île de Cypre.

LETTRE DCCCL

Ecrite à Rome, le 18 juin 710.

M. T. CICÉRON A D. BRUTUS

J'étais chaque jour dans l'attente de vos lettres, lorsque notre

ceam posita, et partem muri demolitus est, et castra oppido conjunxit. Cassius noster cum decem legionibus et cohortibus viginti auxiliariis et quatuor millium equitatu, a millibus passuum viginti, castra habet posita Πάλτῳ, et existimat, se sine prœlio posse vincere. Nam jam ternis tetradrachmis triticum apud Dolabellam est. Nisi quid navibus Laodicenorum supportarit, cito fame pereat necesse est. Ne supportare possit, et Cassii classis bene magna, cui præest Sextilius Rufus, et tres, quas nos adduximus, ego, Turulius Patiscus, facile præstabunt. Et volo vos bene sperare, et rempublicam, ut vos istic expedistis, ita pro nostra parte celeriter vobis expediri posse, confidere. Vale. Data idibus jun. Cypro, a Crommyu-acride.

EPISTOLA DCCCL

(ad div.; XI, 25)

Scrib. Romæ, xiv kal. quintil. A. V. C. 710.

M. T. CICERO D. BRUTO S. P. D.

Exspectanti mihi tuas quotidie litteras, Lupus noster subito denuntiavit, ut

ami Lupus est venu me demander à l'improviste si j'avais quelque chose à vous écrire. Je n'ai rien à vous marquer, car je sais qu'on vous envoie les actes, et que des lettres qui ne contiennent rien vous déplaisent. Mais je vous écris avec la brièveté que vous m'avez enseignée. Sachez que toutes nos espérances roulent sur vous et sur votre collègue. Sur la situation de Brutus, rien encore de certain. Je ne cesse point, suivant vos conseils, de l'exhorter par des lettres particulières à soutenir la cause commune par la guerre. Plût au ciel qu'il fût ici! le mal intérieur de la ville, qui n'est point un mal médiocre, nous serait moins à craindre. Mais que fais-je? Je n'imite pas votre laconisme. Je suis déjà à la seconde page. Soyez vainqueur et portez-vous bien. Le 18 juin.

LETTRE DCCCLI

Écrite à Rome, au commencement de juillet 710.

M. T. CICÉRON A C. CASSIUS

Lepidus votre allié, Lepidus mon ami, a, le 30 juin, par une

ad te scriberem, si quid vellem. Ego autem, etsi quod scriberem non habebam (acta enim ad te mitti sciebam, inanem autem sermonem litterarum tibi injucundum esse audiebam), brevitatem secutus sum, te magistro. Scito igitur, in te et in collega spem omnem esse. De Bruto autem nihil adhuc certi : quem ego, quemadmodum præcipis, privatis litteris ad bellum commune vocare non desino. Qui utinam jam adesset! intestinum urbis malum, quod est non mediocre, minus timeremus. Sed quid ago? Non imitor λακωνισμὸν tuum : altera jam pagella procedit. Vince, et vale. xiv kalend. quintiles.

EPISTOLA DCCCLI
(ad div., XII, 10)

Scrib. Romæ, initio quintilis A. V. C. 710.

M. T. CICERO C. CASSIO S. P. D.

Lepidus, tuus affinis, meus familiaris, pridie kalend. quintiles sententiis

délibération unanime du sénat, été déclaré ennemi de la patrie, ainsi que tous ceux qui, à son exemple, ont abandonné la république. Cependant on leur a laissé jusqu'au 1ᵉʳ septembre pour rentrer dans le devoir. Le sénat ne manque point assurément de courage; mais ce qui le soutient surtout, c'est l'espérance de votre secours.

Au moment où je vous écris, la guerre s'est rallumée par le crime et la légèreté de Lepidus. Nous avons chaque jour de Dolabella les nouvelles les plus agréables pour nous; mais non encore garanties et résultant de simples bruits. Arrivant dans cette conjoncture, la lettre que vous avez écrite de votre camp le 7 mai, ne laisse pas douter à toute la ville qu'il ne soit actuellement accablé, et que vous ne veniez en Italie avec votre armée; soit pour nous soutenir par votre autorité et votre prudence, si vos entreprises ont réussi; soit pour nous faire un appui de vos troupes, si, par le caprice ordinaire des armes, il manque quelque chose à la solidité de votre succès. Cette armée, je contribuerai de tout mon pouvoir à l'honorer. Il en sera temps lorsqu'on commencera à savoir ce qu'elle doit faire ou ce qu'elle a fait déjà pour le service de la république. Jusqu'à présent, nous nous n'avons appris que des tentatives, fort glorieuses à la vérité, mais on attend des exploits achevés, et je me persuade que, s'il n'y en a point encore, ils ne sont pas fort éloignés. Rien n'est au-dessus de votre vertu et de votre grandeur d'âme. Aussi n'as-

omnibus hostis a senatu judicatus est, cæterique, qui una cum illo a republica defecerunt : quibus tamen ad sanitatem redeundi ante kalend. septembr. potestas facta est. Fortis sane senatus, sed maxima spes subsidii tui.

Bellum quidem, quum hæc scribebam, sane magnum erat scelere et levitate Lepidi. Nos de Dolabella quotidie, quæ volumus, audimus; sed adhuc sine capite, rumore nuntio. Quod quum ita esset, tamen litteris tuis, quas nonis mai, ex castris datas acceperamus, ita persuasum erat civitati, ut illum jam oppressum omnes arbitrarentur, te autem in Italiam venire cum exercitu, ut, si hæc ex sententia confecta essent, consilio atque auctoritate tua; sin quid forte titubatum, ut fit in bello, exercitu tuo niteremur. Quem quidem ego exercitum quibuscumque potero rebus ornabo : cujus rei tum tempus erit, quum, quid opis reipublicæ laturus is exercitus sit, aut quid jam tulerit, notum esse cœperit. Nam adhuc tantum conatus audiuntur, optimi illi quidem et præclarissimi, sed gesta res exspectatur : quam quidem aut jam esse aliquam, aut appropinquare confido. Tua virtute et magnitudine animi nihil est

pirons-nous qu'à vous voir promptement en Italie. Nous croirons revoir la république en vous revoyant. Nous avions vaincu glorieusement, si M. Antoine, dépouillé, désarmé, fugitif, n'eût trouvé Lepidus disposé à le recevoir. C'est ce qui fait que jamais Antoine n'a été détesté à Rome autant que l'est Lepidus. En effet, le premier a commencé la guerre dans un temps de trouble, et l'autre l'a fait renaître dans le sein de la paix et de la victoire. Nous lui opposerons nos consuls désignés, en qui notre confiance serait extrême, si elle n'était troublée par l'incertitude des événements de la guerre.

Mettez-vous donc ceci dans l'esprit : on se repose uniquement sur vous et sur Brutus; on vous attend tous deux, et Brutus incessamment. Quand vous arriveriez, ce que je souhaite, après la défaite de nos ennemis, votre autorité servira toujours à relever la république, et nous la verrons du moins rétablie dans quelque état supportable; car il y a bien des choses qui demanderont du remède, lors même qu'elle sera heureusement délivrée de nos perfides ennemis. Adieu.

---

nobilius. Itaque optamus, ut quam primum te in Italia videamus. Rempublicam nos habere arbitrabimur, si vos habebimus. Præclare viceramus, nisi spoliatum, inermem, fugientem Lepidus recepisset Antonium. Itaque nunquam tanto odio civitati Antonius fuit, quanto est Lepidus. Ille enim ex turbulenta republica, hic ex pace et victoria bellum excitavit. Huic oppositos consules designatos habemus : in quibus est magna illa quidem spes, sed anceps cura, propter incertos exitus præliorum.

Persuade tibi igitur, in te et in Bruto tuo esse omnia; vos exspectari; Brutum quidem jam jamque. Quodsi, ut spero, victis hostibus nostris veneritis, tamen auctoritate vestra respublica exsurget, et in aliquo statu tolerabili consistet. Sunt enim permulta, quibus erit medendum, etiamsi respublica satis esse videbitur sceleribus hostium liberata. Vale.

LETTRE DCCCLII.

Écrite à son camp, le 28 juillet 710.

PLANCUS, IMP., CONSUL DÉSIGNÉ, A CICÉRON.

Je ne puis m'empêcher de vous remercier à chaque occasion et à chaque fait. Cependant il est certain que je ne le fais pas sans quelque confusion ; car il semble qu'une liaison aussi étroite que celle où vous avez voulu que je fusse avec vous ne demande pas cette formalité. Après les faveurs infinies que j'ai reçues de vous, j'ai de la répugnance à ne m'acquitter que par des paroles toujours insuffisantes ; et j'aime bien mieux remettre à vous marquer à Rome par mes soins, mon dévouement et mes assiduités que je ne suis point ingrat. S'il m'est donné de vivre, je me propose de surpasser, en assiduité, en dévouement et en soins, ce que l'amitié a plus de tendre et la parenté de plus saint. Qui l'emportera du plaisir que je ressentirai tous les jours de votre amitié et votre estime, ou de la dignité qui m'en reviendra éternellement, je ne saurais le décider. Vous avez pris soin de l'in-

EPISTOLA DCCCLII
(ad div., X, 24)

Scrib. in castris, v kal. sext. A. V. C. 710.

PLANCUS, IMP., COS. DES., CICERONI S. D.

Facere non possum quin in singulas res meritaque tua tibi gratias agam. Sed mehercule facio cum pudore. Neque enim tanta necessitudo, quantam tu mihi tecum esse voluisti, desiderare videtur gratiarum actionem; neque ego lubenter pro maximis tuis beneficiis tam vili munere defungor orationis; et malo præsens observantia, indulgentia, assiduitate, memorem me tibi probare. Quodsi mihi vita contigerit, omnes gratas amicitias atque etiam pias propinquitates in tua observantia, indulgentia, assiduitate vincam. Amor enim tuus ac judicium de me utrum mihi plus dignitatis in perpetuum, an voluptatis quotidie sit allaturus, non facile dixerim. De militum commodis, fuit tibi

térêt des soldats. Ce n'est pas seulement pour augmenter ma puissance (car je rapporte tout, comme vous savez, au salut public) que j'ai souhaité qu'ils reçussent des honneurs du sénat; c'est, en premier lieu, parce que je les en ai crus dignes; ensuite, pour les disposer de plus en plus à s'unir dans toute circonstance à la république; enfin, pour les fortifier contre toutes les sollicitations, et les soutenir dans les sentiments qu'ils ont conservés jusqu'à ce jour. Je n'ai pas cessé d'entretenir dans un fort bon état tout ce qui est ici sous mes ordres. Je sais que le public n'aspire qu'à la victoire, et cette impatience est fort juste; mais je me flatte que vous n'en approuverez pas moins ma conduite: car s'il arrivait quelque chose de fâcheux à nos armées, la république n'a pas des ressources toutes prêtes pour arrêter l'impétuosité subite et les brigandages de nos parricides.

Quant à l'état de nos forces, vous en êtes sans doute informé. J'ai dans mon camp trois légions de vétérans et une des nouvelles levés, mais la meilleure de cette espèce. Brutus n'a qu'une légion de vétérans, avec une autre qui fut créée, il y a deux ans, et huit de nouvelles levées. Ainsi notre armée est très-importante par le nombre, très-peu par la solidité, car nous avons éprouvé plus d'une fois qu'il y a peu de fond à faire sur tous les nouveaux soldats. Si les troupes d'Afrique, qui sont toutes composées de vétérans, ou si l'armée de César venait nous joindre,

---

curæ : quos ego non potentiæ meæ causa (nihil enim me non salutariter cogitare scio), ornari volui a senatu, sed primum, quod ita meritos judicabam; deinde, quod ad omnes casus conjunctiores reipublicæ esse volebam; novissime, ut ab omni omnium sollicitatione aversos eos tales vobis præstare possem, quales adhuc fuerunt. Nos adhuc hic omnia integra sustinuimus. Quod consilium nostrum, etsi, quanta sit aviditas hominum, non sine causa, talis victoriæ, scio, tamen vobis probari spero. Non enim, si quid in his exercitibus sit offensum, magna subsidia respublica habet expedita, quibus subito impetu ac latrocinio parricidarum resistat.

Copias vero nostras notas tibi esse arbitror. In castris meis legiones sunt veteranæ tres; tironum vel luculentissima ex omnibus una; in castris Bruti una veterana legio, altera bima, octo tironum. Ita universus exercitus numero amplissimus est, firmitate exiguus. Quantum autem in acie tironi sit committendum, nimium sæpe expertum habemus. Ad hoc robur nostrorum exercituum, sive Africanus exercitus, qui est veteranus, sive Cæsaris accessisset,

nous risquerions volontiers une bataille. C'est de la part de César que cette jonction paraissait le moins éloignée. Je n'ai pas cessé de le presser par mes lettres, ni lui de m'assurer qu'il se mettrait incessamment en marche, mais j'ai lieu de m'imaginer qu'il n'y pense pas sérieusement, et qu'il a déjà pris d'autres mesures. Cependant je lui ai dépêché Furnius avec de nouvelles instructions, pour le tenter par un nouvel effort.

Vous savez, mon cher Cicéron, que je ne suis pas moins obligé que vous d'aimer ce jeune César : ma liaison avec son oncle me fait un devoir de le protéger et de le servir; lui-même, autant que je le puis connaître, est doué de sentiments modérés et humains. Enfin, tel a été l'éclat de l'amitié qui a existé entre Jules César et moi, qu'il serait honteux pour moi de ne pas aimer celui qu'il a adopté comme un fils, et que vous avez accepté comme tel. Aussi, quand je vous écris sur lui certaines choses, c'est plutôt avec douleur qu'avec inimitié : mais, si Antoine vit, si Lepidus a joint ses troupes aux siennes, s'ils ont une armée qui n'est pas méprisable, s'ils forment des espérances, et s'ils osent les poursuivre, c'est au jeune César qu'ils en ont l'obligation. Je ne rappellerai point ce qui s'est passé depuis longtemps; pourtant s'il était venu quand il l'a fait espérer, la guerre serait déjà terminée, ou, à leur grand désavantage,

æquo animo summum rempublicam in discrimen deduceremus. Aliquanto autem propius esse, quod ad Cæsarem attinet, videbamus. Nihil destiti eum litteris hortari, neque ille intermisit affirmare se sine mora venire; quum interim aversum illum ab hac cogitatione ad alia consilia video se contulisse. Ego tamen ad eum Furnium nostrum cum mandatis litterisque misi, si quid forte proficere posset.

Scis tu, mi Cicero, quod ad Cæsaris amorem attinet, societatem mihi esse tecum, vel quod in familiaritate Cæsaris, vivo illo, jam tueri eum et diligere fuit mihi necesse; vel quod ipse, quoad ego nosse potui, moderatissimi atque humanissimi fuit sensus; vel quod ex tam insigni amicitia mea atque Cæsaris hunc, filii loco et illius et vestro judicio substitutum, non perinde habere, turpe mihi videtur. Sed, quidquid tibi scribo, dolenter mehercule magis, quam inimice facio. Quod vivit Antonius hodie, quod Lepidus una est, quod exercitus habent non contemnendos, quod sperant, quod audent, omne Cæsari acceptum referre possunt. Neque ego superiora repetam. Sed ex eo tempore, quo ipse mihi professus est se venire, si venire voluisset, aut oppressum jam

transportée dans la province d'Espagne, qui leur est absolument hostile. Par quels motifs ou par quels conseils s'est-il laissé détourner d'une entreprise si glorieuse et même si nécessaire à ses propres intérêts, pour solliciter un consulat de deux mois, qui ne peut servir qu'à faire redouter ses intentions et qu'à rendre ses prétentions ridicules, je ne puis le concevoir. Dans cette circonstance, ses amis pourraient par leurs conseils lui rendre autant de services qu'à la république; vous principalement, à qui il a plus d'obligation que personne au monde, si ce n'est moi; car je n'oublierai jamais que je vous en ai d'infinies.

J'ai donné ordre à Furnius de traiter toutes ces affaires avec lui; et s'il a pour mes instances autant d'égard qu'il le doit, je lui rends assurément un grand service. Pendant ce temps-là nous ne sommes pas ici dans un embarras médiocre; ne pouvant ni risquer une bataille, ni tourner le dos à l'ennemi, ce qui le mettrait en état de faire encore plus de mal à la république. Si César voulait écouter ce que l'honneur demande de lui, ou si les légions d'Afrique arrivaient promptement, nous vous soulagerions bientôt de l'inquiétude où vous êtes pour nous. Je vous demande de me continuer votre amitié, et de me croire entièrement à vous. Au camp, le 28 juillet.

bellum esset, aut in adversissimam illis Hispaniam cum detrimento eorum maximo extrusum. Quæ mens eum, aut quorum consilia a tanta gloria, sibi vero etiam necessaria ac salutari, avocarint, et ad cogitationem consulatus bimestris, summo cum terrore hominum et insulsa cum efflagitatione transtulerint, exputare non possum. Multum in hac re mihi videntur necessarii ejus, et reipublicæ, et ipsius causa proficere posse : plurimum, ut puto, tu quoque; cujus ille tanta merita habet, quanta nemo præter me. Nunquam enim obliviscar, maxima ac plurima me tibi debere.

De his rebus, ut exigeret cum eo, Furnio mandavi. Quodsi, quantam debeo, habuero apud eum auctoritatem, plurimum ipsum juvero. Nos interea duriore conditione bellum sustinemus, quod neque expeditissimam dimicationem putamus, neque tamen refugiendo commissuri sumus, ut majus detrimentum respublica accipere possit. Quodsi aut Cæsar se respexerit, aut Africanæ legiones celeriter venerint, securos vos ab hac parte reddemus. Tu, ut instituisti, me diligas rogo, proprieque tuum esse tibi persuadeas. V kalend. sext., ex castris.

LETTRES
DE M. T. CICÉRON
DE DATES INCERTAINES

LETTRE DCCCLIII

Peut-être écrite au temps où Q. Cicéron administrait l'Asie comme préteur.

Q. CICÉRON A SON CHER TIRON

Je vous ai fait intérieurement des reproches, en voyant arriver deux fois le paquet sans aucune lettre de vous. C'est une faute dont vous n'éviterez pas la punition. Vous aurez besoin de prendre mon frère pour avocat. Faites en sorte qu'à force de travail il par-

M. T. CICERONIS
EPISTOLÆ
ANNIS INCERTIS SCRIPTÆ

EPISTOLA DCCCLIII
(ad div., XVI, 26)

Scripta fortasse illo tempore quo Q. Cicero Asiam pro prætore regebat.

Q. CICERO TIRONI SUO S. P. D.

Verberavi te cogitationis tacito duntaxat convicio, quod fasciculus alter ad me jam sine tuis litteris perlatus est. Non potes effugere hujus culpæ pœnam te patrono. Marcus est adhibendus : isque diu et multis lucubrationibus com-

vienne à prouver votre innocence. Enfin, je vous prie d'imiter ma mère, qui avait coutume de cacheter jusqu'aux bouteilles vides, afin qu'on ne prétendît pas que celles qu'on lui vidait à la dérobée fussent de ce nombre : de même, quand vous n'aurez rien à m'écrire, écrivez-moi toujours, si vous ne voulez pas qu'il paraisse que vous cherchez à me faire un vol ; car, dans tout ce que vous m'écrivez, je trouve beaucoup de vérité et d'agrément. Aimez-moi, et portez-vous bien.

LETTRE DCCCLIV

Peut-être de 706.

CICÉRON A TITIUS

Personne n'est moins propre que moi à vous consoler ; car l'affliction que je ressens de vos peines me fait avoir besoin moi-même de consolation. Cependant comme ma douleur est plus éloignée que la vôtre de l'excès de l'amertume, je me crois obligé par l'amitié de rompre un silence que j'ai gardé trop longtemps, et de travailler du moins à soulager un peu votre douleur, si je ne

mentata oratione vide ut probare possit, te non peccasse. Plane te rogo, sicut olim matrem nostram facere memini, quæ lagenas etiam inanes obsignabat, ne dicerentur inanes aliquæ fuisse, quæ furtim essent exsiccatæ : sic tu, etiamsi, quod scribas, non habebis, scribito tamen, ne furtum cessatione quæsivisse videaris. Valde enim mi semper et vera et dulcia tuis epistolis nuntiantur. Ama nos, et vale.

EPISTOLA DCCCLIV

(ad div., V, 16)

Scripta fortasse A. V. C. 706.

M. T. CICERO TITIO S. D.

Etsi unus ex omnibus minime sum ad te consolandum accommodatus, quod tantum ex tuis molestiis cepi doloris, ut consolatione ipse egerem, tamen, quum longius a summi luctus acerbitate meus abesset dolor, quam tuus, statui nostræ necessitudinis esse, meæque in te benivolentiæ, non tacere tanto

puis la guérir tout à fait. Il y a un motif ordinaire de consolation, que nous devrions toujours avoir au cœur et à la bouche : hommes, souvenons-nous-en, nous sommes nés pour servir de but dans le cours de notre vie à tous les traits de la fortune ; étant au monde à cette condition, nous ne devons pas refuser ce qui est attaché à notre sort, ni paraître trop sensibles à des accidents que toute la sagesse ne peut nous faire éviter ; enfin, en cherchant dans notre mémoire quel a été le sort des autres, nous verrons qu'il ne nous est rien arrivé de nouveau. Ces considérations et toutes les autres, dont la sagesse a toujours fait usage, et que nous trouvons dans nos livres, me paraissent bien moins puissantes que celles tirées de l'état où nous sommes et de cette continuité de misérables conjonctures, où l'on doit regarder comme un bonheur de n'avoir jamais eu d'enfants, et comme un moindre mal de les perdre à présent, que dans un temps où la république serait mieux ordonnée, ou plutôt où nous aurions quelque ombre de république.

Si vous ne pleurez que nos propres pertes, et si c'est votre intérêt même qui cause vos regrets, je ne crois pas qu'il soit aisé d'épuiser entièrement cette source de douleurs. Mais si, par un sentiment plus digne d'un cœur aimant, vous êtes affligé du malheur de ceux que vous avez perdus, je ne vous

in tuo mœrore tamdiu, sed adhibere aliquam modicam consolationem, quæ levare dolorem tuum posset, si minus sanare potuisset. Est autem consolatio pervulgata quidem illa maxime, quam semper in ore atque in animo habere debemus, homines nos ut esse meminerimus, ea lege natos, ut omnibus telis fortunæ proposita sit vita nostra; neque esse recusandum, quo minus ea, qua nati sumus, conditione vivamus; neve tam graviter eos casus feramus, quos nullo consilio vitare possumus ; eventisque aliorum memoria repetendis nihil accidisse nobis novi cogitemus. Neque hæ, neque cæteræ consolationes, quæ sunt a sapientissimis viris usurpatæ, memoriæque litteris proditæ, tantum videntur proficere debere, quantum status ipse nostræ civitatis, et hæc prolatio temporum perditorum ; quum beatissimi sint, qui liberos non susceperunt, minus autem miseri, qui his temporibus amiserunt, quam si eosdem bona aut denique aliqua republica perdidissent.

Quodsi tuum te desiderium movet, aut si tuarum rerum cogitatione mœres, non facile exhauriri tibi istum dolorem posse universum puto. Sin illa te res cruciat, quæ magis amoris est, ut eorum, qui occiderunt, miserias lugeas : ut

répéterai point ce que j'ai lu, ce que j'ai entendu mille fois : que la mort n'a rien qui doive la faire regarder comme un mal, puisque, si elle nous laisse le pouvoir de sentir, elle mérite moins le nom de mort que celui d'immortalité, et si elle nous l'ôte, ce qu'on ne sent point ne saurait passer pour un mal ; mais je puis vous assurer, sans conserver aucun doute à cet égard, qu'il se forme, qu'il s'organise contre la république des choses si menaçantes, que ceux qui en sont délivrés par la mort ne me semblent nullement à plaindre. Quelle ressource voyez-vous encore, je ne dis pas seulement pour la pudeur, la probité, la vertu, le goût des bonnes études et des arts utiles, mais pour la liberté même et pour le salut public ? Pour moi, dans le cours de cette dangereuse et funeste année, je n'ai pas appris la mort d'un jeune homme ou d'un enfant sans la regarder comme une faveur des dieux immortels, qui les délivraient des misères d'une odieuse vie.

Si l'on peut donc vous ôter de l'esprit que la mort soit un mal pour les personnes chères que vous regrettez, ce sera d'abord une diminution considérable pour votre douleur ; il ne vous restera du moins que le simple sentiment de votre propre peine, qui n'a rien de commun avec leur situation, et qui ne regarde proprement que vous. Or, il n'est pas digne de la sagesse et de la gravité qu'on vous a reconnues dès votre enfance,

---

ea non dicam, quæ sæpissime et legi et audivi, nihil mali esse in morte, in qua si resideat sensus, immortalitas illa potius, quam mors ducenda sit; sin sit amissus, nulla videri miseria debeat, quæ non sentiatur : hoc tamen non dubitans confirmare possum, ea misceri, parari, impendere reipublicæ, quæ qui reliquerit nullo modo mihi quidem deceptus esse videatur. Quid est enim jam non modo pudori, probitati, virtuti, rectis studiis, bonis artibus, sed omnino libertati ac saluti loci? non mehercule quemquam audivi hoc gravissimo ac pestilentissimo anno adolescentulum aut puerum mortuum, qui mihi non a diis immortalibus ereptus ex his miseriis, atque ex iniquissima conditione vitæ videretur.

Quare si tibi unum hoc detrahi potest, ne quid iis, quos amasti, mali putes contigisse, permultum erit ex mœrore tuo diminutum. Relinquetur enim simplex illa jam cura doloris tui, quæ non cum illis communicabitur, sed ad te ipsum proprie referetur : in qua non est jam gravitatis ac sapientiæ tuæ, quam

de manquer de modération dans vos peines, lorsqu'elles n'ont rien à démêler avec les maux des personnes que vous aimez. La gravité de caractère que vous avez montrée dans les affaires privées et publiques demande d'être soutenue avec constance. D'ailleurs, puisque le temps est capable de diminuer les plus grandes douleurs à mesure qu'elles vieillissent, la prudence et les réflexions doivent le prévenir. S'il n'y a jamais eu de femme si faible et si touchée de la mort de ses enfants, qui n'ait enfin cessé de pleurer, pourquoi la réflexion ne produirait-elle pas ce que le temps ne manque point d'apporter ? Et faut-il attendre du temps un remède qu'on peut trouver dans les seules forces de la raison ?

Si ma lettre fait quelque impression sur vous, elle répondra à mes désirs ; mais s'il arrive qu'elle soit sans force, j'aurai du moins rempli le devoir de la plus tendre amitié. Telle a toujours été la mienne, et vous devez compter qu'elle ne changera jamais.

---

tu a puero præstitisti, ferre immoderatius casum incommodorum tuorum, qui sit ab eorum, quos dilexeris, miseria maloque sejunctus. Etenim eum semper te, et privatis in rebus et publicis, præstitisti, tuenda tibi ut sit gravitas, et constantiæ serviendum. Nam, quod allatura est ipsa diuturnitas, quæ maximos luctus vetustate tollit, id nos præcipere consilio prudentiaque debemus. Etenim si nulla unquam fuit, liberis amissis, tam imbecillo mulier animo, quæ non aliquando lugendi modum fecerit, certe nos, quod est dies allatura, id consilio anteferre debemus, neque exspectare temporis medicinam, quam repræsentare ratione possimus.

His ego litteris si quid profecissem, existimabam optandum quiddam me esse assecutum ; sin minus forte valuissent, officio tamen esse functum benivolentissimi atque amicissimi ; quem me tibi et fuisse semper existimes velim, et futurum esse confidas.

LETTRE DCCCLV

Année incertaine.

M. T. CICÉRON A CORNIFICIUS

Vos lettres m'auraient causé une entière satisfaction si vous aviez traité avec un peu moins de mépris la petite maison de Sinuesse. Elle se consolerait de cet outrage si vous n'aviez pas loué avec tant d'excès les maisons de Cumes et de Pompéies. Réparez donc votre faute. Mais surtout aimez-moi, et soyez le premier à m'écrire; car le rôle que je trouve le plus facile est celui de répondre. Cependant si, de l'humeur dont vous êtes, vous prenez le parti de vous taire, je commencerai; je ne veux pas que votre paresse soit contagieuse pour moi. Je serai moins court lorsque j'aurai plus de loisir. Je vous ai écrit ce billet au sénat.

EPISTOLA DCCCLV

(ad div., XII, 20)

Scrib. anno incerto.

M. T. CICERO CORNIFICIO

Gratæ mihi tuæ litteræ, nisi quod Sinuessanum diversoriolum contempsisti. Quam quidem contumeliam villa pusilla inique animo feret, nisi in Cumano et Pompeiano reddideris πάντα περὶ πάντων. Sic igitur facies, meque amabis, et scripto aliquo lacessas. Ego enim respondere facilius possum, quam provocare. Quodsi, ut es delicatus, cessabis, lacessam, ne tua ignavia etiam mihi inertiam afferat. Plura otiosus. Hæc, quum essem in senatu, exaravi.

LETTRE DCCCLVI

Année incertaine.

CICÉRON A TRÉBATIUS

Je vous ai expliqué l'affaire de Silius. Il est venu ensuite chez moi. Je lui avais dit que, suivant votre opinion, nous pouvions former la promesse dans ces termes : « Si l'édit du préteur m'accorde la possession des biens de Turpilia. » Il a répondu que, selon Servius, un testament fait par quelqu'un qui n'a pas le droit d'en faire n'était pas un véritable testament, et qu'Ofilius disait la même chose. Il assure, d'ailleurs, qu'il ne vous en a point parlé, et me prie instamment de vous recommander sa personne et ses intérêts. Je ne connais point, mon cher Testa, de meilleur homme que ce P. Silius; et je n'ai pas de meilleur ami, vous excepté. Vous m'obligerez très sensiblement en le voyant comme de vous-même et en lui promettant vos services; mais, si vous m'aimez, ne différez pas longtemps cette grâce, que je vous demande avec beaucoup d'instances.

EPISTOLA DCCCLVI
(ad div., VII, 24)

Scrib. anno incerto.

CICERO TREBATIO S. D.

Silii causam te docui. Is postea fuit apud me. Quum ei dicerem, tibi videri sponsionem illam nos sine periculo facere posse, NI BONORUM TURPILIÆ POSSESSIONEM PRÆTOR EX EDICTO SUO MIHI DEDERIT, negare aiebat Servium, tabulas testamenti esse eas, quas instituisset is, qui factionem testamenti non habuerit : hoc idem Ofilium dicere; tecum se locutum negabat; meque rogavit, ut se causamque suam tibi commendarem. Nec vir melior, mi Testa, nec mihi amicior P. Silio quisquam est, te tamen excepto. Gratissimum igitur mihi feceris, si ad eum ultro veneris, eique pollicitus eris : sed, si me amas, quam primum. Hoc te vehementer etiam atque etiam rogo.

LETTRE DCCCLVII

Année incertaine.

CICÉRON A TRÉBATIUS

Vous me raillâtes hier, à table, d'avoir mis en question si un héritier pouvait appeler quelqu'un en justice pour un vol fait avant l'héritage. Quoiqu'il fût tard, et que j'eusse bien bu, j'eus soin en arrivant chez moi de marquer l'endroit où se trouve cette controverse, et de vous l'envoyer. Vous verrez que Sext. Élius, M. Manilius et M. Brutus ont pensé ce que vous croyez n'être entré dans l'esprit à personne. Cependant j'embrasse l'opinion de Scévola et de Testa. Adieu.

EPISTOLA DCCCLVII
(ad div., VII, 22)

Scrib. anno incerto.

CICERO TREBATIO S. D.

Illuseras heri inter scyphos, quod dixeram, controversiam esse, possetne hæres, quod furtum antea factum esset, recte furti agere. Itaque, etsi domum bene potus seroque redieram, tamen id caput, ubi hæc controversia est, notavi, et descriptum tibi misi, ut scires, id, quod tu neminem sensisse dicebas, Sext. Ælium, M. Manilium, M. Brutum sensisse. Ego tamen Scævolæ et Testæ assentior. Vale.

LETTRE DCCCLVIII

Année incertaine.

CICÉRON A APPIUS

Vous aurez sans doute appris par les lettres de votre famille le zèle dont je suis rempli pour votre salut et votre sûreté. J'ai la certitude qu'elle est pleinement satisfaite de mes soins, et je prétends que bien qu'elle vous porte une affection particulière, ses vœux pour votre rétablissement ne l'emportent pas sur les miens. Il faut qu'elle m'accorde du moins que, dans les conjonctures où nous sommes, je puis vous servir plus utilement qu'elle; c'est ce que je n'ai cessé et je ne cesserai de faire. Mes services ont même réussi dans la partie la plus importante, et j'ai jeté les fondements de votre salut. Prenez courage, soutenez-vous avec constance, et comptez que je ne vous manquerai dans aucune occasion. Le 6 juillet.

EPISTOLA DCCCLVIII
(ad. div., X, 29)

Scrib. anno incerto.

CICERO APPIO

De meo studio erga salutem et incolumitatem tuam, credo te cognosse ex litteris tuorum, quibus me cumulatissime satisfecisse certo scio; nec his concedo, quanquam sunt singulari in te benivolentia, ut te salvum malint, quam ego. Illi mihi necesse est concedant, ut tibi plus, quam ipsi, hoc tempore prodesse possim : quod quidem nec destiti facere, nec desistam ; et jam in maxima re feci, et fundamenta jeci salutis tuæ. Tu fac bono animo magnoque sis, meque tibi nulla re defuturum esse confidas. Pridie nonas quintiles.

LETTRE DCCCLIX

Année incertaine.

CICÉRON AUX QUATUORVIRS ET AUX DÉCURIONS

Tant de raisons m'attachent à Q. Hippius, qu'on ne peut être lié plus étroitement que nous le sommes. Il fallait aussi une forte raison pour me faire oublier ma coutume, qui est de ne pas vous être importun. Je vous prends à témoin vous-mêmes que je ne me suis jamais écarté de ce principe, dans un temps néanmoins où j'étais persuadé que je pouvais tout obtenir de vous. Je vous prie donc, avec les plus vives instances, de traiter convenablement Hippius en considération de moi, et de lui faire obtenir libre et sans charge la possession, qu'il a achetée de vous, d'un champ dans le canton de Frégelles. Si vous m'accordez cette grâce, je la regarderai comme un très-grand bienfait.

EPISTOLA DCCCLIX
(ad div., X, 29)

Scrib. anno incerto.

M. T. CICERO QUATUORVIRIS ET DECURIONIBUS S. D.

Tantæ mihi cum Q. Hippio causæ necessitudinis sunt, ut nihil possit esse conjunctius, quam nos inter nos sumus. Quod nisi ita esset, uterer mea consuetudine, ut vobis nulla in re molestus essem. Etenim vos mihi optimi testes estis, quum mihi persuasum esset, nihil esse, quod a vobis impetrare non possem, unquam me tamen gravem vobis esse voluisse. Vehementer igitur vos etiam atque etiam rogo, ut honoris mei causa liberalissime C. Valgium Hippianum tractetis, remque cum eo conficiatis, ut, quam possessionem habet in agro Fregellano, a vobis emptam, eam liberam et immunem habere possit. Id si a vobis impetraro, summo me beneficio vestro affectum arbitrabor. Valete.

LETTRES
DE M. T. CICÉRON
A BRUTUS
ET DE BRUTUS A CICÉRON

LETTRE III [1]

CICÉRON A BRUTUS

Lucius Clodius, désigné tribun du peuple, me porte beaucoup d'affection, ou, pour m'expliquer d'une manière plus expressive, m'est attaché par une véritable amitié. Comme je me crois sûr

M. T. CICERONIS
AD BRUTUM
ET BRUTI AD CICERONEM
EPISTOLÆ

EPISTOLA III

CICERO BRUTO S. D.

Lucius Clodius, tribunus plebis designatus, valde me diligit ; vel ut ἐρωτικώτερον dicam, valde me amat : quod quum mihi ita persuasum sit, non

---

[1] Les lettres i et ii de cette partie des *Lettres* de Cicéron se trouvent aux numéros dccxiv et dcclv du Recueil qui précède.

de ses sentiments, je ne doute point que vous me connaissiez assez pour juger que je l'aime aussi beaucoup. Je ne trouve rien, en effet, de plus contraire à la nature que de ne pas répondre à l'affection qu'on vous porte. Clodius m'a témoigné quelques soupçons, qui l'affligent sensiblement. Il s'imagine que ses ennemis vous ont fait quelque rapport capable de vous indisposer contre lui.

Vous le savez, mon cher Brutus, je n'ai pas la coutume de me prononcer légèrement sur autrui ; j'en connais le danger : le cœur des hommes est obscur, et leurs caractères sont différents. J'ai observé l'âme de Clodius, je l'ai pénétrée, je l'ai jugée. Les preuves que j'en ai sont nombreuses, mais ne doivent pas trouver place ici ; car c'est moins une lettre que je vous écris qu'un témoignage que je veux vous rendre en sa faveur. Clodius doit sa fortune à Antoine; cependant il vous a une grande partie de l'obligation. Il souhaiterait donc que notre sûreté pût s'accorder avec celle d'Antoine ; mais, comme il ne manque pas d'intelligence, il voit que, dans les termes où nous sommes, c'est une chose impossible. Aussi ses vœux sont pour nous. Il parle de vous comme il pense, en homme qui vous aime. Si quelqu'un vous en avait écrit ou parlé différemment, je vous demande en grâce de vous en rapporter à moi, qui suis plus capable d'en

dubito, bene enim me nosti, quin illum quoque judices a me amari. Nihil enim mihi minus hominis videtur quam non respondere in amore iis a quibus provocere. Is mihi visus est suspicari, ne sine magno quidem dolore, aliquid a suis, vel per suos potius iniquos, ad te esse delatum, quo tuus animus esset alienior.

Non soleo, mi Brute (quod tibi notum esse arbitror), temere affirmare de altero, est enim periculosum, propter occultas hominum voluntates, multiplicesque naturas. Clodii animum perspectum habeo, cognitum, judicatum : multa ejus indicia, sed ad scribendum non necessaria. Volo enim hoc testimonium tibi videri potius quam epistolam. Auctus Antonii beneficio est. Ejus ipsius beneficii magna pars a te est ; itaque cum, salvis nobis, vellet salvum. In eum autem locum rem adductam intelligit (est enim, ut scit, minime stultus) ut utrique salvi esse non possint ; itaque nos mavult. De te vero amicissime et loquitur et sentit. Quare, si quis secus ad te scripsit, aut si coram locutus est, peto a te etiam atque etiam mihi ut potius credas, qui et facilius judicare

juger qu'un délateur obscur, et qui vous affectionne assurément davantage. Regardez Clodius comme un bon ami, et comme un citoyen tel qu'il doit être, avec autant de prudence et de bien qu'il en a.

LETTRE IV

BRUTUS A CICÉRON

J'attends avec impatience ce que vous m'avez écrit sur l'explication que je vous ai donnée de mes affaires, et sur la mort de Trebonius; car je ne doute point que vous ne m'exposiez là-dessus vos sentiments. Une infâme trahison nous a fait perdre un excellent citoyen et la possession d'une province. Cette province, il nous sera facile de nous y rétablir, mais il ne serait pas moins honteux ni moins criminel d'y manquer, si nous le pouvons. Caïus est encore mon prisonnier. En vérité je suis touché de ses prières, et je crains d'ailleurs qu'il ne trouve de l'appui dans quelques furieux. Mon embarras est extrême. Je serais sans inquiétude, si vous me faisiez connaître votre opinion ; car je me persuaderais que c'est la meilleure. Ne différez

possum, quam ille nescio quis, et te plus diligo. Clodium tibi amicissimum existima, civemque talem, qualis et prudentissimus et fortuna optima esse debet.

EPISTOLA IV

BRUTUS CICERONI S. D.

Litteras tuas valde exspecto, quas scripsisti post nuntios nostrarum rerum et de morte Trebonii ; non enim dubito quin mihi consilium tuum explices. Indigno scelere et civem optimum amisimus, et provinciæ possessione depulsi sumus; quam recuperari facile est ; neque minus turpe aut flagitiosum erit, si potest, non recuperari. Antonius adhuc est nobiscum ; sed medius fidius, et moveor hominis precibus, et timeo ne illum aliquorum furor excipiat. Plane æstuo. Quod si scirem quid tibi placeret, sine sollicitudine essem ; id enim optimum esse persuasum esset mihi. Quare quamprimum fac me certiorem

donc point à m'en informer. Notre Cassius est maître de la Syrie et des légions de cette province. Murcus et Marcius et l'armée même l'ont appelé volontairement.

J'ai écrit à Tertia, ma sœur, et à ma mère de ne pas publier ce que Cassius vient d'exécuter avec tant d'avantage et de bonheur, sans avoir reçu et pesé votre avis. J'ai lu vos deux discours, l'un que vous avez prononcé le 1ᵉʳ janvier, l'autre qui est votre réponse à Calenus au sujet de mes lettres. Vous attendez sans doute que je les loue ; mais je ne sais si c'est à votre courage ou à votre esprit que vous y avez fait le plus d'honneur. Je vous permets à présent de leur donner le nom de *Philippiques*, comme vous me l'avez dit en badinant dans quelque autre lettre.

Deux choses me manquent, mon cher Cicéron : de l'argent et des renforts. Vous pouvez me procurer la dernière, en obtenant qu'on m'envoie quelques troupes d'Italie, soit par un ordre secret, contre l'intention de Pansa, soit par un décret ouvert du sénat. Pour l'autre, quoiqu'elle me soit encore plus nécessaire, et qu'elle ne soit pas moins due à mon armée qu'à celles des autres généraux, je conçois qu'elle est plus difficile. Mon regret en est plus vif d'avoir perdu l'Asie, qui d'ailleurs est si maltraitée par Dolabella, que le meurtre de Trebonius ne peut plus être regardé comme son plus cruel attentat. Cependant Vetus Antistius m'a procuré quelque argent. Votre fils se

---

quid tibi placeat. Cassius noster Syriam et legiones Syriacas habet. Ultro quidem a Murco et a Marcio, et ab exercitu ipso arcessitus.

Ego scripsi ad Tertiam sororem et matrem, ne prius ederent hoc quod optime ac felicissime gessit Cassius, quam tuum consilium cognovissent, sibique visum esset. Legi orationes duas tuas, quarum altera kalend. jan. usus es; altera de litteris meis, quæ habita est abs te contra Calenum. Nunc scilicet hoc exspectas, dum eas laudem : nescio animi an ingenii tui major in his libellis laus contineatur. Jam concedo ut vel Philippici vocentur, quod tu quadam epistola jocans scripsisti.

Duabus rebus egemus, Cicero, pecunia et supplemento; quarum altera potest a te expediri, ut aliqua pars militum istinc mittatur nobis, vel secreto consilio adversus Pansam, vel actione in senatu : altera, quæ magis est necessaria, neque meo exercitui magis quam reliquorum... hoc magis doleo Asiam... nos amisisse; quam sic vexari a Dolabella audio, ut jam non videatur crudelissimum ejus facinus interfectio Trebonii. Vetus Antistius me tamen pecunia

distingue si glorieusement auprès de moi par son industrie, sa patience, son activité, sa grandeur d'âme, en un mot par toutes sortes de vertus, qu'il semble ne pas perdre un moment de vue de quel père il est fils. Si je ne puis vous le rendre plus cher qu'il ne l'est déjà, faites du moins quelque fond sur mon jugement, et soyez persuadé que, pour s'élever aux honneurs paternels, il ne faudra point qu'il abuse de votre gloire.

A Dyrrachium, le 1er avril.

LETTRE V

CICÉRON A BRUTUS

Quelles sont les excellentes dispositions de Plancus pour la république, l'état de ses légions, des troupes auxiliaires, enfin toutes ses forces, vous avez pu le connaître par la lettre de Plancus, dont je pense qu'on vous a communiqué une copie. Quant à la légèreté, à l'inconstance et aux mauvaises intentions de votre Lépidus, qui, après son frère, ne hait rien tant que ses plus proches parents, je vous en avais informé par les lettres de votre

sublevavit. Cicero filius tuus sic mihi se probat, industria, patientia, labore, animi magnitudine, omni denique officio, ut prorsus nunquam dimittere videtur cogitationem cujus sit filius. Quare, quoniam efficere non possum ut pluris facias eum, qui tibi est carissimus, illud tribue judicio meo, ut tibi persuadeas non fore illi abutendum gloria tua ut adipiscatur honores paternos.

Kalend. april. Dyrrachio.

EPISTOLA V

CICERO BRUTO S. D.

Planci animum in rempublicam egregium, legiones, auxilia, copias ex litteris ejus, quarum exemplum tibi missum arbitror, perspicere potuisti. Lepidi tui necessarii, qui secundum fratrem affines habet, quos oderit proximos, levitatem et inconstantiam, animumque semper inimicum reipublicæ,

famille. Pour nous, l'attente fait notre tourment, parce qu'à l'extrémité où nous sommes, il faut que notre sort se déclare. Tout notre espoir porte sur la délivrance de Brutus, pour lequel nous avons eu les plus vives alarmes. Il y a ici un furieux qui ne me donne pas peu d'occupation : je parle de Servilius. Je l'ai supporté plus longtemps qu'il ne convenait à ma dignité ; mais ai cru devoir ce sacrifice à la république, pour ne pas donner aux mauvais citoyens un chef distingué par son rang, quoiqu'au ond peu sensé. Ils ne s'assemblent pas moins autour de lui ; mais la prudence ne permettait pas de l'aliéner de la république. Enfin je me suis lassé de le supporter ; car il commençait à pousser si loin l'insolence, qu'il nous regardait tous comme des esclaves. Mais je l'ai mortifié particulièrement dans l'affaire de Plancus, et dans notre contestation qui a duré deux jours, je l'ai traité si rudement que j'espère bien qu'il sera désormais plus modeste.

Au milieu de ce débat, et dans sa plus grande chaleur, je reçus, au sénat, le 9 avril, une lettre de notre ami Lentulus, qui m'apprenait la situation de Cassius, avec celle des légions et de la Syrie. La lecture que j'en fis aussitôt à l'assemblée, terrassa Servilius et quantité d'autres ; car il est plus d'un malintentionné parmi nos sénateurs du premier rang. Mon avis tou-

---

am credo tibi ex tuorum litteris esse perspectum. Nos exspectatio sollicitat, quæ est omnis jam in extremum adducta discrimen. Est enim spes omnis in Bruto expediendo, de quo vehementer timebamus. Ego hic cum homine furioso satis habeo negotii, Servilio ; quem tuli diutius quam dignitas mea patiebatur ; sed tuli reipublicæ causa, ne darem perditis civibus hominem, parum sanum illum quidem, sed tamen nobilem, quo concurrerent, quod faciunt nihilominus ; sed eum alienandum e republica non putabam. Finem feci ejus ferendi ; cœperat enim esse tanta insolentia, ut neminem liberum duceret. In Planci vero causa exarsit incredibili dolore, mecumque per biduum ita contendit et a me ita fractus est, ut eum in perpetuum modestiorem sperem fore.

Atque in hac contentione ipsa, quum maxime res ageretur, ad v. id. april. litteræ mihi in senatu redditæ sunt a Lentulo nostro ; de Cassio, de legionibus, de Syria : quas statim quum recitavissem, cecidit Servilius ; complures præterea ; sunt enim insignes aliquot, qui improbissime sentiunt ; sed acerbis-

chant Plancus n'a pas laissé de l'emporter, au chagrin extrême de Servilius. Le rôle qu'il joue est monstrueux ; mais....

LETTRE VI

CICÉRON A BRUTUS

J'avais donné ma lettre à Scaptius, le 11 avril au matin, lorsque le même jour, au soir, je reçus la vôtre, en date du 1er avril, à Dyrrachium. Le matin du jour suivant, ayant appris de Scaptius que ceux à qui il avait remis ma lettre n'étaient point encore partis, mais que leur départ ne pouvait être différé, je vous écris promptement ce billet, au milieu de la foule de mes visiteurs du matin.

Je me réjouis beaucoup des succès de Cassius, et j'en félicite la république, et moi-même, qui ai proposé, malgré Pansa et sans craindre son ressentiment, de donner à Cassius la conduite de la guerre contre Dolabella. J'ai déclaré hardiment qu'il n'avait point attendu le décret du sénat pour la commencer. J'ai dit

sime tulit Servilius, assensum esse mihi de Planco. Magnum illud monstrum in republica est, sed quo....

EPISTOLA VI

CICERO BRUTO S. D.

Datis mane ad iii id. april. Scaptio litteris, eodem die tuas accepi, kalend. april. Dyrrachio datas, vesperi ; itaque mane prid. id. april. quum a Scaptio certior factus essem non esse eos profectos quibus pridie dederat et statim ire, hoc paululum exuravi ipsa in turba matutinæ salutationis.

De Cassio lætor, et reipublicæ gratulor, mihi etiam, qui, repugnante et irascente Pansa, sententiam dixerim, ut Dolabellam bello Cassius persequeretu. Et quidem audacter dicebam, sine nostro senatusconsulto jam illud eum

aussi à votre égard, tout ce que j'ai cru convenable aux circonstances. On vous remettra ce discours, puisque vous me faites connaître que mes *Philippiques* vous font plaisir.

Pour Caïus, au sujet duquel vous me demandez conseil, je suis d'avis qu'il faut le retenir jusqu'à ce que nous sachions le sort de Brutus. D'après les lettres que vous m'avez envoyées, Dolabella maltraiterait beaucoup l'Asie, et s'y conduirait d'une manière infâme. Mais vous avez marqué à plusieurs personnes que les Rhodiens ont refusé de le recevoir. S'il était effectivement venu à Rhodes, j'en croirais l'Asie délivrée. Dans ce cas, mon sentiment est que vous devez demeurer où vous êtes. Mais s'il est une fois le maître de cette province, je pense tout autrement : il faut le poursuivre en Asie. Je crois qu'à présent vous n'avez rien à faire de mieux.....

Vous m'écrivez qu'il vous manque deux choses nécessaires, de l'argent et des renforts : il est bien difficile d'y pourvoir. Je ne connais point d'autre moyen de lever de l'argent que celui qu'autorise le décret du sénat ; c'est-à-dire, d'en emprunter des villes ; pour les renforts, je ne vois point qu'on puisse vous satisfaire ; car, loin de vous céder quelque partie de son armée ou des nouvelles levées, Pansa trouve mauvais qu'on laisse partir tant de volontaires pour vous joindre. Sa raison, comme je me l'imagine, est qu'il ne croit pas que, dans la situation des affaires, nous

---

bellum gerere. De te etiam dixi tum quæ dicenda putavi. Hæc ad te oratio perferetur, quoniam te video delectari Philippicis nostris.

Quod me de Antonio consulis, quoad Bruti exitum cognorimus, custodiendum puto. Ex his litteris quas mihi misisti, Dolabella Asiam vexare videtur ; et in ea se gerere teterrime. Compluribus autem scripsisti, Dolabellam a Rhodiis esse exclusum ; qui si ad Rhodum accessit, videtur mihi Asiam reliquisse. Id si ita est, istic tibi censeo commorandum ; sin eam semel cepit, mihi crede... non erit ; at in Asiam censeo persequendum. Nihil mihi videris hoc tempore melius acturus.

Quod egere te duabus necessariis scribis, supplemento et pecunia, difficile consilium est ; non enim mihi occurrunt facultates, quibus uti te posse videam, præter illas quas senatus decrevit, ut pecunias a civitatibus mutuas sumeres. De supplemento autem non video quid fieri possit ; tantum enim abest ut Pansa de exercitu suo aut delectu tibi aliquid tribuat, ut etiam moleste ferat tam multos ad te ire voluntarios : quomodo equidem credo, quod his rebus

puissions avoir trop de forces en Italie. D'autres le soupçonnent de ne vouloir pas que vous soyez vous-même trop fort; je ne partage pas ce soupçon.

En m'apprenant que vous avez écrit à votre sœur Tertia de ne pas divulguer ce qui regarde Cassius sans m'avoir consulté, vous me montrez que vous avez appréhendé avec raison que le parti de César, car ces distinctions de partis sont encore en usage, n'en fût fortement ému. Mais, avant l'arrivée de vos lettres, on avait reçu des informations qui s'étaient déjà répandues; et vos propres messagers avaient apporté d'autres lettres à plusieurs de vos amis. Il ne fallait donc pas supprimer la chose, lorsque cette précaution était inutile, et quand nous en aurions été les maîtres, nous aurions cru la devoir divulguer plutôt que d'en faire un mystère. A l'égard de mon fils, s'il a tout le mérite que vous lui attribuez, je m'en réjouis autant que je le dois; et si l'amitié que vous avez pour lui vous fait employer un peu d'exagération, j'ai une joie extrême qu'il vous soit si cher. Le 12 avril.

quæ in Italia decernuntur, nullas copias nimis magnas esse arbitretur : quomodo autem multi suspicantur, quod ne te quidem nimis firmum esse velit quod ego non suspicor.

Quod scribis te ad Tertiam sororem scripsisse, ut ne prius ederent ea quæ gesta a Cassio essent, quam mihi visum esset; video te veritum esse id quod verendum fuit; ne animi partium Cæsaris, quomodo etiam nunc partes appellantur, vehementer commoverentur. Sed antequam tuas litteras accepimus, audita res erat et pervulgata : tui etiam tabellarii ad multos familiares tuos litteras attulerant. Quare neque supprimenda res erat, præsertim quum id fieri non posset; neque, si posset, non divulgandam potius quam occultandam putaremus. De Cicerone meo, et si tantum est in eo quantum scribis, tantum scilicet quantum debeo gaudeo; et si quod ames eum, eo majora facis, idipsum incredibiliter gaudeo, a te eum diligi. Prid. id. april.

LETTRE VII

CICÉRON A BRUTUS

Vous avez appris, je le suppose, de votre famille, à qui vous n'êtes pas plus cher qu'à moi, quelles lettres on a lues au sénat, le 13 avril, sous votre nom et sous celui de Caïus. Il n'était pas nécessaire que tout le monde vous écrivît les mêmes choses; mais je me crois obligé de vous écrire ce que je pense du fond de cette guerre, le jugement que j'en porte, et la manière dont j'en ai parlé au sénat. Mes vues générales sur les affaires publiques, mon cher Brutus, n'ont jamais été différentes des vôtres; mais dans quelques cas particuliers (car je ne dirai point dans tous les cas), mes mesures ont peut-être été un peu plus fermes. Vous savez que j'ai toujours souhaité non-seulement que la république fût délivrée du tyran, mais encore de la tyrannie. Vous y avez mis plus de douceur, et cette conduite vous a fait un honneur immortel; mais quel aurait été le meilleur parti à prendre, c'est ce que nous avons senti avec beaucoup de douleur, et ce que nous sentons aujourd'hui avec un extrême danger. Dans le temps qui a suivi ces conjonctures, vous rapportiez

EPISTOLA VII

CICERO BRUTO S. D.

Quæ litteræ tuo nomine recitatæ sint id. april. in senatu, eodemque tempore Antonii, credo ad te scripsisse tuos, quorum ego nemini concedo. Sed nihil necesse erat eadem omnes : illud necesse me ad te scribere quid sentirem de tota constitutione hujus belli, et quo judicio essem, quaque sententia. Voluntas mea, Brute, de summa republica, semper eadem fuit quæ tua ; ratio quibusdam in rebus (non enim omnibus) paulo fortasse vehementior. Scis mihi semper placuisse, non rege solum, sed regno liberari rempublicam : tu lenius ; immortali omnino cum tua laude ; sed quid melius fuerit, magno dolore sensimus, magno periculo sentimus. Recenti illo tempore tu omnia ad

tout à la paix, qu'il ne fallait point se flatter d'établir par des
harangues ; moi, je n'avais en vue que la liberté, qui n'est rien
à la vérité sans la paix ; mais j'étais persuadé que la paix ne
pouvait s'obtenir que par la force des armes et par la guerre. On
ne manquait point de gens pleins de zèle, qui demandaient hautement des armes : nous arrêtâmes leur impétuosité, et nous étei-
gnimes leur ardeur. Notre situation devint si triste, que si quelque dieu n'eût inspiré le cœur d'Octave, nous serions tombés
sous le pouvoir du plus corrompu et du plus infâme de tous les
hommes, de M. Antoine. Vous voyez quels embarras il nous cause
encore aujourd'hui. Il est certain qu'on les aurait prévenus, en
se défaisant alors de lui. Mais je passe sur ce point, car votre
action est si glorieuse et, je dirais volontiers, si céleste, que,
loin de mériter des reproches, elle est supérieure à toutes sortes
de louanges. Vous avez pris depuis peu un air plus sévère : des
troupes, des légions, une armée capable de nous servir, ont été,
en peu de temps, rassemblées, par votre seule vigueur. Dieux
immortels ! quelle impression ne fit pas l'arrivée de votre messager et la vue de vos lettres ! quelle fut la joie du sénat ! quels
transports dans toute la ville ! Je n'ai jamais rien vu de si uni-
versellement applaudi. Il restait quelque incertitude sur les
restes de Caïus, à qui vous aviez enlevé sa cavalerie avec une
grande partie de ses légions. Cette affaire eut aussi le succès
qu'on pouvait désirer ; car votre lettre, dont on fit la lecture au

pacem, quæ oratione confici non poterat ; ego omnia ad libertatem, quæ
sine pace nulla est ; pacem ipsam bello atque armis confici posse arbitrabar. Studia non deerant arma poscentium, quorum repressimus impetum, ardoremque restinximus. Itaque res in eum locum venerat, ut nisi
Cæsari Octaviano deus quidam illam mentem dedisset, in potestatem perdi-
tissimi hominis et turpissimi, M. Antonii, veniendum fuerit : quocum vides
hoc tempore ipso quod sit quantumque certamen. Id profecto nullum esset,
nisi tum conservatus esset Antonius. Sed hæc omitto ; res enim a te gesta,
memorabilis et pæne cœlestis, repellit omnes reprehensiones ; quippe quæ ne
laude quidem satis idonea affici possit. Exstitisti nuper vultu severo : exercitum, copias, legiones idoneas per te brevi tempore comparasti. Dii immortales ! qui ille nuntius, quæ illæ litteræ, quæ lætitia senatus, quæ alacritas civitatis erat ! Nihil unquam vidi tam omnium consensione laudatum. Erat exspectatio reliquiarum Antonii, quem equitatu, legionibusque magna ex parte spo-
liares : ea quoque habuit exitum optabilem. Nam tuæ litteræ, quæ recitatæ in

sénat, montre la prudence du général, le courage des soldats et l'habileté des officiers, entre lesquels figure mon fils. Si vos amis eussent jugé à propos de faire quelque proposition à l'assemblée, et si l'on n'eût point été dans les moments tumultueux qui ont suivi le départ de Pansa, on n'aurait pas manqué de décerner aussi de justes honneurs aux dieux immortels.

Mais dans cette crise, le 13 avril au matin, arrive Pilus, avec sa diligence ordinaire. Quel homme que votre Pilus! quel fond de constance et de gravité dans son caractère! quel zèle et quel attachement pour le bon parti! Il apportait deux lettres, l'une de votre part, l'autre de celle de Caïus. Elles passèrent d'abord par les mains du tribun Servilius, qui les remit au préteur Cornutus. Dans la lecture qu'on en fit au sénat, le titre de *proconsul* dont Caïus ose se revêtir, causa autant de surprise que si l'on avait vu prendre celui d'*imperator* à Dolabella, qui nous a dépêché aussi un exprès, mais sans que personne, imitant la hardiesse de Pilus, produisît ses lettres ou les présentât aux magistrats. On lut donc la vôtre. Elle était courte, mais extrêmement indulgente pour Caïus. Le sénat en parut fort surpris. Pour moi, je ne savais quel parti prendre. Dire que c'était une lettre supposée? mais que faire après cela, si vous l'aviez avouée? Reconnaître qu'elle était de vous? votre dignité en aurait souffert. Je me déterminai à garder le silence.

---

senatu sunt, et imperatoris consilium, et militum virtutem, et industriam tuorum, in quibus Ciceronis mei, declarant. Quod si tuis placuisset de his litteris referri, et nisi in tempus turbulentissimum, post discessum Pansæ consulis, incidissent, honos quoque justus et debitus diis immortalibus decretus esset.
Ecce tibi idib. april. advolat mane celer Pilus : qui vir, dii boni! quam gravis! quam constans! quam bonarum in republica partium! Hic epistolas affert duas; unam tuo nomine, alteram Antonii. Dat Servilio tribuno plebis ille Cornuto; recitantur in senatu Antonius proces. magna admiratio : ut si esset recitatum, Dolabella imperator ; a quo quidem venerant tabellarii, sed nemo Pili similis, qui proferre litteras auderet, aut magistratibus reddere. Tuæ recitantur. Breves illæ quidem, sed in Antonium admodum lenes. Vehementer admiratus senatus ; mihi autem non erat explicatum quid agerem. Falsas dicerem? quid si tu eas approbasses? Confirmarem? non erat dignitatis tuæ. Itaque ille dies silentio.

Le jour suivant, lorsque cette affaire avait déjà fait beaucoup de bruit, et que tout le monde paraissait indisposé contre Pilus, je fis l'ouverture du débat, et je dis quantité de choses du *proconsul Caïus*. Sextus, après m'avoir fort bien secondé, me fit observer en particulier à quel danger son fils et le mien seraient exposés, s'ils avaient pris réellement les armes contre un proconsul. Vous le connaissez ; il me seconda fort bien. D'autres s'expliquèrent encore. Mais notre ami Labéon remarqua que votre sceau ne paraissait point à la lettre, qu'elle était sans date, que contre votre usage vous n'en aviez donné aucun avis à vos amis ; d'où il conclut qu'elle était supposée; et, si vous voulez le savoir, il en convainquit toute l'assemblée.

A vous maintenant, mon cher Brutus, de considérer à fond la nature de cette guerre. Je vois que le parti de la douceur vous plaît, et que vous le croyez le plus utile. Cela est beau en général ; mais l'usage et la raison doivent faire réserver la clémence pour d'autres circonstances et d'autres temps. De quoi s'agit-il aujourd'hui, Brutus ? Une troupe de misérables et de désespérés menace jusqu'aux temples des dieux ; et la question dont va décider cette guerre n'est autre que celle-ci : serons-nous ou ne serons-nous pas ? Qui est donc celui que nous épargnons ? ou que nous proposons-nous par ces ménagements ? Travaillons-nous à la sûreté de ceux qui, s'ils l'emportent une fois sur nous, nous extermineront jusqu'au dernier ? Quelle différence mettez-vous

---

Postridie autem, quum sermo increbruisset, Pilusque oculos vehementius hominum offendisset, natum omnino est principium a me. De procos. Antonio multa. Sextius causæ non defuit. Post mecum : quanto suum filium, quanto meum in periculo futurum duceret, si contra procos. arma tulissent : nosti hominem ; causæ non defuit. Dixerunt etiam alii. Labeo vero noster, nec signum tuum in epistola, nec diem appositum, nec te scripsisse ad tuos ut soleres ; hoc cogere volebat, falsas litteras esse, et, si quæris, probabat.

Nunc tuum consilium est, Brute, de toto genere belli. Video te lenitate delectari, et eum putare fructum esse maximum ; præclare quidem, sed aliis rebus, aliis temporibus locus esse solet, debetque clementiæ. Nunc quid agitur, Brute ? templis deorum immortalium imminet hominum egentium et perditorum spes ; nec quidquam aliud decernitur hoc bello, nisi utrum simus necne. Cui parcimus, aut quid agimus ? His ergo consulimus, quibus victoribus vestigium nostrum nullum relinquetur ? Nam quid interest inter Dolabel-

entre Dolabella et celui que vous voudrez des trois Antoine? Si nous croyons devoir en épargner un, nous avons traité Dolabella trop sévèrement. C'est ainsi que pensent le sénat et le peuple; et quoique la nature des choses fût assez capable de leur inspirer ces sentiments, j'ai plus que personne contribué à les leur faire prendre. Si vous n'approuvez pas cette conduite, je pourrai défendre votre opinion; mais je n'abandonnerai pas la mienne.

On n'attend de vous ni de la mollesse ni de la cruauté. Il est aisé de prendre un tempérament, en traitant les chefs avec rigueur, et les soldats avec indulgence. Je vous prie, mon cher Brutus, de garder mon fils le plus près de vous qu'il est possible. Il ne peut trouver de meilleure école que le spectacle et l'imitation de votre vertu. Le 18 avril.

LETTRE VIII

BRUTUS A CICÉRON

Vetus Antistius est si rempli de zèle pour la république, que je

lam et quemvis Antoniorum trium? Quorum si cui parcimus, duri fuimus in Dolabella. Hæc ut ita sentiret senatus populusque Romanus, etsi res ipsa cogebat, tamen maxima ex parte nostro consilio atque auctoritate perfectum est. Tu si hanc rationem non probas, tuam sententiam defendam, non relinquam meam.

Neque dissolutum a te quidquam homines exspectant, neque crudele: hujus rei moderatio facilis est, ut in duces vehemens sis, in milites liberalis. Ciceronem meum, mi Brute, velim quamplurimum tecum habeas. Virtutis disciplinam meliorem reperiet nullam, quam contemplationem atque imitationem tui. xvi kalend. maii.

EPISTOLA VIII

BRUTUS CICERONI S. D.

Veteris Antistii talis animus est in rempublicam, ut non dubitem quin et

ne doute point qu'il n'eût rendu contre César et contre Antoine de grands services à la liberté commune, s'il avait pu se trouver dans l'occasion favorable. C'est lui qui, étant entré en conférence dans l'Achaïe avec Dolabella, qui ne manquait alors ni de soldats ni de cavalerie, a mieux aimé s'exposer aux embûches d'un malheureux, capable de toutes sortes de crimes, que de paraître avoir donné de l'argent à ce méchant homme, soit de bon gré, soit par force. C'est lui qui nous a promis volontairement et qui nous a déjà donné deux millions de sesterces de sa propre bourse. Bien plus, il s'est donné lui-même, et est venu se joindre à moi. Je me suis efforcé de lui persuader qu'en vertu de sa commission de général, il pouvait continuer de vivre dans mon camp, et de défendre avec moi la république. Mais parce qu'il a congédié son armée, il croit devoir retourner à Rome, me promettant néanmoins de revenir bientôt avec la qualité de mon lieutenant, à moins que les consuls ne convoquent une assemblée pour l'élection des préteurs. Le voyant animé de ce zèle pour le bien public, je l'ai fort exhorté, en effet, à ne pas remettre ses prétentions à l'année suivante. Ce qu'il a fait doit être applaudi de tous ceux qui regardent mes troupes comme l'armée de l'État, et vous plaire d'autant plus que vous défendez la liberté avec plus de courage et de gloire, et que vous êtes sûr aussi, du moins si la fortune seconde nos desseins, d'en recueillir un nouveau surcroît de dignité.

n Cæsare et Antonio se præstaturus fuerit acerrimum propugnatorem communis libertatis, si occasioni potuisset occurrere. Nam qui in Achaia congressus, P. Dolabella milites atque equites habente, quodvis adire periculum ex insidiis paratissimi ad omnia latronis, maluerit, quam videri aut coactus esse pecuniam dare, aut libenter dedisse homini nequissimo atque improbissimo, is nobis ultro et pollicitus est, et dedit H.-S. xx ex sua pecunia, et, quod multo carius est, se ipsum obtulit, et conjunxit. Huic persuadere cœpimus ut imperator in castris remaneret, remque publicam defenderet. Statuit eundum sibi, quoniam exercitum dimisisset ; statim vero rediturum ad nos confirmavit egatione suscepta, ni prætorum comitia habituri essent consules. Nam illi ta sentienti de republica, magnopere auctor fui, ne differret tempus petitionis suæ ; cujus factum omnibus gratum esse debet, qui modo judicant hunc exercitum esse reipublicæ ; tibi tanto gratius, quanto et majore animo gloriaque libertatem nostram defendis, et dignitatem, si contigerit nostris consiliis exitus, quem optamus, perfructurus es.

Enfin, je vous en prie particulièrement, mon cher Cicéron, et avec les instances de l'amitié, aimez Vetus et souhaitez qu'il s'élève beaucoup. Si rien n'est capable de le faire changer de résolution, vos louanges et votre bonté peuvent l'attacher de plus en plus à son choix. Vous m'obligerez ainsi sensiblement.

LETTRE IX

CICÉRON A BRUTUS

Vous avez déjà reçu de moi quantité de recommandations, et je ne puis me dispenser de vous en faire souvent. Tous les honnêtes gens, tous les bons citoyens sont empressés à se déclarer pour votre parti ; ceux qui ont du courage veulent vous marquer leur zèle et s'employer pour vous : enfin tout le monde est persuadé que j'ai beaucoup de crédit et d'influence auprès de vous. Mais, pour C. Nasennius, citoyen de Suessa, je vous le recommande avec tant d'instances que je ne puis vous en faire davantage pour personne. Dans la guerre de Crète, il conduisait, sous le commandement de Metellus, la huitième centurie des princes; depuis cette guerre il s'est réduit au soin de ses affaires privées.

Ego etiam, mi Cicero, proprie familiariterque te rogo, ut Veterem ames, velisque esse quam amplissimum; qui etsi nulla re deterreri a proposito potest, tamen excitari tuis laudibus indulgentiaque poterit, quo magis amplexetur ac tueatur judicium suum : et id mihi gratissimum erit.

EPISTOLA IX

CICERO BRUTO S. D.

Multos tibi commendavi, et commendem necesse est ; optimus enim quisque vir et civis maxime sequitur judicium tuum, tibique omnes fortes viri navare operam et studium volunt ; nec quisquam est, quin ita existimet, meam apud te gratiam et auctoritatem valere plurimum. Sed C. Nasennium, municipem Suessanum, tibi ita commendo, ut neminem diligentius. Cretensi bello, Metello imperatore, octavum principem duxit ; postea in re familiari occupatus

Aujourd'hui, l'intérêt qu'il prend aux affaires de la république, et l'opinion qu'il a de vous, lui font souhaiter d'obtenir par votre faveur un peu d'autorité. C'est un brave homme que je vous recommande, mon cher Brutus, un honnête homme; et, si cela a quelque intérêt, un homme riche. Vous m'obligerez beaucoup si vous le traitez assez bien pour le mettre dans le cas de me remercier de vos bienfaits.

LETTRE X

CICÉRON A BRUTUS

Au moment où je vous écris, on croit les affaires à toute extrémité, car les lettres et les messagers ne nous apprennent que de fâcheuses nouvelles de D. Brutus. Pour moi, je n'en suis pas fort alarmé; car, pour des armées et des chefs tels que les nôtres, je ne puis manquer de confiance. Contre le sentiment du plus grand nombre, je suis persuadé que la fidélité des consuls ne mérite point d'être soupçonnée. Je trouve seulement qu'ils ont manqué de prudence et de célérité dans quelques circonstances où ces deux qualités nous auraient rendu depuis longtemps la républi-

---

fuit. Hoc tempore, cum reipublicæ partibus, tum tua excellenti dignitate commotus, vellet per te aliquid auctoritatis assumere. Fortem virum, Brute, tibi commendo; frugi hominem; et, si quid ad rem pertinet, etiam locupletem. Pergratum mihi erit, si eum ita tractaris, ut merito tuo mihi gratias agere possit.

EPISTOLA X

CICERO BRUTO S. D.

Quum hæc scribebam, res existimabatur in extremum adducta discrimen tristes enim de Bruto nostro litteræ nuntiique afferebantur. Me quidem non maxime conturbabant; his enim exercitibus ducibusque, quos habemus, nullo modo poteram diffidere; neque assentiebar majori parti hominum: fidem enim consulum non condemnabam, quæ suspecta vehementer erat. Desiderabam nonnullis in rebus prudentiam et celeritatem; qua si essent usi, jampridem rem-

que. Vous n'ignorez pas de quelle importance il est dans les affaires publiques de saisir les occasions, et quelle différence il y a pour la même chose d'être décidée, entreprise, exécutée plus tôt ou plus tard. Si tous les décrets vigoureux qui ont été portés dans cette confusion avaient eu leur exécution le jour même que je les ai proposés, et si elle n'avait point été différée de jour en jour, ou si, depuis qu'on l'a commencée, elle n'avait pas été interrompue et renvoyée sans cesse au lendemain, nous serions aujourd'hui délivrés de la guerre.

J'ai fait pour la république, mon cher Brutus, tout ce qu'on pouvait attendre d'un homme qui se trouve placé, par le jugement du sénat et du peuple, dans le rang où je suis ; et je ne me suis pas borné à remplir les devoirs communs, tels que la fidélité, la vigilance, le zèle pour la patrie, devoirs dont personne ne peut être dispensé ; mais j'ai toujours été persuadé que celui qui est à la tête des affaires doit y faire éclater de la prudence ; et lorsque j'ai assez présumé de moi-même pour saisir le gouvernail de la république, je ne me croirais pas moins coupable de donner des conseils inutiles au sénat que de lui en donner d'infidèles. Je sais qu'on vous écrit exactement tout ce qui s'est fait et tout ce qui se passe actuellement ici ; mais je veux que vous appreniez de moi-même que toutes mes pensées tendent à la guerre, et que je ne changerai point de sentiments,

publicam recuperassemus. Non enim ignoras quanta momenta sint in republica temporum, et quid intersit, idem illud, utrum ante, an post decernatur, suscipiatur, agatur. Omnia, quæ severe decreta sunt hoc tumultu, si, aut quo die dixi sententiam perfecta essent, et non in diem ex die dilata ; aut quo ex tempore suscepta sunt ut agerentur, non tardata et procrastinata, bellum jam nullum haberemus.

Omnia, Brute, præstiti reipublicæ, quæ præstare debuit is, qui esset in eo, in quo ego sum, gradu senatus populique judicio collocatus ; nec illa modo, quæ nimirum sola ab homine sunt postulanda, fidem, vigilantiam, patriæ caritatem ; ea sunt enim quæ nemo est qui non præstare debeat. Ego autem ei, qui sententiam dicat in principibus de republica, puto etiam prudentiam esse præstandam. Nec me, quum mihi tantum sumpserim, ut gubernacula reipublicæ prenderem, minus putarim reprehendendum, si inutiliter aliquid senatui suaserim, quam si infideliter. Acta quæ sint, quæque agantur, scio perscribi ad te diligenter. Ex me autem illud est, quod te velim habere cognitum ; meum quidem animum in aciem esse, neque respectum ullum quærere, nisi

à moins qu'il n'arrive que l'utilité de l'État me force d'en prendre d'autres. Cependant ma principale attention est fixée sur vous et sur Cassius. Disposez donc, mon cher Brutus, tout ce qui dépend de vous, en homme persuadé que si les affaires ont été bien conduites, c'est vous qui devez régler mieux que jamais la république, et que si l'on a commis des fautes, vous devez la relever de sa chute.

LETTRE XI

CICÉRON A BRUTUS

Nos affaires semblent prendre une meilleure face. Je sais qu'on vous a marqué tout ce qui s'est passé. Les consuls ont justifié le portrait que je vous ai fait d'eux dans mes lettres. Le jeune Octave a des dispositions admirables à la vertu. Pourvu que, dans ce haut degré d'honneur et de puissance, il soit aussi facile à retenir et à gouverner qu'il l'a paru jusqu'à présent. J'y prévois assurément plus de difficulté, mais je n'en désespère point encore ; car ce jeune homme est persuadé, grâce à moi surtout, que nous lui devons notre salut ; et, en fait, s'il n'eût pas chassé Antoine de la ville, tout était perdu. Trois ou quatre

me utilitas civitatis forte converterit. Majores autem partes animi te Cassiumque respiciunt. Quamobrem ita te para, Brute, ut intelligas, aut si hoc tempore bene res gesta sit, tibi meliorem rempublicam esse faciendam ; aut, si quid offensum sit, per te esse eamdem recuperandam.

EPISTOLA XI

CICERO BRUTO S. D.

Nostræ res meliore loco videbantur. Scripta enim ad te certo scio quæ gesta sunt. Quales tibi scripsi consules, tales exstiterunt. Cæsaris vero pueri mirifica indoles virtutis. Utinam tam facile eum florentem et honoribus et gratia regere ac tenere possimus, quam facile adhuc tenuimus! Est omnino illud difficilius, sed tamen non diffidimus. Persuasum est enim adolescenti, et maxime per me, ejus opera nos esse salvos; et certe, nisi is Antonium ab Urbe avertisset, periissent omnia. Triduo vero aut quatriduo ante hanc rem

jours avant cette grande action, la ville entière, frappée d'une terreur panique, ne pensait déjà qu'à se précipiter vers vous avec les femmes et les enfants ; mais, retenue jusqu'au 20 avril, elle a commencé à souhaiter plutôt de vous voir ici que d'aller vous trouver. C'est dans ce même jour que j'ai recueilli de mes travaux et de mes veilles des fruits bien précieux, du moins si la gloire véritable et solide peut en procurer. Tout le corps du peuple, aussi nombreux qu'il est dans une ville de l'étendue de Rome, s'assembla devant ma maison, me conduisit jusqu'au Capitole, et me fit monter sur la tribune, au bruit de ses applaudissements. Je n'ai point de vanité, et je ne dois point en avoir ; cependant l'accord unanime, les remercîments, les félicitations de tous les ordres, ne peuvent me laisser insensible, surtout parce qu'il est beau pour moi de devenir populaire en sauvant le peuple. Mais j'aime mieux que ces informations vous viennent d'un autre.

Je voudrais que vous m'apprissiez exactement l'état de vos affaires et vos desseins. Prenez bien garde que votre indulgence ne paraisse ressembler un peu à la mollesse. Le sénat et le peuple pensent également qu'il n'y eut jamais d'ennemis plus dignes de toutes sortes de supplices, que les citoyens qui ont pris dans cette guerre les armes contre la patrie. Je ne les ménage point au sénat, j'en tire la vengeance que je puis dans tous mes discours, et je me vois approuvé de tous les gens de bien : c'est à

pulcherrimam, timore quodam perculsa civitas tota ad te se cum conjugibus et liberis effundebat : eadem recreata ad xii kalend. maias, te huc venire, quam se ad te ire malebat. Quo quidem die magnorum meorum laborum multarumque vigiliarum fructum cepi maximum, si modo est aliquis fructus ex solida veraque gloria. Nam tantæ multitudinis, quantam capit urbs nostra, concursus ad me factus ; et quum usque in Capitolium deductus, tum maximo clamore atque plausu in Rostris collocatus sum. Nihil est in me inane : neque enim debet ; sed tamen omnium ordinum consensus, gratiarum actio, gratulatioque me commovet, propterea quod popularem me esse in populi salute præclarum est. Sed hæc te malo ab aliis audire.
Me velim de tuis rebus consiliisque facias diligentissime certiorem ; illudque consideres, ne tua liberalitas dissolutior videatur. Sic sentit senatus, sic populus Romanus, nullos unquam hostes digniores omni supplicio fuisse, quam eos cives, qui hoc bello contra patriam arma ceperunt : quos quidem ego omnibus sententiis ulciscor et persequor, omnibus bonis approbantibus. Tu,

vous-même à vous déterminer dans cette affaire. Mon opinion est que la cause des trois frères est absolument la même. Nous avons perdu deux consuls, tous deux honnêtes gens, mais sans autre mérite. Hirtius est mort dans le sein de la victoire, après avoir défait l'ennemi peu de jours auparavant dans un grand combat. Pansa avait été forcé par ses blessures de se retirer. D. Brutus et César poursuivent les restes de nos ennemis. Mais on a déclaré tels tous ceux qui ont pris parti pour Antoine, et je vois que la plupart comprennent dans ce décret du sénat vos prisonniers mêmes, soit qu'ils aient été pris, ou qu'ils se soient rendus. Je n'ai rien proposé de plus rigoureux, lorsque j'ai parlé personnellement de C. Antoine, parce que j'ai cru que c'était de vous que le sénat devait attendre là-dessus des lumières. Le 22 avril.

LETTRE XII

CICÉRON A BRUTUS

Le 27 avril, dans les délibérations du sénat sur la manière de poursuivre par les armes ceux qui ont été déclarés ennemis publics, Servilius proposa de mettre Ventidius de ce nombre, et

quid de hac re sentias, tui judicii est. Ego sic sentio : trium fratrum unam et eamdem esse causam. Consules duos, bonos quidem, sed duntaxat bonos amisimus. Hirtius quidem in ipsa victoria occidit, quum paucis diebus magno prœlio ante vicisset. Nam Pansa fugerat, vulneribus acceptis quæ ferre non potuit. Reliquias hostium Brutus persequitur et Cæsar. Hostes autem omnes judicati, qui M. Antonii sectam secuti sunt ; itaque id senatusconsultum plerique interpretantur, etiam ad tuos sive captivos, sive dedititios pertinere. Equidem nihil disserui durius, quum nominatim de C. Antonio decernerem; quod ita statueram a te cognoscere causam ejus senatum oportere. x kalend. maias.

EPISTOLA XII

CICERO BRUTO S. D.

Ad v kalendas maias, quum de iis, qui hostes judicati sunt, bello persequendis, sententiæ dicerentur, dixit Servilius etiam de Ventidio, et ut Cassius

de charger Cassius de réduire Dolabella. Je me conformai à son opinion; mais j'ajoutai qu'il fallait, si vous jugiez que la république en pût tirer quelque avantage, vous charger aussi de poursuivre Dolabella, et que, si vous pensiez autrement, vous deviez demeurer avec votre armée dans les quartiers où vous êtes. Le sénat ne pouvait rien décerner de plus honorable pour vous que de faire dépendre de votre jugement le choix du parti le plus utile à la république. Pour moi, je suis persuadé que si Dolabella est à la tête de quelques troupes, s'il a un camp, ou quelque autre lieu dans lequel il puisse faire face, il est de votre devoir et de votre dignité de marcher contre lui. Des troupes de Cassius nous ne savons rien; on n'a reçu de lui aucune lettre, ni d'autre part aucune information sur laquelle on puisse compter. Vous comprenez sans doute de quelle importance il est de se rendre maître de Dolabella, non-seulement pour le punir de son crime, mais encore pour ôter toute espérance de retraite aux chefs de ces brigands, qui s'enfuient de Modène. Dans mes lettres précédentes, si vous vous en souvenez, j'ai toujours été de même avis, quoique nous n'eussions point alors d'autre asile que votre camp ni d'autre ressource que votre armée. Aujourd'hui que le péril est passé, j'ose m'en flatter, nos soins n'en doivent être que plus ardents pour la ruine de Dolabella. Mais vous ferez là-dessus de sérieuses réflexions, et

---

persequeretur Dolabellam. Cui quum essem assensus, decrevi hoc amplius, ut tu, si arbitrarere utile, eque republica esse, persequerere bello Dolabellam; si minus id commodo reipublicæ facere posses, sive non existimares e republica esse, ut in iisdem locis exercitum contineres. Nihil honorificentius potuit facere senatus, quam ut tuum esset judicium, quid maxime conducere reipublicæ tibi videretur. Equidem sic sentio, si manum habet, si castra, si ubi consistat uspiam Dolabella, ad fidem et ad dignitatem tuam pertinere eum persequi. De Cassii nostri copiis nihil sciebamus; neque enim ab ipso ullæ litteræ, neque nuntiabatur quidquam, quod pro certo haberemus. Quantopere autem intersit opprimi Dolabellam profecto intelligis; quum ut sceleris pœnas persolvat, tum ne sit, quo se latronum duces ex Mutinensi fuga conferant. Atque hoc mihi jam ante placuisse, potes ex superioribus meis litteris recordari; quanquam tum et fugæ portus erat in tuis castris, et subsidium salutis in tuo exercitu : quo magis nunc liberati (ut spero) periculis, in Dolabella opprimendo occupati

vous prendrez le parti qui vous paraîtra le plus sage. Vous ne manquerez pas non plus, si vous le jugez bon, de nous communiquer vos résolutions et ce que vous faites actuellement.

Je souhaiterais que mon fils obtînt une place dans votre collége, et je crois que son absence n'empêche point qu'il puisse avoir part à l'élection, car on en a des exemples. C. Marius fut nommé augure en vertu de la loi Domitia, pendant qu'il était en Cappadoce, et, depuis, aucune loi n'a retiré cette faculté. Dans la loi Julia, qui est la dernière concernant l'ordre des prêtres, on trouve ces paroles : *Celui qui sollicite en personne, ou qui sera proposé* : ce qui fait voir clairement qu'on peut proposer quelqu'un qui n'est pas présent. J'ai écrit à mon fils de se conduire là-dessus par votre avis, comme dans toutes les autres affaires. Mais votre sentiment servira de règle aussi à Domitius et au jeune Caton. Au fond, quoique je sois persuadé qu'on peut dispenser les candidats d'être présents, les choses se font toujours plus aisément quand on est à Rome. Si vous prenez le parti de passer en Asie, il sera impossible de faire venir nos amis aux comices. Je m'imagine que du vivant de Pansa l'expédition des affaires aurait été plus prompte. Il se serait donné aussitôt un collègue, et l'élection des prêtres aurait marché avant celle des préteurs. Je prévois à présent que les aus-

---

esse debemus. Sed hæc cogitabis diligentius, statues sapienter. Facies nos, et quid constitueris, et quid agas (si tibi videbitur), certiores.

Ciceronem nostrum in vestrum collegium cooptari volo. Existimo omnino absentium rationem sacerdotum comitiis posse haberi ; nam etiam factum est antea. C. enim Marius, quum in Cappadocia esset, lege Domitia factus est augur, nec quo minus id postea liceret, ulla lex sanxit. Est etiam in lege Julia quæ lex est de sacerdotiis proxima, his verbis : QUI PETIT, CUJUSQUE RATIO HABEBITUR; aperte indicat, posse rationem haberi, etiam non præsentis. Hac de re scripsi ad eum ut tuo judicio uteretur, sicut in rebus omnibus. Tibi autem statuendum est de Domitio et de Catone nostro. Sed quamvis liceat absentis rationem haberi, tamen omnia sunt præsentibus faciliora. Quod si statueris in Asiam tibi eundum, nulla erit ad comitia nostros arcessendi facultas. Omnino , Pansa vivo, celeriora omnia putabamus; statim enim collegam sibi subrogasset. Deinde ante prætoria sacerdotum comitia fuissent. Nunc per auspicia lon-

pices la feront retarder longtemps; car tant qu'il n'y aurara qu'un seul magistrat patricien, ils ne peuvent revenir au sénénat. En vérité, tout est dans une grande confusion. Apprenez-re-moi, je vous prie, votre sentiment sur notre situation. Le 5 5 mai. Adieu.

LETTRE XIII

BRUTUS A CICÉRON

Quelle joie j'ai ressentie du succès de notre cher D. D. Brutus et des consuls, il est plus facile pour vous de l'imaginer quque pou moi de l'écrire. Je ne vois rien qui ne mérite mes éloges,es, et qu ne me cause une vive satisfaction; mais je me réjouis p; particulièrement de ce que la sortie de D. Brutus a contribué ai autant à la victoire qu'à son propre salut.

Vous m'écrivez que la cause des trois Antoine ne perpeut être distinguée, et que c'est à moi-même à me déterminer là-à-dessus Je n'ai qu'une règle à laquelle je m'attache : c'est au sesénat e au peuple romain qu'appartient le droit de juger les cs citoyen. qui ne sont pas morts en combattant. Mais j'ai tort et même direz-vous, d'accorder le titre de citoyens à des hommemes hos

gam moram video. Dum enim unus erit patricius magistratus, auspicipicia ad pa res redire non possunt : magna sane perturbatio. Tu tota de re quiduid sentias velim me facias certiorem. III nonas maias. Vale.

EPISTOLA XIII

BRUTUS CICERONI S. D.

Quanta sim lætitia affectus, cognitis rebus Bruti nostri et consulumum, facilit est tibi existimare quam mihi scribere. Quum alia laudo, et gaudeo eo accidisse tum quod Bruti eruptio non solum ipsi salutaris fuit, sed etiam me maximo a victoriam adjumento.

Quod scribis trium Antoniorum unam atque eamdem causam esse,sse, et qui ego sentiam mei judicii esse, statuo nihil nisi hoc : senatus aut popuulpuli Romar udicium esse de iis civibus, qui pugnantes non interierint. At hochoc ipsun nquies, inique facis, qui hostilis animi in rempublicam homines, cs, cives ap

tiles à la république. Non, j'ai grandement raison, car lorsque le sénat n'a pas encore statué et que le peuple romain n'a point fait connaître ses volontés, je n'ai point l'arrogance de prévenir leur décision ni de m'en rapporter à mon propre jugement. Je ne change pas non plus de pensée sur Caïus. Les circonstances ne m'ayant point obligé de lui ôter la vie, je ne l'ai traité ni avec trop de douceur, ni avec trop de cruauté, et j'ai cru devoir le retenir sous ma puissance pendant que la guerre a duré. Il me paraît plus décent et plus convenable aux principes de la république de ne pas aggraver l'infortune des malheureux, que d'accumuler sur ceux qui sont en possession du pouvoir des honneurs capables d'enflammer leur ambition et leur arrogance.

Sur ce point, mon cher Cicéron, vous, que je regarde comme le meilleur et le plus courageux de tous les hommes, vous qui m'êtes le plus cher, et par l'affection que vous méritez et par celle que je dois à la république, vous vous fiez trop, ce me semble, à vos espérances, et vous avez trop de facilité dès que quelqu'un a une fois bien agi, à tout lui accorder et à tout lui permettre; comme si ces excès de faveur n'étaient pas propres à corrompre un cœur et à le conduire au mal. La bonté que je vous connais vous fera recevoir cet avis sans vous offenser, surtout lorsqu'il est question du salut public. Vous n'en ferez pas moins ce qui vous paraîtra le plus convenable, et je ferai la même chose lorsque vous m'aurez instruit. Il est temps, mon

---

pelles. Immo justissime, quod enim nondum senatus censuit, nec populus Romanus jussit, id arroganter non præjudico, neque revoco ad arbitrium meum. Illud quidem non muto, quod ei quem me occidere res non coegit, neque crudeliter quidquam eripui, neque dissolute quidquam remisi, habuique in mea potestate quoad bellum fuit. Multo quidem honestius judico, magisque quod concedere possit respublica, miserorum fortunam non insectari, quam infinita tribuere potentibus quæ cupiditatem et arrogantiam incendere possint.

Qua in re, Cicero, vir optime ac fortissime, mihique merito, et meo nomine et reipublicæ, carissime, nimis credere videris spei tuæ; statimque, ut quisque aliquid recte fecerit, omnia dare ac permittere : quasi non liceat traduci ad mala consilia corruptum largitionibus animum. Quæ tua est humanitas, æquo animo te moneri patieris, præsertim de communi salute; facies tamen quod tibi visum fuerit : etiam ego, quum me docueris. Nunc, Cicero, nunc

cher Cicéron, il est temps de faire en sorte que nous ne nous soyons pas réjouis inutilement de la défaite d'Antoine, et qu'on ne puisse pas nous reprocher toujours que notre méthode pour extirper le premier mal en fasse renaître un plus dangereux. A présent, il ne peut nous arriver aucun malheur, soit qu'il suive une délibération de notre part ou qu'il nous atteigne à l'improviste, sans que nous en soyons tous coupables, et vous particulièrement, entre les mains de qui le sénat et le peuple romain, non-seulement voient sans regret, mais veulent maintenir toute l'autorité dont un particulier peut être revêtu dans un État libre. C'est à vous à la garder avec autant de prudence que d'intégrité ; et, pour la prudence, je ne vois que la modération à distribuer les honneurs où l'on puisse vous en souhaiter davantage ; toutes les autres vertus, vous les possédez si éminemment qu'il n'y a pas d'anciens à qui vous ne puissiez être comparé. Ce seul point, où l'on reconnaît d'ailleurs votre caractère généreux et sensible, demande plus de précaution et de réserve ; car le sénat ne doit rien accorder qui puisse servir d'exemple ou d'appui aux esprits malintentionnés.

Je crains donc, au sujet du consulat, que votre César ne se croie plus élevé par les décrets que vous avez portés en sa faveur qu'il ne croira l'être, du point où il est, en devenant consul. Car si Antoine a pris occasion de l'instrument de domi-

---

hoc agendum est, ne frustra oppressum esse Antonium gavisi simus; neu semper primi cujusque mali excidendi ratio, causa sit ut aliud renascatur illo pejus. Nihil jam neque opinantibus aut patientibus nobis adversi evenire potest, in quo non quum omnium culpa, tum præcipue tua futura sit, cujus tantam auctoritatem senatus ac populus Romanus non solum esse patitur, sed etiam cupit, quanta maxima in libera civitate unius esse potest : quam tu non solum bene sentiendo, sed etiam prudenter, tueri debes. Prudentia porro, quæ tibi superest, nulla abs te desideratur, nisi modus in tribuendis honoribus. Alia omnia sic abunde adsunt, ut cum quolibet antiquorum comparari possint. Unum hoc, grato animo liberalique profectum, cautiorem ac moderatiorem liberalitatem desiderat. Nihil enim senatus cuiquam dare debet, quod male cogitantibus exemplo aut præsidio sit.

Itaque timeo de consulatu, ne Cæsar tuus altius se ascendisse putet decretis tuis, quam inde, si consul factus sit, ascensurum. Quod si Antonius ab alio

nation qui lui a été laissé par un autre, pour aspirer lui-même à régner, que vous imaginez-vous qu'on doive attendre de celui qui se croira fondé, non sur l'autorité du tyran mort, mais sur celle du sénat même, à prétendre à toutes sortes de commandements? Je louerai donc votre bonheur et votre prudence, lorsque je commencerai à ne plus douter que César ne soit content des honneurs extraordinaires qu'il a reçus. Mais, direz-vous, voulez-vous me charger de la faute d'autrui? Oui, n'en doutez pas, si vous avez pu la prévoir et l'empêcher. Plût au ciel que vous puissiez lire dans mon cœur tout ce que je redoute de lui !

J'avais fini cette lettre, lorsque le bruit s'est répandu que vous étiez nommé consul. Si je voyais cet heureux jour, c'est alors que je commencerais à me flatter de revoir une république juste et capable de se soutenir par ses propres forces. Votre fils est en bonne santé. Je lui ai fait prendre les devants avec la cavalerie pour aller en Macédoine.

De mon camp, le 15 mai.

---

relictum regni instrumentum occasionem regnandi habuit, quonam animo fore putas, si quis, auctore, non tyranno interfecto, sed ipso senatu, putet se imperia quælibet concupiscere posse? Quare tum et felicitatem et providentiam laudabo tuam, quum exploratum habere cœpero Cæsarem honoribus, quos acceperit, extraordinariis fore contentum. Alienæ igitur, inquies, culpæ me reum facies? Prorsus alienæ, si provideri potuit ne existeret : quod utinam inspectare possis timorem de illo meum !

His litteris scriptis, te consulem factum audivimus : tum vero incipiam proponere mihi rempublicam justam et jam tuis nitentem viribus, si istuc videro. Filius valet, et in Macedoniam cum equitatu præmissus est.

Idib. maiis, ex castris.

LETTRE XIV

BRUTUS A CICÉRON

Personne ne peut juger mieux que vous combien L. Bibulus doit m'être cher, après tant d'inquiétudes et de peines qu'il a essuyées pour la république. Ainsi me fiant également à l'effet de sa vertu et de notre parenté pour lui concilier votre amitié, je ne crois pas qu'il ait besoin d'une longue recommandation. Vous devez avoir, en effet, quelque égard pour mes désirs, du moins lorsqu'ils sont justes, ou qu'ils ont pour motif les devoirs du sang.

Bibulus est résolu de solliciter au collége des prêtres la place vacante par la mort de Pansa. Je vous la demande pour lui; vous ne pouvez accorder cette faveur à personne qui vous soit plus attaché que moi, ni choisir un meilleur sujet que lui. Pourquoi vous recommanderais-je Domitius et Apuleius, lorsqu'ils ont déjà tant de part à votre estime ? Vous devez à Apuleius l'appui de votre autorité. Pour Domitius, ses prétentions seront bien établies dans la lettre qui le regarde; mais je vous demande vos soins les plus tendres pour Bibulus, dont le mérite

EPISTOLA XIV

BRUTUS CICERONI S. D.

Lucius Bibulus quam carus mihi esse debeat, nemo melius judicare potest quam tu, cujus tantæ pro republica contentiones sollicitudinesque fuerunt. Itaque vel ipsius virtus, vel nostra necessitudo debet conciliare te illi ; quo minus multa mihi scribenda esse arbitror. Voluntas enim te movere debet notra, si modo justa est, aut pro officio necessario suscipitur.

In Pansæ locum petere constituit : eam nominationem a te petimus ; neque conjunctiori dare beneficium quam nos tibi sumus, neque digniorem nominare potes quam Bibulum. De Domitio et Apuleio quid attinet me scribere, quum ipsi per se tibi commendatissimi sint? Apuleium vero tu tua auctoritate sustinere debes. Sed Domitius in sua epistola celebrabitur. Bibulum noli di-

est déjà si grand, qu'un jour, croyez-moi, il deviendra peut-être digne d'être compté dans le petit nombre des Romains de votre classe.

LETTRE XV

BRUTUS A CICÉRON

N'ATTENDEZ point que je vous fasse des remercîments. La liaison qui nous unit est depuis longtemps assez intime pour bannir d'entre nous toutes ces cérémonies. Votre fils n'est plus auprès de moi ; mais nous nous rejoindrons dans la Macédoine. Il a ordre de conduire la cavalerie d'Ambracie par la Thessalie, et je lui ai écrit de venir au-devant de moi jusqu'à Héraclée. Aussitôt que je le verrai nous réglerons ensemble, puisque vous me le permettez, ce qui regarde son retour pour solliciter le sacerdoce, ou pour se mettre sur les rangs à la première occasion.

Je vous recommande de la manière la plus pressante Glycon, médecin de Pansa, dont la femme est sœur de notre Achille. On dit que Torquatus le soupçonne d'avoir eu peur à la mort de

mittere ex sinu tuo, tantum jam virum, ex quanto, crede mihi, potest evadere, qui vestris paucorum respondeat laudibus.

EPISTOLA XV

BRUTUS CICERONI S. D.

Noli exspectare dum tibi gratias agam. Jampridem hoc ex nostra necessitudine, quæ ad summam benivolentiam pervenit, sublatum esse debet. Filius tuus a me abest : in Macedonia congredimur. Jussus est enim Ambracia ducere equites per Thessaliam, et scripsi ad eum ut mihi Heracleam occurreret. Quum eum videro, quoniam nobis permittis, communiter constituemus de reditu ejus ad petitionem, ut ad commendationem honoris.

Tibi Glycona, medicum Pansæ, qui sororem Achilleos nostri in matrimonio habet, diligentissime commendo : audio eum venisse in suspicionem Torquato

Pansa, et qu'il le tient en prison comme un parricide. Rien n'est moins croyable que cette accusation ; car à qui la mort de Pansa a-t-elle fait plus de tort qu'à lui? D'ailleurs, c'est un homme honnête et modeste, que son intérêt même n'aurait pas, je le crois, rendu capable d'un crime. Je vous prie, avec instance, car vous jugez bien que notre Achille n'a pas cette affaire moins à cœur qu'il ne doit, de lui faire rendre la liberté, et de prendre soin de lui ; je ne vois rien dans mes intérêts domestiques qui doive me toucher davantage.

J'étais à vous écrire, quand Satrius, lieutenant de Trebonius, m'a remis une lettre de la part de Tillius et de Dejotarus, par laquelle j'apprends que Dolabella a été battu et forcé de prendre la fuite. Je vous ai envoyé une lettre grecque d'un certain Cycherée à Saturius. Notre Flavius vous a pris pour juge dans son différend avec les Dyrrachiens sur l'héritage qu'on lui a laissé. Je vous prie, comme lui, mon cher Cicéron, de finir incessamment cette affaire. Il n'est pas douteux que la ville de Dyrrachium ne dût quelque somme d'argent à celui qui a nommé Flavius son héritier, et les Dyrrachiens ne le désavouent point ; mais ils prétendent que César leur avait remis toutes leurs dettes. Ne souffrez pas que vos amis fassent une injustice au mien. Le 16 mai. De mon camp, dans la Basse Candavie.

---

de morte Pansæ, custodirique ut parricidam : nihil minus credendum est ; quis enim majorem calamitatem morte Pansæ accepit? Præterea est modestus homo et frugi; quem ne utilitas quidem videatur impulsura fuisse ad facinus. Rogo te, et quidem valde rogo (nam Achilleus noster non minus, quam æquum est, laborat) eripias cum ex custodia, conservesque. Hoc ego ad meum officium privatarum rerum æque atque ullam aliam rem pertinere arbitror.

Quum has ad te scriberem litteras, ab Satrio, legato C. Trebonii, reddita est mihi epistola a Tillio et Dejotaro, Dolabellam cæsum fugatumque esse. Græcam epistolam tibi misi Cycherei cujusdam, ad Satrium missam. Flavius noster de controversia, quam habet cum Dyrrachinis hæreditariam, sumpsit te judicem : rogo te, Cicero, et Flavius rogat, rem conficias ; quin ei, qui Flavium fecit hæredem, pecuniam debuerit civitas, non est dubium ; neque Dyrrachini inficiantur ; sed sibi donatum æs alienum a Cæsare dicunt. Noli pati a necessariis tuis necessario meo injuriam fieri. xvii kalend. jun. ex castris ad imam Candaviam.

LETTRE XVI

CICÉRON A BRUTUS

Ma lettre était écrite et cachetée, lorsque j'en ai reçu une de vous, remplie de nouveaux événements et bien faite pour m'étonner : Dolabella aurait fait passer cinq cohortes dans la Chersonèse. Comment lui, qu'on disait prêt à fuir de l'Asie, a-t-il tant de troupes qu'il soit en état d'entreprendre quelque chose du côté de l'Europe? Mais que peut-il espérer avec cinq cohortes dans un lieu où vous êtes avec cinq légions, une cavalerie excellente, et beaucoup de troupes auxiliaires? Puisque ce brigand est si peu sensé, je me flatte que vous êtes déjà maître de ces cinq cohortes. Je trouve beaucoup de sagesse dans le parti que vous avez pris de ne pas quitter Apollonia et Dyrrachium avant d'avoir appris la fuite d'Antoine, la sortie de D. Brutus, et la victoire du peuple romain. En vous déterminant aussi, comme vous m'écrivez que vous l'avez fait, à conduire votre armée dans la Chersonèse, et à ne pas souffrir que l'empire romain fût insulté par un scélérat, vous obéissez au sentiment de votre honneur et du bien de la république.

EPISTOLA XVI

CICERO BRUTO S. D.

Scripta et obsignata epistola, litteræ mihi redditæ sunt a te, plenæ rerum novarum, maximeque mirabiles, Dolabellam quinque cohortes misisse in Chersonesum. Adeone copiis abundat, ut is, qui ex Asia fugere dicebatur, Europam appetere conetur? Quinque autem cohortibus quidnam se facturum arbitratus est, quum tu eo quinque legiones, optimum equitatum, maxima auxilia haberes? Quas quidem cohortes spero jam tuas esse, quoniam latro ille tam fuit demens. Tuum consilium vehementer laudo, quod non prius exercitum Apollonia Dyrrachioque movisti, quam de Antonii fuga audisti, Bruti eruptione, populi Romani victoria. Itaque quod scribis, postea statuisse te ducere exercitum in Cherronesum, nec pati, sceleratissimo hosti ludibrio esse imperium populi Romani, facis ex tua dignitate et e republica.

A l'égard de la sédition qui s'est élevée au sujet de Ca
dans votre quatrième légion (ne vous offensez pas, si je le di
je suis plus content de la sévérité de vos soldats que de
vôtre. J'apprends d'ailleurs avec le plus grand plaisir que vo
ayez reçu de si bonnes preuves de l'affection de votre armée
de votre cavalerie. Au sujet de Dolabella, vous m'écrirez, com
vous me le promettez, ce qui pourra se produire de nouvea
Je me félicite d'avoir pris soin qu'on fît dépendre de vous l'o
verture de cette guerre : je ne consultais alors que l'intérêt
la république ; aujourd'hui je crois que votre honneur y
intéressé.

Vous me dites que j'ai poursuivi les Antoine fort à mon ais
et vous m'en louez : je crois ce langage sincère, mais je
puis goûter votre distinction ; car vous ajoutez que la vigue
est mieux employée à empêcher les guerres civiles qu'à exerc
de la colère contre les vaincus. Nous pensons bien différen
ment, mon cher Brutus, non que je croie vous céder en cl
mence ; mais une sévérité salutaire me paraît préférable à
vaines apparences de bonté. Si nous nous piquons toujours
clémence, nous ne serons jamais sans guerres civiles. C'est
vous d'y penser ; car je puis m'appliquer ce que Plaute fait di
à son vieillard dans le *Trinummus* : « Je touche à la fin de m
vie ; vous y êtes plus intéressé que moi. » Vous êtes perdu,

Quod scribis de seditione, quæ facta est in legione quarta, de C. An. Antonio (
bonam partem accipies) magis mihi probatur militum severitas, quam tua,
benivolentiam exercitus equitumque expertum vehementer gaudeo. De Dol
bella, ut scribis, si quid habes novi, facies me certiorem : in quo valde del
ctor, me ante providisse, ut tuum judicium liberum esset cum Dolabella be
gerendi ; et id valde pertinuit, ut ego tum intelligebam, ad rempublicam ;
nunc judico, ad dignitatem tuam.
Quod scribis, me maximo otio egisse ut insectarer Antonios, idque lauda
credo ita videri tibi ; sed illam distinctionem tuam nullo pacto probo. Scrib
enim, acrius prohibenda bella civilia esse, quam in superatos iracundiam exe
cendam. Vehementer a te, Brute, dissentio ; nec clementiæ tuæ concedo ; se
salutaris severitas vincit inanem speciem clementiæ. Quod si clementes ess
volumus, nunquam deerunt bella civilia. Sed de hoc tu videris. De me possu
idem quod Plautinus pater in TRINUMMO : « Mihi quidem ætas fe ferme est
tua istuc refert maxime. » Opprimemini (mihi crede), Brute, nisi provideritis

croyez-moi, Brutus, si vous n'y faites attention. Le peuple, le sénat et le guide du sénat ne seront pas toujours les mêmes. Regardez cet avis comme un oracle d'Apollon le Pythien : rien ne peut être plus certain. Le 18 mai.

LETTRE XVII

BRUTUS A ATTICUS

Vous m'écrivez que Cicéron est surpris que je ne parle jamais de ses actes. C'est me forcer de vous dire effectivement ce que j'en pense. Je suis persuadé que Cicéron n'a rien fait qu'avec d'excellentes intentions ; et de quoi puis-je avoir des témoignages plus certains que de son affection pour la république ? Cependant il me semble qu'il s'est conduit dans quelques occasions, dirai-je avec peu d'habileté, quand il est la prudence même ? dirai-je avec des vues ambitieuses, quand il n'a pas fait difficulté, pour l'intérêt public, de se faire un ennemi aussi redoutable qu'Antoine ? Je ne sais que dire, si ce n'est qu'il a moins réprimé qu'irrité l'ambition et la licence du jeune Octave, et qu'il porte l'indulgence pour cet enfant jusqu'à s'échapper en

Neque enim populum semper cumdem habebitis, neque senatum, neque senatus ducem. Hæc ex oraculo Apollinis Pythii edita tibi puta : nihil potest esse verius. xiv kalend. jun.

EPISTOLA XVII

BRUTUS ATTICO S. D.

Scribis mihi, mirari Ciceronem, quod nihil significem unquam de suis actis : quoniam efflagitas, coactu tuo scribam quæ sentio. Omnia fecisse Ciceronem optimo animo, scio : quid enim mihi exploratius esse potest, quam illius animus in rempublicam ? Sed quædam mihi videtur (quid dicam ?) imperite, vir omnium prudentissimus, an ambitiose fecisse ? qui valentissimum Antonium suscipere pro republica non dubitavit inimicum ? Nescio quid scribam tibi, nis unum : pueri et cupiditatem et licentiam potius irritatam, quam repressam a Cicerone, tantumque eum tribuere huic indulgentiæ, ut se maledictis non

paroles injurieuses. Au reste ces paroles retombent doublement sur lui, puisque d'un trait il tue beaucoup de monde, et qu'il doit se reconnaître sicaire avant de faire ce reproche à Casca, et de le traiter comme Bestia l'a traité lui-même.

Quoi ! parce que nous ne vantons pas sans cesse les ides de mars, comme il ne se lasse point de parler des nones de décembre, Cicéron sera plus en droit de blâmer une action glorieuse que Bestia et Clodius ne l'étaient de s'emporter contre son consulat? Notre cher Cicéron se fait gloire d'avoir, sous la toge, soutenu la guerre contre Antoine. Quelle utilité m'en revient-il, si, pour récompense d'avoir vaincu Antoine, on demande le droit de lui succéder ; et si le vengeur de ce mal en a fait naître un autre qui s'affermira par des racines beaucoup plus profondes, grâce à notre patience. Et tout ce que fait Cicéron ne vient-il pas déjà moins de la crainte d'un maître, que de celle d'un maître tel qu'Antoine? Pour moi, je déclare que je n'ai point d'obligation à celui qui ne craint dans la servitude que la mauvaise humeur du maître, et qui s'empresse même de lui décerner des triomphes, des appointements et toutes sortes d'honneurs. Pourquoi Octave rougirait-il de désirer une fortune dont il a reçu tous les titres ? Mais qui reconnaîtrait ici un consulaire ? Qui reconnaîtrait Cicéron ?

---

abstineat; iis quidem quæ in ipsum dupliciter recidunt ; quod et plures occidit uno, seque prius oportet fateatur sicarium, quam objiciet Cascæ quod objicit, et imitetur in Casca Bestiam.

An quia non omnibus horis jactamus idus martias, similiter atque ille nonas decembres suas in ore habet, eo meliore conditione Cicero pulcherrimum factum vituperabit, quam Bestia et Clodius reprehendere illius consulatum soliti sunt? Sustinuisse mihi gloriatur bellum Antonii togatus Cicero noster : quid hoc mihi prodest, si merces Antonii oppressi poscitur in Antonii locum successio; et si vindex illius mali auctor exstitit alterius, fundamentum t radices habituri altiores, si patiamur; ut jam ista, quæ facit, non dominationem, sed dominum Antonium timentis sint. Ego quidem gratiam non habeo, si quis, dum ne irato serviat, rem ipsam non deprecatur : imo triumphus et stipendium decernitur, et omnibus decretis ornatur. Pudeat concupiscere fortunam, cujus nomen susceperit ? An consularis hoc, an Ciceronis est?

Puisque vous m'avez forcé de parler, vous lirez des choses qui vous seront nécessairement désagréables. Je sens moi-même ce qu'il m'en coûte de vous les écrire. Je n'ignore pas ce que vous pensez de la république, et que, toute désespérée qu'elle est, vous croyez qu'elle peut encore être rétablie. Au fond, mon cher Atticus, je ne vous blâme point : je sais que votre âge, vos principes, vos enfants, vous donnent de l'éloignement pour l'action ; et le récit de Flavius me l'a fait assez comprendre.

Mais je reviens à Cicéron. Quelle différence mettez-vous entre Salvidienus et lui ? Salvidienus aurait-il porté des décrets plus favorables à Octave? Il craint encore, me direz-vous, les restes de la guerre civile. Mais peut-on redouter assez un ennemi vaincu, pour s'aveugler sur ce qu'on doit craindre, et du pouvoir de celui qui dispose d'une armée victorieuse, et de la témérité d'un enfant ? Ou plutôt Cicéron tiendrait-il cette conduite, parce qu'au point de grandeur où il voit Octave, il croit qu'il n'y a point de déférences qu'on ne lui doive volontairement? Étrange folie de la crainte ! elle le provoque et l'attire par les précautions qu'elle prend pour se garantir d'un mal qui n'était peut-être pas inévitable ; nous redoutons trop la mort, l'exil et la pauvreté. Pour Cicéron ce sont les plus terribles de tous les maux ; et pourvu qu'il trouve quelqu'un de qui il puisse obtenir ce qu'il désire, quelqu'un qui le respecte et qui lui applaudisse, il ne craint point une servitude honora-

---

Quoniam mihi tacere non licuit, leges quæ tibi necesse est molesta esse. Etenim ipse sentio, quanto cum dolore hæc ad te perscripserim : nec ignoro, quid sentias in republica ; et quam desperatam quoque sanari putes posse Nec mehercule te, Attice, reprehendo. Ætas enim, mores, liberi, segnem efficiunt : quod quidem etiam ex Flavio nostro perspexi.

Sed redeo ad Ciceronem. Quid inter Salvidienum et eum interest ? Quid autem amplius ille decerneret? Timet, inquies, etiam nunc reliquias belli civilis. Quisquam ergo ita timet profligatum, ut neque potentiam ejus, qui exercitum victorem habeat, neque temeritatem pueri putet extimescendam esse ? An hoc ipsum ea re facit, quod illi propter amplitudinem omnia jam ultroque deferenda putat ? O magnam stultitiam timoris, idipsum, quod verearis, ita cavere, ut, quum vitare fortasse potueris, ultro arcessas, et attrahas! Nimium timemus mortem, et exsilium et paupertatem : hæc videntur Ciceroni ultima esse in malis; et dum habeat a quibus impetret quæ velit, et a quibus colatur ac

ble, du moins si l'honneur peut s'accorder avec la plus misérable et la plus abjecte infamie. Qu'Octave l'appelle donc son père, qu'il se rapporte de tout à lui, qu'il le loue, qu'il le remercie ; on verra bien que les effets répondront mal aux paroles. Quelle contradiction n'est-ce pas déjà de regarder comme son père celui qu'on ne laisse pas même jouir de la condition d'un homme libre ? Cependant à quoi aspire, à quoi travaille, à quel but se hâte de courir cet excellent homme ? à s'attirer les bontés d'Octave. Pour moi, j'attache à présent peu de prix aux arts dans lesquels je reconnais qu'il excelle. Que lui sert d'avoir écrit avec tant d'éloquence pour la liberté et la dignité de sa patrie, et sur le mépris de la mort, de l'exil et de la pauvreté ? Que Philippe, à mon sens, entend mieux toutes ces matières, lui qui a traité son gendre avec plus de réserve que Cicéron n'en marque à l'égard d'un étranger ! Qu'il cesse donc, en se glorifiant, d'insulter à nos douleurs. Que nous importe qu'Antoine ait été vaincu, si sa chute n'a servi qu'à vider la place pour un autre ? Mais vos lettres même ne s'expliquent pas trop nettement sur l'état des affaires. Enfin permis à Cicéron de vivre, s'il le peut, dans la soumission et la dépendance, puisque ni son âge, ni les honneurs dont il est revêtu ni sa conduite passée ne le font rougir. Pour moi, je déclare une guerre immortelle au fond

---

laudetur, servitutem, honorificam modo, non aspernatur : si quidquam in extrema ac miserrima contumelia potest honorificum esse. Licet ergo patrem appellet Octavius Ciceronem, referat omnia, laudet, gratias agat ; tamen illud apparebit, verba rebus esse contraria. Quid enim tam alienum ab humanis sensibus est, quam cum patris habere loco, qui ne liberi quidem hominis numero sit? Atqui eo tendit, id agit, ad eum exitum properat vir optimus, ut sit illi Octavius propitius. Ego vero jam iis artibus nihil tribuo, quibus scio Ciceronem instructissimum esse. Quid enim illi prosunt, quæ pro libertate patriæ, de dignitate, quæ de morte, exsilio, paupertate scripsit copiosissime ? Quanto autem magis illa callere videtur Philippus, qui privigno minus tribuerit, quam Cicero alieno tribuat? Desinat igitur gloriando etiam insectari dolores nostros. Quid enim nostra, victum esse Antonium, si victus est, ut alii vaceret, quod ille obtinuit? Tametsi tuæ litteræ dubia etiam nunc significant. Vivat hercule Cicero, qui potest, supplex et obnoxius ; si neque ætatis, neque honorum, neque rerum gestarum pudet. Ego certe, quin cum ipsa re bellum ge-

même des choses, c'est-à-dire à la royauté, aux commandements extraordinaires, à toute autorité et tout pouvoir qui voudra s'élever au-dessus des lois; il n'y aura point de condition d'esclavage qui puisse m'ôter cette volonté, quoique Antoine, comme vous me l'écrivez, soit un fort bon homme; ce que je n'ai jamais cru. Nos ancêtres n'ont pas voulu souffrir un père même pour maître.

Si je ne vous aimais autant que Cicéron se croit aimé d'Octave, je ne vous écrirais pas ainsi. Je pense avec douleur que ce détail vous chagrine, vous qui êtes si tendrement attaché à tous vos amis, et particulièrement à Cicéron. Mais soyez persuadé que je n'ai rien perdu de mon affection pour lui, quoique l'opinion que j'avais de lui soit fort altérée; car on ne peut juger que suivant les apparences. Si vous m'aviez écrit quelles sont les conditions qu'on propose à notre chère Attica, j'aurais pu vous en dire mon sentiment. Je ne suis pas surpris de vous voir inquiet de la santé de Porcia. Enfin je ferai avec plaisir ce que vous me demandez; mes sœurs me font aussi la même demande, et d'ailleurs je connais l'homme et ce qu'il désire.

ram (hoc est cum regno, et imperiis extraordinariis, et dominatione, et potentia, quæ supra leges se esse velit) nulla erit tam bona conditio serviendi, qua deterrear, quamvis sit vir bonus, ut scribis, Antonius : quod ego nunquam existimavi. Sed dominum, ne parentem quidem, majores nostri voluerunt esse.

Te nisi tantum amarem, quantum Ciceroni persuasum est diligi se ab Octavio, hæc ad te non scripsissem. Dolet mihi, quod tu nunc stomacharis, amantissimus tum tuorum omnium, tum Ciceronis; sed persuade tibi, de voluntate propria mea nihil esse remissum, de judicio largiter. Neque enim impetrari potest, quin, quale quidque videatur ei, talem quisque de illo opinionem habeat. Vellem mihi scripsisses, quæ conditiones essent Atticæ nostræ : potuissem aliquid tibi de meo sensu perscribere. Valetudinem Porciæ meæ tibi curæ esse non miror. Denique quod petis faciam libenter; nam etiam sorores me rogant; et hominem noro, et quid sibi voluerit.

LETTRE XVIII

CICÉRON A BRUTUS

Je vous rendrais le même service que j'ai reçu autrefois de vous dans mon deuil et je vous écrirais pour vous consoler, si je ne savais que les remèdes que vous offrîtes à ma douleur vous sont familiers. Je souhaite seulement que l'application en soit plus facile pour vous qu'elle ne le fut pour moi ; car il serait étrange qu'un homme tel que vous ne pût faire ce qu'il a prescrit aux autres. Pour moi, je trouvai, non-seulement dans les raisons que vous m'apportiez, mais encore dans le poids de votre autorité, un motif assez puissant pour modérer l'excès de mon chagrin. Vous crûtes que mon abattement ne convenait point à un homme de courage, accoutumé surtout à consoler les autres ! et vous me fîtes ce reproche dans vos lettres avec plus de sévérité que je ne vous en avais jamais connu. L'estime et le respect que j'eus pour votre jugement me rappelèrent à moi-même, et votre autorité, s'ajoutant à tout ce que j'avais appris, lu, ou entendu sur cette matière, me fit trouver plus de

EPISTOLA XVIII

CICERO BRUTO S. D.

Fungerer officio, quo tu functus es in meo luctu, teque per litteras consolarer, nisi scirem his remediis, quibus meum dolorem tu levasses, te in tuo non egere, ac velim facilius, quam tunc ego mihi, nunc tibi tute medeare. Est enim alienum tanto viro, ut es tu, quod alteri præceperit, id ipsum facere non posse. Me quidem quum rationes, quas collegeras, tum auctoritas tua a nimio mœrore deterruit. Quum enim mollius tibi ferre viderer quam deceret virum, præsertim eum qui alios consolari soleret, accusasti me per litteras gravioribus verbis quam tua consuetudo ferebat. Itaque, judicium tuum magni æstimans, idque veritus, me ipse collegi, et ea quæ didiceram, legeram, ac-

force. Et encore moi, Brutus, je ne devais d'obéissance qu'à la nature et à la bienséance ordinaire, tandis que vous, pour employer l'expression usitée, vous êtes aujourd'hui l'esclave d'un rôle de théâtre, qui vous expose aux regards du public. Non-seulement votre armée, mais la ville et tout l'univers ont les yeux ouverts sur votre conduite. Serait-il décent qu'un homme à qui nous devons l'accroissement de notre courage, laissât voir de la faiblesse et de l'abattement? Vous avez dû sentir votre malheur. Rien dans l'univers ne pouvait être comparé à ce que vous avez perdu ; et si votre cœur n'était pas touché d'une si cruelle disgrâce, cette insensibilité paraîtrait pire qu'un excès de douleur. Mais vous devez vous affliger avec modération, et songer que si cette règle est utile pour les autres, elle est indispensable pour vous.

Je donnerais plus d'étendue à cette lettre, si je ne la croyais déjà trop longue pour un homme tel que vous. Nous vous attendons, vous et votre armée, sans quoi, quand tout le reste répondrait à nos désirs, nous ne nous croirions pas tout à fait libres. Je m'expliquerai avec plus d'étendue et peut-être avec plus de certitude sur la situation de la république, dans les lettres que je me propose de vous écrire par Vetus.

ceperam, graviora duxi, tua auctoritate addita. Ac mihi tum, Brute, officio solum erat et naturæ ; tibi nunc populo et scenæ (ut dicitur) serviendum est. Nam quum in te non solum exercitus tui, sed omnium civium ac pæne gentium conjecti oculi sint, minime decet, propter quem fortiores cæteri sumus, eum ipsum animo debilitatum videri. Quam ob rem accepisti tu quidem dolorem (id enim amisisti, cui simile in terris nihil fuit) et est dolendum in tam gravi vulnere (ne idipsum carere omni sensu doloris, sit miserius quam dolere), sed, ut modice, cæteris utile est, tibi necesse est.

Scriberem plura, nisi ad te hæc ipsa nimis multa essent. Nos te tuumque exercitum exspectamus, sine quo, ut reliqua ex sententia succedant, vix satis liberi videmur fore. De tota republica plura scribam, et fortasse jam certiora, his litteris quas Veteri nostro cogitabam dare.

LETTRE XIX

CICÉRON A BRUTUS

Quoique je me disposasse à vous écrire incessamment par Messala Corvinus, je n'ai pas voulu que vous vissiez arriver notre ami Vetus sans une lettre de moi. La république, mon cher Brutus, est dans un extrême danger. Après avoir vaincu, nous nous trouvons dans la nécessité de recommencer la guerre. La faute en est à la trahison et à la démence de Lepidus. Au milieu de cet embarras, et lorsque les soins auxquels je me suis livré pour le service de la république m'occasionnaient mille contrariétés, rien ne m'a causé plus de chagrin que de n'avoir pu me rendre aux sollicitations de votre mère et de votre sœur. Car, pour vous, je me suis flatté qu'il me serait aisé de vous faire approuver ma conduite : ce qui me touche beaucoup plus. Non, en aucune façon, la cause de Lepidus ne peut être distinguée de celle d'Antoine : tout le monde juge même qu'elle est plus odieuse, puisque, après avoir reçu des honneurs extraordinaires du sénat, et lui avoir écrit, peu de jours auparavant, une lettre remarquable, non-seulement il a reçu ici les restes

EPISTOLA XIX

CICERO BRUTO S. D.

Etsi daturus eram Messalæ Corvino continuo litteras, tamen Veterem nostrum ad te sine litteris meis venire nolui. Maximo in discrimine respublica, Brute, versatur; victoresque rursus decertare cogimus : id accidit M. Lepidi scelere et amentia. Quo tempore quum multa propter eam curam quam pro republica suscepi, graviter ferrem, tum nihil tuli gravius quam me non posse matris tuæ precibus cedere, non sororis; nam tibi, quod mihi plurimi est, facile me satisfacturum arbitrabar. Nullo enim modo poterat causa Lepidi distingui ab Antonii, omniumque judicio etiam durior erat, quod quum honoribus amplissimis a senatu esset Lepidus ornatus, tum etiam paucis ante diebus præclaras litteras ad senatum misisset, repente non solum recepit reliquias

de nos ennemis, mais il nous a déclaré par mer et par terre une guerre cruelle, dont le succès est incertain. En nous priant de traiter ses enfants avec clémence, on ne nous garantit point contre les derniers supplices, si, ce dont les dieux nous préservent, leur père obtenait une victoire. Je sais qu'il est dur de faire porter aux enfants la punition du crime de leur père, mais c'est une sage institution des lois, pour faire servir l'amour même que nous avons pour nos enfants à nous rendre plus affectionnés à la patrie. C'est donc Lepidus qui est cruel pour ses enfants, et non ceux qui le déclarent ennemi public. Quand il abandonnerait les armes, et qu'on ne le condamnerait que du chef de violence, n'ayant rien à faire valoir pour sa défense, son bien serait confisqué de même, et ses enfants enveloppés dans la même disgrâce. Mais quelle différence, lorsque c'est du même mal dont votre mère et votre sœur voudraient sauver les enfants, et de bien d'autres extrémités beaucoup plus affreuses, que nous menacent Lepidus, Antoine et nos autres ennemis.

Notre espérance, mon cher Brutus, est en vous et dans votre armée. Pour le salut de la république et pour votre gloire, comme je vous l'ai déjà écrit, il est de la dernière importance que vous arriviez promptement en Italie; car la patrie a besoin de vos conseils autant que de vos forces.

hostium, sed bellum acerrimum terra marique gerit; cujus exitus qui futurus sit, incertum est. Itaque quum rogamur, ut misericordiam liberis ejus impertiamus, nihil affertur quo minus summa supplicia, si (quod Jupiter omen avertat!) pater puerorum vicerit, subeunda nobis sint. Nec vero me fugit, quam sit acerbum parentum scelera filiorum pœnis lui. Sed hoc præclare legibus comparatum est, ut caritas liberorum amiciores parentes reipublicæ redderet. Itaque Lepidus crudelis in liberos; non is qui Lepidum hostem judicat. Atque ille si, armis positis, de vi damnatus esset, quo in judicio certe defensionem non haberet, eamdem calamitatem subirent liberi, bonis publicatis, quanquam quod tua mater, et soror deprecatur pro pueris, idipsum et multa alia crudeliora nobis omnibus Lepidus, Antonius, et reliqui hostes denuntiant.

Itaque maximam spem hoc tempore habemus in te atque exercitu tuo. Quum ad reipublicæ summam, tum ad gloriam et dignitatem tuam vehementer pertinet, te in Italiam, ut ante scripsi, venire quamprimum. Eget enim vehementer quum viribus tuis, tum etiam consilio respublica.

En faveur des sentiments d'affection et de zèle que Vetus a pour vous, je l'ai, sur votre lettre, embrassé avec plaisir, et je l'ai reconnu effectivement très-attaché à vous et à la république. Je me flatte de voir incessamment mon fils ; car je ne doute point qu'il n'arrive promptement avec vous.

LETTRE XX

BRUTUS A CICÉRON

Les craintes qu'on témoigne sur M. Lepidus m'en inspirent à moi-même ; s'il avait le malheur de trahir nos espérances, ce qui n'est, je le désire, qu'un soupçon injuste et téméraire, je vous conjure, mon cher Cicéron, par toute la force de notre amitié, d'oublier que les enfants de ma sœur, le sont aussi de Lepidus et de vous souvenir que je leur tiens désormais lieu de père. Si j'obtiens de vous cette grâce, je ne doute point qu'alors vous ne fassiez pour eux tout ce qui dépendra de vous. Chacun en use à sa manière envers ses proches : pour moi, mon devoir et mon inclination me disent que je ne puis jamais faire assez pour

Veterem, pro ejus erga te benivolentia singularique officio, libenter ex tuis litteris complexus sum, cumque quum tui, tum reipublicæ studiosissimum amantissimumque cognovi. Ciceronem meum propediem, ut spero, videbo ; tecum enim illum in Italiam celeriter esse venturum confido.

EPISTOLA XX

BRUTUS CICERONI S. D.

De M. Lepido vereri me cogit reliquorum timor : qui si eripuerit se (obis quod velim timere atque injuriose de illo suspicati sint homines), oro atque obsecro te, Cicero, necessitudinem nostram tuamque in me benivolentiam obtestans, sororis meæ liberos obliviscaris esse Lepidi filios, meque his in patris locum successisse existimes : hoc si a te impetro, nihil profecto dubitabis pro his suscipere. Aliter alii cum suis vivunt : nihil ego possum in sororis

les enfants de ma sœur. En quoi les bons citoyens m'obligeront-ils, du moins si je mérite que les bons citoyens cherchent à m'obliger ; en quoi rendrai-je jamais service à ma mère, à ma sœur et à ces malheureux enfants, si la qualité de mes neveux ne leur sert de rien auprès du sénat et de vous contre celle d'enfants de Lepidus? Je ne puis, dans l'inquiétude et l'agitation où je suis, vous écrire plus au long; je ne le dois pas non plus; car, si, dans une circonstance si grave et si impérieuse, j'ai besoin d'une longue lettre pour vous exciter, je n'espère point que vous fassiez ce que je désire et ce qu'il faudrait. Je n'ajoute donc rien à mes prières : considérez seulement qui je suis, et si je ne dois pas obtenir de Cicéron ce que je lui demande, ou comme du meilleur de mes amis, ou, s'il ne veut rien accorder à l'amitié, comme du plus distingué des sénateurs consulaires. Apprenez-moi, je vous prie, le plus tôt que vous pourrez, votre résolution. Le 1er juillet, dans mon camp.

LETTRE XXI

CICÉRON A BRUTUS

Nous n'avons point encore appris par vos lettres, ni par la

meæ liberis facere, quo possit expleri voluntas mea aut officium. Quid vero aut mihi tribuere boni possunt, si modo digni sumus quibus aliquid tribuatur; aut ego matri ac sorori, puerisque illis præstaturus sum, si nihil valuerit apud te reliquumque senatum contra patrem Lepidum Brutus avunculus? Scribere multa ad te neque possum præ sollicitudine ac stomacho, neque debet. Nam si in tanta re tamque necessaria verbis mihi opus est ad te excitandum et confirmandum, nulla spes est, facturum te quod volo, et quod oportet. Quare noli exspectare longas preces : intuere meipsum, qui hoc, vel a Cicerone conjunctissimo homine privatim ; vel a consulari tali viro, remota necessitudine privata, impetrare debeo. Quid sis facturus, velim mihi quamprimum rescribas. Kalend. quint., ex castris.

EPISTOLA XXI

CICERO BRUTO S. D.

Nullas adhuc a te litteras habebamus, ne famam quidem, quæ declararet

rumeur publique, que, conformément à la résolution du sénat, vous conduisissiez votre armée en Italie. Cependant, la république demande instamment que vous le fassiez et sans retard. Nos dissensions croissent de jour en jour, et nos ennemis domestiques deviennent aussi redoutables que ceux du dehors. Ils existaient dès le commencement de la guerre ; mais ils étaient plus faciles à réprimer. Le sénat montrait plus de fermeté, excité qu'il était, non-seulement par mes avis, mais encore par mes exhortations. Pansa, qui y était alors, ne manquait ni de vigueur ni de zèle contre les gens de cette sorte, et surtout contre son beau-père. Son courage s'est soutenu depuis le commencement de son consulat, et sa fidélité jusqu'au dernier moment de sa vie. La guerre se faisait à Modène ; il n'y avait aucun reproche à faire à César, quoique Hirtius n'en fût pas tout à fait exempt. Le succès de cette guerre, du côté de nos avantages, était assez incertain ; mais du côté des disgrâces, on ne pouvait s'en plaindre. La république était victorieuse, les forces d'Antoine en déroute, et lui-même chassé d'Italie par D. Brutus. Mais on a commis ensuite tant de fautes, que la victoire s'est comme échappée de nos mains. Quand les rebelles étaient frappés d'effroi, sans armes, couverts de blessures, nos généraux ont négligé de les poursuivre ; et l'on a donné le temps à Lepidus, dont nous avions souvent éprouvé la légèreté, de la signaler par des effets beaucoup plus pernicieux. Les armées de

---

te cognita senatus auctoritate in Italiam adducere exercitum : quod ut faceres, idque maturares, magnopere desiderabat respublica. Ingravescit enim in dies intestinum malum, nec externis hostibus magis quam domesticis laboramus, qui erant omnino ab initio belli, sed facilius frangebantur. Erectior senatus erat, non sententiis solum nostris, sed etiam cohortationibus excitatus. Erat in senatu satis vehemens et acer Pansa, quum in cæteros hujus generis, tum maxime in socerum : cui consuli non animus ab initio, non fides ad extremum defuit. Bellum ad Mutinam gerebatur, nihil ut in Cæsare reprehenderes ; nonnulla in Hirtio : hujus belli fortuna, ut in secundis, fluxa ; ut in adversis, bona : erat victrix respublica, cæsis Antonii copiis, ipso expulso a Bruto. Deinde ita multa peccata, ut quodammodo victoria excideret e manibus : perterritos, inermes, saucios, non sunt nostri duces persecuti, datimque Lepido tempus est, in quo levitatem ejus sæpe perspectam, majoribus in

D. Brutus et de Plancus sont assez bonnes, quoiqu'en mauvais état. Les troupes auxiliaires des Gaules sont nombreuses et fidèles.

Jusqu'à présent César s'était conduit par mes conseils; il a d'ailleurs en lui un excellent naturel et une admirable fermeté. Mais certaines gens, par leurs lettres artificieuses, par leurs messages et par un faux exposé des choses, lui ont fait concevoir l'espérance entière du consulat. Dès que je m'en suis aperçu, je n'ai cessé par les avis que je lui ai envoyés dans son absence de le détourner de cette pensée. J'en ai fait un reproche aux amis qu'il a dans Rome, et qui semblent encourager son ambition. Je n'ai pas plus balancé à découvrir en plein sénat la source de ces criminels conseils ; et jamais je n'ai été si content que dans cette occasion des magistrats et de toute l'assemblée : en effet, c'est la première fois que, dans une délibération sur les honneurs à accorder à un citoyen, très-puissant, je puis le dire, puisque la mesure du pouvoir est aujourd'hui la force des armes, il ne se soit pas trouvé un tribun, ni un autre magistrat, ni même un simple sénateur pour faire la moindre proposition. Cependant, cette fermeté et cette vertu ne guérissent point la ville de ses alarmes. Nous sommes les jouets, mon cher Brutus, et de la licence des soldats et de l'insolence du général. Chacun veut avoir autant d'autorité dans l'État qu'il a de moyens de l'usurper. La raison, la modération, la loi, la coutume, le devoir,

malis experiremur. Sunt exercitus boni, sed rudes, Bruti et Planci. Sunt fidelissima et maxima auxilia Gallorum.

Sed Cæsarem meis consiliis adhuc gubernatum, præclara ipsum indole admirabilique constantia, improbissimis litteris quidam fallacibusque interpretibus ac nuntiis impulerunt in spem certissimam consulatus. Quod simul atque sensi, neque ego illum absentem litteris monere destiti, nec accusare præsentes ejus necessarios, qui ejus cupiditati suffragari videbantur, nec in senatu sceleratissimorum consiliorum fontes aperire dubitavi : nec vero ulla in re memini, aut senatum meliorem, aut magistratus. Nunquam enim in honore extraordinario potentis hominis, vel potentissimi potius (quando quidem potentia jam in vi posita est et armis), accidit, ut nemo tribunus plebis, nemo alio magistratu, nemo privatus, auctor existeret ; sed in hac constantia atque virtute erat tamen sollicita civitas. Illudimur enim, Brute, quum militum deliciis, tum imperatorum insolentia. Tantum quisque se in republica posse postulat, quantum habet virium : non ratio, non modus, non lex, non mos,

ne sont plus rien ; rien, le respect pour le jugement du public, rien, l'égard pour celui de la postérité.

J'avais prévu depuis longtemps tous ces désordres, et je fuyais de l'Italie lorsque le bruit de vos manifestes me rappela. Vous-même, vous ranimâtes mon courage à Vélie. Je ne songeais pas sans douleur que je retournais dans une ville d'où vous étiez forcé de fuir, vous qui lui aviez rendu la liberté, et dont je me souvenais d'avoir été chassé aussi, dans un même danger et pour éprouver un sort plus cruel encore ; mais je continuai ma route, j'arrivai à Rome, j'y bravai le pouvoir d'Antoine sans le secours d'aucune garde ; et, contre ses perfides armes, les troupes de César qui s'y trouvaient alors, furent, par mon autorité autant que par mes avis, conservées à la république. Si ce jeune homme ne change point de disposition et ne cesse point de se conduire par mes conseils, je suis persuadé que nous serons assez forts ; mais si les conseils des méchants prévalent sur les nôtres, ou si la faiblesse de son âge le rend incapable de soutenir le poids des affaires, toute notre espérance est en vous. Volez donc à nous, je vous en conjure, et cette république, que vous avez plutôt conservée jusqu'à présent par votre grandeur d'âme et par la force de votre courage que par le succès des événements, venez enfin la délivrer. Vous verrez tout le monde s'empresser autour de vous. Exhortez Cassius, par vos lettres, à se hâter

---

non officium valet ; non judicium, non existimatio civium, non posteritatis verecundia.

Hæc ego multo antea prospiciens fugiebam ex Italia, tum, quum me vestrorum edictorum fama revocavit. Incitavisti vero tu me, Brute, Veliæ; quanquam enim dolebam in eam me urbem ire, quam tu fugeres, qui eam liberavisses (quod mihi quoque quondam acciderat, periculo simili, casu tristiore) ; perrexi tamen, Romamque perveni ; nulloque præsidio quatefeci Antonium, contraque ejus arma nefanda, præsidia, quæ oblata sunt Cæsaris, consilio et auctoritate firmavi : qui si steterit idem, mihique paruerit, satis videmur habituri præsidii ; sin autem impiorum consilia plus valuerint quam nostra, aut imbecillitas ætatis non potuerit gravitatem rerum sustinere, spes omnis es in te. Quamobrem advola, obsecro ; atque eam rempublicam quam virtute atque animi magnitudine magis quam eventis rerum liberasti, exitu libera. Omnis omnium concursus ad te futurus est. Hortare idem per litteras Cassium. Spes

aussi. La liberté n'a plus d'espoir que dans vos forces. Nous avons, du côté de l'occident, des généraux et des armées qui nous demeurent fidèles. J'ai encore la même confiance dans les troupes de notre jeune homme ; mais tant de gens travaillent à ébranler sa fermeté, que je crains quelquefois qu'il ne se laisse séduire.

Vous voyez tout l'état des affaires, du moins tel qu'il est au moment que je vous écris. Je souhaite qu'il devienne plus heureux ; mais, s'il en arrive autrement (ce que je prie les dieux de ne pas permettre), je déplorerai le sort de la république, qui devait être immortelle. Pour moi, que je touche de près à mon terme !

LETTRE XXII

CICÉRON A BRUTUS

Votre lettre est bien courte : que dis-je, bien courte ? ce n'est même pas une lettre. Brutus peut-il se contenter de m'écrire trois lignes dans les circonstances où nous sommes ? Il valait mieux ne pas m'écrire du tout. Cependant, vous me demandez des lettres. Avez-vous jamais vu revenir un de vos gens sans vous en apporter ? vous en ai-je écrit une qui ne contînt quel-

---

libertatis nusquam nisi in vestrorum castrorum præsidiis est. Firmos omnino et duces habemus ab occidente et exercitus. Hoc adolescentis præsidium equidem adhuc firmum esse confido ; sed ita multi labefactant, ut, ne moveatur, interdum extimescam.

Habes totum reipublicæ statum ; qui quidem tum erat, quum has litteras dabam. Velim deinceps meliora sint ; sin aliter fuerit (quod dii omen avertant !) reipublicæ vicem dolebo, quæ immortalis esse debebat ; mihi quidem quantulum reliqui est !

EPISTOLA XXII

CICERO BRUTO S. D.

Breves tuæ litteræ : breves dico ; imo nullæ. Tribusne versiculis his temporibus Brutus ad me ? Nihil scripsisses potius ; et requiris meas. Quis unquam ad te tuorum sine meis venit ? Quæ autem epistola non pondus habuit ? Quæ

que chose d'important ? Si vous ne les avez pas reçues, il faut
qu'on ne vous ait pas remis non plus celles de votre famille.
Vous m'en écrirez, dites-vous, une plus longue par mon fils.
Fort bien ; mais celle-ci devait être elle-même plus remplie.

Aussitôt que vous m'eûtes annoncé le départ de mon fils, je
lui dépêchai un messager avec des lettres, pour lui donner ordre,
fût-il déjà arrivé en Italie, de retourner auprès de vous, parce
que rien ne peut être plus agréable pour moi ni plus convenable
pour lui-même. Je lui avais déjà donné avis plus d'une fois
qu'après de grands débats j'avais fait remettre l'élection des
prêtres à l'année suivante, autant dans son intérêt que dans
celui de Domitius, de Caton, de Lentulus et des Bibulus, et je
vous l'avais écrit à vous-même. Mais lorsque vous m'avez écrit
cette petite lettre, vous ignoriez cela. Je vous prie donc instamment, mon cher Brutus, de ne faire partir mon fils qu'avec
vous ; et si vous souhaitez du bien à la république, pour laquelle
vous êtes né, vous ne devez pas perdre vous-même un moment.
La guerre vient de renaître ; et ce n'est pas un faible crime dont
Lépidus s'est chargé. L'armée de César était excellente ; mais,
loin de nous être utile, elle nous met dans la nécessité d'appeler
la vôtre. Si elle paraît en Italie, il n'est personne de tout ce qui
mérite de porter le nom de citoyen, qui ne se rende à votre

---

si ad te perlatæ non sunt, ne domesticas quidem tuas perlatas arbitror. Ciceroni scribis te longiorem daturum epistolam : recte id quidem. Sed hæc quoque debuit esse plenior.

Ego autem, quum ad me de Ciceronis abs te discessu scripsisses, statim extrusi tabellarios, litterasque ad Ciceronem, ut etiamsi in Italiam venisset, ad te rediret : nihil enim mihi jucundius, nihil illi honestius : quanquam aliquoties ei scripseram sacerdotum comitia, mea summa contentione, in alterum annum esse rejecta, quod ego quum Ciceronis causa elaboravi, tum Domitii, Catonis, Lentuli, Bibulorum, quod ad te etiam scripseram. Sed videlicet quum illam pusillam epistolam tuam ad me dabas, nondum erat tibi id notum. Quare omni studio a te, mi Brute, contendo, ut Ciceronem meum ne dimittas, tecumque adducas : quod ipsum, si rempublicam, cui susceptus es, respicis, tibi jamjamque faciendum est : renatum enim bellum est, idque non parvo scelere Lepidi. Exercitus autem Cæsaris, qui erat optimus, non modo nihil prodest, sed etiam cogit exercitum tuum flagitare : qui si Italiam attigerit, erit civis nemo (quem quidem civem appellari fas sit) qui se non in tua castra

camp. A la vérité, Brutus s'est uni avec Plancus; mais vous n'ignorez pas combien peu il faut compter sur l'esprit des hommes quand ils se livrent aux impressions de parti, et sur le sort des batailles. D'ailleurs, si nous sommes victorieux, comme je l'espère, nous aurons besoin de votre autorité et de vos conseils pour rétablir le gouvernement. Hâtez-vous donc, au nom des dieux, de venir à notre secours, et soyez persuadé qu'en nous délivrant de l'esclavage aux ides de mars, vous n'avez pas rendu à votre patrie un service plus important que celui que lui rendra votre prompte arrivée. Le 12 juillet.

LETTRE XXIII

CICÉRON A BRUTUS

Nous vous renvoyons Messala. Quelle lettre si exacte pourrais-je vous écrire qui vous fît connaître la situation de la république plus nettement qu'il ne vous l'exposera lui-même, lui qui connaît tout à fond et est capable de le traduire et de l'expliquer de la manière la plus distinguée? Et remarquez-le bien, Brutus (car, quoique je n'aie pas besoin de vous rappeler son mérite

conferat. Etsi Brutum præclare cum Planco conjunctum habemus; sed non ignoras quam sint incerti, et animi hominum, infecti partibus, et exitus prœliorum. Quin etiam, si, ut spero, vicerimus tamen magnam gubernationem tui consilii tuæque auctoritatis res desiderabit. Subveni igitur, per deos, idque quamprimum; tibique persuade non te idibus martiis, quibus servitutem a tuis civibus repulisti plus profuisse patriæ, quam, si mature veneris, profuturum. iv id. quint.

EPISTOLA XXIII

CICERO BRUTO S. D.

Messalam habes. Quibus igitur litteris tam accurate scriptis assequi possum, subtilius ut explicem quæ gerantur, quæque sint in republica, quam tibi is exponet, qui et optime omnia novit, et elegantissime expedire et deferre ad te potest? Cave enim existimes, Brute (quanquam non est necesse ea me ad

qui est connu, je ne puis refuser mes louanges à tant d'excellentes qualités), j'aurais peine à nommer quelqu'un qui l'égale en probité, en constance, en zèle pour la patrie ; aussi l'éloquence, dans laquelle vous savez qu'il excelle, mérite à peine de trouver place dans son éloge, puisque, dans ce talent même, ce qu'il a de plus admirable est la prudence, qui lui a fait choisir avec tant de jugement et de goût la véritable manière de parler en public. D'un autre côté, son industrie et son application sont si extraordinaires, qu'avec les plus merveilleuses qualités on s'imaginerait bien à tort qu'il ne doit presque rien à la nature. Mais l'amitié que j'ai pour lui m'emporte trop loin. Ce que je me suis proposé dans cette lettre n'était pas de faire l'éloge de Messala, surtout m'adressant à Brutus, qui ne connaît pas moins que moi sa vertu et ses talents, que je ne cesse de louer. Si quelque chose est capable d'adoucir le regret que j'ai de son départ, c'est qu'en se rendant auprès de vous, qui êtes assurément un autre moi-même, on doit compter tout à la fois qu'il remplit son devoir, et qu'il a pris le véritable chemin de l'honneur. Mais c'est assez parler de lui.

J'arrive, après un assez long intervalle, à faire quelques réflexions sur une de vos lettres, dans laquelle tout en louant ma conduite sur plusieurs points, vous me reprochez une chose : une espèce de prodigalité dans la distribution des honneurs.

te, quæ tibi nota sunt, scribere; sed tamen tantam omnium laudum excellentiam non queo silentio præterire), cave putes, probitate, constantia, cura, studio reipublicæ, quidquam illi esse simile, ut eloquentia, qua mirabiliter excellit, vix in eo locum ad laudandum habere videatur, quanquam in hoc ipso sapientia plus apparet, ita gravi judicio multaque arte se exercuit in verissimo genere dicendi. Tanta autem industria est, tantumque evigilat in studio, ut non maxima ingenio (quod in eo summum est) gratia habenda videatur. Sed provehor amore ; non enim id propositum est huic epistolæ, Messalam ut laudem ; præsertim ad Brutum, cui et virtus illius non minus quam mihi nota est, et hæc ipsa studia quæ laudo, notiora : quem quum a me dimittem graviter ferrem, hoc levabar uno, quod ad te tanquam ad alterum me, proficiscens, et officio fungebatur, et laudem maximam sequebatur. Sed hac hactenus.

Venio nunc, longo sane intervallo, ad quamdam epistolam, qua mihi multa tribuens, unum reprehendebas, quod in honoribus decernendis essem nimius

Voilà votre grief; d'autres m'accusent probablement d'avoir été trop sévère à punir, ou peut-être me faites-vous également ces deux reproches. Si cela est, je suis bien aise de vous expliquer une fois mes sentiments sur l'un et l'autre point; non que je cherche à placer ici une pensée de Solon (le plus admirable des sept sages, et le seul d'entre eux qui ait écrit des lois) : il prétendait que l'essence de l'administration consistait en deux points, les récompenses et les punitions, en quoi je voudrais néanmoins, comme dans tout le reste, qu'on observât toujours un juste tempérament. Mais mon dessein n'est pas d'entrer ici dans la discussion d'un si grand sujet. Je me borne à vous expliquer les raisons qui ont servi de règle à mes avis depuis le commencement de la guerre.

Après la mort de Jules César et vos mémorables ides de mars, mon cher Brutus, je vous déclarai ce qui avait manqué à votre entreprise, et quelle tempête je voyais prête à fondre sur la république; vous ne l'avez pas oublié. Vous nous aviez délivré d'un grand mal; vous aviez lavé le peuple romain d'une tache honteuse, vous vous étiez acquis une gloire divine. Mais tous les attributs du pouvoir royal tombaient entre les mains de Lepidus et d'Antoine, l'un inconstant, l'autre vicieux, tous deux ennemis du repos et de la paix publique. A ces deux hommes ardents à susciter de nouveaux troubles, nous n'avions aucune défense à opposer, quoique toute la ville fît éclater unanime-

et tanquam prodigus. Tu hoc : alius fortasse quod in animadversione pœnaque durior; nisi forte utrumque tu. Quod si ita est, utriusque rei meum judicium tibi cupio esse notissimum; neque solum, ut Solonis dictum usurpem, qui et sapientissimus fuit ex septem, et legum scriptor solus ex septem. Is rempublicam duabus rebus contineri dixit, præmio et pœna ! est scilicet utriusque rei modus, sicut reliquarum, et quædam in utroque genere mediocritas. Sed non tanta de re propositum est hoc loco disputare. Quid ego autem sensus hoc bello sim in sententiis dicendis, aperire non alienum puto.

Post interitum Cæsaris et vestras memorabiles idus martias, Brute, quid ego prætermissum a vobis, quantamque impendere reipublicæ tempestatem dixerim, non es oblitus. Magna pestis erat depulsa per vos, magna populi Romani macula deleta : vobis vero parta divina gloria ; sed instrumentum regni delatum ad Lepidum et Antonium ; quorum alter inconstantior, alter impurior ; uterque pacem metuens, inimicus otio. His ardentibus perturbandæ reipublicæ cupiditate, quod opponi posset præsidium, non habebamus. Erexerat enim se

ment son zèle pour l'intérêt de la liberté. On me croyait alors trop violent ; et, plus sage que moi peut-être, vous quittâtes Rome, que vous veniez de délivrer, et vous refusâtes le secours de l'Italie entière, qui vous offrait de s'armer pour votre cause. Quand je vis la ville entre les mains d'une troupe de traîtres, nulle sécurité dans ses murs pour vous et Cassius, les armes d'Antoine la tenant opprimée, je crus qu'il était temps pour moi d'en sortir aussi. Je voulais fuir un si triste spectacle, dans l'impuissance où j'étais d'y remédier. Cependant, toujours semblable à moi-même, toujours possédé de mon amour pour la patrie, je ne pus soutenir la pensée de l'abandonner dans le danger. Au milieu du voyage que j'avais entrepris dans la Grèce, dans la saison des vents étésiens, un vent du midi m'ayant repoussé vers l'Italie, comme s'il eût voulu me détourner de ma résolution, je vous trouvai à Vélie, et votre rencontre ne me causa pas peu de douleur ; car vous vous retiriez, Brutus, vous vous retiriez, vous dis-je, puisque nos stoïciens ne veulent point que leur sage puisse fuir. Aussitôt que je fus retourné à Rome, je m'exposai à la fureur et à la malignité d'Antoine, et lorsque je l'eus bien irrité contre moi, je commençai à prendre d'autres mesures, dans le genre de celles des Brutus ; car les mesures de cette sorte ont toujours été propres à votre sang pour assurer la liberté publique.

Je passe sur mille circonstances qui n'ont de rapport qu'à

---

civitas in retinenda libertate consentiens. Nos tum nimis acres, vos fortasse sapientius excessistis urbe ea quam liberaratis : Italiæ sua vobis studia profitenti remisistis. Itaque quum teneri urbem a parricidis viderem, nec te in ea nec Cassium tuto esse posse, eamque armis oppressam ab Antonio, mihi quoque ipsi esse excedendum putavi. Tetrum enim spectaculum, oppressa ab impiis civitas opitulandi potestate præcisa. Sed animus idem, qui semper infixus est patriæ caritate, discessum ab ejus periculis ferre non potuit. Itaque in medio Achaico cursu, quum etesiarum diebus auster me in Italiam, quas dissuasor mei consilii, retulisset, te vidi Veliæ, doluique vehementer. Cedebas enim, Brute, cedebas, quoniam stoici nostri negant fugere sapientis. Romam ut veni, statim me obtuli Antonii sceleri atque dementiæ ; quem quum in me incitavissem, consilia inire cepi Brutina plane, vestri enim sunt hæc propria sanguinis, reipublicæ liberandæ.

Longa sunt quæ restant, prætereunda ; sunt enim de me : tantum dico Cæ-

moi, et j'observe seulement que le jeune César, à qui, si nous voulons être sincères, nous devons de subsister encore, n'a rien fait d'utile que par mes conseils. Les honneurs que je lui ai fait décerner, mon cher Brutus, lui étaient tous dus, ils étaient tous nécessaires. Oui, lorsque nous avons commencé à recouvrer une ombre de liberté, avant que la vertu de Decimus Brutus eût déployé toute sa force, et lorsque nous étions sans autre défenseur que cet adolescent, qui nous avait heureusement délivrés d'Antoine, quels honneurs ne méritait-il pas? Cependant ceux qu'il reçut alors de moi n'étaient encore que des éloges, et des éloges fort modérés. A la vérité, je lui fis accorder le commandement par un décret; mais si cette faveur était fort honorable pour son âge, il faut songer qu'elle ne pouvait être refusée à celui qui se trouvait à la tête d'une puissante armée. A quoi cette armée pouvait-elle être utile, si elle était demeurée sans commandant? Philippus proposa de lui élever une statue ; Servius, qu'il pût obtenir les dignités publiques avant le temps ordinaire ; Servilius, que ce temps fût encore abrégé. Rien alors ne semblait trop pour lui. Mais je ne sais pourquoi l'on a toujours plus de libéralité dans la crainte que de reconnaissance après le succès. Ainsi lorsque D. Brutus fut délivré du siège, jour heureux pour les Romains, qui se trouvait être en même temps celui de sa naissance, je fis ordonner, par un décret, que ce grand jour serait marqué de son nom dans le calendrier. Je ne faisais en cela que suivre l'exemple

sarem, hunc adolescentem per quem adhuc sumus, si verum fateri volumus, fluxisse ex fonte consiliorum meorum. Huic habiti a me honores nulli quidem, Brute, nisi debiti; nulli, nisi necessarii. Ut enim primum libertatem revocare cœpimus, quum se nondum ne Decimi quidem Bruti divina virtus ita commovisset, ut jam id scire possemus, atque omne præsidium esset in puero, qui a cervicibus nostris avertisset Antonium, quis honos ei non fuit decernendus? Quanquam ego illi tum verborum laudem tribui, eamque modicam. Decrevi etiam imperium ; quod quanquam videbatur illi ætati honorificum, tamen erat exercitum habenti necessarium : quid enim est sine imperio exercitus ? Statuam Philippus decrevit ; celeritatem petitionis primo Servius ; post, majorem etiam Servilius : nihil tum nimium videbatur. Sed nescio quomodo facilius in timore benigni, quam in victoria grati reperiamur. Ego enim, D. Bruto liberato, quum lætissimus ille civitati dies illuxisset, idemque casu Bruti natalis esset, decrevi, ut in fastis ad eum diem Bruti nomen adscriberetur : in eoque sum

de nos ancêtres, qui ont rendu le même honneur à une femme, à Larentia, dont nos prêtres célèbrent religieusement la fête au mois de février. En accordant cette distinction à D. Brutus, mon dessein était d'éterniser le souvenir d'une heureuse victoire ; mais je m'aperçus bien, ce jour-là, qu'il y avait plus de mauvaise volonté que de gratitude dans une partie du sénat.

Ce fut aussi dans ces mêmes jours que je prodiguai, si vous le voulez, des honneurs à la mémoire de Pansa, d'Hirtius et même d'Aquila. Qui peut m'en faire un reproche, si ce n'est ceux qui, la crainte passée, perdent la mémoire du danger ? Outre le sentiment d'une juste reconnaissance, j'avais un motif d'utilité pour l'avenir : je voulais laisser un monument éternel de la haine publique pour nos plus cruels ennemis. Je soupçonne bien ce qui vous a déplu : car vos amis de Rome, qui sont des citoyens excellents, mais sans expérience dans les affaires publiques, n'en ont pas été plus satisfaits que vous : c'est que j'aie fait décerner une ovation à César. Pour moi, je puis me tromper (car je ne suis pas de ceux qui n'approuvent que ce qui vient d'eux-mêmes) ; mais, dans tout le cours de la guerre, je crois n'avoir rien fait avec plus de prudence. Quelle en est la raison ? Il n'est point à propos que je l'explique, de peur qu'on ne m'accuse d'avoir été plus prévoyant que reconnaissant ; c'est même en dire trop : passons sur cet article. J'ai décerné des honneurs à Decimus Brutus, j'en ai décerné à Plancus. A la vérité, les

---

majorum exemplum secutus, qui hunc honorem mulieri Larentiæ tribuerunt : cui vos pontifices ad aram in Velabro facere soletis. Quod ego quum dabam Bruto, notam esse in fastis gratissimæ victoriæ sempiternam volebam ; atqui illo die cognovi paulo plures in senatu malivolos esse quam gratos.

Eos per ipsos dies, effudi (si ita vis) honores in mortuos Hirtium et Pansam, Aquilam etiam : quod quis reprehendat, ni qui, deposito metu, præteriti periculi fuerit oblitus ? Accedebat ad beneficii memoriam gratam ratio illa, quæ etiam posteris esset salutaris. Exstare enim volebam in crudelissimos hostes monumenta odii publici sempiterna. Suspicor illud minus tibi probari, quod ab tuis familiaribus, optimis illis quidem viris, sed in republica rudibus, non probatur ; quod ut ovanti introire Cæsari liceret, decreverim. Ego autem (sed erro fortasse ; nec tamen is sum, ut mea me maxime delectant) nihil mihi videor hoc bello sensisse prudentius. Cui autem ita sit aperiendum non est, ne magis videar providus fuisse, quam gratus : hoc ipsum nimium ; quare alia videamus. D. Bruto decrevi honores, decrevi L. Planco. Præclara illa qui-

grandes âmes ne sont sensibles qu'à la gloire ; mais le sénat est fort sage aussi, qui cherche le moyen le plus propre, pourvu qu'il soit honnête, à engager chacun au service de la république, et qui s'en sert. Je suis blâmé au sujet de Lepidus, à qui j'ai fait élever près de la tribune une statue, que j'ai fait ensuite renverser. J'avais espéré qu'un tel honneur le ferait renoncer à des projets désespérés ; mais sa folie et sa légèreté l'ont emporté sur ma prudence. Cependant je n'ai pas fait tant de mal en lui élevant une statue que de bien en la faisant abattre ; mais je me suis assez étendu sur les honneurs ; venons, en peu de mots, à l'article des punitions.

J'ai souvent observé, dans vos lettres, que vous tenez à faire louer votre clémence dans la manière dont vous traitez les vaincus. La sagesse préside sans doute à toutes vos actions. Mais laisser le crime sans punition, ce qu'on appelle pardonner, fût-il admissible en d'autres circonstances, ce serait, j'en suis persuadé, dans la guerre présente, une conduite pernicieuse. De toutes les guerres civiles que Rome a vu naître de notre temps, il n'y en a pas une où, de quelque côté que la fortune se déclarât, on ne pût espérer qu'il resterait quelque forme de république. Dans celle-ci, si nous sommes vainqueurs, quelle forme la république pourra-t-elle conserver ? je ne saurais le dire ; si nous sommes vaincus, il n'y aura plus de république.

dem ingenia, quæ gloria invitantur ; sed senatus etiam sapiens, qui qua quemque re putat, modo honesta, ad rempublicam juvandam posse adduci, hac utitur. At in Lepido reprehendimur, cui quum statuam in Rostris statuissemus, iidem illam evertimus. Nos illum honore studuimus a furore revocare : vicit amentia levissimi hominis nostram prudentiam ; nec tamen tantum in statuenda Lepidi statua factum est mali, quantum in evertenda, boni. Satis multa de honoribus, nunc de pœna pauca dicenda.

Intellexi enim ex tuis litteris te in iis quos bello devicisti, clementiam tuam velle laudari. Existimo equidem nihil a te, nisi sapienter. Sed sceleris pœnam prætermittere (id enim est quod vocatur ignoscere), etiamsi in cæteris rebus tolerabile est, in hoc bello perniciosum puto. Nullum enim bellum civile fuit in nostra republica omnium quæ memoria nostra fuerunt, in quo bello non, utracumque pars vicisset, tamen aliqua forma esset futura reipublicæ : hoc bello victores quam rempublicam simus habituri, non facile affirma-

On a donc pu trouver de la rigueur dans mes avis contre Antoine et Lepidus; mais l'esprit de vengeance ne s'y est pas mêlé : je n'ai pas eu d'autre vue que de détourner les mauvais citoyens de faire la guerre à la patrie, et d'arrêter à l'avenir cette témérité par un grand exemple. D'ailleurs, ces avis ne m'étaient pas plus propres qu'à tout le corps du sénat. Il semble, je l'avoue, qu'il y ait quelque cruauté à faire passer la punition jusque sur des enfants, qui n'ont rien fait pour le mériter; mais tel est l'antique usage de tous les États. Les enfants de Thémistocle furent réduits à la dernière pauvreté; on impose ce châtiment à des citoyens condamnés pour des crimes particuliers : pourquoi donc traiterions-nous nos ennemis avec plus d'indulgence? Mais de quel front se plaindraient-ils de moi, eux qui, s'ils avaient vaincu, doivent avouer qu'ils m'auraient bien moins épargné?

Voilà les motifs des avis que j'ai portés au sénat sur les récompenses et les punitions. A l'égard des autres points, vous avez, je le suppose, appris ce que j'ai pensé et voulu. Mais il serait inutile ici de le rappeler. Ce qui est nécessaire, mon cher Brutus, c'est que vous vous hâtiez de passer en Italie avec votre armée; vous ne sauriez croire avec quelle impatience on vous attend : aussitôt que vous paraîtrez, vous verrez courir tout le monde à vous. Si l'avantage de la guerre est pour nous,

---

rim; victis certe nulla unquam erit. Dixi igitur sententias in Antonium, dixi in Lepidum, severas; neque tam ulciscendi causa quam ut et in præsens sceleratos cives timore ab impugnanda patria deterrerem, et in posterum documentum statuerem, ne quis talem amentiam vellet imitari; quanquam hæc quidem sententia non magis mea fuit, quam omnium : in qua videtur illud esse crudele, quod ad liberos, qui nihil meruerunt, pœna pervenit. Sed id et antiquum est omnium civitatum; si quidem etiam Themistoclis liberi eguerunt : et, si judicio damnatos eadem pœna sequitur cives, qui potrimus leniores esse in hostes? Quid autem queri potest quisquam de me, qui, si vicisset, acerbiorem se in me futurum fuisse confiteatur necesse est?

Habes rationem mearum sententiarum, de hoc genere duntaxat honoris et pœnæ; nam de cæteris rebus quid senserim, quidque censuerim, audise te arbitror. Sed hæc quidem non ita necessaria : illud valde necessarium, Brute, te in Italiam cum exercitu venire quamprimum : summa est exspectatio tui; quod si Italiam attigeris, ad te concursus fiet omnium. Sive enim vicerimus

comme il le serait déjà si Lepidus n'avait essayé de tout perdre, quitte à périr lui-même avec ses amis, on aura besoin de votre autorité pour rétablir quelque ordre dans la ville. S'il reste des difficultés à vaincre et des combats à livrer, notre principal espoir est dans votre autorité et dans la force de vos troupes. Mais hâtez-vous, au nom des dieux ; car vous connaissez le prix du temps et de la promptitude. Avec combien de zèle je vais embrasser l'intérêt de vos neveux, vous l'apprendrez bientôt, par les lettres de votre mère et de votre sœur. J'ai plus d'égards ici à vos désirs, auxquels j'aimerais toujours à me conformer, qu'à l'honneur de ma constance, du moins dans l'opinion de certaines gens ; mais c'est dans l'amitié que j'ai pour vous que j'ai le plus à cœur d'être constant et de le paraître.

LETTRE XXIV

BRUTUS A CICÉRON

J'ai lu une partie de votre lettre à Octave. Atticus me l'avait envoyée. Votre inquiétude et votre zèle pour ma santé ne m'ont pas causé une joie nouvelle ; ce n'est pas souvent, c'est

(qui quidem pulcherrime viceramus, nisi Lepidus perdere omnia, et perire ipse cum suis concupivisset), tua nobis auctoritate opus est ad collocandum aliquem civitatis statum ; sive etiam nunc certamen reliquum est, maxima spes est quum in auctoritate tua, tum in exercitus tui viribus. Sed propera, per deos ; scis enim quantum sit in temporibus, quantum in celeritate. Sororis tuæ filiis quam diligenter consulam spero te ex matris et ex sororis litteris cogniturum : qua in causa majorem habeo rationem tuæ voluntatis, quæ mihi carissima est, quam, ut quibusdam videor, constantiæ meæ ; sed ego nulla in re malo, quam te amando, constans esse et videri.

EPISTOLA XXIV

BRUTUS CICERONI S. D.

Particulam litterarum tuarum quas misisti Octavio legi, missam ab Attico mihi : studium tuum curaque de salute mea nulla me nova voluptate affecit.

tous les jours, que j'apprends de vous quelque parole ou quelque action qui attestent votre fidélité à soutenir mon honneur et ma dignité. Cependant le plus sensible déplaisir que je puisse recevoir, la même partie de votre lettre me l'a causé. Vous faites à Octave des remercîments si flatteurs du service qu'il a rendu à la république, et dans des termes si humbles et si suppliants, que... dois-je le dire? j'ai honte de notre fortune et de notre condition.

Mais il faut s'expliquer : vous lui recommandez notre sûreté ! quelle mort nous serait jamais aussi funeste? n'est-ce pas déclarer que notre esclavage n'est pas fini, et que nous n'avons fait que changer de maître? Reconnaissez vos expressions, et niez, si vous l'osez, que ce soit la prière d'un esclave à son roi.

On attend de lui une chose, lui dites-vous : on lui demande de laisser vivre en sûreté des citoyens qui ont l'estime des honnêtes gens et celle du peuple romain. Mais quoi ! s'il refuse cette faveur, faut-il que nous perdions la vie? Certes, il vaut mieux la perdre, en effet, que de la lui devoir. Non, je ne puis croire les dieux si ennemis du salut de Rome, qu'Octave doive être supplié pour le salut d'un citoyen, et encore moins pour celui des libérateurs du monde. J'emploie volontiers ces magnifiques expressions : elles me conviennent à l'égard de ceux qui paraissent ignorer quel est le péril qui nous menace, ou à qui

Non solum enim usitatum, sed etiam quotidianum est, aliquid audire de te quod pro nostra dignitate fideliter atque honorifice dixeris, aut feceris. At dolore, quantum animo maximum capere possum, eadem illa pars epistolæ scriptæ ad Octavium de nobis, affecit. Sic enim illi gratias agis de republica; tam suppliciter ac demisse ; quid scribam? pudet conditionis ac fortunæ.

Sed tamen scribendum est, commendas nostram salutem illi; quæ morte qua non perniciosior? ut prorsus præ te ferat, non sublatam dominationem, sed dominum commutatum esse. Verba tua recognosce ; et aude negare servientis adversus regem istas esse preces.

Unum ais esse quod ab eo postuletur et exspectetur : ut eos cives de quibus viri boni populusque Romanus bene existimet, salvos velit. Quod si nolit? non erimus? Atqui non esse quam esse per illum præstat. Ego, medius fidius, non existimo tam omnes deos aversos esse a salute populi Romani, ut Octavius orandus sit pro salute cujusquam civis, non dicam pro liberatoribus orbis terrarum. Juvat enim magnifice loqui, et certe decet adversus ignorantes, quid

l'on doit adresser des prières. Quoi ! Cicéron, vous reconnaissez ce pouvoir dans Octave, et vous continuez d'être de ses amis ? si vous êtes le mien, pouvez-vous souhaiter que je paraisse à Rome lorsqu'il faut en obtenir la permission de cet enfant ? De quoi le remerciez-vous donc, si pour qu'il nous permette de vivre, vous croyez qu'il faille le prier ? Lui faites-vous un mérite d'aimer mieux que ce soit à lui qu'à M. Antoine que nous ayons cette obligation ? Sans succéder lui-même au tyran, un homme qui a détruit la tyrannie a-t-il besoin qu'on lui demande de la sûreté pour ceux qui ont bien servi la république ?

Mais c'est cette apparence de désespoir et de faiblesse, dont je ne vous fais pas d'ailleurs un crime plus grand qu'à tous les autres, qui a poussé le premier César à l'ambition de régner, qui a fait naître après sa mort le même désir dans le cœur d'Antoine, et qui élève aujourd'hui cet enfant si haut, que vous vous croyez obligé de recourir aux prières pour la conservation de gens tels que nous, et de n'attendre désormais notre salut que de sa compassion. Si nous nous souvenions que nous sommes Romains, ces misérables n'auraient pas tant d'ardeur à se mettre en possession du pouvoir que nous à les en éloigner, et le règne de César n'inspirerait pas tant d'audace à M. Antoine que la fin de sa vie lui causait d'effroi. Vous, qui êtes sénateur consulaire, vous qui nous avez vengés de tant de trahisons, dont je crains

pro quoque timendum, aut a quo petendum sit. Hoc tu, Cicero, posse fateris Octavium, et illi amicus est ? aut, si me carum habes, vis Romæ videri ; quum, ut ibi esse possem, commendandus puero illi fuerim ? Cui, quid agis gratias, si ut nos salvos esse velit et patiatur, rogandum putas ? An hoc pro beneficio est habendum, quod se, quam Antonium esse maluerit, a quo ista petenda essent ? Vindici quidem alienæ dominationis, non vicario, ecquis supplicat, ut optime meritis de republica liceat esse salvis ?

Ista vero imbecillitas et desperatio, cujus culpa non magis in te residet quam in omnibus aliis, et Cæsarem in cupiditatem regni impulit, et Antonium post interitum illius persuasit, ut interfecti locum occupare conaretur, et nunc puerum istum extulit, ut tu judicares precibus esse impetrandam salutem talibus viris, misericordiaque unius, vix etiam nunc viri, tutos fore nos ; haud ulla alia re. Quod si Romanos nos esse meminissemus, non audacius dominari cuperent postremi homines, quam id nos prohiberemus ; neque magis incitatus esset Antonius regno Cæsaris quam ob ejusdem mortem deterritus. Tu quidem consularis, et tantorum scelerum vindex (quibus oppressis, vereor

bien que le châtiment n'ait servi qu'à retarder quelque temps notre ruine, comment pouvez-vous réfléchir à ce que vous avez fait, et donner votre approbation à ce qui se passe aujourd'hui, ou le souffrir du moins avec tant de patience qu'il semble en effet que vous l'approuviez? car enfin, quel sujet de haine avez-vous personnellement contre Antoine? je n'en connais point d'autre que la nécessité où il a voulu nous mettre de tenir de lui notre salut, de lui devoir la vie, nous à qui il doit la liberté; de voir en lui l'arbitre de l'État. Vous avez cru qu'on ne pouvait se dispenser de prendre les armes pour s'opposer à ses usurpations; mais quel était votre dessein en les arrêtant? était-ce de favoriser l'ambition d'un autre qui voudrait prendre la place, ou rendre la république libre et indépendante, à moins toutefois que, dans notre résistance, il ne fût pas autant question de notre liberté que des conditions de notre esclavage? Dans ce cas, nous aurions eu dans Antoine non-seulement un maître facile, qui eût adouci notre sort; mais un maître libéral, qui nous aurait accordé autant de part que nous aurions voulu à ses bienfaits. Qu'aurait-il pu refuser à ceux dont il aurait vu que la patience eût été le plus ferme appui de son empire?

Mais nous n'avons rien trouvé d'assez précieux pour le mettre en balance avec notre foi et notre liberté. Cet enfant même, que son nom de César anime contre les destructeurs de César, à quel

---

ne in breve tempus dilata sit abs te pernicies), qui potes intueri quæ gessoris, simul et ita demisse ac facile pati, ut probanti speciem habeas? Quod autem tibi cum Antonio privatum odium? Nempe quia postulabat hæc, salutem ab se peti; precariam nos incolumitatem habere, a quibus ipse libertatem accepisset; esse arbitrium suum de republica. Quærenda esse arma putasti, quibus dominari prohiberetur; scilicet, ut illo prohibito, rogaremus alterum, qui se in ejus locum reponi pateretur, an ut esset sui juris ac mancipii respublica? nisi forte non de servitute, sed de conditione serviendi recusatum est a nobis. Atqui non solum bono domino potuimus Antonio tolerare nostram fortunam, sed etiam beneficiis atque honoribus, ut participes, frui quantis vellemus. Quid enim negaret iis quorum patientiam videret maximum suæ dominationis præsidium esse?

Sed nihil tanti fuit quo venderemus fidem nostram et libertatem. Hic ipse puer, quem Cæsaris nomen incitare videtur in Cæsaris interfectores, quanti

prix n'achèterait-il pas notre suffrage, si nous étions capables de
ce commerce, pour se procurer un pouvoir, auquel je prévois,
d'ailleurs, qu'il ne parviendra que trop, puisque nous voulons
assurer notre vie, nous voir riches, nous entendre appeler consulaires? Mais la mort de César aura donc été inutile : et pourquoi nous en être applaudis, si nous n'en devions pas moins être
esclaves? Demeure qui voudra dans l'indifférence; pour moi, je
prie les dieux et les déesses de m'ôter plutôt tout autre bien
que la résolution où je suis de ne point accorder à l'héritier de
l'homme que j'ai tué ce que je n'ai point accordé à cet homme, et
de ne pas souffrir que mon père même, s'il revenait au monde,
eût plus d'autorité que le sénat et les lois. Comment vous imaginez-vous que la liberté puisse nous venir d'un homme contre
la volonté duquel nous ne pouvons pas trouver place dans la ville?
D'ailleurs, comment espérez-vous obtenir ce que vous lui demandez? Vous demandez pour nous la sûreté : suffit-il donc à vos
yeux, pour notre sûreté, qu'on nous accorde la vie? Eh! comment
pourrons-nous la recevoir, s'il faut commencer par le sacrifice
de notre liberté et de notre honneur? Vivre à Rome, croyez-vous
que ce soit être en sûreté? C'est à la chose même, ce n'est point
au lieu que je veux devoir la mienne. Je ne me suis cru en sûreté,
pendant la vie de César, qu'après avoir formé ma fameuse résolution; et nulle part je ne me regarderai comme en exil, tant

æstimet (si sit commercio locus) posse, nobis auctoribus, tantum quantum profecto poterit; quoniam vivere et pecunias habere et dici consulares volumus.
Cæterum nequicquam perierit ille : cujus interitu quid gavisi sumus, si mor
tuo nihilominus servituri eramus? Nulla cura adhibeatur. Sed mihi prius
omnia dii deæque eripuerint, quam illud judicium quo non modo hæredi ejus,
quem occidi, non concesserim, quod in illo non tuli, sed ne patri quidem
meo, si reviviscat, ut patiente me, plus legibus ac senatu possit. An hoc tibi
persuasum est, fore cæteros ab eo liberos, quo invito nobis in ista civitate locus non sit? Qui porro id, quod petis, fieri potest ut impetres? Rogas enim
velit nos salvos esse. Videmur ergo tibi salutem accepturi quum vitam acce-
perimus? quam si prius dimittimus dignitatem et libertatem, qui possumus
accipere? An tu Romæ habitare, id putas incolumem esse? Res, non locus
oportet præ et istuc mihi; neque incolumis fui Cæsare vivo, nisi postquam
illud conscivi facinus; neque usquam exsul esse possum, dum servire et pati

que l'esclavage et les affronts seront pour moi le plus terrible de tous les maux. Ne retombons-nous pas dans notre première confusion, quand celui qui a succédé au nom du tyran, contre l'usage des villes de la Grèce, où les rejetons des tyrans sont punis avec eux, reçoit des supplications pour la sûreté des vengeurs de la tyrannie? Puis-je désirer de revoir, puis-je croire digne de son nom une ville qui n'a pu recevoir la liberté lorsqu'elle lui était offerte, lorsqu'on la pressait de l'accepter; et qui se laisse plus abattre par la terreur de son dernier roi dans la personne d'un enfant, qu'elle n'a de confiance en elle-même, quoiqu'elle ait vu ce même roi périr au milieu de son pouvoir par la main d'un petit nombre de citoyens vertueux? Non, mon cher Cicéron, ne me recommandez plus à votre Octave; et vous pas davantage, si vous m'en croyez. Vous estimez trop les quelques années de vie que comporte votre âge, si, pour vous les assurer, vous croyez devoir supplier un enfant.

Ce n'est pas tout, prenez garde que ce que vous avez fait jusqu'à présent, et ce que vous faites encore de plus glorieux contre Antoine, ne passe moins pour l'ouvrage de la vertu que pour l'effet de la crainte. Si, dans l'opinion que vous avez d'Octave, vous jugez qu'on doive lui demander notre sûreté, on croira que vous avez voulu, non pas fuir un maître, mais en chercher un qui vous aime. J'approuve assurément les éloges que vous avez

---

contumelias pejus odero malis omnibus aliis. Nonne hoc est in easdem tenebras recidisse, quum ab eo qui tyranni nomen ascivit sibi (quum in Græcis civitatibus liberi tyrannorum, oppressis illis, eodem supplicio afficiantur) petitur, ut vindices atque oppressores dominationis salvi sint? Hanc ego civitatem videre velim, aut putem ullam, quæ ne traditam quidem atque inculcatam libertatem accipere possit, plusque timeat in puero nomen sublati regis, quam confidat sibi, quum illum ipsum qui maximas opes habuerit, paucorum virtute sublatum videat? Me vero posthac ne commendaveris Cæsari tuo : ne te quidem ipsum, si me audies. Valde care æstimas tot annos quot ista ætas recipit, si propter eam causam puero isti supplicaturus es.

Deinde quod pulcherrime fecisti ac facis in Antonio, vide ne convertatur a laude maximi animi ad opinionem formidinis. Nam si Octavius tibi placet, a quo de nostra salute petendum sit, non dominum fugisse, sed amiciorem dominum quæsisse videberis. Quem quod laudas ob ea, quæ adhuc fecit, plane

donnés jusqu'ici à ses actions; elles méritent vos louanges, s'il n'a pas plutôt pensé à établir son pouvoir qu'à s'opposer à celui d'autrui; mais lorsque vous jugez non-seulement qu'il doit demeurer en possession de ce pouvoir, mais que vous devez lui accorder vous-même celui de se voir supplier pour notre sûreté, vous poussez trop loin la récompense : c'est lui attribuer ce que la république semblait avoir acquis par son secours. Ne vous tombe-t-il pas dans l'esprit, que si Octave mérite quelques honneurs pour avoir pris les armes contre Antoine, ceux qui ont extirpé un mal dont tous les maux présents ne sont que les restes ne pourront jamais être récompensés selon leur mérite par le peuple romain, quand on accumulerait tous les honneurs sur leurs têtes? Mais voyez combien la crainte est plus puissante que la reconnaissance : c'est qu'Antoine vit encore et qu'il a les armes en main.

Pour ce qui regarde Jules César, ce qui a été fait pouvait et devait se faire : ce sont des choses irrévocables. Mais Octave est-il donc un tel personnage, que le peuple romain doive attendre ce qu'il lui plaira d'ordonner de notre sort? ou sommes-nous des gens dont la sûreté doive dépendre d'un seul homme? Quant à moi, pour retourner à Rome, non-seulement je suis incapable d'en venir aux supplications, mais je réprimerai quiconque en exigera de moi; ou du moins je m'éloignerai le plus possible

probo : sunt enim laudanda, si modo contra alienam potentiam, non pro sua, suscepit, eas actiones. Quum vero judices, tantum illi non modo licere, sed etiam a te ipso tribuendum esse, ut rogandus sit ne nolit esse nos salvos, nimium magnam mercedem statuis. Id enim ipsum illi largiris, quod per illum habere videbatur respublica. Neque hoc tibi in mentem venit, si Octavius ullis dignus sit honoribus, quia cum Antonio bellum gerat, iis qui illud malum, exciderint, cujus istæ reliquiæ sunt, nihil, quo expleri possit eorum meritum, tributurum unquam populum Romanum, si omnia simul congesserit. At vide quanto diligentius homines metuant quam meminerint, quia Antonius vivat atque in armis sit.

De Cæsare vero, quod fieri potuit ac debuit transactum est, neque jam revocari in integrum potest. Octavius is est, qui quid de nobis judicaturus sit exspectet populus Romanus? Nos hi sumus, de quorum salute homo rogandus videatur? Ego vero, ut isthuc revertar, is sum, qui non modo non supplicem, sed etiam coerceam postulantes ut sibi supplicetur. Aut longe a servientibus

de ceux qui consentent à vivre esclaves ; je penserai être à Rome en tout lieu où je vivrai libre ; et je vous regarderai d'un œil de pitié, vous en qui ni l'âge, ni les honneurs, ni l'exemple de la vertu d'autrui ne peuvent modérer votre passion pour la vie. Je m'estimerai si heureux de persévérer constamment dans ces principes, que j'y verrai la récompense de ma fidélité. Est-il, en effet, de plus grand bonheur que de se rappeler ses actes de vertu et, content de sa liberté, de s'élever au-dessus de tous les événements humains ? Je ne céderai donc jamais à ceux qui sont capables de céder ; je ne me laisserai pas vaincre par ceux qui veulent être vaincus. J'essayerai tout ; j'entreprendrai tout ; je ne me rebuterai de rien pour délivrer ma patrie de l'esclavage. Si la fortune m'accorde le succès qui m'est dû, notre joie sera commune ; si elle me le refuse, je me réjouirai seul ; car à quoi toutes les pensées et les actions de ma vie peuvent-elles être mieux employées qu'à défendre mes concitoyens ?

Je vous en prie, je vous en conjure, mon cher Cicéron, ne vous livrez pas au découragement ni à la défiance. En repoussant les maux présents, ayez toujours la précaution d'ouvrir les yeux sur les maux futurs, de peur qu'ils ne se glissent jusqu'à nous. La fermeté et le courage qui vous ont fait sauver la république lorsque vous étiez consul, et depuis que vous êtes consulaire, ne sont rien, croyez-le, sans l'égalité et la constance. Sans

abero, ibique esse judicabo Romam ubicumque liberum esse licebit : ac vestri miserebor, quibus nec ætas, neque honores, neque virtus aliena dulcedinem vivendi minuere potuerit. Mihi quidem ita beatus esse videbor, si modo constanter ac perpetuo placebit hoc consilium, ut relatam putem gratiam pietati meæ. Quid enim est melius, quam memoria recte factorum, et libertate contentum negligere humana ? Sed certe non succumbam succumbentibus, nec vincar ab eis qui se vinci volunt, experiarque et tentabo omnia, neque resistam abstrahere a servitio civitatem nostram. Si secuta fuerit quæ debet fortuna, gaudebimus omnes ; sin minus, ego tamen gaudebo. Quibus enim potius hac vita factis aut cogitationibus traducatur, quam iis quæ pertinuerint ad liberandos cives meos ?

Te, Cicero, rogo atque obtestor, ne defatigere, nec diffidas. Semper, in præsentibus malis prohibendis, futura quoque, nisi ante sit occursum, explores, ne se insinuent. Fortem et liberum animum, quo et consul et nunc consularis rempublicam vindicasti, sine constantia et æquabilitate nullum esse putaris

doute, la vertu connue est plus difficile à soutenir que celle qui ne l'est pas : les services qu'on attend d'elle sont autant de dettes ; répond-elle mal à l'opinion qu'on s'en est formée, on s'en plaint, comme si l'on avait été trompé, avec une sorte de ressentiment. Il est louable et glorieux pour Cicéron de s'opposer aux entreprises d'Antoine ; mais un consul tel que lui n'annonçait pas moins qu'un tel consulaire ; aussi n'est-on pas surpris de cette conduite. Mais si le même Cicéron ne soutenait point à l'égard des autres toute la résolution et la grandeur d'âme qu'il a fait éclater contre Antoine, non-seulement il perdrait pour l'avenir toutes ses prétentions à la gloire, mais il se verrait dépouillé de sa gloire passée. Il n'y a, en effet, de véritable grandeur que celle qui découle du jugement. Personne plus que vous n'est obligé d'aimer la république et de prendre la défense de la liberté. Tout l'exige : vos talents naturels, vos anciennes actions, les désirs et l'attente du peuple romain. J'en conclus qu'il ne faut pas supplier Octave de nous accorder la sûreté. Excitez, au contraire, tout votre courage, et ne doutez pas que cette ville où vous avez accompli de si grandes choses ne soit libre et glorieuse aussi longtemps que le peuple aura des chefs pour résister aux desseins des traîtres.

Fateor enim duriorem esse conditionem spectatæ virtutis quam incognitæ. Benefacta pro debitis exigimus. Si quæ aliter eveniunt, ut decepti ab his infesto animo reprehendimus. Itaque resistere Antonio Ciceronem etsi magna laude dignum est, tamen, quia ille consul hunc consularem merito præstare videatur, nemo admiratur. Idem Cicero si flexerit adversus alios judicium suum, quod tanta firmitate ac magnitudine direxit in exturbando Antonio, non modo reliqui temporis gloriam eripuerit sibi, sed etiam præterita evanescere coget. Nihil enim per se amplum est, nisi in quo judicii ratio exstat. Quia neminem magis decet, quam te rempublicam amare, libertatisque defensorem esse, vel ingenio et rebus gestis, vel studio atque efflagitatione omnium. Quare non Octavius est rogandus, ut velit nos salvos esse ; magis tu te exsuscita, ut eam civitatem, in qua maxima gessisti, liberam atque honestam fore putes, si modo sint populo duces ad resistendum improborum consiliis.

LETTRE XXV

CICÉRON A BRUTUS

Quand je vous ai tant de fois exhorté, par mes lettres, à venir promptement au secours de la république avec votre armée, je ne me serais point imaginé que votre propre famille eût là-dessus quelque hésitation. Cependant, votre mère, cette femme attentive et prudente, dont toutes les pensées et les inquiétudes n'ont pas d'autre objet que vous, me fit prier d'aller chez elle le 25 juillet. Je m'y rendis sur-le-champ, comme je le devais, et je trouvai avec elle, en arrivant, Casca, Labéon et Scaptius; elle entra aussitôt en matière, et elle me demanda mon avis sur ce point : devait-on vous proposer de revenir en Italie; ou valait-il mieux vous voir rester dans les provinces? Je lui fis la réponse que j'ai crue convenable à votre honneur et à votre dignité : vous ne deviez pas différer un moment à porter secours à la république chancelante et presque abattue. A quels malheurs, selon moi, ne faut-il pas s'attendre, en effet, dans une guerre où les armées victorieuses refusent de poursuivre un ennemi fugitif? où un chef, sans avoir reçu le moindre sujet d'offense, en possession, au contraire, des plus grands honneurs et de la plus bril

EPISTOLA XXV

CICERO BRUTO S. D.

Quum sæpe te litteris hortatus essem, ut quamprimum reipublicæ subvenires, in Italiamque exercitum adduceres, neque id arbitrarer dubitare tuos necessarios; rogatus sum a prudentissima et diligentissima femina, matre ua, cujus omnes curæ ad te referuntur, et in te consumuntur, ut venirem ad se ad vIII kalend. sext. : quod ego, ut debui, sine mora feci. Quum autem venissem, Casca aderat, et Labeo ; et Scaptius. At illa retulit, quæsivitque quidnam mihi videretur; arcesseremusne te, atque id tibi conducere putaremus; an tardare et commorari te melius esset. Respondi id quod sentiebam dignitati et existimationi tuæ maxime conducere; te primo quoque tempore ferre præsidium labenti et inclinatæ pæne reipublicæ. Quid enim abesse censeo mali n eo bello, in quo victores exercitus fugientem hostem persequi noluerunt? et in quo incolumis imperator, honoribus amplissimis fortunisque maximis,

lante fortune, intéressé au bien public par sa femme et ses enfants, attaché à vous par les liens du sang, se déclare l'ennemi de la république? ajouterai-je dans une guerre où, malgré l'admirable union du sénat et du peuple, on ne laisse pas de voir régner tant de désordre au milieu de nos murs?

Mais ce qui m'afflige le plus au moment où je vous écris, c'est que, m'étant rendu le garant d'un jeune homme, ou plutôt d'un enfant, il paraît presque impossible que je puisse tenir fidèlement ce que j'ai promis ; or il est bien plus dangereux et plus délicat, surtout dans les affaires d'importance, de répondre des sentiments et des dispositions d'autrui que de se rendre caution pour une dette pécuniaire : l'argent peut être payé, et la perte, d'ailleurs, en est supportable ; mais comment satisfaire aux engagements qu'on a pris avec la république, si celui pour lequel on a répondu ne se prête pas lui-même à l'exécution de la promesse? Cependant, il me reste encore quelque espérance de le retenir, malgré le grand nombre de gens qui travaillent à me l'arracher. Il paraît d'un fort bon naturel ; mais son âge est susceptible de toutes sortes d'impressions, et beaucoup d'artisans de corruption se flattent d'émousser, par l'appât d'un faux honneur, sa pénétration naturelle. C'est donc un surcroît de travail pour moi, d'employer toutes mes ressources à fixer un homme de cet âge, dans la crainte d'être moi-même accusé

conjuge, liberis, vobis affinibus ornatus, bellum reipublicæ indixerit? Quid dicam in tanto senatus populique consensu, quum tantum resideat intra muros mali ?

Maximo autem, quum hæc scribebam, afficiebar dolore, quod quum me pro adolescentulo ac pæne puero respublica accepisset vadem, vix videbar, quod promiseram, præstare posse. Est autem gravior et difficilior animi et sententiæ, maximis præsertim in rebus, pro altero, quam pecuniæ obligatio. Hæc enim solvi potest; et est rei familiaris jactura tolerabilis; reipublicæ quod spoponderis, quemadmodum solvas, nisi is dependi facile patitur, pro quo spoponderis? Quanquam et hunc (ut spero) tenebo multis repugnantibus. Videtur enim in eo esse indoles, sed flexibilis ætas; multique ad depravandum parati, qui, splendore falsi honoris objecto, aciem boni ingenii præstringi posse confidunt. Itaque ad reliquos hic quoque labor mihi accessit, ut omnes adhibeam machinas ad tenendum adolescentem, ne famam subeam temeritatis.

d'imprudence. De quelle imprudence néanmoins pourrait-on m'accuser? N'ai-je pas lié en effet celui dont je réponds, plus étroitement que moi-même? Aussi la république n'a-t-elle point eu lieu jusqu'à présent de me reprocher mes engagements, puisque le caractère d'Octave a servi autant que mes promesses à le rendre constant dans ses services.

Si je ne me trompe, nos plus grands embarras actuellement viennent de l'épuisement du trésor ; car l'aversion des honnêtes gens augmente tous les jours pour tout ce qui porte le nom de tribut. Ce qu'on a tiré du centième denier, levé sur les personnes riches avec de honteux ménagements, vient d'être employé à payer les deux légions. Il faut nous attendre à des frais immenses pour l'entretien des armées qui nous défendent en ce moment et même pour la vôtre : celle de Cassius arrivera mieux équipée, suivant les apparences. Mais je désire m'entretenir oralement avec vous de toutes ces affaires et d'un grand nombre d'autres.

Pour ce qui regarde les enfants de votre sœur, je n'ai point attendu, mon cher Brutus, que vous prissiez la peine de m'en écrire. Comme la guerre doit traîner en longueur, les temps mêmes feront réserver cette affaire à vos propres soins. Mais avant que je pusse deviner la prolongation de la guerre, j'ai plaidé au sénat la cause de vos neveux avec une chaleur dont je

---

Quanquam quæ temeritas est ?- Magis enim illum, pro quo spopondi, quam me ipsum obligavi. Nec vero pœnitere potest rempublicam me pro eo spopondisse ; qui fuit in rebus agendis, quum suo ingenio, tum mea promissione constantior.

Maximus autem (nisi me forte fallit) in republica nodus est, inopia rei pecuniariæ. Obdurescunt enim magis quotidie boni viri ad vocem tributi. Quod ex centesima collatum, impudenti censu locupletum, in duarum legionum præmiis omne consumitur: Impendent autem infiniti sumptus quum in hos exercitus, quibus nunc defendimur, tum vero in tuum : nam Cassius noster videtur posse satis ornatus venire. Sed et hæc, et multa alia coram cupio ; idque quamprimum.

De sororis tuæ filiis non exspectavi, Brute, dum scriberes. Omnino jamtempora (bellum enim ducetur) integram tibi causam reservant. Sed ego a principio, quum divinare de belli diuturnitate non possem, ita causam egi mero-

me flatte que votre mère n'a pas manqué de vous informer par ses lettres. Soyez-en persuadé, il n'y a point de cas où je ne sois disposé, au péril même de ma vie, à faire et à dire ce que je croirai utile à vos intérêts et conforme à vos inclinations. Adieu. Le 227 juillet.

rum iin senatu, ut te arbitror e matris litteris potuisse cognoscere. Nec vero ulla rres erit unquam, in qua ego non, vel vitæ periculo, ea dicam eaque faciam, quæ te velle, quæque ad te pertinere arbitrabor. Vale. vi kalend. sext.

FIN DU TOME QUINZIÈME

NOTES

LETTRE DCLXXVIII. — Page 14. Cicéron a Basilus. Ce Basilus paraît avoir été celui qui, avec les autres conjurés, prit part à la mort de César. Il paraît donc que ce billet de félicitation se rapporte à la part qu'il a prise à cet événement.

LETTRE DCLXXXIV. — Page 21. *Notre joueur.* C'est Antoine, qui passait son temps entre le vin, le jeu et les femmes, mais qui n'en était pas moins brave au combat.

LETTRE DCLXXXVI. — Page 24. *La province où je suis nommé.* C'était la Gaule Citérieure, qui, du vivant de César, avait été assignée à Decimus Brutus, et dont la possession lui avait été confirmée par le sénat depuis la mort de César.

LETTRE DCLXXXVIII. — Page 27. *Quand vous m'avez écrit, vous me croyiez déjà sur nos rivages.* C'est-à-dire à Pouzzoles, dans les terres voisines de la mer. Sinuesse était une petite maison où Cicéron couchait quand il allait de Tusculum ou de Formies aux maisons de campagne qu'il avait dans le pays de Naples.

LETTRE DCLXXXIX. — Page 29. *Je suis très-content du bien que Cluvius m'a laissé.* Mort en 708, ce Cluvius lui avait légué une partie de ses domaines de Pouzzoles. Cicéron les voyait alors pour la première fois ; c'est ce qui causait sa satisfaction.

LETTRE DCXC. — Page 32. *Je reviens aux Tebassus, aux Scéva et aux Frangon.* Ce sont les noms de vétérans que les libéralités de César avaient investis des biens confisqués sur les partisans de Pompée. On ne sait rien de Tebassus. Plutarque nomme Cassius Scéva homme d'un courage extraordinaire. Dion parle d'un Caïus Fufidius Frangon, auquel Octave donna la Numidie à gouverner.

LETTRE DCXCVI. — Page 49. *Achevez la déclaration, si vous le pouvez.* Il paraît qu'Antoine avait fait une loi qui obligeait à déclarer ce que l'on possédait d'argent comptant, comme cela se pratiquait autrefois devant les censeurs. Tiron hésitait à déclarer une partie des sommes possédées par Cicéron, et il le consulte sur ce point. Cicéron avait, de son côté, interrogé Balbus, lequel, pour ne point offenser Antoine, prétexta un mal d'yeux pour se dispenser de toute démarche, chose dont Cicéron fait ressortir le ridicule.

LETTRE DCXCVII. — Page 51. *O l'admirable action, que celle de mon cher Dolabella!* Il avait fait renverser la colonne de César.

LETTRE DCCII. — Page 65. *Faberius, dont la main lui a fourni tant d'argent pour ses dettes.* La plaisanterie est fort jolie : Faberius paraît être un banquier; mais c'est au contraire le secrétaire d'Antoine, celui qui inscrivait dans les papiers de César tout ce qu'on voulait y lire pour le faire exécuter. Ainsi Dolabella recevait de la main de Faberius, qui ne payait pas, mais qui écrivait, et qui fit entre autres cette dilapidation du trésor renfermé dans le temple d'Ops, et réservé pour la guerre contre les Parthes. Les fraudes étaient d'autant plus faciles que Faberius avait été secrétaire de César, et que sa main était précisément celle qui avait tracé le vrai et le faux.

LETTRE DCCIV. — Page 67. *Ce petit César.* Cléopâtre prétendait avoir eu de César un fils, qu'elle faisait appeler Césarion. Les partisans du dictateur soutenaient que cela n'était pas vrai, et ils prirent la chose si sérieusement, qu'Hirtius fit un écrit pour prouver que c'était une supposition de la reine d'Égypte. Lorsqu'Antoine fut devenu amoureux de Cléopâtre, il reconnut cet enfant pour fils de César, et Auguste le fit mourir lorsqu'il eut vaincu Antoine. (Mongault.)

LETTRE DCCVI. — Page 73. *Mon disciple.... aime fort celui que Brutus a frappé.* C'est Hirtius qui est ce disciple, puisqu'il prenait avec Dolabella des leçons de déclamation, dans les moments que leur accordait Cicéron.

LETTRE DCCXII. — Page 86. *Mais le voilà si bien réprimé.* Par Dolabella, qui avait fait renverser la colonne de César, et punir les auteurs des désordres, en précipitant du roc Tarpéien ceux qui étaient de condition libre, et en faisant mettre en croix les esclaves.

LETTRE DCCXIII. — Page 88. M. T. Cicéron a Trebonius. Ce Tre-

bonius venait de partir pour l'Asie pour prendre le gouvernement de cette province. Il avait été tribun du peuple en 678, et préteur de la ville en 705. Il avait résisté avec un courage et une fermeté rares aux entreprises de son collègue Célius Rufus. Dans la guerre civile, il s'était déclaré du parti de César, et commandait les troupes devant Marseille, qu'il reçut à composition après un siège fort long et une défense très-opiniâtre. Quand Trebonius vainqueur s'aperçut que César visait à la tyrannie, il conspira contre lui. Ce fut lui qui retint Antoine pendant que les meurtriers exécutaient leur dessein : peut-être ne l'a-t-il ainsi éloigné de la scène que pour le sauver, car il était son ami. Après la mort de César, le sénat nomma Trebonius gouverneur d'Asie; enfin il périt bientôt par ordre de Dolabella, l'indigne gendre de Cicéron.

LETTRE DCCXIV. — Page 90. *Si nous étions moins persuadés de votre sincérité.* Après la mort de César, les conjurés s'étaient retirés dans le Capitole, d'où ils ne sortirent que sur la parole d'Antoine et de Lepidus; la plupart étaient ensuite partis de Rome. C'est à tort, et par pure précaution oratoire, qu'ils se disent ici persuadés de la sincérité d'Antoine. Aux calendes de juin, il jeta le masque, et fit éclater sa haine contre ceux qui se proclamaient les restaurateurs de la liberté.

LETTRE DCCXV. — Page 93. *J'ai conclu l'ouvrage.* On ne sait trop de quel ouvrage il peut être ici question. Sans doute Trebonius avait déjà publié un recueil de bons mots de Cicéron; mais ici il paraît qu'un mot de Cicéron terminait une amère satire de la composition de Trebonius. Quintilien (liv. VIII, ch. 5) parle d'un de ces recueils, mais il semble l'attribuer à Tiron : il se peut qu'il en ait existé plusieurs.

LETTRE DCCXVI. — Page 94. Cicéron a Matius. Matius était au nombre des riches Romains qui vivaient pour les Muses et pour leurs plaisirs, sans s'inquiéter autrement des orages du sénat, à moins que leur repos n'en fût menacé. Il était d'affection attaché à César; mais son goût pour l'éloquence l'entraînait vers Cicéron. Il obtint pour celui-ci la faveur de César. Après la mort de ce grand homme, il ne se gêna point pour manifester sa douleur, et, d'accord avec le jeune Octave, de concert avec Posthumius, il fit célébrer des jeux publics en l'honneur de celui qu'on avait immolé. Cicéron en avait témoigné de l'humeur, et Matius s'en plaignit. C'est ce qui fait le sujet de la présente lettre, et de la réponse de Matius, non moins habile en ce que la force de la vérité dissipe en fumée tous les arguments de Ci-

céron; mais Matius parlait de César en ami, en particulier; Cicéron, en homme d'État, en chef des républicains.

LETTRE DCCXVII. — Page 97. *Je n'ai pas cru que vous ayez appuuyé cette loi de votre suffrage.* Ce sera sans doute cette loi dont César lui-même parle au troisième livre de la *Guerre civile*, et par laqueelle des arbitres étaient constitués en faveur des débiteurs. Ils estimaient le prix de chaque chose d'après sa valeur avant la guerre civile, et les créanciers étaient obligés de les recevoir sur ce pied. Matius fait remarquer, dans sa réponse, que cette loi a porté préjudice à sa fcor- une.

LETTRE DCCXVIII. — Page 105. *Les vétérans qui n'ont point été compris dans la distribution des terres.* Antoine avait fait distribuuer depuis peu aux soldats vétérans des terres dans la Campanie; maiis il n'y en avait pas eu pour tous, ce qui fit bien des mécontents;; et c'est ce qui fut cause qu'ils se donnèrent à Octave lorsqu'il se fut déclaré contre Antoine.

LETTRE DCCXX. — Page 108. *Puisqu'on a distribué les gouvernnements pour tant d'années.* S'il en faut croire ce que Cicéron dit dans une lettre précédente, César avait disposé des gouvernemeents pour deux ans. Mais Appien, dans un discours qu'Antoine prononça au sénat, nous dit que cette distribution avait été faite pour ciinq ans, tant pour la magistrature de la ville que pour celle des provincces. Voici comment s'exprime Suétone, *Vie de César*, ch. 76 : « C'est avec le même arbitraire, c'est avec le même mépris des usages des sa patrie, qu'il constitua des magistratures pour plusieurs années. »

Page 109. *Il me mande que Servilia est de retour.* La mère de M. Brutus, sœur de Caton d'Utique.

LETTRE DCCXXI. — Page 109. *Notre cher Sextus.* C'est Sextus Péducéus, et non Sextus Pompée.

Page 115. *Brutus suit les avis de sa mère.* Cicéron ne se fiait pas à elle : elle avait eu d'intimes liaisons avec César, et, même après sa mort, elle tenait encore à son parti.

LETTRE DCCXXV. — Page 116. *L'affaire de Buthrote.* Atticus avait écrit à Cicéron que les consuls avaient décidé en faveur des habitants de cette ville. *Voyez* les lettres 737, 738.

LETTRE DCCXXVI. — Page 118. *Il n'y a que Léonidas.* Il avait déjà écrit une autre lettre à Cicéron sur son fils, et il lui disait, en parllant de lui, *quo modo nunc est;* c'est-à-dire, *qu'il faisait bien quamt à présent*. Éloge fort mince qui semblait faire craindre des dispositions à un changement de conduite.

Page 121. *Dans ces jardins au delà du Tibre.* Elle y était chez César, qui l'avait fait venir et qui avait conçu le projet de régner avec elle sur l'univers.

LETTRE DCCXXIX. — Page 122. *Cette peur que les consuls ont affectée.* Antoine et Dolabella feignaient de croire et répandaient le bruit que les conjurés en voulaient à leurs jours ; et c'était pour eux un prétexte de s'entourer de barbares, à l'aide desquels ils jetaient les bons citoyens dans la terreur.

Page 123. *Demandez donc.... ce qu'il a fait du loyer de mes maisons.* Cicéron en avait à l'Argilète et sur l'Aventin, et l'on a vu par la lettre 550 que le loyer de toutes ces maisons était destiné à entretenir son fils à Athènes : or, il fallait que ce loyer fût très-considérable d'après la somme que, dans une des précédentes lettres, il lui assigne pour un an.

Page 124. *Sextius,... Bucilianus.* Ils étaient au nombre des meurtriers de César. Appien appelle le second *Bucolianus*.

LETTRE DCCXXXI. — Page 125. *Il faut s'en prendre à ces dix hommes.* C'est un terme de mépris, pour désigner, sans les honorer du titre de décemvirs, ceux qu'Antoine avait commis au partage des terres.

LETTRE DCCXXXII. — Page 127. *J'ai écrit à Vectenus.* Vectenus était un banquier qui s'était toujours montré fort complaisant pour Cicéron.

Page 127. *De quelque nouvelle pour Nicias.* C'était un ami particulier de Dolabella, et de plus un grammairien célèbre, il était parti le premier, et avait précédé Dolabella, qui voulait le garder avec lui pendant son séjour en Grèce.

LETTRE DCCXXXIII. — Page 130. *Cependant il ajoute qu'il s'est retenu.* C'est toujours Quintus le fils qui parle à son père, auque Antoine pouvait faire payer cher la défection de son fils.

LETTRE DCCXXXIV. — Page 131. *Si Pansa me fait réponse.* Caïus Vibius Pansa, que César avait encore désigné consul avec Hirtius pour l'année suivante, et qui périt avec lui à la bataille de Modène.

LETTRE DCCXXXVIII. — Page 136. Cicéron a Cn. Plancus. Il s'agit de Cn. Munatius Plancus, et non de L. Plancus. Lucius Plancus, l'aîné de celui dont il s'agit ici, commandait alors dans les Gaules, et devait être consul avec Decimus Brutus, après Hirtius et Pansa. Ce fut ce

dernier qui fit proscrire, par les triumvirs, son frère, celui-là même auquel est adressée cette lettre.

LETTRE DCCXL. — Page 143. *Vous avez fait tout ce qu'on pouvait faire sur l'affaire de mon frère.* Il paraît que c'était une affaire pécuniaire occasionnée par le fils Quintus.

LETTRE DCCXLIV. — Page 151. *Un homme qui était de vos meilleurs amis.* César, qui le pressait vivement de rester entièrement neutre. Voyez le billet joint à la lettre à Atticus, lettre cccLxxiv de cette édition.

LETTRE DCCXLV. — Page 154. *Il n'y a pas d'apparence que je puisse souffrir cette belle-mère.* Les uns appliquent ce passage à la belle-mère de Cicéron lui-même, qui serait, dans ce cas, la mère de Publilia, qu'on lui avait en vain proposé de reprendre. Ne la voulant plus recevoir, il fallait rendre la dot, se gêner et se restreindre ; et de là naissait l'embarras de se borner, comme il fallait, aux dépenses de son fils : d'autres commentateurs croient qu'on offrait à Cicéron une nouvelle alliance qu'il répugnait de contracter de peur de sa future belle-mère. Schütz et Græter, au contraire, pensent que c'est Cicéron le fils qui ne veut pas se marier à cause de la belle-mère qu'il aurait.

LETTRE DCCLII. — Page 169. *En allant même jusqu'aux remercîments.* Il paraît qu'il s'agit de ce qu'Antoine avait fait à Tusculum, où il avait ménagé la maison de Cicéron, non sans lui imposer ceraines charges assez onéreuses. Cicéron juge prudent de simuler le contentement.

LETTRE DCCLV. — Page 175. *Nous avons lu votre lettre, tout à fait conforme à votre édit.* Les préteurs ne devaient pas rester plus de dix jours absents de leur siège, sans la permission du sénat. Cependant Brutus et Cassius, qui étaient sortis de Rome, ne revenaient pas. Ils jugèrent à propos de publier un édit ou proclamation dans laquelle ils faisaient connaître au peuple que la gravité des circonstances et le danger qu'ils couraient les empêchaient seuls de remplir leur devoir. Sans doute qu'ils s'étaient en même temps adressés à Antoine alors consul pour qu'il en fît rapport au sénat ; mais celui-ci avait répondu à leur édit par un édit hostile, et à leur lettre par des injures.

LETTRE DCCLVIII. — Page 185. Cicéron a Plancus. Cette lettre est adressée à L. Munatius Plancus, autrefois lieutenant de César ; alors il était à la tête des légions dans la Gaule. Dans l'intervalle de la

lettre précédente à celle-ci, Cicéron avait eu de graves sujets de
plainte contre Antoine ; il en était revenu à sa première opinion sur
son compte. Cicéron ne vit pas le consulat de Plancus qu'il désirait
tant : il succomba vingt-quatre jours avant que celui-ci entrât en
fonctions.

LETTRE DCCLXI. — Page 191. *Il ne nous causerait plus d'inquiétude.* En plusieurs endroits de ses lettres, Cicéron déplore l'imprévoyance des conjurés, qui ont laissé vivre Antoine, dont il fallait
débarrasser Rome en même temps que de César.

LETTRE DCCLXII. — Page 192. CICÉRON A P. CORNIFICIUS. Il était
proconsul d'Afrique. Le sénat le prorogea dans son commandement
en dépit d'Antoine qui s'était arrangé pour lui donner pour successeur C. Calvisius. Après cela, Octave, dans le pacte conclu avec les
deux autres triumvirs, s'étant emparé pour cinq ans des îles et de
l'Afrique, Cornificius résista les armes à la main à Sextius, qui y était
envoyé en son nom. Il reçut les fugitifs et les proscrits ; mais, après
des combats où la fortune se montra fort inconstante, il fut vaincu
et mourut.

LETTRE DCCLXIII. — Page 195. CICÉRON A PLANCUS. Cette lettre n'a
point d'intérêt apparent, car l'objet que Plancus demandait au sénat
doit avoir été de bien peu d'importance. Toutefois, il est curieux de
suivre dans ces derniers temps la disposition d'esprit où se trouvait
Cicéron. Il avait prononcé sa première *Philippique ;* Antoine y
avait répondu avec amertume et emportement, au point que son discours excitait au meurtre de Cicéron. Ne se croyant pas en sûreté,
celui-ci alla se réfugier à la campagne pour y rédiger la deuxième
Philippique, qui ne fut jamais prononcée.

LETTRE DCCLXIV. — Page 196. *Il vaut mieux ne pas répondre.*
Cela a rapport à la conduite que tenait Cicéron dans le moment. Il
avait été assez modéré dans sa première *Philippique* prononcée en
l'absence d'Antoine ; celui-ci avait été fort violent dans sa réponse :
Cicéron fait sa deuxième *Philippique,* l'envoie à Atticus, et le prie
de ne pas la publier encore. Quant à une trêve entre Antoine et lui,
il ne faut pas y songer ; mais il ne lui rompait pas en visière.

LETTRE DCCLXV. — Page 200. *J'ai reçu, le 1er du mois au soir...*
Cicéron ayant parlé au sénat le 2 septembre, était parti de Rome le 9
octobre pour la campagne. Il y rédigea sa deuxième *Philippique.* Ce
fut pendant ce temps qu'Octave gagna les vétérans des colonies, et
lui proposa une entrevue que prudemment il refusa. Il s'agit donc

ici du 1er novembre. Casilinum et Calatia sont des villes voisines de Capoue.

LETTRE DCCLXVI. — Page 202. *Je lui objecte qu'on ne peut assembler le sénat avant le 1er janvier.* Les deux consuls, Antoine et Dolabella, étaient absents; les autres magistrats étaient, pour la plupart, les créatures d'Antoine ; il fallait donc attendre que Hirtius et Pansa entrassent en charge. Cicéron ne se fie pas à Octave; il ne veut rien faire sans le concours de Pansa, qui a un caractère public, tandis que ce jeune homme ne fait rien que dans son intérêt personnel.

LETTRE DCCLXXII. — Page 212. *Ce n'est pas l'exemple de Philippe et de Marcellus qui me détermine.* Ils blâmaient la rapidité de la marche d'Octave, et sa propre mère Attia aurait voulu qu'il refusât le nom et la succession de César ; mais Cicéron fait remarquer avec raison qu'il n'est pas avec ce jeune homme dans les mêmes rapports, qu'il n'a pas à le conseiller, à le suivre, à s'attacher à sa fortune : il ne cherchait que l'occasion de sauver une seconde fois la patrie, et l'on s'attendait généralement à quelque chose de grand et d'extraordinaire.

LETTRE DCCLXXIII. — Page 214. *Il me semble aussi que je reconnais dans vos lettres la main d'Alexis.* Cet esclave, secrétaire d'Atticus, avait une écriture tellement semblable à celle de ce dernier, que Cicéron ne distinguait l'une de l'autre qu'avec beaucoup de peine. Cette lettre est la dernière de celles qui sont adressées à Atticus.

LETTRE DCCLXXIV. — Page 219. — *Si Antoine... se met en possession de votre province.* On a vu déjà que cette prétention d'Antoine fut l'occasion de la bataille de Modène. Pansa avait rassuré Cicéron sur les dispositions de D. Brutus.

LETTRE DCCLXXV. — Page 221. *Ce que j'ai dit dans une assemblée fort nombreuse.* Il y prononça la troisième *Philippique* précisément ce jour-là.

LETTRE DCCLXXVII. — Page 224. *M. Antoine notre collègue.* Antoine faisait, ainsi que Cicéron, partie du collége des augures, et cette qualité était irrévocable.

LETTRE DCCLXXIX. — Page 229. *J'ai commencé aussi à déclamer en grec sous Cassius.* Ce Cassius n'a pas plus de rapport avec le meurtrier de César, que le Brutus ou Bruttius dont nous venons de parler n'en avait avec le célèbre M. Brutus : ce sont des Grecs, peut-être

des affranchis qui appartenaient autrefois aux familles de ces grands hommes.

Page 229. *A l'égard de Gorgias*. Cicéron avait interdit à son fils toute relation avec ce Gorgias, parce qu'il le poussait à la débauche et aux plaisirs de la table. Dans son *Hist. naturelle* (liv. XIV, ch. xxii), Pline dit que ce Gorgias avalait deux bouteilles d'un trait.

LETTRE DCCLXXXII. — Page 233. *Q. Turius*. Cet inconnu était probablement de l'ordre des chevaliers, lesquels avaient l'habitude de s'enrichir par les spéculations qu'ils faisaient dans les provinces.

LETTRE DCCLXXXIV. — Page 235. Cicéron a D. Brutus. Quand cette lettre fut écrite, D. Brutus défendait sa province, la Gaule Cisalpine, des entreprises d'Antoine, et il exerçait en même temps une grande influence à Rome, par l'intermédiaire de Lupus, son lieutenant. Les lettres précédentes nous l'ont fait connaître, et nous l'ont montré accomplissant auprès de Cicéron plusieurs messages secrets dans le mois de décembre 709, à l'époque où celui-ci revenait furtivement d'Arpinum.

LETTRE DCCLXXXVI. — Page 238. Plancus a Cicéron. Le Plancus auteur de cette lettre gouvernait alors la Gaule au delà des Alpes. C'est la réponse à la lettre 758.

LETTRE DCCLXXXVII. — Page 240. Cicéron a Cornificius. Les circonstances dans lesquelles cette lettre fut écrite étaient très-difficiles. Antoine cherchait à prendre Brutus dans Modène. Le sénat avait fait de vains efforts pour le détourner de ce projet d'usurpation du gouvernement de la Gaule Cisalpine. Cicéron ne voulait pas qu'on négociât avec ce factieux; et, dans sa cinquième *Philippique*, il combattit vivement l'avis timide d'envoyer encore une députation ; mais cet avis prévalut, et la suite prouva bien l'inutilité de la démarche. Toutefois, les consuls se souvenaient trop qu'ils avaient été les favoris de César ; c'est pourquoi ils agissaient toujours mollement quand il était question de contraindre Antoine, dont ils s'accoutumaient difficilement à être les ennemis. Cependant, pour marcher à l'ennemi, on n'attendit pas la réponse ni le retour des députés.

LETTRE DCCLXXXIX. — Page 243. *La joie que j'ai éprouvée en revoyant Furnius*. Cicéron chargeait Furnius de porter cette lettre à Plancus, qu'il allait rejoindre, et dont il était le lieutenant ; alors il n'avait pas encore reçu la lettre de Plancus, qui est la 786ᵉ de ce Recueil.

Page 244. *On vous a reproché... de vous être trop plié aux circonstances*. Plancus avait été intimement lié avec Jules César. Il avait

été son lieutenant dans la guerre des Gaules, comme César en rend témoignage lui-même au livre v, et dans la guerre d'Espagne contre les lieutenants de Pompée, Afranius et Petreius, et dans la guerre d'Afrique contre Scipion et Juba. Il parle lui-même, dans une de ses lettres, de l'amitié bien vive qu'il avait éprouvée pour ce grand homme. (Prévost.)

LETTRE DCCXCII. — Page 250. *Notre cher Brutus s'est acquis assurément beaucoup de gloire.* Il s'était assuré, au nom de la république, de la Grèce, de la Macédoine, de l'Illyrie, des légions et de la cavalerie. Un sénatus-consulte lui décernait des remercîments. Voyez, à ce sujet, Plutarque, Appien et la dixième *Philippique*.

Page 250. *Depuis l'entrée de la Grèce jusqu'en Égypte.* Parce que Cassius tenait cette partie de l'Orient sous l'empire des lois de la république.

LETTRE DCCXCIII. — Page 252. *Je ne me serais pas mis sur mes gardes, si vous ne m'aviez averti.* Il n'y a pas de doute qu'il ne soit question ici des embûches d'Antoine. Sans s'expliquer complétement, Pétus aura averti Cicéron ; à tout cela il aura mêlé le nom de Rufus, mais sans s'expliquer formellement, de manière à ce que Cicéron pût croire que Rufus intriguait contre lui. On voit bien que cette lettre est la rectification d'une erreur, et que Rufus s'est au contraire attiré la reconnaissance de Cicéron pour avoir donné un avertissement salutaire.

LETTRE DCCXCIV. — Page 254. *C'est une preuve de votre zèle.* Plancus avait prévu qu'un exemplaire de sa lettre à Cicéron pouvait se perdre ; il avait donc envoyé en double expédition, et par deux occasions différentes, la lettre qui est la DCCXXXVI^e de ce recueil.

LETTRE DCCXCV. — Page 256. C. Cassius, proconsul. Cassius prend le titre de proconsul, non qu'il eût été consul, mais parce qu'on lui avait donné ce titre avec le gouvernement de la Syrie. On sait que beaucoup de préteurs sont devenus immédiatement proconsuls.

LETTRE DCCXCVI. — Page 260. *Vous avez reçu mon ami au nombre des vôtres.* Il s'agit de Cornelius Gallus, le poëte, qui fut préfet d'Égypte ; c'est celui dont Virgile parle dans sa dixième églogue.

LETTRE DCCCI. — Page 270. *Le zèle que j'ai mis à défendre votre dignité.* Dans la onzième *Philippique*, Pansa songeait à s'emparer pour lui-même de la province d'Asie ; c'est pour ce motif que la mère de Cassius ne voulait pas que Cicéron haranguât le peuple. Elle craignait le ressentiment de Pansa.

LETTRE DCCCIII. — Page 274. *T. Munatius.* Manuce fait remarquer que ce n'est pas le frère de celui auquel écrit Cicéron, mais son parent éloigné; car ce Titus Munatius, frère de Plancus, était au camp d'Antoine.

LETTRE DCCCIV. — Page 278. *Si certaines gens n'avaient rien à se reprocher.* En supposant que la lettre ait été effectivement écrite avant la bataille de Modène, ces *certaines gens* étaient ceux qui défendaient la cause d'Antoine au sénat, tels que Calenus et autres. Si la lettre fut écrite après la bataille, ce reproche s'adresse à Lepidus, qui avait reçu Antoine, et à ceux qui excitaient Octave à demander le consulat contre les lois et l'usage. (PRÉVOST.)

LETTRE DCCCVII. — Page 282. GALBA A CICÉRON. L'auteur de cette relation de la bataille de Modène est Sergius Sulpicius Galba, petit-fils de ce Galba qui était si célèbre par son éloquence, et le bisaïeul de l'empereur Galba.

LETTRE DCCCVIII. — Page 285. *Fin d'avril 710.* Il paraît qu'il s'écoula une quinzaine de jours entre la précédente lettre et celle-ci : pour connaître le motif de cette lacune, il faut recourir à la quatorzième *Philippique*, à Appien et à Plutarque.

LETTRE DCCCIX. — Page 287. *Ventidius ne m'échappera point.* Ventidius arrivait du Picenum avec trois légions qu'il amenait à Antoine. Il échappa toutefois à la poursuite de D. Brutus; il réussit à se tirer d'Italie par des chemins détournés.

LETTRE DCCCXV. — Page 301. *Je me suis arrêté dans le pays des Allobroges.* Ce pays était alors une partie du gouvernement de Lepidus, dont les troupes étaient en général fort mal disposées à l'égard des meurtriers de César et de leurs adhérents.

Page 301. *La dixième légion des vétérans.* C'était celle pour laquelle Jules César témoigna tant de prédilection pendant la guerre des Gaules.

Page 302. *Laterensis.* M. Juventius Laterensis était lieutenant de Lepidus, comme Furnius l'était de Plancus. La négociation dont il s'agit ici tourna fort mal.

LETTRE DCCCXVII. — Page 305. CICÉRON A D. BRUTUS. Il y a de l'obscurité sur le personnage auquel est adressée cette lettre, et dont quelques-uns veulent faire Ampius Balbus, en se prévalant d'un rapprochement avec une autre lettre. Tout ce qu'on en peut savoir, c'est qu'un membre de la famille Clodia, appelé Caïus, avait été autrefois exilé, puis rendu à ses droits de citoyen. Mais quel était ce Caïus

27.

Clodius? l'histoire ne nous en dit rien, et la correspondance de Cicéron est aussi muette que les commentateurs se sont montrés stériles pour ces dernières lettres. Seulement, il est évident qu'Antoine avait été l'auteur du rappel de ce Clodius, puisque le fils de ce dernier le servait à raison de cette circonstance.

LETTRE DCCCXX. — Page 510. *Ainsi, nous qui sommes forcés de renouveler la guerre.* Par le crime de Lepidus, qui a reçu et renforcé Antoine après sa défaite de Modène. Cette interprétation, si elle est vraie, ferait reporter la date de cette lettre après la 85º. Toutefois, les mots *renovatum bellum* pourraient signifier que la victoire de Modène n'avait pas entièrement abattu Antoine.

LETTRE DCCCXXIII. — Page 515. M. Lepidus a Cicéron. Incapable de rien de grand, Lepidus était profondément dissimulé, et l'on verra plus tard ce que valent toutes ces protestations de dévouement, qu'il renouvelle sans cesse, comme s'il eût été le plus ardent défenseur de la république.

LETTRE DCCCXXVI. — Page 523. *Vous et votre collègue,* etc. D. Brutus.

LETTRE DCCCXXVII. — Page 234. *Plancus.* Plancus est assez mal traité par les historiens, qui le dépeignent sous des traits tout différents de ceux sous lesquels le fait connaître Cicéron.

LETTRE DCCCXXX. — Page 527. *Flaccus Volumnius.* Lieutenant de Brutus. On ne sait pas trop ce que c'est que Titus Vibius; cependant il paraît avoir occupé dans l'armée de Brutus un rang secondaire.

LETTRE DCCCXXXII. — Page 334. *Je reçus de lui par un exprès.* Les *statores* étaient des ordonnances qui se tenaient toujours près du général pour aller porter ses ordres. Quelquefois on les envoyait à de fort grandes distances, et ils étaient tantôt coureurs, tantôt courriers.

LETTRE DCCCXXXIV. — Page 559. *Touchant les décemvirs.* Les décemvirs devaient demander compte de la gestion du consulat d'Antoine. Appien (*Guerres civiles,* liv. III, ch. xxxii) parle formellement de leur nomination, qui eut lieu après la jonction de Plancus avec Decimus Brutus. On voulait contraindre tous ceux qui avaient reçu des présents d'Antoine à en faire immédiatement la déclaration, et cela sous les peines les plus graves. Il s'agit aussi d'abroger les actes de César.

LLETTRE DCCCXXXVI. — Page 544. *Lepidus marque d'assez favorables sentiments pour nous.* Cependant ce ne fut que quatre jours après la date de lettre, que Lepidus se joignit à Antoine; démarche qu'il préparait depuis longtemps.

LLETTRE DCCCXXXVII. — Page 545. *A cause de la fausse joie que vouus nous aviez donnée.* Dans la lettre DCCCXVI (*Lettres fam.*, liv. X, letttre xv), Plancus s'était flatté que Lepidus se joindrait à lui pour défendre la république, et dans la suite il reconnut son erreur. *Voyy* la lettre DCCCXXXII.

LLETTRE DCCCXXXVIII. — Page 546. LEPIDUS AU SÉNAT ET AU PEUPLE ROMMAIN. Dans cette lettre, Lepidus se déclare et jette le masque; il a l'air d'être contraint par la défection de son armée : il l'eût conduite contre Antoine; mais elle s'y est refusée, elle a voulu mettre un terme à l'effusion du sang. Il ne faut donc pas trop accorder de confiance à l'assertion de Plutarque, qui dit que les soldats envoyèrent dire à Antoine de venir faire le siége de leur camp, et que si Lepiduss ne se rendait pas, ils le tueraient. Tout cela était une comédie méditée à l'avance.

LLETTRE DCCCXXXIX. — Page 548. *La jonction de Ventidius était déjà faite.* Il avait amené à M. Antoine trois légions du Picénum, et D. Brutus avait inutilement tâché de le couper dans sa marche.

LLETTRE DCCCXLI. — Page 556. *La flotte de Dolabella... était accompagnée de plus de cent vaisseaux de transport.* Dolabella les tenait bloqués, afin de s'en emparer pour opérer le passage de son armée en Italie. Son arrivée eût produit le même effet que la perfidie d'Octave : elle eût assuré la victoire d'Antoine.

LLETTRE DCCCXLII. — Page 562. *Segulius.* C'est lui qui avait imputé à Cicéron ce propos : « qu'il fallait louer Octave et *l'élever;* » il avait même rapporté le bon mot à Octave lui-même. Ségulius, homme avide et prodigue à la fois, cherchait à s'immiscer à la distribution des terres; il persuada à Octave et à Brutus que Cicéron, en se faisant comprendre au nombre des décemvirs, avait eu soin de l'em exclure.

LLETTRE DCCCXLIV. — Page 565. *Lepidus est dans des dispositions favorables.* Quand Cicéron écrivait cela, on n'avait pas encore reçu à Rome la lettre DCCCXXXVIII, que Lépidus adressa au sénat et au peuple.

LLETTRE DCCCL. — Page 579. *Je suis déjà à la seconde page.* Il

fallait que les pages fussent bien courtes, ou que ce billet fût écrit sur de petites tablettes.

LETTRE DCCCLI. — Page 379. M. T. Cicéron a C. Cassius. Dans l'ordre des dates suivies par Schütz, cette lettre est la dernière que nous ayons conservée. Cicéron y laisse déjà percer de vives inquiétudes sur le salut de la république. Il ne se fie qu'aux consuls désignés, qui sont Décimus Brutus et Plancus; il ne dit pas un mot d'Octave : il n'est plus à ses yeux ce jeune homme sur lequel reposent tant d'espérances.

LETTRE DCCCLII. — Page 385. *Si César voulait écouter ce que l'honneur demande de lui.* Plancus, quand il écrivait, ignorait encore que déjà César Octave marchait sur Rome pour se faire adjuger le consulat de vive force.

LETTRE DCCCLVI. — Page 392. *Je vous ai expliqué l'affaire de Silius.* Dans un testament, Turpilia avait institué Silius pour héritier, soit en partie, soit pour le tout. Silius avait demandé l'envoi en possession, conformément à l'édit du préteur. Cependant les parents contestaient, et soutenaient que Turpilia n'avait pas eu le droit de faire un testament. Il s'agissait donc de transaction. Cicéron consulta Trebatius sur la teneur et la validité de la transaction, et Trebatius a répondu qu'elle pouvait se faire, tandis que le jurisconsulte Servius Sulpicius le niait, par la raison que l'envoi en possession du préteur se faisait selon le testament, mais que l'acte de celui qui n'avait pu tester ne pouvait non plus motiver l'envoi en possession. Trebatius répondait qu'il suffisait, pour l'envoi en possession, qu'il y eût un testament quelconque, nul ou valable, et que dès lors la transaction pouvait se conclure sans danger.

LETTRE DCCCLVII. — Page 393. *Si un héritier pouvait appeler quelqu'un en justice pour un vol fait avant l'héritage.* On soutenait que l'héritier n'avait de droit que sur la succession, laquelle ne se composait que des biens délaissés au jour de la mort; mais si le défunt avait action, cette action constituait un droit, une prétention : en sorte que l'on ne comprend pas que Trebatius ait si fort contesté l'opinion contraire. Paullus (*des Fastes*, lib. I, ch. xlvii) dit que l'action compète au propriétaire de la chose volée, à son héritier, au possesseur des biens, au père adoptif et au légataire.

LETTRES A BRUTUS

LETTRE IV. — Page 599. *Ce que vous m'avez écrit... sur la mort de Trebonius.* Brutus, ayant quitté Rome après le meurtre de César, s'était rendu dans la Macédoine pour y affermir l'autorité du sénat. Il avait rendu compte à cette compagnie, par deux rapports, du succès de ses efforts, et ce sont ces rapports dont il est fait mention dans cette lettre. Non-seulement il entrait dans le détail des moyens par lesquels il agissait sur les troupes, mais il exposait l'état de l'esprit public dans la Grèce et l'Illyrie ; il racontait comment Caïus, frère d'Antoine, avait été obligé de se retirer avec sept cohortes à Apollonie ; comment ensuite le jeune Cicéron le battit et le fit prisonnier. Brutus annonçait aussi la perfidie de Dolabella, qui avait fait périr Trebonius. Ces rapports inspirèrent à Cicéron les *Philippiques* x et xi.

Page 599. *Caius est encore mon prisonnier* Il avait été préteur de Rome l'année précédente, c'est-à-dire qu'il était en fonction quand César fut tué. C'est par ordre de son frère qu'il avait couru en Macédoine, pour prévenir Brutus et s'en emparer avant son arrivée. Prisonnier de Brutus, il fut traité avec beaucoup d'égards, et même il eût été rendu à la liberté, sans les remontrances de Cicéron. Quand le triumvirat eut donné cours à ses sanglantes proscriptions, Caïus Antoine fut mis à mort comme par voie de représailles.

Page 400. *Marcus et Marcius l'ont appelé volontairement.* L'un est L. Statius Murcus, l'autre Q. Marcius Crispus ; tous deux étaient des chefs du parti de César, qui commandaient chacun trois légions. Ils s'étaient joints contre Cécilius Bassus, du parti de Pompée, qui n'avait qu'une légion. Celui-ci se soumit aussi à Cassius, qui se trouva de la sorte à la tête de toutes les forces romaines de la Syrie.

Page 400. *J'ai écrit à Tertia, ma sœur.* Tertia était femme de Cassius. Servilie, mère de Brutus, était sœur de Caton par la même mère, mais elle était fille d'un autre père, qui se nommait Servilius. Les filles romaines prenaient ordinairement le nom de leur père, excepté lorsqu'elles étaient plusieurs sœurs ; car on les désignait alors par l'ordre numérique de leur naissance, comme *Secunda*, *Tertia*, etc.

Page 400. *En obtenant qu'on m'envoie quelques troupes d'Italie.* Pansa faisait alors des efforts inouïs afin de réunir assez de troupes pour que l'on pût dégager Decimus Brutus, qu'Antoine tenait assiégé

dans Modène. Il n'aurait donc pas consenti à ce qu'on en détachât pour les envoyer en Macédoine.

LETTRE V. — Page 401. *Vous avez pu connaître par la lettre de Plancus.* Cette lettre était adressée au sénat et au peuple romain; c'est la DCCLXXIX° de ce Recueil (VIII° du liv. X). Elle fut l'objet d'une délibération très-animée dans le sénat.

LETTRE VII. — Page 406. *Mes mesures ont peut-être été un peu plus fermes.* Cicéron aurait voulu qu'on fît périr Antoine avec César. En vingt endroits de sa correspondance, nous trouvons, à ce sujet, les plaintes les plus vives et les mieux fondées. Les conjurés, au contraire, et Brutus surtout, avaient voulu donner une preuve de leur respect pour l'autorité consulaire dont Antoine était revêtu. Ils se laissèrent même persécuter par lui, et sortirent de Rome, quand ils auraient fort bien pu résister. En frappant César, leur poignard ne s'était adressé qu'à un tyran en dehors des pouvoirs légaux, et par conséquent hors la loi. Néanmoins, ce fut ce timide respect des formes établies, cette sanction des actes de César, qui perdit et Rome et les conjurés eux-mêmes.

Page 407. *Et nous éteignîmes l'ardeur publique.* Cicéron rappelle ici l'enthousiasme de liberté qui s'empara de l'Italie à la mort de César. Dans une lettre adressée collectivement à Antoine par Brutus et Cassius, ils disent qu'ils s'étaient jetés volontairement en son pouvoir, et que par son avis ils avaient congédié leurs amis, qui se rendaient en foule auprès d'eux, des principales villes d'Italie. Ici, comme en beaucoup d'autres circonstances, l'occasion fut perdue et ne se retrouva plus. Il fallut marcher de combat en combat, et de défection en défection, et Rome fut asservie faute d'un meurtre de plus.

Page 407. *Si quelque dieu n'eût inspiré le cœur d'Octave.* Neveu de César, fils adoptif institué son héritier par testament, il ne soutint d'abord la cause de la liberté et du sénat que parce qu'il craignait les prétentions et la rapacité d'Antoine. Il appela donc à lui tous les vétérans qui avaient servi César, et marcha vers Rome à la tête d'une forte armée. Antoine, ne pouvant s'en rendre maître, fut obligé de se retirer dans la Gaule Cisalpine, où il assiégea Modène.

Page 407. *On n'aurait pas manqué de décerner aussi de justes honneurs aux dieux immortels.* Il s'agit de supplications. Plus la victoire était importante, plus ces espèces de *Te Deum* païens duraient de jours. Les chefs y attachaient une grande importance. On peut s'en convaincre par l'ardeur avec laquelle Cicéron insiste pour en obtenir après son gouvernement de Cilicie. Dans la *Vie de César*, Suétone regarde aussi comme un bonheur inouï qu'il ait obtenu plus

de supplications et d'un plus grand nombre de jours qu'aucun de ceux qui ont remporté des victoires avant lui.

Page 407. *Elles passèrent d'abord par les mains du tribun Servilius.* Les tribuns ayant le pouvoir de convoquer le sénat pendant l'absence des magistrats supérieurs, ils indiquèrent l'assemblée au 20 décembre; et ce fut dans cette occasion que la troisième *Philippique* fut prononcée; mais les préteurs, par leur office, étaient proprement les collègues des consuls, et leurs lieutenants en leur absence (Aulu-Gelle, liv. XIII, ch. xv). C'est ainsi que Cicéron écrivait, vers le même temps, à Plancus : « Nous avons porté directement vos lettres à Cornutus, préteur de la ville, qui, suivant l'ancien usage, exerçait les fonctions consulaires dans l'absence des consuls. » (Prévost.)

LETTRE VIII. — Page 408. *Vetus Antistius.* Ce Vétus, qui paraît si affectionné à Brutus, avait été propréteur de Syrie pendant le règne de Jules César, et, peu de temps avant sa mort, il avait assiégé dans l'Apamée Cecilius Bassus, officier du parti de Pompée, qui, après la bataille de Pharsale, avait rassemblé quelques troupes avec lesquelles il luttait dans cette province contre le pouvoir de Jules César. Étant réduit presque à l'extrémité par Vetus, il fut délivré par Pacorus, prince des Parthes, et Alabandonius, tétrarque de l'Arabie, qui forcèrent Vetus de lever le siége. *Voy.* les *Lettres à Atticus*, liv. XIV, lettre ix; Dion, liv. XLVII. (Prévost.)

LETTRE XI. — Page 415. *Nos affaires semblent prendre une meilleure face.* Par l'événement de la bataille de Modène dont Cicéron ne donne pas ici les détails. Toutefois, la mort des deux consuls eut des effets bien funestes, car les légions de vétérans ne voulurent point obéir à D. Brutus et se donnèrent à Octave. Jusque-là celui-ci avait paru se laisser conduire par Cicéron; mais tout à coup, se voyant plus puissant qu'il ne s'y attendait, il dédaigna ses conseils et prépara sa défection.

LETTRE XII. — Page 415. *Servilius propose de mettre Ventidius de ce nombre.* C'est le fils de Servilius Isauricus, qui avait été collègue de César dans le consulat. Il paraît que la défaite d'Antoine l'avait décidé à soutenir le parti républicain, tandis qu'auparavant il tenait un langage tout différent. — *Ventidius.* De la condition de muletier, que Plancus lui reproche dans une lettre à Cicéron (*Epîtres fam.*), il s'était élevé aux honneurs civils et militaires : il était a créature d'Antoine, auquel il s'était attaché. Ayant rassemblé des troupes dans tous les cantons de l'Italie, il s'était mis en marche pour

joindre Antoine; mais, n'ayant pu faire assez de diligence pour arriver avant sa défaite, il le joignit dans sa fuite avec trois légions, ce qui le fit déclarer personnellement ennemi de l'État (*Épîtres famil.*, liv. XI, lettre XIII). Il paraît qu'il était alors préteur; mais, avant la fin de l'année, il fut élevé au consulat, sur la résignation de César Octave. (PRÉVOST.)

LETTRE XIII. — Page 420. *Quelle joie j'ai ressentie du succès de notre cher Decimus et des consuls.* Il s'agit de la victoire de Modène remportée par D. Brutus et les consuls Hirtius et Pansa. César Octave y avait pris part, et cependant Brutus ne le nomme pas. Soupçonnait-il déjà ses desseins ambitieux? devinait-il qu'il combattait moins pour la république que pour son propre compte? ou bien poursuivait-il de sa haine le fils adoptif de César?

Page 421. *J'ai cru devoir le retenir sous ma puissance pendant que la guerre a duré.* Il semble que Brutus regarde la lutte comme terminée par la bataille de Modène, et que désormais il n'ait plus qu'à renvoyer C. Antoine à Rome. Dans la suite, cependant, quand il apprit la mort de D. Brutus et celle de Cicéron, il ordonna de tuer C. Antoine. *Voy.* PLUTARQUE.

Page 421. *Que d'accumuler sur ceux qui sont en possession du pouvoir, des honneurs capables d'enflammer leur ambition et leur arrogance.* C'est un trait lancé contre Cicéron. Brutus blâmait tout ce qu'il avait fait en faveur du jeune Octave.

LETTRE XIV. — Page 424. *L. Bibulus.* Il était fils de M. Calpurnius Bibulus, qui avait été collègue de Jules César dans le consulat, et de la fille de Caton, Porcia, qui, après la mort de son premier mari, épousa Brutus.

LETTRE XV. — Page 425. *N'attendez pas que je vous fasse des remercîments.* Il s'agit du décret du sénat que Cicéron avait fait rendre en faveur de Brutus. Cicéron, toutefois, n'était pas trop satisfait des dispositions de ce dernier, qui le traitait avec assez de froideur, et n'estimait pas fort haut son courage politique.

LETTRE XVI. — Page 427. *Lui qu'on disait prêt à fuir de l'Asie.* Appien nous dit en effet que Dolabella, fuyant l'Asie, entra dans Laodicée, où il fut assiégé par C. Cassius, qui en avait reçu l'ordre du sénat. C. Cassius avait douze légions. Dans ces circonstances, il était réellement étonnant que Dolabella pût envoyer cinq cohortes dans la Chersonèse.

Page 427. *Le parti que vous avez pris de ne pas quitter Ap Ilona*

et Dyyrrachium. L'armée de Brutus était ainsi placée pour observer les événements d'Italie. Si D. Brutus eût été forcé dans Modène, elle pouvait passer la mer et accourir pour sauver Rome. La bataille ayant eu une issue favorable, Brutus jugea convenable de marcher contre Dolabella et d'occuper la Macédoine. Cependant Hirtius et Pansa avaient péri; et ce fut peut-être une grande faute, que de s'en tenir à son gouvernement.

Page 428. *A l'égard de la sédition,* etc. C. Antoine, le frère de Marcus, qui déjà était en la puissance de Brutus, profita de sa générosité et de la liberté qu'on lui laissait, pour exciter les soldats à la sédition; mais cette manœuvre ayant été découverte, ils se soulevèrent contre les traîtres qui les avaient gagnés et en égorgèrent plusieurs. Ils demandaient à grands cris qu'on leur livrât le questeur et les lieutenants de C. Antoine; mais Brutus, plus disposé à l'indulgence qu'à la sévérité, les fit conduire sur un vaisseau, sous prétexte de les faire jeter à la mer, et les sauva. Il épargna de même C. Antoine, qui deux fois déjà avait excité des troubles dans son armée. Caïus resta dans les prisons d'Apollonia, sous la garde de C. Clodius, et, pour lui, il marcha vers la Chersonèse, pour réprimer la tentative de Dolabella. *Voy.* Dion, liv. XLVII.

LETTRE XVII. — Page 432. *Avec plus de réserve que Cicéron n'en marque à l'égard d'un étranger!* L. Marcius Philippus était consul en l'an de Rome 697. Il avait épousé Attia, mère d'Octave; il était donc son beau-père, sans que celui-ci puisse être qualifié de *gendre*, comme le dit improprement la traduction. Toutefois, Brutus se trompait en disant que ce Philippus trouvait les honneurs décernés à Octave d'une évidente exagération; car ce fut lui, au contraire, qui demanda qu'à toutes ces distinctions on joignît encore une statue, qu'il voulait placer dans les Rostres, à la tribune aux harangues.

Page 432. *Qu'il cesse donc d'insulter à nos douleurs, en affectant de vanter sa conduite.* Cicéron ne cessait de répéter qu'il avait mieux mérité de la patrie que ceux qui avaient tué César, en ce qu'ils avaient laissé subsister la racine du mal dans la personne d'Antoine, qu'il ne fallait pas épargner; et que lui, Cicéron, ne cessa depuis de combattre courageusement; cela importunait Brutus, qui souvent ravalait le patriotisme de Cicéron et le rabaissait à la mesure de sa haine pour Antoine.

Page 432. *Vos lettres même ne s'expliquent pas nettement sur l'état des affaires.* Atticus y avait seulement insinué qu'Antoine avait rétabli ses affaires depuis sa déroute de Modène. Octave lui avait laissé le temps de réunir ses troupes et d'opérer sa jonction avec Venti-

dius. Il est évident que cette lettre a été écrite avant l'union de Lepidus et d'Antoine, qui eut lieu le 29 mai, et qui donnerait à cette ettre de Brutus la date du milieu de juin.

Page 433. *Quoique Antoine, comme vous me l'écrivez, soit un fort bon homme.* Il faut, pour n'être point trop surpris de l'assertion, se rappeler qu'Atticus était intimement lié avec cet Antoine, et qu'il prenait soin à Rome de sa femme et de ses enfants. Cela semble étrange de la part du confident de Cicéron.

Page 433. *Si vous m'aviez écrit quelles sont les conditions qu'on propose à notre chère Attica.* Elle n'avait alors que onze ans; il est donc tout au plus question d'une négociation anticipée, il s'agit d'un mariage. Porcia, femme de Brutus, avait alors une santé fort compromise par les chagrins que lui donnaient les affaires publiques. Les sœurs dont il est parlé avaient épousé, l'une M. Lépidus, l'autre C. Cassius : elles étaient à Rome et avaient recommandé à leur frère un homme au sujet duquel il répond ici d'une manière assez singulière.

LETTRE XVIII. — Page 434. *Si je ne savais que les remèdes que vous m'offrîtes alors vous sont familiers.* Cicéron, lorsqu'il perdit Tullia, avait reçu de Brutus une lettre pleine d'intérêt, où ce qui pouvait attendrir se mêlait si bien aux raisons de supporter courageusement l'infortune, qu'il en fut vivement ému, et qu'après avoir versé d'abondantes larmes, il y trouva des consolations. Aujourd'hui, il rend service pour service; mais sa lettre est à la fois courte et sèche, et sans doute que celle de Brutus avait été beaucoup mieux appropriée à la situation.

LETTRE XIX. — Page 436. *Je n'ai pas voulu que vous vissiez arriver notre ami Vetus sans une lettre.* Vetus retournait, au commencement de juillet, dans la Macédoine, selon la promesse qu'il avait faite à Brutus. Il continua vraisemblablement de demeurer auprès de lui jusqu'à la fin de la guerre. Cependant, quelques années après on le trouva si bien réconcilié avec les vainqueurs, qu'il possédait la maison de campagne que Cicéron avait auprès de Pouzzoles. Il nous reste une épigramme sur Vetus et sur cette maison (PLINE, *Hist. Nat.*, v. xxxi, ch. 2). (PRÉVOST.)

Page 436. *Rien ne m'a causé plus de chagrin, que de n'avoir pu me rendre aux sollicitations de votre mère et de votre sœur.* Nous avons déjà dit que Lepidus avait épousé la sœur de Brutus. Il était naturel qu'elle et sa mère vinssent se jeter aux pieds de Cicéron. Celui-ci pensait, avec raison, qu'il n'y avait pas lieu de s'arrêter à

eurs plaintes, et fit déclarer Lepidus ennemi public, sans excepter ses enfants des conséquences fâcheuses de cette déclaration. Cicéron se flattait en vain de l'approbation de Brutus, qui trouva fort mauvais qu'il en eût agi de la sorte. Cependant Cicéron avait d'autant plus raison, qu'il y avait de la part de Lepidus une noire ingratitude à se révolter contre la république, après les honneurs extraordinaires qui lui avaient été décernés; le sénat lui avait même accordé une statue équestre et dorée auprès de la tribune aux harangues, distinction inouïe jusqu'alors.

LETTRE XXI. — Page 440. *Nos généraux ont négligé de les poursuivre.* Decimus Brutus et Plancus s'accordaient sur ce point, que la faute devait être imputée au seul Octave. Decimus Brutus ne commandait que la garnison de Modène, qui était très-fatiguée, qui n'avait point de cavalerie, tandis que celle d'Antoine n'avait presque pas souffert. Octave avait résisté à toutes les raisons qu'on lui donnait. Il laissa ainsi le temps s'écouler, si bien qu'Antoine put opérer sa jonction avec Ventidius, et renouveler la guerre, qui sans cela aurait été terminée par la bataille de Modène.

Page 443. *Nous avons, du côté de l'occident, des généraux et des armées qui nous demeurent fidèles.* D. Brutus et L. Plancus avaient uni leurs armées pour la défense de la liberté. Sextus Pompée, quoiqu'il eût quitté l'Espagne, commandait des forces considérables qu'il avait offertes au service de la république (*Philipp.* XIII, ch. 21). Asinius Pollion, qui était alors proconsul d'Espagne, avait donné dans ses lettres des assurances très-fortes de sa fidélité pour la même cause. (Prévost.)

LETTRE XXII. — Page 444. *Aussitôt que vous m'eûtes marqué le départ de mon fils.* Le jeune Cicéron venait donner suite à sa demande du sacerdoce; il arriva, en effet, jusqu'en Italie, où il trouva l'ordre de son père, qui lui enjoignait de s'en retourner, avec l'avis que l'élection à laquelle il était intéressé avait été remise à l'année suivante. Il ajoute que cette remise eut lieu *après de grands débats.* Cela se conçoit; il y avait des intéressés, et, sans doute, il s'établit une controverse sur la possibilité de procéder à l'élection en l'absence de tels ou tels magistrats. Au commencement de la guerre civile, Lepidus était préteur. César voulant, à son arrivée de la Gaule, se faire nommer consul, ce Lepidus soutint qu'en l'absence des consuls il pouvait tenir l'assemblée, fort de l'autorité des livres des augures. Cicéron déclara qu'un préteur ne pouvait créer des consuls, ni même des préteurs, et il s'éleva vivement contre cette prétention. César eut

alors recours à un subterfuge ; il se fit déclarer dictateur par Lepidus, et, en cette qualité, tint l'assemblée dans laquelle il se nomma lui-même consul avec P. Servilius. Il est possible que, pour différer l'élection à laquelle devaient prendre part, comme candidats, Domitius, Caton, Lentulus, les Bibulus et son fils, Cicéron ait eu non moins de peine à empêcher le préteur d'agir en l'absence des consuls. Il est certain qu'alors il n'y avait à Rome aucun autre magistrat. Les deux consuls étaient morts, et ne devaient être remplacés par D. Brutus et L. Plancus que le 1er janvier.

Page 445. *Decimus, à la vérité, s'est uni avec Plancus.* La défiance que marque Cicéron de la conduite future de Plancus était fondée ; pendant que ce perfide ne cessait de prodiguer, dans ses lettres, l'assurance d'une entière fidélité à la cause de la république, il négociait avec Antoine. Il y eut même des lettres à ce dernier interceptées par D. Brutus ; elles lui firent concevoir des craintes, qui bientôt se réalisèrent. Ce chef fut obligé de fuir et fut tué par les soldats d'Antoine. Dans ces temps de malheur et de désordre, la république voyait s'unir contre elle tous ceux qui s'étaient d'abord déclarés ses amis : elle n'avait plus que Brutus, Cassius et Cicéron.

LETTRE XXIII. — Page 447. *Peut-être me faites-vous également ces deux reproches.* Cette lettre est un des actes de la polémique qui s'établit entre Cicéron et Brutus sur la conduite à tenir dans ces circonstances, et sur le système qu'il convenait de suivre envers les ennemis de la république. Brutus, quoique d'un caractère plus ferme, inclinait toujours pour le parti de la douceur ; Cicéron réclamait une grande sévérité. C'est ainsi qu'ils ne peuvent s'accorder sur Caïus Antoine. Ici encore Cicéron défend son opinion avec quelque chaleur.

Page 447. *Je vous déclarai ce qui avait manqué à votre entreprise.* Cicéron ne cessait de regretter qu'Antoine n'eût pas été frappé du même poignard. Il voyait bien que cette indulgence faisait perdre à la république tout le succès de l'action et toutes les chances d'avenir.

LETTRE XXIV. — Page 453. *J'ai lu une partie de votre lettre à Octave.* Atticus avait cru obliger Brutus envers Cicéron, et répondre suffisamment à tous ses reproches, en lui communiquant une lettre de ce grand homme à Octave, lettre dans laquelle apparaissait une grande sollicitude pour Brutus. Quoique Cicéron donnât au jeune César de sages conseils, le ton de cette lettre n'était pas celui d'un consulaire pénétré de sa dignité ;

il avait trop l'air de supplier au lieu de reprendre ; et c'est ce qui blesse Brutus. Cette réponse ou plutôt cette remontrance est un chef-d'œuvre de noblesse et d'élévation.

LETTRE XXV. — Page 462. *Votre mère, cette femme attentive et prudente.* Cicéron flatte ici le sentiment de respect que Brutus éprouvait pour sa mère, au point de ne se conduire que par ses inspirations, cependant il était loin d'être satisfait de l'influence de cette femme, et ces éloges sont pur artifice ; car Servilia contrariait la pensée de Cicéron, qui depuis la jonction d'Antoine et de Lepidus, ne cessait de tourmenter Brutus pour qu'il revînt. L'opposition de sa mère était donc un nouvel embarras.

FIN DES NOTES DU TOME QUINZIÈME.

TABLE DES MATIÈRES

Lettre		
—	DCLXVII. — Tullius à Tiron	5
—	DCLXVIII. — M. T. Cicéron à Tiron	5
—	DCLXIX. — Q. Cicéron à M. Cicéron, son frère	6
—	DCLXX. — Cicéron à Quintus Gallus	7
—	DCLXXI. — Au même	8
—	DCLXXII. — M. T. Cicéron à Apuleius, proquesteur	9
—	DCLXXIII. — Au même	10
—	DCLXXIV. — M. T. Cicéron à Silius	10
—	DCLXXV. — M. T. Cicéron à C. Sextilius Rufus, questeur	11
—	DCLXXVI. — M. T. Cicéron à P. Césius	12
—	DCLXXVII. — Cicéron à Rex	13
—	DCLXXVIII. — Cicéron à Basilus	14
—	DCLXXIX. — Bithynicus à Cicéron	14
—	DCLXXX. — Cicéron à Atticus	15
—	DCLXXXI. — Au même	17
—	DCLXXXII. — Au même	18
—	DCLXXXIII. — Au même	19
—	DCLXXXIV. — Au même	20
—	DCLXXXV. — Au même	22
—	DCLXXXVI. — D. Brutus à M. Brutus et à C. Cassius	24
—	DCLXXXVII. — Cicéron à Atticus	26
—	DCLXXXVIII. — Au même	27
—	DCLXXXIX. — Au même	29
—	DCXC. — Au même	31
—	DCXCI. — Au même	33
—	DCXCII. — Au même	35
—	DCXCIII. — Au même	37
—	A. — Antoine, consul, à Cicéron	41
—	B. — Cicéron à Antoine, consul	42
—	DCXCIV. — Cicéron à Atticus	45
—	DCXCV. — Cicéron à Bithynicus	48
—	DCXCVI. — Cicéron à Tiron	49

TABLE DES MATIÈRES.

Lettre		
—	DCXCVII. — Cicéron à Atticus	50
—	DCXCVIII. — Au même	52
—	DCXCIX. — Au même	54
—	DCC. — Cicéron à Dolabella	56
—	DCCI. — Cicéron à Atticus	60
—	DCII. — Au même	63
—	DCCIII. — Tullius à Tiron	65
—	DCCIV. — Cicéron à Atticus	66
—	DCCV. — Au même	70
—	DCCVI. — Au même	72
—	DCCVII. — Au même	74
—	CCVIII. — Au même	77
—	DCCIX. — Au même	78
—	DCCX. — Au même	80
—	DCCXI. — Au même	82
—	DCCXII. — M. T. Cicéron à C. Cassius	86
—	DCCXIII. — M. T. Cicéron à Trebonius	88
—	DCCXIV. — Brutus et Cassius, préteurs, à M. Antoine, consul	90
—	DCCXV. — Trebonius à Cicéron	92
—	DCCXVI. — M. T. Cicéron à Matius	94
—	DCCXVII. — Matius à Cicéron	99
—	DCCXVIII. — Cicéron à Atticus	104
—	DCCXIX. — Au même	106
—	DCCXX. — Au même	107
—	— — Hirtius à Cicéron	108
—	DCCXXI. — Cicéron à Atticus	109
—	DCCXXII. — Au même	110
—	DCCXXIII. — Au même	112
—	DCCXXIV. — Au même	115
—	DCCXXV. — Au même	116
—	DCCXXVI. — Au même	118
—	DCCXXVII. — Au même	119
—	DCCXXVIII. — Au même	120
—	DCCXXIX. — Au même	122
—	DCCXXX. — Au même	124
—	DCCXXXI. — Au même	125
—	DCCXXXII. — Au même	127
—	DCCXXXIII. — Au même	129
—	DCCXXXIV. — Au même	131
—	DCCXXXV. — Au même	132
—	DCCXXXVI. — Au même	132
—	DCCXXXVII. — Au même	133
—	— — Cicéron au consul Dolabella	134
—	DCCXXXVIII. — Cicéron à Atticus	136
—	— — M. Cicéron à Gn. Plancus, préteur désigné	136
—	— — Cicéron à Capiton	139

TABLE DES MATIÈRES.

Lettre			
—	—	Cicéron à C. Cupiennius.	141
—	DCCXXXIX.	Cicéron à Atticus.	142
—	DCXCL.	Au même.	145
—	DCCXLI.	Au même.	146
—	DCCXLII.	Au même.	147
—	DCCXLIII.	Au même.	148
—	DCCXLIV.	Cicéron à Oppius.	150
—	DCCXLV.	Cicéron à Atticus.	152
—	DCCXLVI.	Au même.	155
—	DCCXLVII.	Au même.	158
—	DCCXLVIII.	Au même.	161
—	DCCXLIX.	Cicéron à Plancus, préteur désigné.	164
—	DCCL	Au même.	166
—	DCCLI.	Cicéron à Capiton.	168
—	DCCLII.	Cicéron à Atticus.	169
—	DCCLIII.	Cicéron à Trebatias.	172
—	DCCLIV.	Au même.	174
—	DCCLV.	Brutus et Cassius, préteurs, à Antoine, consul.	175
—	DCCLVI.	Cicéron à Atticus.	177
—	DCCLVII.	Au même.	180
—	DCCLVIII.	Cicéron à Plancus.	185
—	DCCLIX.	D. Brutus, imp., consul désigné, à Cicéron.	187
—	DCCLX.	M. T. Cicéron à C. Cassius.	188
—	DCCLXI.	Au même.	191
—	DCCLXII.	M. T. Cicéron à P. Cornificius.	192
—	DCCLXIII.	Cicéron à Plancus.	195
—	DCCLXIV.	Cicéron à Atticus.	197
—	DCCLXV.	Au même.	199
—	DCCLXVI.	Au même.	201
—	DCCLXVII.	Au même.	202
—	DCCLXVIII.	Au même.	207
—	DCCLXIX.	Au même.	208
—	DCCLXX.	Au même.	209
—	DCCLXXI.	Au même.	210
—	DCCLXXII.	Au même.	212
—	DCCLXXIII.	Au même.	214
—	DCCLXXIV.	M. T. Cicéron à D. Brutus, imp., consul désigné.	218
—	DCCLXXV.	Au même.	220
—	DCCLXXVI.	Au même.	222
—	DCCLXXVII.	M. T. Cicéron à Cornificius.	225
—	DCCLXXVIII.	Q. Cicéron à son cher ami Tiron.	225
—	DCLXXIX.	Cicéron le fils à son cher Tiron.	227
—	DCCLXXX.	Au même.	251
—	DCCLXXXI.	M. T. Cicéron à Cornificius.	252
—	DCCLXXXII.	Au même.	255
—	DCCLXXXIII.	Au même.	254

T. XV.

TABLE DES MATIÈRES.

Lettre		
Lettre	DCCLXXXIV. — M. T. Cicéron à D. Brutus, imp., consul désigné.	255
—	DCCLXXXV. — M. T. Cicéron à D. Brutus, imp.	257
—	DCCLXXXVI. — Plancus à Cicéron.	258
—	DCCLXXXVII. — M. T. Cicéron à Cornificius.	240
—	DCCLXXXVIII. — M. T. Cicéron à D. Brutus, imp., consul désigné.	242
—	DCCLXXXIX. — Cicéron à Plancus.	245
—	DCXXC. — M. T. Cicéron à Cassius.	246
—	DCCXCI. — Cicéron à Trebonius.	247
—	DCCXCII. — M. T. Cicéron à Cassius.	249
—	DCCXCIII. — Cicéron à Pétus.	251
—	DCCXCIV. — Cicéron à Plancus.	254
—	DCCXCV. — C. Cassius, proconsul, à Cicéron.	256
—	DCCXCVI. — C. Asinius Pollion à Cicéron.	257
—	DCCXCVII. — Cicéron à Plancus.	261
—	DCCXCVIII. — Cicéron à Lepidus.	263
—	DCCXCIX. — Plancus, imp., et cons. désigné, aux cons., aux prét., aux trib. du peuple, au sénat et au peuple romain.	265
—	DCCC. — Plancus à Cicéron.	269
—	DCCCI. — M. T. Cicéron à C. Cassius.	270
—	DCCCII. — Cicéron à Plancus.	272
—	DCCCIII. — Au même.	274
—	DCCCIV. — M. T. Cicéron à Q. Cornificius.	277
—	DCCCV. — Au même.	278
—	DCCCVI. — M. T. Cicéron à C. Cassius.	279
—	DCCCVII. — Galba à Cicéron.	282
—	DCCCVIII. — Plancus à Cicéron.	285
—	DCCCIX. — D. Brutus à M. Cicéron.	287
—	DCCCX. — M. T. Cicéron à Cornificius.	288
—	DCCCXI. — D. Brutus à M. Cicéron.	292
—	DCCCXII. — Cicéron à Plancus.	294
—	DCCCXIII. — D. Brutus, imp., consul désigné, à M. Cicéron.	295
—	DCCCXIV. — Cassius, proconsul, à M. Cicéron.	297
—	DCCCXV. — Plancus à Cicéron.	300
—	DCCCXVI. — Au même.	303
—	DCCCXVII. — M. T. Cicéron à D. Brutus, imp.	303
—	DCCCXVIII. — Plancus à Cicéron.	306
—	DCCCXIX. — Cicéron à Plancus.	308
—	DCCCXX. — M. T. Cicéron à Cornificius.	309
—	DCCCXXI. — M. T. Cicéron à D. Brutus, imp., consul désigné.	313
—	DCCCXXII. — D. Brutus à M. T. Cicéron.	314
—	DCCCXXIII. — M. Lepidus, imperator II, grand pontife, à Cicéron.	315
—	DCCCXXIV. — Cicéron à Furnius.	318

TABLE DES MATIÈRES. 495

Lettre	DCCCXXV. — Plancus à Cicéron.	520
—	DCCCXXVI. — Cicéron à Plancus.	523
—	DCCCXXVII. — M. T. Cicéron à D. Brutus, imp., consul désigné.	524
—	DCCCXXVIII. — Cicéron à Plancus.	525
—	DCCCXXIX. — Au même.	526
—	DCCCXXX. — M. T. Cicéron à D. Brutus, imp., consul désigné.	527
—	DCCCXXXI. — Pollion à Cicéron.	529
—	DCCCXXXII. — Plancus à Cicéron.	533
—	DCCCXXXIII. — M. Cicéron à Furnius.	537
—	DCCCXXXIV. — M. T. Cicéron à D. Brutus, imp., consul désigné.	539
—	DCCCXXXV. — M. Brutus, imp., consul désigné, à Cicéron.	541
—	DCCCXXXVI. — D. Brutus à M. T. Cicéron.	543
—	DCCCXXXVII. — Cicéron à Plancus.	544
—	DCCCXXXVIII. — Lepidus, imperator II, grand pontife, au sénat et au peuple romain.	546
—	DCCCXXXIX. — D. Brutus à M. T. Cicéron.	547
—	DCCCXL. — P. Lentulus, proq., propr., aux cons., aux prét., aux tr. du peuple, au sénat et au peuple rom.	550
—	DCCCXLI. — Lentulus à Cicéron.	556
—	DCCCXLII. — D. Brutus, imp., à M. Cicéron.	561
—	DCCCXLIII. — M. T. Cicéron à D. Brutus, imperator.	562
—	DCCCXLIV. — Cicéron à D. Brutus.	565
—	DCCCXLV. — Plancus à Cicéron.	566
—	DCCCXLVI. — C. Asinius Pollion à Cicéron.	569
—	DCCCXLVII. — M. T. Cicéron à C. Cassius.	573
—	DCCCXLVIII. — Au même.	574
—	DCCCXLIX. — C. Cassius à M. Cicéron.	575
—	DCCCL. — M. T. Cicéron à D. Brutus.	578
—	DCCCLI. — M. T. Cicéron à C. Cassius.	579
—	DCCCLII. — Plancus, imp., consul désigné, à Cicéron.	582
—	DCCCLIII. — Q. Cicéron à son cher Tiron.	586
—	DCCCLIV. — Cicéron à Titius.	587
—	DCCCLV. — M. T. Cicéron à Cornificius.	591
—	DCCCLVI. — Cicéron à Trébatius.	592
—	DCCCXLVII. — Au même.	593
—	DCCCLVIII. — Cicéron à Appius.	594
—	DCCCLIX. — Cicéron à Quatuorvirs et aux Décurions.	595

LETTRES A BRUTUS

Lettre	III. — Cicéron à Brutus.	597
—	IV. — Brutus à Cicéron.	599

TABLE DES MATIÈRES.

Lettre	V. — Cicéron à Brutus.	401
—	VI. — Au même.	403
—	VII. — Au même.	406
—	VIII. — Brutus à Cicéron.	410
—	IX. — Cicéron à Brutus.	412
—	X. — Au même.	413
—	XI. — Au même.	415
—	XII. — Au même.	417
—	XIII. — Brutus à Cicéron.	420
—	XIV. — Au même.	424
—	XV. — Au même.	425
—	XVI. — Cicéron à Brutus.	427
—	XVII. — Brutus à Atticus.	429
—	XVIII. — Cicéron à Brutus.	434
—	XIX. — Au même.	436
—	XX. — Brutus à Cicéron.	438
—	XXI. — Cicéron à Brutus.	439
—	XXII. — Au même.	443
—	XXIII. — Cicéron à Brutus.	445
—	XXIV. — Brutus à Cicéron.	462
Notes.		467

FIN DE LA TABLE DES MATIÈRES DU TOME QUINZIÈME.

TABLE

DES PRINCIPALES ÉPOQUES OU LES LETTRES DE CICÉRON
ONT ÉTÉ ÉCRITES

II. Lettres de Cicéron écrites avant son consulat, de l'an de Rome 685 à 688 lettres i-xi.
III. — après son consulat, et avant son exil, de l'an de Rome 691 à 694 lettres xii-lii.
IIII. — pendant son exil, de l'an de Rome 695 à 696 : lettres liii-lxxxvi.
IV. — après son rappel de l'exil, jusqu'à son proconsulat en Cilicie, de l'an de Rome 696 à 702 : lettres lxxxvii-clxxxii.
V. — pendant son proconsulat en Cilicie, de l'an de Rome 702 à 703 : lettres clxxxiii-cclxv.
VI. — après son départ de la Province, jusqu'au commencement de la guerre civile, derniers mois de l'an de Rome 703 : lettres cclxvi-ccc.
VII. — du commencement de la guerre civile, jusqu'à son retour de la bataille de Pharsale, de l'an de Rome 704 à 705 : lettres ccci-cccxciv.
VIII. — après son retour de la bataille de Pharsale, jusqu'au départ de César pour la guerre d'Afrique, de la fin de l'an de Rome 705 à 706 : lettres cccxcv-ccccxxx.
IX. — l'an de Rome 707 : consuls, C. Julius César pour la troisième fois, et M. Émilius Lepidus : lettres ccccxxxi-cccclxx.
X. — l'an de Rome 707, mois incertains, lettres ccccxxi-dxvi.
XI. — l'an de Rome 708 : C. Julius César, dictateur et en même temps consul pour la quatrième fois ; M. Émilius Lepidus, maître de la cavalerie ; remplacés pendant les trois derniers mois par les consuls Q. Fabius Maximus et C. Trebonius : lettres dxvii-dclii.

XII. — en janvier et février de l'an de Rome 709 : consuls, C. Juulius César pour la cinquième fois, et M. Antoine : lettres DCCLIII-DCLVII.
XIII. — de l'an de Rome 699 à 709 (années et mois incertains) : letttre DCLVIII-DCLXXLII.
XIV. — du 15 mars de l'an de Rome 709, à la fin de la même année : M. Antoine et Cn. Cornelius Dolabella consuls : lettres DCLXXXVIII-DCCLXXXVI.
XV. — l'an de Rome 710, sous le consulat de C. Vibius Pansa et d'A. J Hirtius : lettres DCCLXXXVII-DCCCLII.
XV. — de dates incertaines : lettres DCCCLIII-DCCCLIX.

FIN DE LA TABLE CHRONOLOGIQUE.

PARIS. — IMP. SIMON RAÇON ET COMP., RUE D'ERFURTH, 1.

RÉIMPRESSION DES CLASSIQUES LATINS DE LA COLLECTION PANCKOUCKE

Format grand in-18 jésus. — 3 fr. 50 c. le volume

- OEUVRES COMPLÈTES D'HORACE. Nouv. édit., revue par M. F. LEMAISTRE, précédée d'une *Etude*, par H. RIGAULT. 1 vol.
- OEUVRES COMPLÈTES DE SALLUSTE. Traduction par DUROZOIR. Nouv. édition, revue par MM. CHARPENTIER et F. LEMAISTRE; précédée d'un nouveau travail sur Salluste, par M. CHARPENTIER. 1 vol.
- OEUVRES CHOISIES D'OVIDE (LES AMOURS, L'ART D'AIMER, etc.). Nouv. édit., revue par M. F. LEMAISTRE, précédée d'une *Etude*, par M. J. JANIN. 1 vol.
- OEUVRES DE VIRGILE. Nouv. édit., revue par M. F. LEMAISTRE; précédée d'une *Etude* sur Virgile, par M. SAINTE-BEUVE, 1 vol. Par exception. 4 fr. 50
- à 8. OEUVRES COMPLÈTES DE SÉNÈQUE LE PHILOSOPHE. Nouvelle édition, revue par MM. CHARPENTIER et F. LEMAISTRE. 4 vol.
- CATULLE, TIBULLE ET PROPERCE, traduits par MM. HÉGUIN DE GUERLE, VALATOUR et GENOUILLE. Nouv. édit., revue par M. VALATOUR. 1 vol.
- 0. CESAR. Commentaires sur la *Guerre des Gaules*, avec les réflexions de Napoléon 1er, suivis des Commentaires sur la *Guerre civile* et de la *Vie de César*, par SUÉTONE, traduction d'ARTAUD, nouvelle édition, très-soigneusement revue par M. FÉLIX LEMAISTRE; précédée d'une *Etude* sur César par M. CHARPENTIER. 1 fort vol. Par exception. 4 fr. 50
- 1. OEUVRES COMPLÈTES DE PÉTRONE, traduites par M. HÉGUIN DE GUERLE. 1 vol.
- 2. OEUVRES COMPLÈTES DE QUINTE-CURCE, avec la traduction de MM. AUG. et ALPH. TROGNON, revue avec le plus grand soin par M. PESSONNEAUX, professeur au lycée Napoléon. 1 vol.
- 3. OEUVRES COMPLÈTES DE JUVÉNAL. Trad. de DUSAULX, revue par MM. JULES PIERROT et F. LEMAISTRE. 1 vol.
- 4. OEUVRES CHOISIES D'OVIDE. — LES FASTES, LES TRISTES. Nouvelle édition, revue par M. E. PESSONNEAUX. 1 vol.
- à 20. OEUVRES COMPLÈTES DE TITE-LIVE, traduites par MM. LIEZ, DUBOIS, VERGER et CORPET. Nouv. édit., revue par MM. E. PESSONNEAUX, BLANCHET et CHARPENTIER, précédée d'une *Etude*, par M. CHARPENTIER. 6 vol.
- 1. OEUVRES COMPLÈTES DE LUCRÈCE, avec la traduction de LAGRANGE, revue avec le plus grand soin, par M. BLANCHET. 1 vol.
- 2. LES CONFESSIONS DE SAINT AUGUSTIN. Traduction française d'ARNAULD D'ANDILLY, très-soigneusement revue et adaptée pour la première fois au texte latin, avec une introduction, par M. CHARPENTIER. 1 vol. Par exception. 4 fr 50
- . OEUVRES COMPLÈTES DE SUÉTONE. Traduction de LA HARPE, refondue avec le plus grand soin par M. CABARET-DUPATY. 1 vol.
- -25. OEUVRES COMPLÈTES D'APULÉE, traduites en français par M. VICTOR BÉTOLAUD. Nouvelle édition, entièrement refondue. 2 vol.
- 26. OEUVRES COMPLÈTES DE JUSTIN, traduites par MM. J. PIERROT et E. BOITARD. Nouv. édit., revue par M. PESSONNEAUX. 1 vol.
- 27. OEUVRES CHOISIES D'OVIDE. — LES MÉTAMORPHOSES. Nouvelle édition, revue par M. CABARET-DUPATY, avec une préface par M. CHARPENTIER. 1 fort vol. Par exception. 4 fr. 50
- 28-29. OEUVRES COMPLÈTES DE TACITE. Traduction de DUREAU-DELAMALLE, revue par M. CHARPENTIER. 2 vol.
- 30. LETTRES DE PLINE LE JEUNE, traduites par MM. DE SACY et J. PIERROT. Nouv. édit., revue par M. CABARET-DUPATY. 1 vol.
- 31-32. OEUVRES COMPLÈTES D'AULU-GELLE. Nouv. édit., revue par MM. CHARPENTIER et BLANCHET. 2 vol.
- 33 à 35. QUINTILIEN. Œuvres complètes, traduites par M. C. V. OUIZILLE. Nouvelle édition revue par M. CHARPENTIER. 3 vol.
- 36. TRAGÉDIES DE SÉNÈQUE, trad. par E. GRESLOU. Nouvelle édition revue par M. CABARET-DUPATY. 1 vol.
- 37-38. VALÈRE-MAXIME. Œuvres complètes, trad. de C.-A.-F. FRÉMION. Nouv. éd. revue par M. PAUL CHARPENTIER. 2 vol.
- 39. LES COMÉDIES DE TÉRENCE, traduction nouv. par M. VICTOR BÉTOLAUD. 1 très-fort vol. Par exception. 4 fr. 50
- 40-41. MARTIAL. Œuvres complètes, avec la trad. de MM. V. VERGER, N. A. DUBOIS et J. MANGEART. Nouvelle édition revue avec le plus grand soin, par M. F. LEMAISTRE et M. N. A. DUBOIS, et précédée des *Mémoires de Martial*, par M. JULES JANIN. 2 vol.
- 42. FABLES DE PHÈDRE, traduites en français, par M. PANCKOUCKE, suivies des œuvres d'AVIANUS, de DENYS CATON, de PUBLIUS SYRUS, traduites par LEVASSEUR et J. CHENU. Nouv. édit. revue par M. E. PESSONNEAUX, et précédée d'une *Etude* par M. CHARPENTIER. 1 vol.
- 43. VELLEIUS PATERCULUS. Traduction de DESPRÉS, refondue avec le plus grand soin par M. GRÉARD, professeur au lycée Bonaparte. Suivies des OEUVRES DE FLORUS. Traduites par M. RAGON, précédées d'une *Notice* sur Florus, par M. VILLEMAIN. 1 vol.
- 44. CORNÉLIUS NÉPOS, avec une traduction nouvelle, par M. AMÉDÉE POMMIER. Suivi d'EUTROPE. *Abrégé de l'histoire romaine*, traduit par M. N. A. DUBOIS. Nouvelle édition, revue avec le plus grand soin par le traducteur. 1 vol.
- 45. LUCAIN. — LA PHARSALE, traduction de MARMONTEL, revue et complétée avec le plus grand soin, par M. H. DURAND, profess. au lycée Charlemagne, précédée d'une étude sur *la Pharsale*, par M. CHARPENTIER. 1 vol.
- 46. OEUVRES COMPLÈTES DE CLAUDIEN, traduites en français par M. HÉGUIN DE GUERLE, ancien inspecteur de l'Université, ancien professeur au lycée Louis-le-Grand. Traduction de la collection Panckoucke, revue avec le plus grand soin. 1 vol. Prix, par exception. 4 fr. 50

www.ingramcontent.com/pod-product-compliance
Lightning Source LLC
Chambersburg PA
CBHW051129230426
43670CB00007B/735